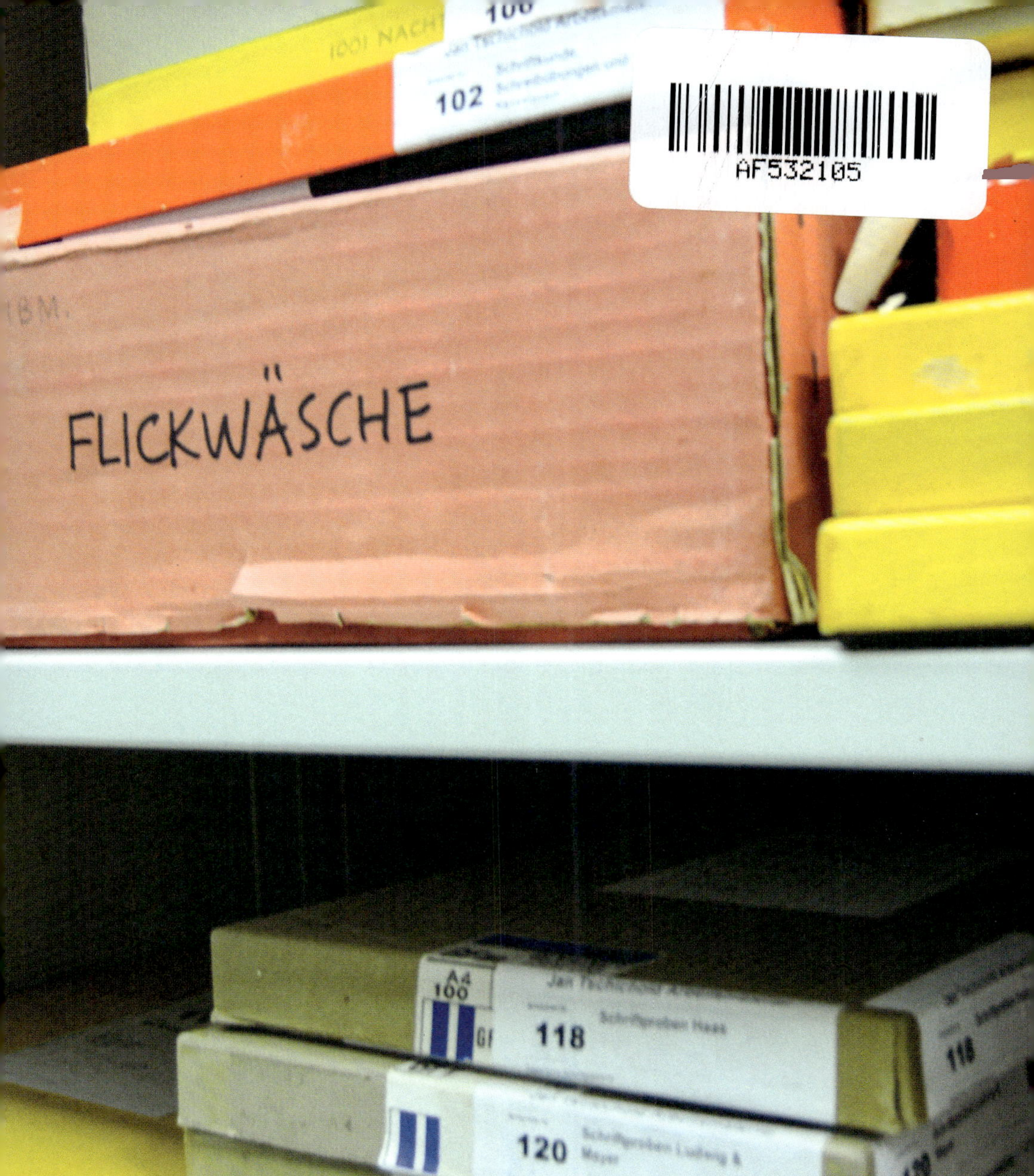
102
FLICKWÄSCHE
A4
100
118
120
121
122
112

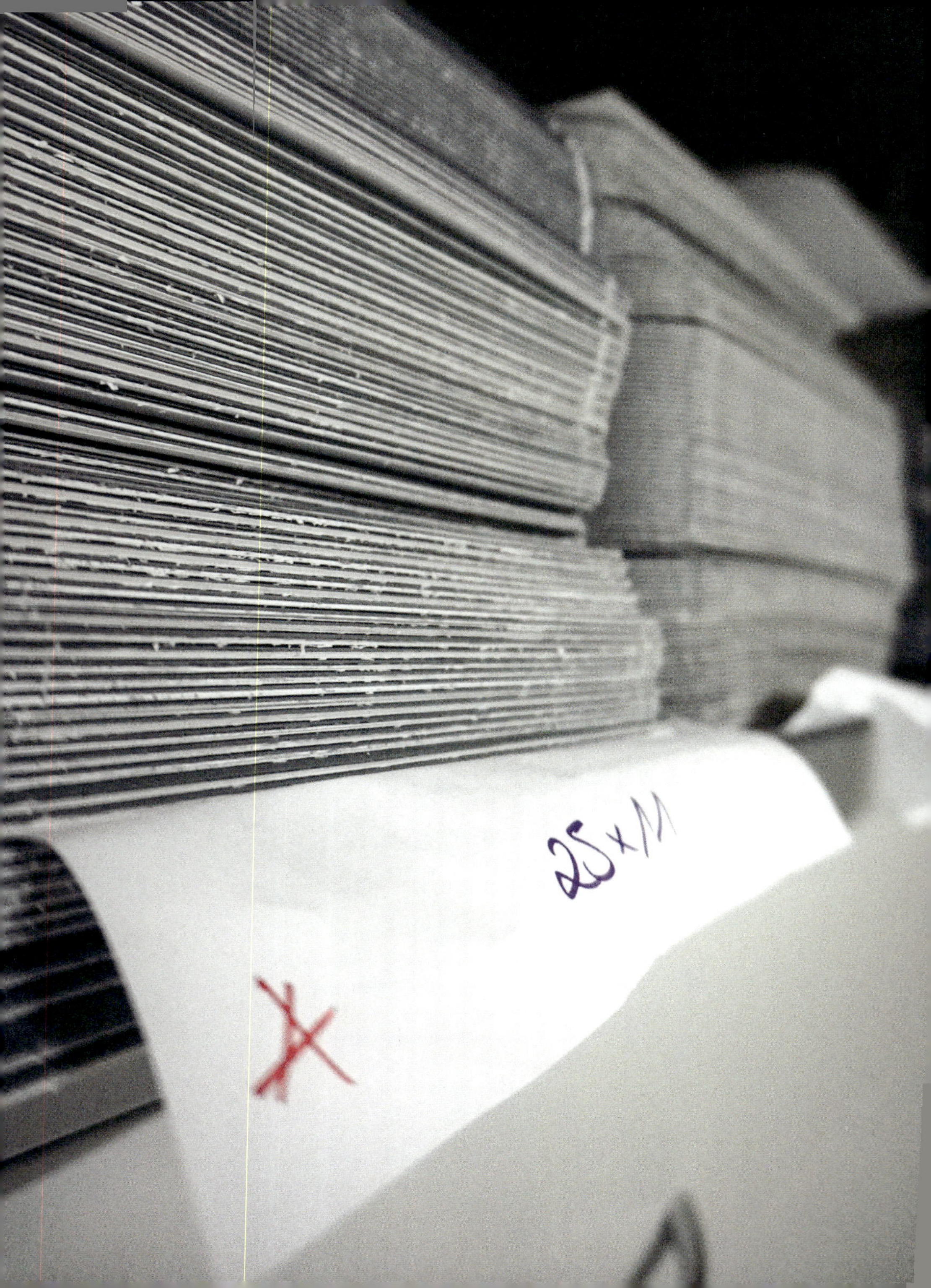

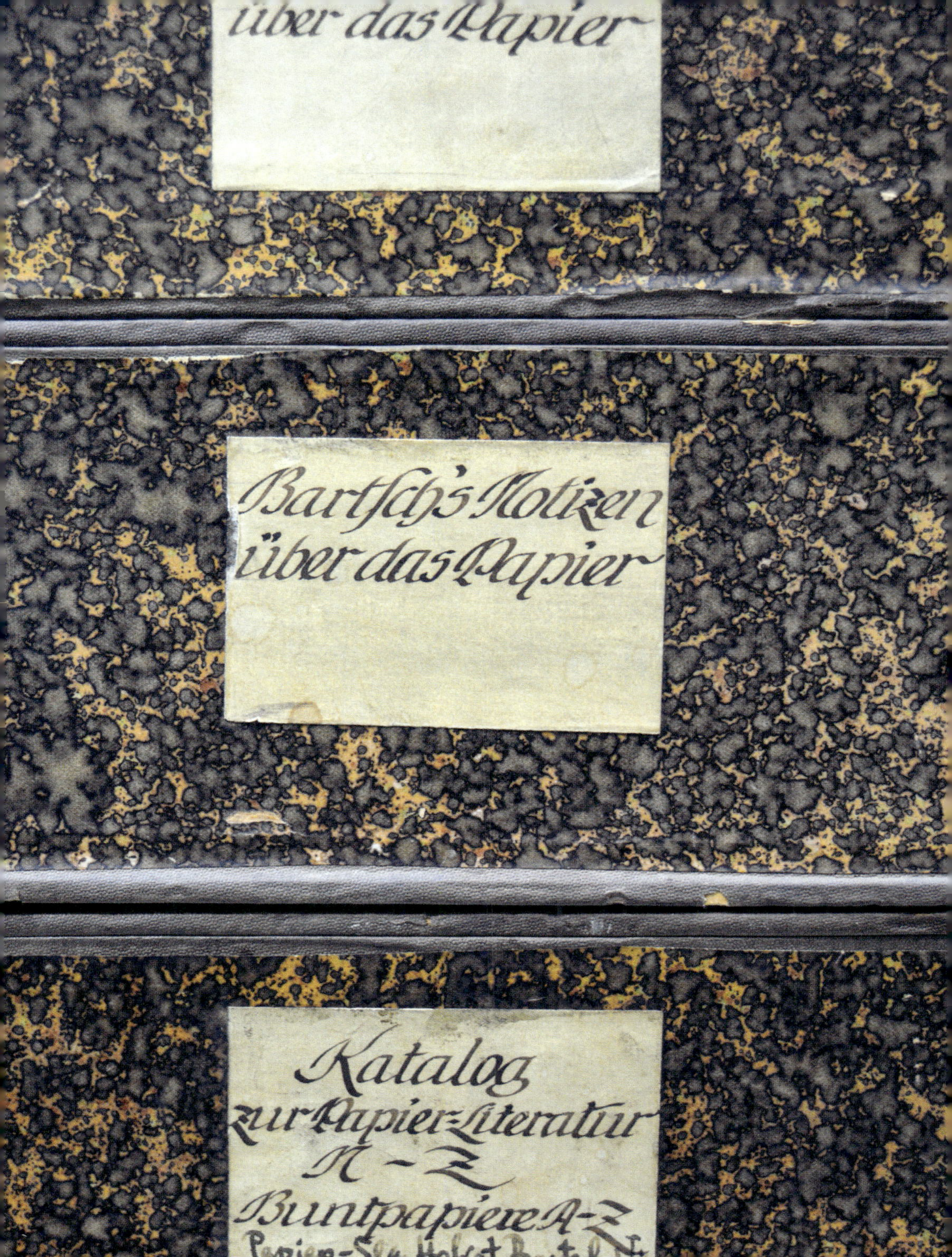

über das Papier
Bartsch's Notizen
über das Papier
Katalog
zur Papier-Literatur
N – Z
Buntpapiere A–Z

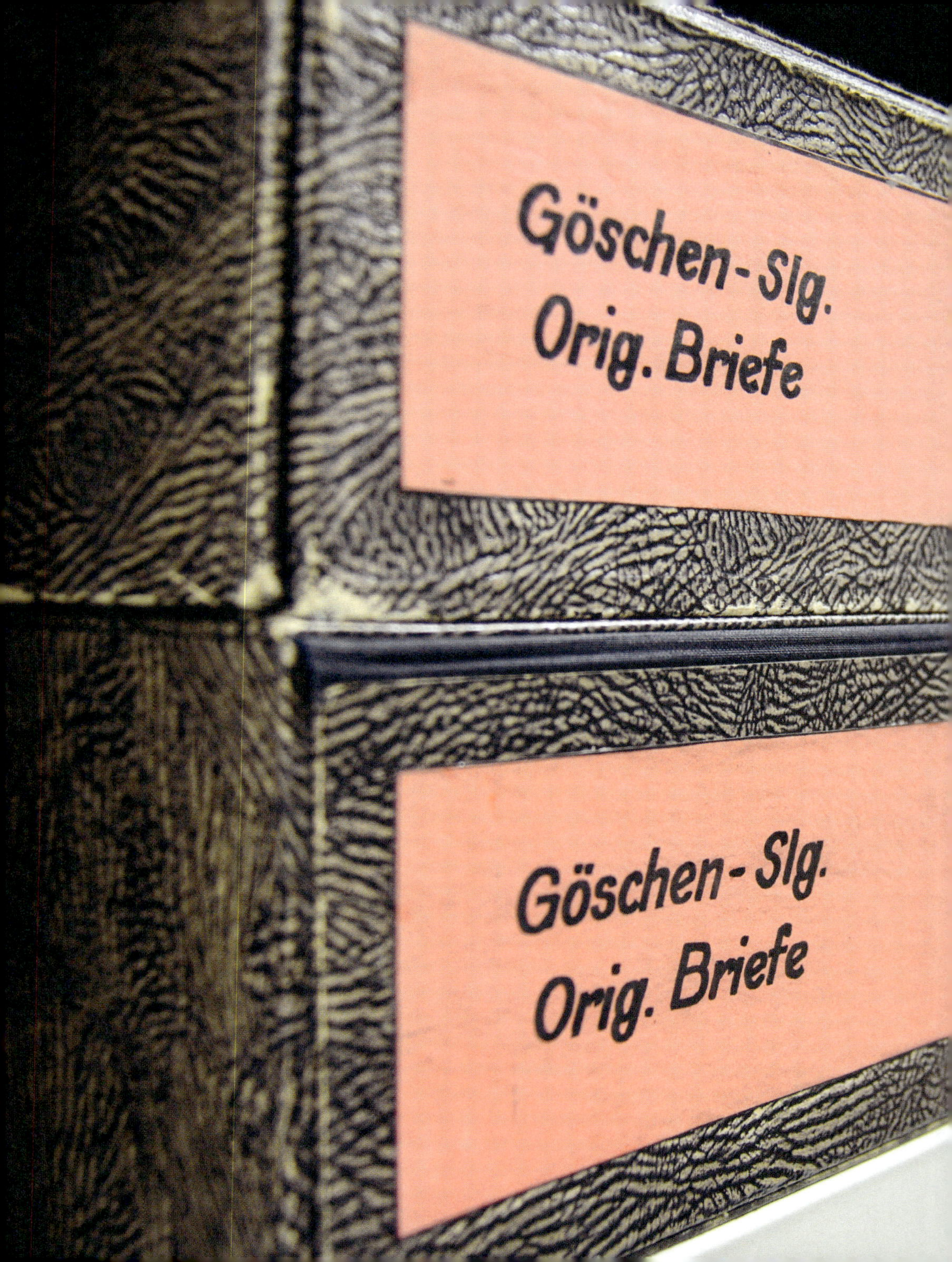
Göschen-Slg.
Orig. Briefe
Göschen-Slg.
Orig. Briefe

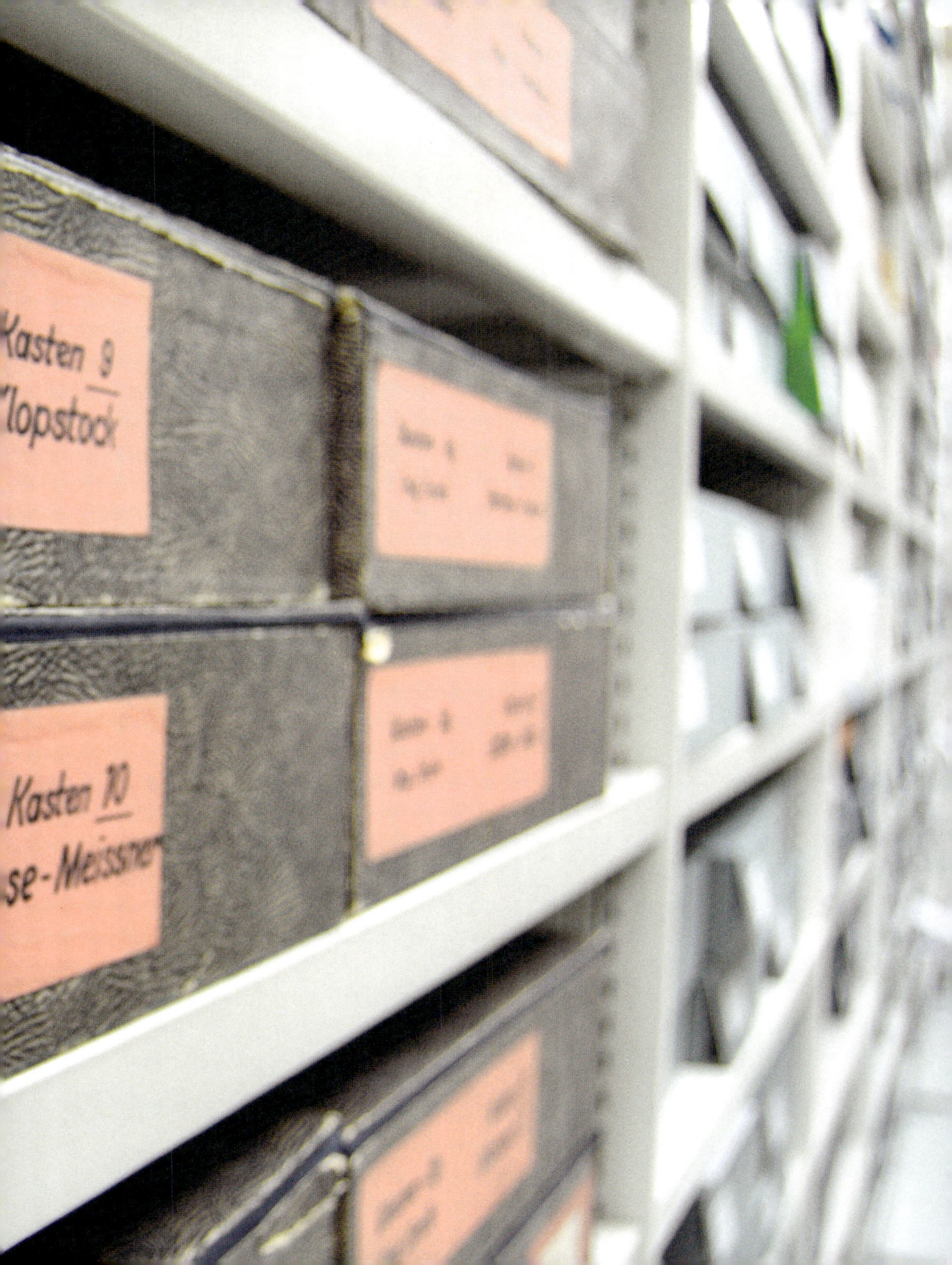
Kasten 9
lopstock
Kasten 10
se-Meissner

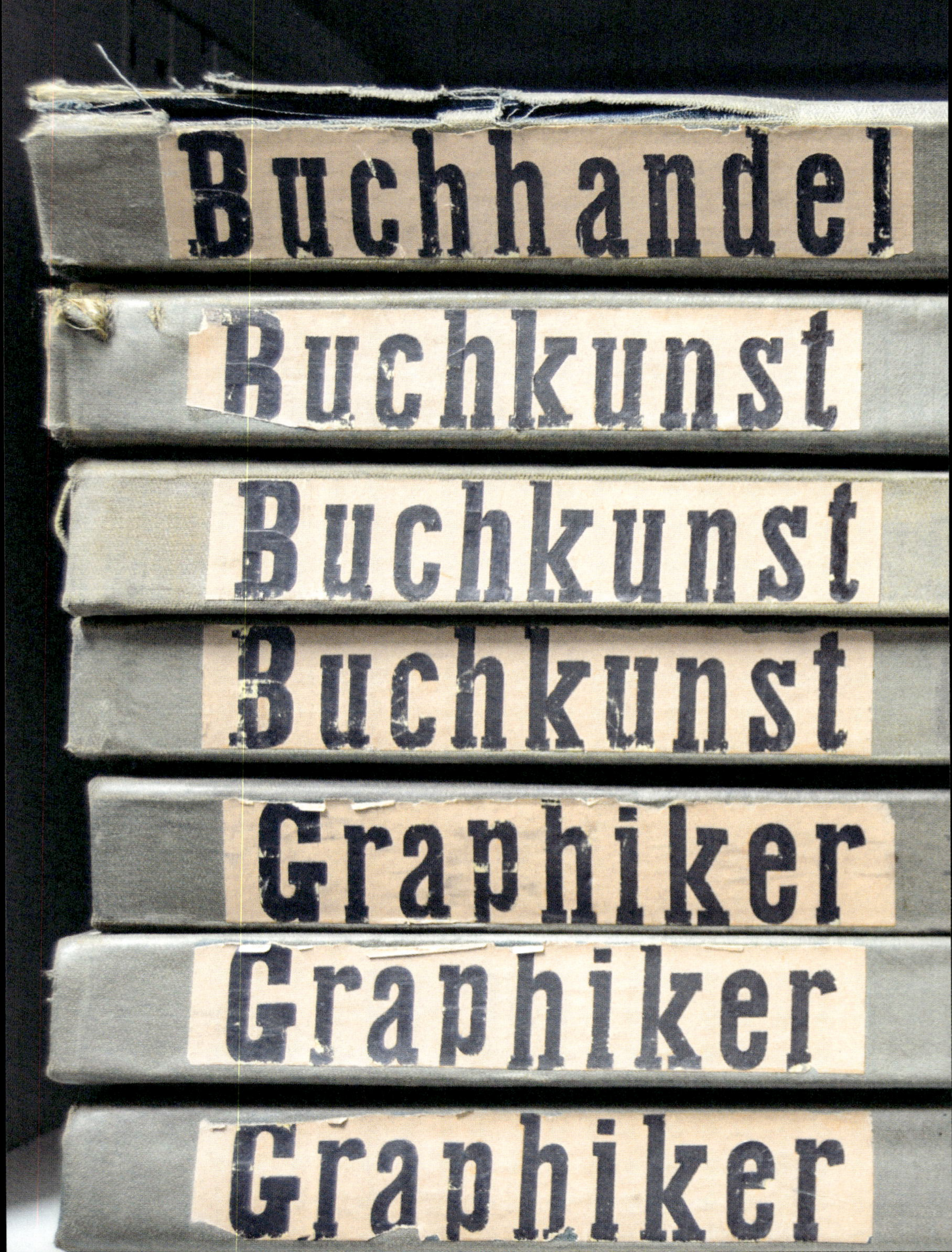

Buchhandel
Buchkunst
Buchkunst
Buchkunst
Graphiker
Graphiker
Graphiker

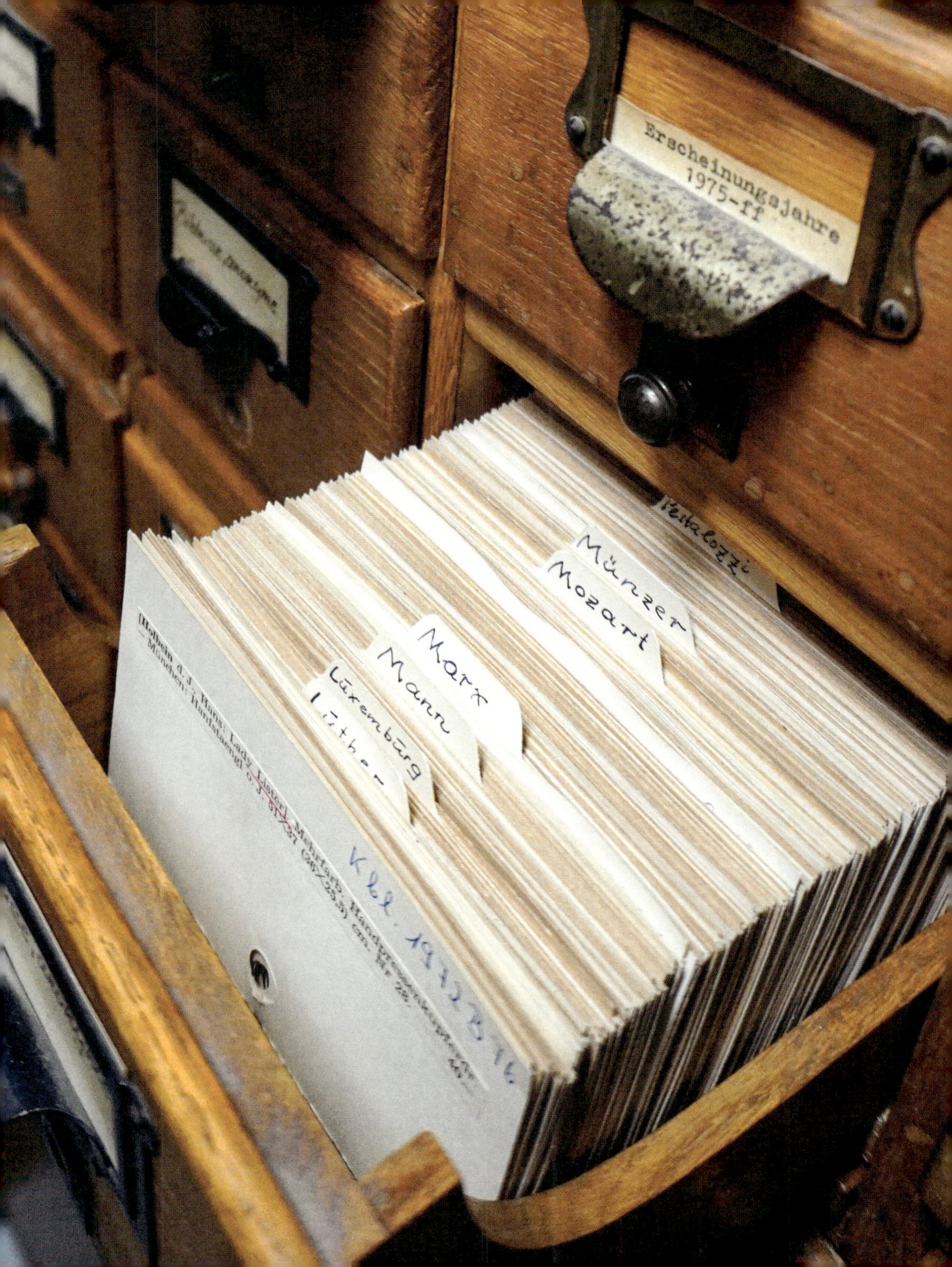
Erscheinungsjahre
1975-ff
Pestalozzi
Münzer
Mozart
Marx
Mann
Luxemburg

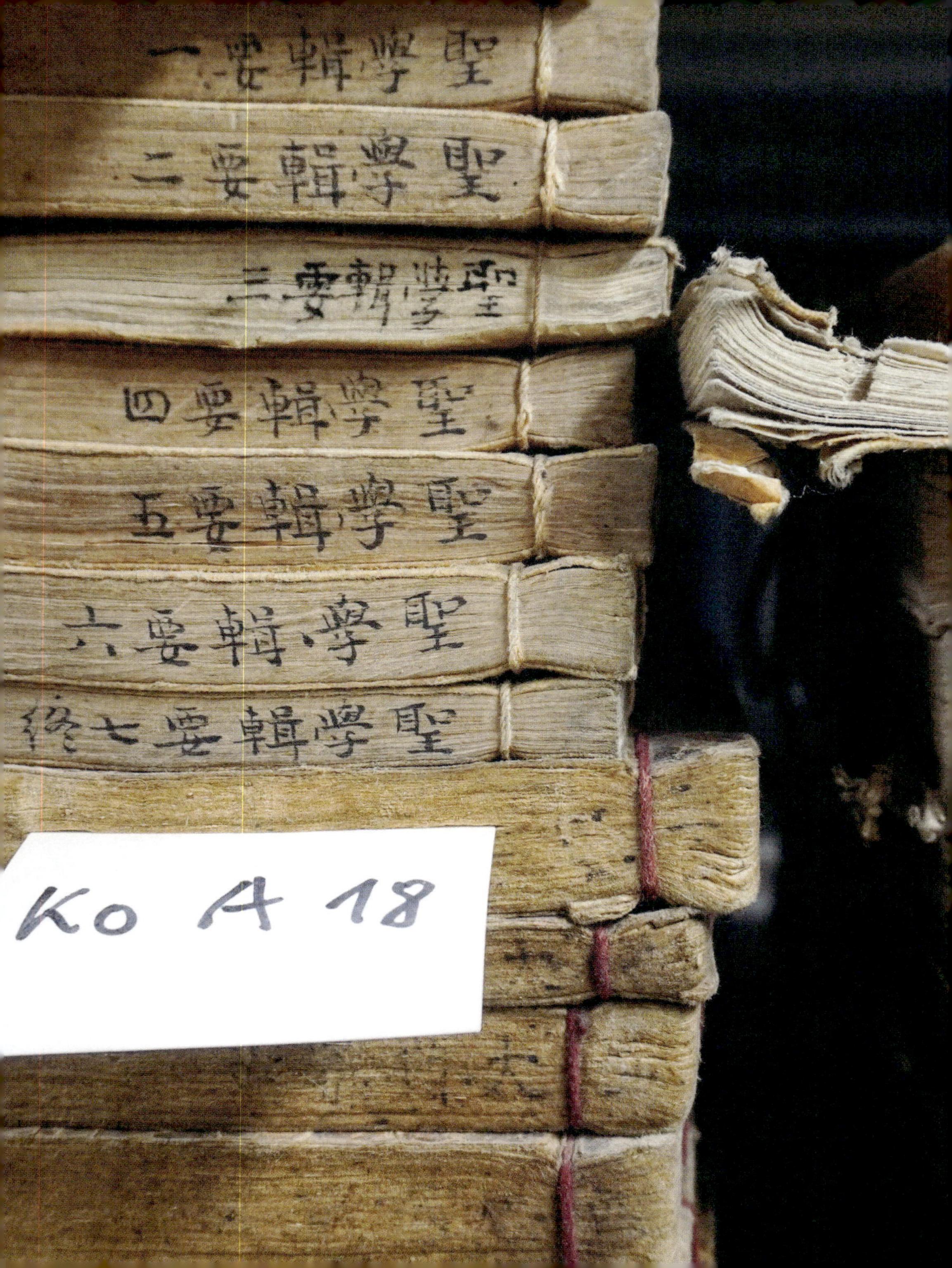
聖學輯要一
聖學輯要二
聖學輯要三
聖學輯要四
聖學輯要五
聖學輯要六
聖學輯要七終
Ko A 18

Tiefenbohrung

Eine andere Provenienzgeschichte

Herausgegeben von Stephanie Jacobs
im Auftrag der Deutschen Nationalbibliothek

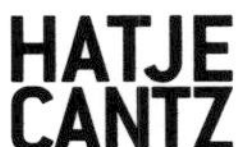

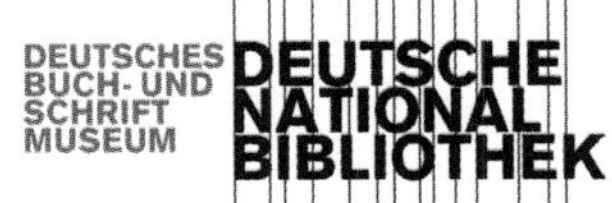

Grußwort

Es ist kein Zufall, dass zu einer Zeit, in der die Begriffe Herkunft und Heimat Konjunktur haben, auch die Frage nach der Provenienz von Kulturgut auf der Agenda von Politik und Gesellschaft steht. Die Bedeutung materieller Überlieferung für das Selbstverständnis der Menschen wird uns durch den russischen Angriffskrieg gegen die Ukraine noch einmal vor Augen geführt. Ein Krieg, in dem nicht nur Menschen getötet und Städte in Schutt und Asche gelegt werden, sondern in dem auch gezielt Museen und Bibliotheken und damit kulturelle Identität zerstört werden sollen.

Dass das Deutsche Buch- und Schriftmuseum der Deutschen Nationalbibliothek in Leipzig die Herkunft seiner knapp eine Million Objekte umfassenden Sammlungen genauer unter die Lupe nimmt, ist deshalb nicht nur ein bedeutendes, sondern auch hochaktuelles Vorhaben. Als das weltweit älteste Buchmuseum begibt es sich damit auf eine Spurensuche in der eigenen Vergangenheit und schreibt zugleich eine Zeitgeschichte der kulturellen Überlieferung. Die zentralen Fragen lauten: Unter welchen historischen und ideologischen Bedingungen kamen die Bestände ins Haus? Welche Vorgeschichten bringen die Objekte mit? Wer hat wann was erworben? Und warum? Welche Absichten verbergen sich hinter Schenkungen und Stiftungen? Welche Rolle spielen Raub, Zerstörung und Verlagerung?

Die Publikation „Tiefenbohrung. Eine andere Provenienzgeschichte" unterwandert damit das traditionelle Narrativ vom Sammeln als neutralem, apolitischen Akt und leuchtet die Deutungsmacht von Gedächtniseinrichtungen und ihrer Bestände aus – egal, ob es um den Underground-Comic oder die Gutenberg-Bibel geht, um Sperrbestand, Hollywoodfoto, Reichsbibliothek oder Buchtüte. Nicht zuletzt die öffentliche Debatte über den Umgang mit Kulturgütern aus kolonialen Kontexten zeigt, dass Museen immer auch die Verantwortung für eine transparente und nachvollziehbare Überlieferungsgeschichte tragen. Die Gesellschaft hat ein Recht darauf, den Blick hinter die Fassade scheinbar nüchterner Katalogdaten zu werfen.

Ich freue mich sehr, dass die vorliegende Publikation neben Essays zu den musealen Sammlungen auch „Fremde Federn" zu Wort kommen lässt, die einen übergeordneten Blick auf die Frage nach der Herkunft von Kulturgut werfen. Ziel der

Publikation ist es, die Verantwortung von Archiven, Bibliotheken und Museen gegenüber einer diverser werdenden Gesellschaft und der Herkunft ihrer Sammlungen exemplarisch zu skizzieren.

Dem Buch und seiner dynamischen Fortschreibung im Netz wünsche ich interessierte Leserinnen und Leser und dem Deutschen Buch- und Schriftmuseum viel Erfolg bei der weiteren engagierten Spurenlese.

Claudia Roth MdB
Staatsministerin für Kultur und Medien
der Bundesrepublik Deutschland

Vorwort

Mit *Tiefenbohrung. Eine andere Provenienzgeschichte* legt das Deutsche Buch- und Schriftmuseum der Deutschen Nationalbibliothek eine Publikation vor, die die Geschichte des Museums aus der Perspektive der Herkunft seiner Bestände schreibt. Das Buch zeichnet die Wege, Sackgassen und Irrwege des kulturellen Erbes nach und nimmt dabei Zerstörungen und Raubzüge ebenso in den Blick wie Überraschungen und Glücksfälle. Es geht um das Nehmen und Geben, um Rauben, Bewahren und Schenken, um Retten und Triumphieren. Im Brennglas der Fragen nach den Herkunftsgeschichten wird museale Sammlungsgeschichte zu einem beredten Zeugnis der Zeitgeschichte. Ob Krieg, Inflation oder Wirtschaftswachstum, ob Enteignung, ideologische Verengung oder globale Vernetzung: Kulturgut trägt die Spuren der Geschichte – manchmal als enigmatisches Rätsel versteckt, manchmal weithin sichtbar.

Das Ziel der Publikation *Tiefenbohrung* ist es, diese Herkunftsspuren offenzulegen und Neugier auf die Biografien ganz unterschiedlicher Formate des kulturellen Erbes zu wecken – seien es Archivalien, Bücher, Comics, Fotografien, Druckmaschinen oder digitale Nachlässe. Dieser Blick auf Kulturgut bringt einen Bruch mit der konventionellen Institutionengeschichtsschreibung von Gedächtniseinrichtungen mit sich. Indem die Publikation das traditionelle Narrativ vom Bestandsaufbau in Archiven, Bibliotheken und Museen als intellektueller Setzung einzelner Akteure hinterfragt, möchte sie die Augen öffnen für den konstruktiven Charakter von Gedächtniseinrichtungen und deren Wirkungsabsichten, Besitzansprüche und Traditionsüberhänge. Dass diese Provenienzgeschichte zugleich auch eine Mediengeschichte von den Anfängen der Schrift bis ins digitale Zeitalter erzählt, ist dem thematischen Fokus des Museums geschuldet.

Der Begriff der Provenienz, der der folgenden Spurensuche zugrunde liegt, ist weiter gefasst, als derzeit in der Öffentlichkeit im Kontext der kulturpolitisch fokussierten Selbstverpflichtung zur Restitution diskutiert wird. Während diese Frage nach der Herkunft von Kulturgut von juristischen Aspekten dominiert wird, verfolgt die *Tiefenbohrung* einen integrativen Ansatz – eben eine *andere Provenienzgeschichte*: Provenienz wird als komplexes historisches Konglomerat präsentiert und nimmt Objekt- und Bestandsbiografien umfassend in den Blick. Diese Perspektive schließt die klassische Provenienzforschung ein, verengt die Frage nach der Herkunft von Kulturgut jedoch nicht auf Fragen von rechtmäßigem Besitz beziehungsweise Restitution.

Diese erweiterte kulturphilosophische Sicht auf das Phänomen Provenienz ist das innovative Moment an der vorliegenden Studie. Denn sowohl die öffentliche Diskussion als auch die Verhandlung des Themas in Kulturpolitik und Fachkreisen bedient vor allem die rechtlichen und damit verbunden die ethischen Implikationen des Themas: das Verdachtsmoment.

Aus dem Perspektivwechsel, den die Publikation einschlägt, folgt ein offensiver Umgang mit dem transitorischen Charakter von Herkunftsgeschichten. Da Provenienzrecherchen prinzipiell unabgeschlossen sind und in hohem Maße von kooperativer und interdisziplinärer Forschung leben, erscheint die Publikation zeitgleich als gedruckte und digitale Parallelausgabe – Letztere als offene Datei, die aktualisiert wird, wann immer neue Erkenntnisse zu den musealen Beständen aus den Tiefen der Geschichte ans Licht befördert werden. Das Unabgeschlossene ist hier Programm.

Die Spurensuche führt im Idealfall zur Aufklärung über die Herkunft von Kulturgut. Aber nicht alle Spuren führen zum Erfolg – im Gegenteil gehören Geduld, Langmut und Scheitern bei der Provenienzforschung zum Alltagsgeschäft. Das Fräsen durch die Zeitschichten, das – aus den Tiefen der Erinnerung schöpfend – Halt schafft, produziert eben auch jede Menge Abraum, der aus Seitenstollen des Bergwerks der Geschichte ausgehoben wird. Provenienzrecherche kann so zeitintensiv wie frustrierend sein. Wenn sie aber von Erfolg gekrönt ist, ist die Spurensuche eine Königsdisziplin der Geschichtswissenschaften.

Allen, die am Zustandekommen des Buches beteiligt waren, sagen wir Danke! Zuerst den Autor*innen, die sich in intensiven Recherchen den in fast 140 Jahren zusammengetragenen Beständen des Deutschen Buch- und Schriftmuseums aus der Perspektive der Bestandsherkunft gewidmet haben. Ob die Gutenberg-Bibel „auf Grand Tour" oder die chinesische Steintrommel, ob Kriegssammlungen oder „koloniale Reisesouvenirs", Dokumente aus der Filmwelt, Underground-Comics, Floppy Disks oder Buchtüten: In 33 Bestandsessays erzählen die Autor*innen erstaunliche Kulturgeschichten, die durch Tina Bode und Ramon Voges ihren letzten redaktionellen Schliff bekommen haben.

Danksagen möchten wir jedoch vor allem auch den Autor*innen der „Fremden Federn", die uns überraschende Einsichten zu den Themen Überlieferung, kulturelle Identität, Heimat und Herkunft, aber zugleich zu den Ordnungen des Wissens und deren hegemonialen Strukturen geschenkt haben. In den Texten kommen Expert*innen und Grenzgänger*innen zu Wort, die mit einem Weitwinkel auf das Thema Provenienz schauen und dadurch ganz neue Perspektiven eröffnen: Wolfgang Ernst, Stefan Laube, Andreas Ludwig, Gilbert Lupfer, Achim Saupe, Bénédicte Savoy und Ingrid Schaffner. Ihre Essays unterstreichen das Potenzial der großen Frage nach Herkunft und Heimat materieller und digitaler Überlieferungen.

Ebenfalls danken möchten wir dem Hatje Cantz Verlag, namentlich Richard Hagemann und Nicola von Velsen, die die Entstehung des Buches verlagsseitig in bewährter und ebenso freudwie vertrauensvoller Zusammenarbeit gesteuert haben.

Ein besonderer Dank aber geht an Torsten Köchlin und Joana Katte, die dem Buch seine formidable Gestalt geschenkt und dessen Bilderwelten in intensivem Pingpong mit Christine Hartmann und Laura Stein gebändigt haben. Die Objekte werden nicht ikonisch inszeniert, sondern in ihrer Materialität und Fragilität ausgebreitet und offenbaren so – ins grelle Licht der Recherchewerkstatt getaucht – die Spuren ihrer Überlieferungsgeschichten. Dass dieser Eindruck mit größter Sorgfalt im Detail gelungen ist, ist das Verdienst von Torsten Köchlin. Er hat das Thema als umfangreiche Kladde umgesetzt, die einen Blick in die Museumswerkstatt erlaubt. So leistet die *Tiefenbohrung* auch in ihrer äußeren Gestalt einen kongenialen Beitrag zu dem erweiterten Blick auf Provenienz.

Stephanie Jacobs
Leiterin des Deutschen Buch- und Schriftmuseums
der Deutschen Nationalbibliothek

Frank Scholze
Generaldirektor der Deutschen Nationalbibliothek

20 Provenienzgeschichten

1884

Klemm-Sammlung

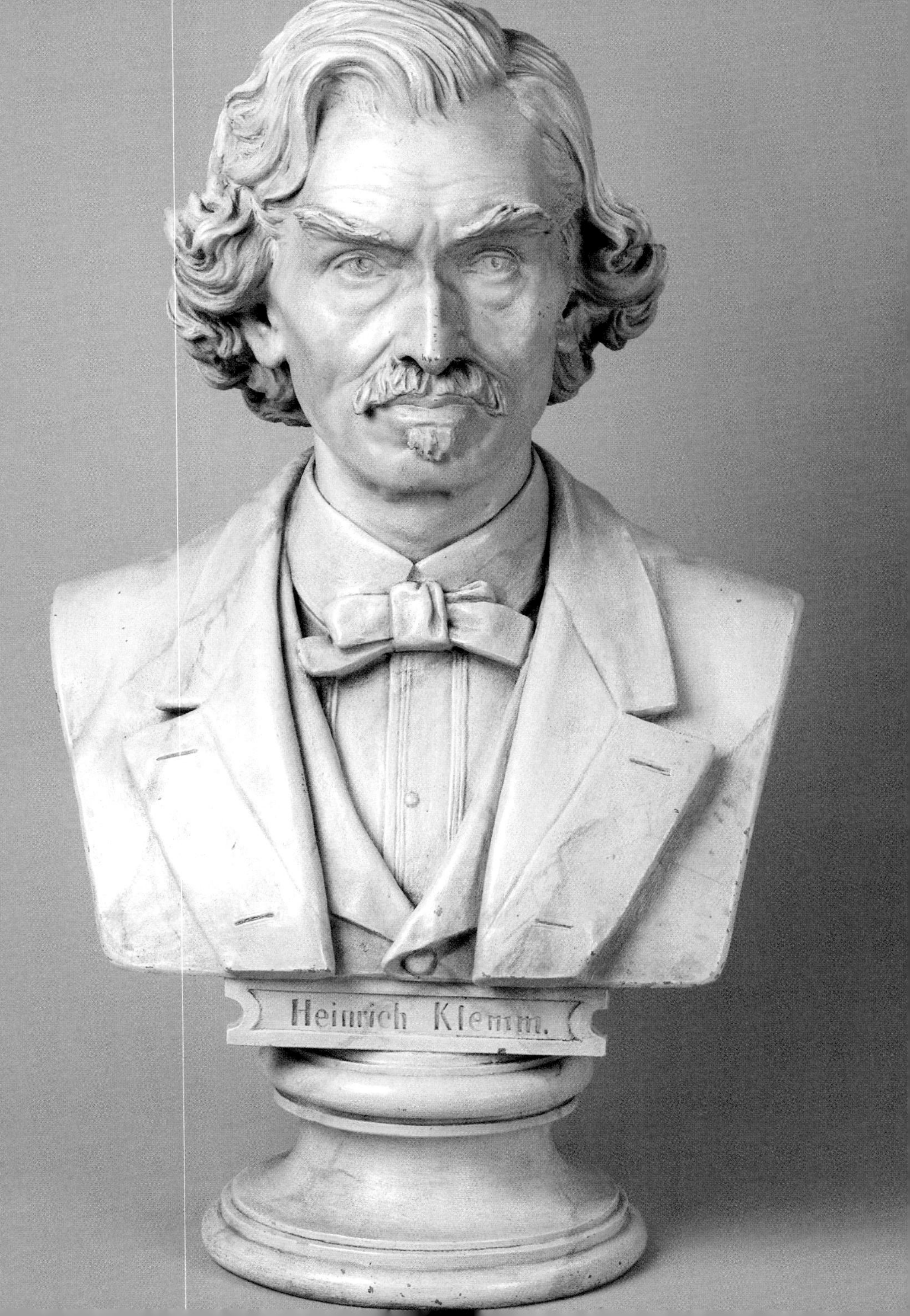
Heinrich Klemm.

aun nobil. tom. I. pag. 11. unten verweist

mir einem Rubricator mit der Jahrzahl

1470 versehenes Exemplar dieser Aus-

gabe von Augustini confessiones

vgl. Hain repert. bibl. no. 2030.

Eberts bibliogr. Lex. n. 1375.

...S. 207.

Brunet (ed. Brux.) I. 168.

Panzer ann. I. 68.

...Strassburger z. Gesch. d. Erfind. d. Buch-

druck. 1824. S. 69–70.

Barnh...

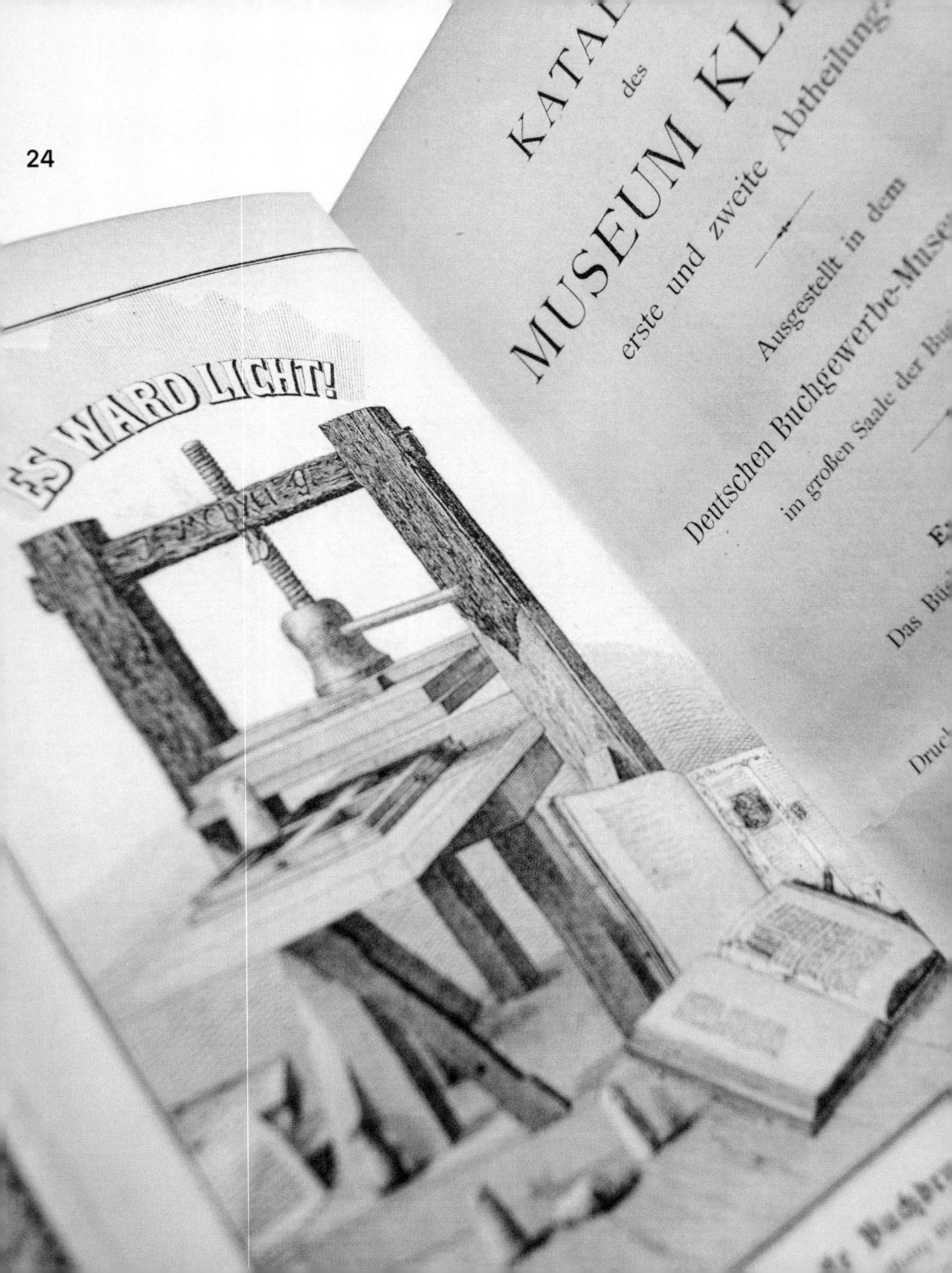

ES WARD LICHT!

KATA
des
MUSEUM KL
erste und zweite Abtheilung.

Ausgestellt in dem
Deutschen Buchgewerbe-Muse
im großen Saale der Bu

stalt. Bibliographisches Museum.

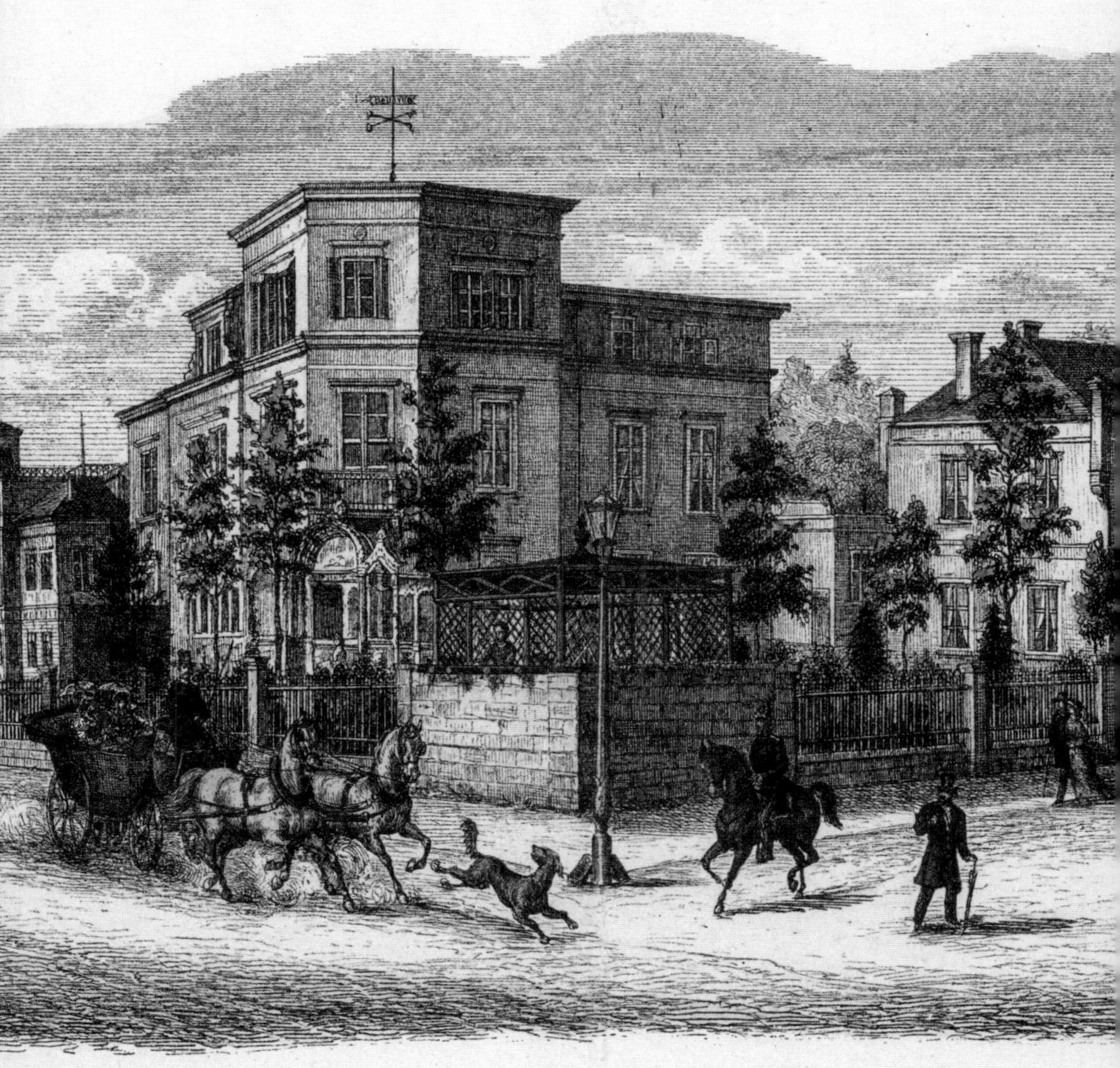

STSTRASSE No. 13b. & No. 14: VILLA BELLEVUE & VI

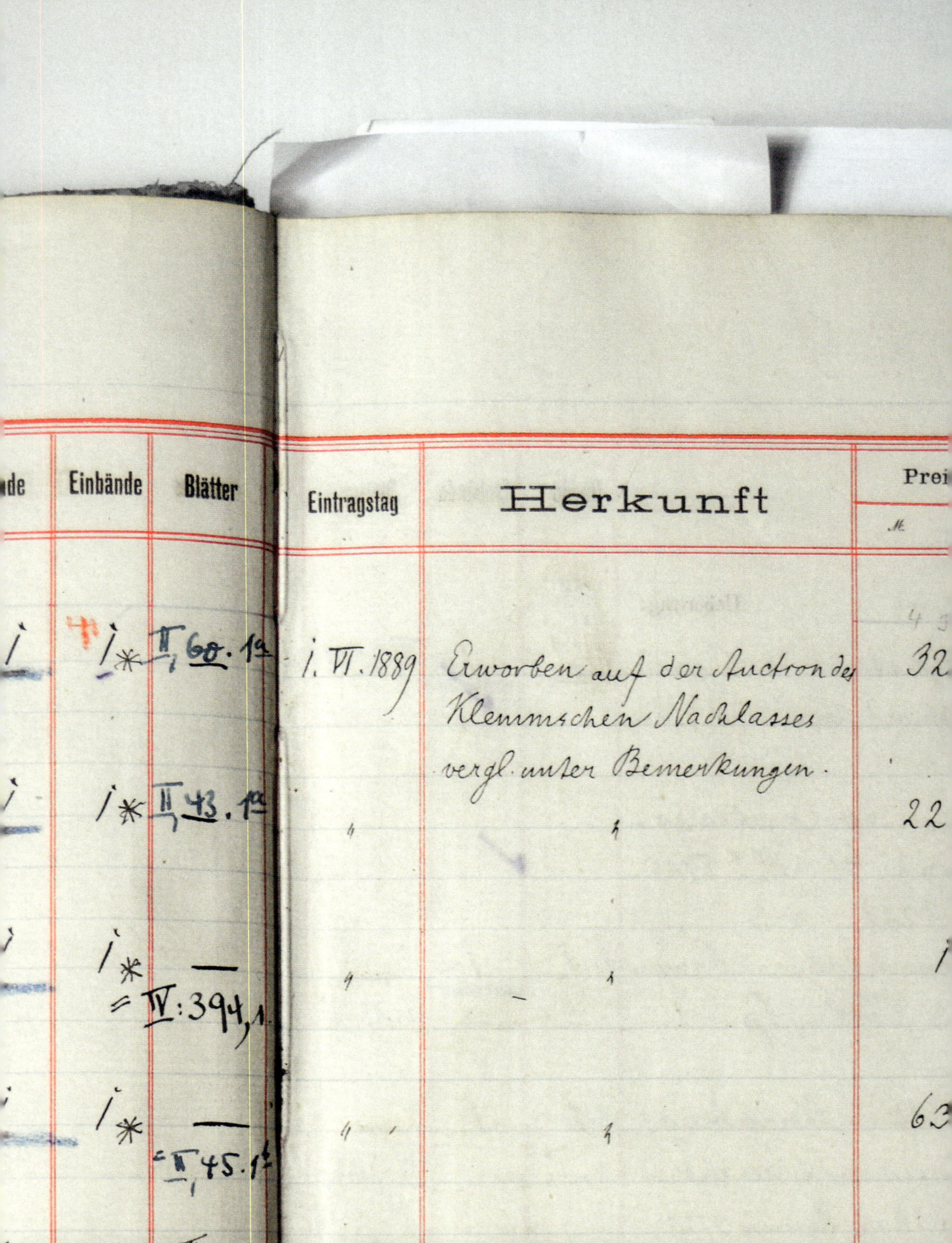

…nde	Einbände	Blätter	Eintragstag	Herkunft	Prei… M.
1	1 *	II, 60. 1a	1. VI. 1889	Erworben auf der Auction des Klemmschen Nachlasses vergl. unter Bemerkungen.	32
1	1 *	II, 43. 1a	"	"	22
1	1 *	— = IV: 394, 1	"	"	1
1	1 *	— = II, 45. 1½	"	"	63

Vermächtnis eines Schneidermeisters

Heinrich Klemm (1819–1886) ist Schneider, Modemacher, Verleger, Autor und Büchersammler. Seine wertvolle, vor allem typenkundlich und druckhistorisch orientierte Sammlung, zu der unter anderem auch ein Pergamentexemplar der 42-zeiligen Gutenberg-Bibel zählt, bildet den Grundbestand des Deutschen Buch- und Schriftmuseums der Deutschen Nationalbibliothek in Leipzig.[1]

In ärmlichen Verhältnissen aufgewachsen, gelingt es Heinrich Klemm um die Mitte des 19. Jahrhunderts, von der raschen industriellen Entwicklung und den zahlreichen sich daraus ergebenden Chancen zu profitieren. Sein Vermögen setzt er zu großen Teilen für seine Sammlung ein. Neben dem Bedürfnis nach Repräsentation ist ihm auch daran gelegen, seine Schätze zu beschreiben und zu erschließen. Das ist typisch für die bürgerlichen Sammlungen seiner Zeit. Letztlich sorgen die Sammler und Sammlerinnen nicht nur für die Anhäufung und Umverteilung von Schätzen, sondern auch für die Strukturierung und Bewahrung der kulturellen Überlieferung.

Die Aktenlage zum Aufbau der privaten Buchsammlung Heinrich Klemms ist sehr dürftig; es sind weder Briefwechsel noch Rechnungen, überhaupt keinerlei geschäftliche Unterlagen erhalten, die über seine Beziehungen zu Antiquaren, Buchhändlern, Buchbindern oder Restauratoren Auskunft geben könnten. Neben Klemms gelegentlichen Selbstauskünften stehen uns aber die Bücher selbst mit ihren Eintragungen, ihren Einbänden, Vorbesitzer-Exlibris und Bibliotheksstempeln sowie vielen anderen individuellen Merkmalen als Quellen zur Verfügung.

Im Vorwort zum Katalog seiner Büchersammlung gibt Heinrich Klemm einen Einblick in die Art und Weise, wie er die Sammlung zusammengetragen hat: „Noch dürfte es manchen

Bücherfreund interessiren, die oft gestellte Frage beantwortet zu sehen: wie es in unserer Zeit überhaupt noch möglich gewesen, eine so kostbare Bibliothek zusammen zu bringen? Hier muss ich der seit Jahren für mich angestrengten Thätigkeit fast des gesammten deutschen Antiquar-Buchhandels rühmlich gedenken. Insbesondere verdanke ich den weitverzweigten Geschäftsverbindungen des Herrn Albert Cohn in Berlin die Herbeischaffung der meisten und wichtigsten Schätze meiner Sammlung; aber auch Privatagenten in aller Herren Länder schafften mir direct so manches Prachtstück ins Haus."[2]

Die Zusammenarbeit mit Albert Cohn (1827–1905) führt unter anderem zum Erwerb eines Exemplars der Gutenberg-Bibel, dem ersten mit beweglichen Lettern gedruckten Buch. Weitere Käufe des Sammlers bei Albert Cohn und auch anderen Antiquariaten lassen sich mittels Ausschnitten der jeweiligen Titelbeschreibung aus Katalogen belegen, die Klemm häufig in die daraufhin erworbenen Werke einklebt. Ist diese Zuordnung ohne weitere Quellen schon nicht einfach, so ist es noch schwieriger zu ermitteln, durch welche Hände die Bücher vorher gegangen sind. Antiquare kaufen häufig bei Auktionen, und Auktionen haben im 19. Jahrhundert oft den Zweck, säkularisierte Buchbestände zu verwerten, Privatsammlungen aufzulösen oder Dubletten der großen Bibliotheken zu veräußern.

Die Säkularisation der Klöster zu Beginn des 19. Jahrhunderts krempelt den gesamten antiquarischen Buchmarkt um. Die Bibliotheken der säkularisierten Klöster werden aufgelöst, teils an Universitäts- oder Hofbibliotheken abgegeben; dort, wenn es Dubletten sind, wieder ausgesondert, versteigert und verkauft, aber auch verschenkt, gestohlen oder makuliert. Ein Paradies für Büchersammler tut sich auf und Heinrich Klemm nutzt die Gelegenheit, um eine der bedeutendsten deutschen Privatsammlungen an sogenannten Inkunabeln (Drucken aus der Frühzeit des Buchdrucks) zusammenzutragen.

Dieses kleinteilige Erwerben hat zur Folge, dass wir heute in der Klemm-Sammlung ganz verschiedene Herkunftsmerkmale finden. Eine typische Provenienzgeschichte sieht etwa so aus: Das Exemplar der um 1470 in Straßburg von Johann Mentelin gedruckten Ausgabe der *Confessiones* von Augustinus trägt einen durchgestrichenen Besitzeintrag des Augsburger Augustinerchorherrenstifts St. Georg („Bibliotheca S. Georgij Augustae") und den Namenszug „Barnheim"[3]. Friedrich August Barnheim (1797 – ca. 1870) war ein Bibliophiler, der wie Klemm von den Buchumverteilungen des 19. Jahrhunderts profitierte. Nach seinem Tod wird die Inkunabel mit der ganzen Barnheim'schen Sammlung 1873 in Berlin versteigert. Hier lässt Heinrich Klemm den Band erwerben und ihm eine umfassende Restaurierung angedeihen.

Wie es in vielen Buchsammlungen der Zeit gang und gäbe ist, wird damit auch ein wichtiges Provenienzmerkmal, nämlich die individuelle Gestaltung des Bucheinbands, überformt oder unkenntlich gemacht.

Einen ganz anderen Weg nimmt eine Mailänder Inkunabel, die 1495 erschienen ist. Sie trägt, neben Notizen und Namenszügen von Einzelpersonen, mehrere handschriftliche Eignervermerke wie „Ex bibliotheca Windhagiana". Diese heute weithin unbekannte frühneuzeitliche Adelsbibliothek wird von dem gelehrten Grafen Joachim Enzmilner (1600–1678) auf dessen Schloss Windhaag in Oberösterreich zusammengetragen. Die 20.000 Bücher gelangen nach Enzmilners Tod durch testamentarische Verfügung nach Wien und letztlich 1756 in die dortige Hofbibliothek.[4] Hier wird die Inkunabel im 19. Jahrhundert als Dublette gekennzeichnet und verkauft. Dublettenauktionen der Bibliotheken sind zeittypisch und erfolgen in der Hoffnung, die „nutzlosen" Bücherberge, die sich nach dem riesigen Zustrom alter Bücher aus den aufgelösten Klöstern angehäuft haben, in neue Erwerbungsmittel umzuwandeln. Profiteur ist wiederum Heinrich Klemm, der den seltenen Frühdruck in seine Sammlung aufnimmt. Die Herkunft scheint ihn jedoch kaum interessiert zu haben, er beschäftigt sich vielmehr mit Typenkunde – der Bestimmung von Inkunabeldruckern mithilfe ihres Typenmaterials – und strebt danach, aus den frühesten europäischen Druckorten mindestens einen Druck aller ansässigen Drucker zu erwerben. Klemms Interesse gilt in dem Fall Ulrich Scinzenzeler, einem deutschen Drucker, der seit 1477 in Mailand tätig war. In seinem Katalog schreibt Klemm zu dieser Ausgabe: „Dieses Predigtbuch ist mit einer hübschen gothischen Type gedruckt und hat am Schlusse die Firma und Datirung. Man kennt nur diese Ausgabe des 15. Jahrhunderts."[5]

Den berühmten Vorbesitzer erwähnt Klemm mit keinem Wort, wie auch der gesamte Katalog nur an ganz wenigen Stellen Angaben zur Herkunft macht. Das mag sich durch die damals nur in geringem Umfang vorhandene Fachliteratur und die unzulänglichen Recherchemöglichkeiten erklären, jedoch auch durch den Drang des Sammlers zum Spektakulären, Einzigartigen.

Der genannte Katalog gibt Auskunft über die Exemplare aus Klemms Sammlung im Hinblick auf deren Druckgeschichte. Zugleich ist er aber auch das Verzeichnis der ersten Ausstellung der berühmten Sammlung im Deutschen Buchgewerbemuseum, wie das Deutsche Buch- und Schriftmuseum im Jahr 1885 noch heißt.

Schon ein Jahr zuvor hat Heinrich Klemm seine Sammlung dem eben gegründeten Buchgewerbemuseum für 400.000 Mark angeboten. In einem Handexemplar des Katalogs finden sich sogar Notizen zu den Preisvorstellungen des Sammlers. Die Verhandlungen ziehen sich allerdings in die Länge. Zwischenzeitlich schlägt Heinrich Klemm sogar ein weitaus höheres Angebot aus den USA aus. Es ist sein erklärter Wunsch, dass die Sammlung in seiner Heimat verbleibt.[6] Angesichts der spektakulären Ausstellung stimmen die sächsischen Landstände im Mai 1886 endlich dem Ankauf zu. Ein halbes Jahr vor Heinrich Klemms Tod finden die Bücher als „Königlich-Sächsische Bibliographische Sammlung“ im Deutschen Buchgewerbemuseum ihre neue Heimat.

Klemm stiftet dem Museum eine bedeutende Summe für den weiteren Ausbau der Sammlung. Bis in die Inflationsjahre wird das Geld reichen, um ergänzende Ankäufe zu tätigen. So kommen um 1900 auch zahlreiche zeitgenössische Pressendrucke der jungen Buchkunstbewegung ins Museum.

Eine posthume Ergänzung aus Klemms Besitz erfährt das Buchgewerbemuseum im Jahr 1889, als das Dresdner Auktionshaus von Zahn und Jaensch den Büchernachlass des unermüdlichen Sammlers versteigert.[7] Klemm hat sich in seinen letzten Jahren mit den – bis dahin von ihm nicht beachteten – niederländischen Frühdrucken beschäftigt. Aber auch seine Fachliteratur, das sind die Titel mit regionalem Bezug zu Sachsen (Saxonica), und viele weitere Alte Drucke kommen unter den Hammer. Von den 1.431 Titeln erwirbt das Museum 42, fast alle sind Inkunabeln aus niederländischen Druckorten.

Auch wenn sich die wertvollsten Stücke seit 1945 als kriegsbedingt verlagertes Kulturgut in der Russischen Staatsbibliothek

Moskau befinden, kann das Museum heute mit den verbliebenen Exemplaren der Klemm-Sammlung die Vorformen des Drucks und den frühen europäischen Buchdruck umfangreich dokumentieren. Der Bestand wird laufend durch Ankäufe und Schenkungen ergänzt. Mit den eigenen Sammlungen des Buchgewerbevereins bis 1945 und der Bibliothek des Börsenvereins der Deutschen Buchhändler zu Leipzig kommen weitere Altbestände dazu. Historische Bucheinbände, mittelalterliche als auch moderne Handschriften, einst nicht im Fokus von Heinrich Klemms Sammelleidenschaft, finden inzwischen ebenfalls Beachtung.

Ein Projekt hat zum Ziel, den gesamten Buchbestand des Museums bis zum Erscheinungsjahr 1830 zu digitalisieren. Damit sollen auch die Besonderheiten der Klemm-Sammlung der internationalen Forschung und allen Interessierten zugänglich gemacht werden.

Bettina Rüdiger

1
Der Beitrag beruht auf folgendem Artikel der Autorin: „Eine Büchersammlung im 19. Jahrhundert", in: *Leipziger Jahrbuch für Buchgeschichte,* 16, 2007, S. 383–396.

2
Beschreibender Catalog des Bibliographischen Museums von Heinrich Klemm, Dresden 1884, Vorwort.

3
Aurelius Augustinus, *Confessiones,* Straßburg: Johann Mentelin 1470, DBSM/M/Klemm; II 30,1g.

4
Vgl. dazu Walpurga Oppeker, „Zur wechselvollen Geschichte der Bibliotheca Windhagiana. Mit Zensus aller bisher nachgewiesenen Bücher aus der Bibliotheca Windhagiana", in: *Studien zur Wiener Geschichte,* 69/71-2013/2015 (2018), S. 159–309.

5
Katalog des Museum Klemm. Erste und zweite Abtheilung. Ausgestellt in dem Deutschen Buchgewerbe-Museum zu Leipzig [...], Dresden/Leipzig 1885, S. 322.

6
Verzeichniss einer Werthvollen Bücher-Sammlung ... aus dem Nachlasse des bekannten Bibliophilen Herrn Heinrich Klemm. Versteigerung am Montag, den 18. März 1889 und ff. Tage, Dresden: v. Zahn & Jaensch, Antiquariat, 1889, S. IV.

7
Ebd.

1886

Gutenberg-Bibel

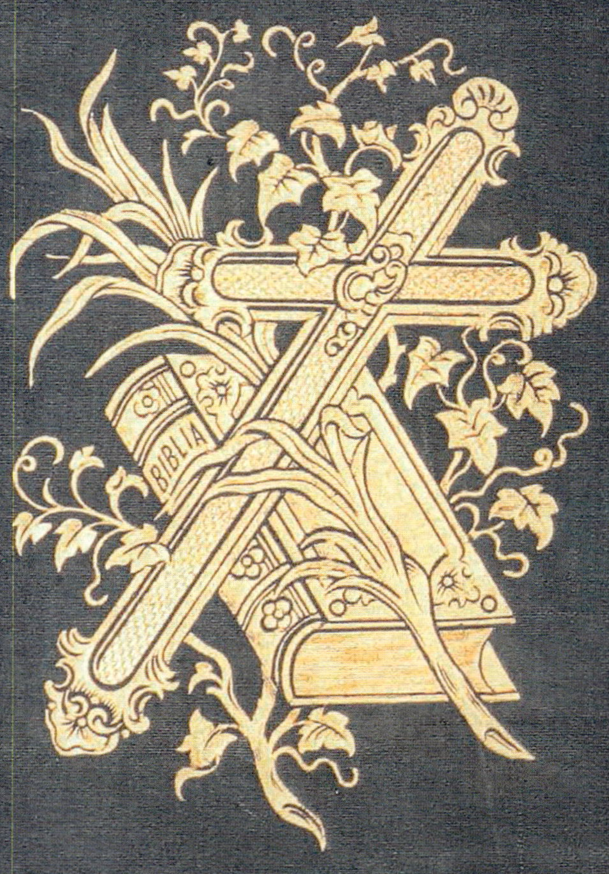

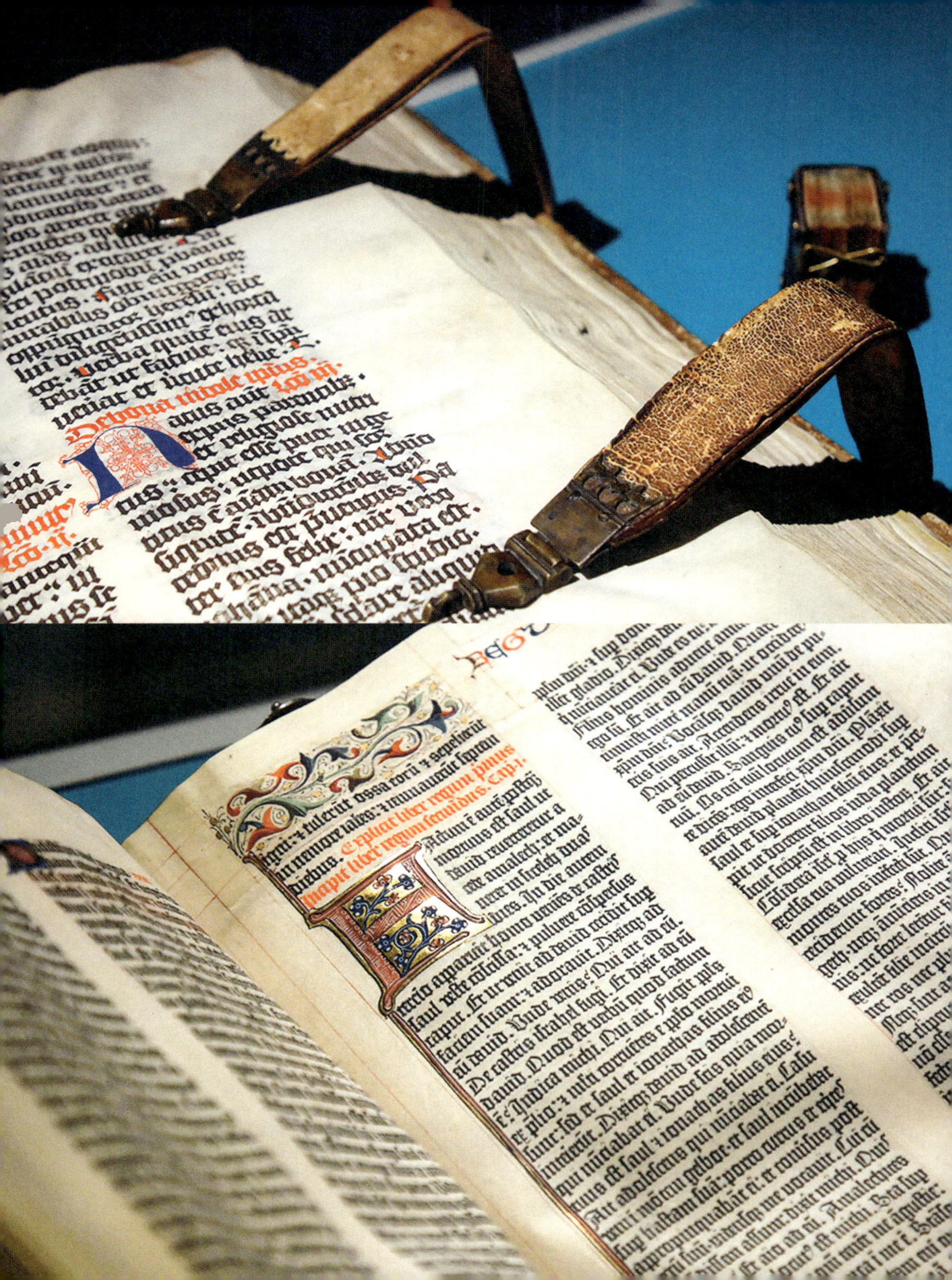

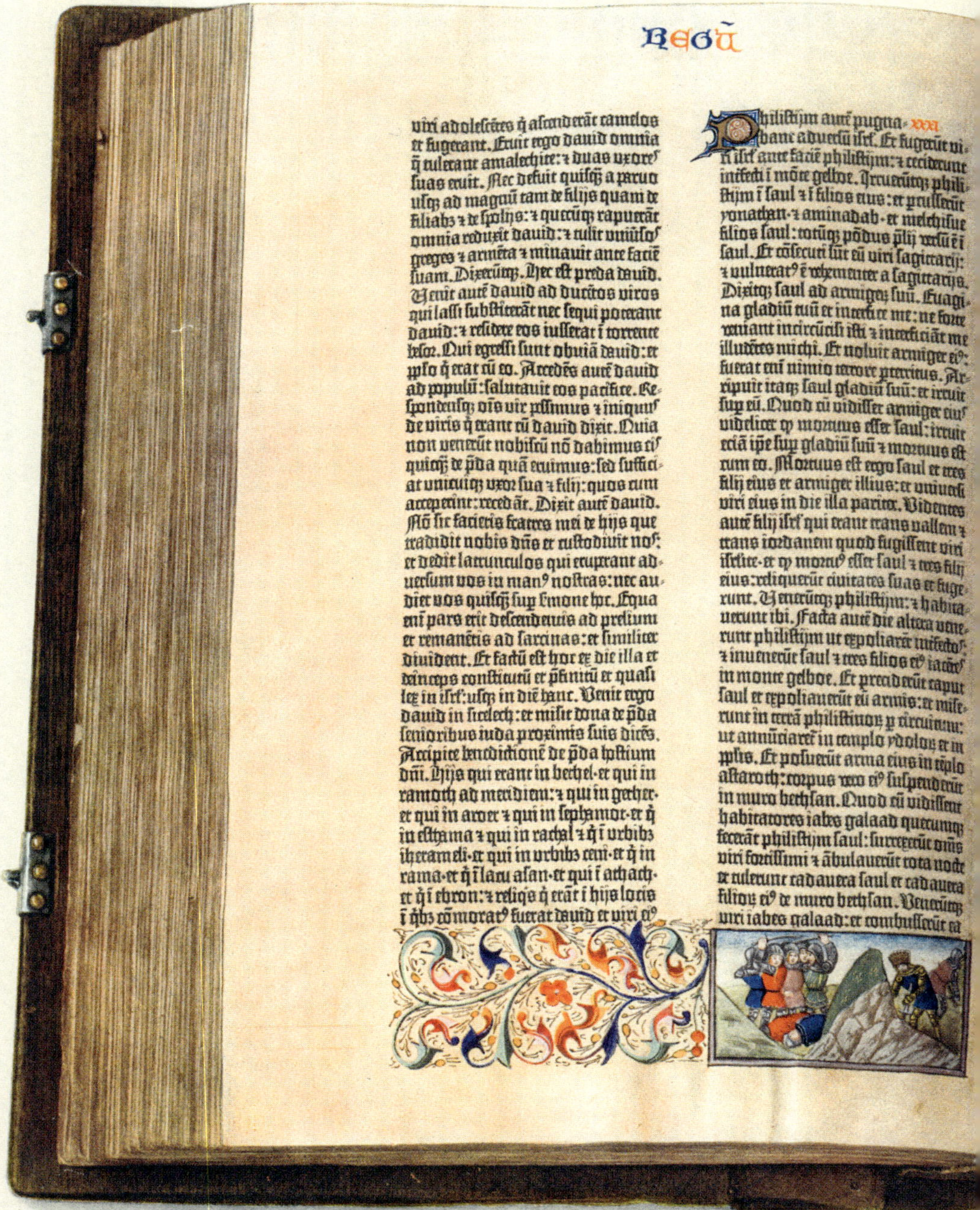

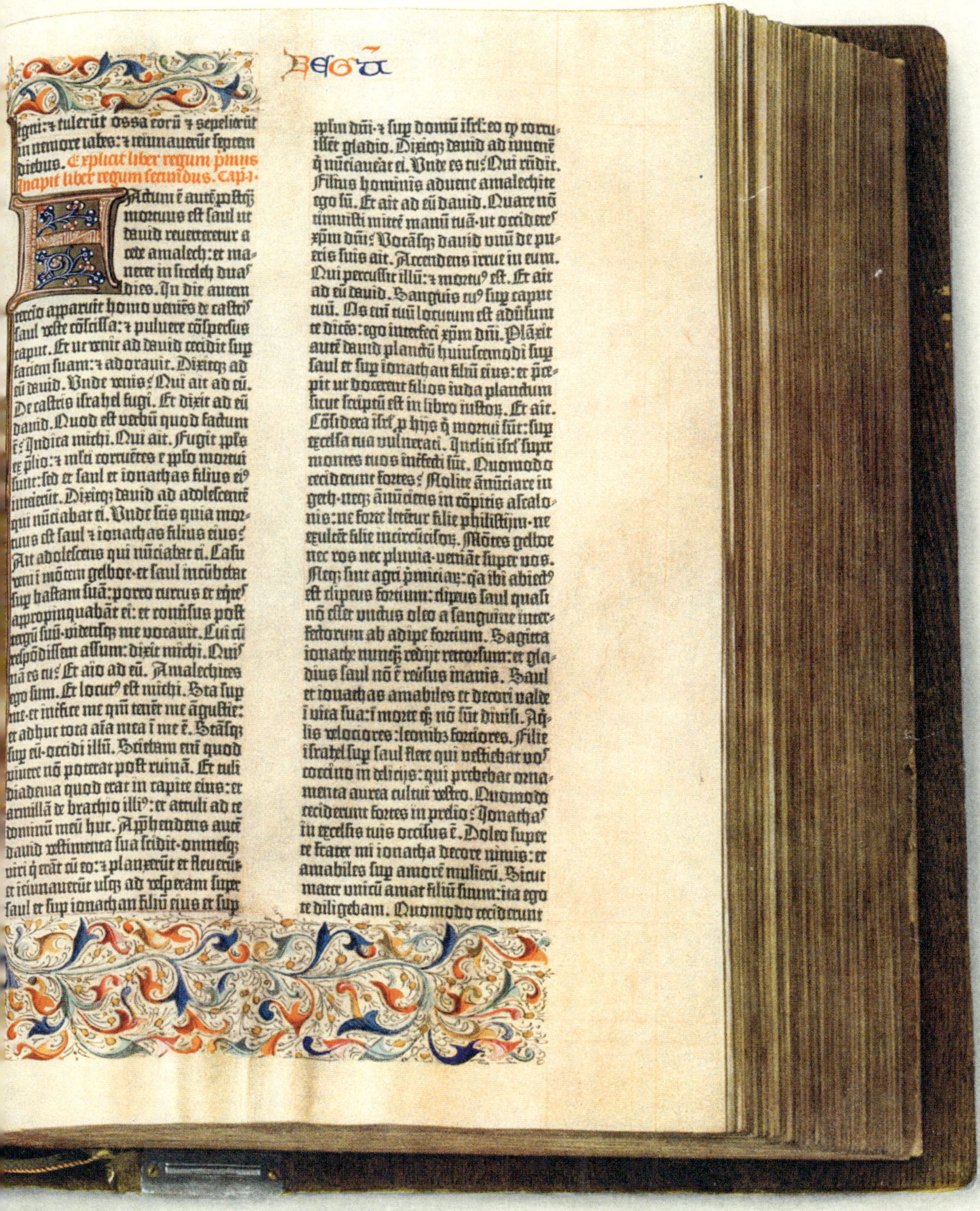

[J]egni: ⁊ tulerūt ossa eorū ⁊ sepelierūt
in nemore iabes: ⁊ ieiunauerūt septem
diebus. Explicit liber regum primus
Incipit liber regum secundus. Cap. I.

Factum ē autē postq̄
mortuus est saul ut
dauid reuerteretur a
cede amalech: et ma-
neret in siceleh duos
dies. In die autem
tercio apparuit homo veniēs de castris
saul veste cōscissa: ⁊ puluere cōspersus
caput. Et ut venit ad dauid cecidit sup
faciem suam: ⁊ adorauit. Dixitq; ad
eū dauid. Unde venis? Qui ait ad eū.
De castris israhel fugi. Et dixit ad eū
dauid. Quod est verbū quod factum
ē? Indica michi. Qui ait. Fugit ppls
ex plio: ⁊ multi corruētes e pplo mortui
sunt: sed et saul et ionathas filius ei⁹
interierūt. Dixitq; dauid ad adolescentē
qui nūciabat ei. Unde scis quia mor-
tuus est saul ⁊ ionathas filius eius?
Ait adolescens qui nūciabat ei. Casu
veni i mōtem gelboe. et saul incūbebat
sup hastam suā: porro currus et equites
appropinquabāt ei: et conuersus post
tergū suū. vidensq; me vocauit. Cui cū
respōdissem assum: dixit michi. Quis
nā es tu? Et aio ad eū. Amalechites
ego sum. Et locut⁹ est michi. Sta sup
me. et interfice me qm̄ tenēt me āgustie:
et adhuc tota aīa mea ī me ē. Stansq;
sup eū. occidi illū. Sciebam enī quod
viuere nō poterat post ruinā. Et tuli
diadema quod erat in capite eius: et
armillā de brachio illi⁹: et attuli ad te
dominū meū huc. Apphendens autē
dauid vestimenta sua scidit. omnesq;
viri q̄ erāt cū eo: ⁊ planxerūt et fleuerūt
et ieiunauerūt usq; ad vesperam super
saul et sup ionathan filiū eius et sup

ppl̄m dn̄i. ⁊ sup domū isrl': eo q corru-
issēt gladio. Dixitq; dauid ad iuuenē
q̄ nūciauerāt ei. Unde es tu? Qui rn̄dit.
Filius hominis aduene amalechite
ego sū. Et ait ad eū dauid. Quare nō
timuisti mittē manū tuā. ut occideres
xp̄m dn̄i? Vocāsq; dauid unū de pu-
eris suis ait. Accedens irrue in eum.
Qui percussit illū: ⁊ mortu⁹ est. Et ait
ad eū dauid. Sanguis tu⁹ sup caput
tuū. Os enī tuū locutum est adūsum
te dicēs: ego interfeci xp̄m dn̄i. Planxit
autē dauid planctū huiuscemodi sup
saul et sup ionathan filiū eius: et p̄ce-
pit ut docerent filios iuda planctum
sicut scriptū est in libro iustoꝝ. Et ait.
Cōsidera isrl' p hijs q̄ mortui sūt: sup
excelsa tua vulnerati. Incliti isrl' super
montes tuos interfecti sūt. Quomodo
ceciderunt fortes? Nolite ānūciare in
geth. neq; ānūcietis in cōpitis ascalo-
nis: ne forte letentur filie philistijm. ne
exultēt filie incircūcisoꝝ. Mōtes gelboe
nec ros nec pluuia. veniāt super vos.
Neq; sint agri p̄miciaꝝ: q̄a ibi abiect⁹
est clipeus fortium: clipeus saul quasi
nō esset unctus oleo a sanguine inter-
fectorum ab adipe fortium. Sagitta
ionathe numq̄ rediJt retrorsum: et gla-
dius saul nō ē reuersus inanis. Saul
et ionathas amabiles et decori valde
ī vita sua: ī morte q̄q; nō sūt diuisi. Aq̄-
lis velociores: leonib; fortiores. Filie
israhel sup saul flete qui vestiebat vos
coccino in delicijs: qui prebebat orna-
menta aurea cultui vestro. Quomodo
ceciderunt fortes in prelio? Ionathas
in excelsis tuis occisus ē. Doleo super
te frater mi ionatha decore nimis: et
amabilis sup amorē mulierū. Sicut
mater unicū amat filiū suum: ita ego
te diligebam. Quomodo ceciderunt

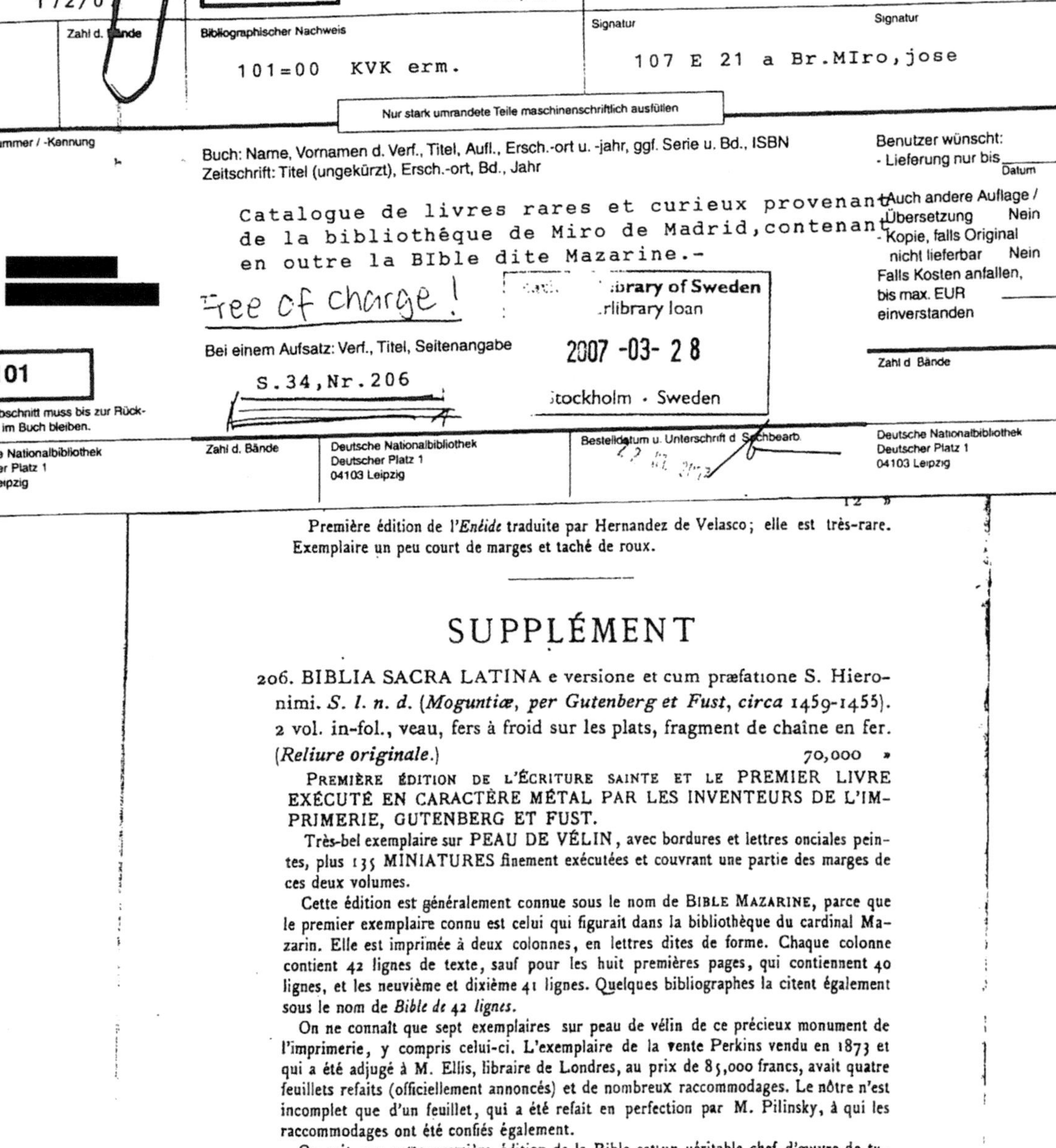

Première édition de l'*Enéide* traduite par Hernandez de Velasco; elle est très-rare. Exemplaire un peu court de marges et taché de roux.

SUPPLÉMENT

206. BIBLIA SACRA LATINA e versione et cum præfatione S. Hieronimi. *S. l. n. d.* (*Moguntiæ, per Gutenberg et Fust, circa* 1450-1455). 2 vol. in-fol., veau, fers à froid sur les plats, fragment de chaîne en fer. (*Reliure originale.*) 70,000 »

PREMIÈRE ÉDITION DE L'ÉCRITURE SAINTE ET LE PREMIER LIVRE EXÉCUTÉ EN CARACTÈRE MÉTAL PAR LES INVENTEURS DE L'IMPRIMERIE, GUTENBERG ET FUST.

Très-bel exemplaire sur PEAU DE VÉLIN, avec bordures et lettres onciales peintes, plus 135 MINIATURES finement exécutées et couvrant une partie des marges de ces deux volumes.

Cette édition est généralement connue sous le nom de BIBLE MAZARINE, parce que le premier exemplaire connu est celui qui figurait dans la bibliothèque du cardinal Mazarin. Elle est imprimée à deux colonnes, en lettres dites de forme. Chaque colonne contient 42 lignes de texte, sauf pour les huit premières pages, qui contiennent 40 lignes, et les neuvième et dixième 41 lignes. Quelques bibliographes la citent également sous le nom de *Bible de 42 lignes.*

On ne connaît que sept exemplaires sur peau de vélin de ce précieux monument de l'imprimerie, y compris celui-ci. L'exemplaire de la vente Perkins vendu en 1873 et qui a été adjugé à M. Ellis, libraire de Londres, au prix de 85,000 francs, avait quatre feuillets refaits (officiellement annoncés) et de nombreux raccommodages. Le nôtre n'est incomplet que d'un feuillet, qui a été refait en perfection par M. Pilinsky, à qui les raccommodages ont été confiés également.

On sait que cette première édition de la Bible est un véritable chef-d'œuvre de typographie.

6068. — Paris, imprimerie JOUAUST, rue Saint-Honoré, 338.

Daß die Suppen und Roastbeefs, Fürst Pücklers und Schinken
In der Literatur, wie die hies'gen, versinken,
Aber nur, um in Auflagen, mindestens zehn,
Stets zu neuem, verbessertem Sein zu erstehn.
Und so schalle der Ruf denn hinaus in die Welt:
Heil dem Weltschmaus, den täglich der Buchhandel hält,
Dem den Segen Apoll und Mercurius gebe!
Jetzt bitt' ich um Tusch! Ja, der Buchhandel lebe
Hoch!

Damit schloß die Reihe der geistigen und bald darauf auch die der materiellen Genüsse.

Das Festcomité stellte noch durch Vertheilung eines Cantatefestmahlspiralliedes, dessen Text in enger und immer enger werdenden Kreisen die „olle, tolle Dreherei“ des Cantateessens pries, die Probe an, wie viel eigentlich Sicherheit des Auges bei den Festgenossen noch vorhanden sei, und sie fiel im Allgemeinen unter großer Heiterkeit über alles Erwarten gut aus. Dann löste sich bald die Versammlung auf; aus dem heiß und dumpf gewordenen Saale flüchtete man in den kühlen und frischen Garten, oder trat die weitere Meßwanderung an, um das begonnene Werk in engerem Kreise würdig fortzusetzen, oder zog sich in sein stilles Kämmerlein zurück, um sich auf die am nächsten Morgen beginnende Meßarbeit zu stärken durch einen langen Schlaf. — Mit dem Wunsche aber, daß die Resultate dieser letzteren ebenfalls so allgemein befriedigt haben möchten, wie die vorhergehenden dem Vergnügen gewidmeten Tage und mit einem herzlichen „Auf Wiedersehen“ an unsere verehrten Gäste möge dieser Bericht schließen.

R. W.

Miscellen.

Aus Berlin erhalten wir die Nachricht, daß das Antiquariat von Albert Cohn ein Exemplar der 42zeiligen Bibel (die sogenannte Bible Mazarine), von Joh. Gutenberg circa 1455 gedruckt, erworben hat, und zwar eines der wenigen auf Pergament abgezogenen Exemplare. Dasselbe ist, mit Ausnahme eines einzigen Blattes, welches in einem getreuen Facsimile vorhanden, ganz complet, was sich bisher vielleicht nur von einem einzigen der 6 außer diesem bekannten Exemplare sagen ließ. Diesen Erwerb darf man ein bibliopolisches Ereigniß ersten Ranges nennen; denn als das erste aus der Buchdruckerpresse hervorgegangene Buch ist es das ehrwürdigste Monument der folgenreichsten aller Erfindungen, zugleich ein typographisches Meisterwerk, wie es deren wenige gibt, und wovon in Deutschland wohl seit 100 Jahren kein Exemplar auf Pergament im Handel vorgekommen ist. Ein Exemplar auf Papier, dem jedoch 17 Blätter fehlten, besaß vor 8 Jahren ebenfalls Hr. Cohn. Das Pergament-Exemplar, welches Henry Perkins 1825 vom Buchhändler Nicol in London kaufte, wurde in der berühmten Perkins-Auction in Hanworth-Park bei London 1873 für 3400 Pfund Sterling verkauft. Hrn. Cohn's Exemplar ist von allen bekannten vielleicht das größte, da es fast unbeschnitten ist, einzig in seiner Art aber ist es durch die künstlerische Ausschmückung, welche es zur Zeit seines Erscheinens empfing: außer vielen Hunderten prächtig gemalter und mit Gold aufgehöhter Initialen und Ornamente im reinsten Stil der Früh-Renaissance trägt es auf den Rändern am Fuße der Blätter über 100 sorgfältig gemalte figurenreiche Miniaturen, welche die in der Bibel erzählten Ereignisse illustriren, jedenfalls die frühesten Bibelbilder zu einem gedruckten Bibeltext. Das Exemplar befindet sich in seinem ersten Holzeinbande, in 2 Bände gebunden.

Möge es mir gestattet sein, auf den Artikel „Collection Spemann“ von Ludw. Ziemßen in Nr. 105 Ihres werthen Blattes kurz zurückzukommen. Gewiß muß jeder gebildete Deutsche, gleichviel welchem Berufe er angehören mag, die „Collection Spemann“ mit Freuden begrüßen und dem schönen Unternehmen volles Gedeihen wünschen, und wir Collegen insbesondere haben allen Grund, Hrn. Spemann als „Bahnbrecher“ zu einem neuen Prinzipe dankbar zu sein; ob aber die Ansicht des Herrn Verlegers und Sortimenters, den Hr. Ziemßen mit Mr. Starkie aus Baltimore besuchte, die richtige ist, möge dahingestellt bleiben. Meine Erfahrung wenigstens, die ich im Sortimente erworben, ist eine andere; ich glaube nicht, daß der Laden des fraglichen Herrn gestürmt worden wäre und in 24 Stunden kein Buch mehr auf den Regalen gestanden hätte, wenn der Band nur 1 Mark kosten würde; ich glaube, die Novitäten unserer Modeschriftsteller (dieser Ausdruck soll durchaus keinen Vorwurf enthalten) wären schnell verkauft, und die „Memoiren, Biographien, Reisen, gute neuere Dichter 2c.“ blieben unbehelligt auf ihren Regalen; denn ich halte unser deutsches Publicum im Allgemeinen nicht für Bücherkäufer. Um meiner Ansicht einen praktischen Hintergrund zu geben, erlaube ich mir, aus „Last, die Schäden in der literarischen Production Deutschlands“ (Wien 1879, Verlag des Vereins der Literaturfreunde) folgendes Excerpt zu bringen:

Wir haben auch wiederholt den Versuch gesehen, billige Bücher auf den Markt zu bringen; man handelt da in dem Glauben, daß das Publicum im Rechte sei, über theure Preise zu klagen, und hoffte nun auf die allgemeine Unterstützung; aber jeder Versuch dahin führte nur zu um so schnellerem Ruin dieser unbedachten Unternehmer. Um nur ein Beispiel anzuführen, weise ich hin auf den Untergang der alten soliden Firma Meidinger Sohn & Co. in Frankfurt a/M. Das Streben dieser Firma war ein ebenso ehrenhaftes, als mit allem Verständniß in der Wahl der Werke und deren Ausstattung ausgeführtes. In Ausstattung und Preis einem französischen Vorbilde angepaßt, brachte diese Sammlung des Vorzüglichsten der bekanntesten, anerkannten Autoren eine Reihe von Werken, unter denen zu nennen ich mir erlaube: „Afraja“ und „Erich Randal“ von Mügge, „Der Amerikamüde“ von Kürnberger, „Charlotte Ackermann“ von Otto Müller, und vor allem unseren deutschen Musterroman „Ekkehard“ von Scheffel. Was war nun das Resultat? Nach Erscheinen schon des 12. Bandes war die altbestandene Firma bankerott. Die Nation hatte Verleger und Autoren trotz billiger Preise im Stich gelassen; heute aber zahlt man für „Ekkehard“ wieder den dreifachen Preis. Aehnliche Versuche haben sich bis in die neueste Zeit mit demselben Mißerfolg wiederholt. Kein Wunder also, daß der vorsichtige Verleger bei den theuren Preisen verbleibt. Der Absatz von einigen hundert Exemplaren an die besseren Leihbibliotheken sichert ihm wenigstens einen Theil seiner Kosten.

Ich will diese Zeilen nicht schließen, ohne nochmals zu erwähnen, daß es mein aufrichtiger Wunsch ist, daß die „Collection Spemann“ die wohlverdiente Anerkennung zu Ehren des deutschen Publicums finden möge; diese Zeilen sollen nur eine Rechtfertigung für die Verleger sein, welche nicht auf solch großartige Erfolge, wie sie Hr. Spemann mit seinen vortrefflichen Prachtwerken erzielt, zurückblicken können, für die Verleger, welche nicht in der Lage sind, die bisher noch nicht erwiesene Kauflust unseres Publicums von neuem auf die Probe zu stellen.

H. M.

Neuer Anzeiger für Bibliographie und Bibliothekwissenschaft. Herausgegeben von Dr. J. Petzholdt. Jahrg. 1881. Mai.
Inhalt: Eingabe an den Reichskanzler Fürsten von Bismarck, die Begründung einer Deutschen Reichsbibliothek betr. — Die Lateinischen Augsburger Inkunabeln der Kreis- und Stadtbibliothek in Augsburg. Von J. Kränzler. (Schluss.) — Büchergeschenk an das Predigermönchskloster in Turin. — Litteratur und Miscellen. — Allgemeine Bibliographie.

Personalnachrichten.

Dem Gründer und Verleger des „Sachs-Villatte'schen Wörterbuches der französischen und deutschen Sprache“, Herrn Professor G. Langenscheidt in Berlin ist vom König von Griechenland in Anerkennung seiner Verdienste auf dem Gebiete der internationalen Lexikographie das Ritterkreuz des Erlöserordens verliehen worden.

19 Justiniani Institutiones cum
Mainz P. Sch. gr. f.
20, Th. de Aquino Expositio II libri
1469. Mainz P. S. gr. f.
21, Sti Hieronymi epistolae
P. Schöffer gr. f.
22, Joh. Marchesini, Mammo

6 II

Mainz Gedruckte Büch

1. Biblia sacra vulgata.
1450–55. 2 Bde. Gtg
2. Joh. Balbi de Janua lat
1460. Mainz Gtbg. gr. f.
3. Th. de Aquino Summa
fidei. 1461 Mainz Gtbg. 8°
4. Augustini de sancta Vir
um 1464. (Eltwyl) Gtbg. 8°.
5. Vocabularium latino-
Eltwyl N. Bechtermünze

B 42 auf Grand Tour

Die Gutenberg-Bibel des Deutschen Buch- und Schriftmuseums ist weit gereist. Von Gutenbergs Werkstatt in Mainz führt ihre Route quer durch Europa über zwei Benediktinerklöster in Spanien, die Pariser Weltausstellung und das Londoner Auktionshaus Sotheby's zurück nach Deutschland. Und schließlich nach Moskau, wo die beiden pergamentenen Prachtbände mit den unikalen Illustrationen seit Ende des Zweiten Weltkriegs aufbewahrt werden.

1886 erwirbt der sächsische Staat für 400.000 Goldmark die Büchersammlung des Verlegers Heinrich Klemm (1819–1886) für das zwei Jahre zuvor gegründete Museum. Die Mittel kommen aus der Gewerbeförderung. Ein erheblicher Teil dieser Summe entfällt auf ein zweibändiges Pergamentexemplar der von Gutenberg gedruckten Bibel mit zahlreichen Miniaturen, deren Seiten in zwei Spalten zu jeweils 42 Zeilen gesetzt sind, und die deshalb von der Fachwelt B 42 genannt wird. Klemm hat sie in seinem Sammlungskatalog[1] kurz beschrieben, jedoch keine Hinweise auf ihre Herkunft gegeben. Für ihn beginnt die Geschichte der Gutenberg-Bibel mit dem Kauf bei seinem wichtigsten Lieferanten, dem Berliner Antiquar Albert Cohn (1827–1905).

Da die Bibel auch zu dieser Zeit schon einen beträchtlichen Wert hatte, findet sich im Branchenblatt, dem *Börsenblatt für den Deutschen Buchhandel*, eine Mitteilung über deren Verkauf.[2] Die Miszelle hebt den beinahe kompletten Zustand hervor (es fehlt nur ein Blatt) und ergänzt: „Hrn. Cohn's Exemplar ist von allen bekannten vielleicht das größte, […] einzig in seiner Art aber ist es durch die künstlerische Ausschmückung, welche es zur Zeit seines Erscheinens empfing: außer vielen Hunderten prächtig gemalter und mit Gold aufgehöhter Initialen und Ornamente im reinsten Stil der Früh-Renaissance trägt es auf den Rändern am Fuße der Blätter über 100 sorgfältig gemalte figurenreiche Miniaturen."

Ist hier also die Rede von dem Exemplar, das Heinrich Klemm schließlich für sein privates Bibliographisches Museum in Dresden erwirbt? Dass unter den heute bekannten Pergamentexemplaren der Gutenberg-Bibel das Klemm'sche als Einziges „figurenreiche" Miniaturen am Fuß der Blätter aufweist, spricht für diese Theorie.

Über 100 Miniaturen finden sich vor dem Erwerb durch Klemm in der Bibel, heute sind es 282. Schon Johannes Schinnerer weist auf die seiner Ansicht nach später beigefügten Miniaturen hin und glaubt sogar mehrere Fälscherhände zu erkennen.[3] Wer hat die B 42 ergänzt, weiter „verschönert" und nachgebessert? Das bleibt jahrzehntelang ungeklärt und noch 1997 versucht Tatjana Dolgodrova die Miniaturen als durchgängig originale Buchmalereien des 15. Jahrhunderts zu deuten.[4] Die jüngste kodikologische Untersuchung der Bibel durch Elena Kazbekova (Moskau) bestätigt jedoch, dass ein großer Teil der Miniaturen im 19. Jahrhundert hinzugefügt wurde.[5] Da es keinen Katalog von Albert Cohn gibt, in dem die Bibel beschrieben wird, und das überlieferte Exemplar sowohl einen anderen Einband als auch eine weitaus größere Zahl an Miniaturen besitzt, bleibt es eine – wenn auch gut belegte – Hypothese, dass es sich bei der B 42 aus dem Antiquariat Cohn um das Exemplar des Deutschen Buch- und Schriftmuseums handelt.

Nachdem in der Fachliteratur immer wieder über das Auftauchen der Bibel im Antiquariatshandel berichtet wurde, kann Eric Marshall White erst 2012 die Provenienzgeschichte der B 42 weitgehend aufklären und die verstreuten Hinweise dem Klemm'schen Exemplar zuordnen. White kommt nach Auswertung der zugänglichen Quellen und Verzeichnisse zu dem Schluss, dass die Klemm'sche Gutenberg-Bibel ursprünglich dem Benediktinerkloster Santo Domingo im spanischen Silos gehörte.[6] Die Bibel ist, so White, im handschriftlichen Katalog der Klosterbibliothek von Gregorio Hernandez vermerkt. Im Zuge der politischen und gesellschaftlichen Veränderungen im 19. Jahrhundert wird der Besitz des Klosters vom Staat konfisziert, das Kloster verfällt sukzessive. Die Reste des beweglichen Inventars werden nach Madrid in das Benediktinerkloster San Martín überführt und schließlich zum Verkauf angeboten. Mit dem Erlös soll das Kloster in Silos restauriert werden. Für 16.000 Pesetas gehen 55 Handschriften und 14 Frühdrucke, darunter die Gutenberg-Bibel, an den Händler und „Bibliophilen" José Ignacio Miró. Dieser verkauft die Bände weiter an die

Pariser Buchhandlung Antoine Bachelin-Deflorenne. Der Geschäftsführer, Émile Lecat, bietet das Konvolut am 1. Juni 1878 auf einer Versteigerung an.[7] Im Katalog ist die Bibel an erster Stelle beschrieben, jedoch ohne Herkunftsangabe. Der Verkauf in der Auktion scheitert.

Lecat offeriert sie nun dem Antiquar Bernard Quaritch für den Schätzpreis von 2.000 Pfund, doch dieser lehnt ab. Marius Ferotin weist darauf hin, dass im Jahr 1878 eine Restaurierung durch den Pariser Restaurator und Fälscher Pilinski erfolgte.[8] Auch Schinnerer vermutet, dass die Titelseite von Band 1 durch Pilinski eingefügt wurde.[9] Im Sommer 1878 ist die Bibel, vermutlich bereits aufgefrischt, auf der Pariser Weltausstellung im Trocadero zu sehen. Im August des Jahres bietet Lecat die Bibel wiederum in einem Auktionskatalog an. Der Schätzpreis von 70.000 Francs wird auch diesmal nicht erreicht. Das Auktionshaus Sotheby's in London kauft schließlich die beiden Bände für einen weitaus geringeren Preis. Für wiederum 2.000 Pfund geht die Bibel an Albert Cohn. Aus dem Verkaufskatalog von Lecat[10] wissen wir, dass die Bibel 1878 immer noch 135 Miniaturen hatte, und auch die erwähnte Notiz im *Börsenblatt* spricht dafür, dass erst nach diesem Verkauf weitere Miniaturen hinzugefügt werden.

Heinrich Klemms Gutenberg-Bibel ist also in einem zwar bereits restaurierten, in den Augen des Büchersammlers jedoch noch längst nicht angemessen repräsentablen Zustand, als er sie erwirbt. Als die beiden Bände vom sächsischen Staat für das Museum angekauft werden, gelten sie aber als besondere Prunkstücke. So stellt eine belgische Zeitschrift fest, dass Klemms Exemplar das schönste der bekannten Pergamentexemplare sei und einst Kaiser Karl V. gehört habe.[11]

Die Metamorphose der beiden Bände geht mithin zu einem guten Teil auf Heinrich Klemm zurück. Sie erweckt die besondere Aufmerksamkeit der bibliophilen Welt und letztlich auch die der sowjetischen Kulturoffiziere nach dem Sieg über Hitler-Deutschland. 1945 werden die beiden, nunmehr mit 282 Miniaturen gezierten und in einen Holzdeckeleinband des 19. Jahrhunderts – wahrscheinlich aus dem Holz der Mainzer Römerbrücke[12] – gebundenen Pergamentbände aus ihrem kriegsbedingten Auslagerungsort Schloss Rauenstein im Erzgebirge nach Moskau überführt.[13] Mit ihnen verschwinden die wertvollsten Stücke der Klemm-Sammlung und weitere bis dahin vor den Kriegseinwirkungen gerettete Sammlungsteile des Buchmuseums für die nächsten Jahrzehnte von der Bildfläche. Erst nach der deutschen Wiedervereinigung wird offiziell bekannt, dass sich die ausgelagerten Bestände des Deutschen Buch- und Schriftmuseums seit Kriegsende in der Russischen Staatsbibliothek in Moskau befinden, wo sie bis heute aufbewahrt werden.

Die Russische Staatsbibliothek publiziert seit Jahren verschiedene Kataloge zu den Klemm'schen Beständen.[14] Seit 2019 sind auch die beiden Bände der Bibel als Digitalisat verfügbar, das die Russische Staatsbibliothek anlässlich der Ausstellung *Die Gutenberg-Bibel – Anfang einer neuen Zeit* veröffentlicht hat.

Bettina Rüdiger

1
Beschreibender Catalog des Bibliographischen Museums von Heinrich Klemm, Dresden 1884.

2
Börsenblatt für den Deutschen Buchhandel, Leipzig, Nr. 117, 1881, S. 2170, Miscellen.

3
Vgl. Johannes Schinnerer, „Fälschungen in alten Handschriften und Druckwerken", in: *Zeitschrift für Bücherfreunde,* N. F. V, 1913/14, Bd. 1, S. 97–111.

4
Vgl. Tatiana Dolgodrova, „Die Miniaturen der Leipziger Pergament-Ausgabe der Gutenberg-Bibel – zur Zeit in der Russischen Staatsbibliothek, Moskau – ein hervorragendes Denkmal der Buchkunst", in: *Gutenberg-Jahrbuch,* 72, 1997, S. 64–75.

5
Vgl. Elena Kazbekova, „Gutenberg Bible in Russian State Library: 15th century and the industrial age", 2017, https://history.jes.su/s207987840001882-9-1/ (2.6.2022).

6
Vgl. Eric Marshall White, „A forgotten Gutenberg bible from the Monastery of Santo Domingo de Silos", in: *Gutenberg-Jahrbuch,* 2012, S. 25–30.

7
Siehe *Catalogue de livres rares parmi lesquels on remarque La Bible Mazarine, premier livre imprimé par Gutenberg et de manuscrits du IXe au XVIIIe siècle,* Paris: Bachelin-Deflorenne 1878, S. 5–6 (Lot 1).

8
Marius Ferotin zeichnet den Provenienzgang der Bibel nach, verortet sie jedoch nach Heinrich Klemm in der Universitätsbibliothek Leipzig; Vgl. Marius Ferotin, *Histoire de l'Abbaye de Silos,* Paris 1897, S. 286–287.

9
Vgl. Schinnerer 1913/14 (wie Anm. 3).

10
Catalogue des livres rares et curieux provenant de la bibliothèque de Miro de Madrid, contenant en outre la Bible dite Mazarine, Paris: Lecat 1878, No. 206.

11
„Van de acht bekende pergamenten exemplaren van Mazarin's Bijbel bezit hij het beste. Men zegt dat het aan keizer Karel den vijfde heeft toebehoord." Zit. nach: „Allerlei nieuws", in: *Het Belfort: Tijdschrift toegewijd aan Letteren, Wetenschap en Kunst,* Gent, 1, 1886, S. 312.

12
Heinrich Klemm ließ vermutlich einige seiner Bücher mit Holz der im 19. Jahrhundert abgerissenen Mainzer Römerbrücke neu binden, um sie in Verbindung mit Entstehungszeit und -ort der ersten Drucke zu bringen. Auf der Innenseite eines dieser Einbände, die noch in Leipzig vorhanden sind (Einband zum Katalog des Museums Klemm, 1885), findet sich eine Marke mit der Aufschrift: „Das dunkle Eichenholz der Einband-Deckel, meist vom Hellbraun in's Schwarz übergehend, ist aus einem zweitausendjährigen Stamme von den Fundamenten der ehemaligen Mainzer Römerbrücke geschnitten". Aufgrund der zeitlichen und gestalterischen Zusammenhänge ist zu vermuten, dass der Einband der B 42 auch aus diesem Holz gefertigt wurde.

13
Dazu ausführlich u. a. Lothar Poethe, „Wo ist Gutenbergbibel?": die wertvollsten Bestände des Deutschen Buch- und Schriftmuseums in Leipzig als Kriegsbeute; ein Fallbeispiel zum Thema Trophäenliteratur – anstelle einer Rezension", in: *Leipziger Jahrbuch zur Buchgeschichte,* Leipzig 1997, S. 247–301.

14
Im Rahmen des Deutsch-Russischen Bibliotheksdialogs ist in den vergangenen Jahren über die in Moskau und Leipzig verteilt bewahrten historischen Buchbestände des Museums wiederholt gesprochen worden. Mit der Digitalisierung des Leipziger Bestands bis 1830 wurde begonnen.

1911

Buntpapier-sammlung Bartsch

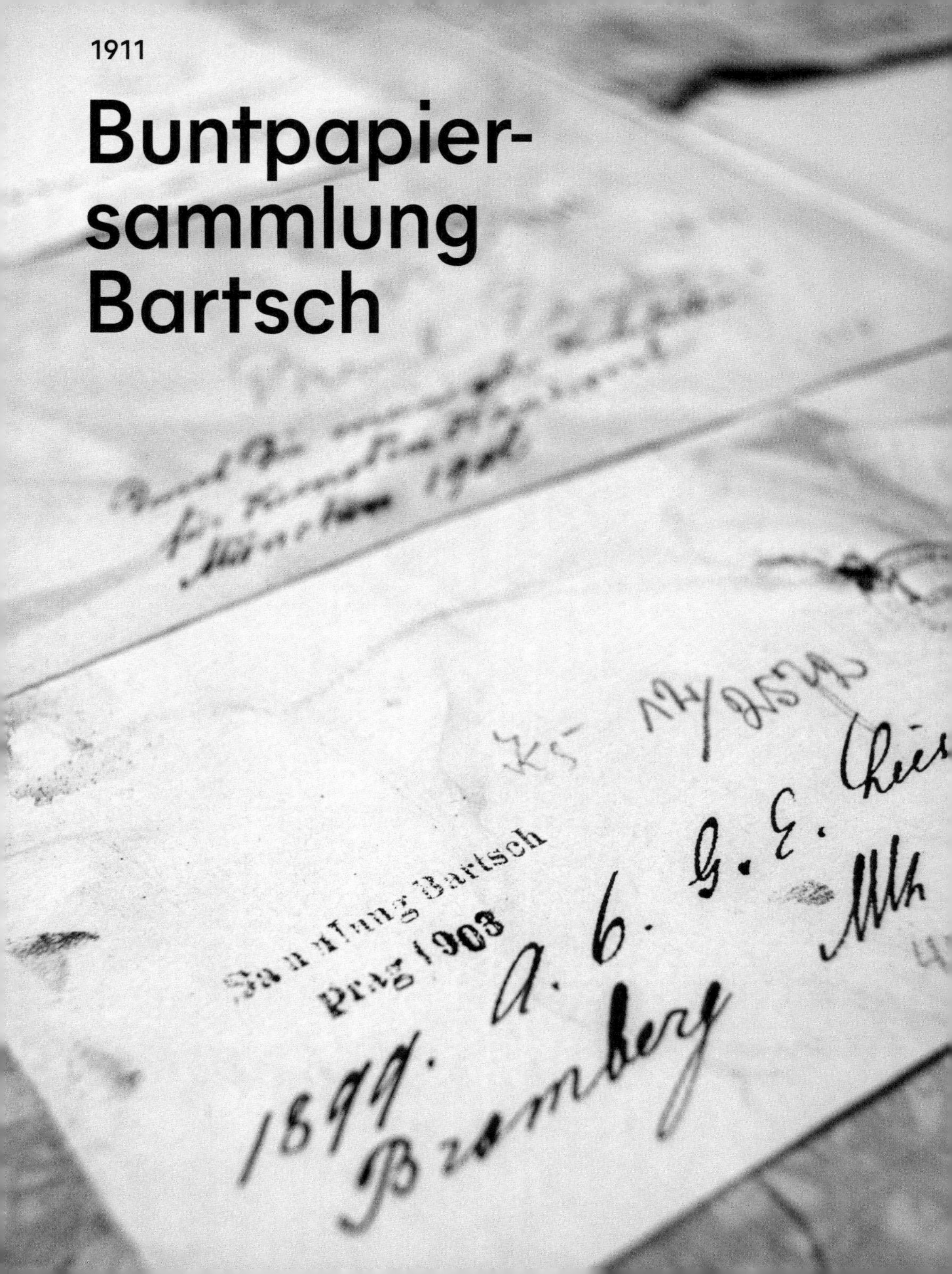

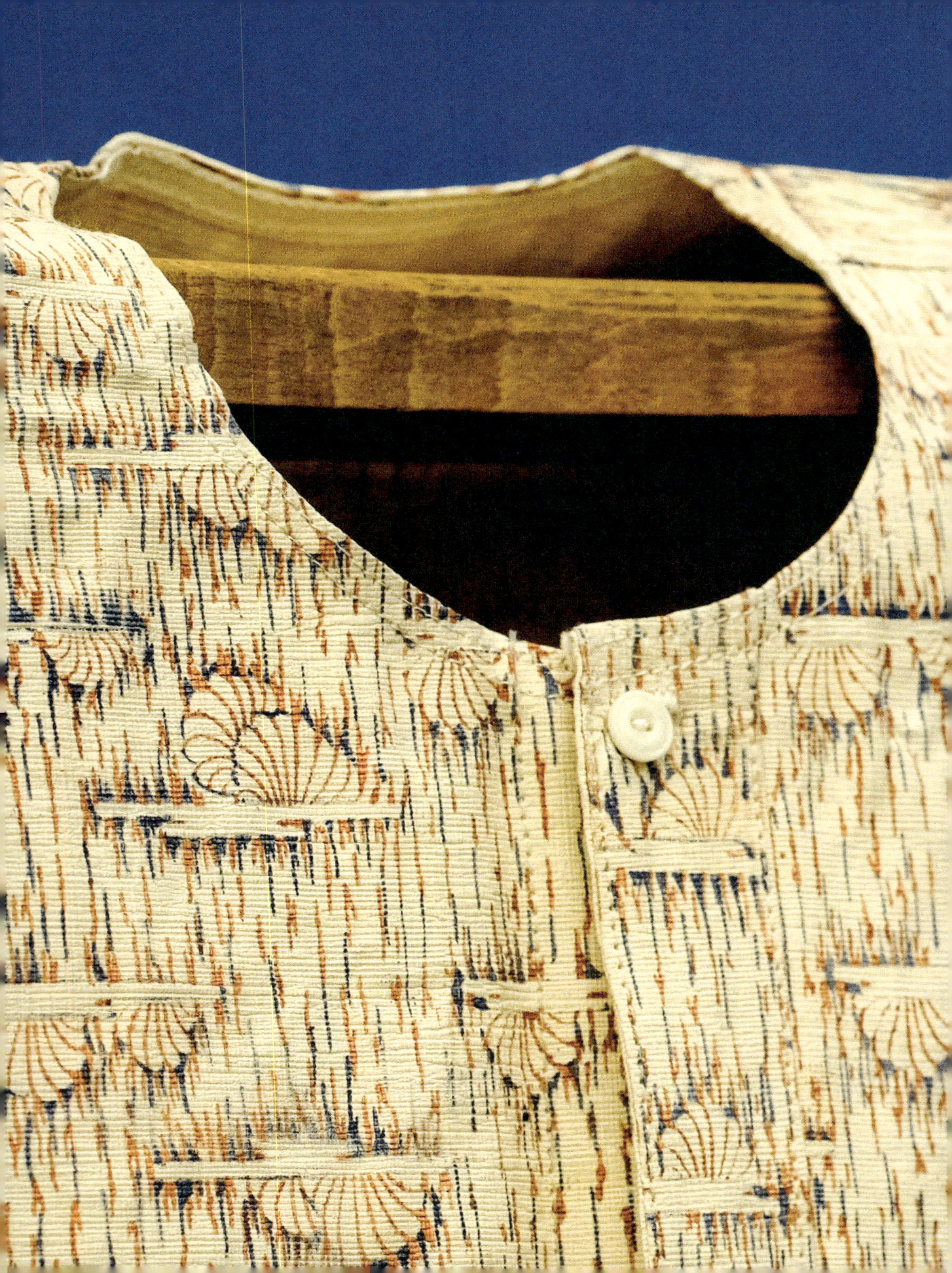

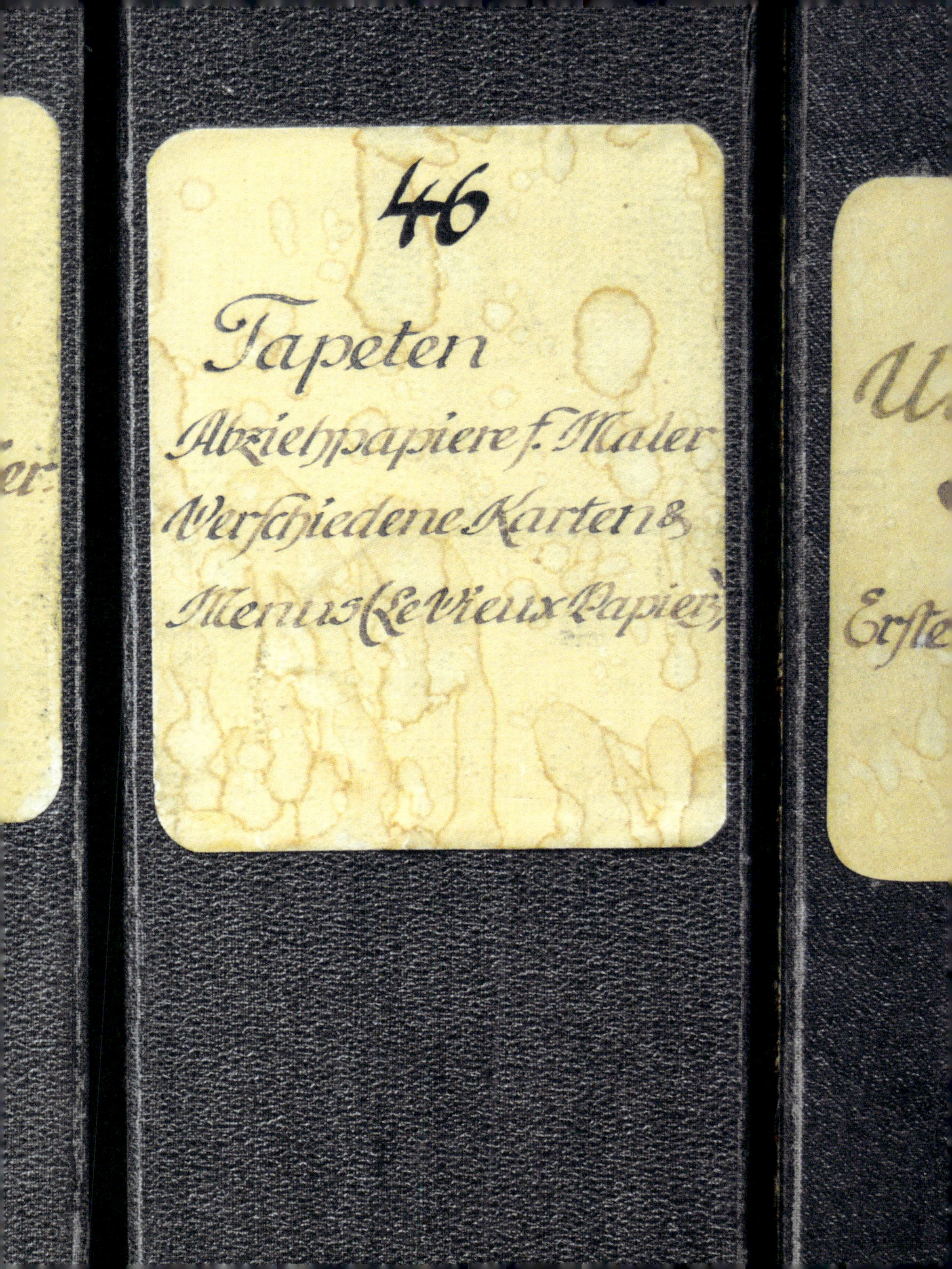

46

Tapeten

Abziehpapiere f. Maler

Verschiedene Karten &

Menus (Le Vieux Papier)

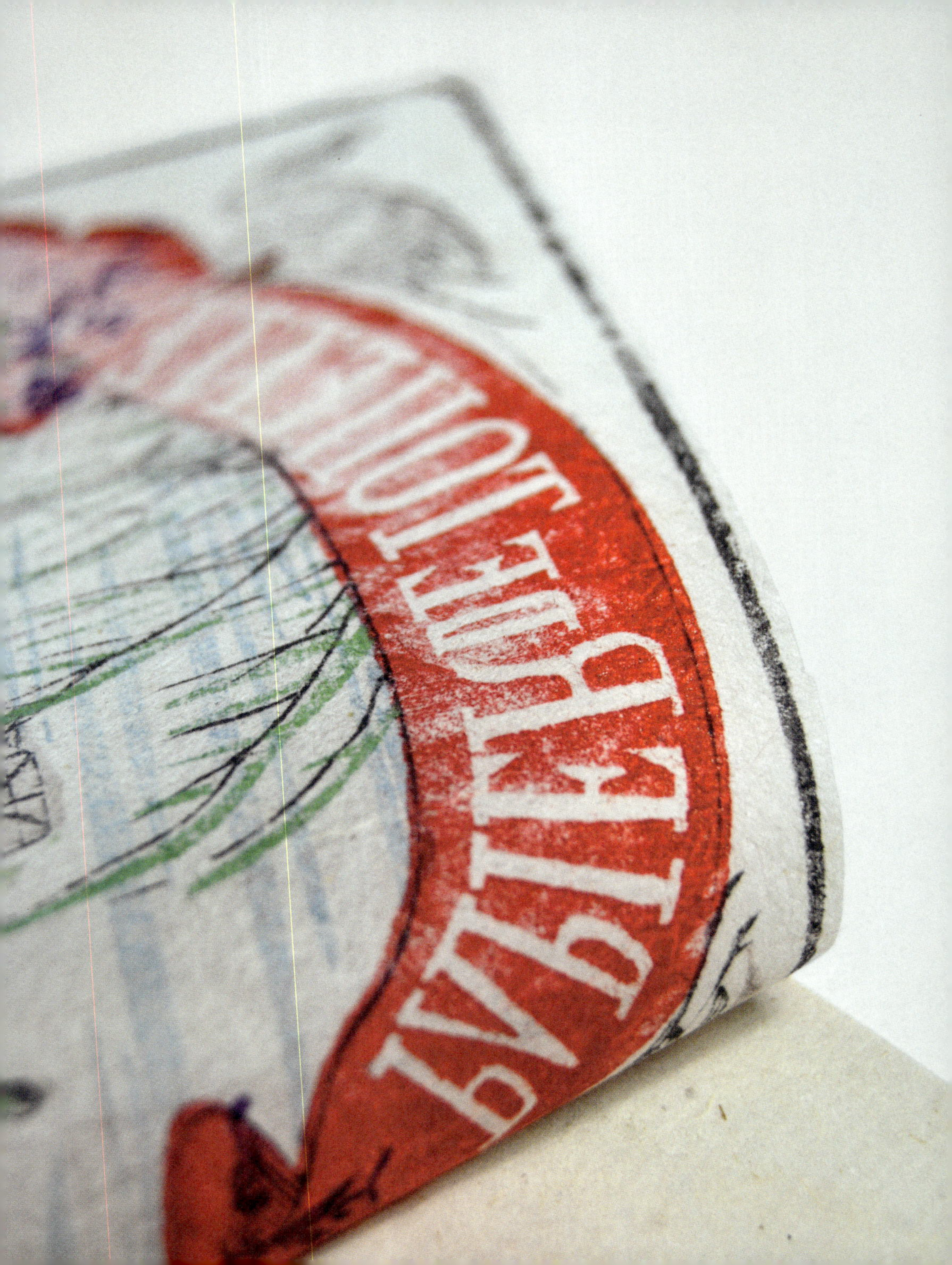

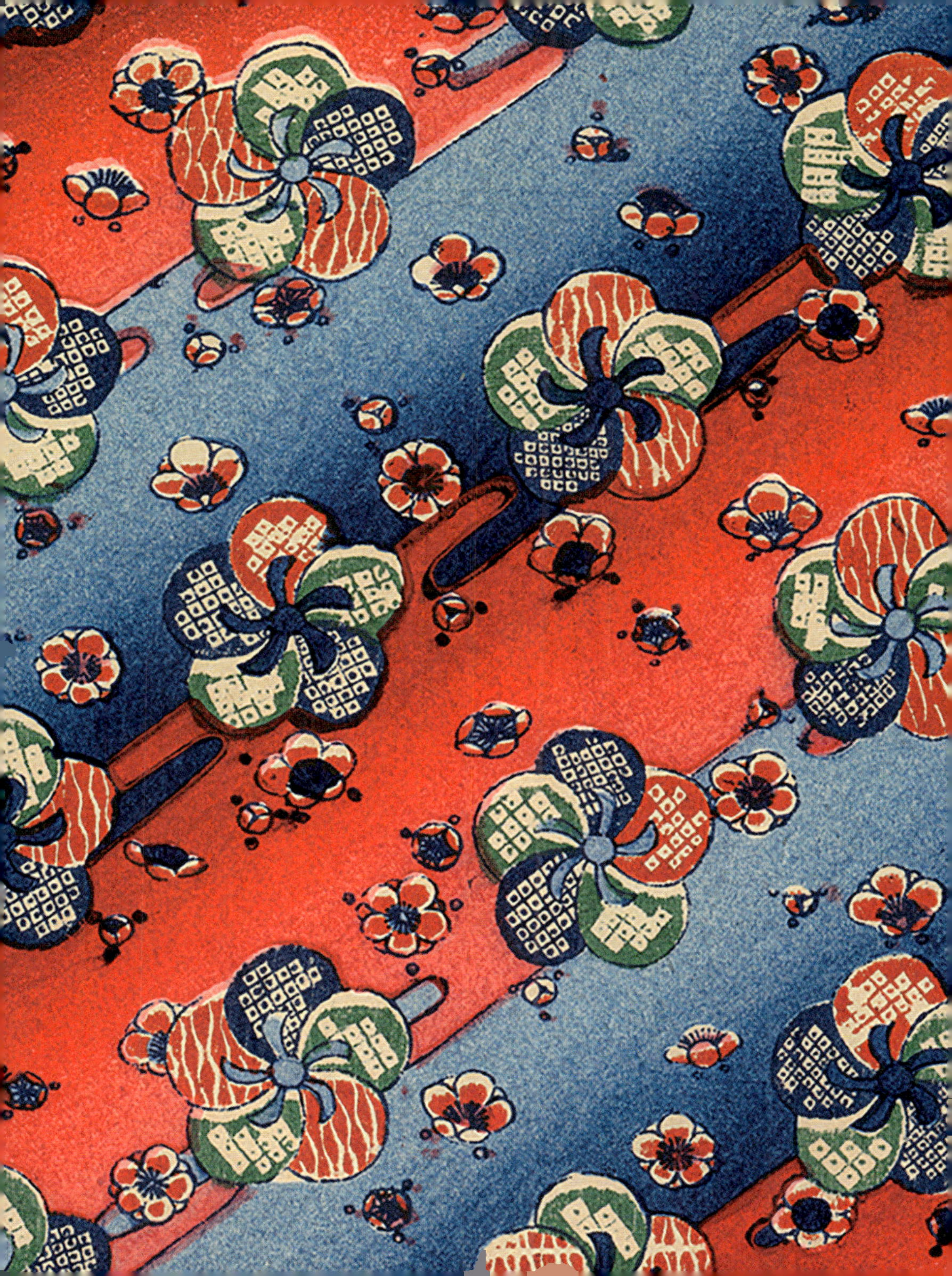

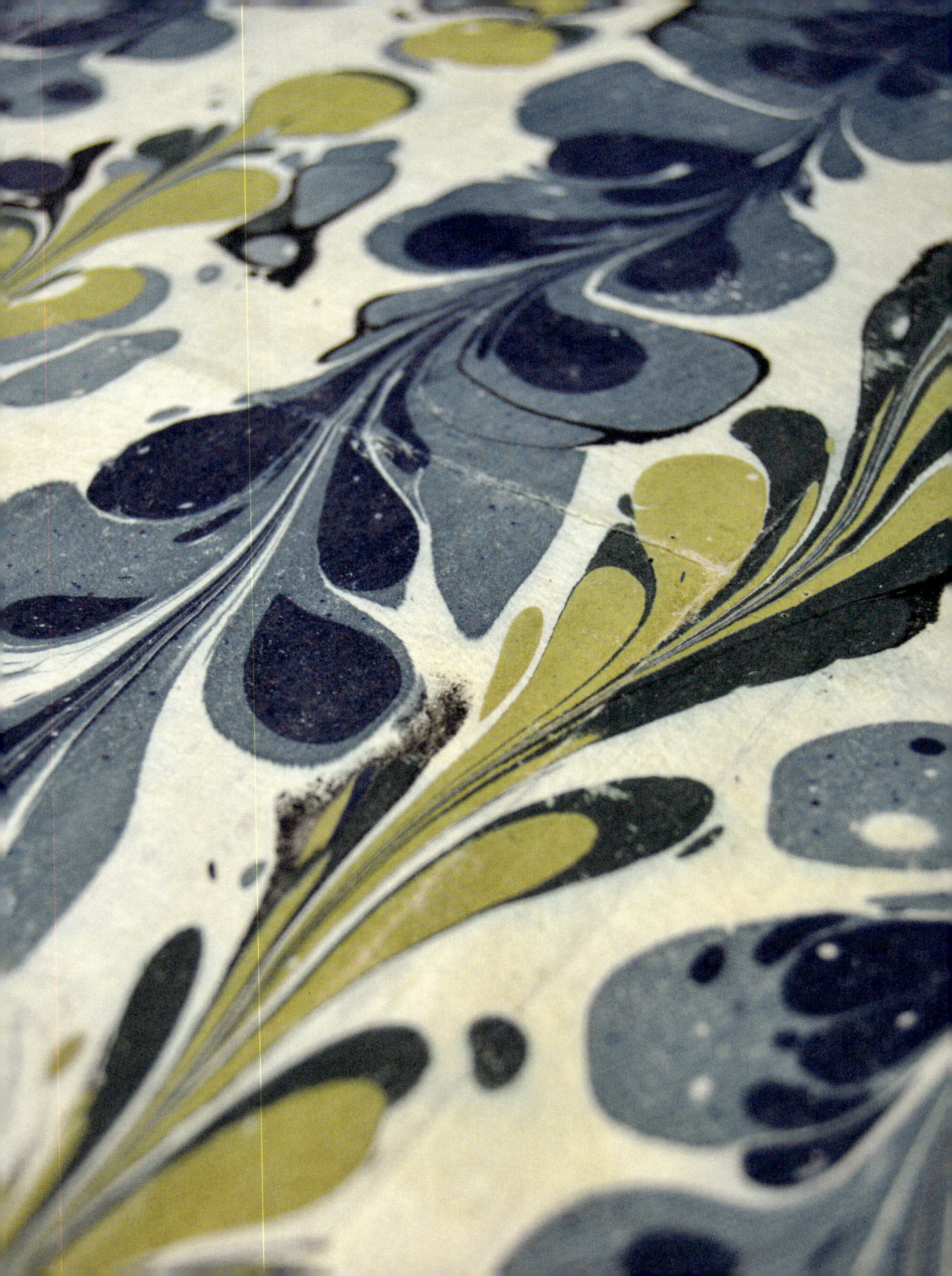

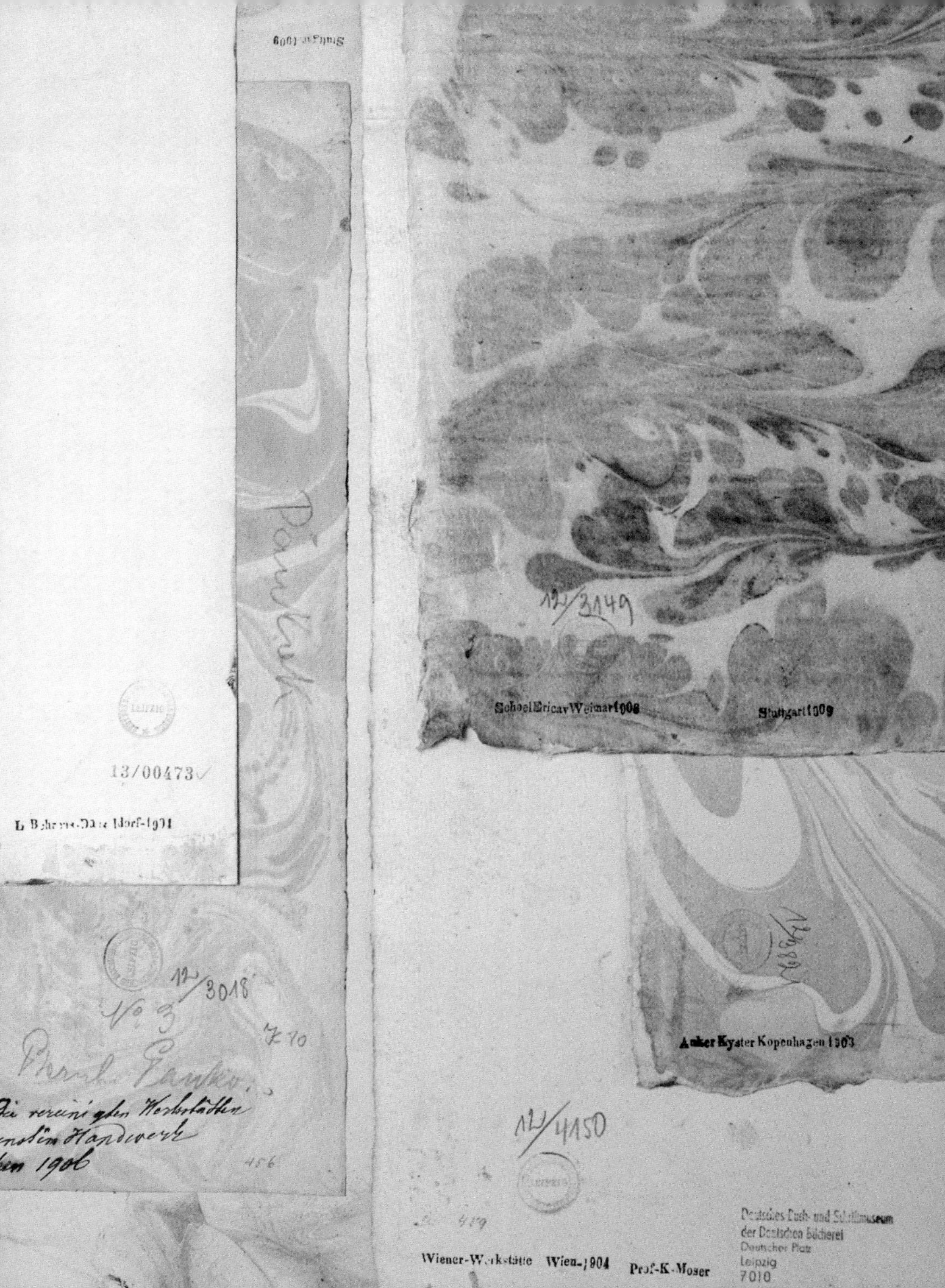
13/00473
12/3149
Stuttgart 1909
Anker Kyster Kopenhagen 1903
12/3018
12/4150
Wiener-Werkstätte Wien-1904 Prof-K-Moser
Deutsches Buch- und Schriftmuseum
der Deutschen Bücherei
Deutscher Platz
Leipzig
7010

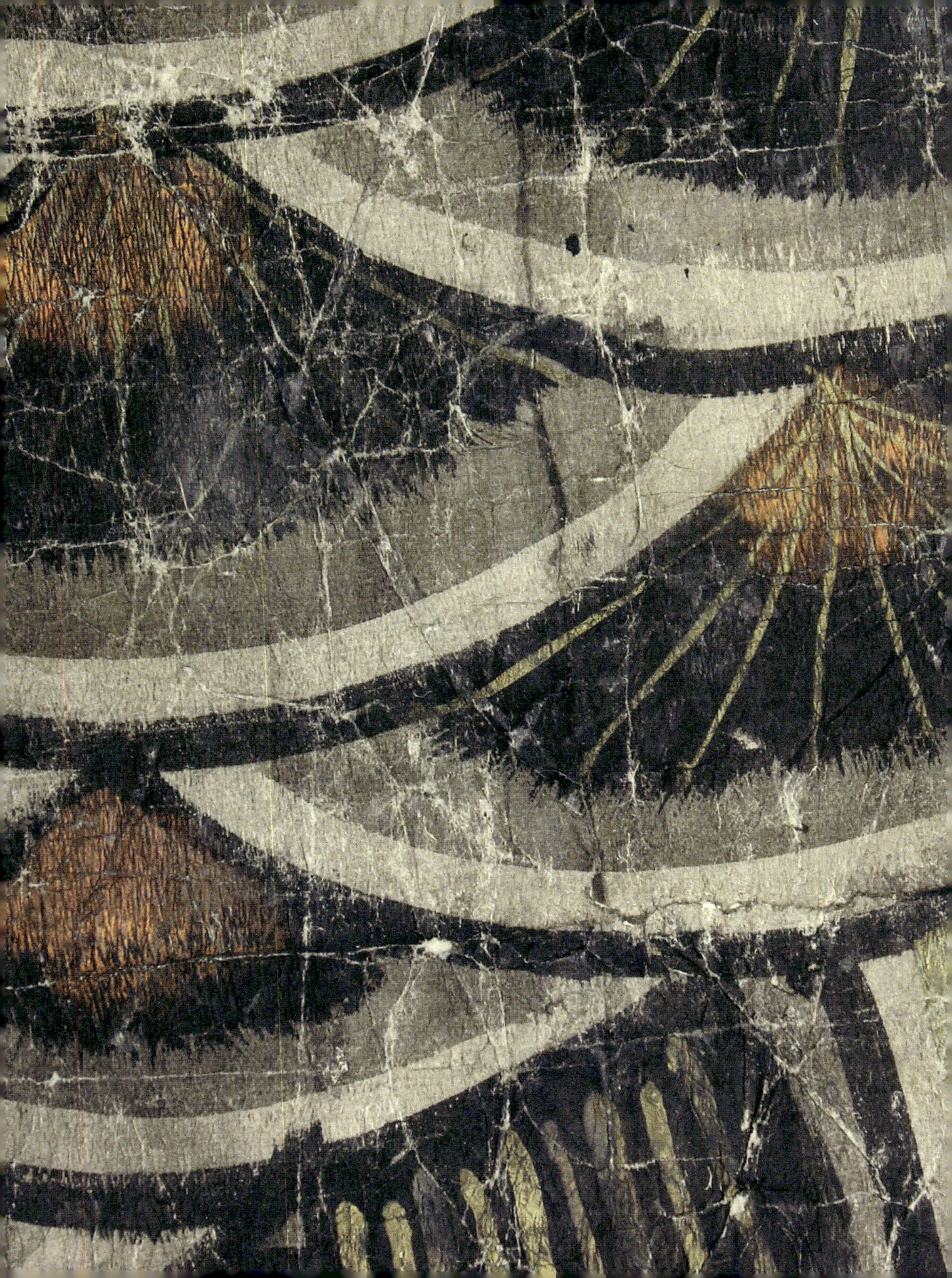

Japan – Wien – Leipzig

Der Wiener Sammler Franz Bartsch (1836–1910) repräsentiert mit seiner umfangreichen papierhistorischen Kollektion beispielhaft den intensiven Kulturtransfer zwischen Japan und Europa im ausgehenden 19. Jahrhundert. Zugleich stellt seine präzise Dokumentation der unterschiedlichen Provenienzen eine wertvolle Quelle für die Wissenschafts- und Kunstgeschichte dar.

Die papierhistorische Sammlung des österreichischen Finanzbeamten Franz Bartsch ist nicht nur eine der weltweit bedeutendsten Buntpapiersammlungen, sondern auch besonders interessant hinsichtlich der unterschiedlichen Provenienzen ihrer Objekte. Neben Buntpapieren, das heißt nach der Herstellung als handgeschöpfte oder maschinell gefertigte Bogen in verschiedensten Techniken als Flächendekor veredelte Papiere, umfasst die Kollektion auch zahlreiche Papiermuster und Ephemera europäischer oder japanischer Herkunft.

Den Grundstock von Franz Bartschs Sammlung – vom japanischen Papiermuster bis zum europäischen Künstlerpapier – bilden die auf der Wiener Weltausstellung 1873 präsentierten asiatischen Papiermuster. Nach jahrhundertelanger Abschottung erzwingt der amerikanische Commodore Matthew C. Perry (1794–1858) mit seinen Kriegsschiffen ab 1853 die Öffnung Japans gegenüber dem westlichen Ausland. Mit Beginn der Meiji-Ära (1867–1912) entwickelt sich ein reger kultureller und wirtschaftlicher Austausch zwischen Japan und Europa. Die Wiener Weltausstellung ist die erste internationale Ausstellung, an der das japanische Kaiserreich teilnimmt. Sorgfältig ausgewählte Objekte präsentieren die Kultur Japans: Neben einem künstlerisch reich ausgestatteten Pavillon und einem japanischen Garten werden hier auch kunsthandwerkliche Waren und Souvenirs verkauft. Bartsch gelingt es, „einen erheblichen Teil der ausgestellten japanischen und chinesischen Papiere für seine Sammlung zu erwerben“.[1] Neben Mustern japanischer Washi-Papiere sind vor allem Chiyogami, in verschiedenen Techniken veredelte Buntpapiere, sowie zahlreiche Anwendungsformen vom handgeschöpften Toilettenpapier über Papeteriewaren bis hin zu Papierkleidung vertreten. Ein besonders eindrucksvolles Objekt ist der auf der Weltausstellung frei hängende Papierkarpfen, der sich in Fragmenten erhalten hat und rekonstruiert werden konnte.

Im ausgehenden 19. Jahrhundert wendet sich Franz Bartsch als Sammler auch europäischen Papieren zu, künstlerische Buntpapiere seiner Zeitgenossen werden sein Hauptsammelgebiet. Er trägt über 1.000 Blätter von etablierten Künstlern (u. a. Kolo Moser, Josef Hoffmann oder Otto Eckmann), von Buchbindern (Hugo Ochmann), aber auch von Gestalterinnen (u. a. Lilli Behrens, Elsa Gallwitz oder Helene Dolmetsch) zusammen. Neben österreichischen und deutschen Kunsthandwerker*innen finden sich auch zahlreiche Gestalter*innen aus anderen europäischen Ländern in seiner Kollektion. Seine Vorgehensweise als Sammler ist planvoll und strukturiert: Er wendet sich unmittelbar an die Künstler*innen oder schreibt gezielt Verlage und Werkstätten an, um Muster zu erwerben. Auf den Blättern dokumentiert Franz Bartsch diese Provenienzen äußerst genau: Er vermerkt handschriftlich Angaben zur Herkunft, das Eingangsjahr, bisweilen auch Preisangaben und kennzeichnet die Papiere mit seinem Eigentums- beziehungsweise Sammlungsstempel. Begleitet werden diese Angaben durch einen umfangreichen Zettelkatalog mit Querverweisen zu Gestalter*innen, Werkstätten und Verlagen – Beispiel einer sorgfältigen und umfassenden Sammlungsdokumentation par excellence.

Franz Bartsch verstirbt am 26. November 1910 und vermacht „testamentarisch seine mehrere tausend Objekte umfassende Sammlung dem Deutschen Buchgewerbeverein Leipzig".[2]
Da die Bestände der umfangreichen Buntpapiersammlung im Keller des Buchgewerbehauses aufbewahrt werden, überstehen sie den Zweiten Weltkrieg, in dem ein Großteil der übrigen Sammlungen zerstört wird. Als bedeutender Teil der Papierhistorischen Sammlungen steht die Bartsch-Sammlung der internationalen Forschung zur Verfügung und wird regelmäßig auch von Designer*innen als Inspirationsquelle genutzt.

Julia Rinck

1
Franz Bartsch: Papiersammler aus Wien. Rekonstruktion seiner Ausstellung Stuttgart 1909, Begleitmaterial zur gleichnamigen Ausstellung im Deutschen Buch- und Schriftmuseum vom 5. Februar bis 18. April 1998, hg. von Die Deutsche Bibliothek, Leipzig/Frankfurt am Main/Berlin 1998, S. 13.

2
Ebd., S. 3.

1913

Aussonderung und Zensur

Geheim!

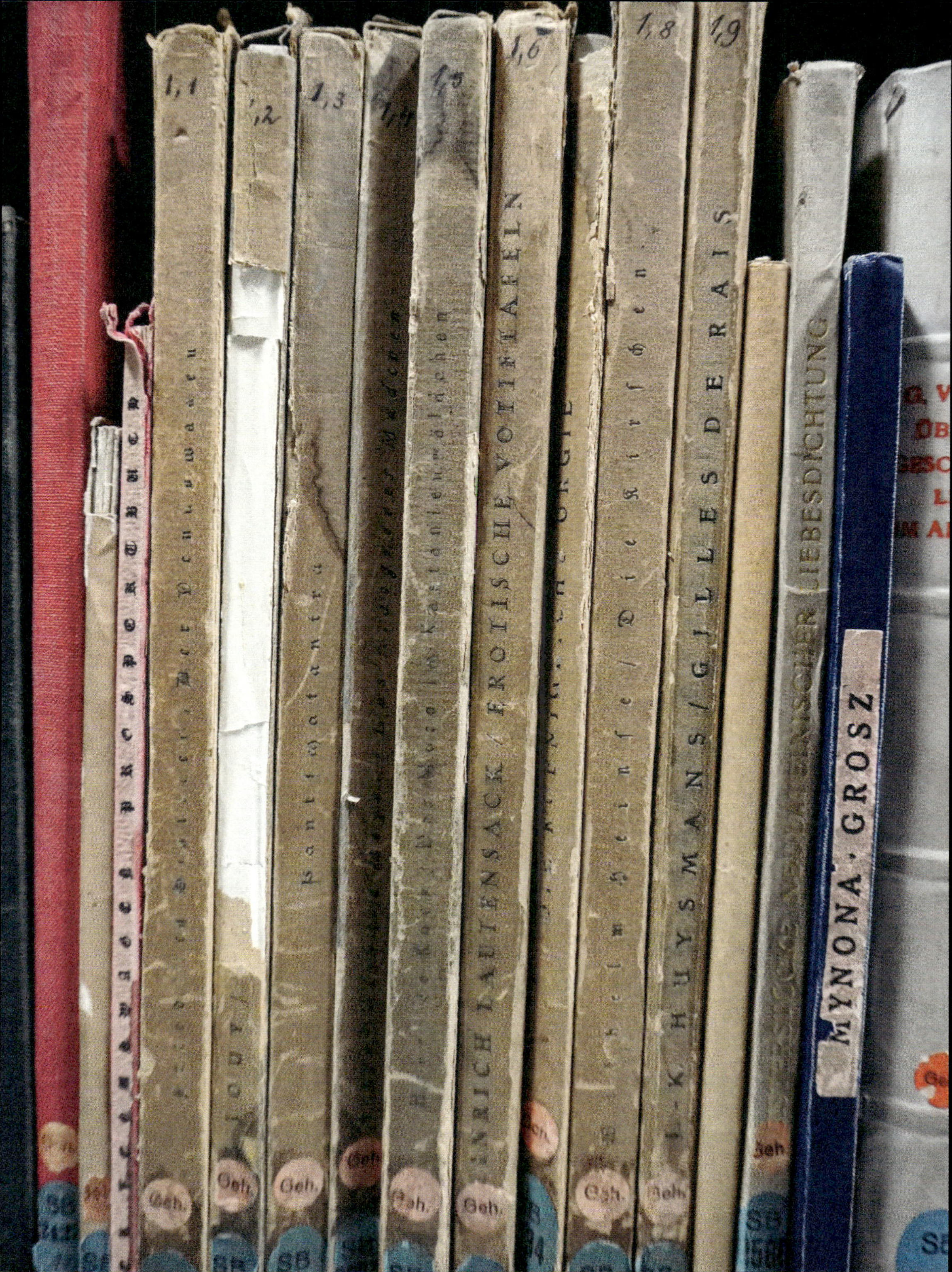

NRICH LAUTENSACK / EROTISCHE VOTIVTAFELN

DIE ORGIE

J.-K. HUYSMANS / GILLES DE RAIS

LIEBESDICHTUNG

MYNONA · GROSZ

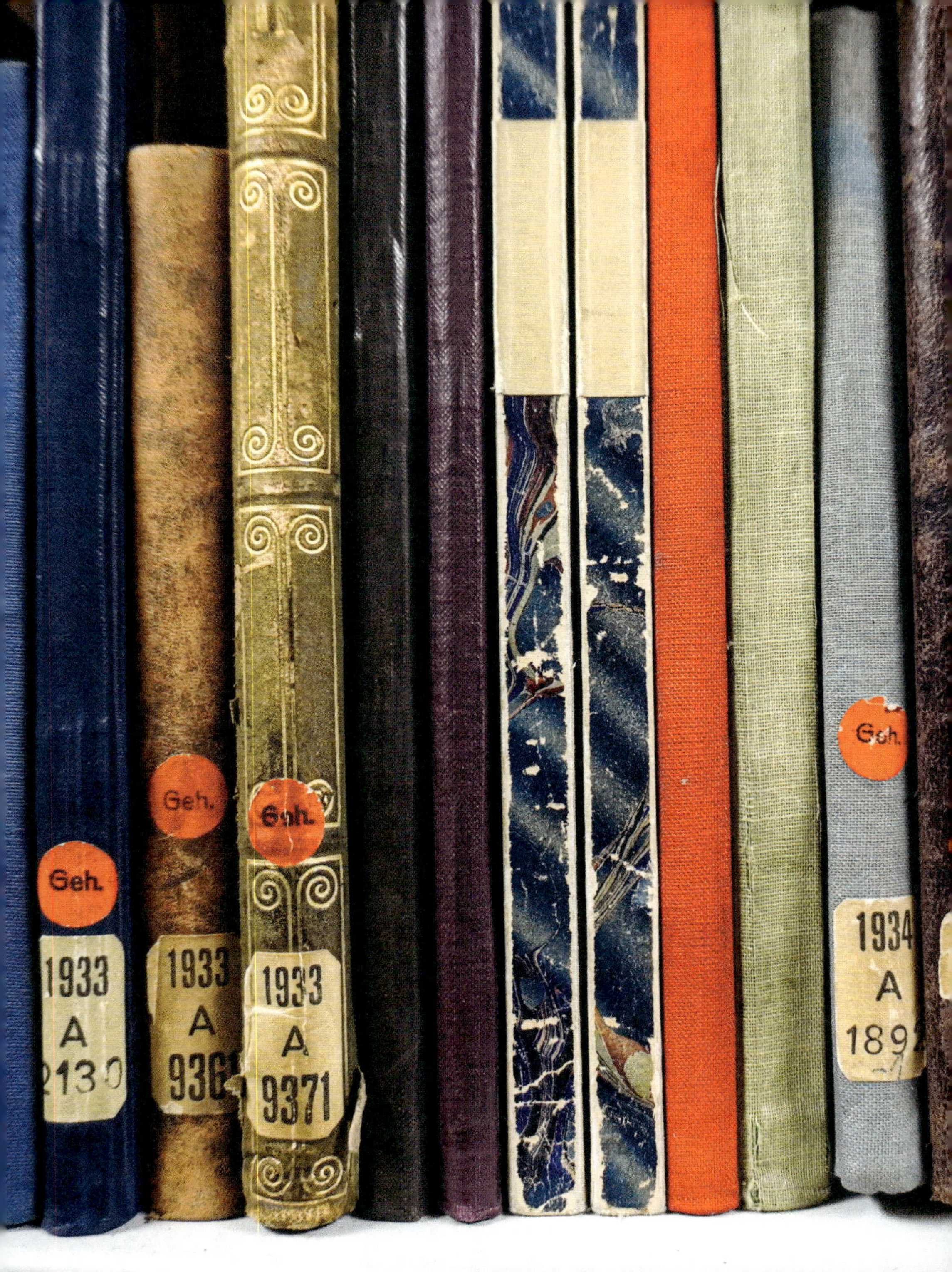
Geh.
1933
A
Geh.
1933
A
Geh.
1933
A
9371
Geh.
1934
A

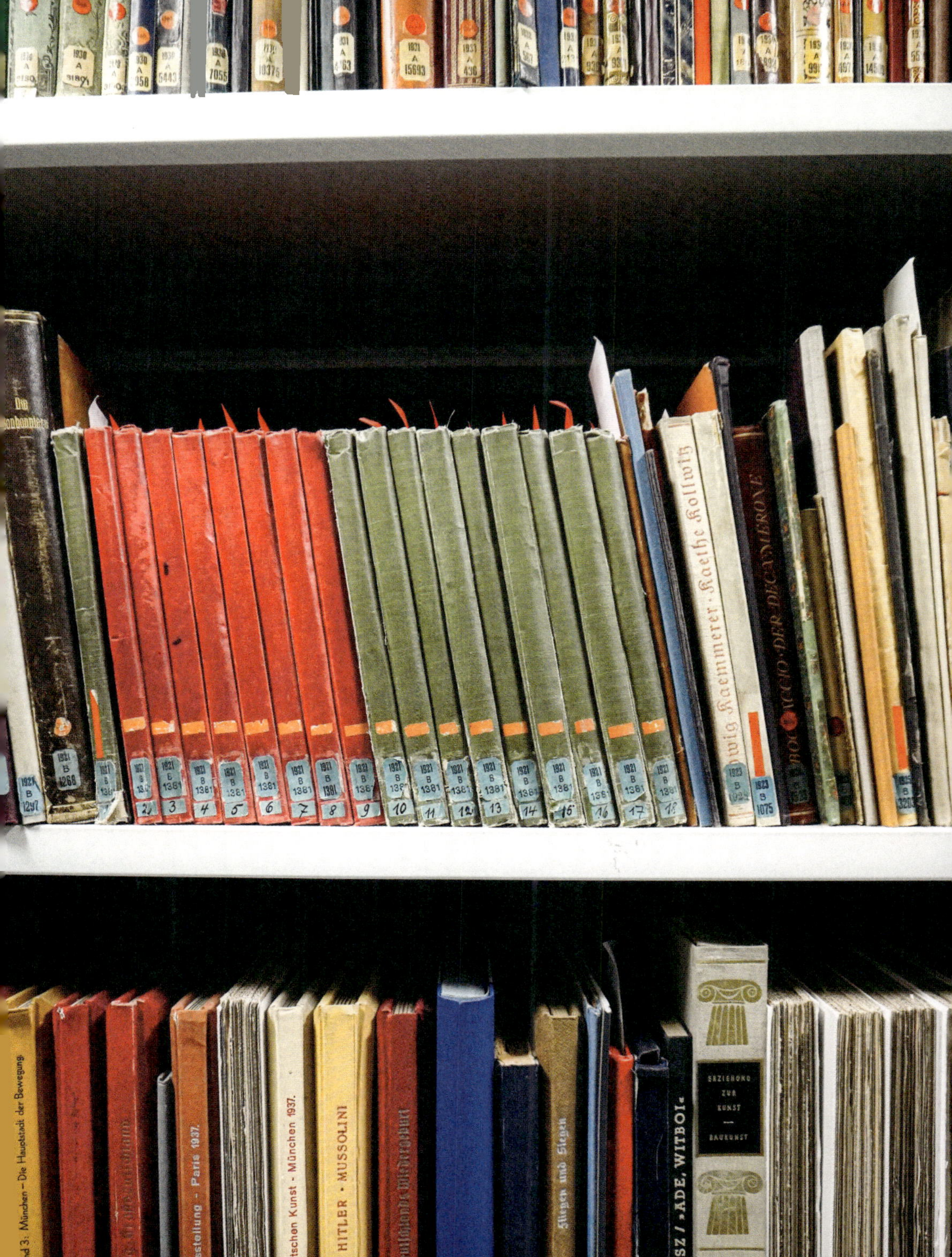

wig Kaemmerer · Kaethe Kollwitz
Band 3: München – Die Hauptstadt der Bewegung
usstellung - Paris 1937.
utschen Kunst · München 1937.
HITLER · MUSSOLINI
OSZ / »ADE, WITBOI«
ERZIEHUNG ZUR KUNST — BAUKUNST

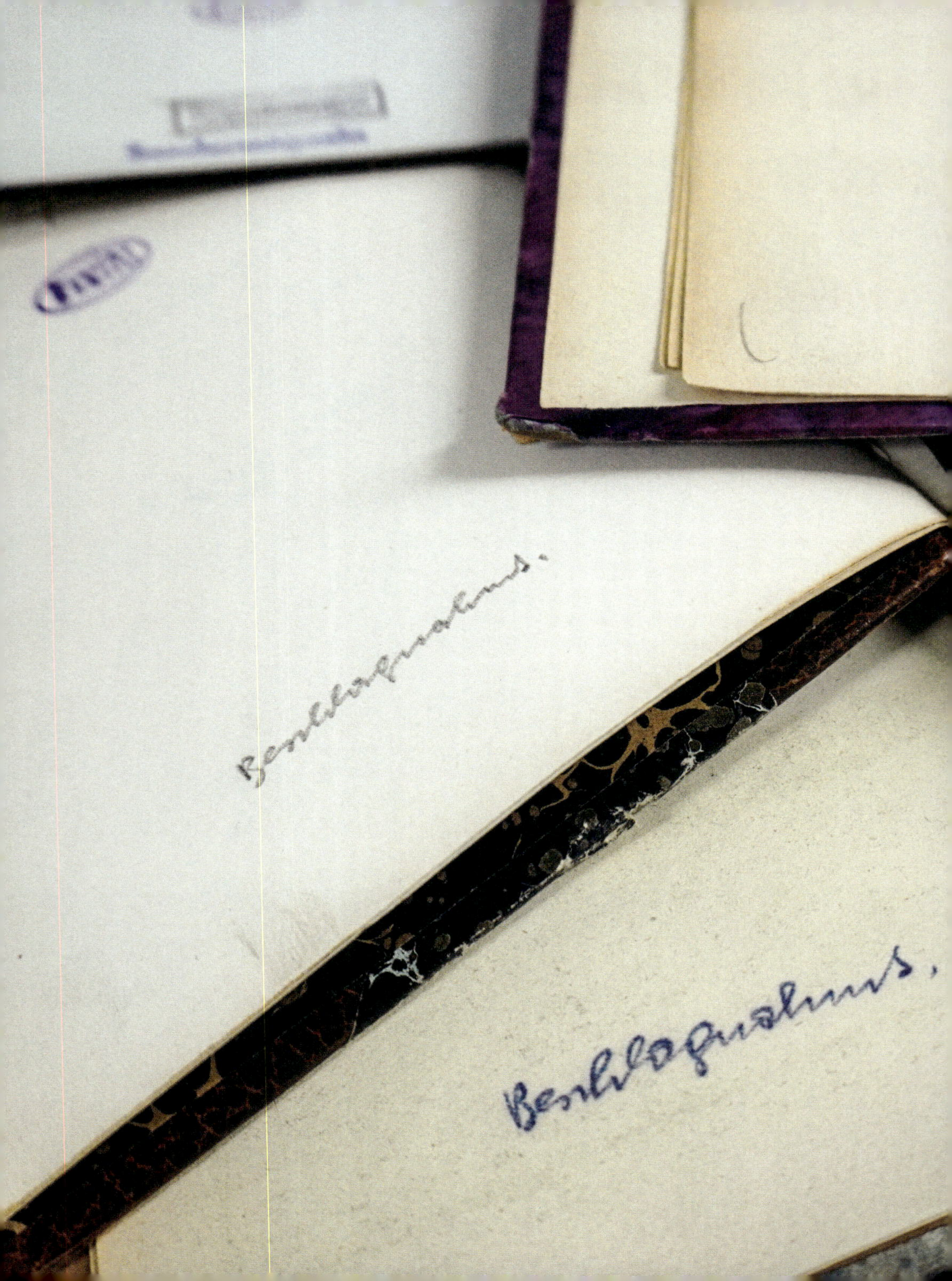
Beschlagnahmt.
Beschlagnahmt.

„Für die allgemeine Benutzung ungeeignet"

Zu jeder Zeit gibt es Medienwerke, die zwar von Bibliothek und Museum gesammelt werden, aber nicht oder nur eingeschränkt der Öffentlichkeit zur Verfügung stehen dürfen. Als Zeugnis betrachtet, gibt diese Sammlung des historischen Sperrbestands Aufschluss darüber, welche Normen und Werte zu einer bestimmten Zeit gelten. Seit 2021 befindet sich der historische Teil dieser Sammlung in der Obhut des Deutschen Buch- und Schriftmuseums. Eine moralische Wertung, was Nutzerinnen und Nutzer einsehen dürfen, nimmt heutzutage niemand mehr vor. Entscheidend ist allein die geltende Rechtsprechung.

Als Egon Erwin Kisch (1885–1948) im Jahr 1925 seine Reportage „Die Giftschränke der Deutschen Bücherei" veröffentlicht, hat er bei seinem Besuch vor allem als „sittenwidrig" klassifizierte Veröffentlichungen gesehen, die in der Weimarer Republik als Schmutz- und Schundliteratur konfisziert und sekretiert werden. Es gibt für deren Verfolgung sogar eine eigene Abteilung bei der Berliner Polizei, und der Generaldirektor der Deutschen Bücherei verwendet sich dafür, aus dem konfiszierten Material Belegstücke für seine junge Bibliothek zu erhalten – mit Erfolg, wie zahlreiche mit dem entsprechenden Stempelabdruck versehene Bücher belegen.

Als 1933 die Nationalsozialisten die Macht an sich reißen, beginnt eine radikale Gleichschaltung nicht nur des Staates und seiner Institutionen, sondern auch der Kultur, der Wissenschaften und der Künste. Die Bestände öffentlicher Bibliotheken werden von unerwünschter Literatur „gesäubert", es werden Bücher verbrannt und umfangreiche Verbotslisten erstellt. Das Material für solche Listen liefert auch der laufende Zugang von Belegexemplaren der Verlage für die Deutsche Bücherei. Die aus dem Wöchentlichen Verzeichnis der Deutschen Nationalbibliographie ausgesperrten Anzeigen neu erschienener, aber unliebsamer Werke werden in separaten „Listen der in der Deutschen Bücherei unter Verschluss gestellten Schriften" verzeichnet. Diese stellen zugleich Inventarverzeichnisse für weitere Giftschränke dar.

Es liegt wohl zum einen im bibliothekarischen Streben nach Vollständigkeit bei der Sammlung aller deutschsprachigen Publikationen, zum anderen auch im Interesse der nationalsozialistischen Literaturkontrolle, dass sogar die Publikationen der ins Exil vertriebenen Autorinnen und Autoren auf dem Wege des Schriftentauschs mit ausländischen Bibliotheken oder als Käufe im internationalen Buchhandel aktiv beschafft werden.

Nach dem Ende des Zweiten Weltkriegs holt man die zwischen 1933 und 1945 sekretierten Werke, vor allem die Exilliteratur, aus der bibliothekarischen Verbannung. Ihr Platz wird von den nationalsozialistischen Werken eingenommen, von denen jetzt wiederum die öffentlichen Bibliotheken gesäubert werden. Das war als eine Maßnahme des Neubeginns und der von den Alliierten angestrebten Umerziehung nach den zwölf Jahren der NS-Herrschaft noch verständlich.

Sehr bald kommen aber auch die in der DDR aus vielerlei, vorwiegend ideologisch aus dem Geist des Kalten Krieges motivierten Gründen wegzusperrenden Werke in das separate Magazin, denn Giftschränke genügen jetzt schon nicht mehr. In der nun entstehenden dritten Gruppe von unter Verschluss stehenden Werken finden sich Schriften, die gegen den Staat DDR und die sozialistische Staatengemeinschaft gerichtet sind, die sich kritisch mit der marxistisch-leninistischen Ideologie auseinandersetzen oder die anderweitig Anlässe für eine besonders vorsichtige Behandlung bieten. Bücher von Autorinnen und Autoren, die der DDR den Rücken kehren, wandern aus dem allgemeinen Magazin in das separate. Das betrifft auch bald ehemalige Exilierte, die nun als Renegaten gelten und deren Werke erneut unter Verschluss genommen werden.

Aber nicht nur aus dem laufenden Zugang an Pflichtexemplaren und Belegstücken für die Bibliothek rekrutieren sich die sekretierten Bestände. Zwischen 1913 und 1989 gelangen auch Werke in die Deutsche Bücherei, die beschlagnahmt und – sofern sie nicht als Teil von Ermittlungsunterlagen in Asservatenkammern landen – der Bibliothek übergeben werden. Die über die „Bücherverwertungsstelle Wien"[1] ab 1938 in Österreich geraubten Werke sind ein Beispiel dafür. Ein anderer Fall sind die an der Staatsgrenze der DDR konfiszierten Bücher und Zeitschriftenhefte, deren Einfuhr als schweres Delikt verfolgt wird.

Das Leipziger Sperrmagazin, dessen Umfang kontinuierlich anwächst, erhält den durch Umständlichkeit verschleiernden Namen „Sachgebiet für spezielle Forschungsliteratur" mit einem eigenen Lesesaal, der nur mit einem besonderen „Nachweis des wissenschaftlichen Verwendungszwecks" benutzt werden kann. Eine etwas abgemilderte Form des erschwerten Zugangs zu bestimmten Beständen ist die Kennzeichnung als „bedingt verleihbare" Werke. Diese bleiben zwar im allgemeinen Magazin stehen, im Benutzungsfall wird jedoch besonders gründlich geprüft, wer da welche Werke in den Lesesaal bereitgestellt haben möchte.

Anfang der 1990er-Jahre, nach dem Ende der DDR, wird in der Deutschen Bücherei Leipzig der gesamte separierte Bestand aufgelöst, die Bücher und Zeitschriften werden an ihrem eigentlichen Platz im Magazin eingereiht. Nebenbei hat das auch ganz pragmatische Gründe, denn die konservatorischen Bedingungen in diesen Magazinräumen sind nicht optimal und die Bände in den klimatisierten Räumlichkeiten besser aufgehoben.

Heute gibt es tatsächlich immer noch verschlossene Schränke, in denen Medienwerke lagern. Davon betroffen sind Medien, für deren Inhalte es in der Bundesrepublik Deutschland ein gesetzliches Verbreitungsverbot gibt, wie etwa NS-Propaganda, Leugnungen des Holocaust oder Kinderpornografie. Unter Verschluss sind darüber hinaus Werke, die aus Gründen des Persönlichkeits- oder des Datenschutzes unter juristisch geregelte Nutzungsbeschränkungen fallen.

Jörg Räuber

1
Vgl. den Beitrag „Beschlagnahmt und umverteilt. Bücherverwertungsstelle Wien" in diesem Band, S. 131–142.

1914

Bugra in Leipzig

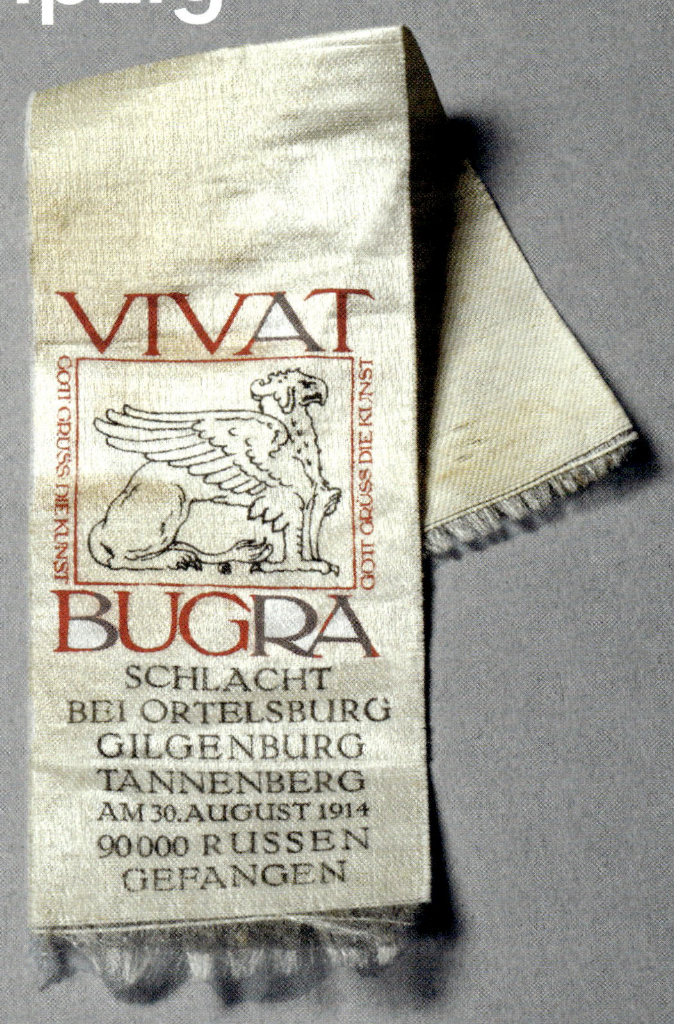

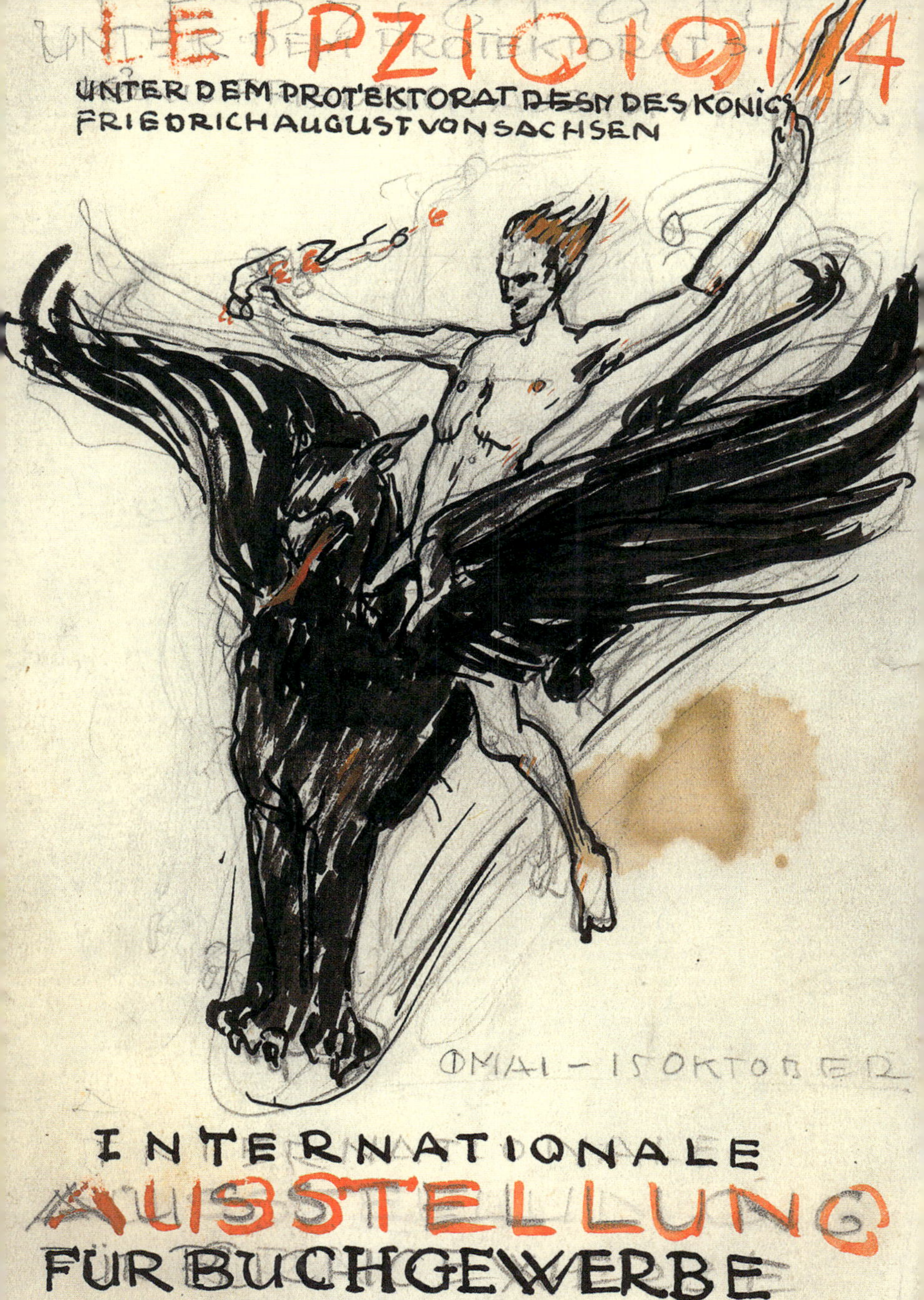
LEIPZIG 1914
UNTER DEM PROTEKTORAT DES KONIGS
FRIEDRICH AUGUST VON SACHSEN
1 MAI - 15 OKTOBER
INTERNATIONALE
AUSSTELLUNG
FUR BUCHGEWERBE
UND GRAPHIK

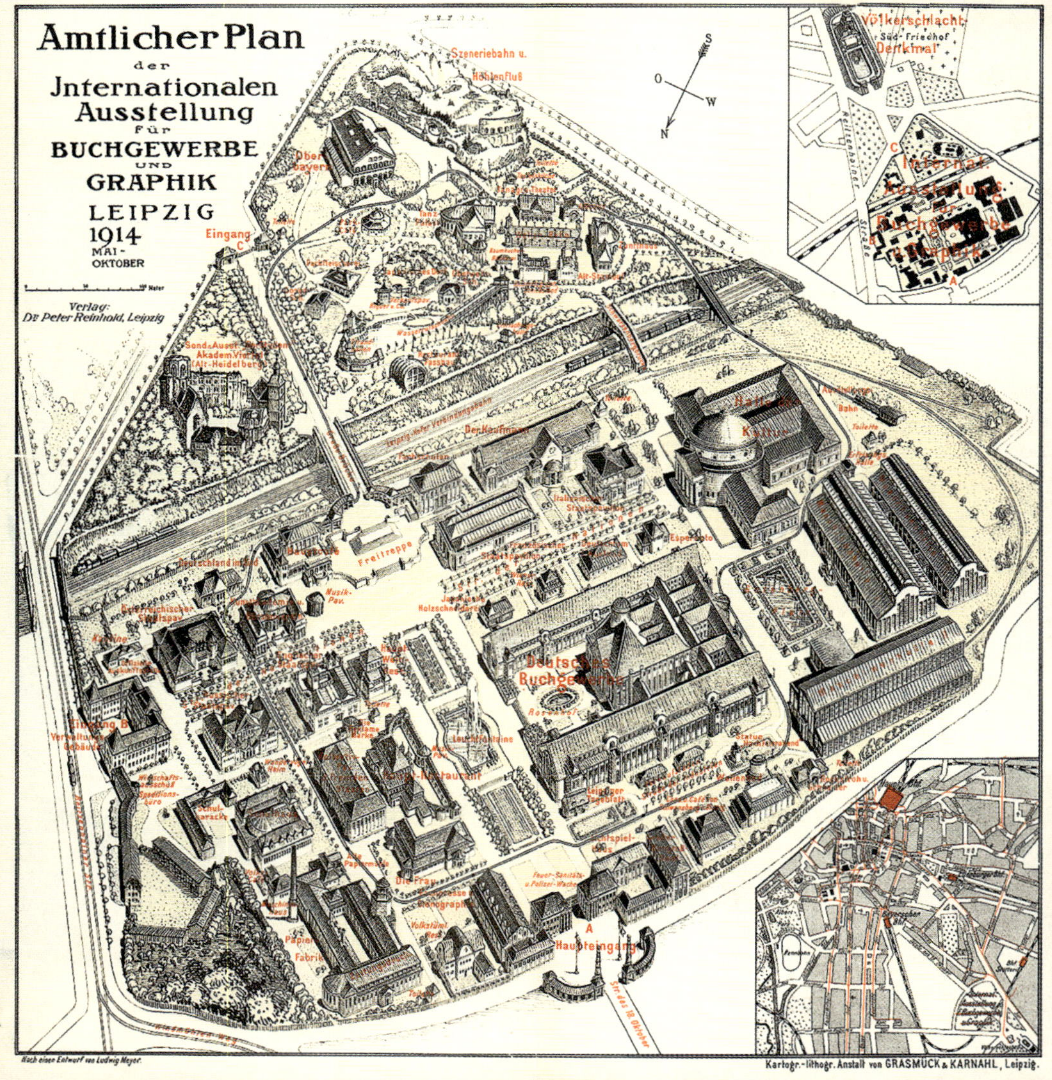

Amtlicher Plan
der
Internationalen
Ausstellung
für
BUCHGEWERBE
UND
GRAPHIK
LEIPZIG
1914
MAI-OKTOBER
Verlag:
Dr Peter Reinhold, Leipzig
S
O
W
N
Szeneriebahn u.
Höhlenfluß
Oberbayern
Eingang C
Völkerschlacht-
Süd-Friedhof
Denkmal
Internat.
Ausstellung
für
Buchgewerbe
u. Graphik
Halle der Kultur
Der Kaufmann
Esperanto
Freitreppe
Deutschland im Bild
Musik-Pav.
Deutsches
Buchgewerbe
Rosenhof
Leuchtfontaine
Eingang B
Verwaltungs-Gebäude
Die Frau
Papier
Fabrik
A
Haupteingang
Str. des 18. Oktober
Nach einem Entwurf von Ludwig Meyer
Kartogr.-lithogr. Anstalt von GRASMÜCK & KARNAHL, Leipzig.

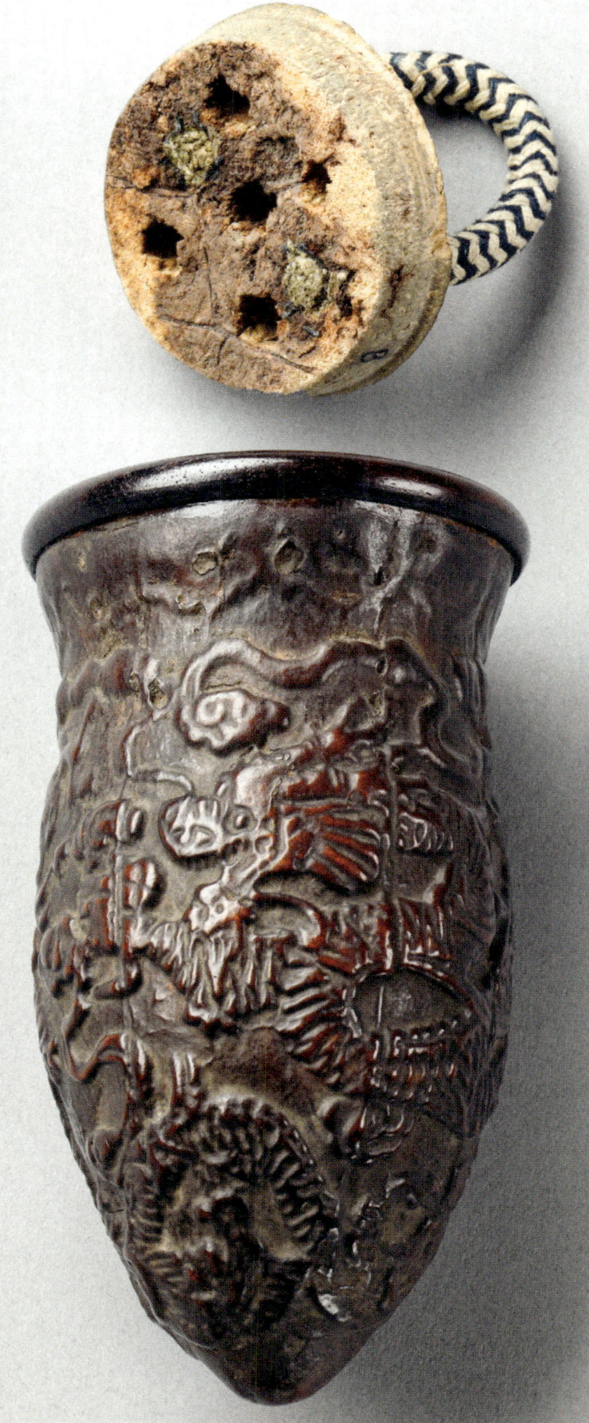

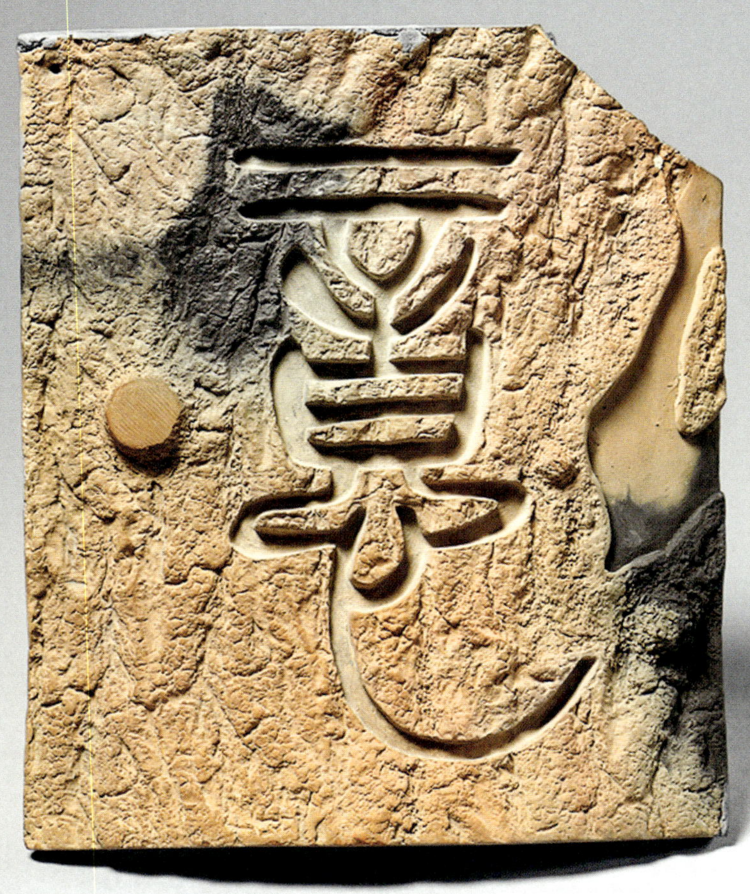

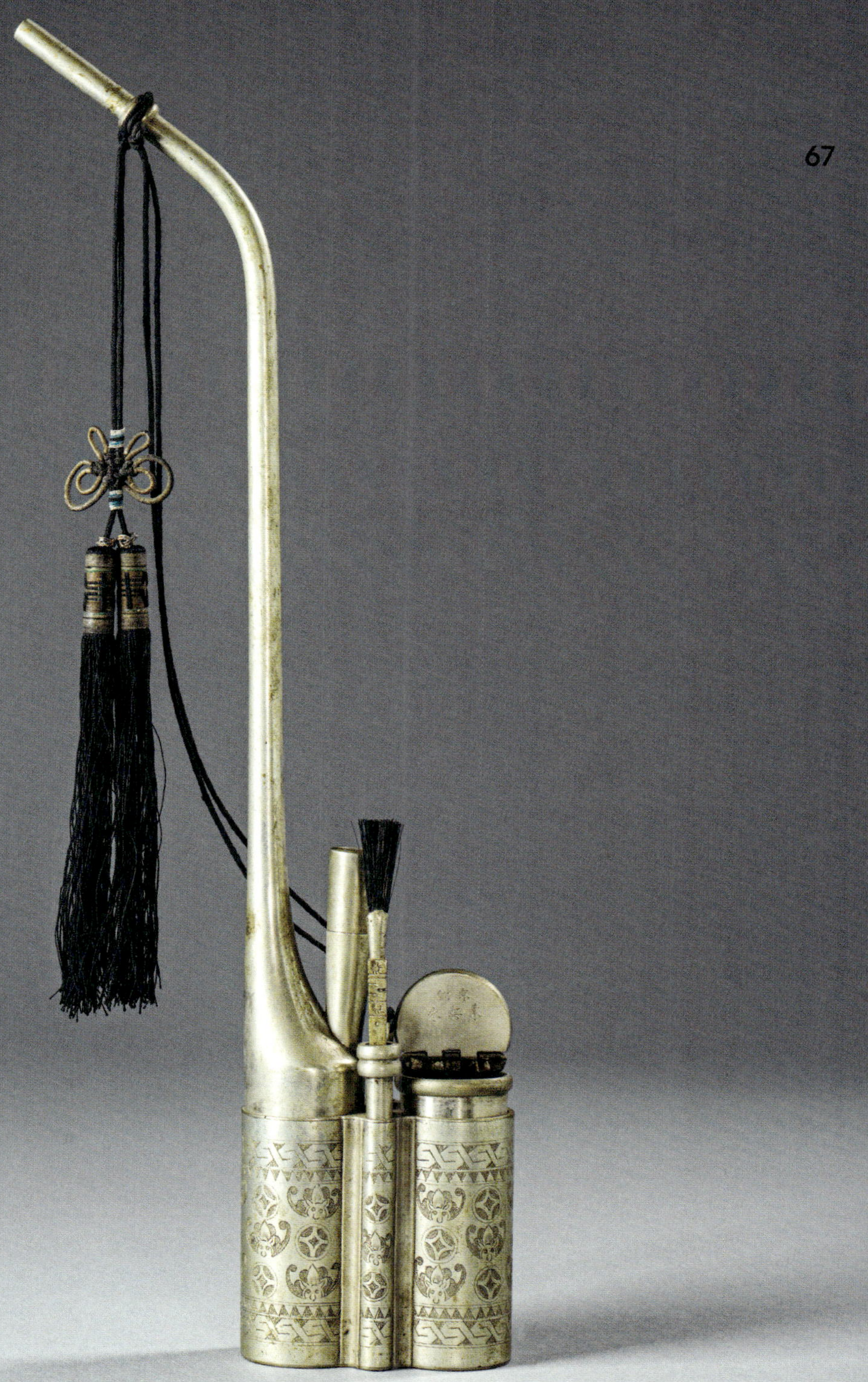

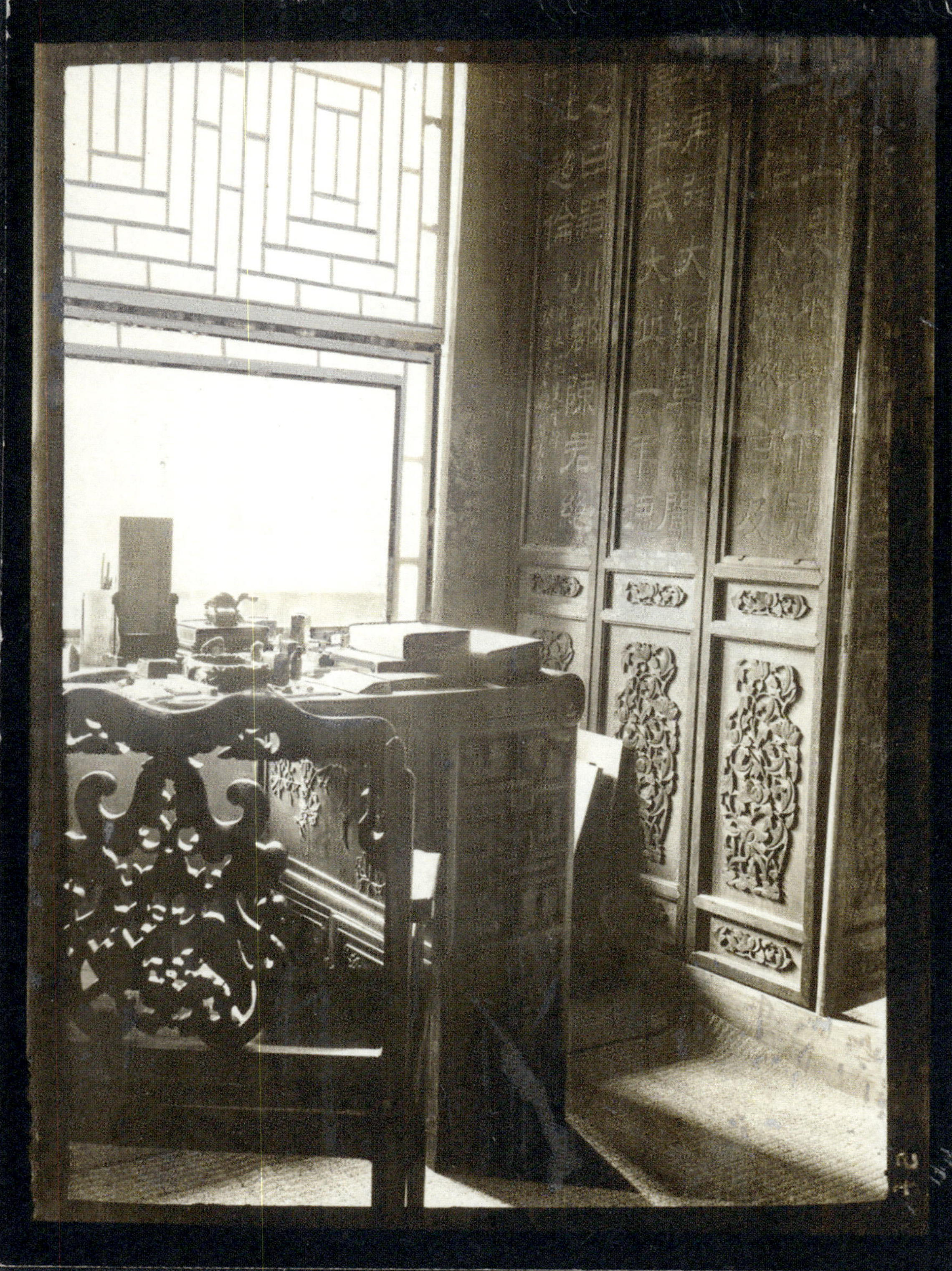

Weltkultur und Weltkrieg

Die am 6. Mai 1914 eröffnete Weltausstellung „Internationale Ausstellung für Buchgewerbe und Graphik“,[1] kurz Bugra, stellt in der Geschichte des Deutschen Buch- und Schriftmuseums (bis 1918 Deutsches Buchgewerbe- und Schriftmuseum) einen wesentlichen Meilenstein dar. Mit ihr werden die maßgeblichen Akteure des Buchgewerbevereins, des damaligen Museumsträgers, einer breiten Öffentlichkeit bekannt. Nach der Schließung der Bugra gelingt es, mithilfe zahlreicher Unterstützer einen erheblichen Bestandzuwachs für das Museum zu generieren. Aber nicht alle Wünsche der Beteiligten erfüllen sich.

Ludwig Volkmann (1870–1947) vom Deutschen Buchgewerbeverein ist ein großer Befürworter der Weltausstellung. Er plant mit dem finanziellen Gewinn der Bugra einen Museumsneubau zu realisieren. Der Direktor des Buchmuseums, Albert Schramm (1880–1937), wird zum wissenschaftlichen Direktor der Bugra ernannt. Beide erhoffen sich mit der internationalen Ausstellung einen Zugewinn sowohl an finanziellen Ressourcen wie an Beständen, fachliches Renommee sowie deutschland-, ja sogar weltweite Aufmerksamkeit für das Museum. Schon bei den Planungen zur Bugra stellen sich die Akteure im Museum und vom Buchgewerbeverein darauf ein, eine Vielzahl von Ausstellungsobjekten nach Beendigung der Weltausstellung in den Museumsbestand zu übernehmen. Dies soll in Form von Stiftungen, Schenkungen und Ankäufen erfolgen.

Auf dem 400.000 Quadratmeter großen Ausstellungsgelände befinden sich neben mehreren großen Hallen zu den Themen Maschinenbau, Papierherstellung, Druck- und Buchfertigung, Buchhandel und der Halle der Kultur eine Fülle von Pavillons, Versorgungs- und Vergnügungsgelegenheiten bis hin zu einer Rundbahn, die Besucher*innen durch das gesamte Gelände fahren kann. Das Areal reicht vom Deutschen Platz bis zur Tabaksmühle, wird begrenzt von der heutigen Prager Straße und ist somit weit größer als die heute bekannten Grenzen der Alten Messe. Die als Rundhalbkugel gebaute Halle der Kultur spielt mit den darin ausgestellten kulturgeschichtlichen Themen eine zentrale Rolle auf der Bugra. In sechs chronologisch-topografischen Abteilungen zeichnet die von Karl Lamprecht (1856–1915) konzipierte Ausstellung die Entwicklung von Schrift und Grafik in den verschiedenen Kulturen der Menschheit von ihren Anfängen mit Keilschrift und ägyptischen Hieroglyphen bis zur Gegenwart nach.[2] Auch die Buchkultur aus Japan, Indien und China wird gewürdigt. Als Sinnbild für die chinesische Hochkultur baut der Baumeister PehSchou-t'ung mithilfe der chinesischen Botschaft und im Auftrag des Sinologen August Conrady (1864–1925) von der Universität Leipzig im Innenhof der Halle der Kultur ein chinesisches Gelehrtenhaus auf.[3]

An die Halle der Kultur schließt sich die Straße der Nationen an, auf der sich Italien, Frankreich, Österreich, Russland und Großbritannien mit jeweils eigenen Pavillons präsentieren. Ihnen gegenübergestellt ist der Pavillon „Deutschtum im Ausland und die deutschen Kolonien", mit dem das Deutsche Reich sein Selbstverständnis als Kolonialmacht und kulturelle Stimme in der Welt unterstreicht.[4] Um die Kolonialausstellung vorzubereiten, wendet sich Bugra-Direktor Ludwig Volkmann (1870–1947) bereits im Jahr 1912 an das Reichskolonialamt in Berlin, damit dieses im Auftrag der Bugra einen Sammlungsaufruf an die Gouverneure der deutschen Kolonien richten möge: Erwünscht werde die Einsendung von Druckerzeugnissen der deutschen Kolonialverwaltung oder Unterrichtsmaterialien aus den Schulen, weiterhin von Beispielen für Papierherstellung, Schriftkultur und grafische Erzeugnisse der indigenen Bevölkerung.[5] Wenngleich der Rücklauf regional unterschiedlich ausfällt, sind am Ende alle deutschen Kolonien in Afrika sowie die Gebiete in Neuguinea und Samoa vertreten. Von den im *Amtlichen Katalog* der Bugra beschriebenen Druckerzeugnissen, Schreibwerkzeugen und Schriftproben aus den Regierungs- und Missionsschulen oder gar Sultan-Briefen sind im heutigen Bestand des Buchmuseums jedoch kaum noch Spuren zu finden.[6] Lediglich eine kleine Anzahl arabischer Handschriften und Korane ist aus dem Überlieferungskontext der Bugra erhalten. Neben maghrebinischen oder koptischen Werken findet sich darunter eine in Haussa, einer afroasiatischen Sprache, verfasste Handschrift, die um 1900 in Westafrika entstand. Zu diesem Objektbefund passt, dass der Gouverneur in Lomé den Sammlungsaufruf des Reichskolonialamts im Jahr 1912 mit dem Hinweis beantwortet, dass als Exponate aus Togo zum Beispiel „Korane und Surenbücher der Haussa" infrage kämen.[7] Jedoch konnte bislang keine Liste der Einsendungen aus Togo ausfindig gemacht werden, sodass die genaue Herkunft der Haussa-Handschrift offen bleiben muss. Generell kann die Kolonialausstellung der Bugra heute zwar anhand von Katalogen und Akten des Reichskolonialamts noch grob umrissen, aber nicht auf der Ebene der Einzelobjekte rekonstruiert werden. Dennoch wird deutlich: Mit ihrem Schwerpunkt auf Druckschriften der Kolonialverwaltung sowie der Gegenüberstellung deutscher und indigener Schul- und Schreibmaterialien inszeniert die Präsentation die deutsche Zivilisierungsmission in den Kolonien und untermauert somit die zeitgenössischen Vorstellungen von kulturellen Hierarchien.

Das Publikum nimmt regen Anteil an der Weltausstellung und strömt in Scharen auf das Messegelände. Von Mai bis Juli besuchen etwa zwei Millionen Besucher*innen die Bugra. Nach dem Ausbruch des Ersten Weltkriegs brechen die Besucherzahlen ein und die Ausstellung wird bald darauf geschlossen.

Danach erfolgt die rasche Auflösung der Schau. Die Leipziger Museen und andere Institutionen versuchen, bedeutende Objekte zu übernehmen. Etliche Objekte kommen ins Museum für Völkerkunde Leipzig, in die Universität, die Deutsche Bücherei und das Deutsche Buchgewerbe- und Schriftmuseum. Dabei spielen private Stifter*innen eine wichtige Rolle, indem sie viele Übernahmen ermöglichen. Aber auch die ausstellenden Firmen wie C. G. Röder oder der Jakob-Krause-Bund stiften dem Museum ihre Ausstellungsobjekte. Der damalige Museumsdirektor, Albert Schramm, äußert in einem Bericht zur Übernahme von Objekten 1915: „Sowohl das Deutsche Buchgewerbe- und Schriftmuseum, als auch die technischen Sammlungen des Vereins haben Zuwendungen erfahren, die man kaum zu hoffen wagte."[8] Das betrifft viele Ausstellungsstücke aus der Halle der Kultur, in der vor allem die Entwicklung der weltweiten Schrift- und Buchkultur ausgestellt war. Das chinesische Gelehrtenhaus mit seinen Wandgefachen, Türen, vielen Beispielen zur chinesischen Schriftkunst wie Stempel, Schriftrollen und Schreibgeräten spielt dabei eine herausragende Rolle. Ebenso sind die Objekte der grafischen Branche mit Büchern, Schriftproben, Plakaten, Handeinbänden und weiteren Ausstellungsstücken des Druckgewerbes wie Modellen, dem Gutenberg-Raum und der Senefelder-Stube zu nennen. Auch Dioramen mit Modellen berühmter historischer Bibliotheken sind dabei. Der eigentliche Plan, aus dem Gewinn der Bugra einen Museumsneubau zu errichten, geht infolge des Ausbruchs des Ersten Weltkriegs und den damit verbundenen finanziellen Verlusten allerdings nicht auf.

Für das Museum ist die durch Ludwig Volkmann ins Leben gerufene Bugra Fluch und Segen zugleich. Fluch, weil sich die hochgesteckten Ziele nicht erfüllen; Segen, weil bis zum Beginn des Krieges die Ausstellung mit dem Ansturm von Besucher*innen ein voller Erfolg ist. Zudem wachsen nach der Schließung der Bugra die Bestände des noch jungen Museums rasant an.

In den Jahrzehnten nach der Weltausstellung erleben die übernommenen Objekte eine recht unterschiedliche Geschichte. Nach der Schließung der Bugra im Herbst 1914 wurde versucht, die Ausstellung zumindest zum Teil weiter zu präsentieren. Zuerst wurde 1915 eine weitere Ausstellung mit den von der Bugra übernommenen Exponaten im Buchgewerbehaus und in der Kuppelhalle auf dem Messegelände eröffnet. So werden dort unter anderem wieder das chinesische Gelehrtenhaus und der japanische Buchladen ausgestellt. Die Militärbehörden beanspruchen 1916 die Kuppelhalle auf dem Messegelände, die ausgestellten Objekte müssen magaziniert und provisorisch untergebracht werden. Ab 1918 sind viele Ausstellungsstücke aus der Halle der Kultur im Gebäude des Verbands der Deutschen Handlungsgehilfen (Zeitzer-, heute Karl-Liebknecht-Straße) unter dem Namen „Deutsches Kulturmuseum" ausgestellt.[9] Viele Exponate gehen jedoch auch durch die Bombardierung im Zweiten Weltkrieg, am 4. Dezember 1943, verloren oder werden in späteren Jahren vom Museum abgegeben oder ausgesondert. Eine große Anzahl von Stempeln, Tuschereibsteinen und Zierkacheln aus dem chinesischen Gelehrtenhaus werden mit Brand- und Schmauchspuren aus den Trümmern des Buchgewerbehauses geborgen und nach dem Krieg neu inventarisiert. Teile davon, wie die chinesische Steintrommel[10] oder Wandgefache und einzelne Schriftrollen aus dem chinesischen Gelehrtenhaus, sind seitdem immer wieder in Ausstellungen des Museums regelrechte Hingucker. Andere werden zu besonderen Anlässen ausgestellt, in Publikationen reproduziert und sind ansonsten sicher verwahrt in den Magazinen des Museums.

Die Bugra von 1914 ist im Museum noch sehr präsent, und ihre Spuren finden sich bei der musealen Arbeit immer wieder. Eine Weltausstellung „unserer Branche" in dieser Dimension hat es in Leipzig nicht erneut gegeben. Oft finden sich Spuren der Bugra bei der Museumsarbeit. Der Rückblick auf dieses Ereignis und die Auseinandersetzung mit der Provenienzgeschichte der Museumsobjekte erfolgt heute mit kritischerem Blick.

Wolfgang Hohensee und Emily Löffler

1
Weiterführende Beiträge in Ernst Fischer und Stephanie Jacobs (Hg.), *Die Welt in Leipzig. Internationale Ausstellung für Buchgewerbe und Graphik, BUGRA 1914*, Hamburg 2014.

2
Monika Estermann, „‚Schrift und Druck sind nicht einfache kulturgeschichtliche Erscheinungen …'. Die Halle der Kultur", in: Fischer/Jacobs 2014 (wie Anm. 1), S. 265–280, hier S. 268–278.

3
Eduard Erkes, „Das chinesische Haus im Deutschen Kulturmuseum zu Leipzig", in: *Zeitschrift des Deutschen Vereins für Buchwesen und Schrifttum*, 1919, S. 25–27.

4
Stephanie Jacobs, „‚Alle Sprachen der Welt klingen an unser Ohr'. Die Nationenpavillons auf der Bugra", in: Fischer/Jacobs 2014 (wie Anm. 1), S. 289–318, hier S. 292.

5
Ludwig Volkmann, Schreiben an den Staatssekretär des Reichskolonialamtes, betrifft Internationale Ausstellung für Buchgewerbe und Graphik Leipzig 1914, 3.6.1912, Bundesarchiv Berlin, Best. 1001 Nr. 6348, Bl. 69–71.

6
Amtlicher Katalog der Internationalen Ausstellung für Buchgewerbe und Graphik, Leipzig 1914, S. 524.

7
Kaiserliches Gouvernement von Togo, Schreiben an das Reichskolonialamt, Bericht N° 436, Betrifft: Beschickung der für 1914 in Leipzig geplanten Ausstellung für Buchgewerbe und Graphik, 8.8.1912, BAB, Best. 1001 Nr. 6248, Bl. 139.

8
Archiv für Buchgewerbe, hg. vom Deutschen Buchgewerbeverein, Leipzig 1914–1915, H. 1–2, S. 88f.

9
Stephanie Jacobs (Hg.), *Zeichen – Bücher – Netze. 125 Jahre Deutsches Buch- und Schriftmuseum*, Leipzig 2009, S. 381.

10
Vgl. den Beitrag „Inschriftenstein mit Kriegsspuren. Chinesische Steintrommel" in diesem Band, S. 74–80.

1914

Chinesische Steintrommel

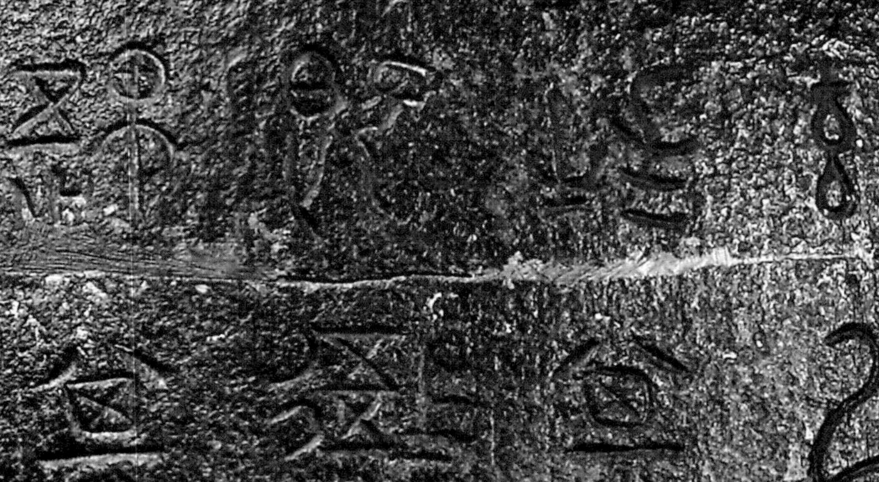

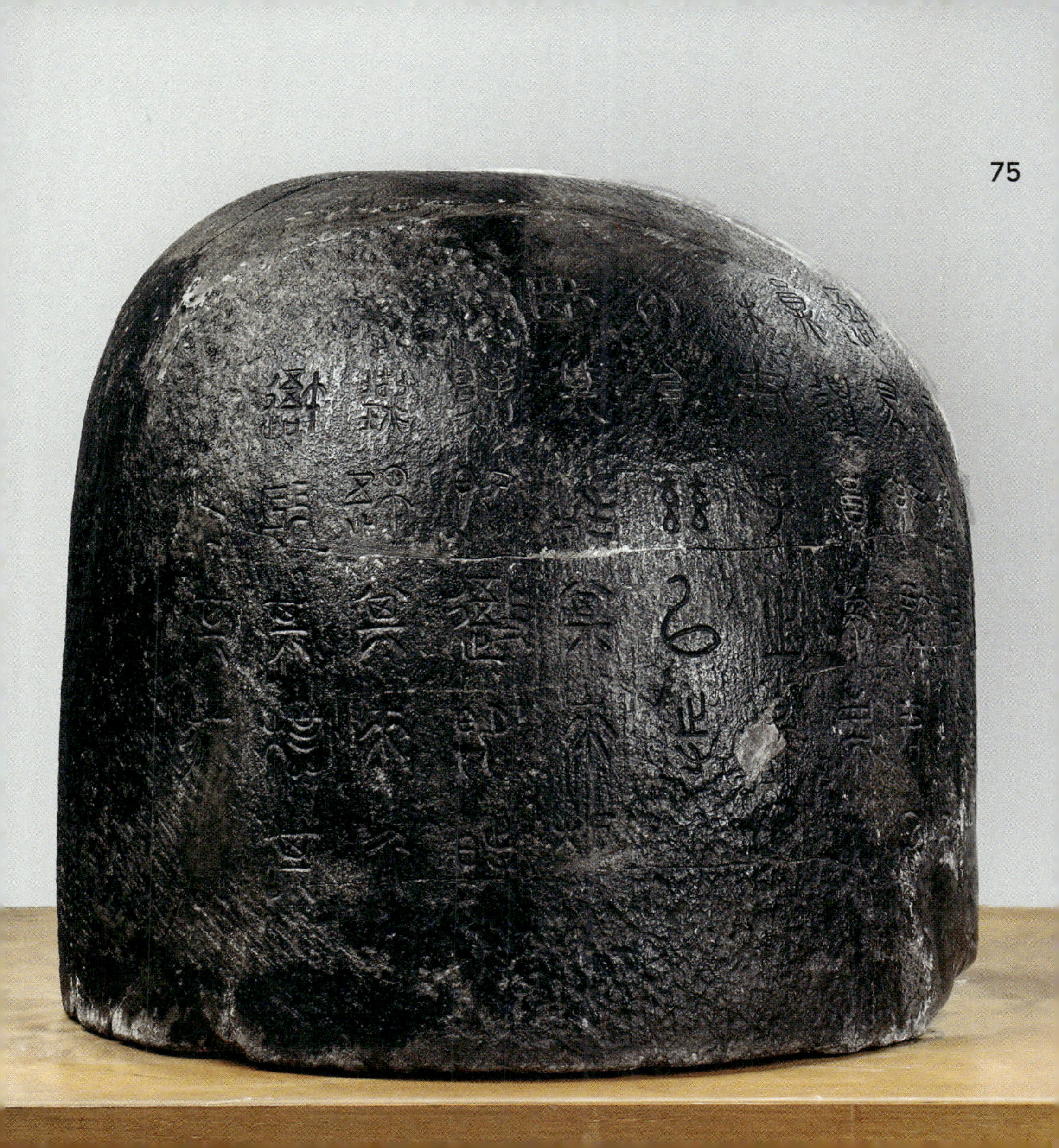

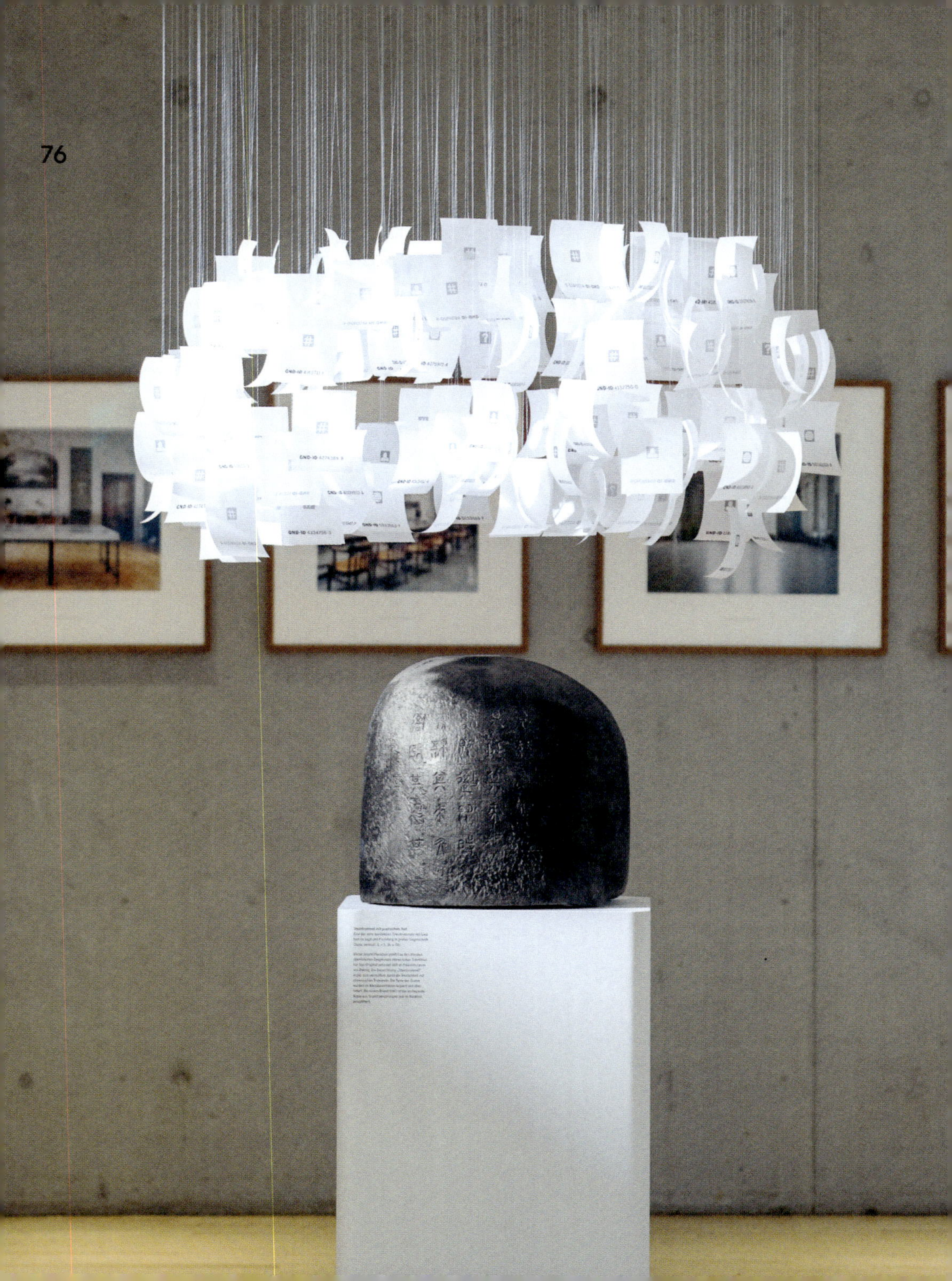

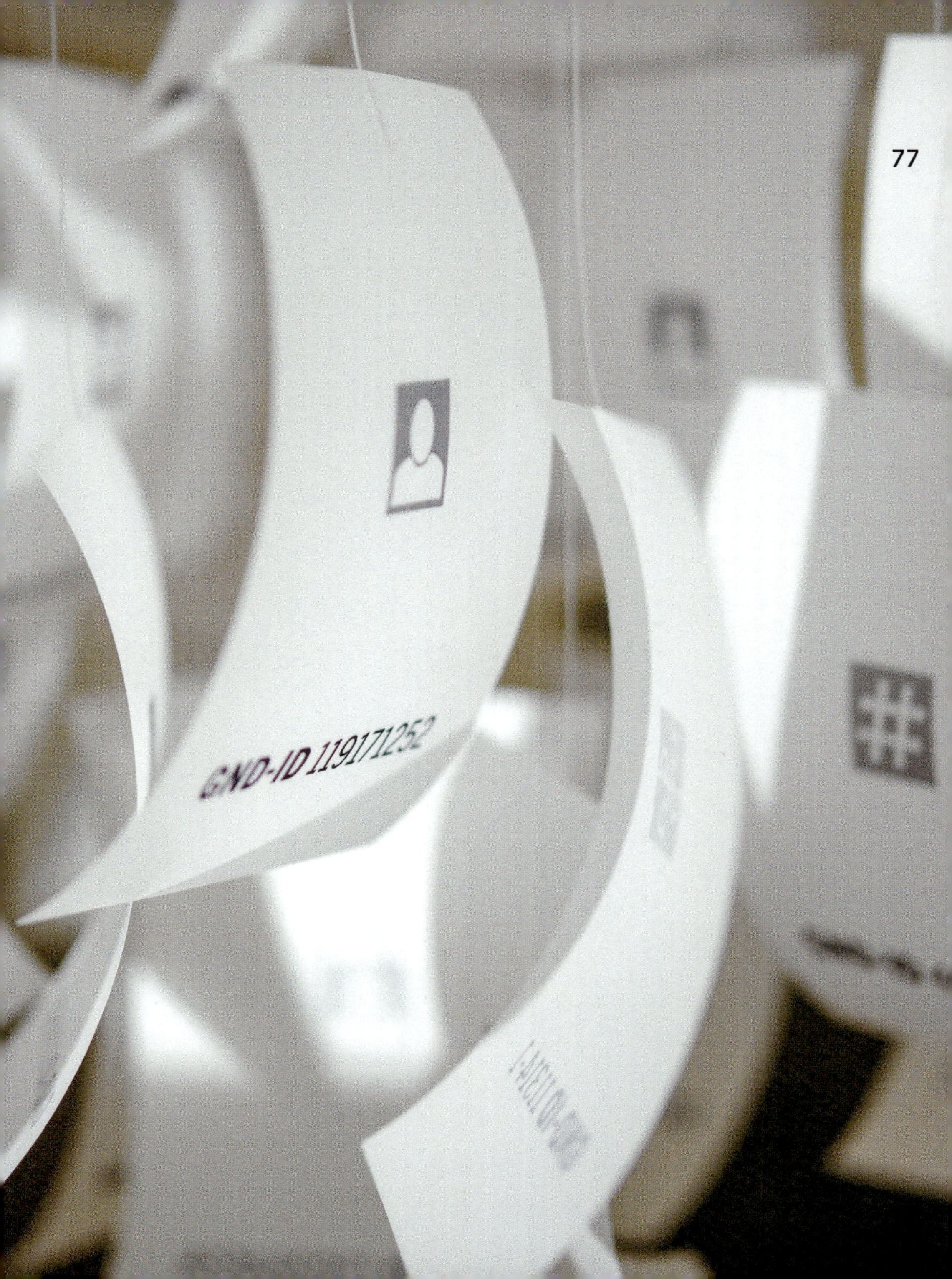
GND-ID 119171252

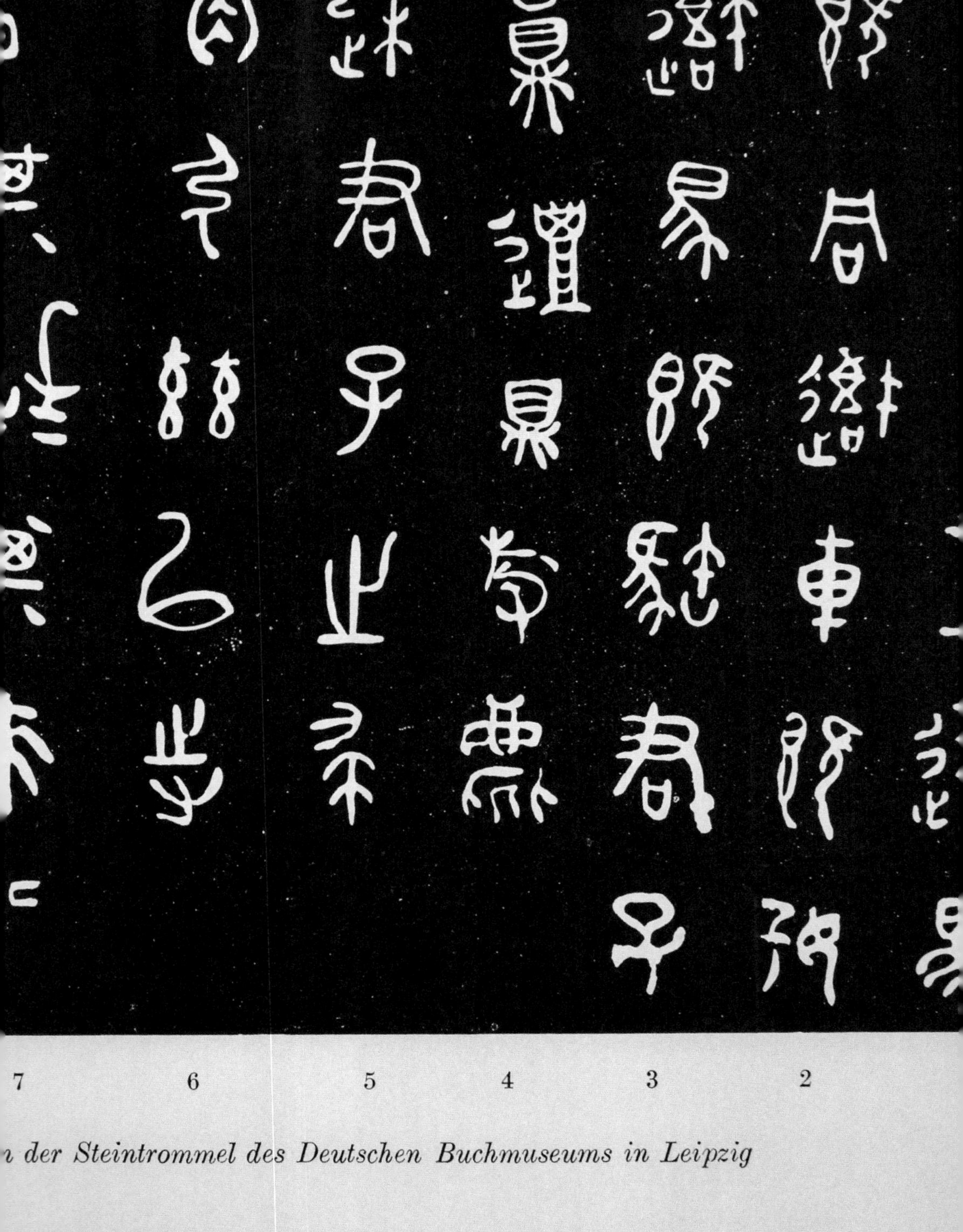

n der Steintrommel des Deutschen Buchmuseums in Leipzig

Inschriftenstein mit Kriegsspuren

Die Steintrommel gelangt im Zuge der Weltausstellung „Internationale Ausstellung für Buchgewerbe und Graphik",[1] kurz Bugra, in das Deutschen Buch- und Schriftmuseum (bis 1918 Deutsches Buchgewerbe- und Schriftmuseum). In vielen weiteren Ausstellungen ist sie als beindruckendes Zeugnis für die chinesische Schriftkultur zu sehen. Bei der Zerstörung des Deutschen Buchgewerbehauses im Zweiten Weltkrieg wird die Steintrommel verschüttet, sie kann aber geborgen und restauriert werden. Heute ist sie wieder ein Blickfang in der Dauerausstellung des Museums und zugleich Werbeträger für die Gemeinsame Normdatei (GND).

Die zentrale Ausstellungshalle der Bugra 1914 ist die Halle der Kultur. Dort sind neben vielen anderen Ausstellungsstücken zur Kulturgeschichte auch das sogenannte Chinesische Gelehrtenhaus, ein chinesischer Tempel für den „Literaturgott" und eine chinesische Steintrommel zu bewundern. Diese Steintrommel ist ein Inschriftenstein mit alten chinesischen Schriftzeichen, der sogenannten großen Siegelschrift. Die Inschrift berichtet in poetischer Form von der Jagd des chinesischen Kaisers der Zhou-Dynastie (770–221 v. Chr.). Sie gehört zu den ältesten Dokumenten chinesischer Schrift.[2]

Per Abklatschtechnik lässt sich von den Steintrommeln die Schrift kopieren. Der Stein hat eine halbrunde Form, besteht aus schwarzem Granit und wiegt 215 Kilogramm. Er ist eine Kopie der ersten von zehn Steintrommeln. Wann genau die Kopie entstanden ist, liegt im Dunkeln, möglicherweise aber bereits zwischen 200 v. Chr. und 100 n. Chr. Es steht jedoch fest, dass der Sinologe Herbert Mueller (1885–1966) auf sie aufmerksam wird, als er 1912/13 im Auftrag des Königlichen Museums für Völkerkunde und der Königlichen Bibliothek von Berlin eine Forschungsreise durch China unternimmt. Er lässt das Objekt nach Leipzig bringen, um es auf der Bugra zu zeigen.[3]

Nach der vorfristigen Schließung der Bugra bei Ausbruch des Ersten Weltkriegs 1914 wird die Steintrommel in den Bestand des Buchmuseums aufgenommen. Rudolf Kelling (1894–1948), ein Leipziger Sinologe, schreibt über den Inschriftenstein in einem ausführlichen Beitrag in der Zeitschrift *Buch und Schrift,* in dem er die Einmaligkeit und auch das Alter der Steintrommel hervorhebt. Bei der Zerstörung des Buchgewerbehauses am 4. Dezember 1943 ist der Stein nicht ausgestellt. Der Museumsdirektor Hans Bockwitz (1884–1954) beklagt in einem Brief an Rudolf Kelling am 3. Juni 1944 den Verlust vieler Museumsobjekte, auch der Steintrommel, durch die Bombardierung.

Glücklicherweise kann der Inschriftenstein aus den Trümmern des Gebäudes geborgen werden. Er ist infolge des Brandes gesprungen und hat auf der Rückseite Material verloren. Diese Schäden werden Anfang der 1950er-Jahre so gut wie möglich behoben. In den ersten beiden Dauerausstellungen des Museums ab 1954 wird der Stein – nunmehr in den Räumlichkeiten der Deutschen Bücherei – wieder ausgestellt. Auch in der aktuellen Dauerausstellung „Zeichen Bücher Netze – Von der Keilschrift zum Binärcode" ist die Steintrommel seit 2012 sehr präsent im Eingangsbereich zu sehen. Als 2018 ein geeignetes dreidimensionales Museumsobjekt für die GND Convention, eine Tagung der Deutschen Nationalbibliothek zur Gemeinsamen Normdatei in Frankfurt am Main, gesucht wurde, fiel die Wahl auf die Steintrommel. Sie wurde den Teilnehmenden unter einer Wolke aus Normdaten präsentiert.[4]

So kann ein jahrhundertealtes Objekt nicht nur Brücken zwischen den Kontinenten und Kulturen, sondern auch in das Zeitalter der Digitalisierung schlagen.

Wolfgang Hohensee

1
Weiterführende Beiträge in: Ernst Fischer und Stephanie Jacobs (Hg.), *Die Welt in Leipzig. Internationale Ausstellung für Buchgewerbe und Graphik, BUGRA 1914,* Hamburg, 2014.

2
Rudolf Kelling, „Geschichte eines chinesischen Inschriften-Steines", in: *Buch und Schrift,* Leipzig 1938, S. 1–19.

3
Vgl. Hartmut Walravens (Hg.), *Herbert Muellers Forschungsreise nach China 1912–1913,* Wiesbaden 2017.

4
Siehe dazu Ramon Voges, „Bücher, Bomben, Daten. Die Zerstörung des Leipziger Buchhändlerviertels", in: *Dialog mit Bibliotheken,* 31, H. 1, 2019, S. 54–56.

Plakatbestände

Gebt für die U-Boot-Spende

Willy Stöwer 1917

Münchener Zeitungs-Verlag Kommandit-Gesellschaft, München.

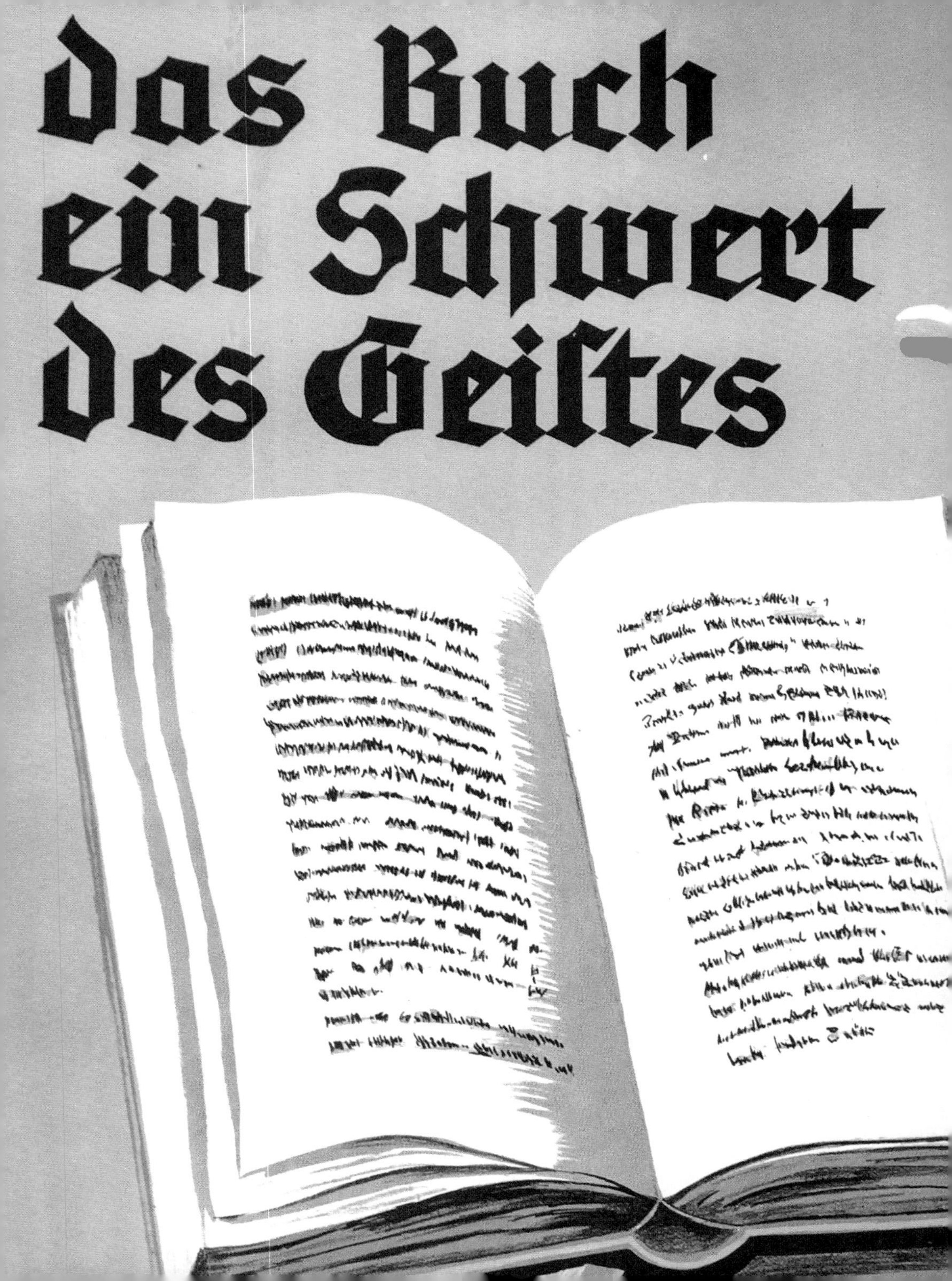

das Buch ein Schwert des Geistes

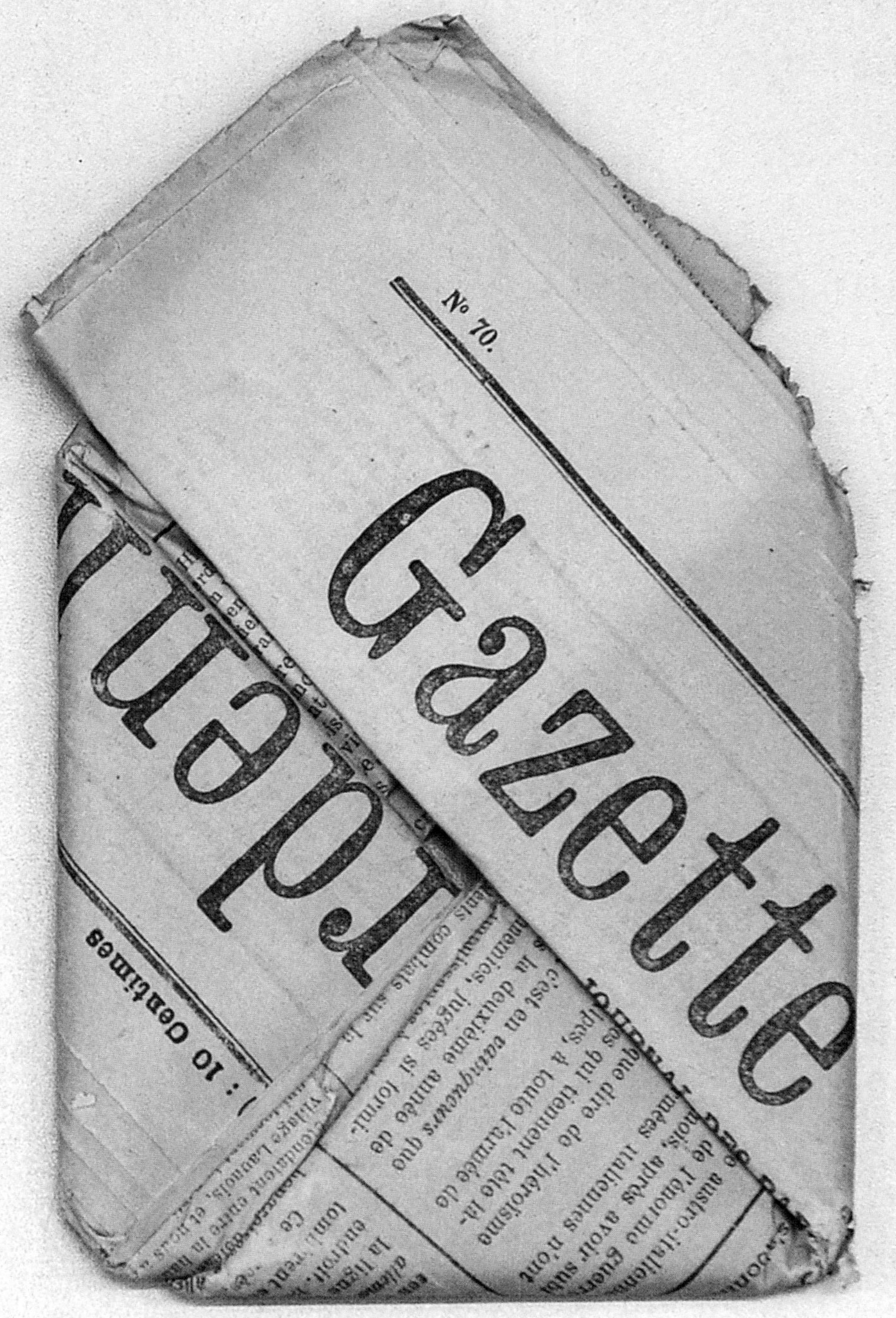
№ 70.
Gazette

Sold

Vorsicht bei

Spione

aten!

Gespräden!

gefahr!

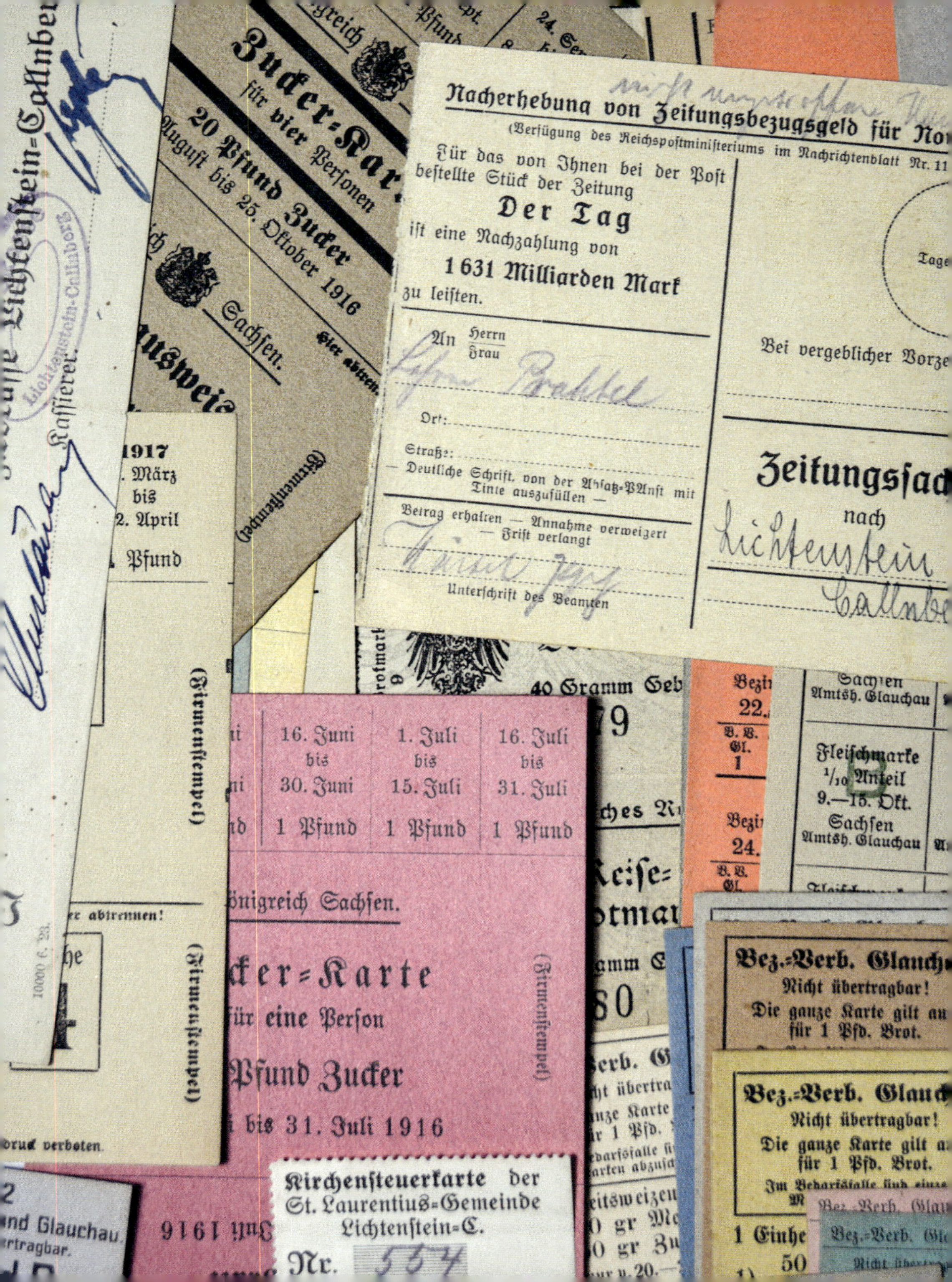

Nacherhebung von Zeitungsbezugsgeld für No

(Verfügung des Reichspostministeriums im Nachrichtenblatt Nr. 11

Für das von Ihnen bei der Post bestellte Stück der Zeitung

Der Tag

ist eine Nachzahlung von

1 631 Milliarden Mark

zu leisten.

An Herrn / Frau

Ort:

Straße:

— Deutliche Schrift, von der Absatz-PAnst mit Tinte auszufüllen —

Betrag erhalten — Annahme verweigert — Frist verlangt

Unterschrift des Beamten

Bei vergeblicher Vorze

Zeitungssac

nach

Lichtenstein Callnbe

1917 … März bis … 2. April … Pfund

(Firmenstempel)

(Firmenstempel)

…er abtrennen!

…druck verboten.

16. Juni bis 30. Juni	1. Juli bis 15. Juli	16. Juli bis 31. Juli
1 Pfund	1 Pfund	1 Pfund

…önigreich Sachsen.

…cker-Karte

für eine Person

… Pfund Zucker

… bis 31. Juli 1916

(Firmenstempel)

Kirchensteuerkarte der St. Laurentius-Gemeinde Lichtenstein-C.

Nr. 554

40 Gramm Geb…

…ches R…

Rei|e-…

…otmar…

Sachsen Amtsh. Glauchau

Fleischmarke 1/10 Anteil 9.—15. Okt.

Sachsen Amtsh. Glauchau

Bez.-Verb. Glauch…

Nicht übertragbar!

Die ganze Karte gilt au… für 1 Pfd. Brot.

Bez.-Verb. Glauc…

Nicht übertragbar!

Die ganze Karte gilt a… für 1 Pfd. Brot.

Im Bedarfsfalle sind einze…

1 Einhe…

…and Glauchau

…ertragbar.

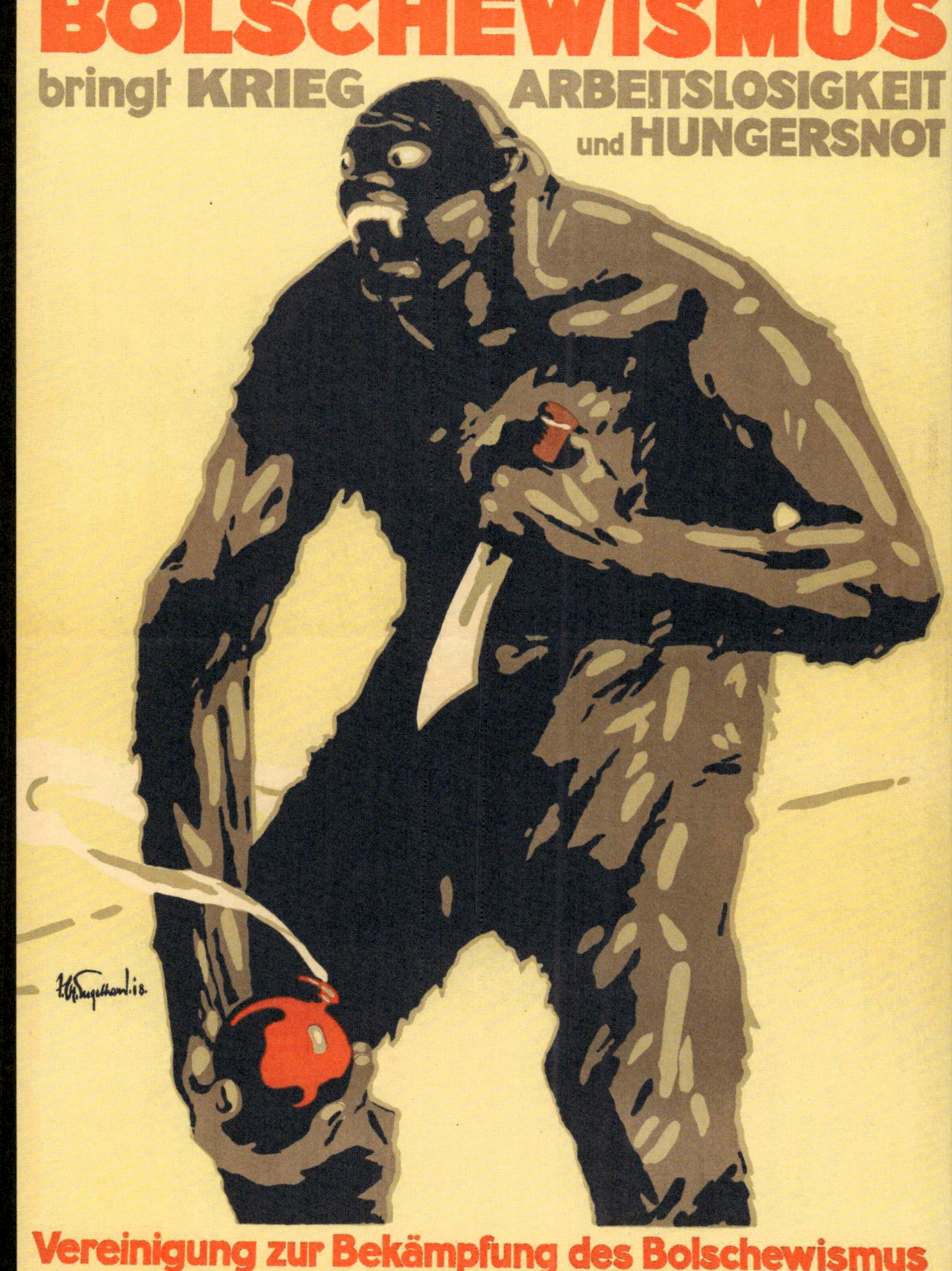
BOLSCHEWISMUS
bringt KRIEG ARBEITSLOSIGKEIT
und HUNGERSNOT
Vereinigung zur Bekämpfung des Bolschewismus
BERLIN W.9. Schellingstr. 2.

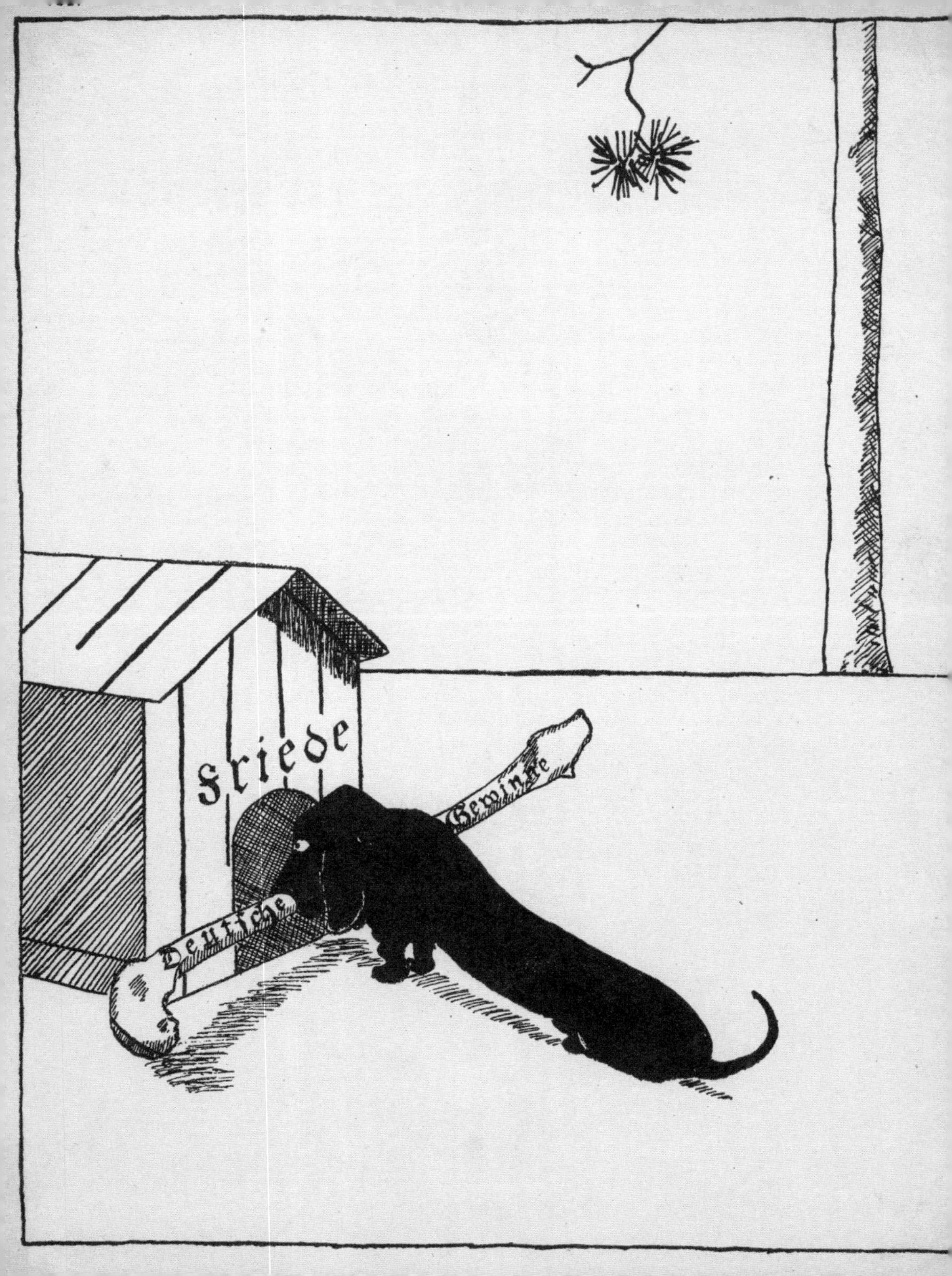
Friede
Deutsche
Gewinne

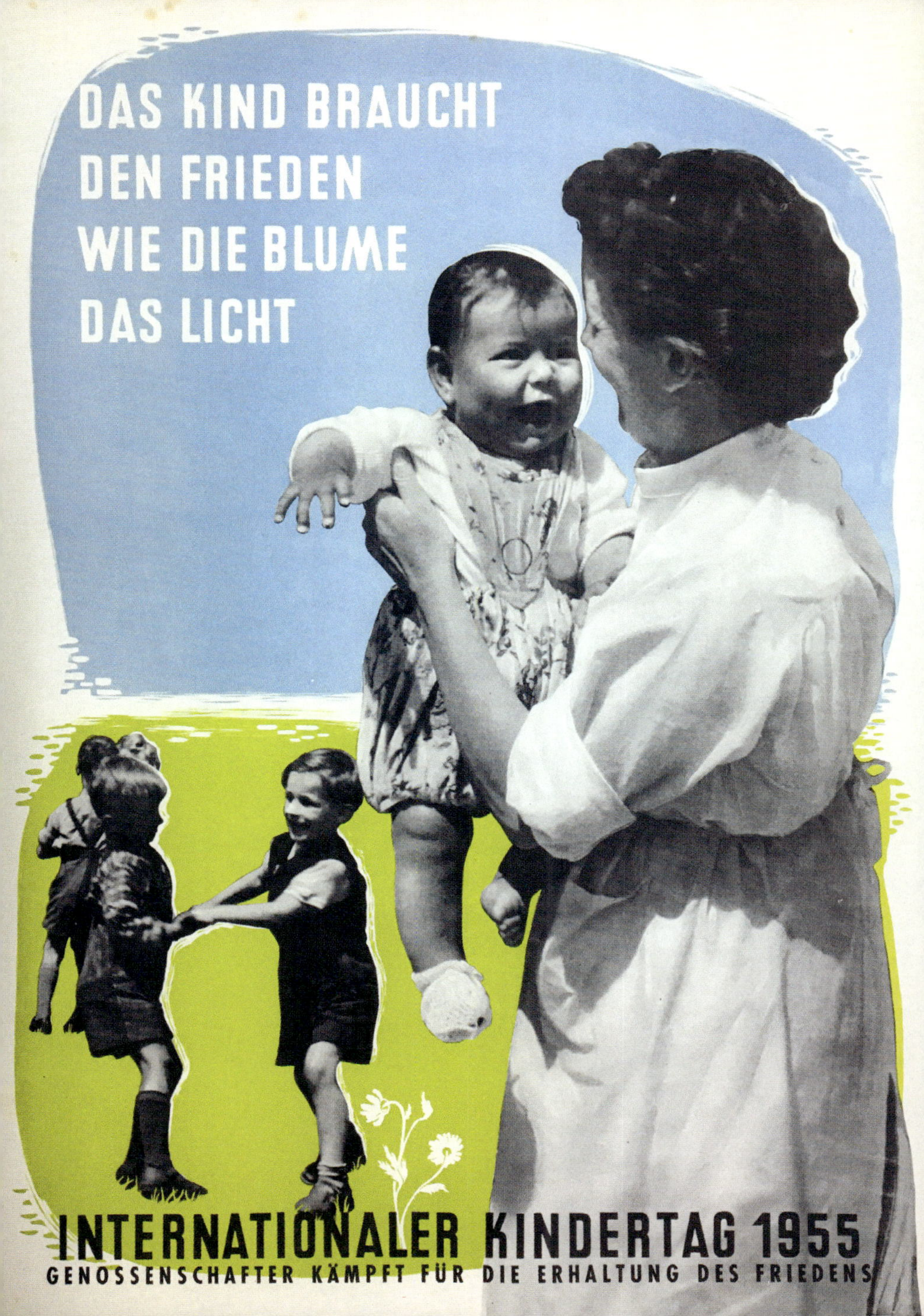
DAS KIND BRAUCHT
DEN FRIEDEN
WIE DIE BLUME
DAS LICHT
INTERNATIONALER KINDERTAG 1955
GENOSSENSCHAFTER KÄMPFT FÜR DIE ERHALTUNG DES FRIEDENS

Georgi-Dimitroff-Museum · Leipzig ·
78/127

Kriegssammlungen auf Umwegen

Die Plakatsammlungen enthalten etwa 50.000 Bild- und Textplakate, Anschläge, Flugblätter, Handzettel und andere Gelegenheitsdrucke aus vier Provenienzen: aus der Sammlung der Deutschen Bücherei zum Ersten Weltkrieg, der Revolutionssammlung 1918 bis 1920, der Kriegssammlung der Jahre 1933 bis 1945 sowie den Blättern der Zeit zwischen 1945 und 1990, die nicht nur auf Bestände der Deutschen Bücherei, sondern vor allem auf Erwerbungen des Georgi-Dimitroff-Museums in Leipzig zurückgehen. Sie knüpfen zugleich an die Kriegssammlung des Museums an, die 1914 den Besucher*innen der „Internationalen Ausstellung für Buchgewerbe und Graphik" (Bugra) präsentiert wurde und von der Albert Schramm (1880–1937) stolz schreibt: „An einzelnen Tagen drängte sich die Besucherzahl, sodaß polizeilich gesperrt und nur truppweise Einlaß gegeben wurde."[1] Er bedauert die parallele Sammlungstätigkeit von Buch- und Schriftmuseum und Deutscher Bücherei hinsichtlich der Plakate. Was würde er wohl heute sagen, wenn er wüsste, dass „seine Kriegssammlung" dem nächsten großen Krieg zum Opfer gefallen und die Kriegssammlungen der Deutschen Bücherei trotz abenteuerlicher Provenienzwege weitgehend erhalten geblieben sind – und sich heute im Bestand des Museums befinden? So sind die Plakatsammlungen untrennbar mit dem Verhältnis von Museum und Bibliothek verbunden und verfügen über eine komplexe Herkunftsgeschichte, gezeichnet von den Wirren des 20. Jahrhunderts, die von Konkurrenz, Krieg und Verlust, von Überfluss und Lücken, von Aufbau und Zerfall erzählt.

Unmittelbar nach Beginn des Ersten Weltkriegs werden zahlreiche Sammlungen ins Leben gerufen, die das Zeitgeschehen für die Nachwelt überliefern sollen. Archive, Behörden, Bibliotheken, Museen, Privatpersonen und Vereine wetteifern beim Zusammentragen von Dokumenten und sammeln alles – von Militaria, über Lebensmittelmarken bis hin zur Kriegsliteratur. Vielfach konkurrieren diese Sammlungen innerhalb einer Stadt, so auch in Leipzig, wo neben der Deutschen

Bücherei und dem Deutschen Buchgewerbemuseum auch die Bibliothek der Handelskammer, das Kriegswirtschaftsmuseum, das Stadtgeschichtliche Museum, der Verband der Deutschen Typographischen Gesellschaft, die Stadt- und die Universitätsbibliothek sowie eine Reihe von Privatsammler*innen im Wettstreit stehen.

Die im Mai 1914 eröffnete Bugra, organisiert vom Deutschen Buchgewerbeverein und unter der Leitung von Albert Schramm, zeigt Exponate aus allen Bereichen des Buchwesens.[2] Als der Krieg ausbricht, präsentiert man einer begeisterten Besucher*innenschar eine Sonderschau mit Kriegsbildern, Plakaten und Kriegstrophäen. Nach der bald erfolgten Schließung der Bugra wird die Ausstellung 1915 im Deutschen Buchgewerbehaus wiedereröffnet und die Kriegssammlung neu konzipiert. Die Kriegsliteratur in ihrer Gesamtheit zu erfassen, sei Aufgabe der Deutschen Bücherei, so Schramm. Im Fokus des Museums stehen nach seiner Meinung dagegen das künstlerisch ausgestattete Kriegsbuch sowie gestaltete Einblattdrucke, Karikaturen, Kunstblätter, Plakate und Reklamedrucksachen. So ließen sich Bücherei und Museum „als zwei sich ergänzende Institute denken, die sich zu einer einheitlichen Welt unter dem Zepter des Schrifttums verbinden" würden.[3]

Die Deutsche Bücherei initiiert im September 1914 ihre Kriegssammlung. Bibliotheksdirektor Gustav Wahl (1877–1947) ahnt nicht, wie groß die Flut an bedrucktem Papier werden würde: Verlage produzieren Tausende Neuerscheinungen, Gemeinden, Schulen und Universitäten drucken Heimatgrüße, und Armee, Lazarette und Gefangenenlager geben Zeitungen heraus. Amtliche Bekanntmachungen und Anschläge bestimmen den Lebensalltag. Buchhändler senden ebenso Materialien ein wie Soldaten. Um das Phänomen der Papiergewitter in vollem Umfang zu dokumentieren, sammelt die Bücherei über ihren eigentlichen Sammelauftrag hinaus, also auch Bilderbögen, Karikaturen, Flugblätter usw., später auch Postkarten, Lebensmittelmarken, Notgeld sowie Musikalien. In drei Ausstellungen wird die Sammlung unter jeweils anderen inhaltlichen Schwerpunkten vorgestellt.

Georg Minde-Pouet (1871–1950), ab 1917 Direktor, richtet die Bibliothek neu aus und beschränkt die Kriegssammlung auf die zum Sammelgebiet gehörenden Materialien: Das Personal ist knapp, der Bibliotheksalltag kriegsbedingten Zwängen unterlegen, die Menge der Drucksachen schier unendlich, und die Unterstützung militärischer Zulieferer lässt merklich nach. Er regt an, die Sondermaterialien ans Deutsche Kulturmuseum (wie das Buchgewerbemuseum inzwischen heißt) abzugeben. Im März 1919 wird die Sammlung eingestellt und die Abwicklung beginnt. Bücher, Broschüren, Landkarten, Zeitungen und Musikalien verbleiben in der Bücherei. Fotos, Postkarten und Lebensmittelmarken gibt die Bücherei in den 1920er-Jahren an andere Einrichtungen ab. Das Notgeld gelangt ins Museum, wo es 1943 den Kriegsbomben zum Opfer fällt. Die Ehrendoktorurkunden kommen 1922 in die Sammlung Künstlerische Drucke, die erst 1955 zum Museum wechselt. Diese Urkunden, vermutlich ein Geschenk des Druckers Gustav Schwabe, werden von Hochschulen an verdienstvolle Staatsmänner, Heerführer und Gefallene verliehen. Auch die 15.000 Plakate und Flugblätter verbleiben zunächst separat in der Deutschen Bücherei. Zu den bedeutendsten Dokumenten gehören hier die über 300 Fliegerabwürfe, vor allem Propagandablätter der Entente-Staaten, darunter imitierte Zeitungen und faksimilierte Briefe deutscher Kriegsgefangener. Einige enthalten handschriftliche Notizen, die Auskunft über Finder und Fundort geben – eine für die Herkunftsgeschichte musealer Objekte einmalige Quelle. Zahlreiche Blätter weisen darüber hinaus Spuren der Verbreitung mit Flugzeug oder Ballon auf.

Kaum gehören Krieg und Kaiserreich der Vergangenheit an, tauchen im November 1918 erneut ungeheure Mengen von Verfügungen und Bekanntmachungen auf. „Die deutsche Revolution wurde viel weniger mit Handgranaten, Flinten und Maschinengewehren ausgefochten, als mit einer Unsumme von Drucksachenmaterial, von Plakaten, Maueranschlägen, Flugzetteln, Straßenzetteln, mit denen der Bürger des republikanischen Deutschlands bis zur Bewußtlosigkeit überschüttet [...] wurde.“[4] In Anbetracht dieser Zustände initiiert die Deutsche Bücherei eine „Revolutionssammlung“. Ein erster Aufruf ergeht an die Arbeiter- und Soldatenräte mit der Bitte, ihre Drucksachen regelmäßig einzusenden. Parteien, Vereine, Verlage, Bibliotheken und Privatpersonen folgen weiteren Aufrufen. Etliche Plakate kommen direkt aus Druckereien, zum Beispiel Lotter aus Nürnberg. Es entsteht eine Sammlung, die die Umbruchzeit nach dem Weltkrieg hin zur jungen deutschen Republik dokumentiert. Heute ist nur noch etwa die Hälfte aller Blätter erhalten. 1920 bleiben sie zunächst noch vollzählig und unbeachtet neben den Kriegsplakaten liegen.

Im September 1939 knüpft die Deutsche Bücherei wieder an die Tradition der Sondersammlung zum Kriegsgeschehen an. Sämtliche Druckschriften aus Deutschland und den besetzten Gebieten sollen bewahrt werden, insbesondere Extrablätter, Flugblätter, Feld-, Soldaten- und Gefangenlagerzeitungen, Plakate und Maueranschläge. Und wieder ergeht ein Sammlungsaufruf an Vereine, Verbände, Stadtverwaltungen, Unternehmen, den Buchhandel, aber auch an NSDAP und Wehrmacht.

Angesichts der 1933 verfügten Unterstellung der Bücherei unter das Ministerium für Volksaufklärung und Propaganda werden zahlreiche Dienststellen angewiesen, Drucksachen direkt nach Leipzig einzusenden, so etwa die Reichspropagandaämter, der Reichsverband der deutschen Presse, das Zentralbüro der Deutschen Arbeitsfront (DAF), das Hauptamt des Reichsführers SS, die Abteilung Volksaufklärung und Propaganda des Amtes des Generalgouverneurs usw. Zudem bringen auch Bibliotheksmitarbeiter und -nutzer, die selbst an der Front waren, Material ins Haus.

Aus dem Westen wird die Sammlung vor allem durch die Reisen des Erwerbungsleiters Albert Paust (1889–1964) unterstützt. Im Osten stehen Beschaffungen aus dem Generalgouvernement und dem Protektorat Böhmen und Mähren im Vordergrund. Für die ehemals österreichischen Gebiete, die 1938 dem Deutschen Reich angeschlossen werden, erfolgt die Sammlung von Blättern rückwirkend bis 1932.

Im Gegensatz zur Kriegssammlung von 1914 bis 1918 kommt weder eine Kennzeichnung des Materials noch eine Katalogisierung zustande. Die heute vorhandenen circa 6.000 Blätter aus der Zeit von 1933 bis 1945 bilden ein – wenn auch für die historische Forschung hochinteressantes – Fragment. Ob suggestive Propaganda oder nüchterner Aushang: NS-Ideologie und Kriegsalltag werden durch sie lebendig.

Nach Ende des Zweiten Weltkriegs beschlagnahmt die Trophäenkommission der Roten Armee im Auftrag der sowjetischen Militäradministration nicht nur wertvolle Bestände des Buch- und Schriftmuseums, sondern auch Bestände der Deutschen Bücherei, einschließlich etlicher Kriegsplakate. Auf Anordnung des Volksbildungsministeriums der DDR werden 1950 darüber hinaus Schriften zum Krieg nach Berlin abgegeben, darunter wiederum Plakate. Auf Anweisung des Generaldirektors

Helmut Rötzsch (1923–2017) gelangen 1961 schließlich rund 33.000 Blätter aus der Zeit von 1914 bis 1961 aus der Bücherei in das Georgi-Dimitroff-Museum im Leipziger Reichsgerichtsgebäude. Dort wird das Material gesichtet und zur Verteilung an Museen in der DDR aufgeschlüsselt: zum Beispiel an das Museum für Deutsche Geschichte in Berlin, das Armeemuseum in Dresden oder das Museum für die Geschichte der Stadt Leipzig. Die restlichen Blätter bleiben im Dimitroff-Museum, werden katalogisiert und angereichert, vor allem durch Plakate aus der DDR und den Ostblockstaaten. Hinzu kommen nun auch westdeutsche Plakate – größtenteils Geschenke der Deutschen Kommunistischen Partei an SED-Genoss*innen in Leipzig. Nach 1989 und der Abwicklung des Dimitroff-Museums gehen dessen Bestände in den Besitz des Stadtgeschichtlichen Museums über. 1993 erhält die Bibliothek schließlich die angereicherte Sammlung von rund 23.800 Blättern als Schenkung zurück.[5]

Ebenfalls als Schenkung zurückgeführt werden 1993 die rund 10.000 Plakate aus der Zeit des Ersten Weltkriegs, welche um 1962 zunächst vom Dimitroff-Museum an das Museum für Deutsche Geschichte in Berlin übergeben und 1988 vom Staatlichen Kunsthandel der DDR devisenbringend über die Außenhandelsgesellschaft Kunst & Antiquitäten GmbH an das Landesarchiv Westberlin verkauft werden.[6]

Alle zurückgekehrten Drucke der verschiedenen Epochen werden nach 1993 zur sogenannten Plakatsammlung zusammengefasst. 2018 halten sie Einzug in das Deutsche Buch- und Schriftmuseum und sind seither gefragte Forschungsobjekte in Kooperationsprojekten mit der historischen Forschung und den Digital Humanities – eine verwickelte Überlieferungsgeschichte erreicht ihr vorläufiges Ziel.

Yvonne Jahns

1
Albert Schramm, „Erste deutsche Kriegsausstellung", in: *Archiv für Buchgewerbe*, 53, 1916, S. 277–279, hier S. 277.

2
Zur Bugra und ihren Beständen siehe den Beitrag „Weltkultur und Weltkrieg. Bugra in Leipzig" in diesem Band, S. 62–73.

3
Heinrich Greter, „Kultur des Buches", in: *Bayerische Staatszeitung*, 12.5.1915.

4
Friedrich Felger, „Kriegssammlungen und Revolutionssammlungen", in: *Mitteilungen* (hg. vom Verband deutscher Kriegssammlungen), 1, H. 3, 1919, S. 101–108, hier S. 108.

5
Vgl. Übergabe-Protokoll, Leipzig, 29.11.1993, Hausarchiv DNB-L, NA 527/6.7.

6
Johannes Jacobi, „Die Plakatsammlung der Deutschen Bücherei", in: *Hausmitteilungen* (hg. von Die Deutsche Bibliothek), 23, H. 9/10, 1992, S. 127–131, hier S. 131.

1917

Sammlung Künstlerische Drucke

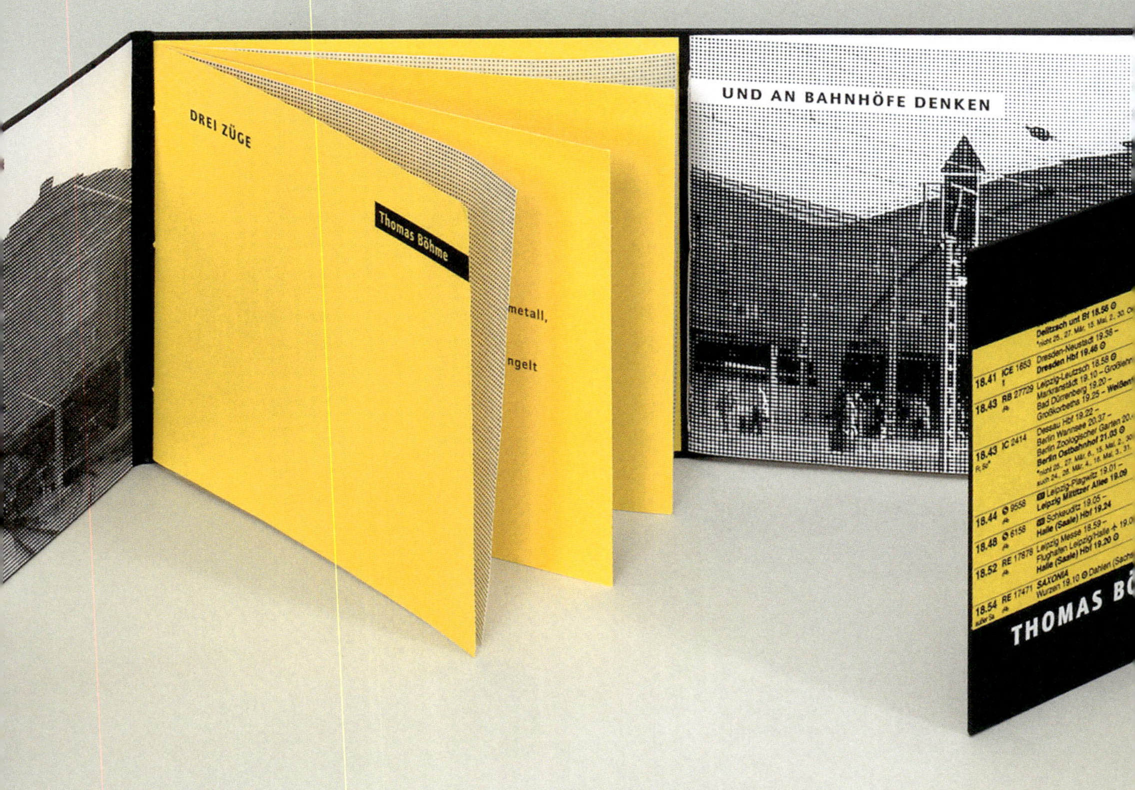

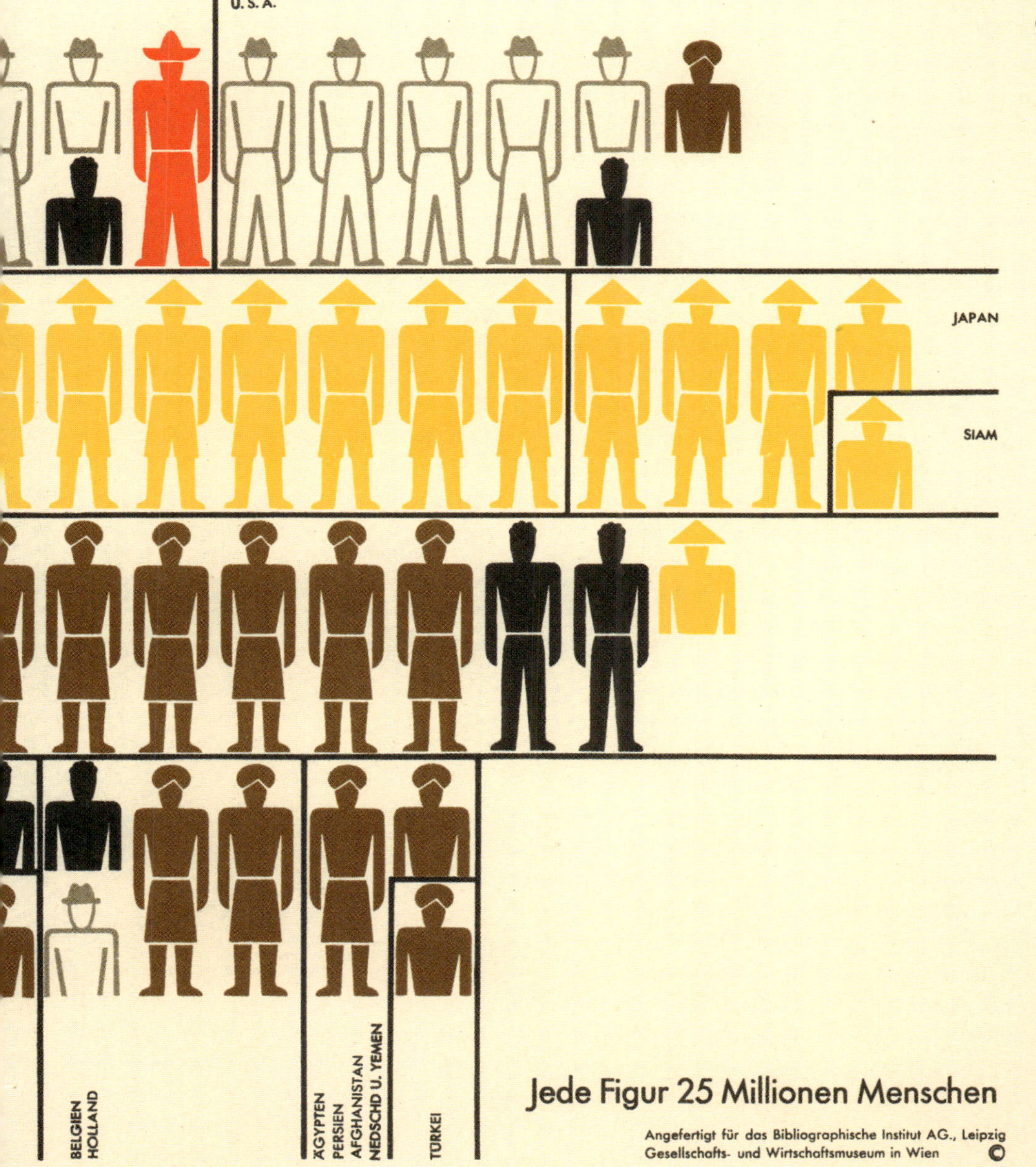

Jede Figur 25 Millionen Menschen

Angefertigt für das Bibliographische Institut AG., Leipzig
Gesellschafts- und Wirtschaftsmuseum in Wien ©

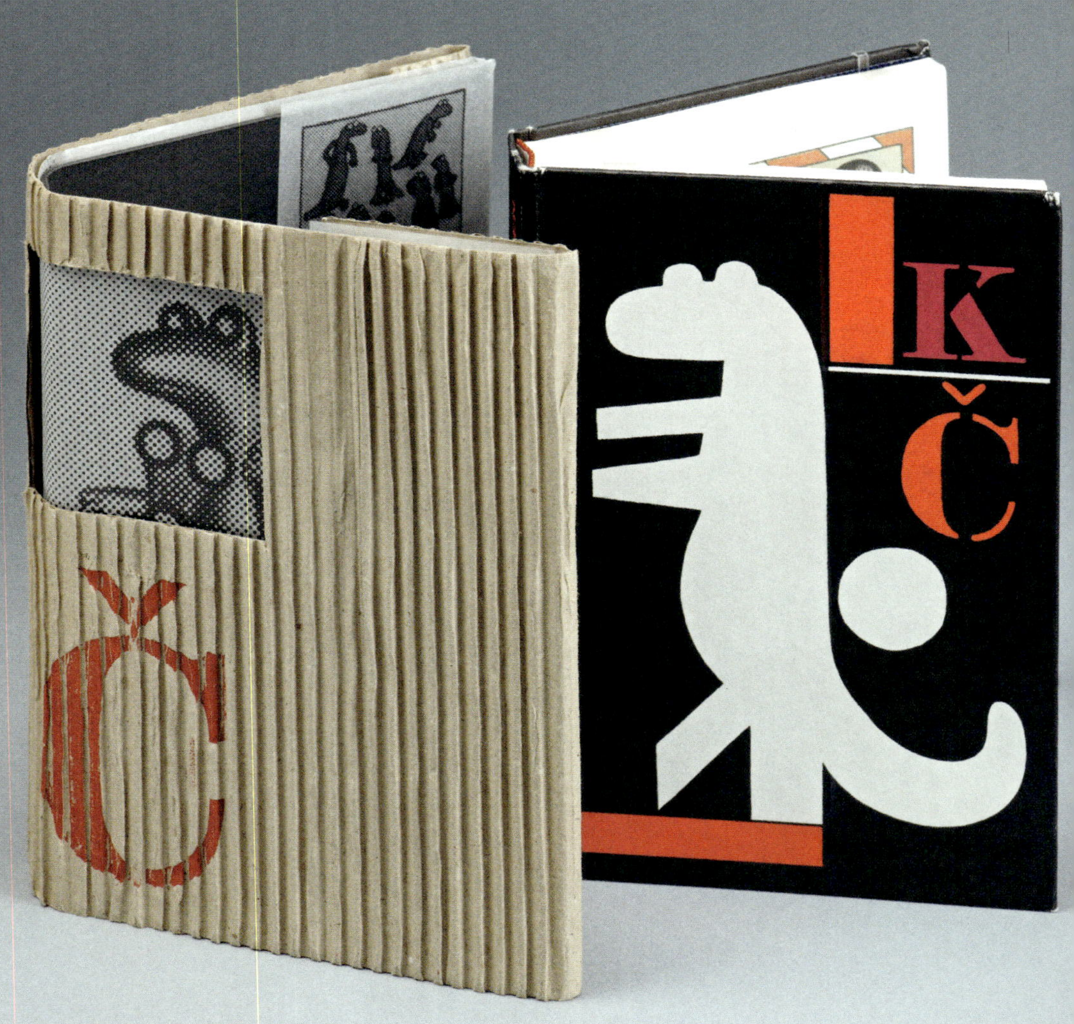
K
Č
Č

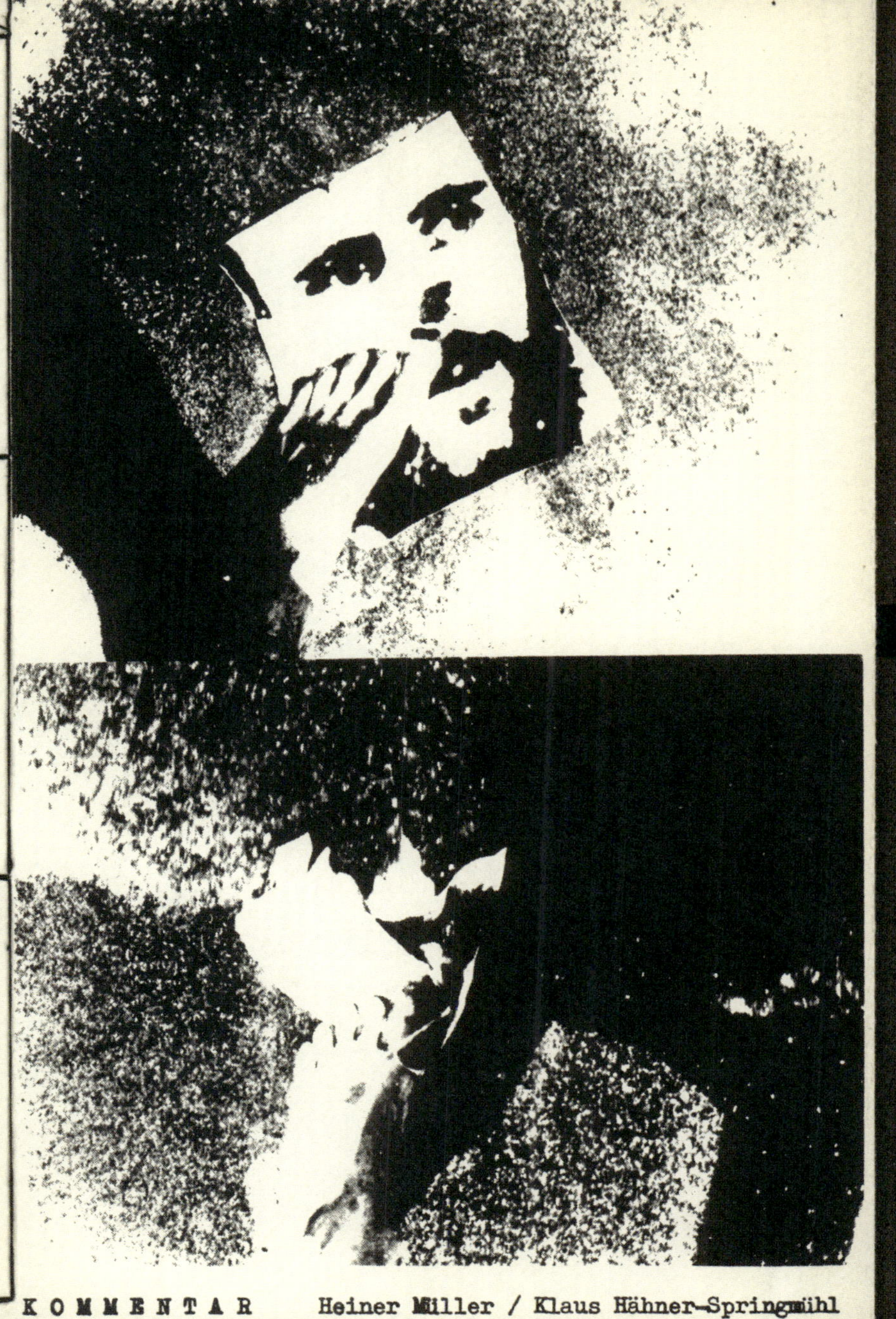

K O M M E N T A R   Heiner Müller / Klaus Hähner-Springmühl

DIE BÜHNE

IM BAUHAUS

4

BAUHAUSBÜCHER

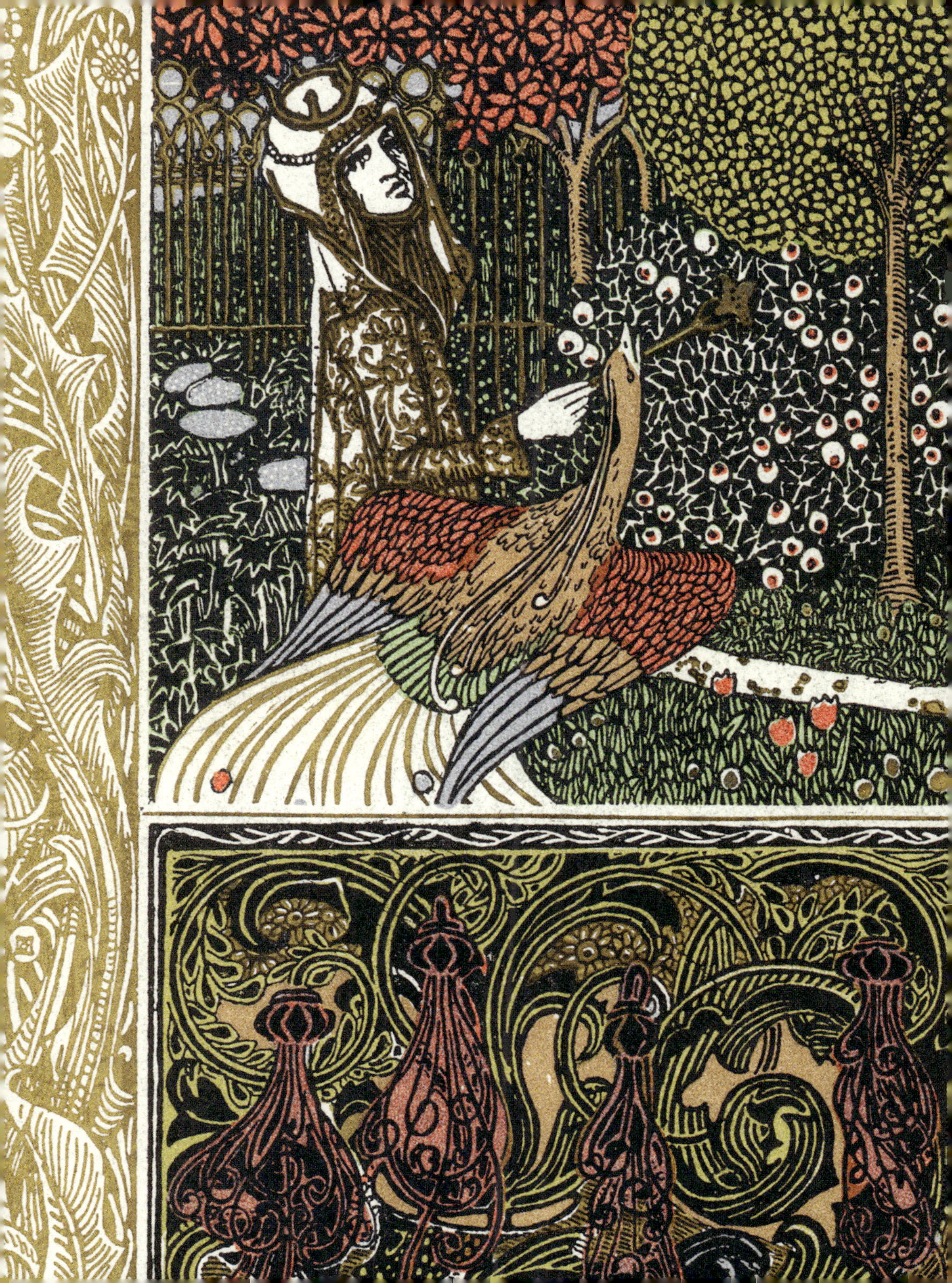

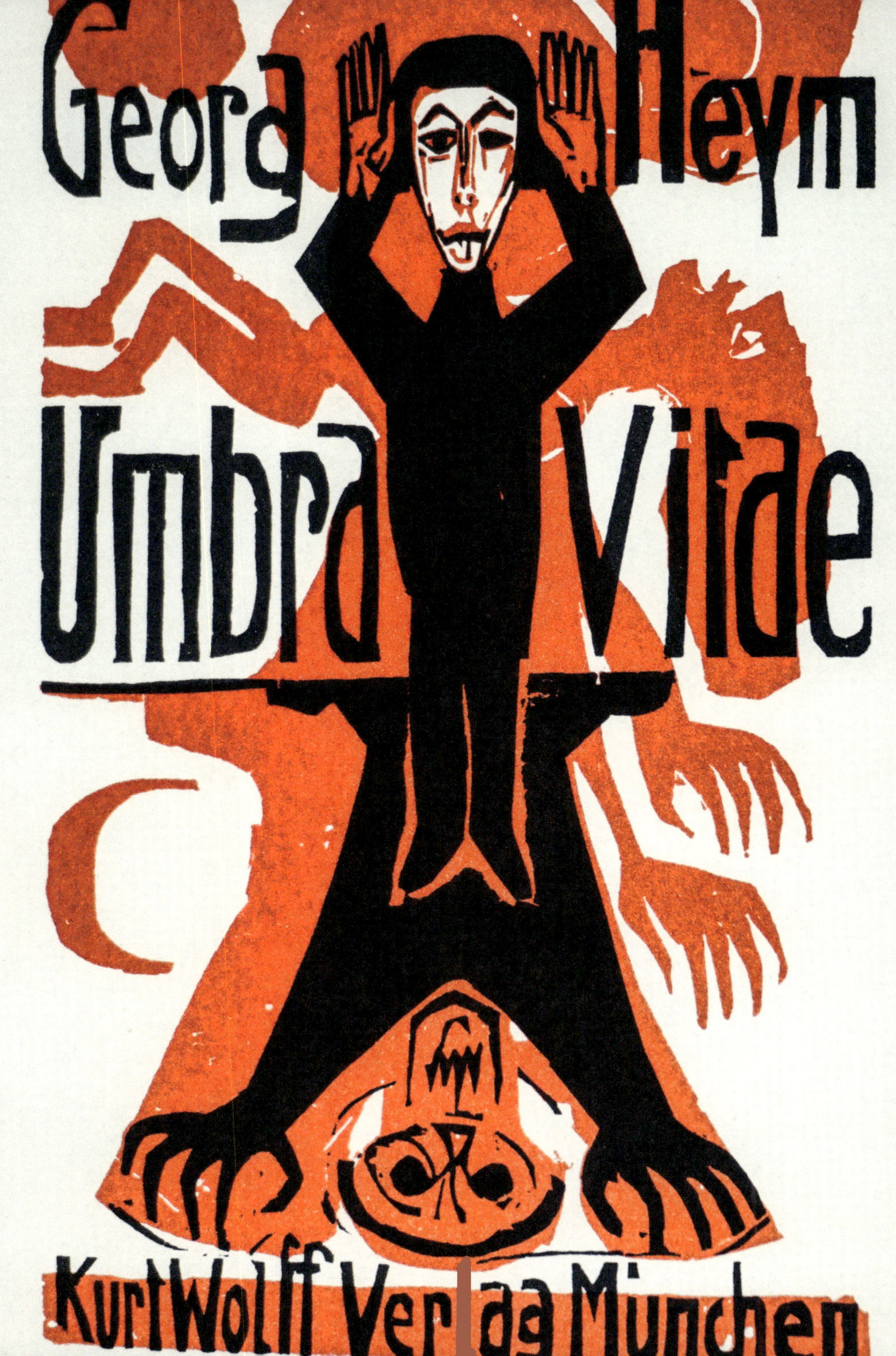
Georg Heym
Umbra Vitae
Kurt Wolff Verlag Munchen

Nicht nur zum Lesen

Die Sammlung Künstlerische Drucke der Deutschen Bücherei Leipzig, eine Sondersammlung für Beispiele der Buchgestaltung des 20. und später auch des 21. Jahrhunderts, entsteht in der Zeit der sogenannten neuen deutschen Buchkunstbewegung. Seitdem das Museum eine Abteilung der Deutschen Bücherei (heute Deutsche Nationalbibliothek) ist, werden Bestandslücken in der Sammlung geschlossen, die der Zweite Weltkrieg verursacht hat.

Anregung dafür, eine Sondersammlung für Buchkunst anzulegen, ist nicht zuletzt die „Internationale Ausstellung für Buchgewerbe und Graphik" (Bugra) 1914 in Leipzig, auf der besonders das zeitgenössische schön gestaltete Buch präsentiert wird.[1] Drei Jahre nach Abbau der Weltausstellung beginnt die Deutsche Bücherei damit, bibliophile Drucke, Mappenwerke mit Originalgrafik und wertvolle Faksimile-Ausgaben dem Neuzugang der Bibliothek zu entnehmen und gesondert aufzustellen.

Im 5. Bericht über die Verwaltung der Deutschen Bücherei im Jahr 1917 heißt es: „Um die zahlreichen Luxusdrucke und anderen kostbaren Werke einerseits zu schonen und andererseits in besonderer Zusammenstellung überblicken zu können, wurden diese Werke von den übrigen Beständen getrennt und zu einer eigenen Sammlung vereinigt."[2]

Ab 1921 heißt diese Bestandsgruppe „Sammlung für kostbare Drucke". Sie wird durch den Ankauf einer Sammlung von Büchern deutscher Privatpressen ergänzt. Im Gegensatz zur maschinellen Buchproduktion hatten sich – zuerst in England – Buchkünstler und Drucker am Ende des 19. Jahrhunderts zur Verbesserung des künstlerischen Niveaus der Buchgestaltung verstärkt der Handpresse zugewandt. Das führte auch in Deutschland zur Gründung von Privatpressen.

Den größten Anteil an Beispielen zur Buchgestaltung bilden die Übernahmen aus dem Pflichtexemplarbestand der Deutschen

Bücherei. Dieser Zugang der Pflichtexemplare wird nun regelmäßig durchgesehen und die Auswahlpraxis berücksichtigt, mehr und mehr werden nicht nur bibliophile und wertvolle Bücher übernommen. Da die Entwicklung der modernen deutschen Buchkunstbewegung zunehmend auf die Gestaltung des Gebrauchsbuches ausstrahlt, werden jetzt auch Bücher verschiedensten Inhalts und unterschiedlichster Gattungen berücksichtigt, die sich in technischer, typografischer oder künstlerischer Qualität aus der laufenden Verlagsproduktion herausheben. Das können Kinder- und Schulbücher, belletristische Ausgaben, Gelegenheitsschriften oder wissenschaftliche Fachbücher sein. Dazu kommen neuartige Buchformen und Experimente. Im Zuge dieser Erweiterung erfolgt 1924 die Umbenennung in „Sammlung Künstlerische Drucke".

In den Anfangsjahren wächst die Sammlung nicht nur durch die Pflichtexemplare: Der Leiter der Sammlung, Professor Julius Rodenberg (1884–1970), knüpft Kontakte zu buchgewerblichen Institutionen, bibliophilen Vereinigungen, Verlagen sowie Buchgestaltern und unternimmt Werbereisen. Dadurch kann er die Sammlung mit Schenkungen und Ankäufen erweitern. Gleichzeitig werden ein Handapparat mit Fachliteratur zum Buch- und Schriftwesen, zu Typografie und Illustration sowie eine Sammlung von Schriftproben angelegt.

Auch der Bestand der 1927 gegründeten Deutschen Buchkunststiftung, deren Verwaltung die Deutsche Bücherei übernimmt, findet Eingang in die Sammlung Künstlerische Drucke. Dazu gehören die Preisträger des Wettbewerbs der schönsten deutschen Bücher ab 1929 sowie eine Buchauswahl der Internationalen Buchkunstausstellungen ab 1959 und der „Schönsten Bücher aus aller Welt".[3]

1929 wird die von der Deutsche Bücherei erworbene Rilke-Sammlung des Leipziger Literaturhistorikers und Lektors des Insel Verlags, Fritz Adolf Hünich (1885–1964), in die Sammlung integriert. Sie enthält 286 Bände des literarischen Werkes von Rainer Maria Rilke (1875–1926) sowie Sekundärliteratur mit Zeitungs- und Zeitschriftenaufsätzen von und über Rilke.

In der Zeit des Nationalsozialismus geht der Zugang stetig zurück: Verlage müssen aufgeben, bedeutende Buchkünstler und Illustratoren emigrieren, der Wettbewerb um die schönsten deutschen Bücher kann nicht fortgeführt werden. Mitte der

1930er-Jahre findet in der Deutschen Bücherei außerdem eine Revision des Bestands statt, auch jener der Künstlerischen Drucke. Die Bücher „unerwünschter" Autor*innen und Künstler*innen werden entnommen und in einem gesonderten Magazin untergebracht.

Nach dem „Anschluss" Österreichs 1938 werden Bücher und Dokumente von österreichischen Verlagen, Buchhandlungen, Institutionen und (meist jüdischen) Privatpersonen konfisziert und in einer eigens dafür eingerichteten zentralen Verwertungsstelle in Wien untergebracht. Für die Sichtung und Verteilung dieser Bestände ist unter anderen Albert Paust (1889–1964), der Leiter der Erwerbungsabteilung der Deutschen Bücherei, verantwortlich. Er sorgt dafür, dass etwa 550 Bücher in den Bestand der Deutschen Bücherei überführt werden, unter denen einige Titel in den Bestand Künstlerische Drucke integriert werden.[4]

Im Zweiten Weltkrieg wird das Gebäude des Deutschen Buch- und Schriftmuseums zerstört und der Bestand zum großen Teil vernichtet. Der Träger des Museums, der Deutsche Buchgewerbeverein, bittet daraufhin die Deutsche Bücherei um Unterstützung. Daraufhin wird das Museum ab 1946 mit den Resten seines Bestands in der Deutschen Bücherei weitergeführt. Allerdings wird 1949 mit Gründung der DDR der Deutsche Buchgewerbeverein aufgelöst. Um das Museum zu erhalten, erklärt man es zu einer Abteilung der Bücherei. 1955 fällt die Sammlung Künstlerische Drucke an das Museum, das auf diese Weise ein Teil seiner Kriegsverluste kompensieren kann.

Der damalige Leiter der Sammlung Künstlerische Drucke, Erich Schwanecke (1905–1993), beschreibt die Angelegenheit folgendermaßen: „Eine grundlegende Änderung der Stellung der Sammlung der künstlerischen Drucke in der Struktur der Deutschen Bücherei erfolgte 1950 im Zusammenhang mit der Eingliederung des bis dahin selbständigen Deutschen Buch- und Schriftmuseums in die Deutsche Bücherei. Durch den Luftangriff auf Leipzig am 4. Dezember 1943 wurde auch das Buchmuseum, das erst 1940 neue Räumlichkeiten im Buchgewerbehaus bezogen hatte, durch schwerste Beschädigung dieses Gebäudes betroffen und konnte seine Arbeit bis zum Kriegsende nur in notdürftig hergerichteten Räumen fortsetzen. Nach dem Kriege fand es erneut Unterkunft in der Deutschen Bücherei, in denselben Räumen, die es vor seinem Umzug ins

Buchgewerbehaus 1939 schon einmal innegehabt hatte. Im Jahre 1950 wurde das Buchmuseum in die Deutsche Bücherei eingegliedert und mit der Abteilung der künstlerischen Drucke zu einer Abteilung ‚Deutsches Buch- und Schriftmuseum der Deutschen Bücherei' vereinigt. [...] Die Sammlung des Deutschen Buch- und Schriftmuseums war zwar zeitlich und regional nicht begrenzt und es besaß auch einen reichhaltigen Bestand an Beispielen der neueren deutschen Buchkunst. [...] Durch den Luftangriff 1943 war aber gerade der Bestand an Werken der modernen Buchkunst fast vollständig vernichtet worden. Die Sammlung der künstlerischen Drucke in der Deutschen Bücherei andererseits besaß zwar Werke der deutschen Buchkunst seit 1913 in einer allen Ansprüchen genügenden Reichhaltigkeit, dagegen nur wenige, mehr oder weniger zufällig in die Sammlung gelangte Beispiele der deutschen Buchkunst vor 1913 und der ausländischen Buchkunst. Jetzt war eine buchkünstlerische Sammlung entstanden, die in Bezug auf das gedruckte Buch keine grundsätzlichen Lücken mehr aufwies."[5]

Durch die Übertragung des Museums an die Deutsche Bücherei ist nicht nur der Fortbestand des Museums gesichert, auch seine Sammlungen können mit finanzieller Unterstützung der Bibliothek wiederaufgebaut werden. Die Sammlung Künstlerische Drucke erhält weiterhin hauptsächlich Pflichtexemplare aus der Bibliothek, zusätzliche Objekte erwirbt das Museum käuflich.

Gabriele Netsch

1
Siehe dazu den Beitrag „Weltkultur und Weltkrieg. Bugra in Leipzig" in diesem Band, S. 62–73.

2
Bericht über die Verwaltung der Deutschen Bücherei des Börsenvereins der Deutschen Buchhändler zu Leipzig, 5, 1917/18, S. 17–18.

3
Vgl. dazu den Beitrag „Lob des Wettbewerbs. Buchkunststiftungen" in diesem Band, S. 119–130.

4
Vgl. dazu den Beitrag „Beschlagnahmt und umverteilt. Bücherverwertungsstelle Wien" in diesem Band, S. 131–142.

5
Erich Schwanecke, „Die Sammlung Künstlerische Drucke der Deutschen Bücherei", in: *Jahrbuch der Deutschen Bücherei*, 1968, S. 68–69.

1922

Künstlerspende

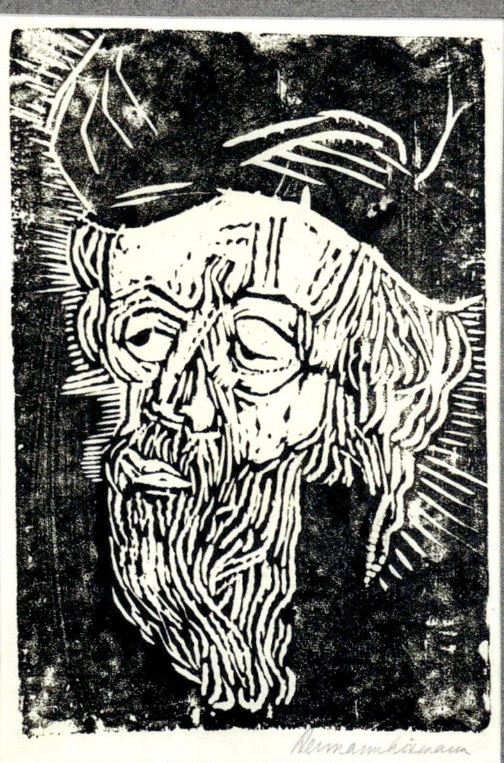

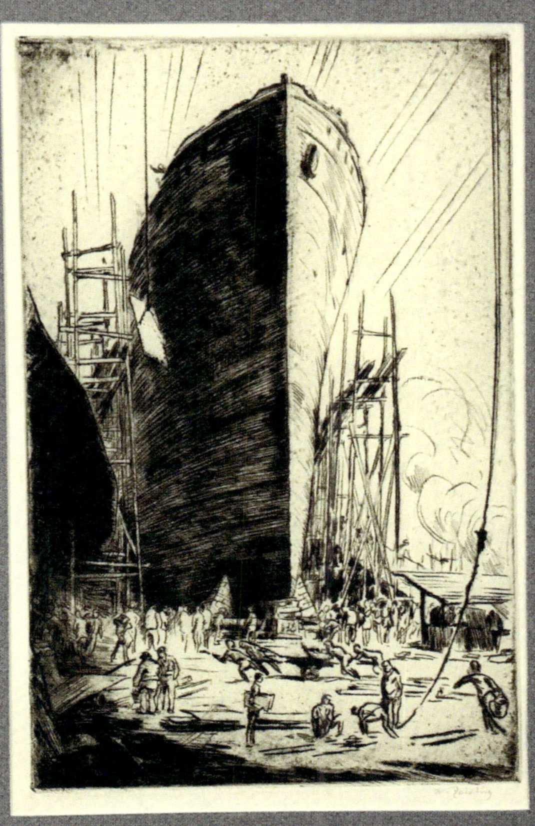

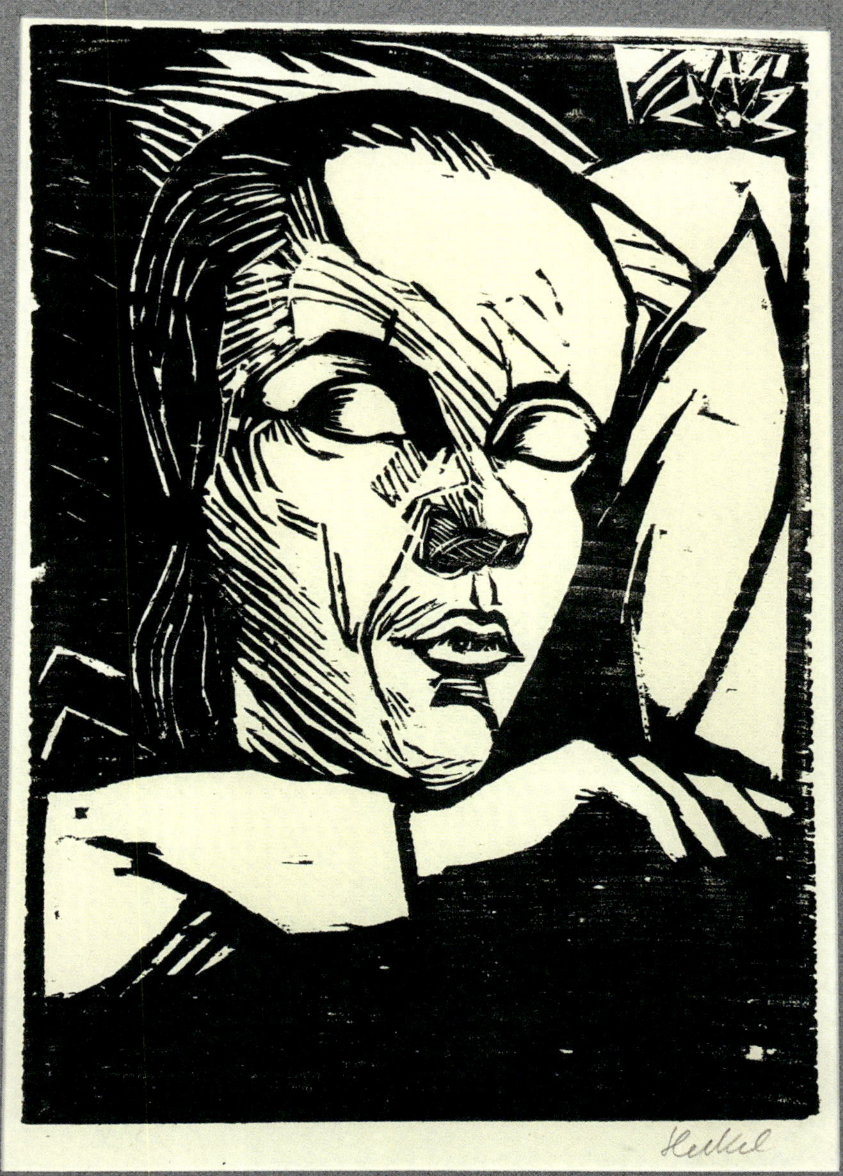
Heckel

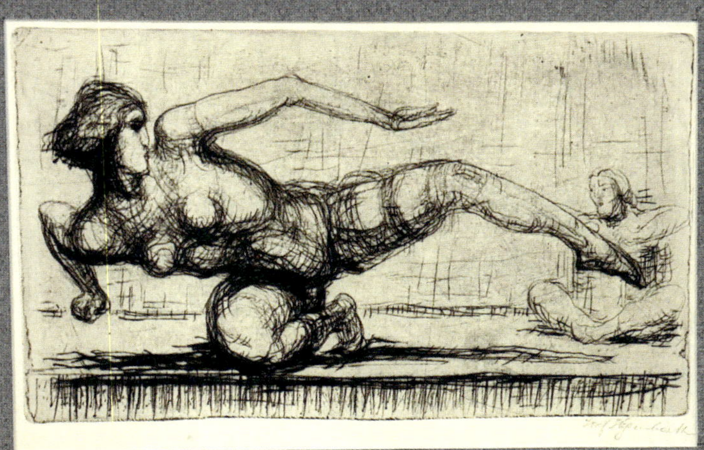

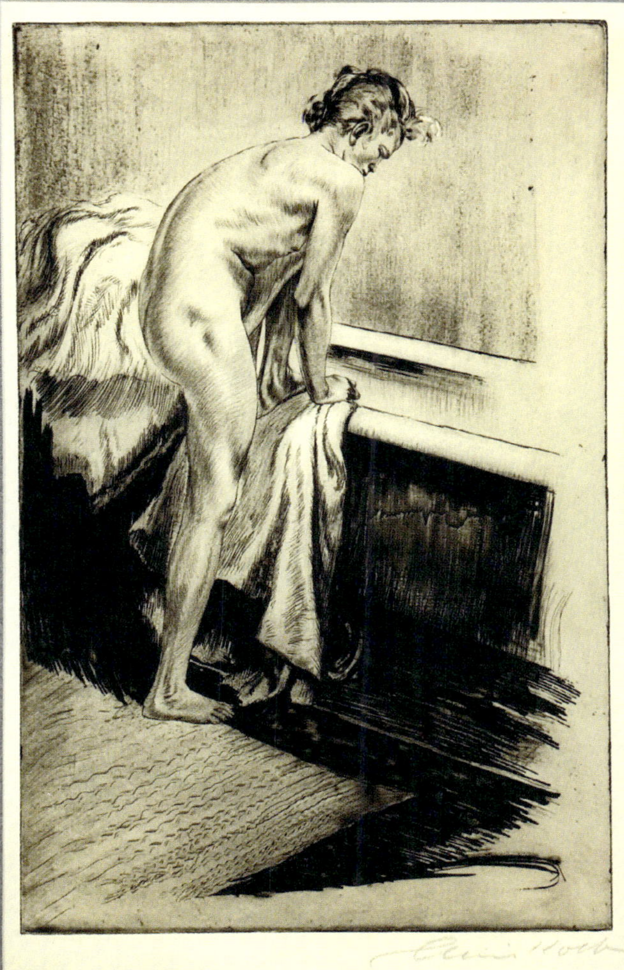

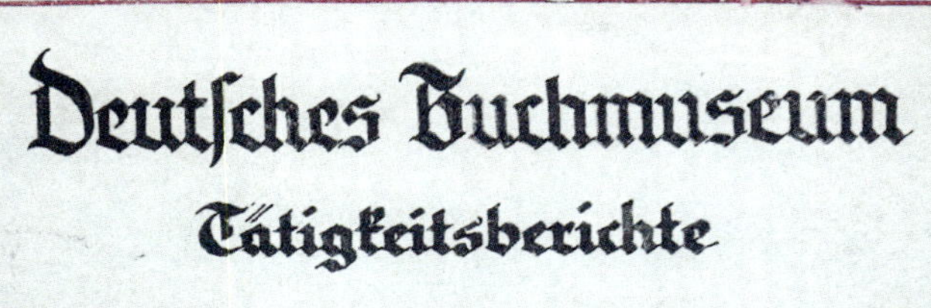

R VEREIN FÜR BUCHWESEN UND SCHRIFTTUM
IES MUSEUM FÜR BUCH UND SCHRIFT ZU LEIPZIG)

AN UNSERE MITGLIEDER!

…rsammlung, die am Sonntag, den 14. Dezember 1924 im Hörsaal 11 der Universität Leipzig,
…ssen: den Jahresbeitrag für 1925 auf *20 Mark* festzusetzen.

…rd die Zeitschrift des Deutschen Vereins für Buchwesen und Schrifttum mit dem Literarischen
…geltlich geliefert. Unser Bericht, den wir dieser Mitteilung unten beifügen, zeigt, daß unser
… wenn auch schwer kämpfend, sich durchhalten wird. Wir geben uns daher der Hoffnung hin,
…re Mitglieder, deren Zahl trotz der schwierigen Verhältnisse auf über 1500 gestiegen ist, uns auch
…r treu bleiben. Den Betrag von 20 Mark bitten wir sobald als möglich auf unser Postscheckkonto
…45 einzuzahlen. Die bibliophile Spende »Der Ackermann von Böhmen« geht gleichzeitig an die-
…glieder, die 5 Mark für 1924 nachbezahlt haben, ab.

…UTSCHER VEREIN FÜR BUCHWESEN UND SCHRIFTTUM

DR. L. VOLKMANN

Sein oder Nichtsein

Als das Deutsche Museum für Buch und Schrift nach dem Ersten Weltkrieg in eine existenzbedrohende finanzielle Schieflage gerät, steht als Ultima Ratio der Verkauf seines kostbarsten Schatzes – der pergamentenen Gutenberg-Bibel – im Raum. Um diesen Ausverkauf abzuwenden, hat der junge Direktionsassistent des Museums, Hans-Heinrich Bockwitz (1884–1954), eine geniale Idee, die sich als letzte Rettung in der Not erweisen sollte: Er bittet einige der namhaftesten Künstler seiner Zeit – Paul Klee ist ebenso darunter wie Käthe Kollwitz, Lovis Corinth oder Oskar Kokoschka – jeweils eine Grafik zu spenden. Der Verkaufserlös der „Künstlerspende" soll dem Museum zugutekommen und das Haus vor dem Ruin bewahren. Die 20-teilige Grafikmappe bezeugt auch nach 100 Jahren noch eine ungewöhnliche Herkunftsgeschichte mit Langzeitwirkung.

In den Nachkriegsjahren und den Turbulenzen der Inflation verschlechtert sich die finanzielle Situation des Museums dramatisch. Zahlreiche Mitglieder seines Trägervereins, des Deutschen Vereins für Buchwesen und Schrifttum, können den Jahresbeitrag nicht mehr zahlen – eine Haupteinnahmequelle für das Museum versiegt. Auch der Fonds zur Weiterführung der Sächsischen Bibliographischen Sammlung, den der Verleger und Büchersammler Heinrich Klemm (1819–1886) mit der Übergabe seiner Sammlung gespendet hatte, neigt sich dem Ende zu. Eine Eingabe an den Staat, in der die Mitarbeiter*innen des Museums auf die notwendige Angleichung ihrer Gehälter aufmerksam machen, legt Zeugnis von der prekären Situation ab.[1]

Im Juni 1921 protokolliert der Vorstand des Trägervereins, dass „nur der Weg übrig [bleibe], die 42-zeilige Bibel zu verkaufen und ihren Erlös als Kapital anzulegen".[2] Im Februar 1922 informiert der sächsische Ministerpräsident den Ältestenrat des Landtags darüber, dass die Reichsbehörden keinen Einwand gegen den Verkauf der Gutenberg-Bibel ins Ausland erheben würden, und erbittet einen entsprechenden Landtagsbeschluss. Doch gegen „das Gespenst des Bibelverkaufs", wie der Museumsdirektor Albert Schramm (1880–1937) die Verkaufsabsichten des Staates in seinem „Letzten Appell!" von 1922 benennt,[3] regt sich Widerstand. Dessen einflussreichste Wortführer sind der Direktor der Akademie der graphischen Künste und Buchgewerbe in Leipzig, Walter Tiemann (1876–1951), und der Insel-Verleger Anton Kippenberg (1874–1950). Sie initiieren Spendenaufrufe, die jedoch nicht den erhofften Erfolg haben. Und wenngleich es dem Museumsverein binnen kurzer Zeit gelingt, mehr als 1.000 neue Mitglieder zu akquirieren und in der internationalen Fachwelt fast eine halbe Million Mark an Spenden einzuwerben, droht „der rapide Sturz der Mark [...] alles wieder zunichte zu machen",[4] wie Schramm die verfahrene Lage beschreibt. In den Protokollen des Landtags taucht das Thema des Bibelverkaufs in der Folge immer wieder auf und wird zu einer Prinzipienfrage des kulturellen Selbstverständnisses. So mahnt der Vizepräsident des Landtags, Wilhelm Bünger (1870–1937), im Januar 1923, „dass man mit der Veräußerung von Kulturdenkmälern – ein solches ist die Gutenbergbibel zweifellos – erheblich vorsichtiger sein soll, ja dass man überhaupt davon absehen soll in einer Zeit der Geldentwertung".[5]

In dieser scheinbar ausweglosen Situation ersinnt Hans Heinrich Bockwitz, seit 1919 Bibliothekar und ab 1929 Direktor des Museums, die Idee zu einer außergewöhnlichen Rettungsaktion: Er motiviert einige der namhaftesten zeitgenössischen Kunstschaffenden, das Museum zu unterstützen. Das Resultat: die „Künstlerspende für das Deutsche Buchmuseum". Die Mappe enthält insgesamt 20 Originalgrafiken, unter anderem von Lovis Corinth, Paul Klee, Oskar Kokoschka, Käthe Kollwitz, Alfred Kubin, Max Liebermann und Max Slevogt. Neben Porträts und Landschaften beinhaltet die Sammlung Genremotive, Tierdarstellungen und mythologische Szenen. In Stil und Motivik mutet die Mappe, wie schon der Kunsthistoriker Rudolf Kautzsch (1868–1945) in seiner Würdigung von 1923 schreibt, „nicht eigentlich modern" an; „man fühlt die Gewöhnungen des Impressionismus noch in den allermeisten Blättern".[6] Neben den Grafiken werden auch der Druck, das Papier und die buchbinderischen Arbeiten gespendet.

Die Initiative des Museums, das es „in ausgezeichneter Weise verstanden hat, selbst die Bettelei [...] zu organisieren",[7] wird vom Landtag schließlich einvernehmlich gelobt; die Forderung des Abgeordneten der Kommunistischen Partei Deutschlands und Gewerkschafters Arthur Lieberasch (1881–1967), die Existenz des Museums zu sichern, indem es in Staatsbesitz überführt wird, verhallt jedoch.

Die Auflage der Künstlermappe wird auf 200 Stück festgesetzt, der Verkaufspreis in Deutschland beträgt 400 Mark, die – um mit der Inflation Schritt halten zu können – mit der jeweils aktuellen „Schlüsselzahl des Börsenvereins" multipliziert wird.[8] Im Ausland kostet die Künstlerspende 100 Dollar. Bis September 1923 können 190 Mappenwerke verkauft werden. Der Erlös hilft, die Ausgaben des Museums für ein dreiviertel Jahr zu decken.[9]

Der Verkauf der Gutenberg-Bibel ist nunmehr zwar vom Tisch, doch eine mittelfristige Konsolidierung des Museums bleibt aus. Angesichts von Inflation[10] und unzureichender Unterstützung durch den Staat beantragt der Vorsitzende des Trägervereins Ludwig Volkmann (1870–1947) im Herbst 1923 die Schließung des Museums und Kündigung aller Mitarbeiter*innen auf den 1. Januar. Durch die Entlassung von Personal und die Vermietung von Ausstellungsräumen kann die vollständige Abwicklung des Museums kurzfristig zwar abgewandt werden, Ende 1925 aber ist die Lage so ernst, dass der einzige Ausweg im Umzug des Museums in sehr bescheidene Räume in der Deutschen Bücherei besteht.

Der Trägerverein hatte bereits zwei Jahre zuvor avisiert, an den Erfolg der Künstlerspende anschließen und eine zweite Mappe mit 15 Originalgrafiken auflegen zu wollen, die – finanziert durch eine Bücher- und Grafikspende – schließlich 1926 in einer Auflage von 150 Exemplaren erscheint. Diese Mappe enthält Blätter unter anderem von Marcus Behmer, Erich Heckel und Karl Schmidt-Rottluff. An den Verkaufserfolg der ersten Künstlerspende kann sie allerdings nicht anknüpfen.

Ihr Ziel – „unseren alten Kulturbesitz uns für eine hellere Zukunft [zu] erhalten"[11] – hat die Künstlerspende erreicht: Der über Jahre drohende Bibelverkauf kann verhindert und die, wenn auch schmale, Existenz des Museums über die kritischen Jahre der Inflation hinweg gerettet werden. Ohne diesen Bestandszuwachs der besonderen Art hätte das Museum, das 2026 seinen 140. Geburtstag feiern wird, die Inflation der 1920er-Jahre nicht überlebt, wovor Albert Schramm bereits 1922 in seinem „Letzten Appell!" gewarnt hat: „Oder soll das Buchmuseum, das in kurzem sein 40jähriges Bestehen feiern kann, kurz vor dieser Zeit zusammenbrechen!"[12]

Die Geschichte dieser existenzsichernden Spende wäre aber nur unvollständig erzählt, wenn unerwähnt bliebe, dass beide Exemplare der Grafikmappen, die im Museum aufbewahrt werden, nicht vollständig überliefert sind. Es fehlen neben den beiden Inhaltsverzeichnissen der Mappen drei der schönsten Blätter: Paul Klees Lithografie *Die Hexe mit dem Kamm,* das *Selbstbildnis* von Käthe Kollwitz, beide aus der Mappe von 1922, und ein Männerkopf von Karl Schmitt-Rottluff aus der zweiten Mappe. Alle Grafiken sind handsigniert. Die Spuren dieses Verlusts liegen bis heute im Dunkeln. Die Tatsache, dass auch die Inhaltsverzeichnisse fehlen, weisen auf einen Diebstahl hin; alle drei Blätter sind 2006 in einem Ausstellungskatalog des Deutschen Buch- und Schriftmuseums veröffentlicht worden.[13] An der Aufklärung dieses Verlusts weiterzuarbeiten, sind wir der für die Geschichte des Museums zentralen Künstlerspende schuldig.

Stephanie Jacobs

1
Zur dramatischen Gesamtsituation vgl. die Protokolle der Vorstandssitzungen des Deutschen Vereins für Buchwesen und Schrifttum aus den Jahren 1919 bis 1925, Typoskript, Sammlung Archivalien und Dokumente, 1998/Arch. 77.

2
Protokoll der Vorstandssitzung des Deutschen Vereins für Buchwesen und Schrifttum, 7.6.1921, S. 2, Typoskript, Sammlung Archivalien und Dokumente, 1998/Arch. 77, 109.

3
Albert Schramm, *Letzter Appell!,* Einblattdruck, Leipzig 1922, http://d-nb.info/1197006524 (15.10.2021).

4
Albert Schramm, „Fünfter Tätigkeitsbericht", in: *Tätigkeitsbericht. Deutsches Museum für Buch und Schrift zu Leipzig,* 1918–1923, 5.1922/23, o. P. (S. 1).

5
Vgl. *Verhandlungen des Sächsischen Landtages, 1922/23. Erster Band, Nr. 1–40, umfassend die Sitzungen vom 1. Dezember 1922 bis 15. Mai 1923,* Dresden 1923, S. 323–324, https://landtagsprotokolle.sachsendigital.de/protokolle/ansicht/20062759Z/0/ (30.5.2022).

6
Rudolf Kautzsch, „Künstlerspende für das Deutsche Buchmuseum", in: *Zeitschrift des Deutschen Vereins für Buchwesen und Schrifttum,* 6, 1923, S. 17–23, hier S. 20.

7
Vgl. *Verhandlungen des Sächsischen Landtages, 1922/23. Erster Band, Nr. 1–40, umfassend die Sitzungen vom 1. Dezember 1922 bis 15. Mai 1923,* Dresden 1923, S. 325.

8
Vgl. Protokoll der Vorstandssitzung Deutscher Verein für Buchwesen und Schrifttum, 14.11.1922, Typoskript Sammlung Archivalien und Dokumente, 1998/Arch. 77, 124.

9
Den Gewinn der Grafikmappe schätzt der Vizepräsident des Sächsischen Landtags auf circa 50 Millionen Mark. Verhandlungen des Sächsischen Landtages 1923 (wie Anm. 5), S. 323f.

10
Den Werteverfall untermauert Volkmann im Protokoll der Vorstandssitzung Deutscher Verein für Buchwesen und Schrifttum vom 20.9.1923 mit Zahlen: „Am 1. August stand der Dollar 980.392, heute steht er 132.200.000." Typoskript Sammlung Archivalien und Dokumente, 1998/Arch. 77, 134.

11
Kautzsch 1923 (wie Anm. 6), S. 20.

12
Ebd.

13
Geben & Nehmen: Stiftungen, Schenkungen, besondere Erwerbungen, Ausst.-Kat. Deutsches Buch- und Schriftmuseum, Leipzig u. a. 2005, S. 81–83.

1927

Buchkunst-stiftungen

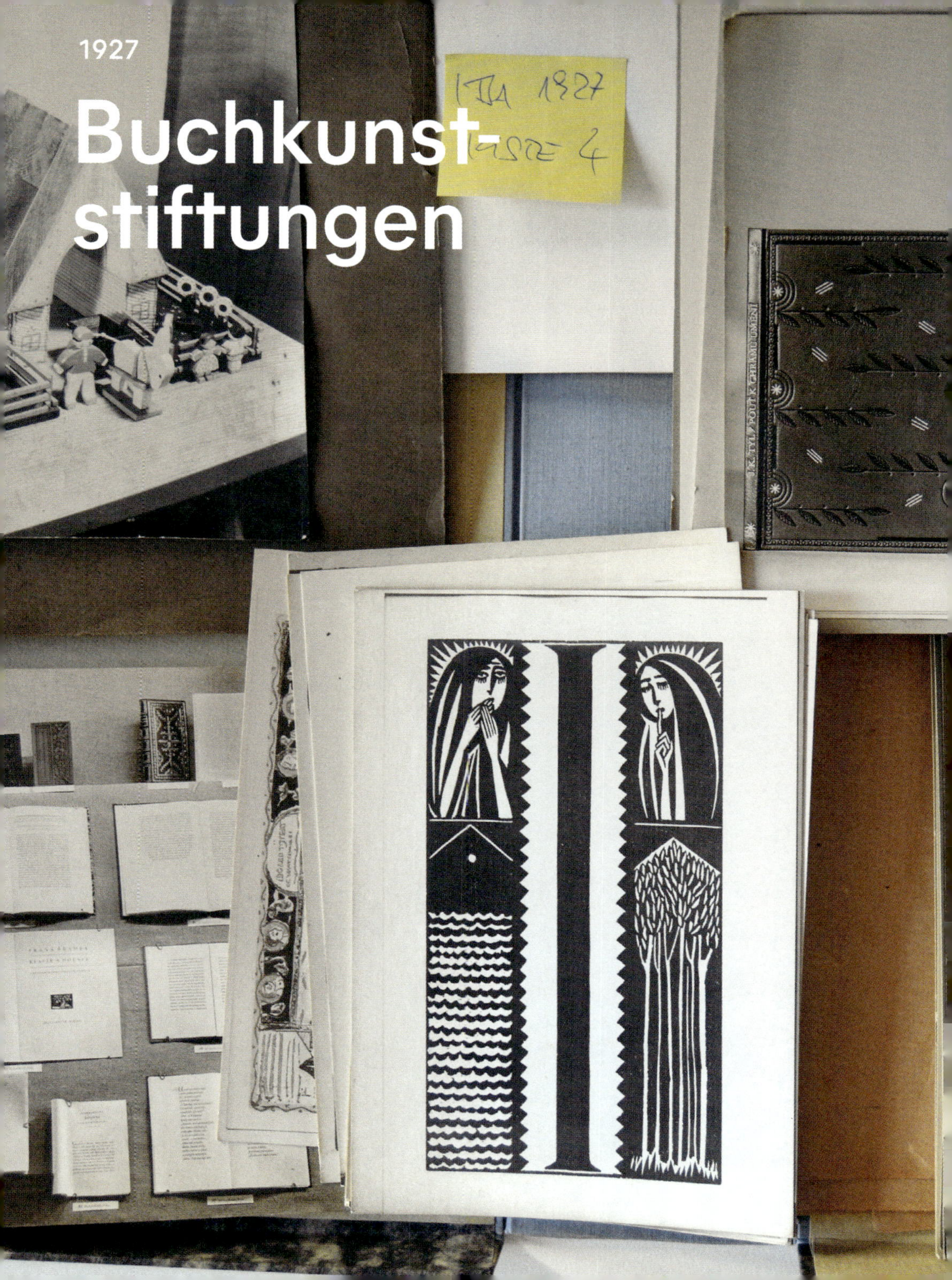

Fotos der IBA 1927 3

Internationale Buchkunst-Stiftung
Fotos der IBA 1927 2

Internationale Buchkunst-Stiftung
Fotos der IBA 1927 4

Internationale Buchkunst-Stiftung
Fotos der IBA 1927 1

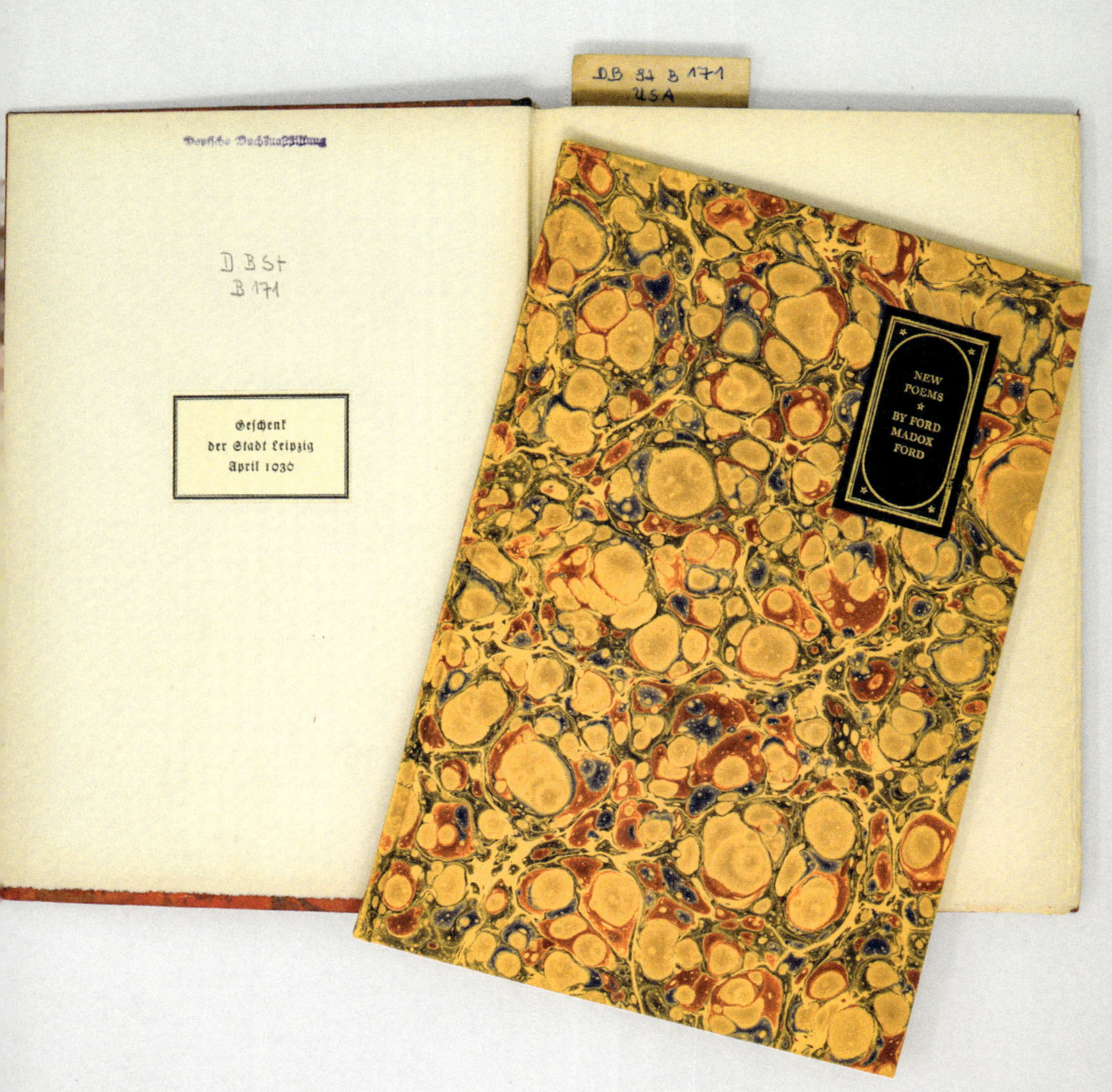
Geschenk
der Stadt Leipzig
April 1936
NEW
POEMS
BY FORD
MADOX
FORD

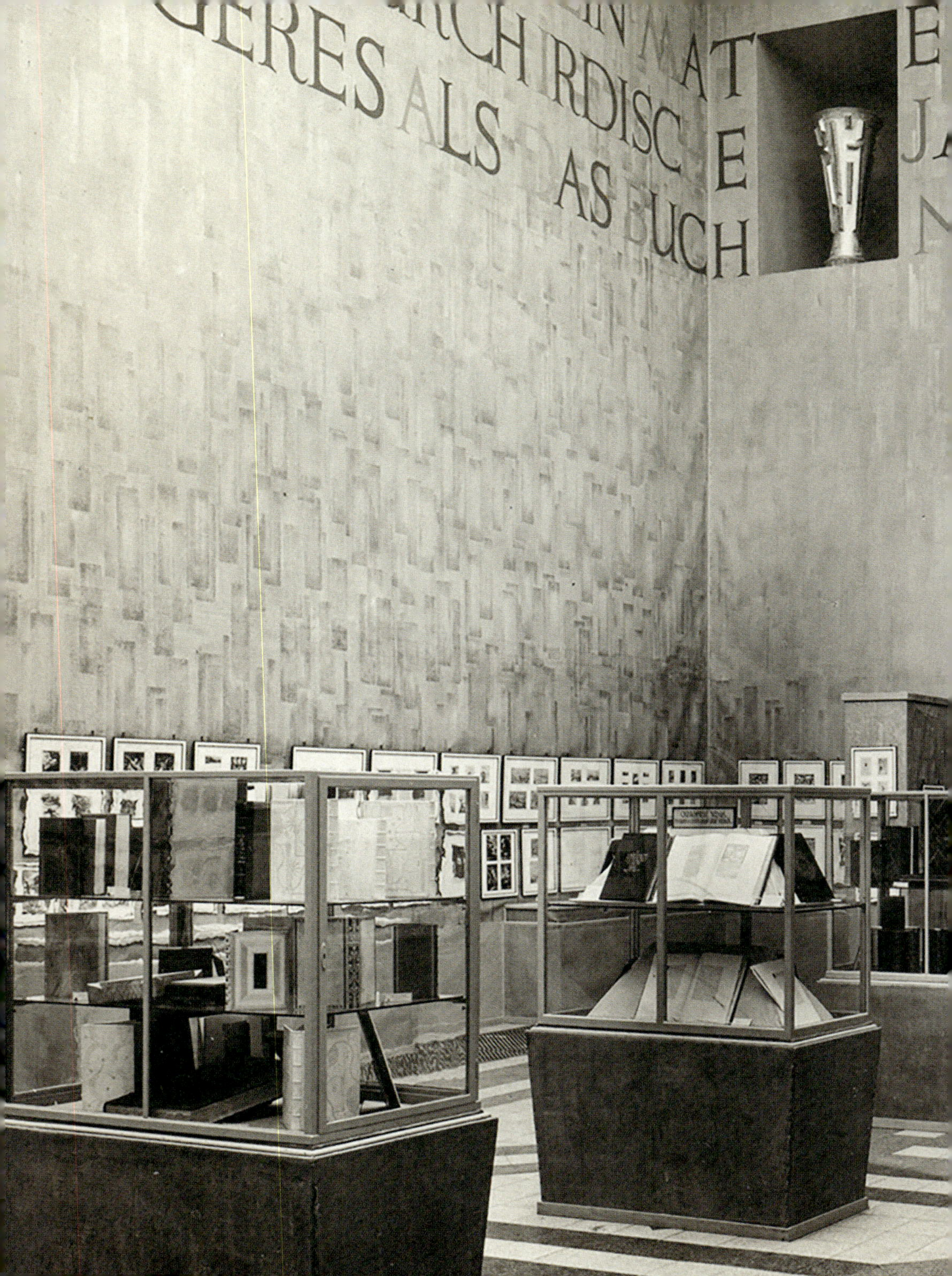
GERES ALS
AS BUCH

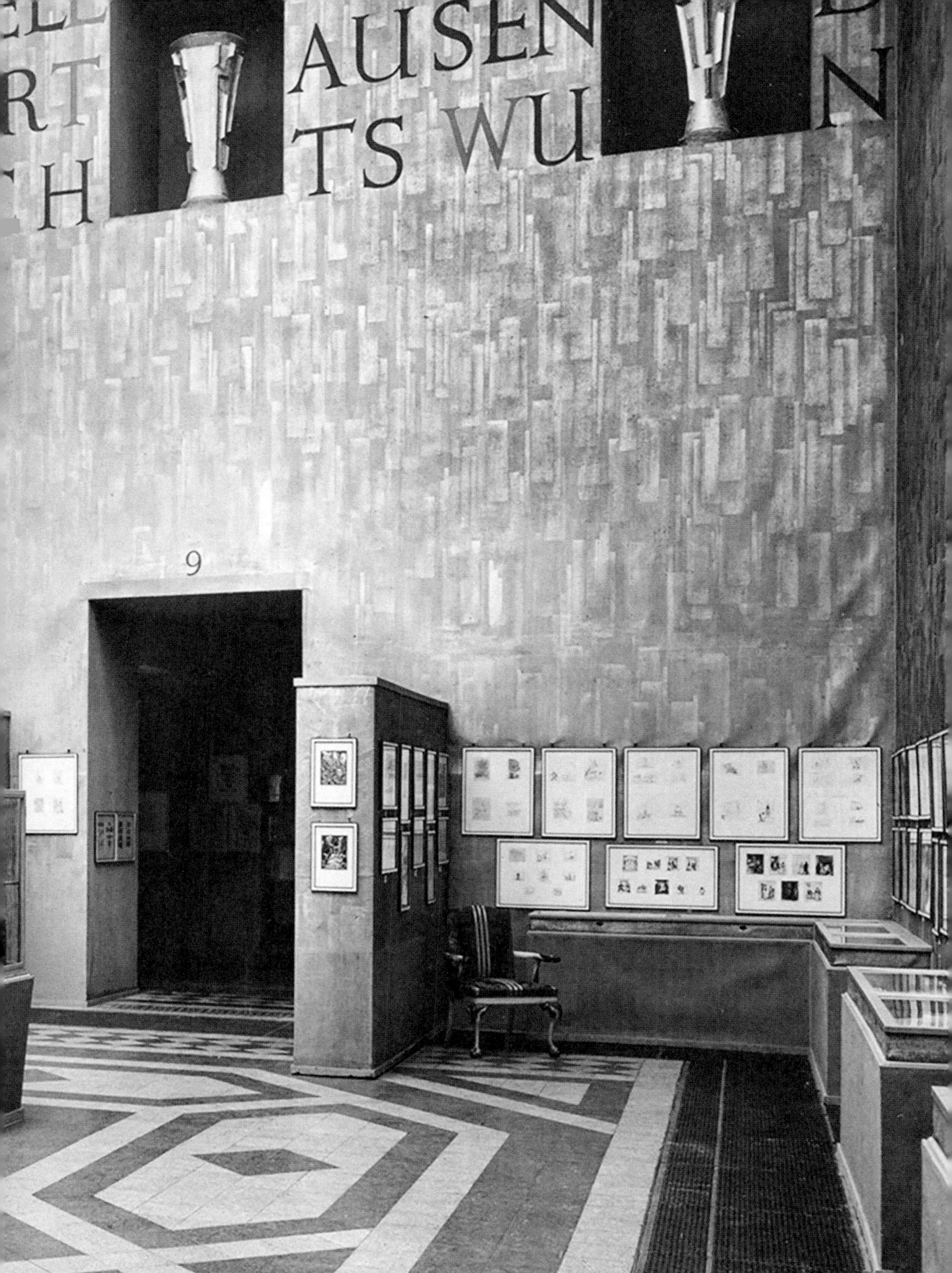
RT AUSEN N
CH TS WU
9

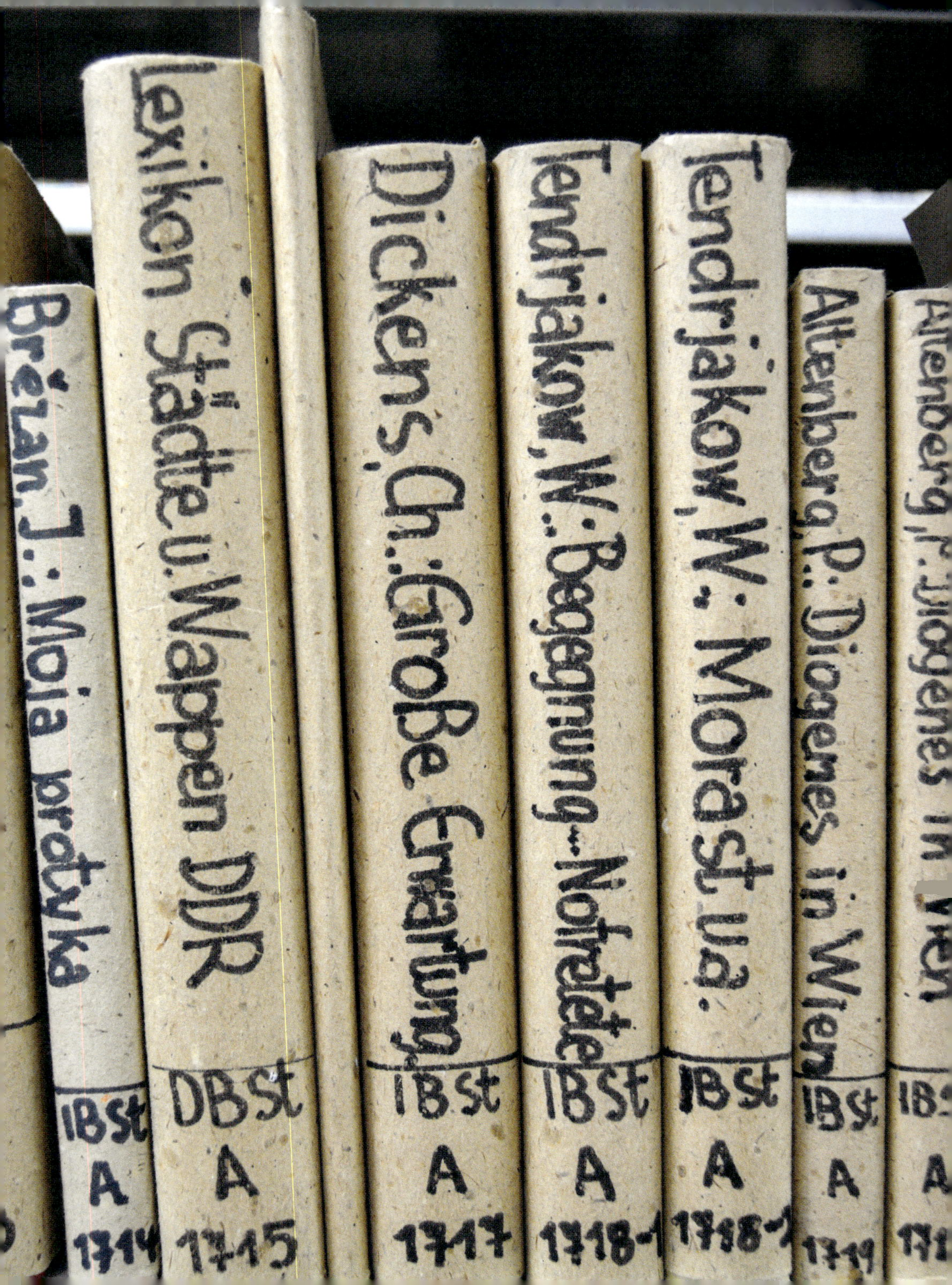

Brězan, J.: Moja wrotyka
IBSt
A
1714

Lexikon Städte u. Wappen DDR
DBSt
A
1715

Dickens, Ch.: Große Erwartung
IBSt
A
1717

Tendrjakow, W.: Begegnung…Nofretete
IBSt
A
1718-1

Tendrjakow, W.: Morast u.a.
IBSt
A
1718-2

Altenberg, P.: Diogenes in Wien
IBSt
A
1719

Altenberg, P.: Diogenes in Wien
IBS
A
171

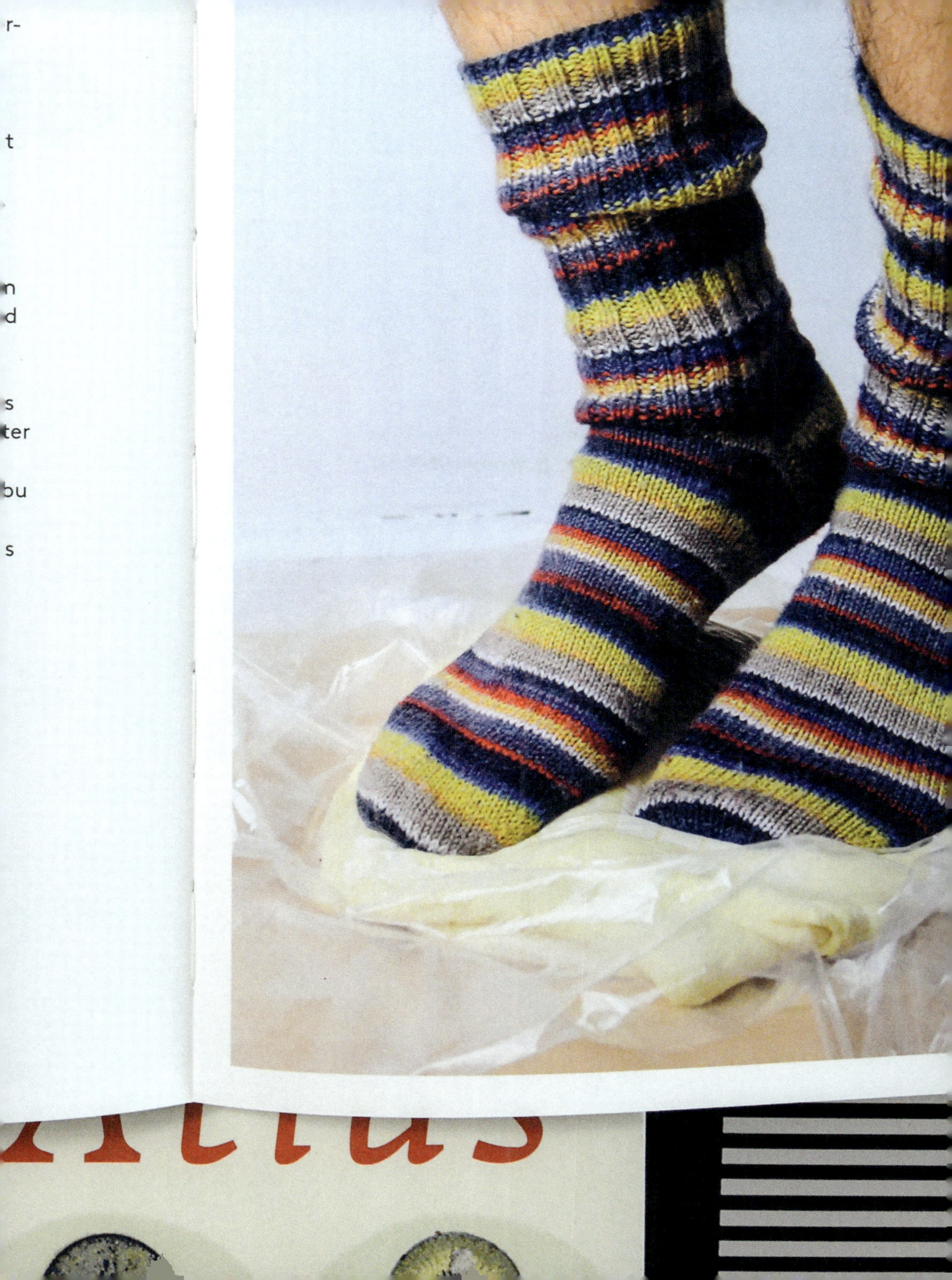

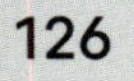
DBSM
Studiensammlung
StB 2011
350,
Niederlande
ATLAS OF
THE CONFLICT
ISRAEL–PALESTINE
Malkit Shoshan
010 Publishers

Lob des Wettbewerbs

Eine besondere Bedeutung für die Überlieferungsgeschichte von Kulturgut haben Archive von Wettbewerben. Denn mit der Auswahl und Bewertung durch eine Wettbewerbsjury haben die Bestandsgruppen bereits eine Qualitätskontrolle durchlaufen, die externen Kriterien gehorcht und nicht allein der institutionellen Binnensicht mit ihren Erwerbungstraditionen und Desideratenlisten. Bestandszuwächse, die aus regelmäßig stattfindenden Wettbewerben hervorgehen, lassen sich daher auch als Spiegel gesellschaftlich-kultureller Anforderungen verstehen. Das gilt umso mehr, wenn sich ein Wettbewerb (wenn auch mit Unterbrechungen) über einen Zeitraum von fast 100 Jahren erstreckt und die regelmäßigen Einsendungen von Wettbewerbsbeiträgen selbst eine historische Betrachtung lohnen. Im Folgenden geht es um die Ende der 1920er-Jahre begründete Deutsche Buchkunststiftung, als deren Nachfolgeinstitution die Stiftung Buchkunst ihre gesamten Wettbewerbseinsendungen – national und international – bis heute dem Deutschen Buch- und Schriftmuseum übereignet.[1] Ihr Thema: die Buchkunst und das gute Gebrauchsbuch.

Kurz zum kulturgeschichtlichen Kontext der Buchkunst: Angeregt durch die Kelmscott-Press des englischen Sozialisten William Morris (1834–1896) fasst gegen Ende des 19. Jahrhunderts auch in Deutschland eine Bewegung Fuß, die sich der Gestaltung von Büchern als Gesamtkunstwerke widmet, um angesichts der industriell hergestellten Massendruckschriften für das gut gestaltete Buch zu werben. Ein Zentrum dieser Reformbewegung für Buchkunst ist um die Jahrhundertwende die Buchstadt Leipzig – 1914 auch Austragungsort der ersten (und letzten) Weltausstellung des Buches (Bugra),[2] auf der die Buchkunst eine bedeutende Rolle spielt.

Als 1927 auf Initiative des Vereins Deutsche Buchkünstler und unter Leitung von Hugo Steiner-Prag (1880–1945) die erste Internationale Buchkunstausstellung (IBA) in Leipzig stattfindet, ist der Grundstein für die aus Mitteln des sächsischen Staates und der Stadt Leipzig ins Leben gerufenen Buchkunststiftung Leipzig gelegt. Sie erwirbt kostbare Drucke und Einbände von der IBA, welche im darauffolgenden Jahr in der Abteilung Künstlerische Drucke in der Deutschen Bücherei aufgestellt werden – der Anfang einer Sammlung, die bis heute ein Rückgrat der Museumsbestände darstellt und momentan wieder eine gestiegene Nachfrage genießt.

Zwei Jahre nach der IBA wird mit Unterstützung durch das Reichsministerium des Innern die Deutsche Buchkunststiftung gegründet, deren Geschäftsführung der Deutschen Bücherei übertragen wird.[3] Im Vorstand der Stiftung agieren mit Walter Tiemann, Hugo Steiner-Prag, Emil Rudolf Weiß und Carl Ernst Poeschel die großen Namen der Buchkunstbewegung in Deutschland. Ihr Zweck: der Aufbau eines zentralen Archivs der Buchkunst. Für dieses setzt sich Heinrich Uhlendahl (1886–1954), Generaldirektor der Deutschen Bücherei, stark ein, um den Aufgabenbereich der Deutschen Bücherei auszuweiten und deren gesellschaftliches und kulturelles Ansehen zu stärken.

1930 installiert die Deutsche Buchkunststiftung in Leipzig auf Anregung des Schriftgestalters und Typografen Karl Klingspor (1868–1950) den ersten deutschen Wettbewerb „Die 50 schönsten deutschen Bücher des Jahres", nachdem ähnliche Wettbewerbe bereits in den USA (1924), den Niederlanden (1926), der damaligen Tschechoslowakei und England (jeweils 1928) ausgerichtet wurden. Den Zweck dieses Wettbewerbs verfolgt die Stiftung Buchkunst bis heute, indem sie auf das gute Gebrauchsbuch, nicht aber die sogenannte bibliophile Kostbarkeit zielt. Neben dem nationalen etabliert sich in Leipzig unter dem Titel „Schönste Bücher aus aller Welt" auch ein internationaler Wettbewerb, der bereits 1927 erstmals stattfindet und dessen Bestand den Zweiten Weltkrieg in der Deutschen Bücherei überdauert.

1933 setzen die Nationalsozialisten sowohl dem Wettbewerb als auch den Internationalen Buchkunstausstellungen ein Ende, Beteiligte werden ihrer Ämter enthoben und ins Exil gezwungen. 1945 wird die Deutsche Buchkunststiftung aufgelöst. Nach dem Krieg setzen sich die Börsenvereine zu Leipzig und zu Frankfurt am Main für eine Wiederaufnahme der Wettbewerbe ein. Ein für 1948 geplanter erster gesamtdeutscher Wettbewerb scheitert an Einschränkungen im Waren- und Postverkehr ebenso wie an Reiseschwierigkeiten für die Jurymitglieder und den viel zu wenigen Wettbewerbsbeiträgen. Die politische Großwetterlage setzt auf Abgrenzung: Im Westen werden die „Schönsten Bücher" ab 1951 wieder prämiert, ein Jahr später auch in der DDR – ein gesamtdeutscher Wettbewerb rückte damit in unerreichbare Ferne.[4]

Die 1952 wieder begründete Buchkunststiftung wird in die „Sozialstiftung des Bezirkes Leipzig" integriert. 1957 gehen Archiv und Bestände der Stiftung in den Besitz der Deutschen Bücherei über und werden innerhalb der Sammlung Künstlerische Drucke an das 1950 in die Deutsche Bücherei integrierte Deutsche Buch- und Schriftmuseum übergeben. 1959 findet die erste Nachkriegsausgabe der IBA statt – im selben Jahr, in dem die Stadt Leipzig erstmals den Gutenberg-Preis auslobt. Der Wettbewerb ist geprägt von der sozialistischen Gesellschaftsordnung („sozialistisches Verständnis der Buchkultur", „Literaturpropaganda", „gezielte Kulturpolitik", „Völkerverständigung und Frieden" etc.). Veranstaltet durch den Börsenverein der Deutschen Buchhändler und die Stadt Leipzig, findet die IBA noch fünfmal statt; die letzte Ausstellung schließt am 11. Juni 1989 ihre Tore. Zwischen den Internationalen Ausstellungen platziert sich ab 1963 jährlich die Ausstellung „Schönste Bücher aus aller Welt" in Leipzig.

In der Bundesrepublik macht sich nach Kriegsende der Hamburger Verleger und Antiquar Ernst Hauswedell (1910–1983) für die Wiederaufnahme des Wettbewerbs „Schönste Bücher" stark. Im April 1952 übernimmt der Börsenverein die Federführung, 1960 richtet analog zur Deutschen Bücherei in Leipzig Die Deutsche Bibliothek in Frankfurt am Main unter der Leitung von Georg Kurt Schauer (1899–1984) eine eigene Abteilung für Buchkunst ein. Mit Gründung der Stiftung Buchkunst 1965 professionalisiert sich der Wettbewerb, 1968 wird der Typograf Hans Peter Willberg (1930–2003) Geschäftsführer der Stiftung. Die Diskussionen um den Titel des Wettbewerbs – der Begriff „schönste" sei zu absolut, „deutsche" insofern nicht richtig, da Bücher aus der DDR aus politischen Gründen nicht am Wettbewerb teilnahmen – führen 1970 zur Namensänderung nach angelsächsischem Vorbild: „Die fünfzig Bücher. Bundesrepublik Deutschland". Ab 1980 entscheidet sich die Stiftung wieder für die alte Benennung „Die schönsten Bücher der Bundesrepublik Deutschland".

Bereits 1990 veranstaltet die Stiftung Buchkunst den ersten gesamtdeutschen Wettbewerb, ein Jahr später nimmt sie auch den Faden zum internationalen Wettbewerb wieder auf. 1993 schließlich vereinbaren Die Deutsche Bibliothek und die Stiftung Buchkunst, die internationalen Einreichungen dem Deutschen Buch- und Schriftmuseum als Schenkung zu übergeben – die Rolle des Museums als Zentralarchiv für die internationale Buchkunst bekommt dadurch eine vertraglich abgesicherte Perspektive. Die Sammlung, die 1927 mit der Übernahme kostbarer Einbände, Zeichnungen sowie grafischer Blätter und Studien aus der IBA begann und bis 1938 auf immerhin 1.228 Objekte anwuchs, beinhaltet heute circa 26.000 Medieneinheiten und wächst jährlich um etwa 500 bis 600 Bücher.

Die Bestände aus der Provenienz Stiftung Buchkunst und ihrer Vorgängerinstitutionen bilden einen Nucleus der musealen Sammlungen. Sie erfreuen sich seit einigen Jahren einer steigenden Nachfrage durch die Forschung. Das hat sicherlich nicht zuletzt damit zu tun, dass gerade in Zeiten der ubiquitären Verfügbarkeit digitaler Texte das nutzerfreundlich konzipierte und gut gestaltete Gebrauchsbuch eine Renaissance erlebt: Nach den von Digitaleuphorie und „one fits all" geprägten Jahren scheint sich das Verhältnis von gedrucktem und digitalem Text zu stabilisieren; die unterschiedlichen Lektürebedarfe werden vermehrt auch wieder aus der Perspektive von Lesepsychologie, Verhaltensforschung und sinnlichen Kriterien betrachtet. Die in fast 100 Jahren zusammengetragenen Bestände der Buchkunststiftungen bilden einen einmaligen Fundus für die Forschung – von der Leseforschung über die Geschichte von Typografie und Design bis hin zu soziologischen Betrachtungen von Lektürebedarfen und technischen Umsetzungsszenarien.

Stephanie Jacobs

1
Mein Dank geht an meine Kollegin Martina Manecke-Frey für wertvolle Hinweise und Hintergrundinformationen.

2
Siehe hierzu den Beitrag „Weltkultur und Weltkrieg. Bugra in Leipzig" in diesem Band, S. 62–73.

3
Vgl. Dieter Dietrich, „Die Deutsche Buchkunststiftung 1927–1957. Ein Beitrag zur Buch- und Stiftungsgeschichte", in: *Leipziger Jahrbuch zur Buchgeschichte*, 8, 1998, S. 135–163, hier S. 140–142.

4
Zur Geschichte der Stiftung Buchkunst vgl. Nils Kahlefendt, *Die Stiftung Buchkunst und der jährliche Wettbewerb „Die schönsten deutschen Bücher"*, Frankfurt am Main/Leipzig 1999, S. 20–24.

1938

Bücher-verwertungsstelle Wien

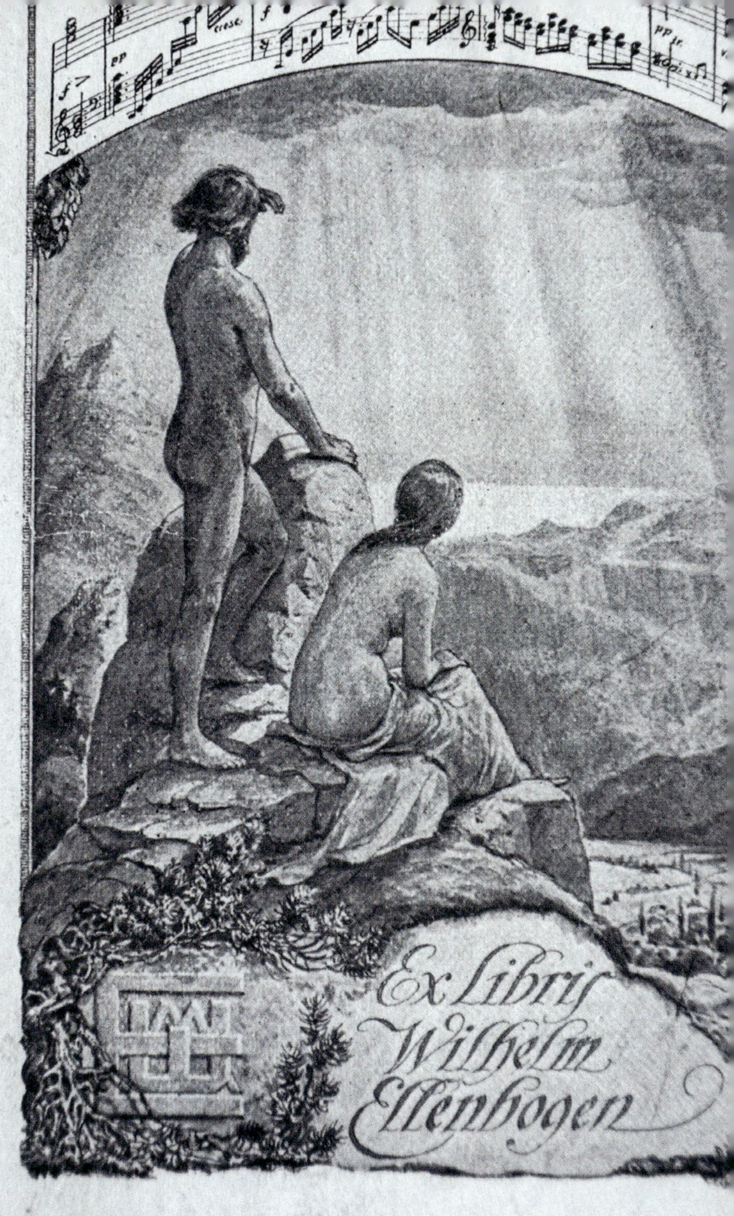
Ex Libris
Wilhelm
Ellenbogen
chischen Landesjugendamtes Sprechstunden jeden Samstag von 2 bis 6 Uhr abends.
HIRTENBERG:
Hauptstraße 62. Sprechstunden jeden Dienstag von 4 bis 8 Uhr abends.
HOHENAU:
Bürgermeisteramt. Sprechstunden jeden Mittwoch von 6 bis 7 Uhr abends.
Mariahilferstraße
INNSB
Rennweg, Hofbu
FELDK
Schlossergasse 1.
KLAGE
Bahnhofstraße

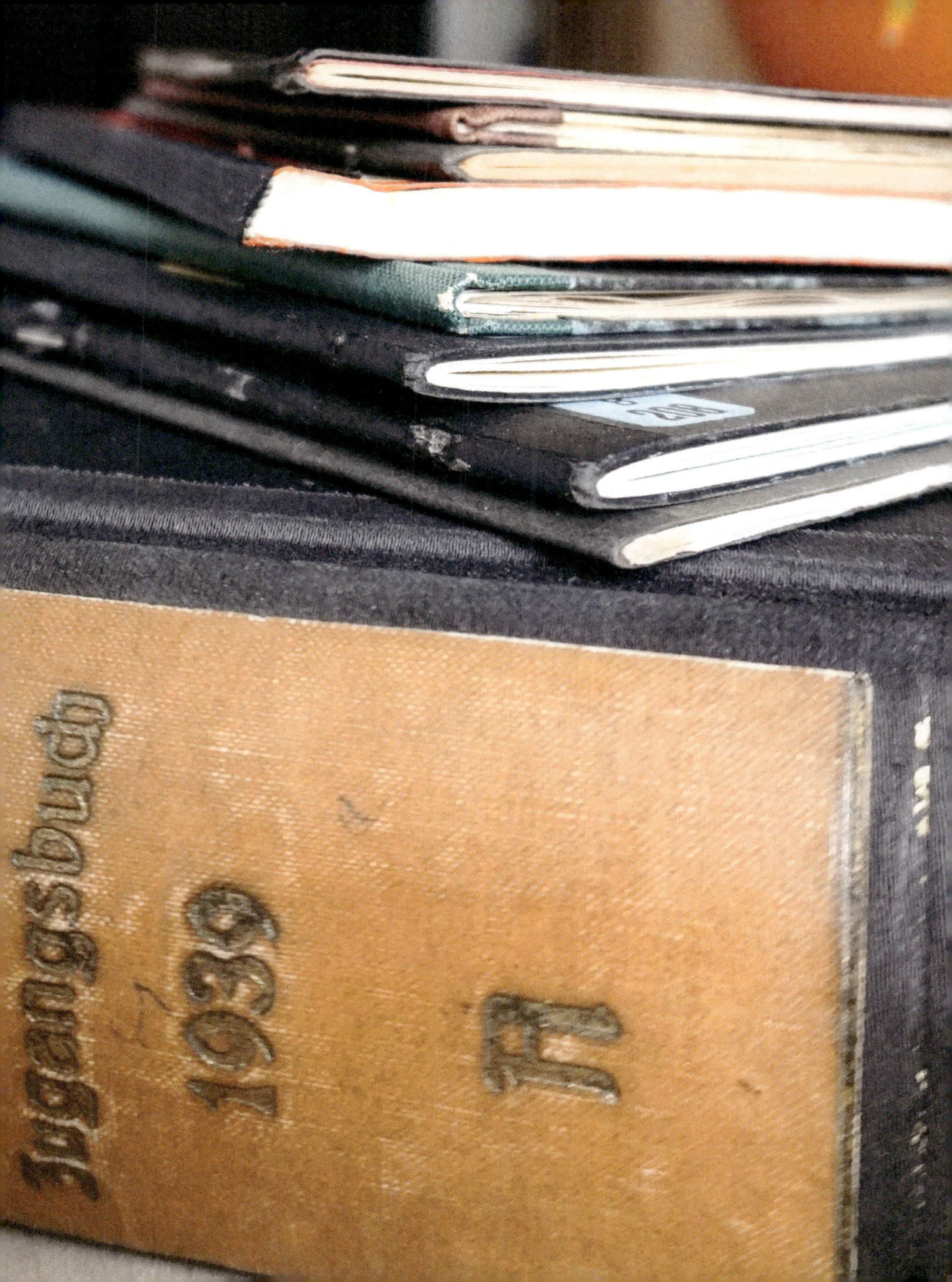
Zugangsbuch
1939

Datum	Nr.	Titel
"	1337	Blau
21.1.	1338	Verg
"	1339	
"	1340	Be
22.1. 27.1.	1341	v. Bronsart: Wahlkapitulation
27.1.	1342	Arbeiterjugend auf zum
20.1.	1343	Cain, James M.: Serenade
"	1344	Keun, Irmgard: Kinder
15.3.67	1344/1	Einstein, Alfred:
"	1345	Briefe Musiker
15.12.66	1345/1	
13.10.78	1345/2	" "
27.1.	1346	Thilo, Ernst: Pfadfinderbüchlein
"	1347	Höhle, Georg: Stellung
"	1348	Stephan, Leo: Satiri

Geheim

dir, Arbei
daher sprechen wir auch mit
dir, Arbei
Höre uns aufmerksam zu:
Not, wir bringen dir Kunde vo
sind überzeugt, daß du ei
kampfesfrohe und siegesmutige
schen Arbeiterjugend!

Von unser

wollen wir euch zuerst erzähle
man euch nichts davon gesagt.
aufmerksam gemacht, daß es ni

2

ien: Vbd d. Sozialist. Arbeiterjugend Österreichs	1	Pol.			
wien: Reichspropagandaamt (Zwt.)					
msterdam: Querido Vlg	1	Li			
Lpzg: A. Twietmeyer)					
" " "	1	"			
" " ")	1	"			
Forum	1	Kun			
" " ")	1	"			
" "	1	Phy	25.—		
ern: Hans Huber	1	Ju	1.95		
om: Pontificia Univers. Gregoriana	1	Th			

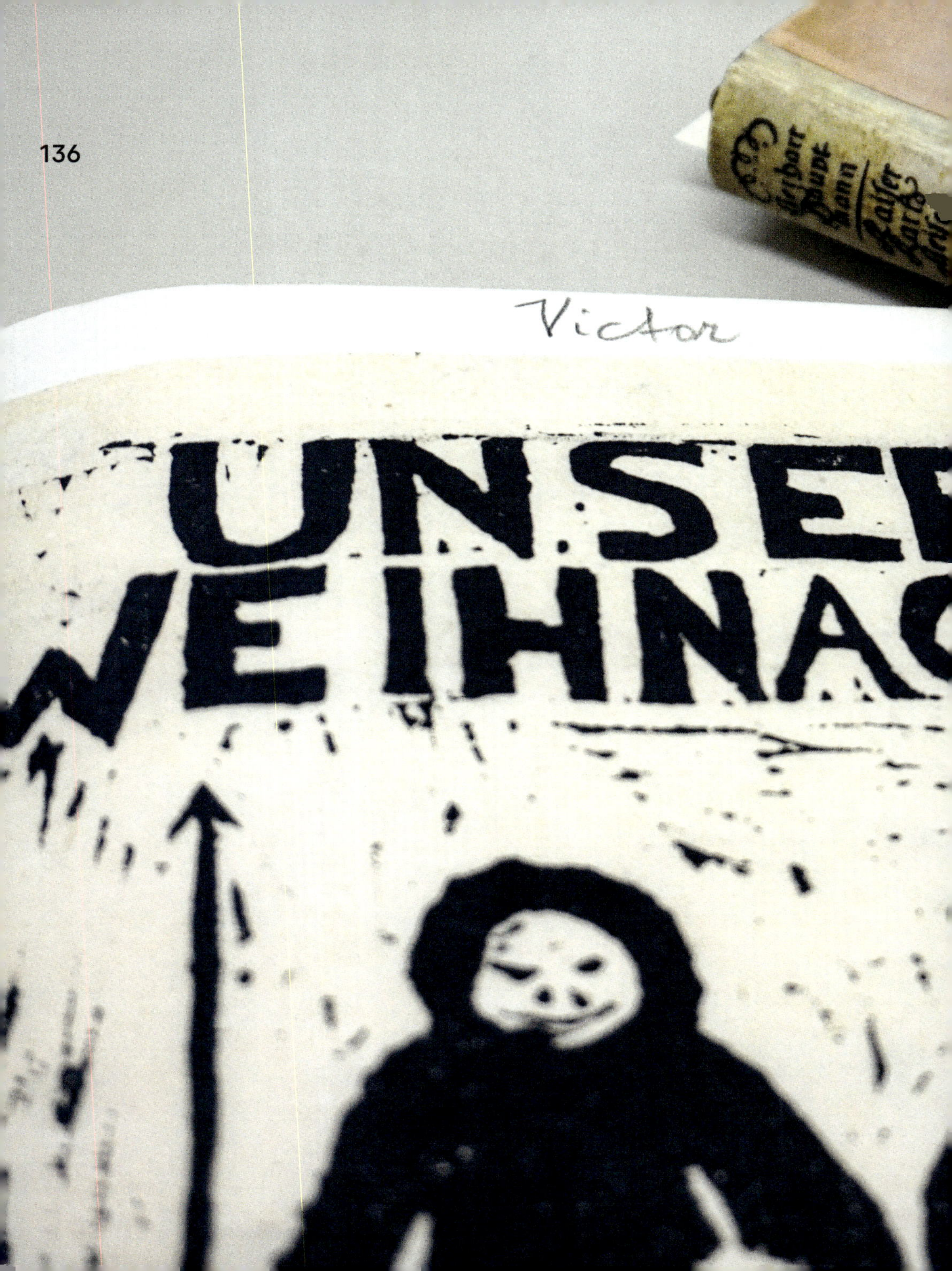

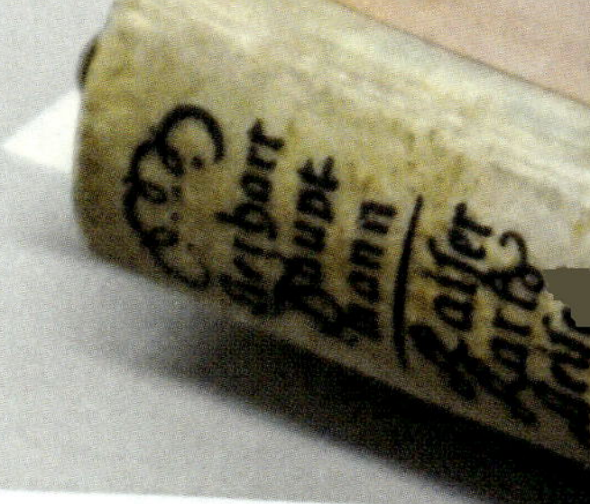

Victor
UNSE
WEIHNA

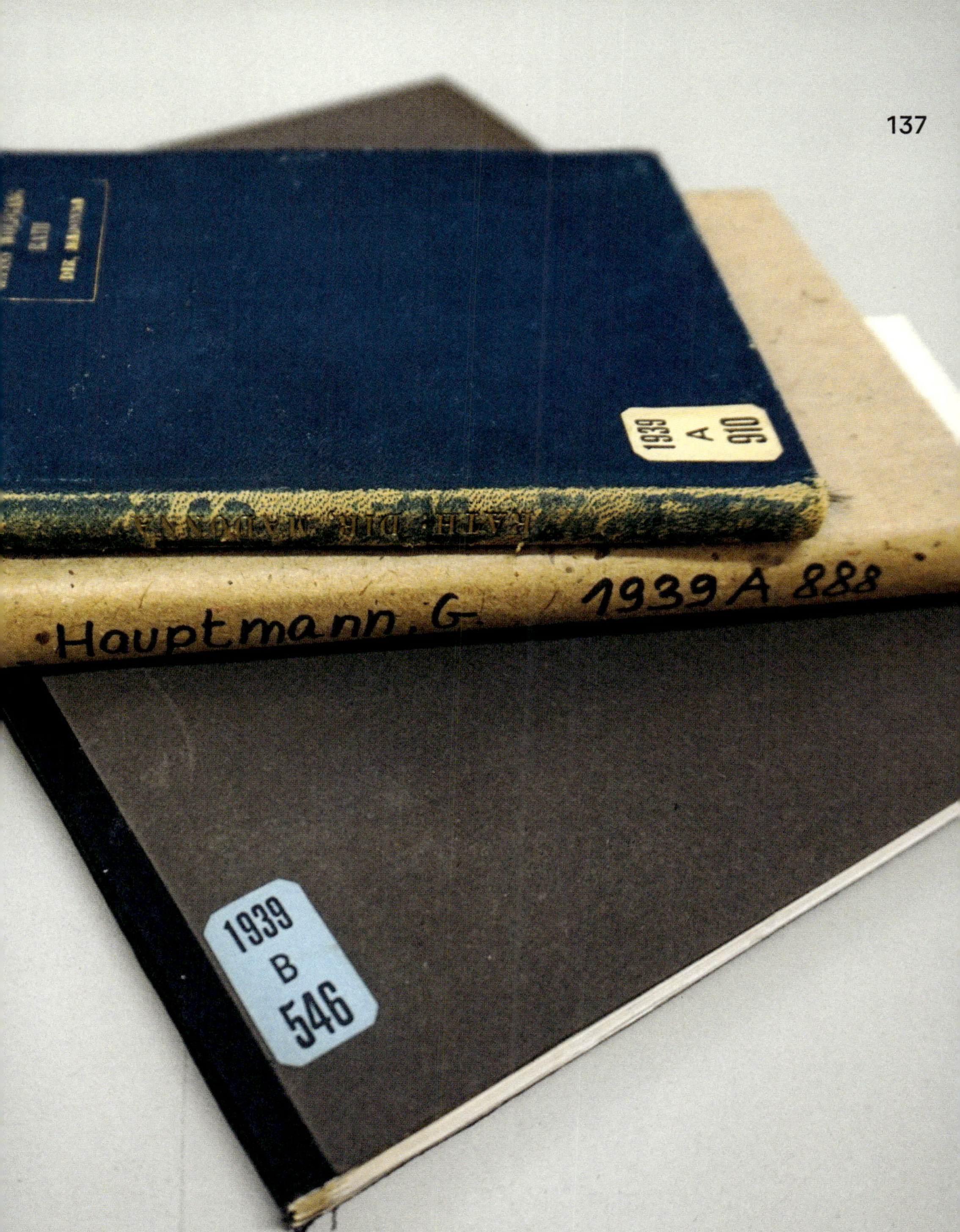
1939
A
910
1939 A 888
Hauptmann. G
1939
B
546

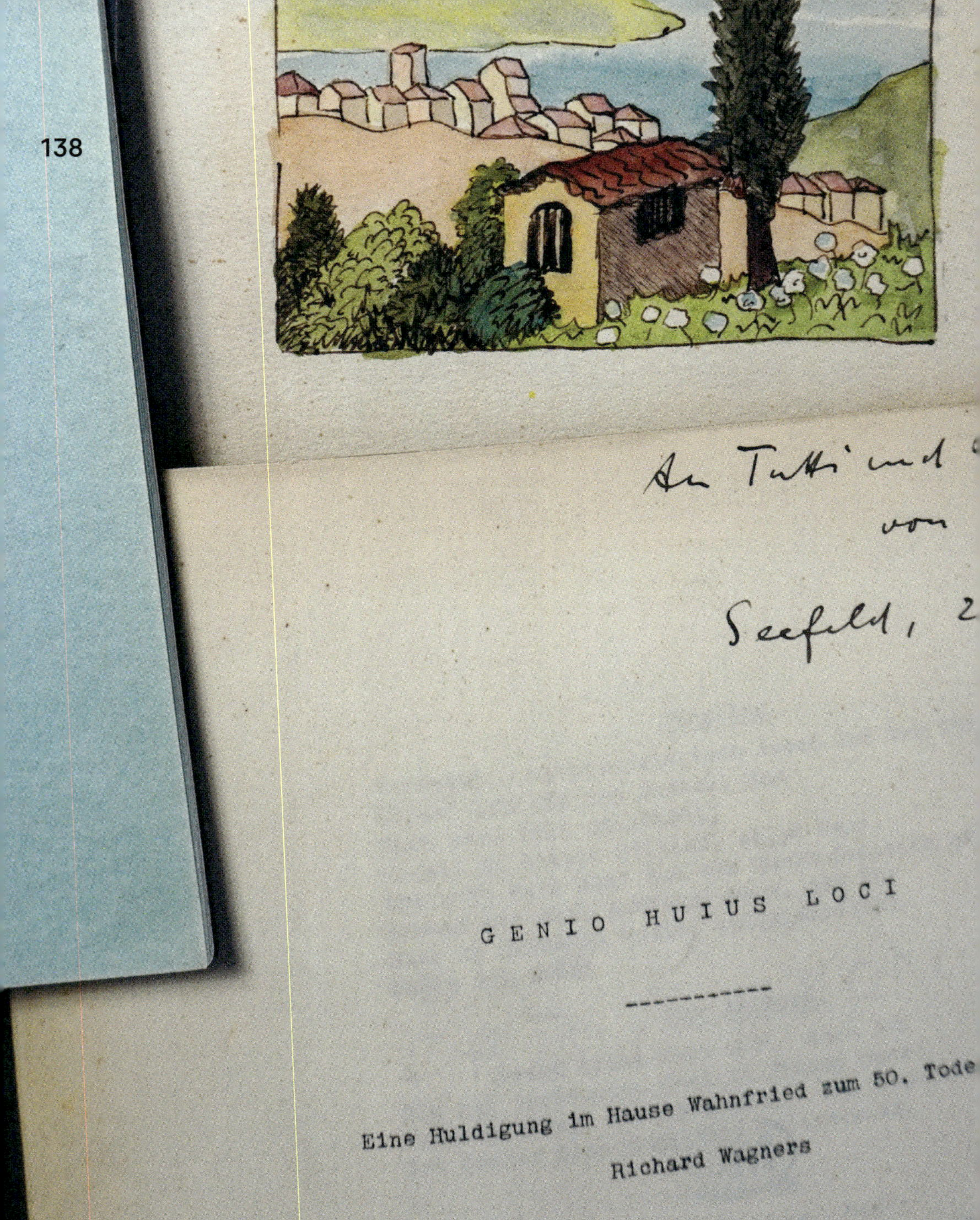

An Tutti und

von

Seefeld, 2

GENIO HUIUS LOCI

Eine Huldigung im Hause Wahnfried zum 50. Tode

Richard Wagners

Beschlagnahmt und umverteilt

Diese Erwerbungsgeschichte beginnt mit einer Anordnung aus dem Reichsministerium für Volksaufklärung und Propaganda: Albert Paust (1889–1964), Bibliothekar und Leiter der Erwerbsabteilung der Deutschen Bücherei Leipzig, wird zum 1. September 1938 nach Wien abgeordnet. Dort haben Gestapo und Sicherheitsdienst bereits seit dem „Anschluss" Österreichs systematisch Buchbestände aus den Privatbibliotheken von Jüdinnen und Juden sowie aus politisch unliebsamen oder als jüdisch eingestuften Buchhandlungen und Verlagen beschlagnahmt. Die in vier Wiener Depots gelagerten rund 400.000 Bände sollen nun sortiert und auf Bibliotheken im Deutschen Reich umverteilt werden. Albert Paust koordiniert diese Aktion und nutzt seine Position in der Bücherverwertungsstelle, um zwischen Dezember 1938 und Juni 1939 in mehreren Fuhren rund 550 Neuzugänge an die Deutsche Bücherei Leipzig zu übersenden.[1]

Stets den Vollständigkeitsanspruch der Deutschen Bücherei vor Augen, sucht Albert Paust in den Beständen der Bücherverwertungsstelle gezielt nach Schriften, die in Leipzig noch nicht vorhanden sind – seltene Privatdrucke, Widmungsexemplare und bibliophile Ausgaben sind ihm ebenso willkommen wie die „Schund- und Kleinliteratur längst erloschener österreichischer Verlage", Exilliteratur oder Druckschriften aus der Zeit des Ersten Weltkriegs.[2] Die von Wien nach Leipzig überführten Bände erzählen mehr als eine Geschichte – die in sie eingeschriebenen oder eingeklebten Exlibris, Widmungen und Autogramme verweisen auf die Lebensgeschichten und Interessen ihrer früheren Eigentümer, aber auch auf Enteignung und Exil. Valentin Rosenfeld (1886–1970) zitiert in seinem Exlibris den Philosophen Friedrich Nietzsche: „Ich hasse die lesenden Müssiggänger". Der Wiener Rechtsanwalt engagiert sich seit den 1920er-Jahren für die Schwimm-Sektion des jüdischen Sportvereins Hakoah Wien, während seine Frau Eva sich um schwer erziehbare junge Mädchen kümmert. Das Paar verkehrt gesellschaftlich mit Sigmund Freud; mit dessen Tochter

Anna Freud gründet Eva Rosenfeld 1927 eine reformpädagogische Schule, die auf dem Grundstück der Rosenfelds in der Wattmanngasse 11 eingerichtet wird. Die nach ihrer Lage im 13. Bezirk benannte Hietzing-Schule erweist sich als kurzlebiges Projekt. Sie wird geschlossen, als die Ehe der Rosenfelds 1932 zerbricht und Eva Rosenfeld mit dem gemeinsamen Sohn Victor nach Berlin geht. Valentin Rosenfeld, der in Wien zurückbleibt, vermietet in den 1930er-Jahren einen Teil seines Hauses: 1936 zieht der Berliner Verleger Gottfried Bermann Fischer (1897–1995) mit seiner Familie in der Wattmanngasse 11 ein. Als die deutsche Wehrmacht am 12. März 1938 in Österreich einmarschiert, befindet Valentin Rosenfeld sich gerade in England, wohin auch Eva und Victor Rosenfeld bereits 1936 emigriert sind. Er bleibt in London und unterstützt von dort aus zahlreiche Sportler*innen der Hakoah Wien bei ihrer Emigration.[3] Unterdessen beschlagnahmt die Gestapo in Wien seine Bibliothek und weist einen Teil der Bände der Österreichischen Nationalbibliothek zu. Zwei Monate später erhält die Handschriftenabteilung der ÖNB außerdem Rosenfelds Goethe-Autographensammlung.[4] Der Rest wird über die Bücherverwertungsstelle zerstreut. Drei Bände gelangen so nach Leipzig, darunter eine von den Schüler*innen der Hietzing-Schule gestaltete „Weihnachtszeitung".[5]

Nicht nur Valentin Rosenfeld wird von den Nationalsozialisten ins Exil gezwungen. Sein Nachbar in Hietzing, Gottfried Bermann Fischer, nimmt noch am Abend des österreichischen „Anschlusses" mit seiner Familie den Nachtzug ins italienische Rapallo. Nur 36 Stunden nach seiner Flucht stehen SS-Mitglieder vor der Tür der Wattmanngasse 11 und versiegeln seine Privatbibliothek.[6] Ihren Abtransport betreut Albert Paust im September 1938 persönlich – er interessiert sich besonders für die seltenen Privatdrucke aus Bermann Fischers Sammlung und wählt am Ende 18 Titel für Leipzig aus.[7] Die Widmungsexemplare von Ruth Landshoff-Yorck oder Hermann Hesse erlauben nicht nur die Identifizierung des Vorbesitzers, sondern gewähren darüber hinaus Einblicke in die persönlichen Beziehungen zwischen den Schriftsteller*innen und dem Verleger.

Dass Paust bei seiner Auswahl für Leipzig neben den künstlerischen Drucken auch die größtmögliche Vollständigkeit auf dem Gebiet der „schädlichen und unerwünschten" Literatur im Blick hat, wird schließlich am Beispiel Wilhelm Ellenbogen (1863–1951) sichtbar. Schon seit der Verabschiedung der autokratischen Maiverfassung von 1934 darf der Wiener Sozialdemokrat sich in Österreich nicht mehr politisch betätigen. Direkt nach dem „Anschluss" nimmt die Gestapo ihn fest, entlässt ihn aber bald wieder aus der Haft.[8] Die Repressionen nehmen jedoch immer weiter zu, nicht nur wegen seiner politischen Überzeugungen, sondern auch wegen seiner jüdischen Herkunft. Im Mai 1939 reist er deshalb über Paris nach New York aus. Seine Privatbibliothek schenkt er vorher der Stadtbibliothek Stockholm. Da sie auch Sozialistica umfasst, weckt sie jedoch die Begehrlichkeiten der ÖNB und wird erst Ende 1939, nach einigen diplomatischen Verwicklungen, an die schwedische Gesandtschaft in Wien herausgegeben.[9] Vermutlich ist sie zu diesem Zeitpunkt bereits um einige Bände dezimiert: Schon im Herbst 1938 erklärt Ellenbogen gegenüber den Wiener Finanzbehörden, dass er sich auf Anweisung der Gestapo von circa 1.000 Bänden habe trennen müssen.[10] Zu diesen gehören wahrscheinlich auch die fünf sozialdemokratischen Schriften, die Paust zwischen Dezember 1938 und Juni 1939 nach Leipzig schicken lässt. Noch heute tragen zwei davon einen durchgestrichenen „Geheim"-Stempel und auf ihrem Einband zeugt eine beriebene Stelle von dem roten Tupfen, der die Bände in der NS-Zeit als Teil der Geheim-Abteilung kennzeichnete und nach 1945 wieder getilgt wurde. Ihrer sozialdemokratischen Thematik zum Trotz werden die Bände, als die Deutsche Bücherei 1970 eine eigene Sozialistica-Abteilung aufbaut, nicht in diese umgestellt. Dies hat einen einfachen Grund: Die Spezialabteilung beschränkt sich auf Publikationen mit Erscheinungsjahr zwischen 1830 und 1912; die fraglichen Bände wurden aber allesamt erst danach veröffentlicht.[11]

Valentin Rosenfeld, Gottfried Bermann Fischer und Wilhelm Ellenbogen stehen exemplarisch für eine ganze Reihe von Verfolgungsschicksalen, die mit den Beschlagnahmen und Verteilungsprozessen der Bücherverwertungsstelle verknüpft sind. Sind die Vorbesitzer*innen identifizierbar, bemühen sich die Deutsche Nationalbibliothek und das Deutsche Buch- und Schriftmuseum um Kontakt zu den Erben respektive Erbinnen, um die Bände zurückzugeben. Im Fall Valentin Rosenfeld ist dies im Juni 2021 gelungen; mit den Erbberechtigten nach Wilhelm Ellenbogen konnte im Sommer 2022 eine Einigung erzielt werden. Weitere Rückgaben werden derzeit vorbereitet. Den Schriften, die dank Exlibris oder Namenseintragungen zu Unikaten aus einem klar identifizierbaren Herkunftskontext werden, steht jedoch eine weitaus größere

Zahl an Schriften ohne individuelle Merkmale gegenüber. Ihre Raubgutprovenienz erschließt sich nur noch aus dem Zugangsbuchvermerk „Bücherverwertungsstelle". Als Stolpersteine im Bibliotheksbestand erinnern sie an die nationalsozialistischen Verstrickungen der Deutschen Bücherei, aber auch an die Opfer der Verfolgung.

Emily Löffler

1
Grit Nitzsche, „Die Bücherverwertungsstelle Wien", in: Regine Dehnel (Hg.), *Jüdischer Buchbesitz als Raubgut. Zweites Hannoversches Symposium*, Frankfurt am Main 2005, S. 67–72.

2
Albert Paust, Schreiben an Heinrich Uhlendahl, 24.10.1938: Hausarchiv Deutsche Nationalbibliothek Leipzig, Nr. 348/1, Bl. 19–22.

3
Victor Ross, „Eva Marie Rosenfeld (1892–1977): Persönliche Erinnerung an eine mutige Frau", in: Peter Heller (Hg.), *Anna Freud – Briefe an Eva Rosenfeld*, Basel 1994 (= Nexus, 18), S. 33–58, hier S. 37–42; Karen Propp, „The Danube Maidens: Hakoah Vienna Girls' Swim Team in the 1920s and 1930s", in: Susanne Helene Betz u. a. (Hg.), *„... mehr als ein Sportverein". 100 Jahre Hakoah Wien 1909–2009*, Innsbruck 2009, S. 81–93, hier S. 85–86 und 90–91.

4
Murray G. Hall und Christina Köstner, *„... allerlei für die Nationalbibliothek zu ergattern ...". Eine österreichische Institution in der NS-Zeit*, Wien 2006, S. 274–276.

5
Emily Löffler, „ Ex libris: Die Spur führt nach Wien", in: *Blog der DNB*, 13.4.2022, https://blog.dnb.de/ex-libris-die-spur-fuehrt-nach-wien/ (16.6.2022).

6
Gottfried Bermann Fischer, *Bedroht – Bewahrt. Der Weg eines Verlegers*, 33.–36. Tsd., Frankfurt am Main 1994, S. 182 und 185–186.

7
Albert Paust, Schreiben an Heinrich Uhlendahl, 30.9.1938, Hausarchiv Deutsche Nationalbibliothek Leipzig, Nr. 348/1, Bl. 8–9.

8
Wilhelm Ellenbogen, *Menschen und Prinzipien. Erinnerungen, Urteile und Reflexionen eines kritischen Sozialdemokraten*, bearbeitet und eingeleitet von Friedrich Weissensteiner, Wien 1981, S. 152.

9
Hall/Köstner 2006 (wie Anm. 4), S. 207–209.

10
Wilhelm Ellenbogen, Schreiben an die Vermögensverkehrsstelle, 10.12.1938, Österreichisches Staatsarchiv Wien, Archiv der Republik, Entschädigungs- und Restitutionsangelegenheiten, Vermögensverkehrsstelle, VA 8819, o. S.

11
Vgl. den Beitrag „Sozialistisch, revolutionär, radikal. Sammlung Sozialistica" in diesem Band, S. 258–266.

1938

Reichsbibliothek

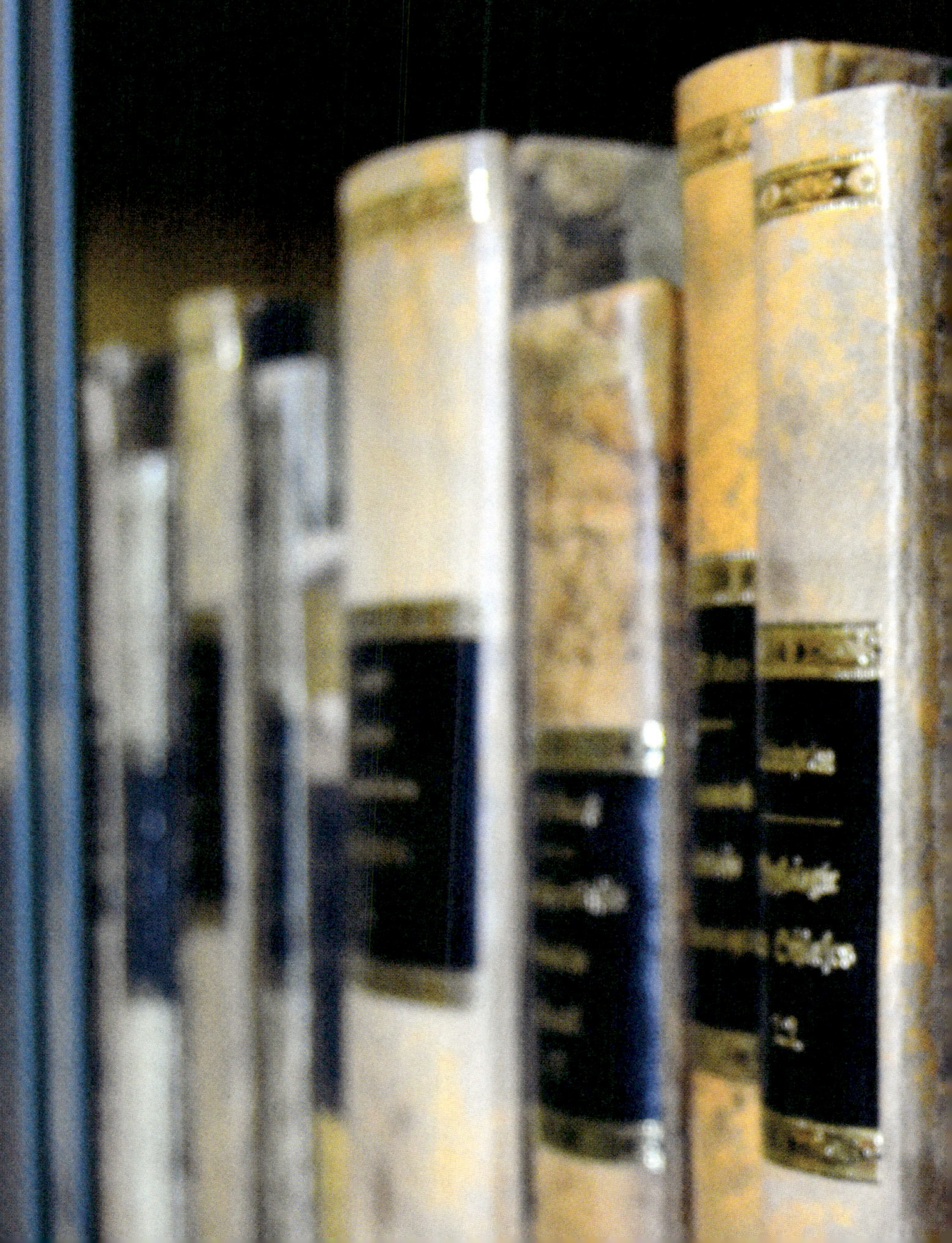

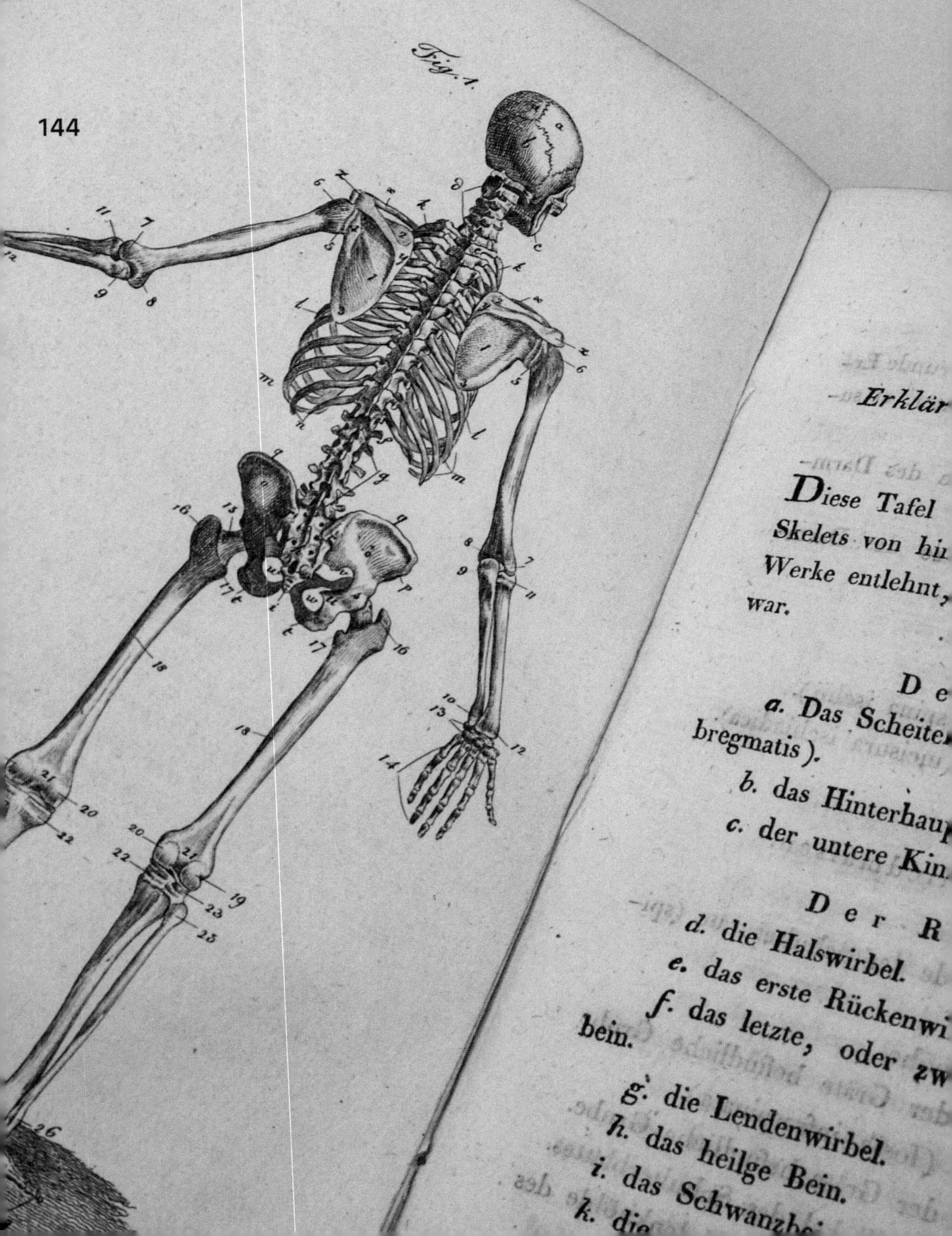

Erklär

Diese Tafel
Skelets von hi
Werke entlehnt,
war.

De

a. Das Scheiter
bregmatis).

b. das Hinterhau
c. der untere Kin

Der R

d. die Halswirbel.
e. das erste Rückenwi
f. das letzte, oder zw
bein.

g. die Lendenwirbel.
h. das heilge Bein.
i. das Schwanzb
k. die

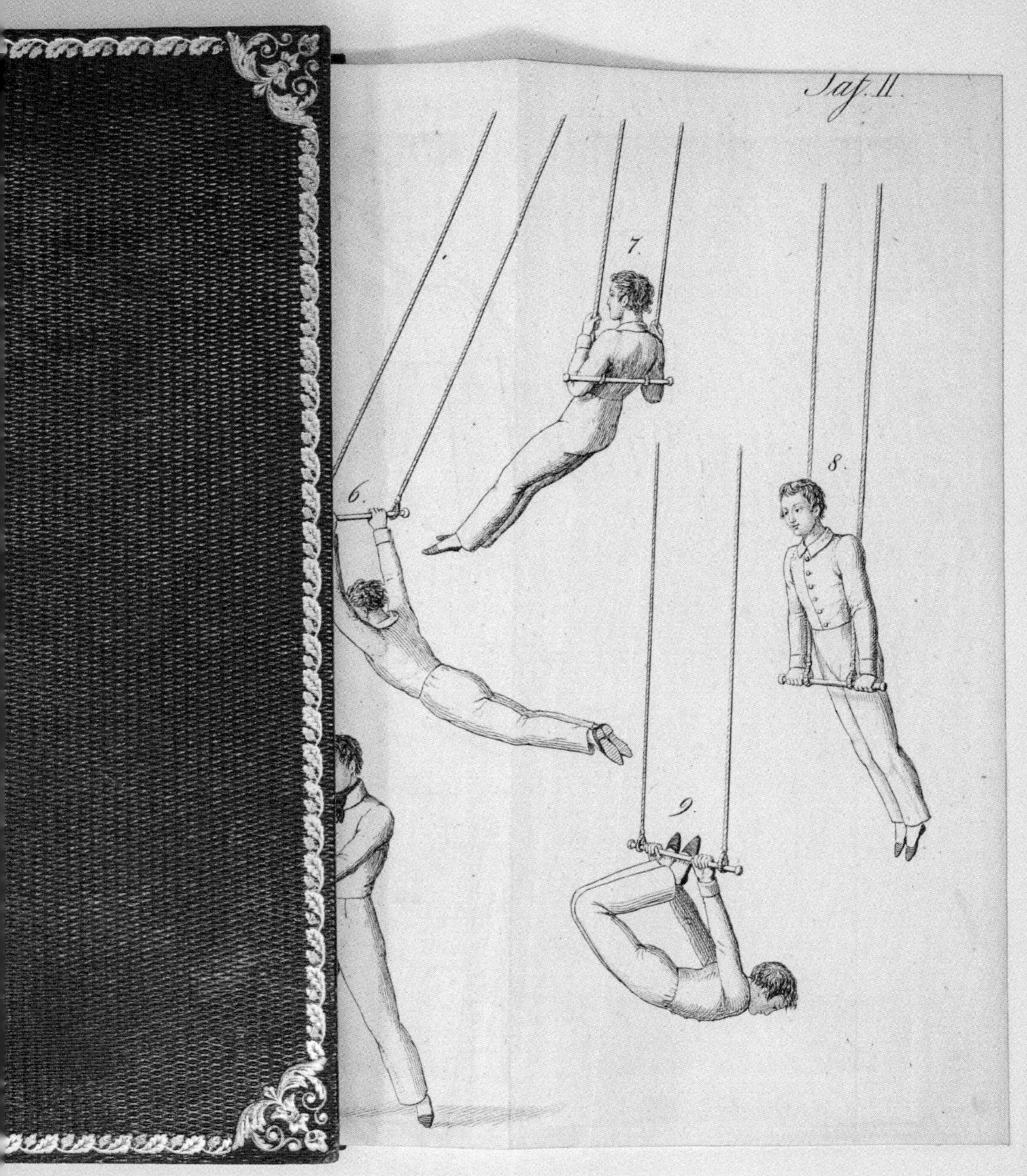
Taf. II
7.
6.
8.
9.

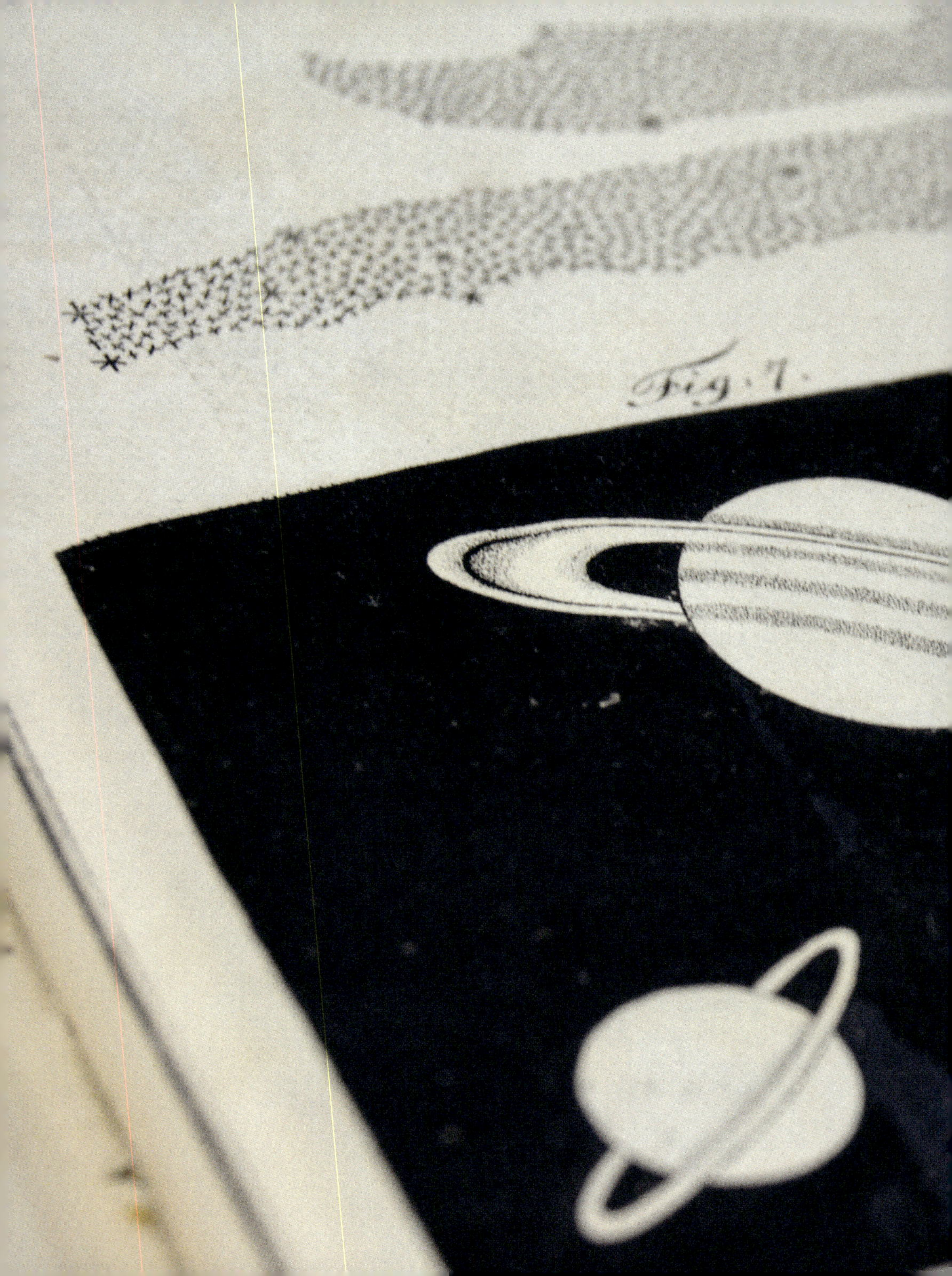
Fig. 7.

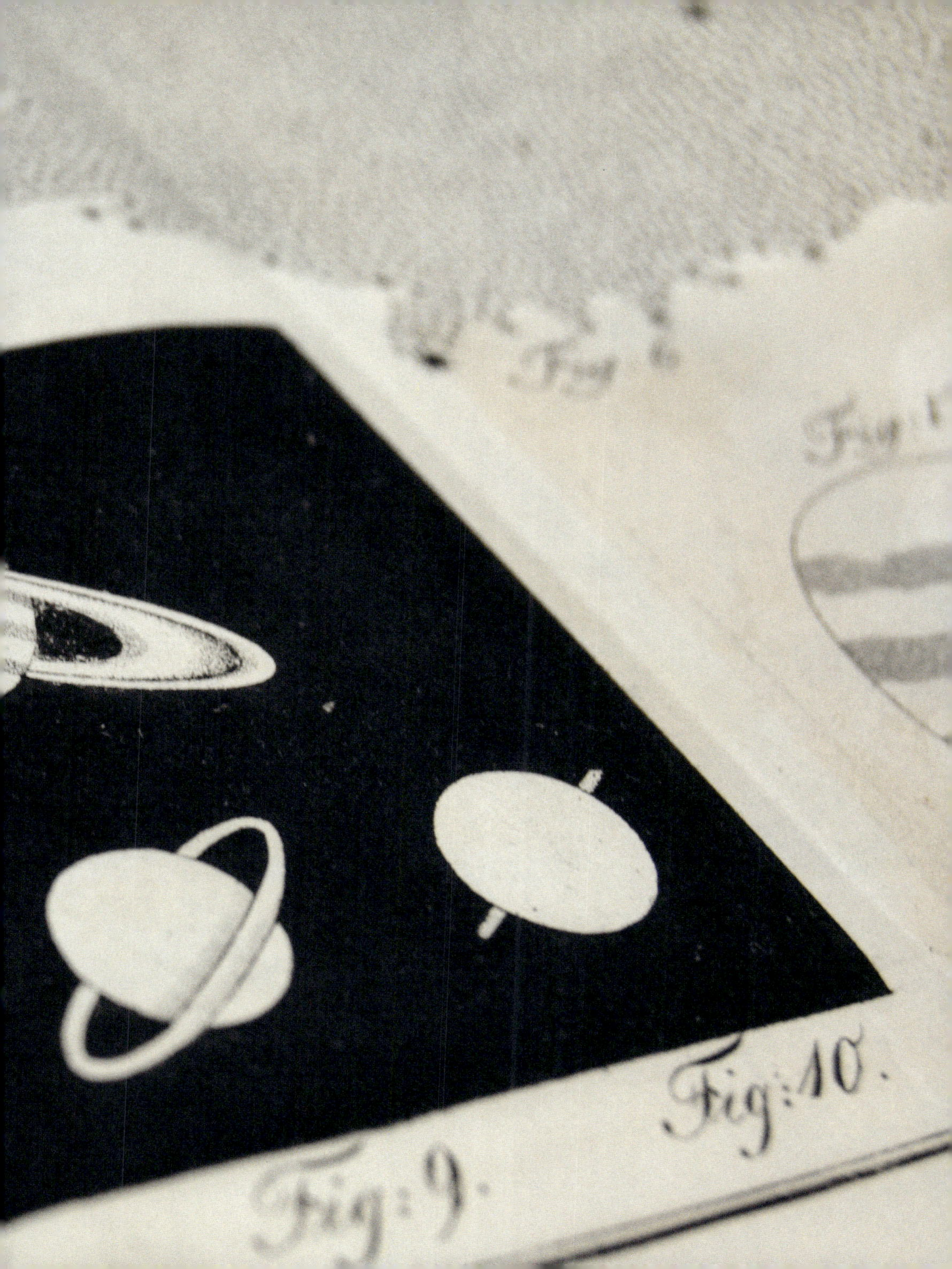
Fig: 10.
Fig: 9.

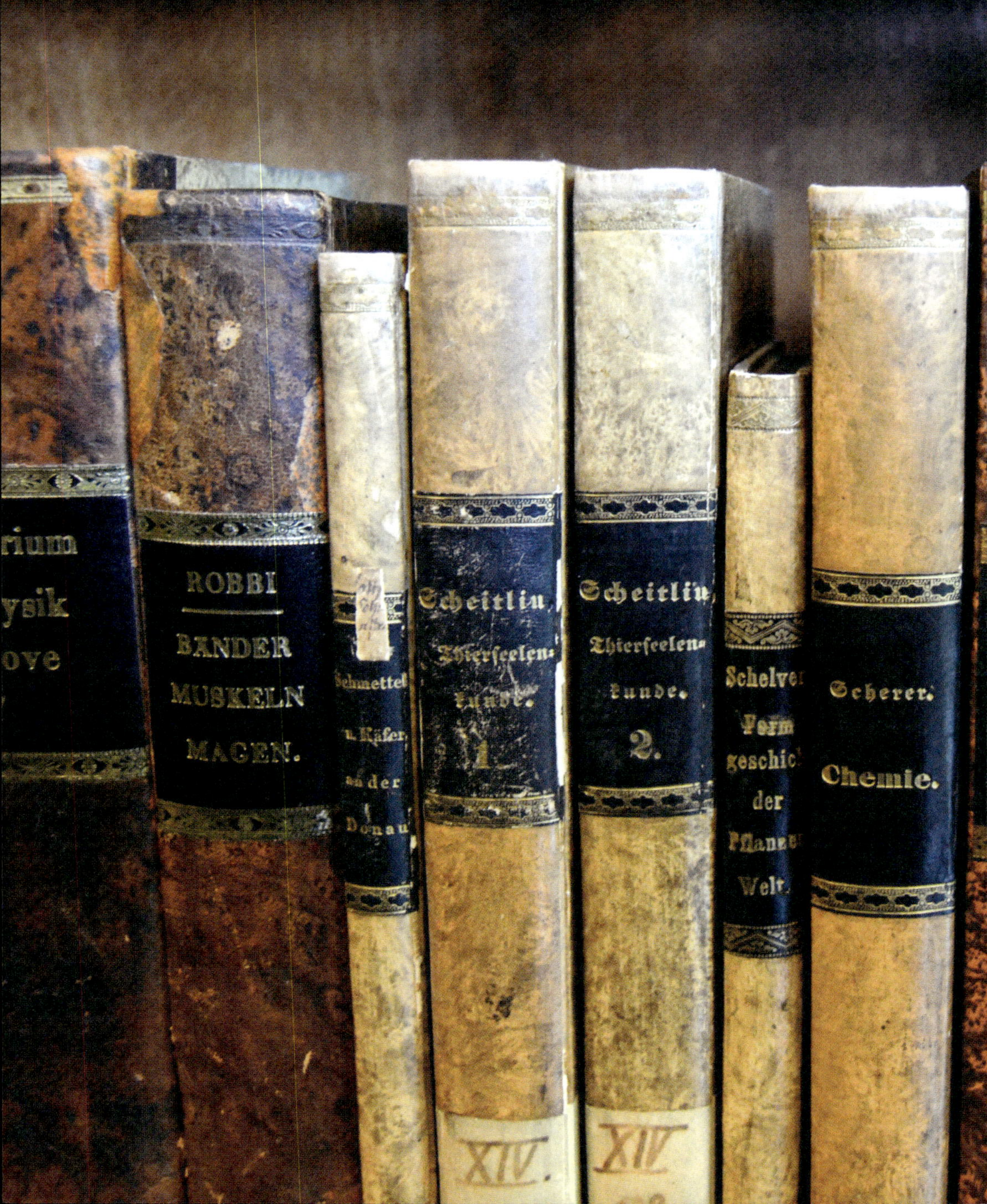

ROBBI
BANDER
MUSKELN
MAGEN.
Scheitlin
Thierseelen-
kunde.
1
Scheitlin
Thierseelen-
kunde.
2.
Schelver
der
Welt.
Scherer.
Chemie.
XIV
XIV

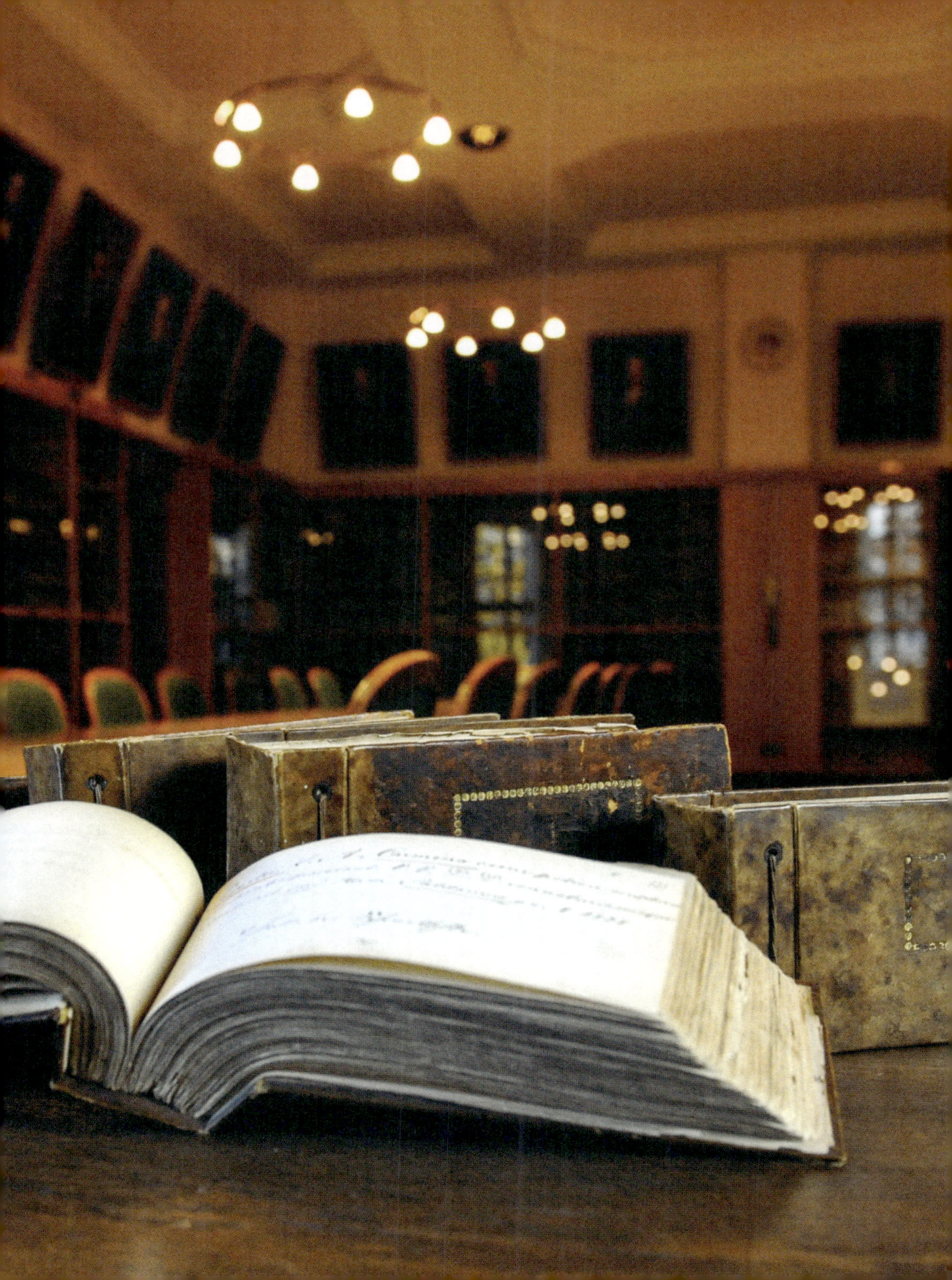

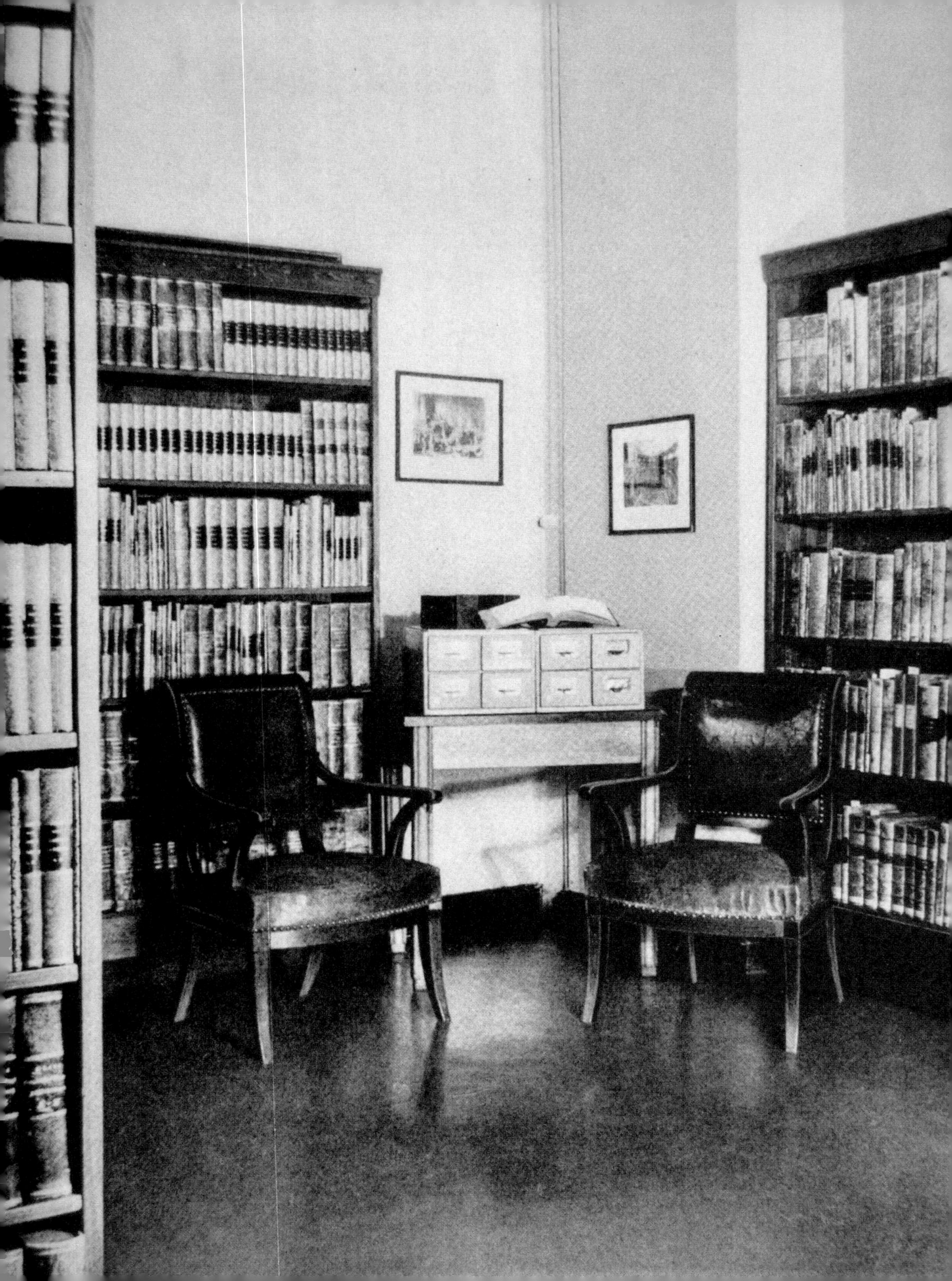

Ein Gründungsmythos

1938 gelingt es Heinrich Uhlendahl (1886–1954), dem damaligen Direktor der Deutschen Bibliothek, nach langjährigen Bemühungen, die Bibliothek der Reichsversammlung vom Germanischen Nationalmuseum zu erhalten. Inzwischen wird die historische Buchsammlung, die im Auftrag der Frankfurter Nationalversammlung 1848 und 1849 in der Paulskirche angelegt worden ist, vom Deutschen Buch- und Schriftmuseum betreut. Als Sammlung zeugen die rund 4.600 Bände nicht davon, dass die Deutsche Bücherei und damit auch die spätere Deutsche Nationalbibliothek einen historischen Vorläufer hat. Sie verdeutlicht vielmehr, dass mit ihr Politik im Sinne einer „Invention of Tradition" betrieben wurde, um das Bestehen der noch jungen Deutschen Bücherei in krisenhaften Zeiten zu sichern.

1912 schließen die Stadt Leipzig, das Königreich Sachsen und der Börsenverein der Deutschen Buchhändler zu Leipzig einen Vertrag, um eine Archivbibliothek zu gründen, in der alle in Deutschland herausgegebenen und alle im Ausland auf Deutsch verfassten Publikationen gesammelt, verzeichnet und der Öffentlichkeit zur Verfügung gestellt werden sollen. Dieser Vertragsschluss ist nicht unumstritten. Widerspruch kommt nicht zuletzt von Adolf Harnack (1851–1930), dem Generaldirektor der Königlichen Bibliothek zu Berlin, der Vorgängerinstitution der heutigen Staatsbibliothek.[1] Harnack sieht in der Gründung der Deutschen Bücherei eine vertane Chance, die Königliche Bibliothek zur Nationalbibliothek auszubauen. Ihm widerspricht 1914 Erich Mohrmann (1857–1937), ein Buchhändler und vom Börsenverein entsandter Mitarbeiter der Deutschen Bücherei, in einem Aufsatz im *Börsenblatt für den Deutschen Buchhandel,* dem Verbandsorgan des Börsenvereins: Die Gründung der Deutschen Bücherei habe einen historischen Vorläufer, nämlich die Bibliothek der Reichsversammlung, die ebenfalls von Buchhändlern angeregt und mithilfe staatlicher Unterstützung umgesetzt worden war. Mohrmann rechtfertigt mithin die Gründung der

Deutschen Bücherei, indem er die Absicht, eine Nationalbibliothek zu schaffen, zurück in die Vergangenheit verlegt und auf eine nahezu in Vergessenheit geratene Büchersammlung rekurriert.

Ein Blick zurück: Die Bibliothek der Frankfurter Nationalversammlung geht auf ein Angebot des Hannoveraner Verlegers Heinrich Wilhelm Hahn (1795–1873) zurück. Im Juli 1848 schlägt Hahn den Abgeordneten vor, ihre Arbeit zu unterstützen, indem sie aus seinem Verlagssortiment geeignete Titel für eine Handbibliothek des Parlaments auswählen können, unter anderem die historische Quellensammlung *Monumenta Germaniae Historica.* Hahns Beispiel folgen andere Verleger. Ihre Verlagskataloge kursieren im Umlaufverfahren durch die Ausschüsse der Nationalversammlung, deren Mitglieder die Werke auswählen, die ihnen interessant erscheinen. Auf diese Weise entsteht eine Parlamentsbibliothek, deren Bände insbesondere die Jurisprudenz, Staatswissenschaften, Statistik, aber auch Geschichte und Kultur, Geografie, Handel und Wirtschaft sowie das Kriegswesen behandeln.[2] Um die eintreffenden Bücher zu verwalten, wird vorübergehend der Bibliothekar Johann Heinrich Plath (1802–1874) von der Nationalversammlung eingestellt. Plath wiederum geht es darum, seine Stellung zu verstetigen, indem er nicht nur weitere Verleger zu überzeugen versucht, auch ihr Sortiment zur Verfügung zu stellen. Gemeinsam mit einigen Branchenvertretern treibt er ebenfalls die Idee einer Nationalbibliothek voran, das heißt einer umfassenden Sammlung aller in Deutschland publizierten Werke. Mit der Auflösung der Frankfurter Nationalversammlung am 30. Mai 1849 sind Plaths Bemühungen jedoch gescheitert. Die Handbibliothek umfasst zu diesem Zeitpunkt nicht ganz 3.000 Werke in etwas mehr als 4.500 Bänden. Die mittlerweile heimatlos gewordene Büchersammlung wird 1856 dem vier Jahre zuvor gegründeten Germanischen Nationalmuseum in Nürnberg übergeben.

Die Deutsche Bücherei, die insbesondere in ihrer Anfangszeit nicht nur auf die Unterstützung der Stadt Leipzig und des Landes Sachsen, sondern auch der gesamten Buchbranche angewiesen ist, greift in den von der Inflation gebeutelten Jahren nach dem Ersten Weltkrieg die Idee von der Bibliothek der Nationalversammlung als Reichsbibliothek publizistisch auf, um ihre Existenz zu sichern. Nach etlichen Verhandlungen gelingt es 1938 dem Direktor der Deutschen Bücherei, Heinrich Uhlendahl, die Büchersammlung zum 25-jährigen Jubiläum der Sammlungstätigkeit nach Leipzig zu holen. Den Festakt richtet das NS-Propagandaministerium aus, und die parlamentarische Handbibliothek von 1848/49 wird nun offiziell zur ersten großdeutschen Reichsbibliothek.

In den Jahren nach dem Zweiten Weltkrieg stellt sie erneut das Wahrzeichen der deutschen Einheit dar. Seitdem hält sich der Mythos von der Reichsbibliothek als Vorgängerin der heutigen Deutschen Nationalbibliothek hartnäckig. Die verwickelte Überlieferungsgeschichte der Büchersammlung von 1848/49 verdeutlicht bei näherem Hinsehen jedoch, dass mit einzelnen Sammlungen und ihren realen wie fiktiven Geschichten bisweilen Politik betrieben wird – in diesem Fall, um das Bestehen der noch jungen Nationalbibliothek zu sichern.

Ramon Voges

1
Vgl. hierfür wie für alles Folgende die umfassende Darstellung von Johannes Jacobi, *Die Reichsbibliothek. Biographie einer Büchersammlung 1848–1938*, Leipzig 2021.

2
Vgl. dazu auch den Katalogeintrag in der Deutschen Nationalbibliothek zur Bibliothek der Reichsversammlung, https://d-nb.info/dnbn/1206544716 (10.1.2022).

Wiederaufbau

Königlich Sächsische Bibliographische

Sammlung.

Zuwachsverzeichniss.

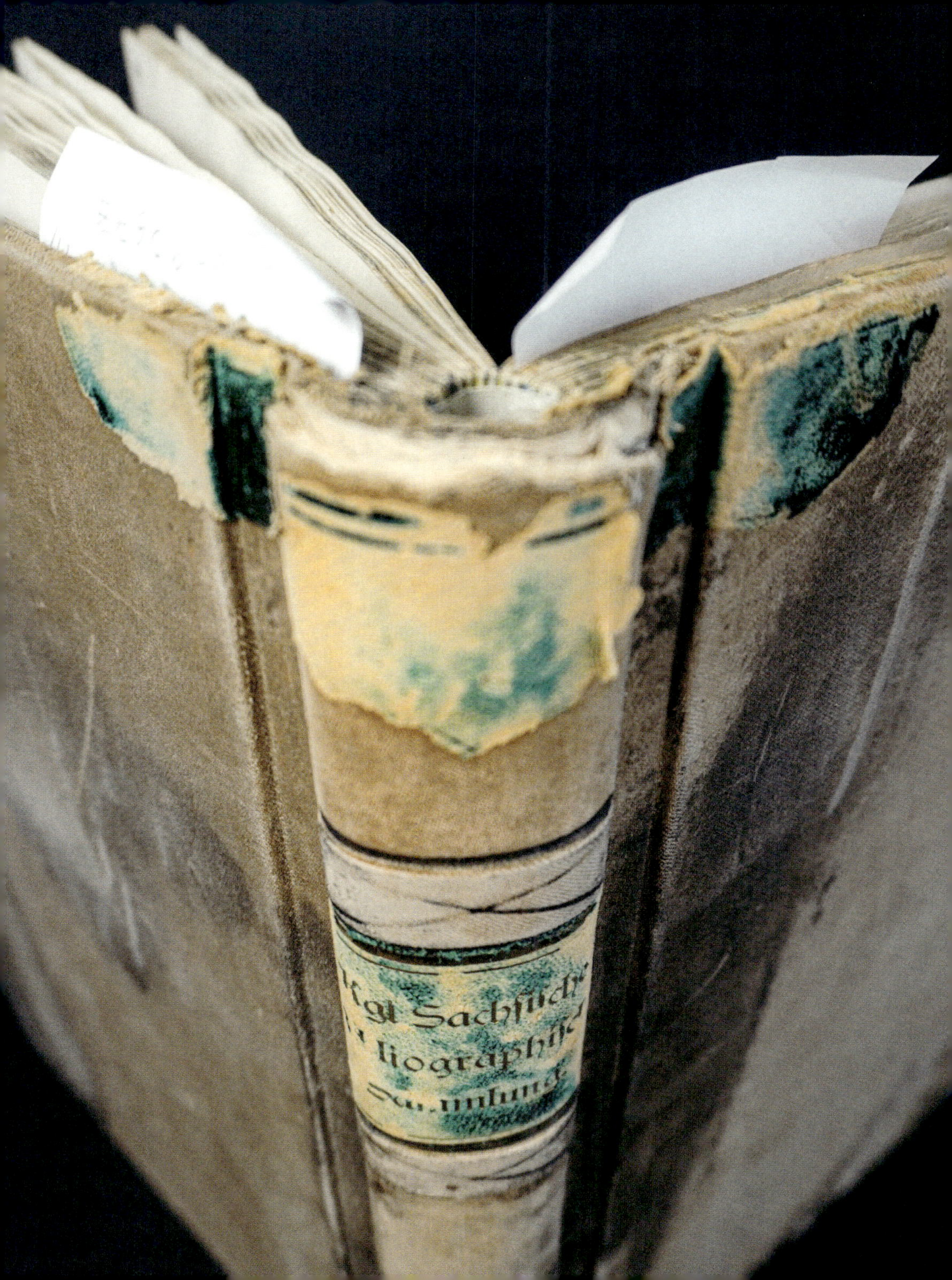

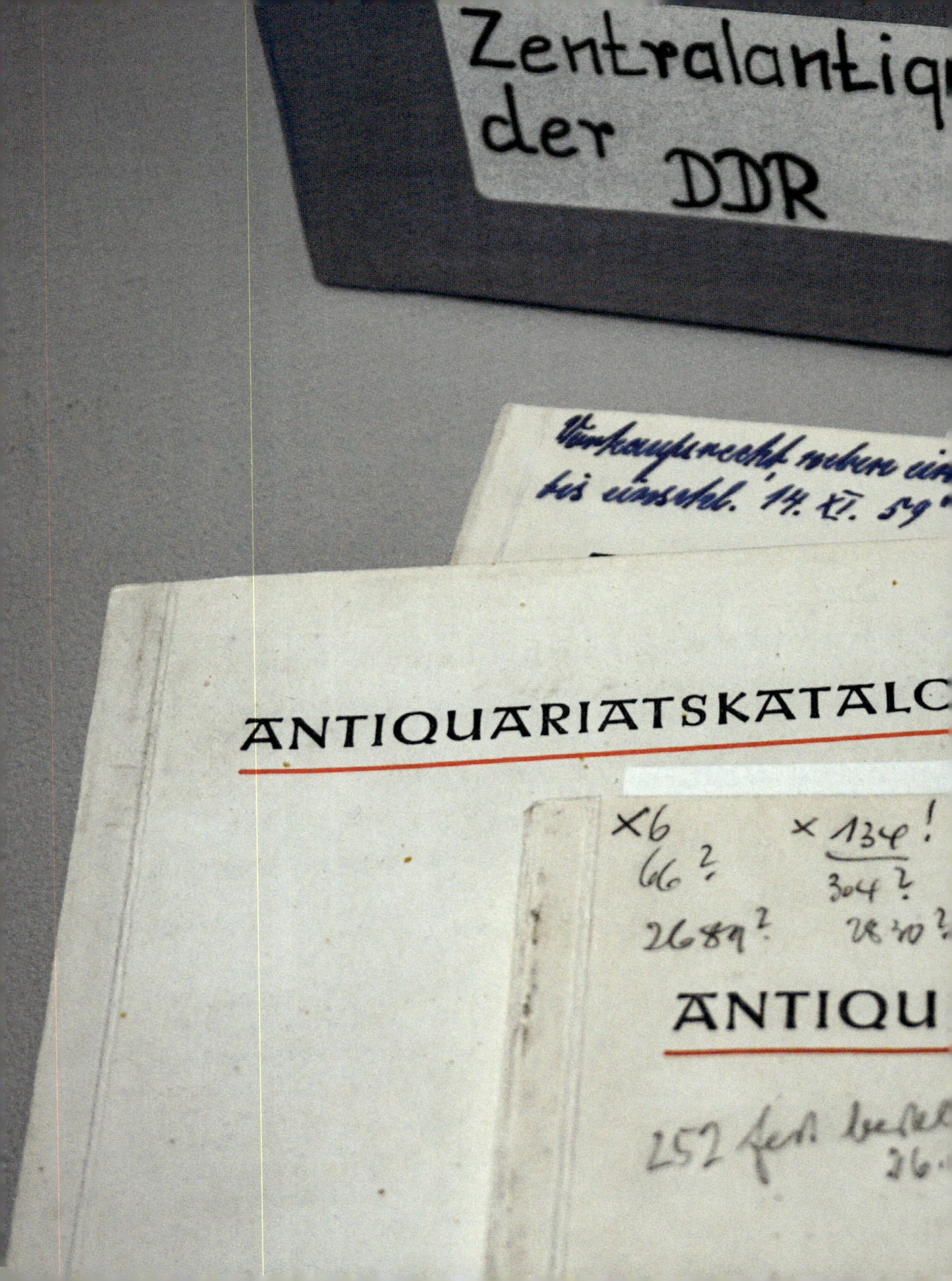

Zentralantiq
der
DDR

ANTIQUARIATSKATALO

x6 x134!
66? 304?
2689? 2830?

ANTIQU

252 fest

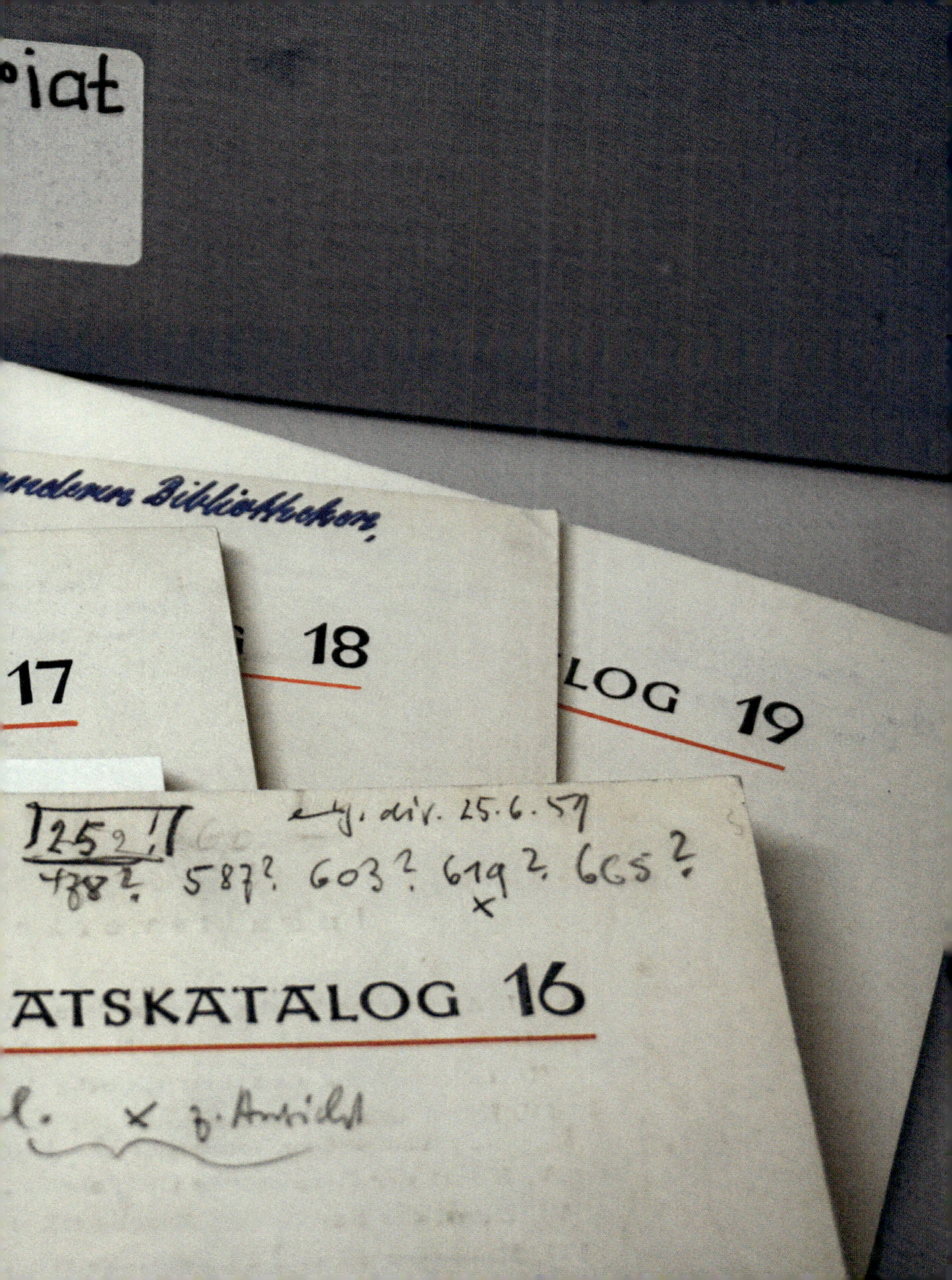

riat

…nderen Bibliotheken,

17

…G 18

…LOG 19

25.6.57

587? 603? 619? 665?

…ATSKATALOG 16

[18]91.

1891.

22

	Bände	Einbände	Eintragstag	Herkunft	Preis	Werth	Bemerkungen
Uebertrag:	181						
…ftenhändler des Mittel-… Beiträge. Leipzig–Halle. Hfrz.	2	1	13. VII 1891.	Kirchhoff & Wigand, Leipzig	17 —	—	
…oricum typographiae …nae 1778. 8. Hfrz.	1	1	"	F. A. Brockhaus, Sort. u. Antiquarium, Leipzig	1 50		
… ab inventa typographia … dispositus. Senonis 1791.	2	2	"	"	7 5[0]		
…primerie. Paris 1810	2	2	"	Otto Harrassowitz, Leipzig			
…pografici Torinesi del … M. 8 Tafeln. Hlwd.	1	1	"	Bernard Quaritch, London			
…bliografia analitica. … M. 10 Tafeln. Hlwd.	1	1	"	Otto Harrassowitz, Leip[zig]			
…pografici dei Soncino. … Bologna 1883–86. 8. 3 Bde	3	1	"	"			
…bliography. Pittsburgh	1		"	F. A. Brockhaus, … quarium, L[eipzig]			
…ñola. Tomo I. Madrid, …86. 4. Ldr.	1	1		Bernard Qua[ritch]			
Étude sur les filigranes …ce aux XIVe et XVe … Hfrz.	1	1	"	Albert C…			
…la Bibliothèque Impériale, 1862. 4. M. 8 Tafeln.	1	1	"	O…			
… the art of bookbinding … 12 Tafeln. Lwd.	1	1					
…iddle ages. London	1						
…bliotheca bibliographica … Hfrz.	1	1					
…co da Bologna? …frz.	1						
…incunables et des … 1520. Paris … …imerie …							

2. …
3. …
4. …
5. Vergilius …
6. Histoire …
7. The book of … by William …
8. William Morris …
9. Chaucer, Works … by Kelmscott …
10–29. Sammlung von …
30. Zoepinger, supplement … London 1895. 8.
31. Fletcher, bookbindings … don 1895. Fol.
32. Savage, practical hints … don 1822. 4.
33. Schreiber, manuel de l'amateur … bois. Tome III. Berlin …

…Bände, die …"…achen" 1896
… Schinnerer …werbemuseums, …f.m.Abb. … "vermutlich …lschungen".

…:Dunkelbraun. …ände m.Wappen …oitiers.

…ciae ceremonias.

…Chaldaeorum.

Bibliophilen Superexlibris: …Gemahlin, Gas… …rb.1616). …irali. … angebunden: …508.

…rmutlich überarbeitet.

…551. kl.8° Angeb.: … 1549.

…d mit Durchbruch… …lage u.mit Vergoldg. …agonalgitter Wappen …r der Visconti, Mai… …chlingt–; 2.–3. …runter angeordnet… …3/4), aus der Città …ls Wappen führte. …l latino in volgar …43. kl.8°

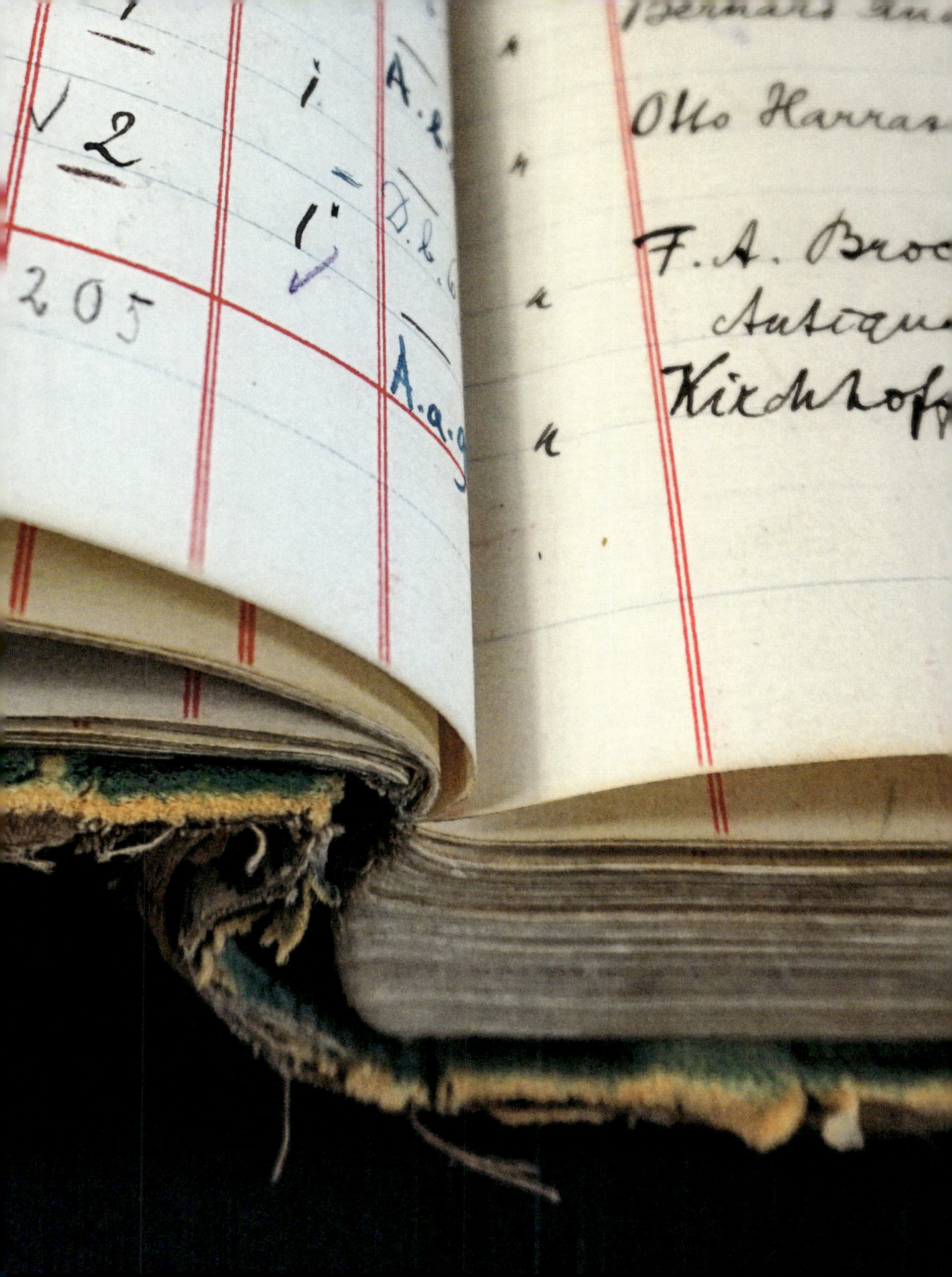

2

205

Otto Harras

F. A. Broc

Autiqua

Kirchhoff

DEUTSCHES BUCHGEWERBEMUSEUM
SAMMLUNGEN DES DEUTSCHEN BUCHGEWERBEVEREINS
UND KÖNIGLICH SÄCHSISCHE BIBLIOGRAPHISCHE SAMMLUNG
LEIPZIG BUCHGEWERBEHAUS

Die Königlich Sächsische Bibliographische Sammlung wurde im Laufe des Jahres 1908 nach 3 Formaten (groß, mittel, klein) umgestellt. Die Werke wurden dabei mit neuen deutlichen Buchstabzetteln versehen. Über die im Aufstellungsspeicher befindlichen Werke wurde ein neues Verzeichnis aufgestellt.
Die Sammlung wurde als vollständig festgestellt bis auf das Werk:

1899-31 The Races Year Book 1898.

das bereits vor Jahren vermisst worden ist und nirgends aufgefunden wurde.

Leipzig, 31. Dezember 1908.

Dr. Erich Willrich

Friedrich Wilhelm Schulze

„Mein armes Buchmuseum"

Mit der Bombardierung des Graphischen Viertels von Leipzig im Zweiten Weltkrieg ist die florierende Buchstadt endgültig Geschichte. Das Buchmuseum – mitten im Buchgewerbeviertel gelegen – wird nicht nur zerstört, sondern seine Prosperität verliert mit dem Untergang des Leipziger Buchgewerbes den Nährboden. Das Museum rettet seine Restbestände aus den Trümmern, erstellt umfangreiche Verlustlisten und versucht durch Neuerwerbungen, an einstige Größe und Bedeutung anzuknüpfen.

Am 3. Dezember 1943 wird das erst 1940 fertiggestellte Gebäude des Buchmuseums am Leipziger Gerichtsweg nahezu komplett zerstört. Ein großer Teil der Bestände geht unrettbar verloren.[1] Schon ab 1944 versucht der Deutsche Buchgewerbeverein als Träger des Buchmuseums, die Kriegsverluste auszugleichen. Die buchgewerblichen Betriebe und Einrichtungen sind zu diesem Zeitpunkt Teil der nationalsozialistischen Propagandamaschinerie und als solche keineswegs abseits der Tagespolitik verortet. Selbst das seit Jahrzehnten ersehnte neue Gebäude entsteht erst in der NS-Zeit und wird im Jahr der geplanten Gutenberg-Ehrung 1940 eingeweiht.[2]

Der Wunsch, Verlorenes sogleich zu ersetzen, ist 1944 nicht nur im Museum stark ausgeprägt. Die rasch eintreffenden, durchaus umfangreichen Bücherspenden von Privatpersonen können die Verluste allerdings nicht kompensieren. Die Mitarbeiterinnen und Mitarbeiter sehen sich also auf dem Buchmarkt um. Dieser ist nicht nur von Kriegswirren gezeichnet, denn seit den späten 1930er-Jahren kursieren im Handel aus Zwangsverkäufen oder der Versteigerung jüdischer Haushalte stammende Privatbibliotheken, aber auch Lagerbestände „arisierter" Antiquariate. So erwirbt das Buchmuseum beispielsweise von Alfred Wolf, dem „arischen" Erwerber des traditionsreichen Wiener Antiquariats H. P. Kraus, 1944 ein Buch, das anhand von Bleistiftnotationen als Teil des Kraus'schen Geschäftsbestands identifiziert werden kann. Als im Jahr 2015 das Museum einer Erbin von Hans P. Kraus die Restitution des Buches anbietet, verzichtet sie zugunsten des Museums auf eine Rückführung.[3]

Den frühen Schritten zum Wiederaufbau der Sammlung stehen jedoch weitere Kriegsverluste gegenüber: 1945 konfiszieren sowjetische Kulturoffiziere die wertvollsten, ins Erzgebirge ausgelagerten Bestände des Museums und überführen sie nach Moskau.[4] Der Trägerverein des Museums, der Deutsche Buchgewerbeverein, wird nach der Gründung der DDR aufgelöst, womit auch die regulären Erwerbungsmittel für das Museum wegfallen. Das Museum kann zunächst von staatlich angeordneten Bücherverteilungen profitieren, die nach den sogenannten Schlossbergungen im Zuge der Bodenreform oder nach Auflösung von Altbestandsbibliotheken regelmäßig stattfinden.[5] Diese Aktionen werden ab 1953 in der Zentralstelle für wissenschaftliche Altbestände institutionalisiert. Vorerst kommen hier Bücher aus Auslagerungsorten und Bergungsstellen oder von Dienststellen des NS-Staates zur Verteilung, zunehmend aber auch aus Bibliotheken der DDR, die umstrukturiert oder aufgelöst werden.[6]

Bereits 1952, kurz nachdem das Museum als Abteilung in die Deutsche Bücherei integriert wurde, steht dem Buchmuseum wieder ein regulärer Ankaufsetat zur Verfügung. Diesen nutzt das Museum unter anderem, um in den staatlichen Großantiquariaten der DDR einzukaufen. So erwirbt das Museum zwischen 1970 und 1989 mehr als 1.850 Titel beim Zentralantiquariat der DDR.

Die Geschäftstätigkeit des Zentralantiquariats zur DDR-Zeit wird derzeit erforscht,[7] doch schon am Fall der Elisabeth-Handschrift[8] ist erkennbar, dass hier auch Bücher zum Verkauf kommen, deren Vorbesitzerinnen und -besitzer sie möglicherweise nicht freiwillig veräußert haben. Andererseits gelangen Bestände „republikflüchtiger" Personen gar nicht erst in den Handel, sondern werden direkt verteilt. Auch hier profitiert das Museum[9] und stilisiert sich als Hort bürgerlicher Werte. Tatsächlich verkauft die DDR wertvolle Buchbestände häufig für Devisen ins „nichtsozialistische Ausland"; diese gehen damit den Kultureinrichtungen der DDR verloren. Gelegentlich aber gelingt es, über Firmen wie den „Deutschen Buchexport" antiquarische Bücher mit Devisen zurückzukaufen. Mithilfe von Erwerbungsmitteln der Deutschen Bücherei ist auch das Museum an solchen West-Ost-Geschäften beteiligt.[10]

Die Zugangsbücher des Museums zeigen durchaus ein Bewusstsein der Akteure und Akteurinnen dafür, dass die vorbesitzenden Einrichtungen oder Personen sich oft nicht aus freien Stücken von ihren Beständen trennen – ein innerer Konflikt, der bis zum Ende der DDR fortbesteht und das Museum zu einem Balanceakt zwischen den Anforderungen der sozialistischen Kulturpolitik und einem bürgerlichen Wertekanon einiger Mitarbeiterinnen und Mitarbeiter treibt. So stehen nicht selten gelöschte Vorbesitzervermerke an den Sammlungsobjekten gegen eine solide Dokumentation ihrer Herkunft in den Zugangsbüchern.

Entscheidend war letztlich die Einsicht, dass der Wiederaufbau des Museums nach dem Krieg nur im Sinne der politischen Machthaber und mit deren Möglichkeiten zu bewerkstelligen war. Diese Gegebenheiten hinzunehmen und sich immer wieder auftuende kleine Freiräume zu nutzen, prägt die Erwerbungspolitik des Buchmuseums bis 1990. Eine kritische Sichtung aller Erwerbungsvorgänge dieser Zeit konnte erst nach der Wiedervereinigung beginnen und ist bis heute nicht vollständig abgeschlossen.

Bettina Rüdiger und Emily Löffler

1
Mündlich überliefert ist der titelgebende Ausruf einer Mitarbeiterin des Museums angesichts der umfassenden Zerstörungen und Verluste.

2
Zum Neubau u. a. Carl Wagner, „Der Neubau des Buchmuseums", in: *Archiv für Buchgewerbe und Gebrauchsgraphik*, 73, H. 11, 1936, S. 477–492.

3
Rüdiger Haufe, Peter Prölß und Heike Krokowski, „Museen, Archiv und Bibliothek – Provenienzforschung in der Klassik Stiftung Weimar", in: *Bibliotheksdienst*, 48, 2014, S. 682–692, hier S. 688–691.

4
Vgl. dazu den Beitrag „Begehrte Trophäen. Bestände in Moskau" in diesem Band, S. 174–183.

5
Notiz im Zugangsbuch zur Nummer 1949/7: „Bücherverteilung d. Amtes für Buch- und Bibliothekswesen Leipzig, 13.7.49, aus ausgesonderten Beständen der Bibl. d. Fürstenschule Grimma, überwiesen durch Deutsche Bücherei".

6
Regine Dehnel, „Die Zentralstelle für wissenschaftliche Altbestände als Verteilerinstitution für NS-Raubgut nach 1945", in: *Provenienz & Forschung*, 2021, 1: *Bibliotheken*, Dresden 2021, S. 6–12.

7
Bereits erschienen: Werner Schroeder, „Institutionalisierte Kulturgutverwertung: Die Beschaffungs- und Einkaufspolitik des Zentralantiquariats der DDR", in: Franziska Bomski u. a. (Hg.), *Spuren suchen: Provenienzforschung in Weimar*, Göttingen 2018, S. 245–265.

8
Das Museum erwirbt die Handschrift 1976 vom Zentralantiquariat der DDR. Vgl. dazu den Beitrag „Von Frauen über Frauen. Elisabeth-Handschrift" in diesem Band, S. 267–274.

9
Eintragung im Zugangsbuch 1953 zur Nummer 1953/45: „Amt für Buch- u. Bibl-wesen b. Rat d. Stadt Leipzig, 6.2.53 überwiesen aus beschlagnahmten Beständen lt. VO v. 17.7.52 (= Verordnung zur Sicherung von Vermögenswerten, Gbl. DDR 17.7.1952: Einziehung des Vermögens republikflüchtiger Personen)".

10
Vgl. dazu den Beitrag „Zweifelhafte Erwerbungspolitik. Deutscher Buchexport" in diesem Band, S. 217–226.

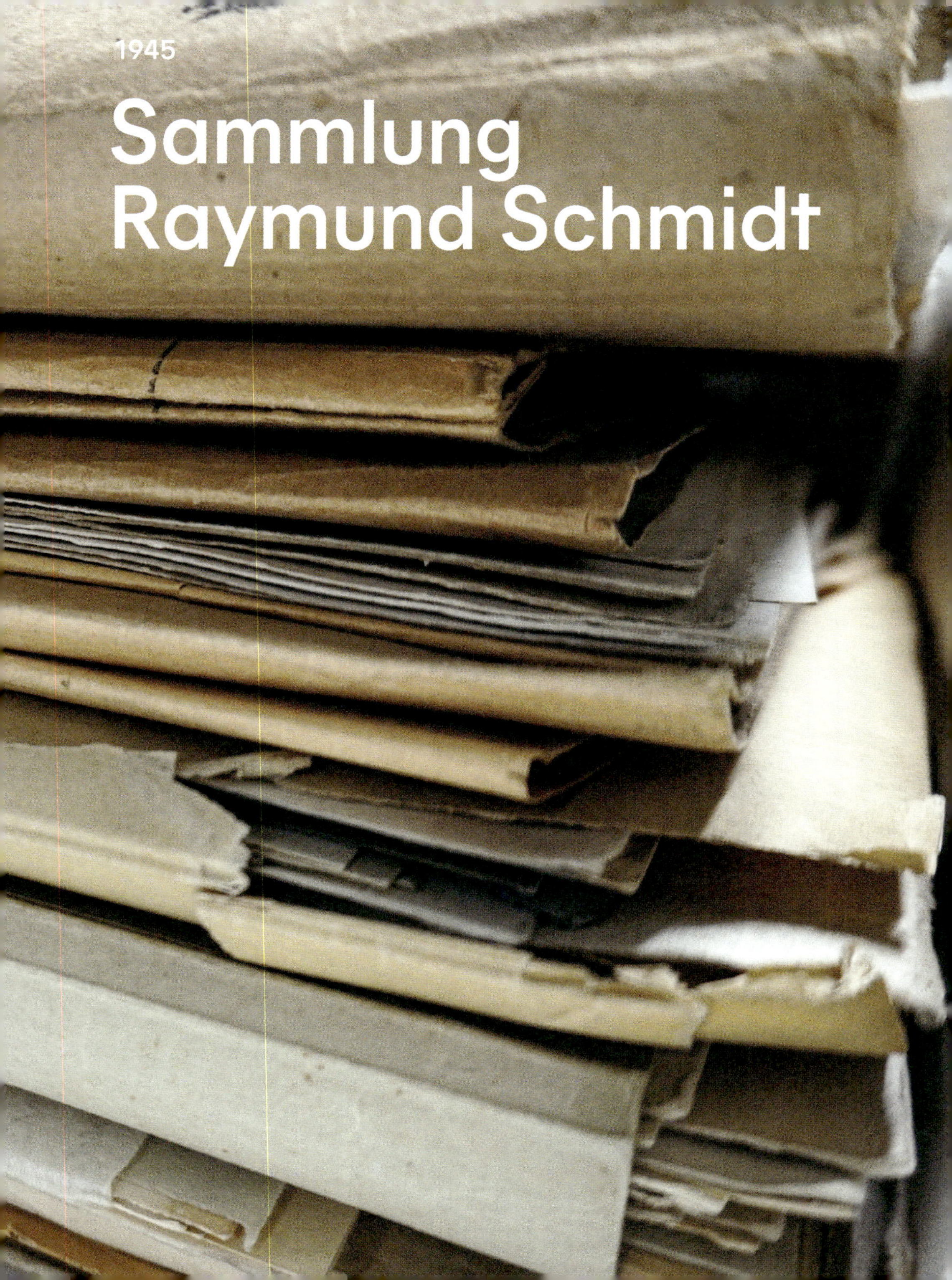

1945

Sammlung Raymund Schmidt

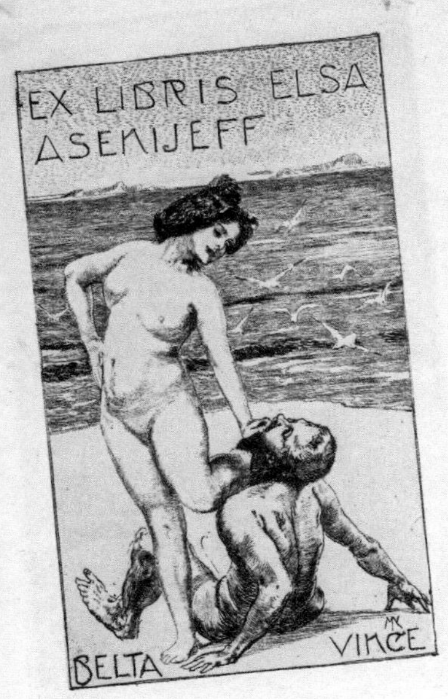
EX LIBRIS ELSA
ASEKIJEFF
BELTA
VINCE

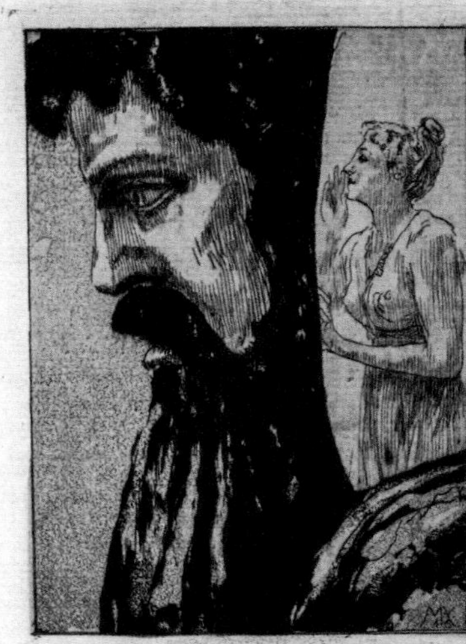
EXLIBRIS GEORG HIRZEL

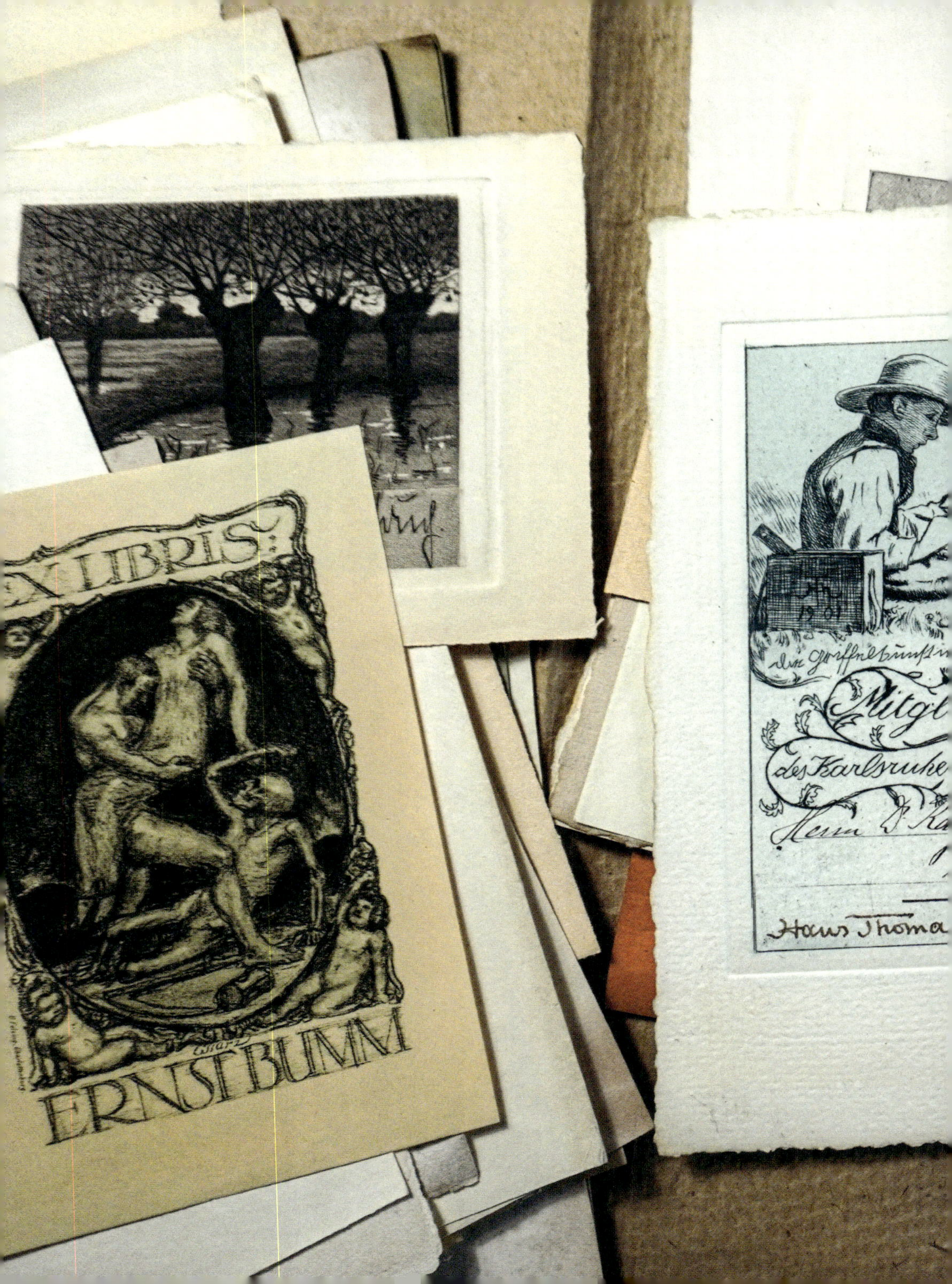
ERNST BUMM
Hans Thoma

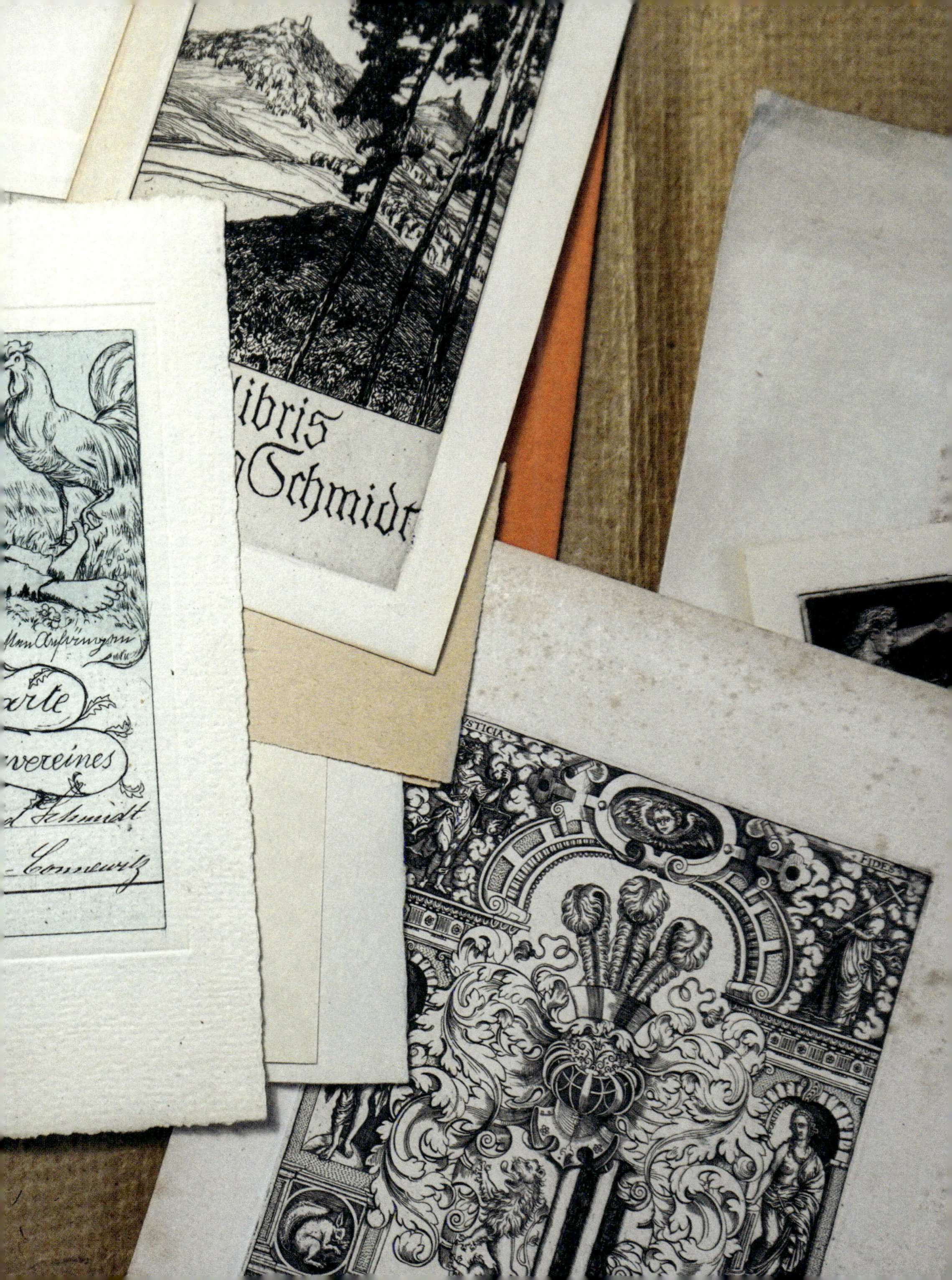

libris
Schmidt
vereines
FIDES

№ 3090

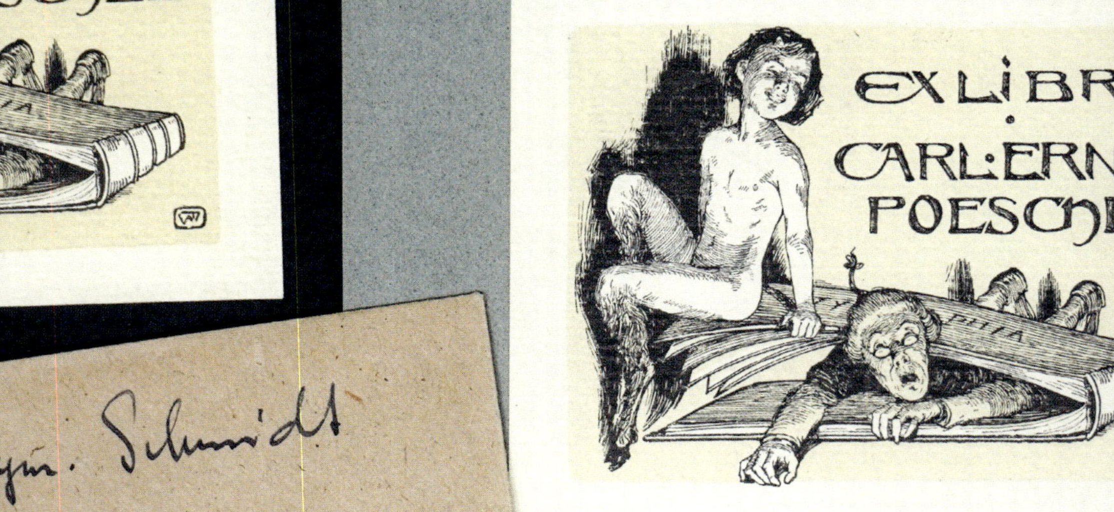

gn. Schmidt

warum:

Ernst Poeschel (Federz.

ine Poeschel (Holzschn.)

Deutschland

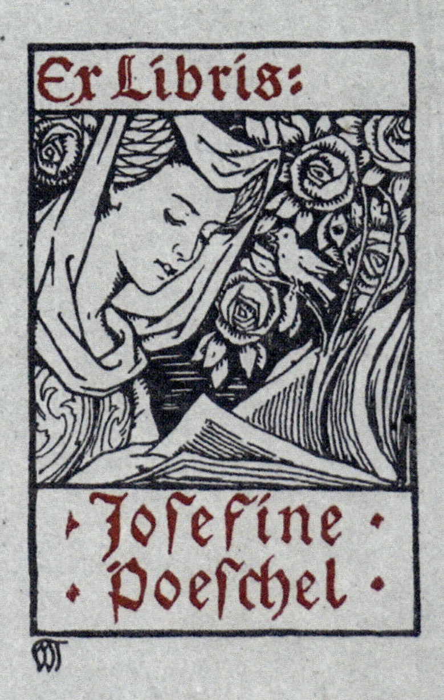

HIS BOOK IS THE PROPE

ANDER BROT

AND FORMS PART OF T

ORKPEOPLE'S LI

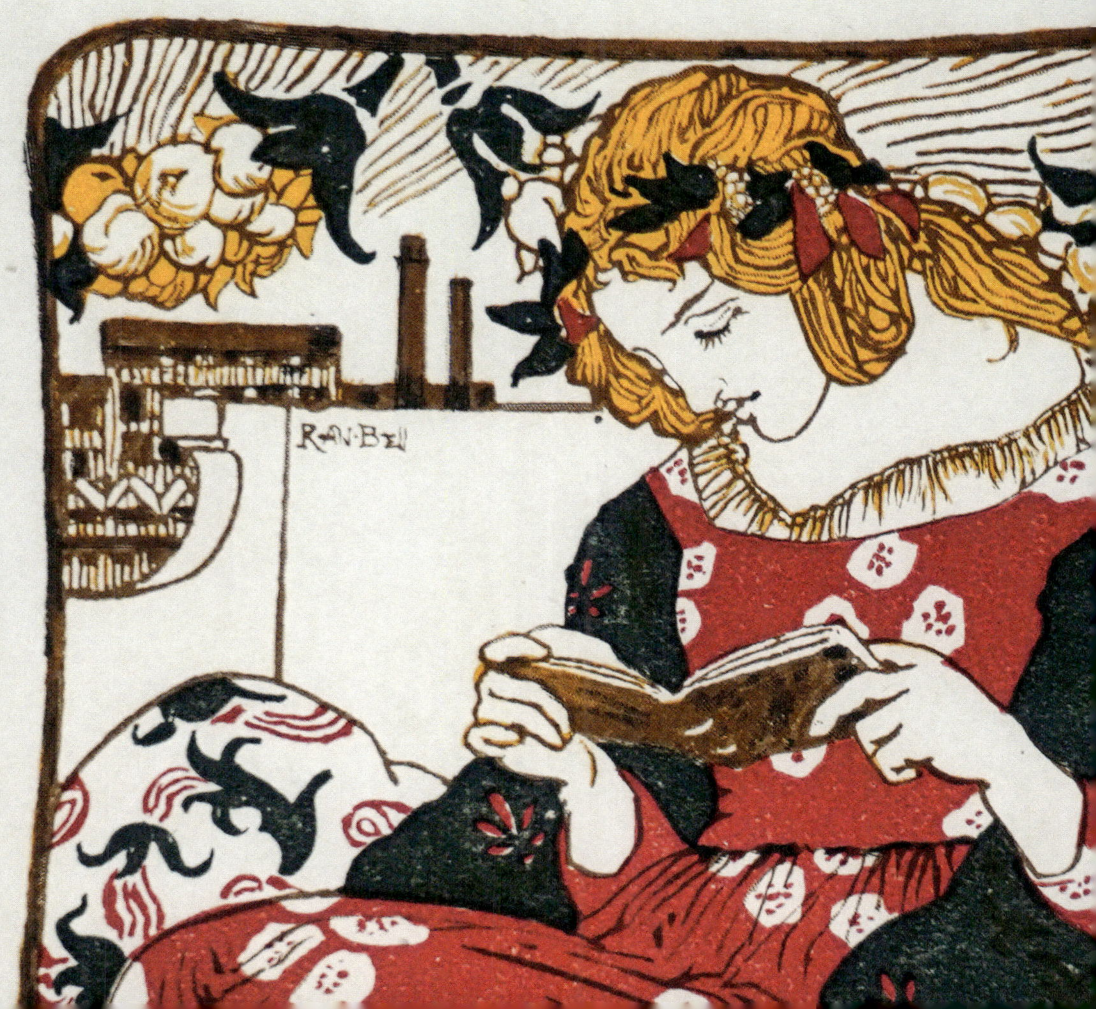

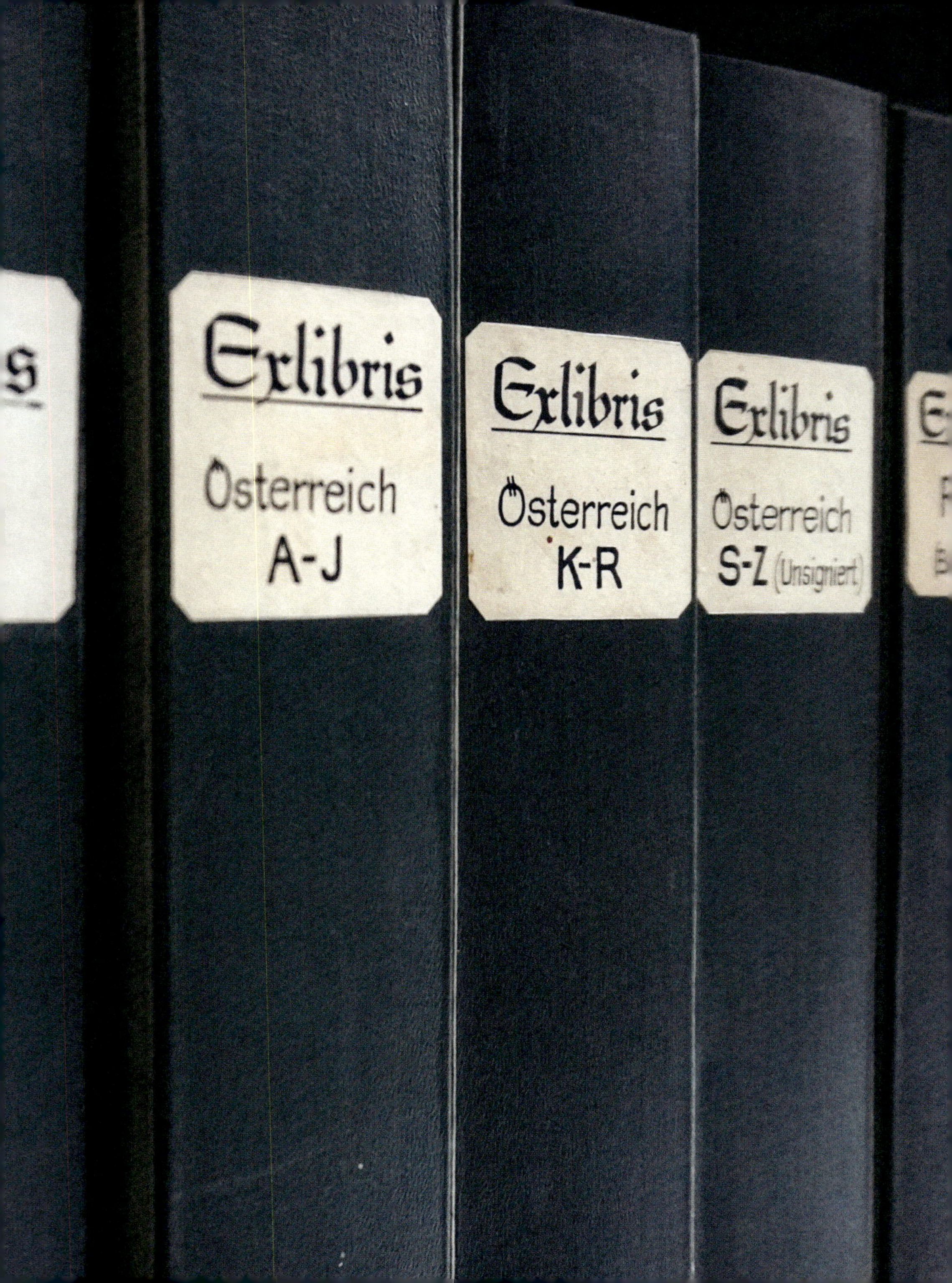

Exlibris
Österreich
A-J

Exlibris
Österreich
K-R

Exlibris
Österreich
S-Z (Unsigniert)

Exlibris

„Dass ein Buchmuseum unter seinen Beständen auch eine Exlibris-Sammlung haben muss, ist selbstverständlich. Hängt doch das Exlibris mit der Bücherpflege und Bücherliebhaberei aufs engste zusammen und zwar seit der allerfrühesten Zeit des Buches",[1] schreibt 1928 Albert Schramm (1880–1937), damaliger Direktor des Deutschen Buch- und Schriftmuseums. Hier ist das Exlibris als Sammelobjekt anfangs nämlich noch wenig vertreten. Erst 1910 kann eine größere Anzahl von Exlibris des 15. bis 18. Jahrhunderts erworben werden, und Schramm bemüht sich um eine ständige Erweiterung des Bestands. Exlibris-Künstler werden systematisch angeschrieben und um Exemplare gebeten. So kommt bald eine umfangreiche Sammlung zustande.

Während des Zweiten Weltkriegs verliert das Deutsche Buch- und Schriftmuseum durch den Bombenangriff im Dezember 1943 den größten Teil seines Bestands. Noch im selben Monat veröffentlicht der Deutsche Buchgewerbeverein als Träger des Museums einen Aufruf und bittet Vereinsmitglieder und Freunde um Hilfe beim Wiederaufbau. Daraufhin gehen zahlreiche, zum Teil umfangreiche Spenden von Institutionen und Privatpersonen ein. Für die Blattsammlungen gelangt im August 1945 ein umfangreicher Neuzugang ans Haus: Der ehemalige Mitbesitzer der Druckerei Oscar Brandstetter in Leipzig, Raymund Schmidt, übergibt dem Museum seine private Exlibris-Sammlung.

Raymund Schmidt, im Januar 1869 in Leipzig geboren, studiert in Leipzig und Freiburg Naturwissenschaften und promoviert 1893 im Fach Chemie mit einer Arbeit *Über alkylirte Toluidinsulfonsäuren*. Anschließend arbeitet er im Institut für Agrikulturchemie der Universität Leipzig, dann in der grafischen Firma Dr. Trenkler & Co. Schmidt, der sich von Jugend an für Grafik und ihre Herstellung interessiert, macht sich damit unter anderem an der damaligen Königlichen Akademie für Graphische Künste und Buchgewerbe in Leipzig vertraut.

1901 heiratet er die Tochter des Leipziger Druckereibesitzers Oscar Brandstetter und arbeitet nun im Unternehmen seines

Schwiegervaters mit. 1903 erhält er Prokura und leitet bis zum Ersten Weltkrieg die Abteilung Musikaliendruck.

Der Firmeninhaber Oscar Brandstetter stirbt 1915. Inhaber werden Raymund Schmidt, Oskar Säuberlich (der Schwager von Brandstetter) sowie Brandstetters Söhne Willy und Justus. Der grafische Betrieb Oscar Brandstetter, schon vor dem Ersten Weltkrieg ein erfolgreiches Unternehmen, investiert nun in die modernste Technik seiner Zeit, vergrößert sich durch Übernahme von Verlagen und entwickelt sich zu einem grafischen Großbetrieb. Im Zweiten Weltkrieg werden beträchtliche Teile der Firma zerstört, nach 1945 wird der Betrieb enteignet und Oscar Brandstetters Söhne verlassen Leipzig.

Als um die Jahrhundertwende der Buchschmuck an Bedeutung gewinnt und der Jugendstil das Bücherzeichen „wiederentdeckt", erlebt die Exlibris-Kunst einen Aufschwung. In den 1890er-Jahren gründen sich die ersten Exlibris-Gesellschaften in Deutschland, England und den USA; sie widmen sich der Kunst der Herstellung – es können fast alle grafischen Verfahren zur Anwendung kommen –, ihrer Geschichte und Entwicklung. Das Exlibris wird nun zum Sammel- und Tauschobjekt, und in dieser Zeit beginnt auch Raymund Schmidt mit dem Sammeln von Exlibris. Im August 1945 übergibt er seine Sammlung dem Museum und stirbt wenige Monate später im Februar 1946.

Die Sammlung Raymund Schmidt umfasst 53 Schatullen mit insgesamt circa 3.500 Exlibris, geordnet nach Ländern und alphabetisch nach Exlibris-Künstlern. Die Exlibris sind auf Karton im Format 24 × 16 Zentimeter montiert und zum Teil mit handschriftlichen Anmerkungen versehen. Auf der Rückseite der Kartons finden sich neben Korrespondenzen auch standardisierte Vordrucke zur Vereinfachung des Austauschs unter Sammlern. Dazu kommen 15 Fachbücher und ein von Schmidt handschriftlich erstellter Zettelkatalog mit dem Alphabet der Buchbesitzer sowie ein Konvolut mit weiteren Exlibris im Großformat. In der Sammlung sind Exlibris von Künstlern aus Belgien, England, Frankreich, Italien, den Niederlanden, Russland, Spanien, Skandinavien, Ungarn und den USA vertreten; der überwiegende Teil der Künstler stammt allerdings aus dem deutschen Sprachgebiet (Deutschland, Österreich, Schweiz).

Auf die Exlibris des Malers und Grafikers Max Klinger (1857–1920) legt Raymund Schmidt besonderen Wert; in seiner Übergabe an das Museum erwähnt er sie namentlich. Sie befinden sich nicht im Alphabet der Künstler in den Schatullen, sondern werden von ihm extra übergeben und vom Museum auch gesondert mit Passepartouts gerahmt.

Diese Schenkung bildet den Grundstock für den Aufbau einer neuen Exlibris-Sammlung im Museum. Bis heute ist ihr Bestand durch Ankäufe und Schenkungen weiter gewachsen: Zu nennen sind die privaten Sammlungen des Malers, Grafikers und Hochschullehrers Hans Schulze (1904–1982; circa 2.500 Exlibris) und des Leipziger Sammlers Karl Wiegel (1903–1995; circa 320 Exlibris) sowie ein Bestand von etwa 1.200 Exlibris unterschiedlichster Provenienz. Alle diese Exlibris sind bisher noch nicht online nachgewiesen, aber über Zettelkataloge (nach Künstler*innen und Bucheigner*innen) erschlossen; so können sie auf Anfrage für die Benutzung bereitgestellt werden. Weitere Exlibris finden sich außerdem unter den im Museum vorhandenen Nachlässen von Buch- und Schriftgestalter*innen, wie zum Beispiel Jan Tschichold (1902–1974) oder Albert Kapr (1918–1995).

Gabriele Netsch

Überarbeitete Fassung des Artikels: Gabriele Netsch, „Exlibris. Die Geschichte einer Sammlung“, In: *Jahresschrift für Künstlerbücher und Handpressendrucke,* Jg. 30, 2012, S. 28–35

1
Taschenbuch für Büchersammler 1928. 3. Jg.
Verlag d. Münchner Drucke,
München, S. 203

1945

Bestände in Moskau

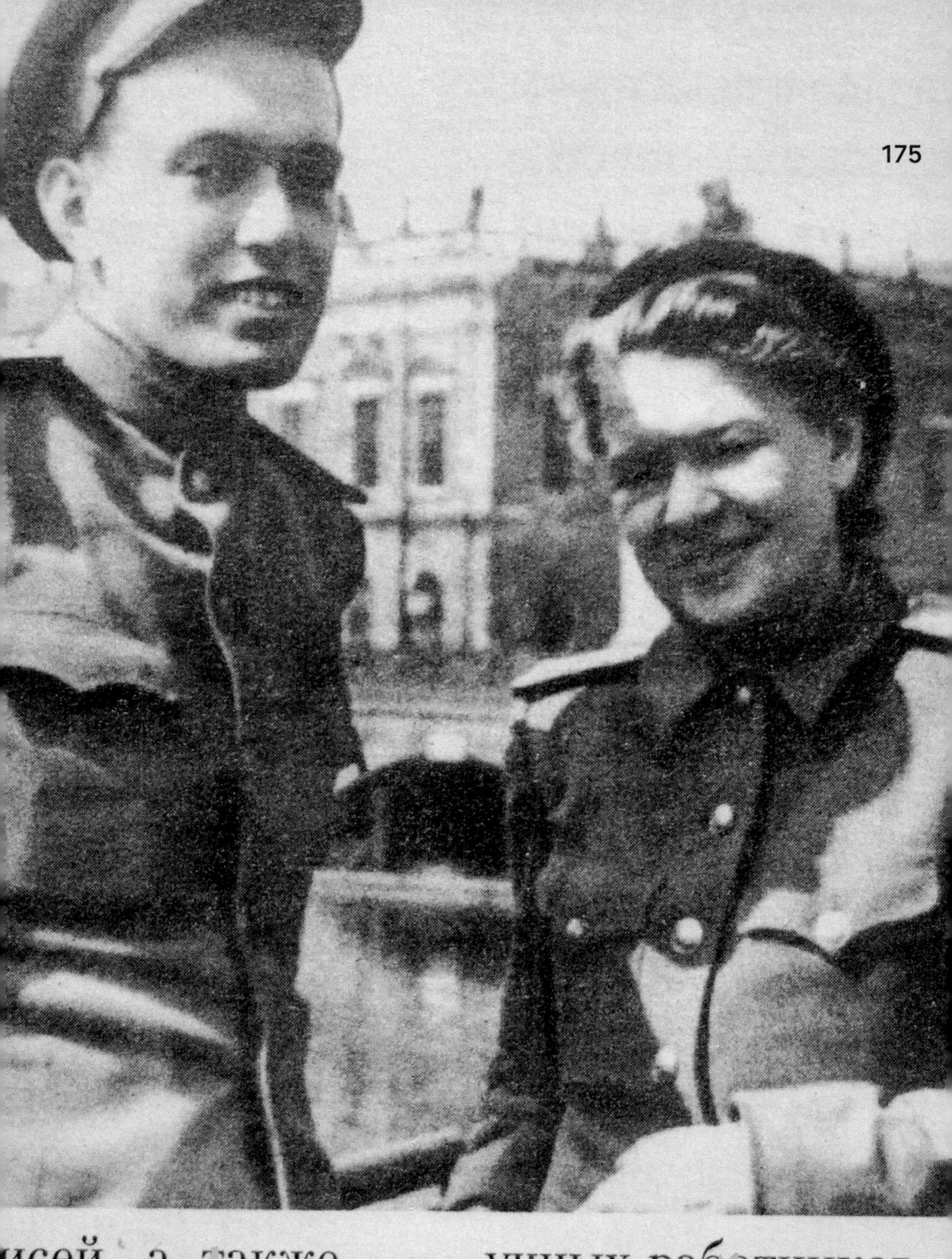

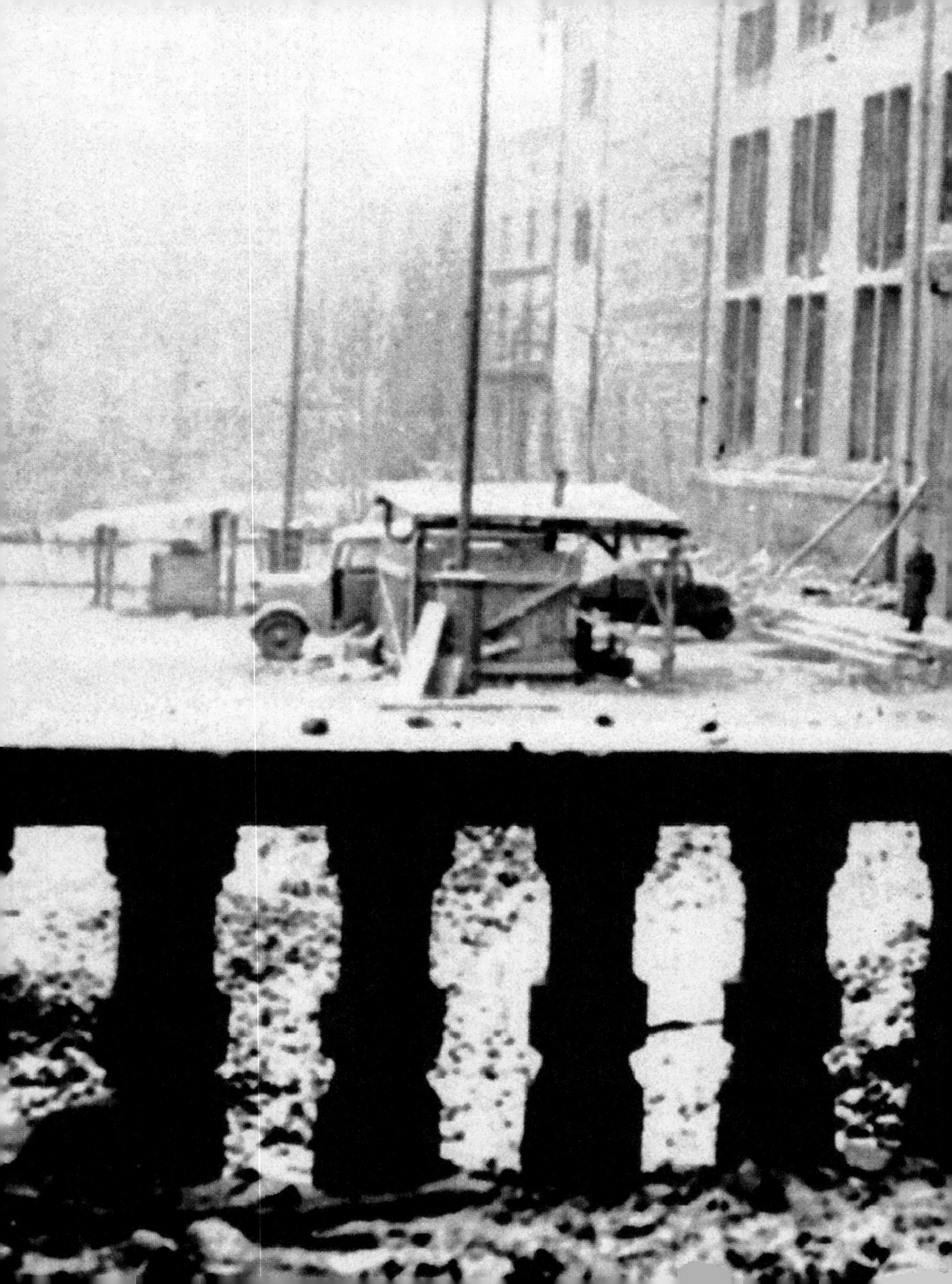

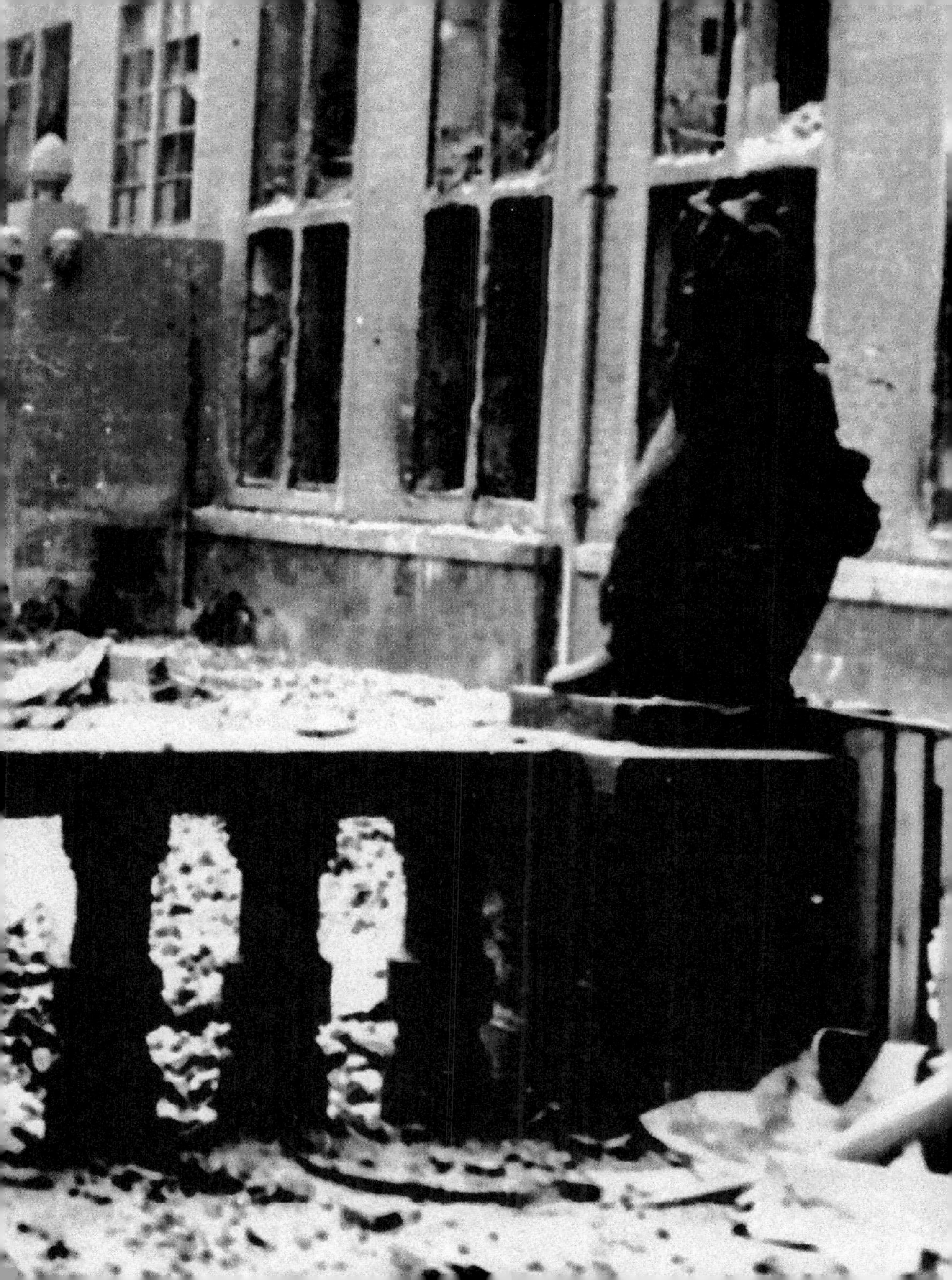

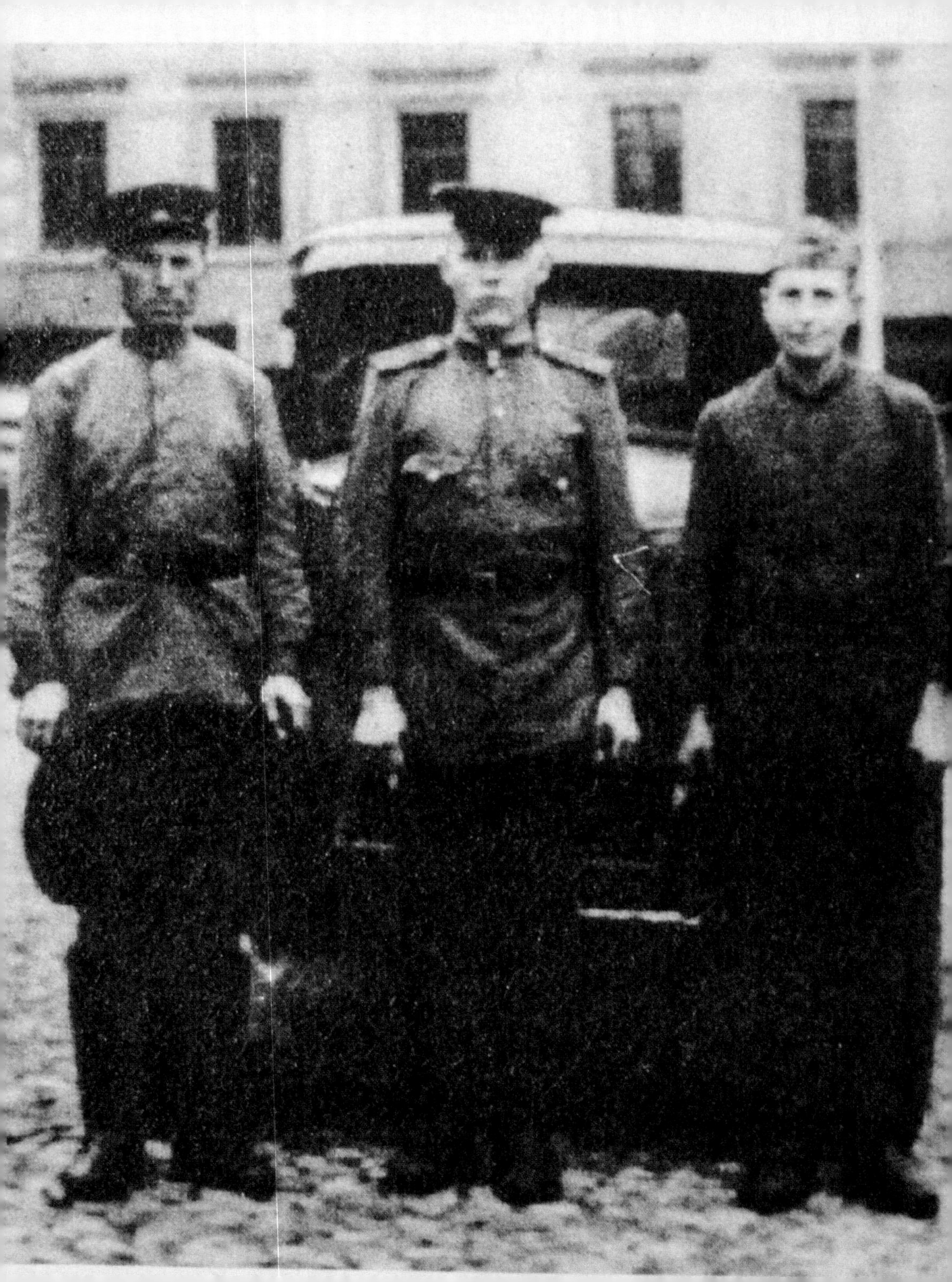

39. Officiale Lat. deutsch 1436. + 4.
in merk. Einband. Forstereinband
40. Ausschreiben d. Concils zu Basel + 1437. 5.
41. Compendium theol. veritatis. + 1446. 5.
42. Breviarium 2 Bde. 1446 u. 52. + 5.
Forstereinbände, Nürnb. Kathar.-Kloster
43. Breviarium 1447. + 5.
44. Ablaßbrief 1454. + u. Glas (im Kasten)
45. Von den zehen Gebothen gottes XV. + 5.
46. Codex Bibliorum 1470. + 5.
47. H. Pistoris admonitiones ethicae + 5.
48. H. Arimensis de quatuor virtutibus. + 5.
49. Breviarium 1483. + 5.
50. Blatt aus einem Missale XV J. + 6. größt. Format unt. Glas
51. Pergamenthandschr. XV J. + 6. unter Glas (im Kasten)
in Glas u. Rahmen

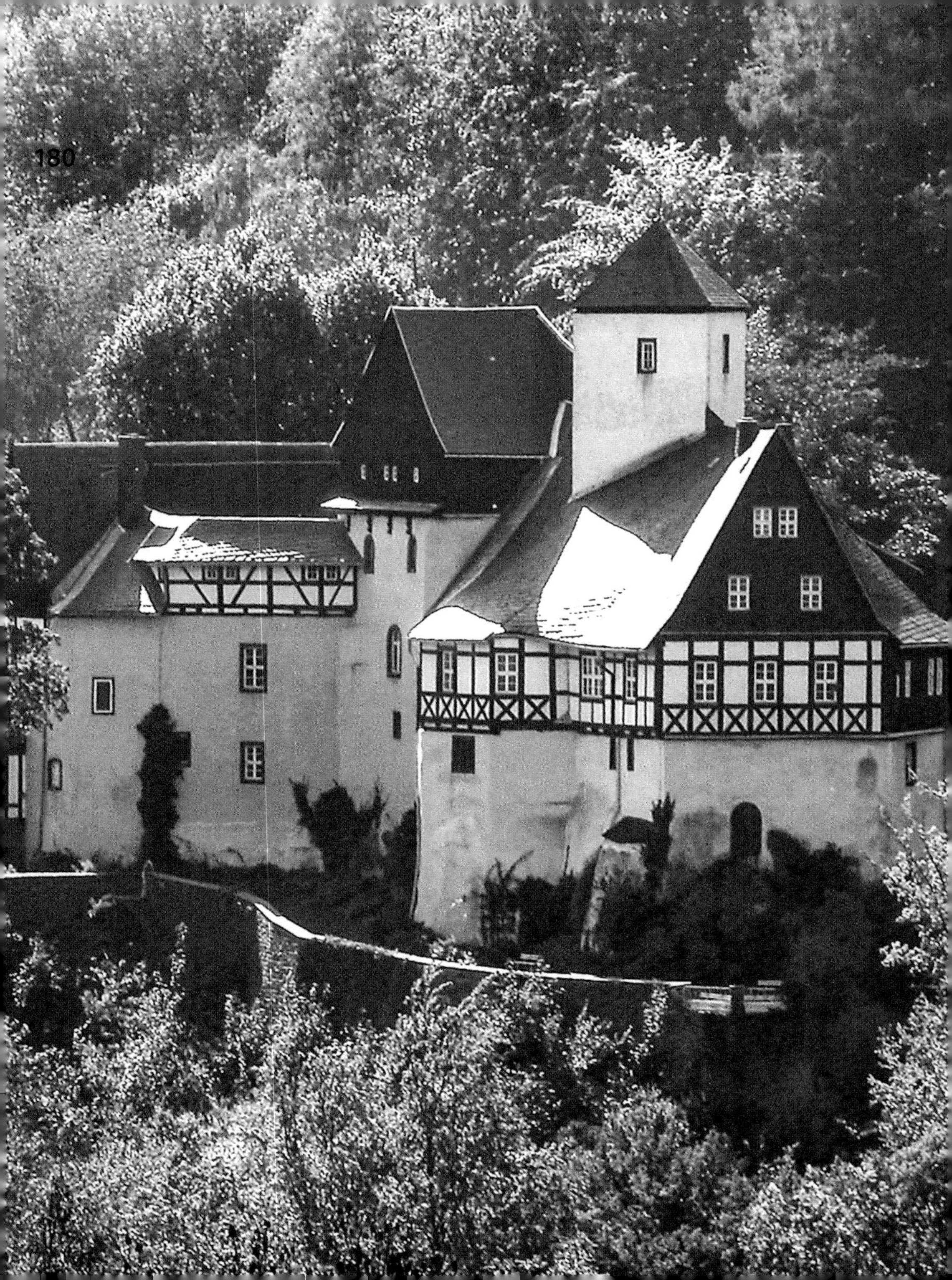

Begehrte Trophäen

Im Jahre 1945 organisiert die Rote Armee den Abtransport besonders wertvoller Kulturgüter als Reparationen in die Sowjetunion. Darunter befinden sich auch private und staatliche Buch- und Kunstsammlungen. Das Deutsche Buch- und Schriftmuseum hat seine besten Stücke nach Schloss Rauenstein im Erzgebirge ausgelagert. Sie werden von einer Trophäenkommission aufgespürt und nach Moskau gebracht. Noch heute befinden sie sich in der Russischen Staatsbibliothek (RGB) in Moskau. Inzwischen ist der Verbleib der Stücke gut dokumentiert und ihre kooperative Digitalisierung steht bevor.

22. September 1945, ein sonniger Herbsttag. Auf Schloss Rauenstein im Ort Pockau-Lengefeld leben Baron Gottfried von Herder (1891–1971) und seine Frau Felicie (1901–1997). Das einsam gelegene Gebäude wird in den letzten Kriegsmonaten als Depot für ausgelagerte Bibliotheksbestände genutzt. Hierher, in die vermeintliche Sicherheit, sind die wichtigsten und teuersten Stücke aus dem Deutschen Buch- und Schriftmuseum Leipzig gebracht worden, da gegen Kriegsende auch der Leipziger Auslagerungsort im Tresor einer Bank zunehmend unsicher erschien. Weiterhin befinden sich im Schloss 720.000 Bände und die unersetzlichen Zugangsbücher der Deutschen Bücherei Leipzig.

Leipzig ist ab dem 18. April 1945 zunächst in der Hand amerikanischer Truppen, was sich erst mit der Aufteilung Deutschlands in Besatzungszonen ändert. Ab 1. Juli 1945 ist ganz Sachsen sowjetisch besetzt. Die Trophäenkommissionen der Roten Armee nehmen ihre Tätigkeit auf. Sie erfahren von den Geheimdepots, die überall in Sachsen verstreut liegen.

Die nahezu unzerstörte Deutsche Bücherei darf und soll auf Befehl der sowjetischen Militärregierung in Deutschland den Regelbetrieb am 1. Oktober wieder aufnehmen. Ihre Zugangsbücher und die in zehn Depots verlagerten Bände erhält sie nach und nach zurück. Die Suche der Trophäenkommission gilt jedoch den Zimelien des Deutschen Buch- und Schriftmuseums.

Schon vor Kriegsende existieren in der Sowjetunion Listen von Inkunabeln in deutschen Bibliotheken in der Absicht, die eigenen Kriegsverluste mit Beutegut aus Deutschland zu kompensieren. Die Klemm-Sammlung im Deutschen Buch- und Schriftmuseum ist mit ihrem zweibändigen Pergamentexemplar der Gutenberg-Bibel von besonderem Interesse. An jenem 22. September trifft ein Transportkommando unter Leutnant Adrian Rudomino mit drei Lastkraftwagen in Rauenstein ein. Dort werden die Männer von den Herders empfangen und zu den gesuchten Kisten geführt.[1] 19 Kisten und ein Ballen[2] werden verladen und nach Berlin in die zentrale Sammelstelle gebracht. Bereits Anfang Oktober wird besonders wertvolles Material per Flugzeug nach Moskau befördert, die übrigen Stücke folgen per Eisenbahn am 10. Februar 1946. Der Militärzug mit der Nummer 177/8028 fährt vom Stettiner Bahnhof in Berlin unter besonderen Sicherheitsvorkehrungen ab und erreicht Moskau ohne Zwischenfälle.[3] Der Bestand des Buchmuseums wird in die Staatliche Leninbibliothek gebracht. Alle Versuche seitens des Museums, die Bestände zurückzuerhalten, scheitern, so auch der letzte Vorstoß über das Außenministerium der DDR im Jahr 1959. Ab 1961 lautet die offizielle Sprachregelung, bei den Beständen handele es sich um „Kriegsverluste".[4]

Nach vielen Jahren der Geheimhaltung werden diese Vorgänge in den 1990er-Jahren bekannt. Museumsmitarbeiter*innen aus Leipzig können den Bestand 1993 erstmals seit Kriegsende wieder in Augenschein nehmen. Sie finden die Handschriften und Drucke der Klemm-Sammlung sowie die Becher-Einbandsammlung in gutem Zustand vor. Die Forrer-Zeugdrucksammlung wird zu diesem Zeitpunkt noch nicht gezeigt.

Verhandlungen über eine Rückgabe verlaufen allerdings im Sande und sind mit dem Duma-Beschluss vom 5. Februar 1997 gänzlich obsolet. An diesem Tag werden alle nach dem Zweiten Weltkrieg abtransportierten Kulturgüter zu russischem Eigentum erklärt.[5] Mit einigen gedruckten Publikationen macht die RGB in den Folgejahren auf die Bestände aufmerksam. Auch im Portalkatalog der RGB erscheinen die Katalogisate der Drucke nach und nach, die Provenienz aus der Sammlung Heinrich Klemm wird stets angegeben.[6]

Im Jahr 2019 schließlich erleben die Kooperationsbemühungen noch einmal einen neuen Aufschwung. Im April wird in der Russischen Staatsbibliothek in Moskau eine Ausstellung zur

Geschichte des Frühdrucks in Europa eröffnet, begleitet von einer wissenschaftlichen Konferenz[7] und der Veröffentlichung eines Volldigitalisats der beiden Bände der Gutenberg-Bibel aus dem Buchmuseum.[8]

Bettina Rüdiger

1
Siegfried Pach, *Geheimdepots im Erzgebirge – Schatzkammern auf Zeit*, Marienberg 1999, S. 68.

2
Darin befinden sich die wertvollsten Stücke der Klemm-Sammlung, die komplette Becher-Einbandsammlung und die Forrer-Zeugdrucksammlung.

3
Klaus-Dieter Lehmann und Ingo Kolas (Hg.), *Die Trophäenkommission der Roten Armee*, Frankfurt am Main 1996, S. 61ff: Inventarliste der Frachtstücke, die das Kultur-Komitee mit dem Militärzug Nr. 177/8028 schickte.

4
Lothar Poethe, „Variationen zu ‚Habent sua fata libelli' – 20 Kisten aus Leipzig und der Bestand kyrillisch ‚L' in Moskau", in: *Zeitschrift für Bibliothekswesen und Bibliographie*, 41, 1994, S. 449–453.

5
TAZ, 6.2.1997, https://taz.de/!1415507/ (16.9.2021).

6
Tat'jana A. Dolgodrova und P. Čerkašina Nadežda, *Katalog inkunabulov i paleotipov iz sobranija Genricha Klemma*, Moskau 2011; Tat'jana A. Dolgodrova, *Katalog nabivnych tkanej XIII – XIX vekov sobranja Roberta Forrera*, Moskau 2010; dies., *Katalog chudožestvennych perepletov sobranija Karla Bechera*, Moskau 2007.

7
Stephanie Jacobs, „Kriegsbedingt verlagert – eine Konferenz in Moskau", in: *Dialog mit Bibliotheken*, 2, Leipzig 2019, S. 59–61.

8
https://search.rsl.ru/ru/record/01000840779 (30.5.2022).

1951

Vor- und Nachlässe

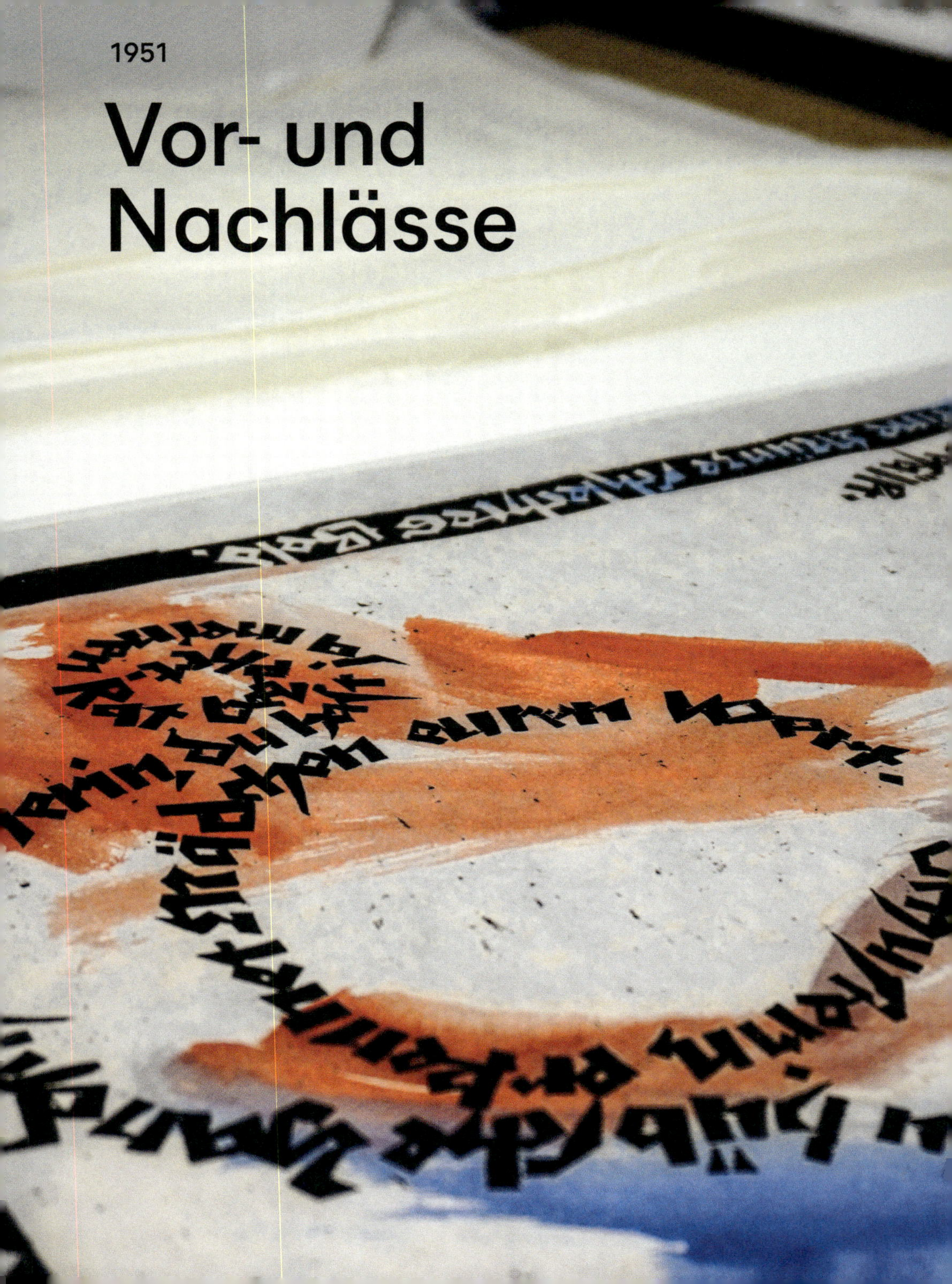

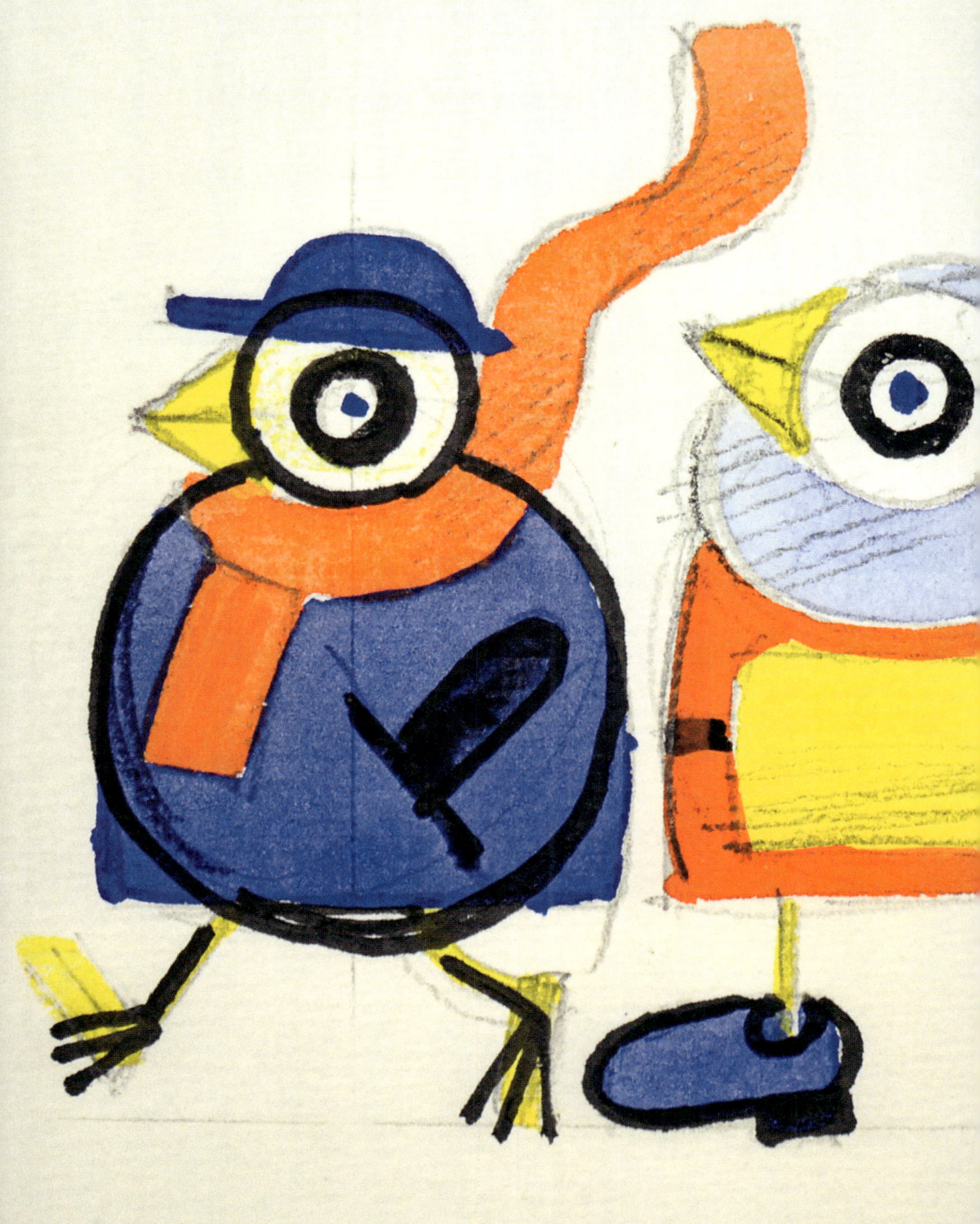

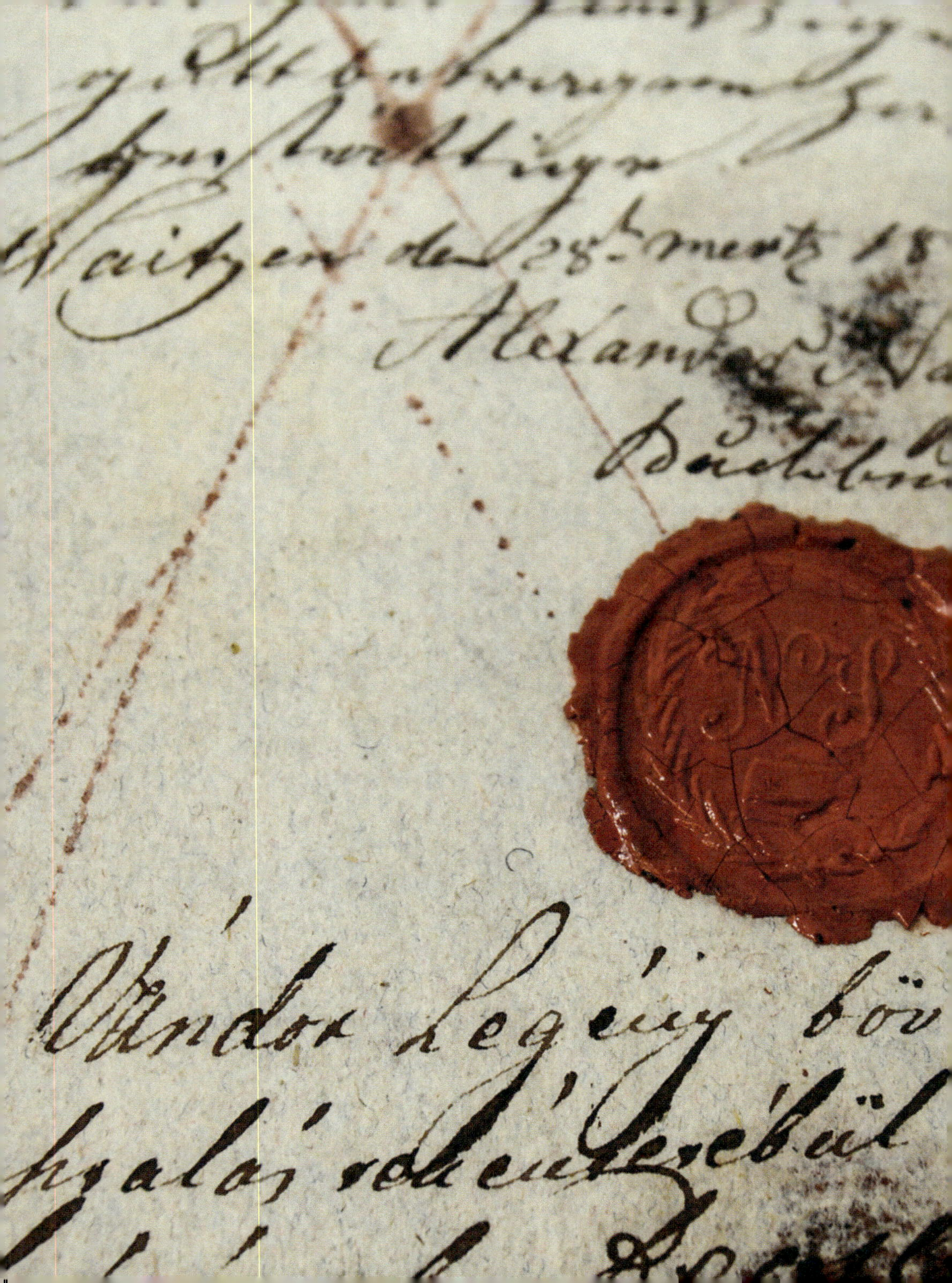

Waitzen de 28t mertz 18

Alexander

Sándor Legény bö

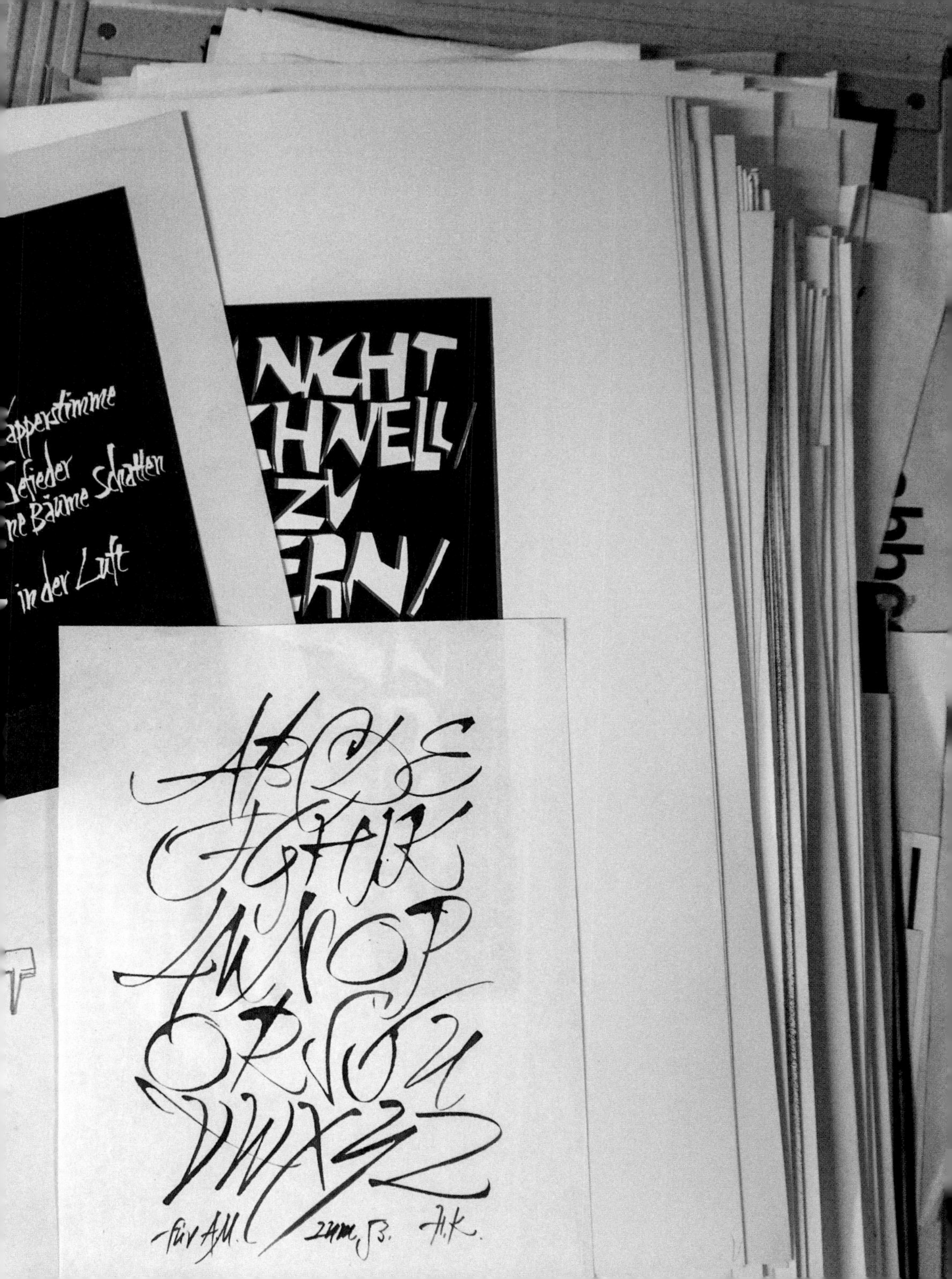
Gefieder
Bäume Schatten
in der Luft
NICHT
ZU

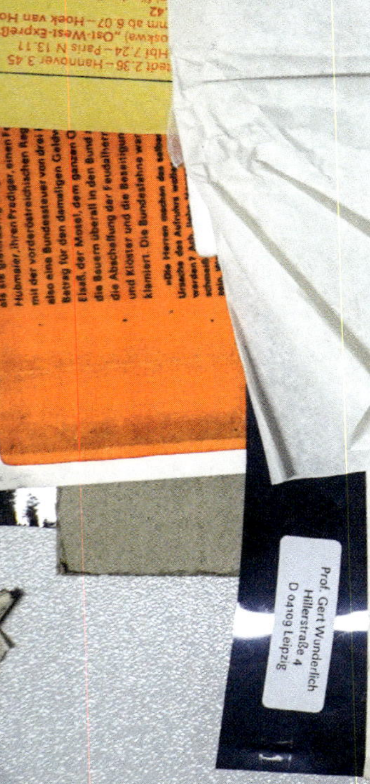
Prof. Gert Wunderlich
Hillerstraße 4
D 04109 Leipzig
SCHME
DIE KA
SCHIES
ZITRO
Linolschnitt
208
in Linol geschnitten

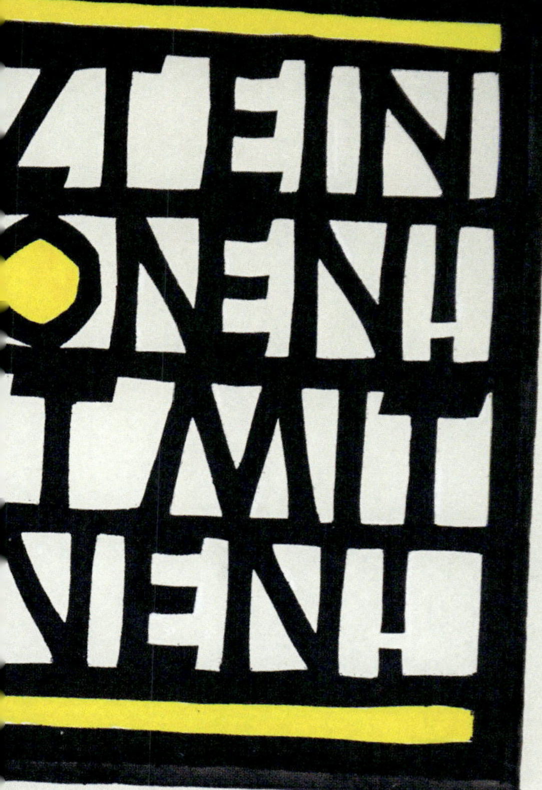

ZEIN
ONENH
TMIT
VENH

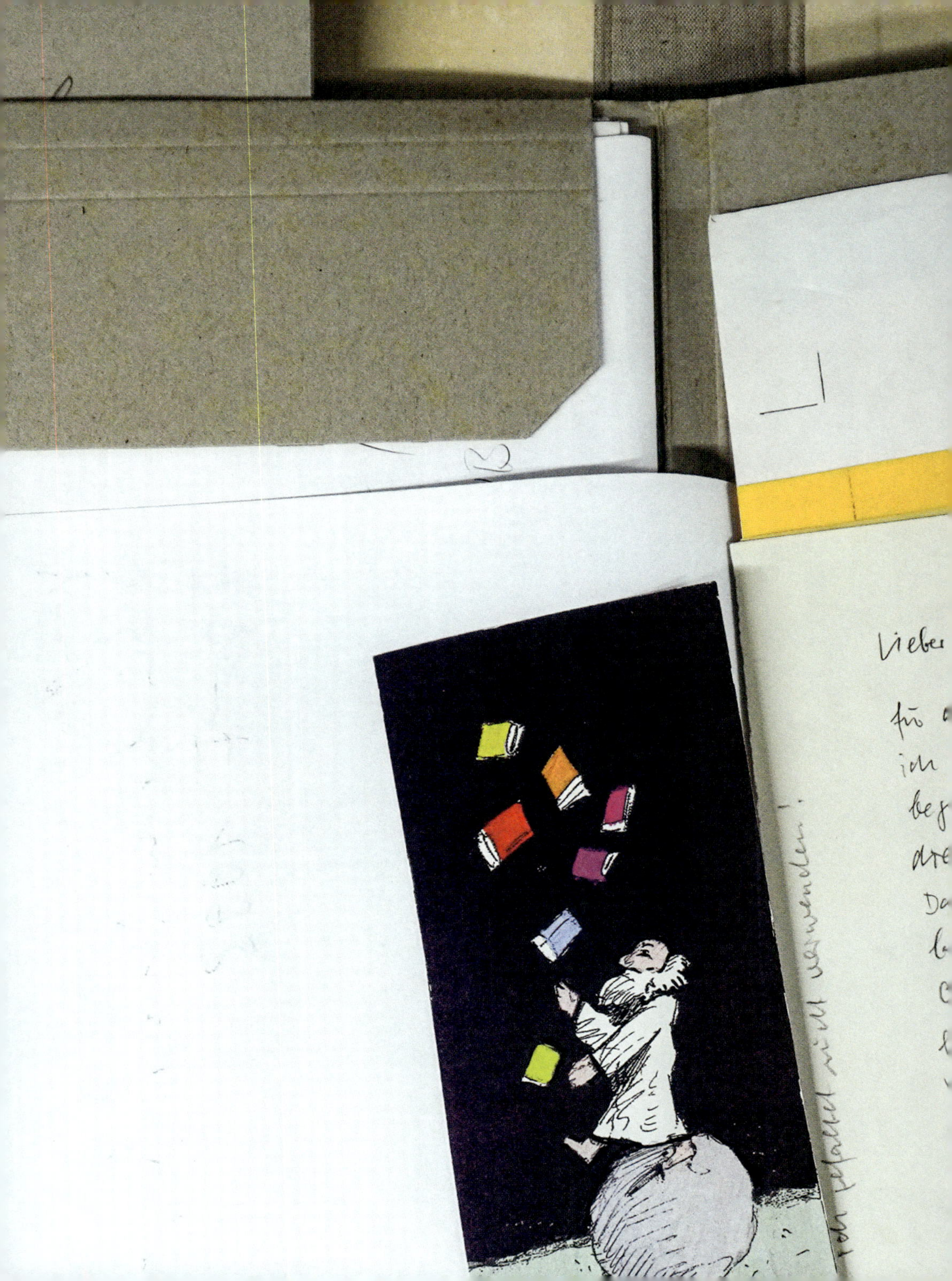

Was bleibt?

Die Vor- und Nachlässe[1] bilden schon von ihrer Konzeption her einen besonderen Sammlungsteil im Deutschen Buch- und Schriftmuseum, da sie nicht an einer bestimmten Mediengattung orientiert sind, sondern an einer Person als Schöpferin – wenn nicht aller enthaltenen Stücke, so doch zumindest der Sammlung als zusammengestelltes Ensemble. Dementsprechend stellen sie sich als kleine Museen in nuce dar, sowohl was die Vielfalt der möglichen Objekte angeht als auch in Bezug auf die verschiedenen Ordnungsprinzipien, die von Nachlasserin zu Nachlasser variieren und bei der Übernahme durch das Museum in der Regel nicht aufgelöst werden.

Auch wenn sie heute auf reges öffentliches Interesse bei Forscher*innen und Designer*innen treffen, sind Vor- und Nachlässe erst seit verhältnismäßig kurzer Zeit regelmäßig unter den Zugängen vertreten und in ihrer Besonderheit wertgeschätzt. Während von Nachlässen im Buchgewerbemuseum der Vorkriegszeit nichts bekannt ist, steht für die Nachkriegszeit fest, dass Vor- und Nachlässe öfters nach Mediengattungen auf die einzelnen Sammlungen aufgeteilt werden, so beispielsweise in den 1970er-Jahren das primär auf Holzschnitte konzentrierte Werk des Grafikers Johannes Lebek (1901–1985). Erst ab Mitte der 1990er-Jahre ist ein veränderter Umgang sichtbar.

Der früheste heute nachvollziehbare Zugang ist Anfang der 1950er-Jahre der Nachlass des Leipziger Grafikers und Schriftgestalters Walter Tiemann (1876–1951), einer der bedeutendsten deutschen Buchkünstler des frühen 20. Jahrhunderts, der unter anderem die erste Privatpresse der deutschen Buchkunstbewegung – die Janus-Presse – begründete und später als Direktor der Königlichen Akademie für Grafik und Buchgewerbe (heute HGB Leipzig) vorstand. Der Haushalt wird von seiner Schwester aufgelöst und der Nachlass zunächst an die HGB übergeben, von wo er an das Museum gelangt.

Ebenfalls aus der Frühzeit des wiederaufgebauten Museums stammt der Nachlass von Hans-Heinrich Bockwitz (1884–1954), des langjährigen Direktors, der besonders zur Papiergeschichte wertvolle Forschungsbeiträge lieferte.

In den 1960er-Jahren kommt zum einen der Nachlass des böhmischen Grafikers Karl Stratil (1894–1963) durch dessen Witwe ins Haus. Stratil trat in der Zwischenkriegszeit vor allem durch Buchillustrationen und seine enge Zusammenarbeit mit Reclam hervor. Wie damals üblich, wird der Bestand gemäß den Mediengattungen auf verschiedene Sammlungen verstreut und liegt heute nur noch in einem Teilnachlass geschlossen vor, obwohl dieser ab 2012 durch Erwerbungen seiner Töchter wieder erweitert wird. Zum anderen übergibt ab 1965 der Leipziger Grafiker Erich Gruner (1881–1966), besonders durch seine Arbeiten für die Leipziger Messe bekannt (z. B. das Signet des doppelten Messe-M), seine Arbeiten als Vorlass. 1978 werden diese von der Familie durch weitere Stücke aus dem Nachlass ergänzt.

1984 folgt der Nachlass des Leipziger Buchgestalters Egon Pruggmayer (1905–1983), der zahlreiche Arbeiten für den Insel Verlag, aber auch für Reclam, Felix Meiner und andere Verlage ausführte. Pruggmayers Nachlass sollte eigentlich an seine Lebensgefährtin nach München gehen, wird jedoch an der Grenze konfisziert, von der Firma Wendt erworben und an das Museum weiterverkauft. Die Lebensgefährtin erhält in den frühen 1990er-Jahren persönliche Briefe aus dem Nachlass zurück und überlässt den restlichen Bestand der Deutschen Bibliothek.

Erst ab Mitte der 1990er-Jahre ist, wohl aufgrund einer veränderten Einstellung zu Nachlässen als besonderem Sammlungstyp, ein stärkerer Zugang zu verzeichnen. Am Beginn dieser Tendenz steht der Nachlass von Albert Kapr (1918–1995), des wohl bedeutendsten Schriftgestalters der DDR, der 1955 das Institut für Buchgestaltung an der HGB begründete, dort lange Jahre als Rektor amtierte und zudem als künstlerischer Leiter im VEB Typoart Dresden wirkte. Hinzu kommen 1995/96 Materialien der Buchbinderin und HGB-Dozentin Elisabeth Altmann (1919–1996), die kurz vor und nach ihrem Tode erworben werden, sowie 1998 einige exemplarische Materialien zum Buchbindergewerbe in Form von Lebensdokumenten von Franz Walther (1888–1962).

Seit dem Jahr 2000 befindet sich der Nachlass des Leipziger Grafikers und Buchgestalters Karl-Heinz Birkner (1919–1995), bekannt durch Illustrationen für zahlreiche Zeitschriften sowie *Wir kochen gut*, das meistverkaufte Kochbuch der DDR, in der Sammlung. Als Leihgabe der Birkner-Stiftung, welche auch die Erschließung dieses und anderer Nachlässe besorgte, stellt er zwischen den ansonsten erworbenen Nachlässen im Museum einen Sonderfall dar.

Der Grafiker, Typograf und Medailleur Axel Bertram (1936–2019) übergibt ab 2001 seine Lebensdokumente Stück für Stück als Vorlass der Deutschen Bibliothek (ab 2006 Deutsche Nationalbibliothek), wo sie auf seinen Wunsch als „Archiv Axel Bertram" geführt werden. Bertram, einer der produktivsten Illustratoren der DDR, arbeitete für zahlreiche Zeitschriften, gestaltete eine Reihe von Münzen für die Staatsbank der DDR und stand als Vizepräsident dem Verband Bildender Künstler der DDR vor.

Auf den Teilnachlass der Kinderbuchillustratorin und Malerin Lieselotte Schwarz (1930–2003) folgt 2004 als Schenkung der Nachlass des Buch- und Schriftgestalters Hans Peter Willberg (1930–2003), unter anderem Gründer des Forum Typografie, Geschäftsführer der Stiftung Buchkunst und Entwickler der DIN-Schriftklassifikation. Als vielleicht bedeutendster Typograf der alten Bundesrepublik trat er nach der Wende in Dialog mit Albert Kapr. Mit diesen Ergänzungen erweitern sich die Museumsbestände zu einem zunehmend gesamtdeutschen Profil. Die Sammlung wird über die Jahre von seiner Frau Brigitte Willberg (1934–2020) ergänzt und enthält auch ein kleineres Konvolut zu ihrem Wirken als Grafikerin.

Diese Erweiterung des bisherigen Spektrums wird 2006 noch akzentuiert durch den Erwerb des Nachlasses des Typografen Jan Tschichold (1902–1974), der in Leipzig studierte, in München lehrte und vor den Nationalsozialisten in die Schweiz emigrierte. Die bahnbrechende Wirkung seiner „Neuen Typographie" brachte die Bauhaus-Moderne in den Mainstream der Schriftgestaltung. Aus seiner späteren Hinwendung zu klassischen Formen ging die berühmte Schrift „Sabon" hervor. Tschichold wirkte auch in England – zwar nur kurz, jedoch aufgrund der *Penguin Composition Rules* mit nachhaltigem Einfluss.[2]

Das weite Feld der Illustration wird 2007 dann durch erste Teile des Vorlasses von Hans Ticha (geb. 1940) erweitert, dem 2020 der größte Teil seines bei ihm erhaltenen grafischen Werks folgt. Ticha, der mit seinem glatten, geometrischen, oft mit Pop-Art verglichenen Stil ein Einzelgänger in der DDR-Kunst war, illustriert zahlreiche Bücher und Zeitschriften. 2009 kann das Museum zudem den Nachlass des Leipziger Illustrators Hans-Joachim Walch (1927–1991) gewinnen, der über viele Jahre als Herstellungs- und künstlerischer Leiter für den Insel Verlag tätig war; 2011 folgt ein „Splitternachlass" der Illustratorin und Malerin Rosemarie Kaufmann-Heinze (1948–1998).

Ebenfalls 2011 kommen Unterlagen und Arbeitsmaterialien von Walter Schiller (1920–2008) ins Haus, der in enger Zusammenarbeit mit Kapr an der HGB zu Buchgestaltung und Typografie gewirkt hat und unter anderem an zahlreichen „Schönsten Büchern der DDR" beteiligt war. 2013 folgen die Illustrationsvorlagen aus dem Nachlass des Grafikers und Malers Robert Diedrichs (1923–1995), der nach Studium in Dresden vor allem in Karl-Marx-Stadt wirkte; 2014 dann Drucke, Illustrationsvorlagen und Holzstöcke der Grafikerin und Dozentin Christa Jahr (geb. 1941). Als weiterer „Splitternachlass" gelangen 2015 über dessen Tochter Arbeiten des Malers und Kunstgewerbelehrers Paul Kreher (1895–1969) ins Haus.

Seit 2016 wird der Bestand an DDR-Illustrationen durch zwei Vorlässe bereichert: zum einen jenen von Egbert Herfurth (geb. 1944), der mit zahllosen Buchillustrationen (z. B. zu Franz Fühmann) und Plakatgestaltungen in und außerhalb Deutschlands bekannt geworden ist; zum anderen jenem von Gert Wunderlich (geb. 1933), der ebenso über Jahrzehnte mit Buchillustrationen, Plakaten und Schriftgestaltung in Erscheinung trat, unter anderem als mehrfacher Juror für die „Schönsten Bücher der DDR" und Wegbereiter der *Maxima,* einer der häufigsten DDR-Schriften. Im selben Jahr wird vom Grafiker und Maler Felix M. Furtwängler (geb. 1954) nach Auflösung des Berliner Ateliers ein Konvolut seiner Arbeiten erworben.

2017 folgen Teile der Nachlässe der Schriftgestalterin Irmgard Horlbeck-Kappler (1925–2016), die lange Jahre an der HGB Kalligrafie unterrichtete, sowie ihres Mannes, des Malers und Grafikers Günter Horlbeck (1927–2016), ebenso Professor an der HGB – in beiden Fällen weitergegeben vom Freistaat Sachsen, dem testamentarisch bestimmten Erben. Dazu kommt der illustratorische Nachlass von Volker Wendt (1945–2016), auch er als künstlerischer Mitarbeiter der HGB verbunden. Außerdem finden kleinere Teile des Nachlasses des Grafikers

Horst Hussel (1934–2017), der zahlreiche Bücher und Zeitschriften der DDR illustrierte, über dessen Tochter ihren Weg in die Bestände.

Von geringem Umfang, gleichwohl mit besonderem Bezug zum Museum, ist der Splitternachlass des Buchwissenschaftlers und Grafikers Fritz Funke (1920–2018), der 30 Jahre lang Direktor des Buch- und Schriftmuseums war. Im Jahr 2018 folgen Dokumente und Arbeiten des Grafikers Rudolf Uhlisch (1926–2017), übergeben von seinem Sohn. Auch Uhlisch war mit Buchgestaltung befasst, jedoch auch vielfach als Gebrauchsgrafiker tätig, unter anderem für die Raumgestaltung auf der Leipziger Messe.

Die jüngsten Ergänzungen schließlich bilden seit 2019 ein Konvolut der sächsischen Buchbinderfamilie Röllig mit verschiedenen Lebens- und Geschäftsdokumenten, überwiegend aus dem 19. und frühen 20. Jahrhundert, sowie der Nachlass der Schriftgestalterin Hildegard Korger (1935–2018), die ebenfalls lange Jahre an der HGB lehrte und mit ihren kalligrafischen Arbeiten auf mehreren Kunstausstellungen der DDR vertreten war. Hier sind auch zum ersten Mal in größerem Maße elektronische Aufzeichnungen präsent.[3]

Benjamin Sasse

1
Vorlass bezeichnet die bereits vor dem Tod übergebene Zusammenstellung eigener Lebensdokumente und Arbeitsmaterialien, also einen „Nachlass vor der Zeit".

2
Siehe den Beitrag „Ein Jahrhunderttypograf. Nachlass von Jan Tschichold" in diesem Band, S. 291–302.

3
Siehe dazu den Beitrag „Von Floppy Disks und Laufwerken. Digitale Nachlässe" in diesem Band, S. 356–365.

1952

Bestände aus der Leipziger Stadtbibliothek

reger Vlrich dem Eltern Im Leipzigk.

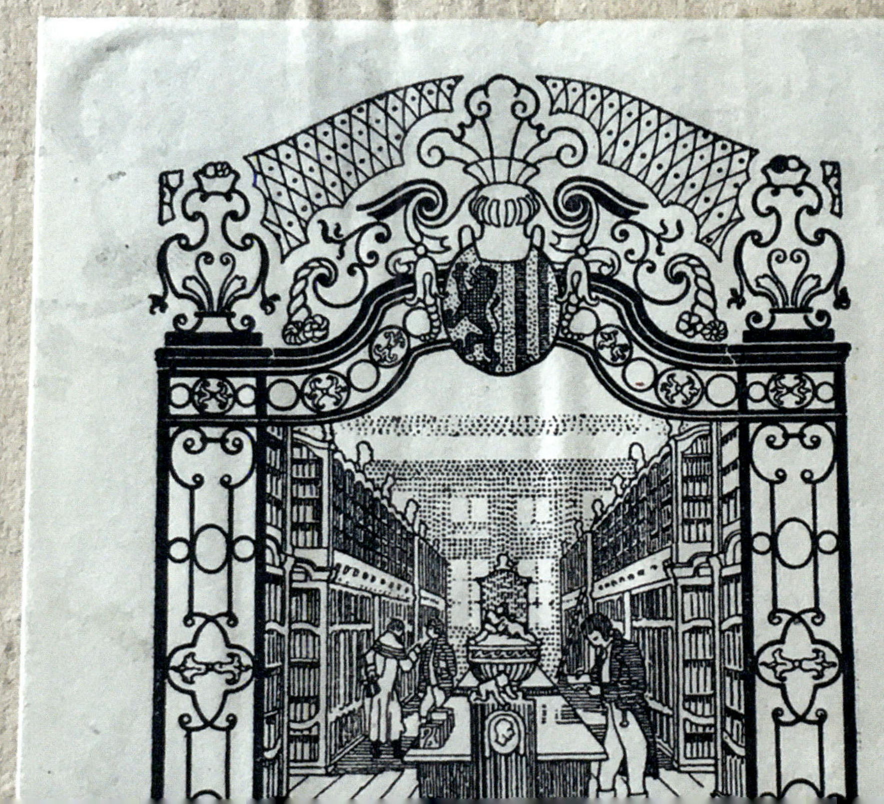

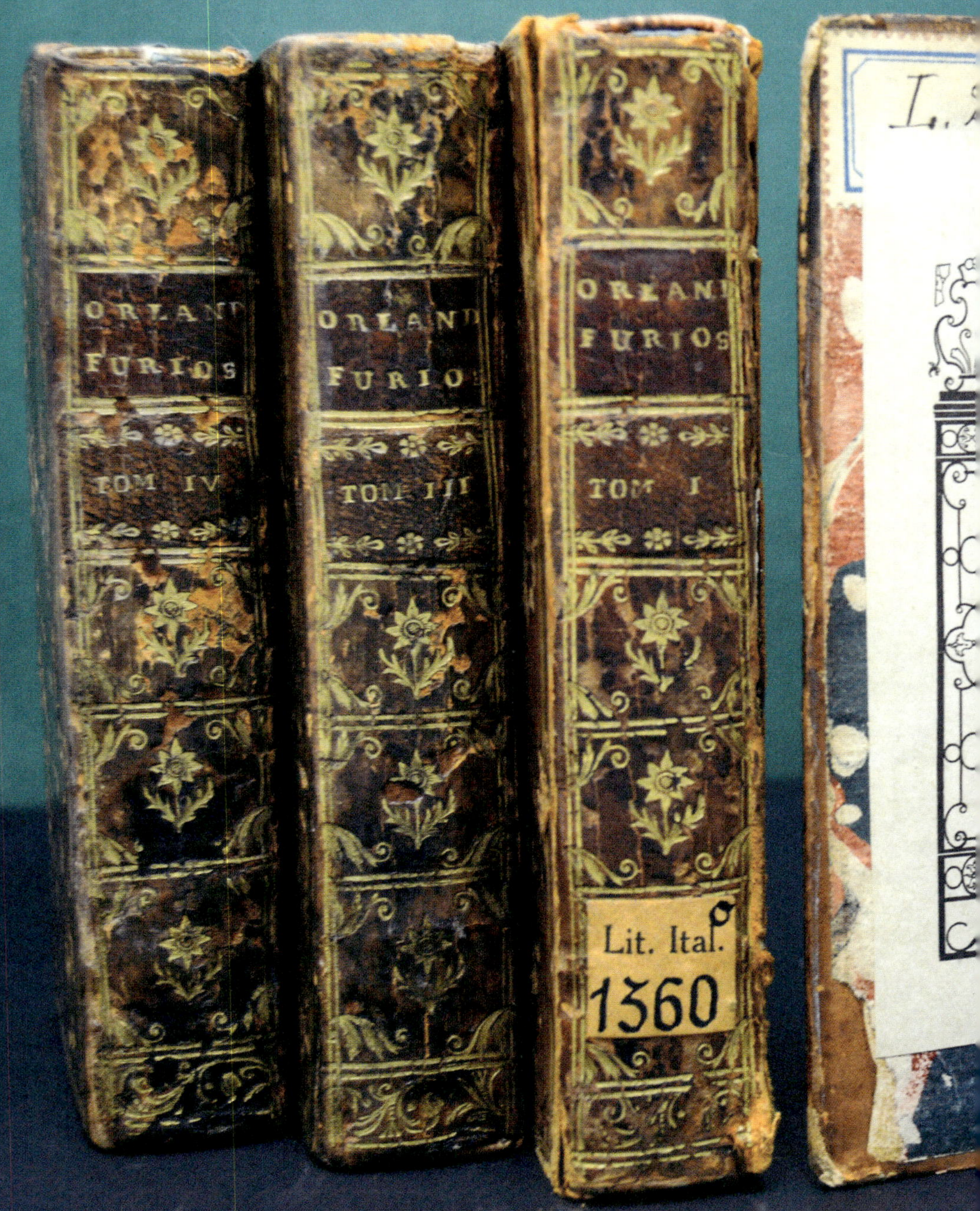
ORLAND
FURIOS
TOM IV
ORLAND
FURIO
TOM III
ORLAND
FURIOS
TOM I
Lit. Ital.
1360

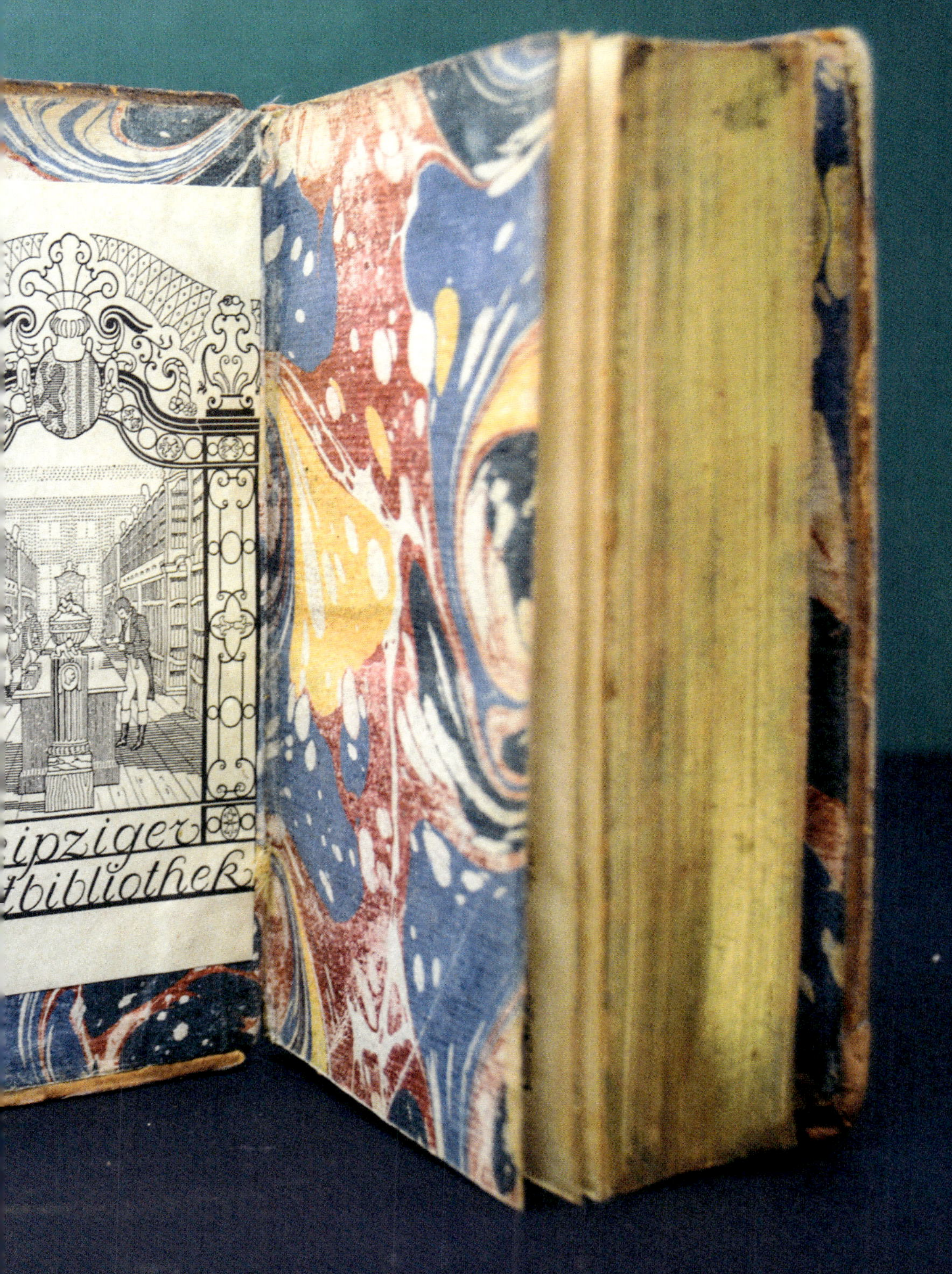
ipziger
bibliothek

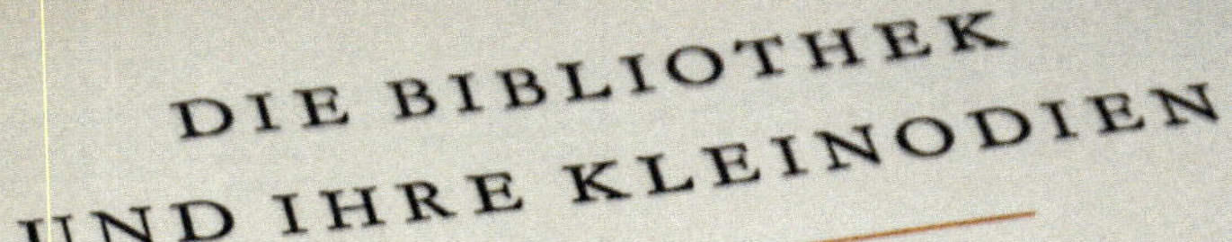

DIE BIBLIOTHEK
UND IHRE KLEINODIEN

FESTSCHRIFT
ZUM 250 JÄHRIGEN JUBILÄUM
DER LEIPZIGER STADTBIBLIOTHEK
HERAUSGEGEBEN VON JOHANNES HOFMANN

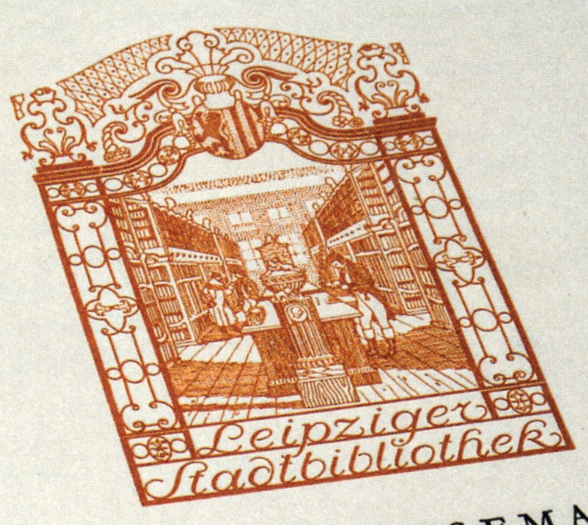

VERLAG KARL W. HIERSEMANN
1 9 2 7

DIREKTION
DER STAATLICHEN AKADEMIE
FÜR GRAPHISCHE KÜNSTE
UND BUCHGEWERBE
ZU LEIPZIG
*

Leipzig, den 4. Mai 1927.

Sehr geehrter Herr Direktor!

Zur Feier des 250 jährigen Bestehens der Stadtbibliothek Leipzig möchte ich Ihnen zugleich im Namen unseres Professorenkollegiums die herzlichsten Glückwünsche aussprechen. Unsere Akademie nimmt an der Geschichte Ihrer schönen Bibliothek, sowie an dem bibliophilen Interesse, das in ihr waltet, den wärmsten Anteil. Ebenso wie wir Ihre Bibliothek hochschätzen für die besondere Aufmerksamkeit, die in ihr heute dem schönen Buche und der Buchkunst überhaupt gewidmet wird, so begrüßen wir aufs dankbarste Ihre so ergebnisreichen Entdeckungsfahrten ins Gebiet der alten schönen Bucheinbände, die als vorbildliche Arbeiten der alten Kultur der Kunstbuchbinderei auch für unsere Studierenden von größter Bedeutung und für ihre künstlerische Erziehung von Nutzen sind.

Diesem Danke gibt unsere Akademie dadurch Ausdruck, daß sie einem Exemplar Ihrer Jubiläumsfestschrift einen schönen festlichen Einband verleiht, der zur Bereicherung Ihrer Einbandsammlung auch nach moderner Seite hin dienen soll.

Mit größter Hochachtung

Ihr

Walter Tiemann

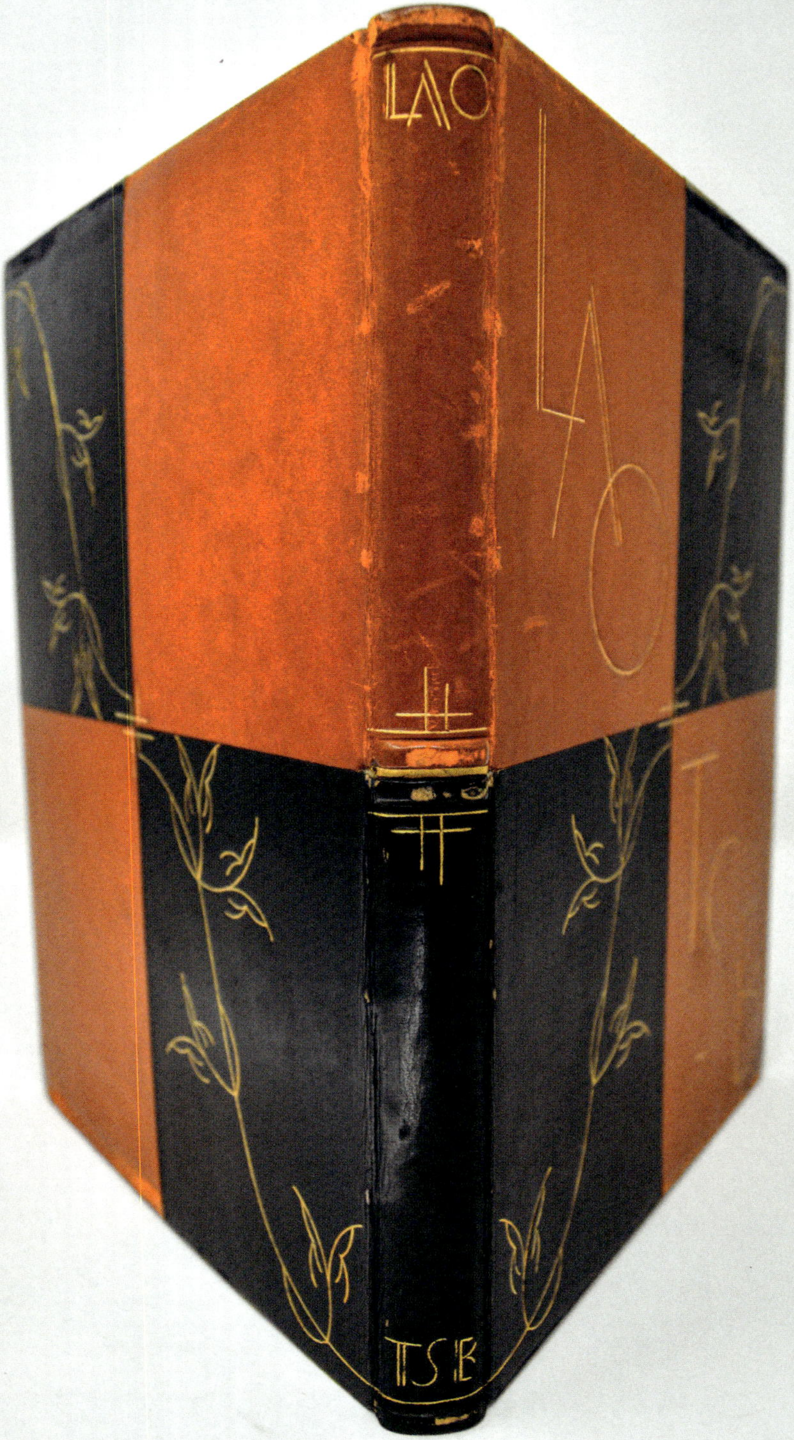

Phönix oder Greif?

Im Deutschen Buch- und Schriftmuseum und im Hauptbestand der Deutschen Nationalbibliothek befindet sich eine ganze Reihe von Bänden, die ursprünglich in der Leipziger Stadtbibliothek bewahrt wurden. Die seit 1667 bestehende Bürgerbibliothek erhält in ihrer Geschichte viele Stiftungen und Schenkungen, bevor sie in den 1950er-Jahren ihren Status als wissenschaftliche Bibliothek verliert und ihren wertvollen Altbestand an verschiedene andere Bibliotheken abgeben muss. Nach vielen Verlusten im Zweiten Weltkrieg ist das ein weiterer schmerzhafter Einschnitt, der erst nach der Wiedervereinigung mit vertraglichen Regelungen gelindert wird.

Leipzig 1952: Die Trümmer des Zweiten Weltkriegs sind noch längst nicht beseitigt. Das Deutsche Buch- und Schriftmuseum hat sich 1950 aus seinem schwer zerstörten Gebäude am Gerichtsweg unter den rettenden Schirm der nahezu unzerstörten Deutschen Bücherei geflüchtet. Die großen Bestandsverluste zu ersetzen, ist ein zentrales Anliegen der 1952 frisch gekürten Abteilung des Hauses am Deutschen Platz.

Eine Gelegenheit bietet sich im selben Jahr. Die traditionsreiche Leipziger Stadtbibliothek verliert 1951 ihren Status als wissenschaftliche Bibliothek. Per Dekret des sächsischen Staates wird ihre von bürgerlichen Stiftungen und Schenkungen geprägte Bestandsgeschichte auf den Prüfstand gestellt und für anachronistisch erklärt.[1] Der nach dem Totalverlust des Gebäudes 1944 verbliebene, immer noch wertvolle Altbestand geht zu großen Teilen an die Universitätsbibliothek Leipzig. Um den nicht unbedeutenden Rest entbrennt ein Konkurrenzkampf zwischen dem Deutschen Buch- und Schriftmuseum und der Deutschen Bücherei auf der einen und dem Leipziger Kunstgewerbemuseum auf der anderen Seite. Der Ratsbeschluss Nr. 713/A 1 der Stadt Leipzig macht im November 1952 die Umwandlung der Stadtbibliothek in eine Allgemeine Öffentliche Bibliothek offiziell. Zugleich besiegelt er die bereits beschlossene Eingliederung ihrer historischen Buchbestände in andere wissenschaftliche Institutionen.[2]

Am 29. Mai 1953 erfolgt die weitgehend formlose Übergabe von Fachliteratur und Musterdrucken aus dem Bestand der Stadtbibliothek an das Museum auf Grundlage einer bereits im Februar eingereichten Liste von gewünschten Büchern. Kleinere Konvolute kommen später dazu, sodass auf diese Weise 265 Werke in 510 Bänden bis 1954 ins Museum gelangen. Ein weiterer Ratsbeschluss vom 4. Juni 1962 regelt die Überführung der Sammlung künstlerischer Bucheinbände des 20. Jahrhunderts aus der Stadtbibliothek ins Museum, diesmal mit dem Status einer Dauerleihgabe. Auch die Deutsche Bücherei erhält Bände aus der Stadtbibliothek, mit denen sie Kriegsverluste ausgleicht, sowie eine Archivaliensammlung zu Hermann Marggraff (1809–1864). Im selben Jahr findet mit der Übergabe der *Mentelin-Bibel*, einer wertvollen Inkunabel, an die Deutsche Bücherei die Zerschlagung einer bedeutenden Altbestandsbibliothek ihren Abschluss. Propagandistischer Anlass ist das fünfzigjährige Bestehen der Deutschen Bücherei. Die im Jahr 1466 erschienene Bibel im Lederschnitteinband hat letztlich wenig mit dem Bestand der Deutschen Bücherei zu tun und landet im Tresor des Buchmuseums.

Jahre nach der Wiedervereinigung geraten diese Vorgänge unter geänderten Vorzeichen wieder in den Fokus. Die Leipziger Stadtbibliothek stellt entsprechend dem Einigungsvertrag einen Restitutionsantrag für ihre Altbestände, der bis 2002 unbearbeitet bleibt.[3] Juristische Fragen werden neu gestellt: War die Bestandszerstreuung rechtens? Wem gehören die Bücher eigentlich? Die separate Restitution der Sammlung Marggraff wird sogar vorbereitet, jedoch verbleibt das Konvolut am Ende – vertraglich abgesichert – im Museum.

Der Klärungsprozess zu den Büchern findet erst 2021 seinen Abschluss, als die Deutsche Nationalbibliothek und die Leipziger Städtischen Bibliotheken einen Depositalvertrag über alle abgegebenen Bestände unterzeichnen. Eine der Vertragsbedingungen ist eine umfassende Bestandsrevision. Erste Blicke in die Bände zeigen, dass mit dem Abschluss des Vertrags längst nicht alle Eigentumsfragen geklärt sind. Viele der Bücher hat die Stadtbibliothek – zum Ausgleich ihrer Kriegsverluste – erst in den Jahren ab 1944 beschafft. Unter diesen Erwerbungen findet sich auch NS-Raubgut aus jüdischem Besitz. So enthalten

14 Zeitschriftenbände aus der Stadtbibliothek das Exlibris des jüdischen Bibliophilen Raoul Jellinek-Mercedes (1883–1939), der 1939 aufgrund des von der Gestapo ausgeübten Verfolgungsdrucks durch Suizid starb.[4] Seine heute weit verstreute Bibliothek ist Gegenstand mehrerer laufender Restitutionsverfahren in Deutschland und Österreich.

Nach Kriegsende übernimmt die Stadtbibliothek wiederum Teile anderer aufgelöster Altbestandsbibliotheken. Die berühmte Bibliotheca Afrana der Fürstenschule St. Afra in Meißen beispielsweise wird schon 1948 per Dekret des Ministeriums für Volksbildung der Landesverwaltung Sachsen zu großen Teilen anderen Bibliotheken zugeführt. Da die Schule nicht in der bisherigen Weise bestehen bleiben solle, werde die Bibliothek in der bisherigen Form nicht mehr gebraucht, so die zeitgenössische Erklärung. Von vielen Bänden fehlt bis heute jede Spur. Auch aus während der Bodenreform enteigneten Schlossbibliotheken kommen in jenen Jahren Bücher zur Verteilung. Noch ist die Stadtbibliothek, die bis 1951 zu den wichtigen Altbestandsbibliotheken in Sachsen zählt, Nutznießerin dieser Translokationen – doch nur drei Jahre später teilt sie das gleiche Schicksal.

Die Werke, die sich heute im Museum befinden, sind häufig Zeugen mehrfachen Unrechts, das – aus heutiger Sicht – den besitzenden Personen und Körperschaften geschah. Das Museum dokumentiert im Zuge der Revision diese Provenienzen, arbeitet in enger Kooperation mit der Stadtbibliothek die Fälle auf, recherchiert eventuelle Berechtigte und setzt gegebenenfalls Restitutionsverfahren in Gang. Ein Beispiel für eine solche gemeinschaftliche Aufarbeitung ist der Fall eines zweibändigen Wörterbuches der Académie Française, das laut Zugangsnummer im Jahr 1945 in den Bestand der Stadtbibliothek aufgenommen wird und seit 1956 zum Depositum im Buchmuseum gehört. Ein Exlibris ermöglicht es, den Leipziger Statistikprofessor Eugen Würzburger (1858–1938) als Vorbesitzer zu identifizieren. Würzburger wird nach den Bestimmungen der Nürnberger Gesetze als Jude rassisch verfolgt und verstirbt im April 1938, wenige Wochen nachdem die Uni Leipzig ihm den Aufenthalt in seinem früheren Institut verboten hat.[5] Zwei Kernfragen müssen beantwortet werden, um den Verdacht auf NS-Raubgut aufzuklären: Ist Würzburgers Witwe, die laut Nürnberger Gesetzen als „arisch" gilt, nach dem Tod ihres Mannes weiterhin von der antisemitischen Verfolgung des NS-Staats betroffen? Wann und unter welchen Umständen trennt sie sich von dem Wörterbuch – etwa aufgrund der NS-Verfolgung? Wie die Recherche in mehreren Archiven zeigt, endet die Verfolgung von Johanna Würzburger selbst nach dem Tod ihres Mannes nicht. Weil sie als Hinterbliebene eines Juden gilt, stellt das Ruheamt des sächsischen Finanzministeriums zum 1. Januar 1944 die Auszahlung ihrer Witwenrente ein.[6] Um ihren weiteren Lebensunterhalt zu sichern, ist sie daher vermutlich gezwungen, Wertgegenstände zu verkaufen. Dennoch liegen Indizien vor, die gegen einen Zwangsverkauf des Wörterbuches sprechen: Im Januar 1945, so belegt es ein im Stadtarchiv erhaltenes Schreiben, bedankt sich der Direktor der Stadtbibliothek bei Frau Geheimrat Würzburger für ihre Bereitschaft, der „Stadtbibliothek 27 Bücher für ihren Wiederaufbau zum Geschenk zu machen".[7] Der Zeitpunkt der Schenkung passt gut zu der im Wörterbuch eingetragenen Zugangsnummer der Stadtbibliothek. Jedoch liegt ein von Johanna Würzburger selbst unterzeichneter Beleg der Schenkung oder eine Liste der 27 Bücher nicht vor – ganz lückenlos ist die Provenienz des Wörterbuches daher noch immer nicht.

Bettina Rüdiger und Emily Löffler

1
Erste Durchführungsbestimmung der „Verordnung über die Umgestaltung des Hochschulwesens" vom 3.3.1951; zit. nach Hans-Christian Mannschatz, „Wie viele Leben hat eine Bibliothek?", in: Thomas Fuchs und Christoph Mackert (Hg.), *Leipziger, Eure Bücher! Zwölf Kapitel zur Bestandsgeschichte der Leipziger Stadtbibliothek*, Leipzig 2009, S. 84–104.

2
Ebd.

3
Reinhard Stridde (Hg.), *Eine unendliche Geschichte. Die Leipziger Stadtbibliothek. Festschrift zum 325-jährigen Jubiläum der Leipziger Stadtbibliothek*, Leipzig 2002, S. 17.

4
Finanzministerium Sachsen, Ruheamt Dresden: Schreiben an Johanna verw. Würzburger, Leipzig N22, Lindenthaler Straße 2, 4.12.1943, Universitätsarchiv Leipzig Best. R 243 Bd. 2, Bl. 219.

5
Roland Lambrecht, *Politische Entlassungen in der NS-Zeit: Vierundvierzig biografische Skizzen von Hochschullehrern der Universität Leipzig*, Leipzig 2006 (= Beiträge zur Leipziger Universitäts- und Wissenschaftsgeschichte, 11), S. 197–198.

6
Wie Anm. 4.

7
Stadtbibliothek Leipzig: Schreiben an Frau Geheimrat Würzburger, 26.1.1945, Stadtarchiv Leipzig, Best. StaBi Nr. 148, Bl. 120.

1952

Asiatica aus Seifhennersdorf

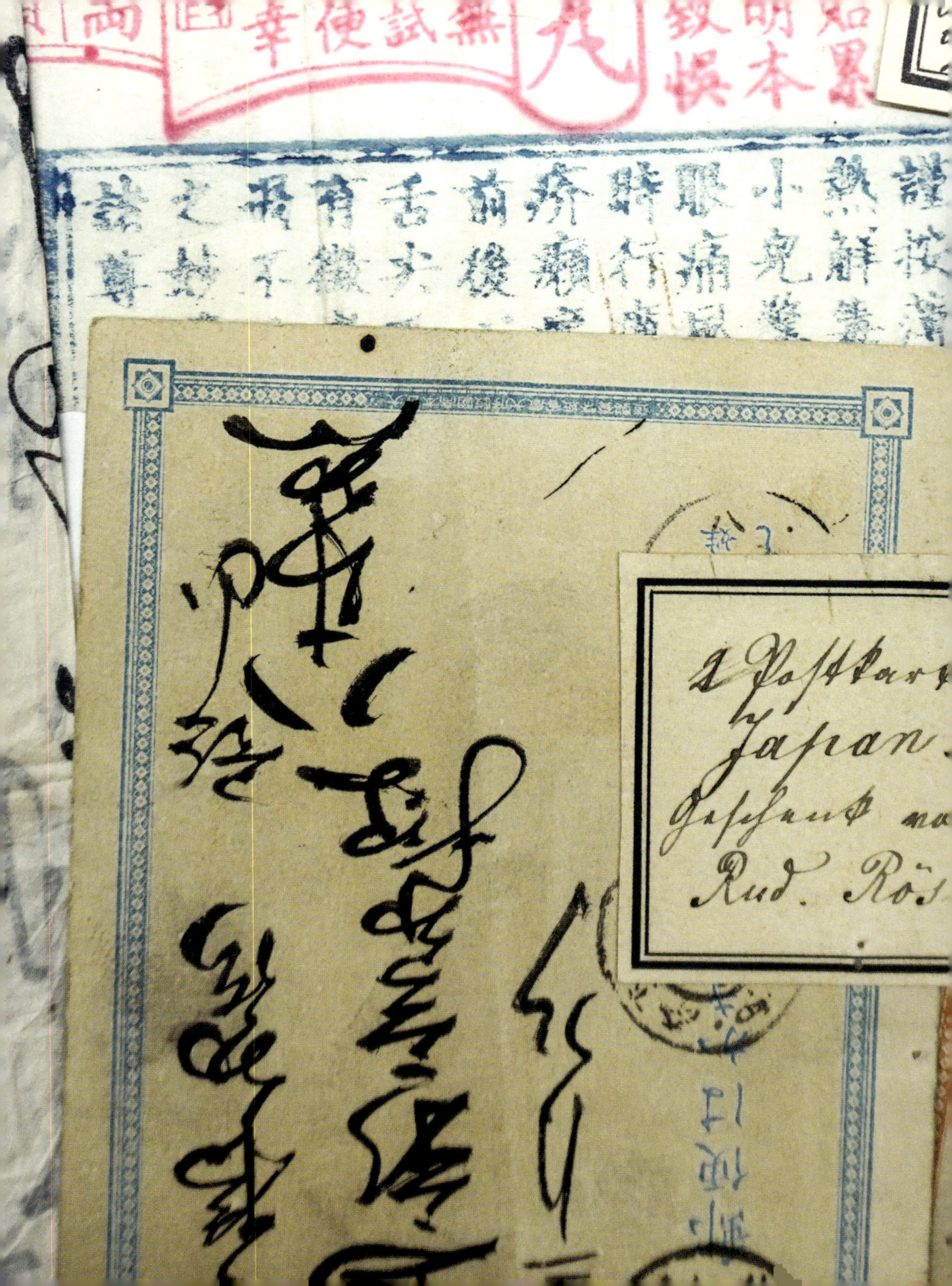

2 Postkart
Japan
Geschenk
Rud. Rös

下之關土產

目次

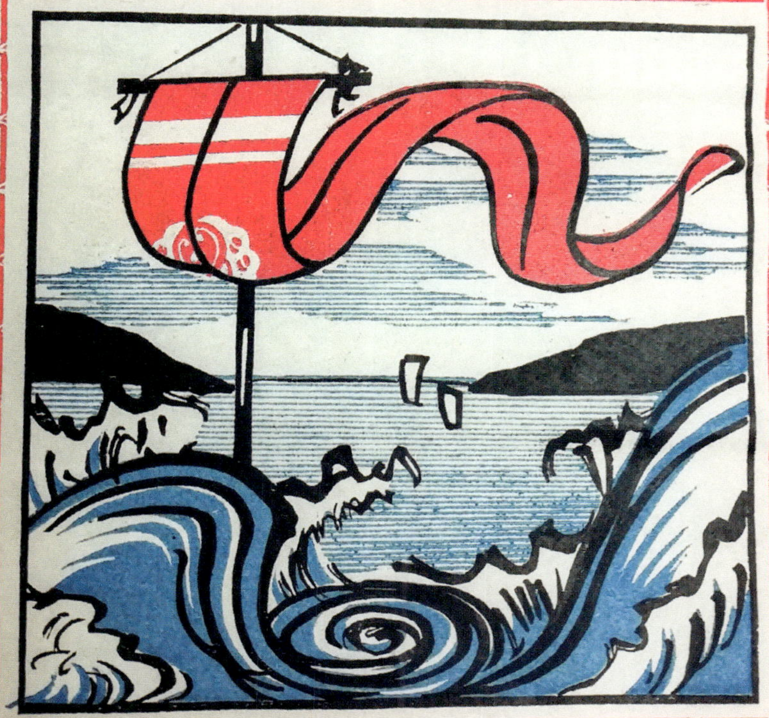

Beschreibung der Krabbe mit menschlichem Gesicht.

Zu 1964 / Or. 4

Palmblatt-Hs. mit noch nicht entziff. Text in

Südindien, 19.Jh. 2.im Bruch zs.häng.Bl.,auf
4 Zeilen eingeritzt.u .ge
24,5 : 3,2 cm- br.: H.

Zu 1964 / Or. 5

Plamblatt-Hs. mit noch nicht entziff. Te

Südindien, 19.Jh. 2 lose, beidseitig ü
2 cm v.Rand entfernt
geschwärzt.Text gef
Bl. 1 oben li. m.eingeritzt.B
etw
Bl. 2

(Beide Hss.von 2 Seifhennersdorfer Ein
dem dortig.Heumatmuseum vermacht.)

Tamil-Schrift gehört zur südlichen

Beide 20.7.66 v.Prof.Dr.Bechert, Göttingen
u.d. Staatl. Berlin begutachtet
"als solche richtig bestimmt,
südindisch. Hss. v. Prof. Jan
mitt. v. Prof. Dr. Heinz Bechert
(Indolog. Sem. d. Univ.
D 3400 Göttingen,

...talische Abte...
...ung der laotischen Handschrift...
die Fernleihe der Deutschen Bücherei
...gungen leihweise zur Be...ung aus unse...
durch Dr. Dr. Klaus
Handschrift Signatur: 196
Tham-Schrift geschrieben.
...rch das eine Loch jeden Bl...
sind. Format: ca 30 x ca 5
...forderung ging aus von Herrn
...rief der Abteilung Katalogisie...
...iften in Deutschland, Marburg,
16 vom 16. 5.1969.

wird versandt als unversieg...
Wertbrief 300.–

Deutsche Bücherei
DDR-7010 Leipzig
Deutscher Platz

III/18/19 LG 158/67/80 3000 880

prache u.-Schr

z. Verbleib bei den Objekten im Glasschrank

Abschrift der Leihquittung für die Deutsche Staatsbibliothek
1080 Berlin, Unter d.Linden 8
Dr.F/De 20.7.1966

Katalogisierung der indischen Palmblatt-Handschriften des Dt. Buch- und Schriftmuseums der Dt.Bücherei durch Herrn Prof. Dr. Bechert, Indologisches Seminar der Universität Göttingen.

Folgende Hss. werden zur Verfügung gestellt:

1) 1964/Or.2. Testamentum novum, in Tamil-Schrift. o.O.u.J. Südindien 19.Jh. 39 ungez.Bl. mit 2 korrespond. Löchern u.grünem Faden,den ein Holzknebel als Verschlußstück verbindet; ohne Deckel. Format: 17:4cm. (Vorbesitzer,der d.Buch -z.Zt.d.Erwerbg dch d.Buchmuseum,13.8.1948- vor 50 Jahren nach Dtld gebracht hat.)

Schausch Vitr. 55

2) 1956/Or.3. Palmblatt-Hs. in dravidischer Sprache mit eingeritz Tamil-Schrift. o.O.u.J., Südindien 19.Jh. Inhalt noch festzustellen. 241 Bl., davon 222 zweiseit beschrieben, 12 Bl. ganz leer; zwischen 2 Holzdeckeln m.2 korrespond.Löchern;durch eines d.Lö ist Schnur durchgeführt. Format: ca 38:3,8cm (Ankauf aus Auktion Rosen,Berlin,Nr 27,1956: Katalog-Nr 1908.)

Glasschrank ~~Vitr. 25~~

3) 1964/Or.4. Palmblatt-Hs. in Tamil-Speache u. Tamil-Schrift.o.O.u.J. Südindien 19.Jh. Jnhalt noch festzustellen. Nur 2 Bl. im Bruch zs.hängend, die auf Mitte der Außenseite je mit 4 Zeilen Text beschrieben sind links im Bl. korresp.Loch. Format: 24,5:3,2 cm (Vorbesitzer: Heimatmuseum Seifhennersdorf,dem d Bll. vor 1900 von Pastor Flegel geschenkt worden sind.)

Glasschr.

4) 1964/Or.5. Palmblatt-Hs.in Tamil -Sprache u.Tamil-Schrift.o.O. Südindien 19.Jg. Inhalt noch festzustellen. Nur 2 lose, beidseitig beschriebene,aber nicht e gefärbte Blatt,etwas verschieden groß; in der Mi das korresp.Loch. Bl.1 (mit eingeritzter Zahl 1 links oben)29:3 cm; Bl.2 29,5: 3-3,1 cm (Vorbesitzer: Heimatmuseum Seifhennersdorf,dem d Bll. vor 1900 von Franz Ressel ebenda,geschenkt worden sind.

Glasschrank

b.w.!

Geschenck v. H. Emil Schreiber.

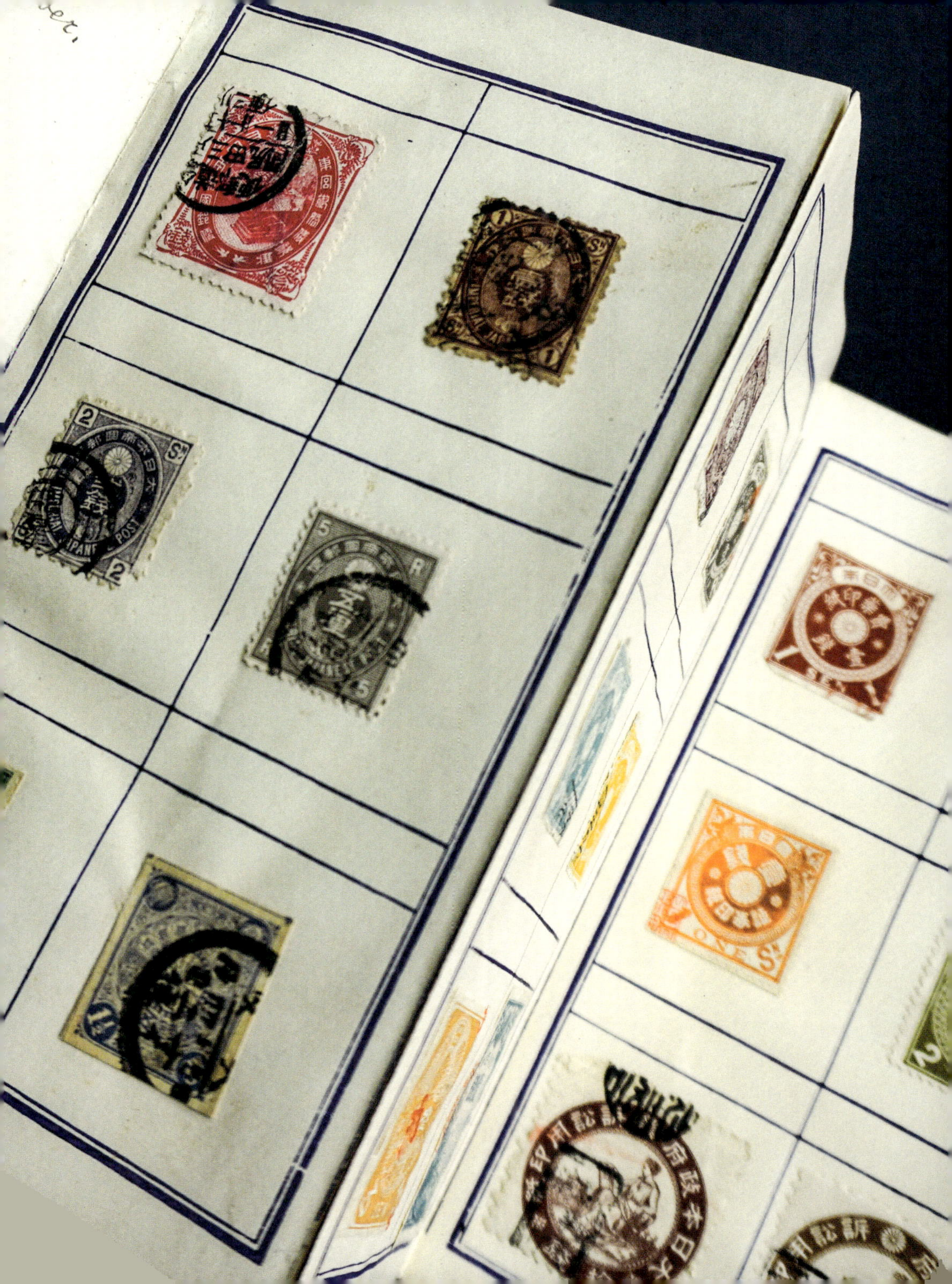

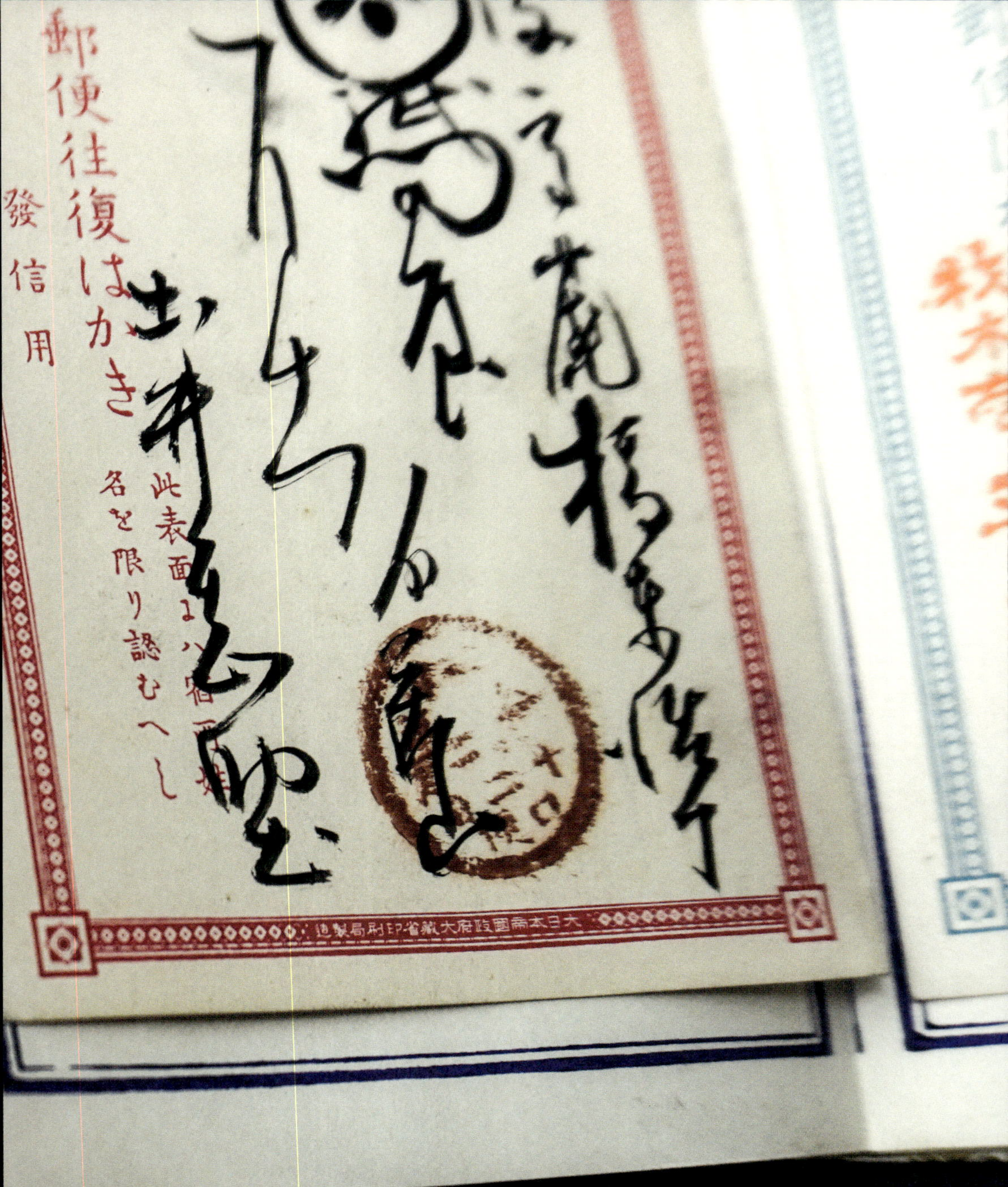

郵便往復はがき

發信用

此表面は宛名を限り認むへし

大日本帝國政府大藏省印刷局製造

„Koloniale Reisesouvenirs"

Zwei Palmblatthandschriften, zwei chinesische Bücher, ein chinesischer Holzschnitt, japanische Postkarten und ein Briefmarkenalbum – so setzt sich das Konvolut zusammen, das 1952, vermittelt durch das sächsische Landesamt für Denkmalpflege, als „Tauschmaterial Seifhennersdorf" in den Museumsbestand gelangt. Seine Objektgeschichte macht Vernetzungen zwischen Ostasien und der sächsischen Provinz, aber auch zwischen der Erwerbungsgeschichte des Deutschen Buch- und Schriftmuseums und der Museumspolitik der DDR sichtbar.

Der erste Eindruck ist paradox: Obwohl die beiden indischen Palmblatthandschriften, die chinesischen Bücher und japanischen Postkarten anhand ihrer Objektbezeichnung in einen ostasiatischen Kontext zu verorten sind, verweist die Provenienzangabe „Heimatmuseum Seifhennersdorf" auf eine sächsische Kleinstadt und verknüpft die Objekte überdies mit dem assoziationsreichen Begriff „Heimat".

Die Rekonstruktion der Provenienz dieser Objekte erlaubt es, die scheinbare Widersprüchlichkeit aufzulösen. Sie offenbart, dass sowohl die Palmblatthandschriften als auch die chinesischen und japanischen Objekte bereits seit der Wende zum 20. Jahrhundert Bestandteil des Seifhennersdorfer Museums sind. Die Sammlung gehört zu diesem Zeitpunkt dem örtlichen Humboldt-Verein, der in der Tradition der Humboldt-Bewegung steht und vom Interesse an der Entdeckung der Welt und den Naturwissenschaften geprägt ist.[1] Die Sammlungen dieser Vereine profitieren vom Forscherinteresse ihrer Mitglieder und deren Reisen nach Übersee. Auch die Seifhennersdorfer Asiatica werden auf Reisen von Bürgern der sächsischen, an der Grenze zu Tschechien gelegenen Landstadt erworben und dem Verein um 1900 als Schenkungen übereignet.[2] Mitunter haften an den Souvenirs aus Fernost jedoch Spuren der Machtasymmetrien des Kolonialismus, wenn nicht sogar von kolonialer Gewalt, wie die Objektbeschriftung „Chinesisches Buch aus den Ruinen von Tonku. Geschenk v. H. Seeoffizier R. Hohlfeld" vor Augen führt.

Verweist der Dienstgrad des Vorbesitzers bereits auf die Seefahrt, so deutet die Ortsbezeichnung „Tonku" erst recht einen militärischen Zusammenhang an: Während des Boxerkriegs in China 1900/01 war Tonku einer der Kriegsschauplätze der deutschen Marine.[3] Handelt es sich bei dem Reiseandenken also um Beutegut?

Nicht nur die Verknüpfungen zwischen Provinz und Übersee werfen Fragen hinsichtlich der Provenienz der Asiatica auf. Zu Beginn der 1950er-Jahre gerät die inzwischen zu einem Heimatmuseum umgewandelte Vereinssammlung ins Visier der DDR-Museumspolitik: Um die Profile einzelner Museen schärfer herauszubilden, initiiert das Landesamt für Denkmalpflege einen museumsübergreifenden Objektetausch.[4] Die meisten Seifhennersdorfer Ethnographica werden an die Staatlichen Ethnographischen Sammlungen in Leipzig und Dresden abgegeben. Doch warum wird auch das Deutsche Buch- und Schriftmuseum berücksichtigt? Fallen die Abgaben überhaupt in den Kontext der Museumsprofilbildungen? Und impliziert der Begriff „Tauschmaterial", dass das Deutsche Buch- und Schriftmuseum im Gegenzug Objekte abgeben musste? Klar ist bislang nur: Die Provenienz der Seifhennersdorfer Asiatica zeugt nicht nur von globaler Vernetzung, sondern ebenso von den Wechselfällen der sächsischen Museumsgeschichte.

Emily Löffler

1
Andreas Daum, *Wissenschaftspopularisierung im 19. Jahrhundert. Bürgerliche Kultur, naturwissenschaftliche Bildung und die deutsche Öffentlichkeit 1848–1914*, Berlin 2018, S. 138–145.

2
Abschrift einer Leihquittung für die Deutsche Staatsbibliothek zu Berlin, Betreff: Katalogisierung der indischen Palmblatthandschriften des Deutschen Buch- und Schriftmuseums, 20.7.1966.

3
Susanne Kuß, *Deutsches Militär auf kolonialen Kriegsschauplätzen. Eskalation von Gewalt zu Beginn des 20. Jahrhunderts*, Berlin 2010, S. 53–55.

4
Tina Oppermann, „Übernahme von ‚Problemkontexten' im Zuge der Museumsprofilierung zu DDR-Zeiten am Beispiel der Staatlichen Ethnographischen Sammlungen Sachsen", in: *Retour. Freier Blog für Provenienzforschende*, 7.9.2021, https://retour.hypotheses.org/1654 (10.9.2021).

1956

Deutscher Buchexport

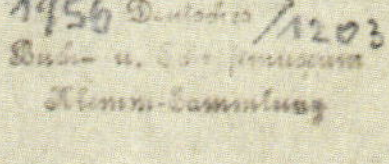

Titelbild *mit* den Seidenpapieren zu den Kupfern. — Fast stockfleckenfrei. Exlibris. (300)

1686 —.— Scherz, List und Rache. Ein Singspiel. Ächte Ausgabe. Hübscher HLedrbd im St. d. Z. Göschen 1790. (155) 18.—

Erste Ausgabe, mit dem von Brieger angegebenem Merkmal „Er ist bitter" auf p. 37. — Titel minim. gebräunt, die 3 folgenden Bll. etwas wasserfleckig.

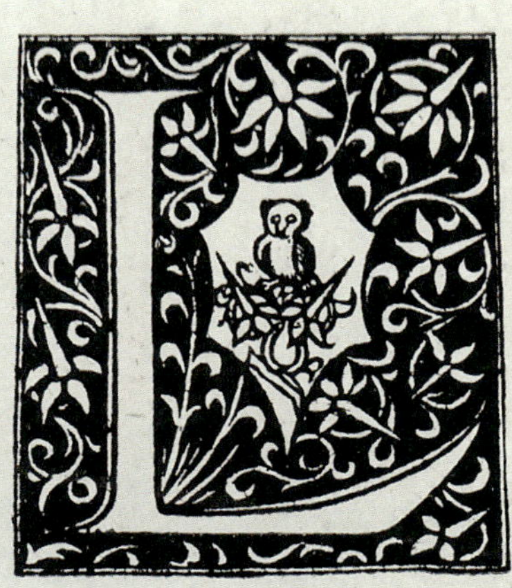

Stöffler Nr 1608

1687 —.— Die Wahlverwandtschaften. 2 Bde. HLedr d. Z. (nicht ganz frisch) mit RVergold. und TSchild. Tübingen, Cotta, 1809. (136) 36.—

Erste Ausgabe. — Ein Blatt mit Randeinriß, ein Vorsatz mit Ausschnitt. Geringfüg. Feuchtigkeitsspuren (spez. Schlußlagen von I).

1688 —.— West-oestlicher Divan. *Mit Titelkupfer und gestoch. Titel.* Roter Ppbd d. Z. (Rückenbezug spez. i. d. Gelenken leicht läd.) mit RVergold., in Saffian-Schuber. Stuttgart, Cotta, 1819. (213) 68.—

Erste Ausgabe, mit der Überschrift „Talismane" auf pag. 9. *„Eines der geschmackvollst, ja raffiniert gut gesetzten Bücher, die ich kenne."* (E. R. Weiß). Sauberes Exemplar. Exlibris. Vorsatz mit Widmungsgedicht, dat. 1842.

689 —.— Wilhelm Meisters Wanderjahre oder Die Entsagenden. Ein Roman. Erster (einziger) Teil. HLedrbd d. Z. (Rücken etwas berieben) mit verbl. RVergold. und TSchild. Cotta 1821. (213) 48.—

Erste Ausgabe der ersten Fassung, der einzigen von Goethe selbst redigierten, mit den Gedichten, die i. d. Eckermann'schen Redaktion ausgelassen wurden. — 4 Doppelbll. etwas locker. Sauberes Exemplar.

690 —.— Winkelmann und sein Jahrhundert. In Briefen und Aufsätzen hrsg. Kart. d. Z. Tübingen, Cotta, 1805. — *Erste Ausgabe.* (970) 36.—

691 —.— Briefe an Frau von Stein 1776—1826. 3 Bde. *Mit Porträt der Frau von Stein.* Schlichte Ppbde d. Z. Weimar 1848—51. (213) 24.—

Erste Ausgabe. — Porträt, Vortitel und Titel mit kl. Braunfleck. Wenige Bll. etwas stockfleckig. Exlibris.

92 —.— **(Jacobi, Friedrich Heinrich).** Über die Lehre des Spinoza in Briefen an den Herrn Moses Mendelssohn. *Mit Vignette.* Kl.8vo. Kart. d. Z. (Rücken alt ergänzt). Breslau 1785. (970) 48.—

[illegible]

[illegible]

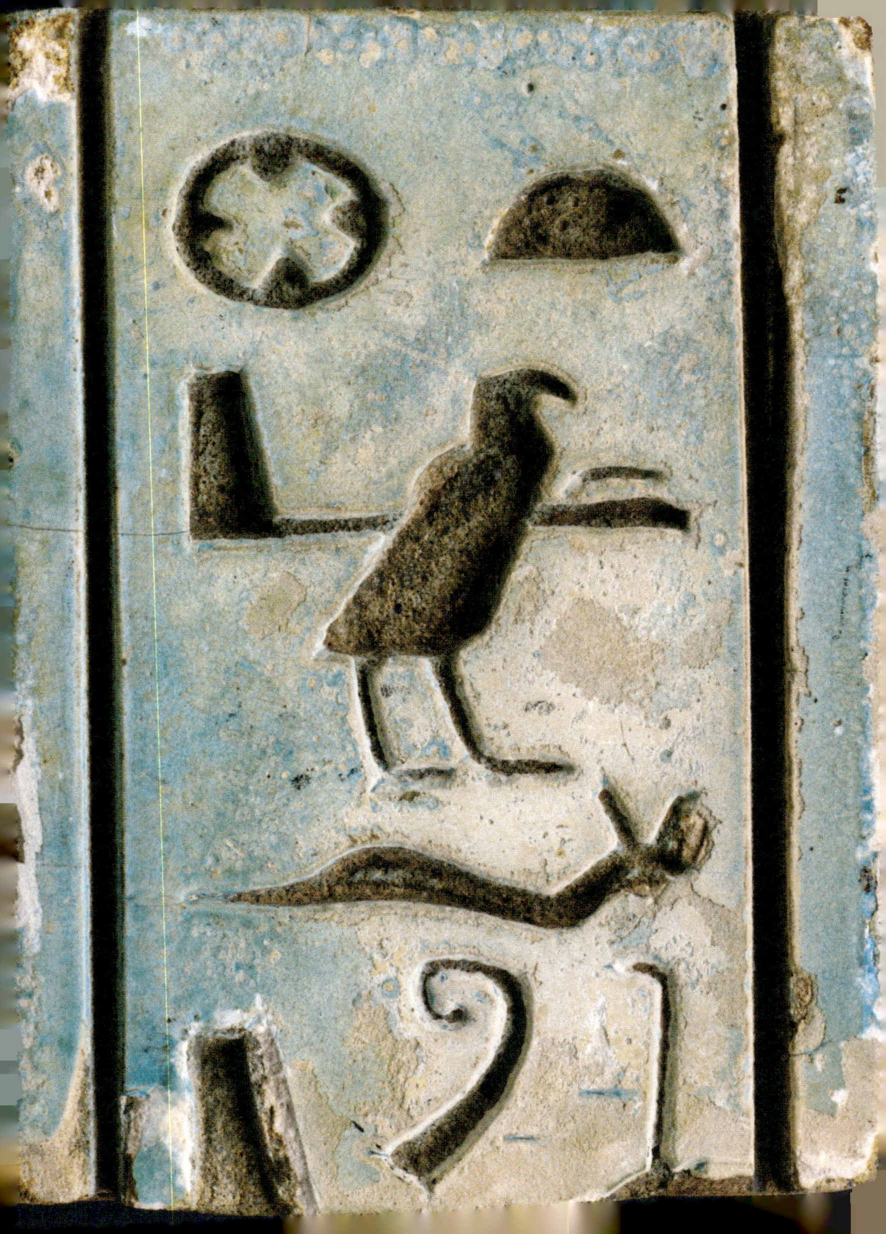

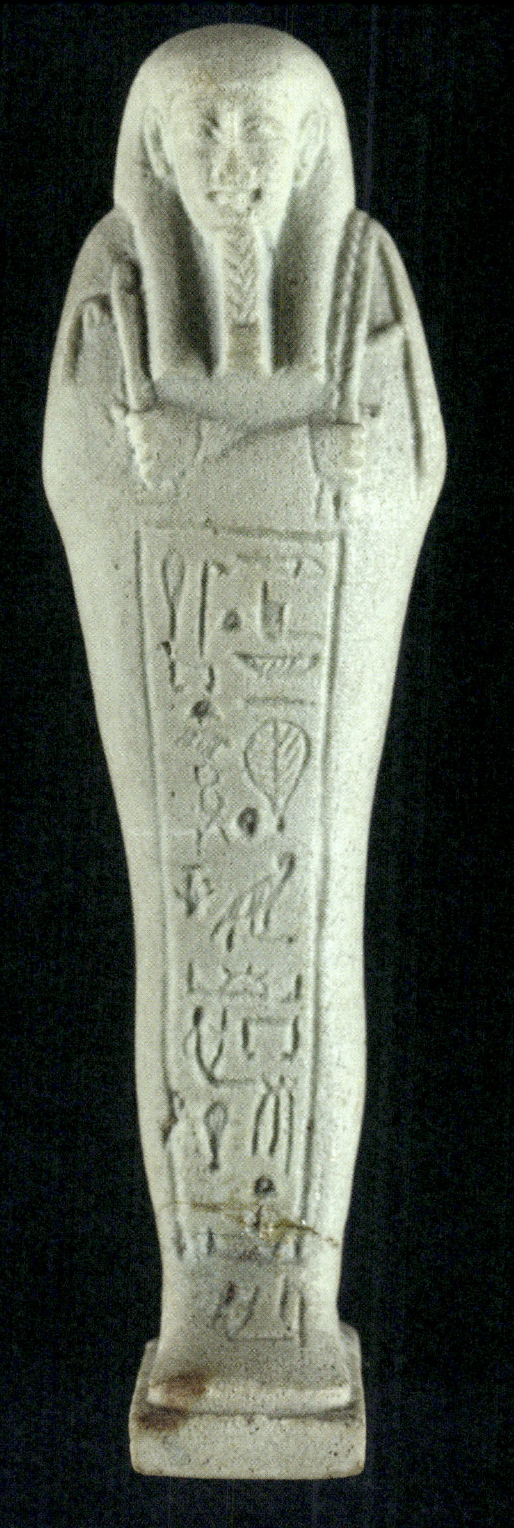

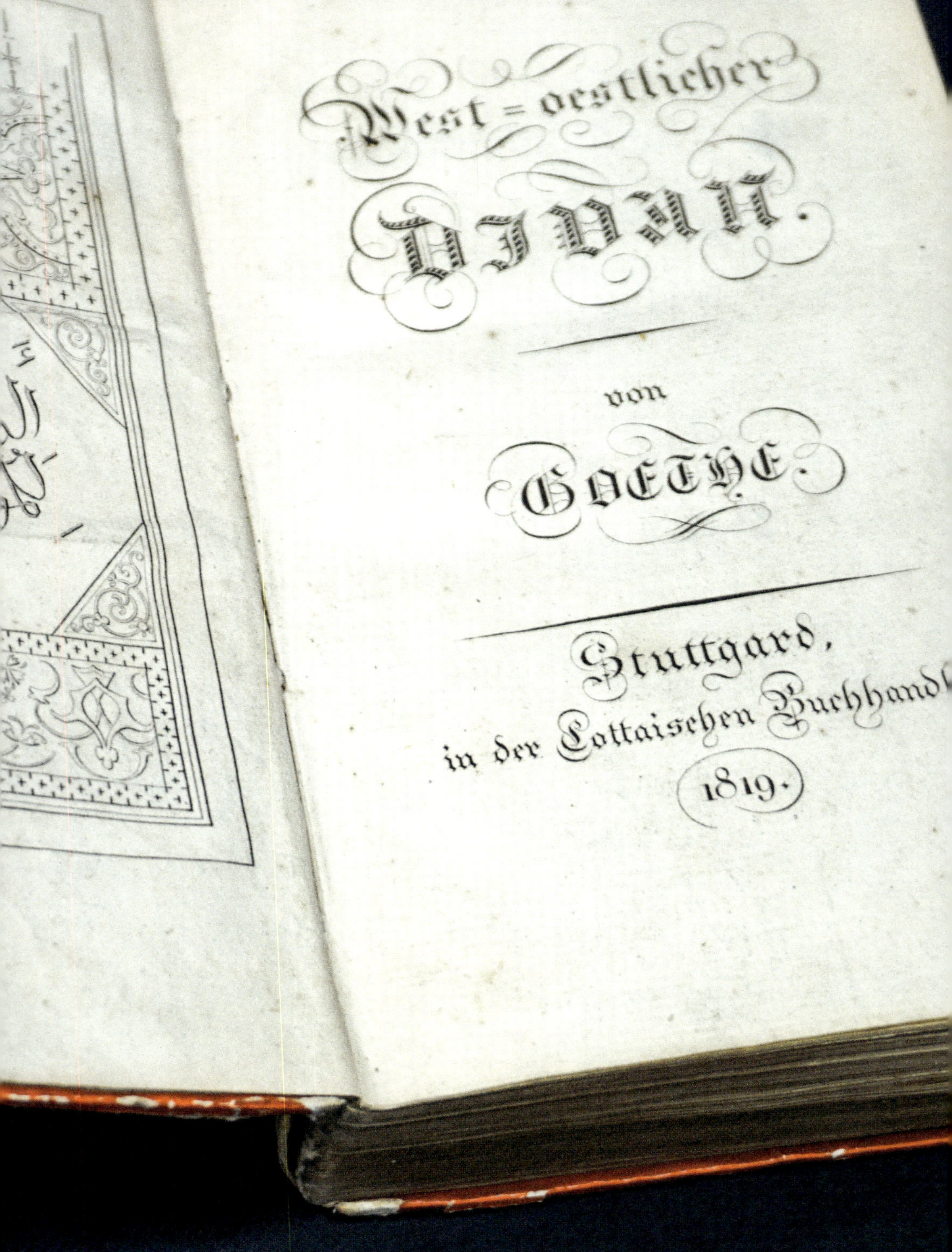
West=oestlicher
Divan.
von
Goethe.
Stuttgard,
in der Cottaischen Buchhand
1819.

Goethe! I. Ausg.

Aus Auktion Rosen, 27, Nr

Brieger, Erstausgaben, Nr 727.

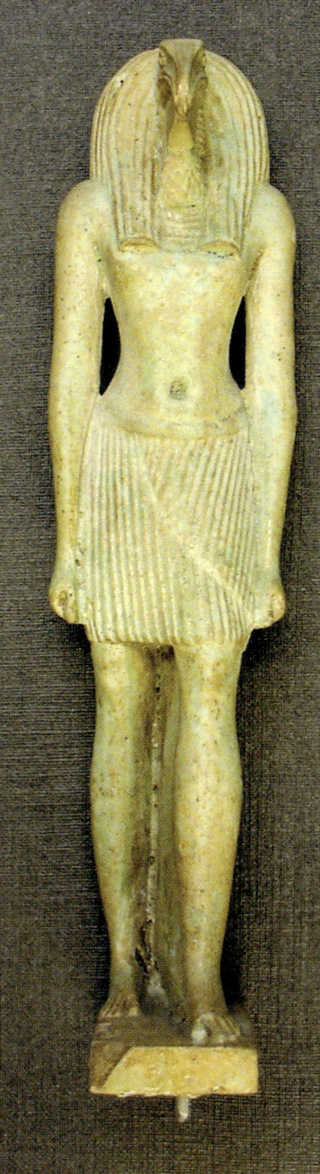

S 1956/055

Zweifelhafte Erwerbungspolitik

Zu den Mitteln der Buchbeschaffung, mit denen das Deutsche Buch- und Schriftmuseum in den 1950er-Jahren den Wiederaufbau seiner Sammlungen vorantreibt, zählen auch antiquarische Ankäufe, die, wenn sie im Ausland erfolgen, über die Deutsche Buchexport GmbH abgewickelt werden. Auf diesem Weg erwirbt das Museum auf Auktionen der Westberliner Kunst- und Antiquariatshandlung Gerd Rosen (1903–1961) seltene Bücher, aber auch ägyptische Kleinplastiken und südostasiatische Palmblatthandschriften.

Gerd Rosen ist heute vor allem als Inhaber der ersten Kunstgalerie bekannt, die 1945 im kriegszerstörten Berlin neu eröffnet wird. Ihre Schwerpunkte sind die Klassische Moderne und zeitgenössische Kunst. Die wertvollen und seltenen Bücher, die der gelernte Antiquar im hinteren Teil seiner Geschäftsräume zeigt, finden anfangs wenig Beachtung. Erst als einige der von ihm vertretenen Künstler sich von ihm trennen, kehrt Rosen zu seinen Ursprüngen im Antiquariatshandel zurück, verkauft in seinen Auktionen neben Büchern aber auch weiterhin Kunstgegenstände.[1]

Die im Deutschen Buch- und Schriftmuseum aufbewahrten Kataloge dieser Auktionen sind gleichermaßen Sammlungsobjekt, Quelle zur Geschichte des Antiquariatshandels und Dokumentation der eigenen Erwerbungen. Als Handexemplare der Sammlungsleiter*innen genutzt, enthalten sie annotierte Kaufpreise und Zugangsnummern des Museums. Über die Vorgeschichte der Objekte geben die Kataloge jedoch nur bedingt Aufschluss: Wer die Objekte bei Rosen in den Verkauf eingeliefert hat, wird im Katalog durch codierte Nummern angegeben, deren Auflösung bislang nicht entschlüsselt ist. In manchen Fällen verweist die Katalogbeschreibung auf Provenienzmerkmale, so etwa bei einer in der Auktion XXVII angekauften Erstausgabe von Goethes *West-oestlichem Divan*: „Sauberes Exemplar. Exlibris. Vorsatz mit Widmungsgedicht, dat. 1842".[2] Das Exlibris ermöglicht es, ein Verfolgungsschicksal aufzudecken: Seine Eigner Emil und Jenny Baerwald waren ein jüdisches Kaufmannsehepaar, das 1906 in New York geheiratet hatte und seit den 1920er-Jahren in Berlin lebte. Mit Unterstützung von Emils Bruder Paul Baerwald, dem Vorsitzenden des American Jewish Joint Distribution Committee, gelang ihnen 1938/39 die Emigration in die USA.[3] Teile ihres Umzugsgutes wurden in Hamburg beschlagnahmt und dort mutmaßlich 1942 versteigert. Wie die Goethe-Erstausgabe in den Berliner Antiquariatshandel gelangte, bleibt unklar – dennoch handelt es sich ohne Zweifel um einen verfolgungsbedingten Vermögensverlust.[4] Das Deutsche Buch- und Schriftmuseum hat daher Kontakt zu den Erben aufgenommen, um mit ihnen eine faire und gerechte Lösung im Sinne der Washingtoner Prinzipien zu finden.[5] Das Buch konnte im Sommer 2022 an die Erben zurückgegeben werden. Da das Museum es vor der Restitution digitalisieren durfte, ist es für die Öffentlichkeit in digitaler Form weiterhin zugänglich.

In anderen Fällen werfen die Katalogeinträge neue Fragen auf. So ist anhand der Einlieferernummer mehrerer 1956 angekaufter ägyptischer Kleinplastiken erkennbar, dass sie aus einer größeren Privatsammlung mit Schwerpunkt auf ägyptischen und griechisch-römischen Antiken stammen, die geschlossen bei Rosen zur Auktion kam.[6] Geschäftsunterlagen zu dieser Auktion können bislang nicht ermittelt werden. Verschiedene Quellen deuten aber darauf hin, dass Rosen vor allem für Privatverkäufer aus Ostberlin und der DDR ein beliebter Anlaufpunkt war und selbst Ankaufsreisen in die DDR unternahm.[7] Sind die Erwerbungen des Museums insofern das Ergebnis innerdeutscher Ost-West-Ost-Transfers? Dieser Spur ist weiter nachzugehen.

Emily Löffler

1
Markus Krause, *Galerie Gerd Rosen: Die Avantgarde in Berlin 1945–1950*, Berlin 1995, S. 26–27 und 33–35; Carl-Ernst Kohlbauer, „Gerd Rosen (1903–1961) – Antiquar, Galerist und Auktionator in Berlin“, in: *Aus dem Antiquariat*, NF 9, Nr. 5, 2011, S. 199–218, hier S. 203–205.

2
Gerd Rosen Auktionen, Versteigerung XXVII, 2. Teil: Bücher, Autographen. 16.–20.11.1956, Berlin 1956, Losnummer 1688, S. 25.

3
Looted Cultural Assets (Hg.), *Personendatensatz „Baerwald, Emil“*, http://lootedculturalassets.de/index.php/Detail/Entity/Show/entity_id/5003 (26.4.2022) und Zentral- und Landesbibliothek Berlin (Hg.), Restitutionsbericht Emil und Jenny Baerwald, https://www.zlb.de/fachinformation/spezialbereiche/provenienzforschung/restitutionen/emil-und-jenny-baerwald.html (26.4.2022).

4
Brandenburgisches Landeshauptarchiv Potsdam, Rep. 36 A (II), Nr. 1568.

5
Deutsches Zentrum Kulturgutverluste (Hg.), *Grundsätze der Washingtoner Konferenz in Bezug auf Kunstwerke, die von den Nationalsozialisten beschlagnahmt wurden (Washington Principles)*, 3.12.1998, https://www.kulturgutverluste.de/Webs/DE/Stiftung/Grundlagen/Washingtoner-Prinzipien/Index.html (16.6.2022).

6
Gerd Rosen Auktionen, Versteigerung XXVI, 2. Teil: Kunst. 5.–9.5.1956, Berlin 1956, Losnummern 3782, 3800, 3804, 3808 und 3809, S. 166–169.

7
Kohlbauer 2011 (wie Anm. 1), S. 210–211.

1959

4.000 Porträts aus fünf Jahrhunderten

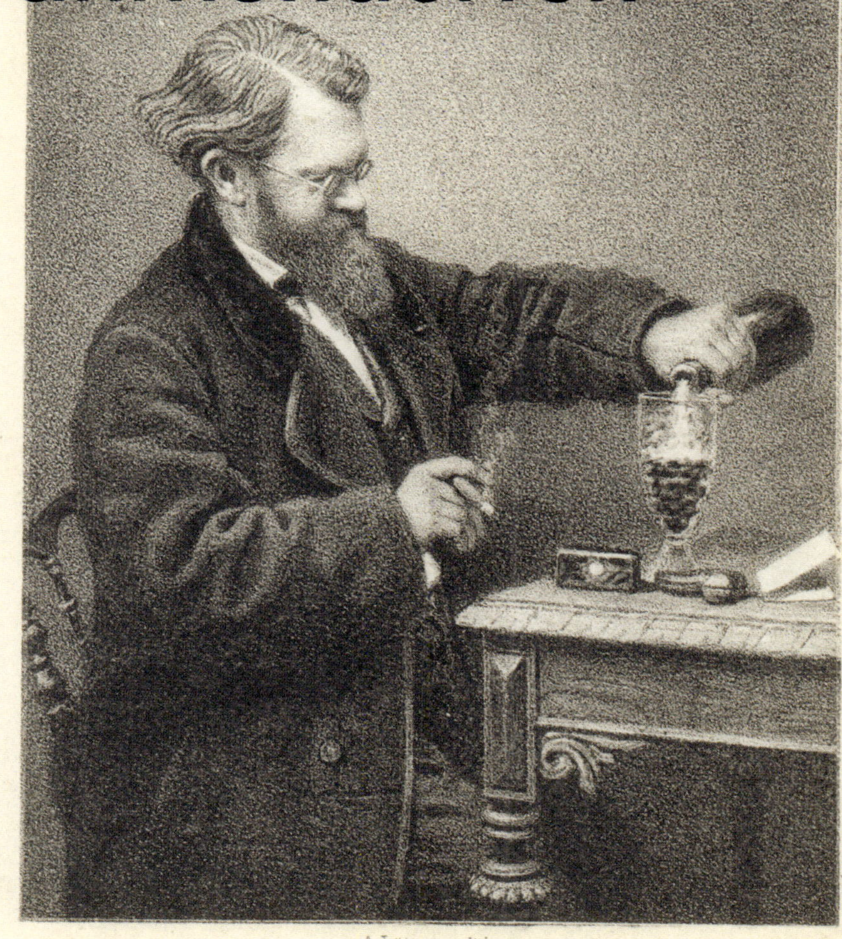

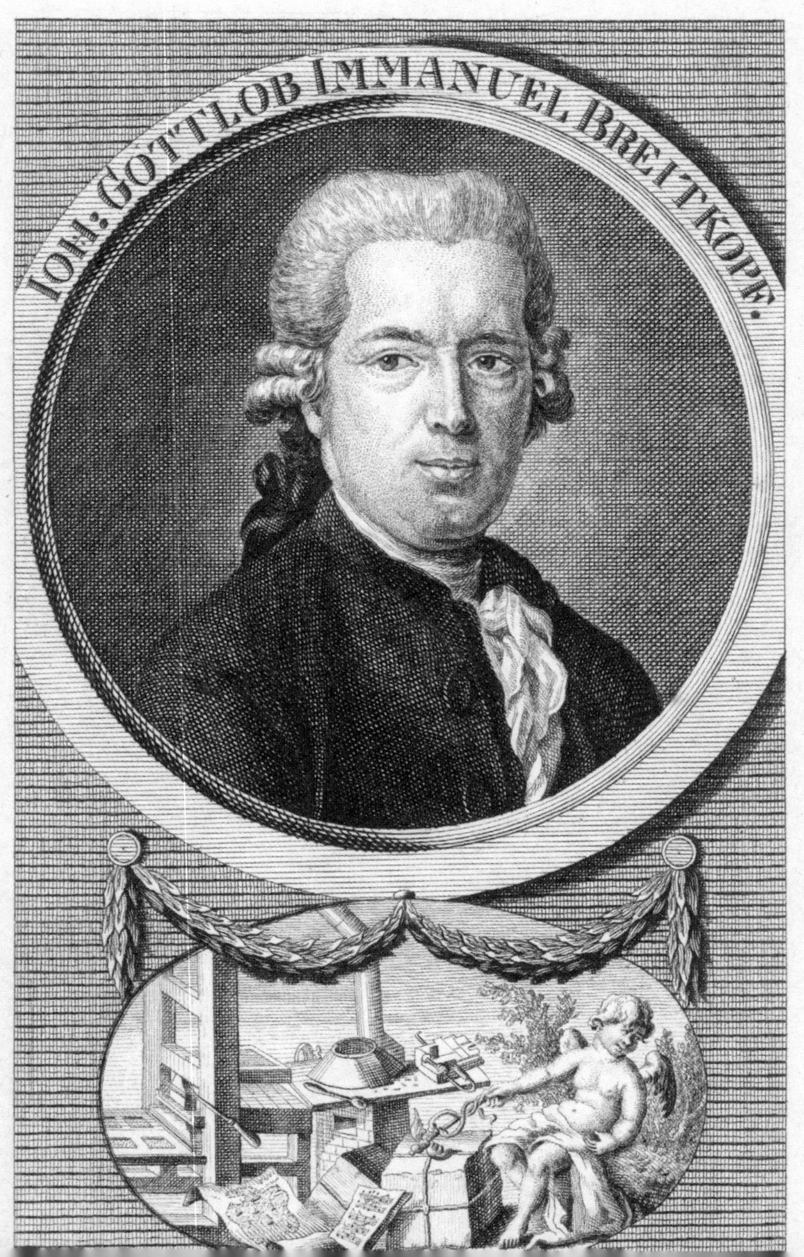
IOH: GOTTLOB IMMANUEL BREITKOPF.

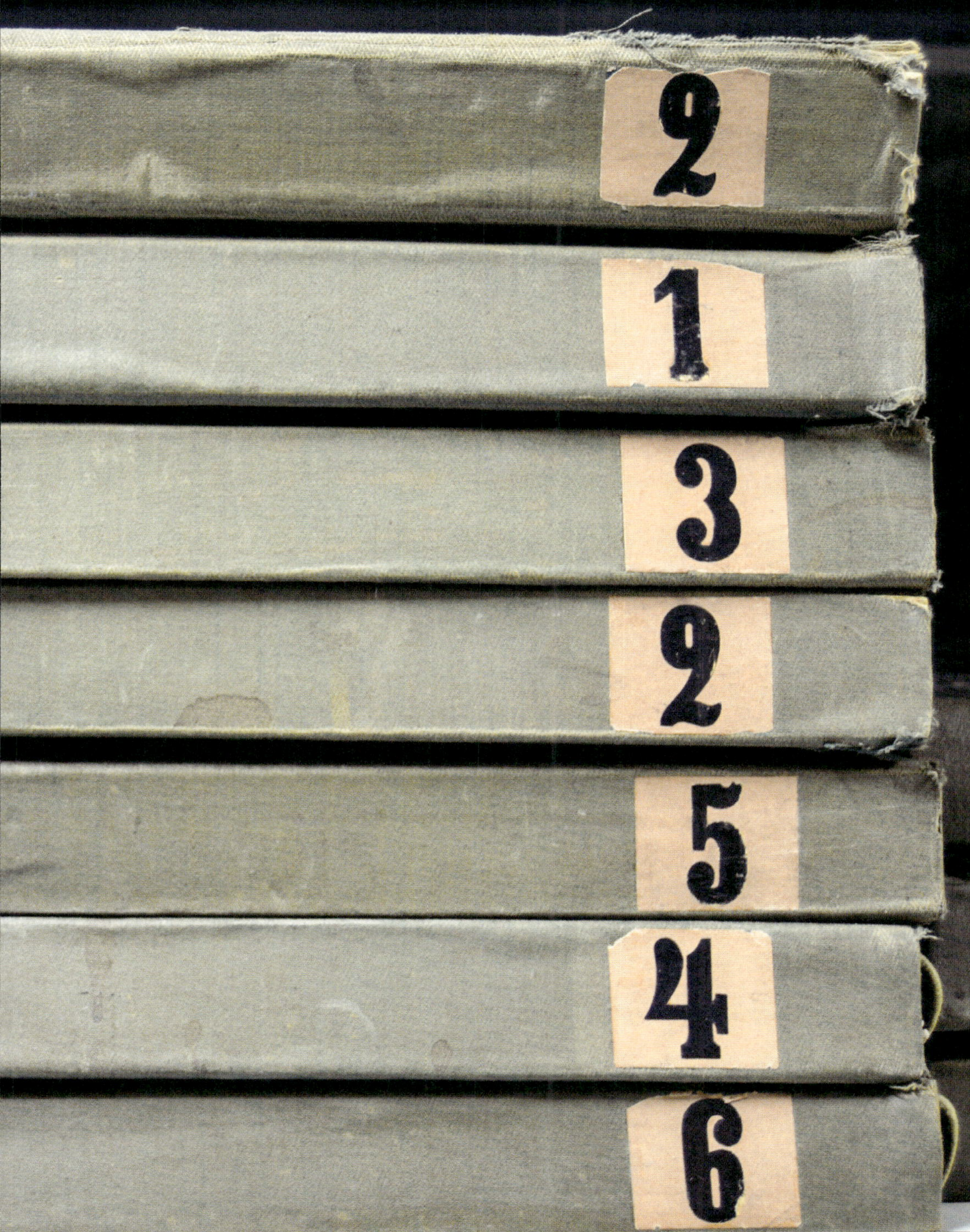
2
1
3
2
5
4
6

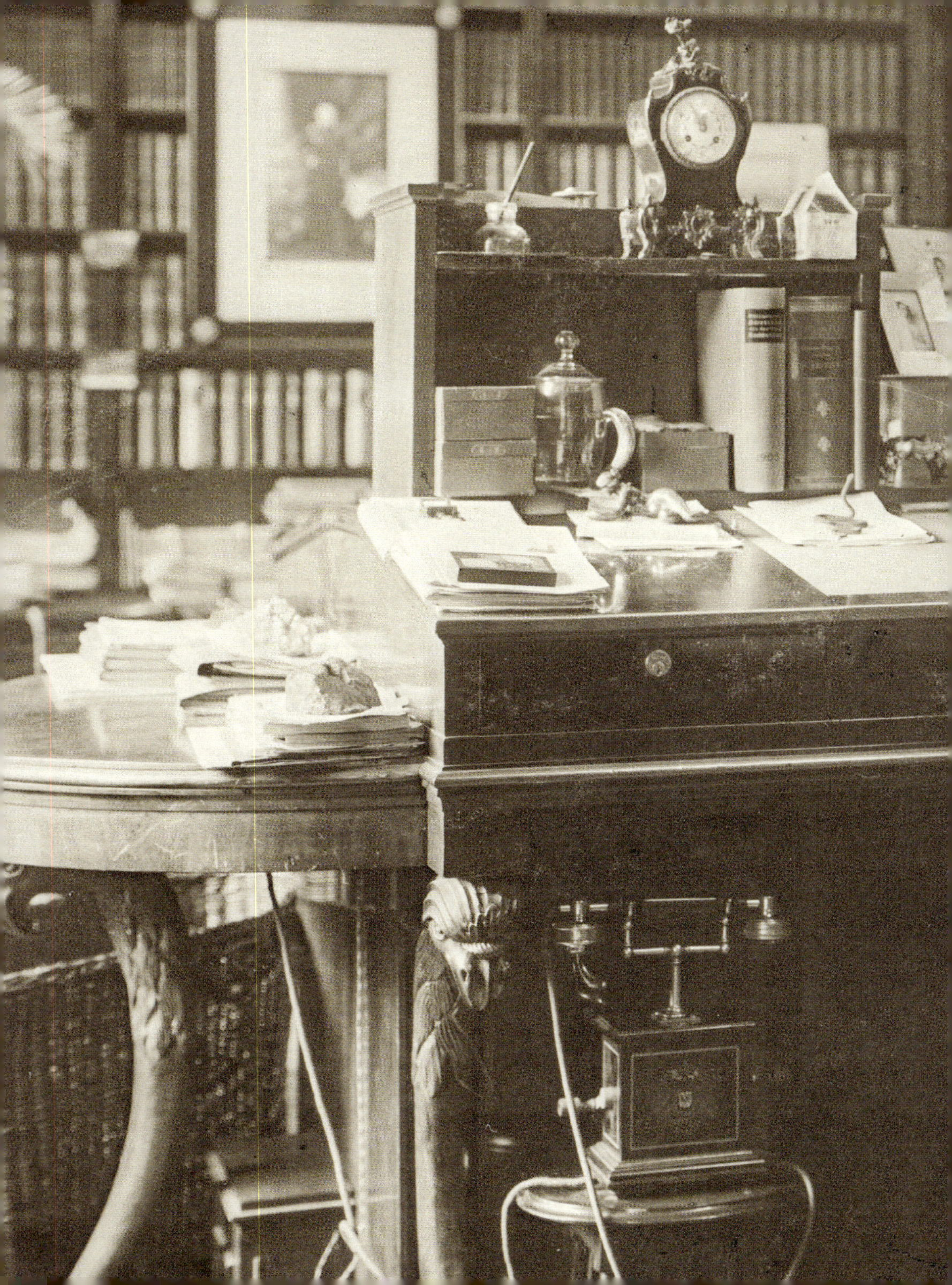

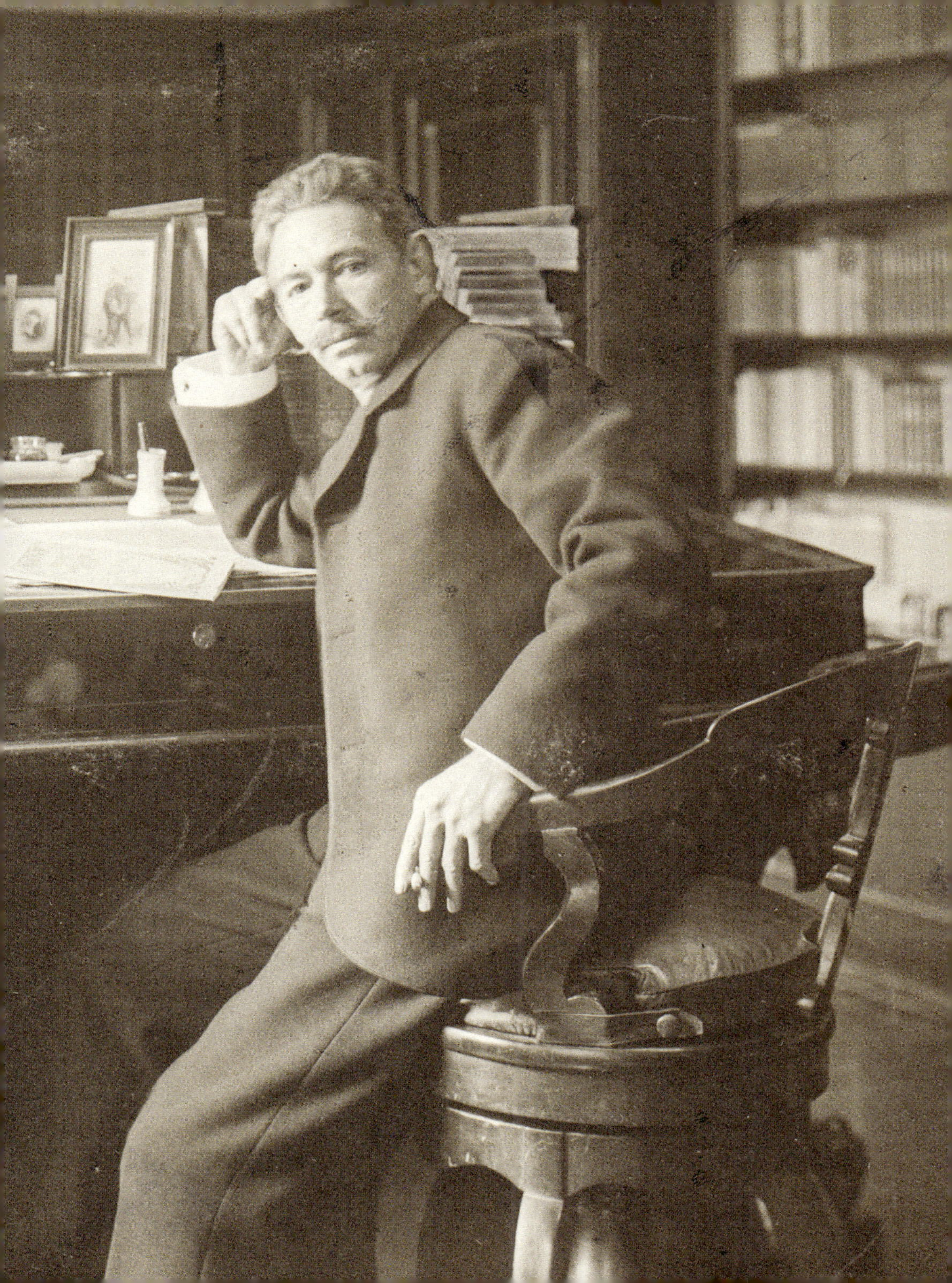

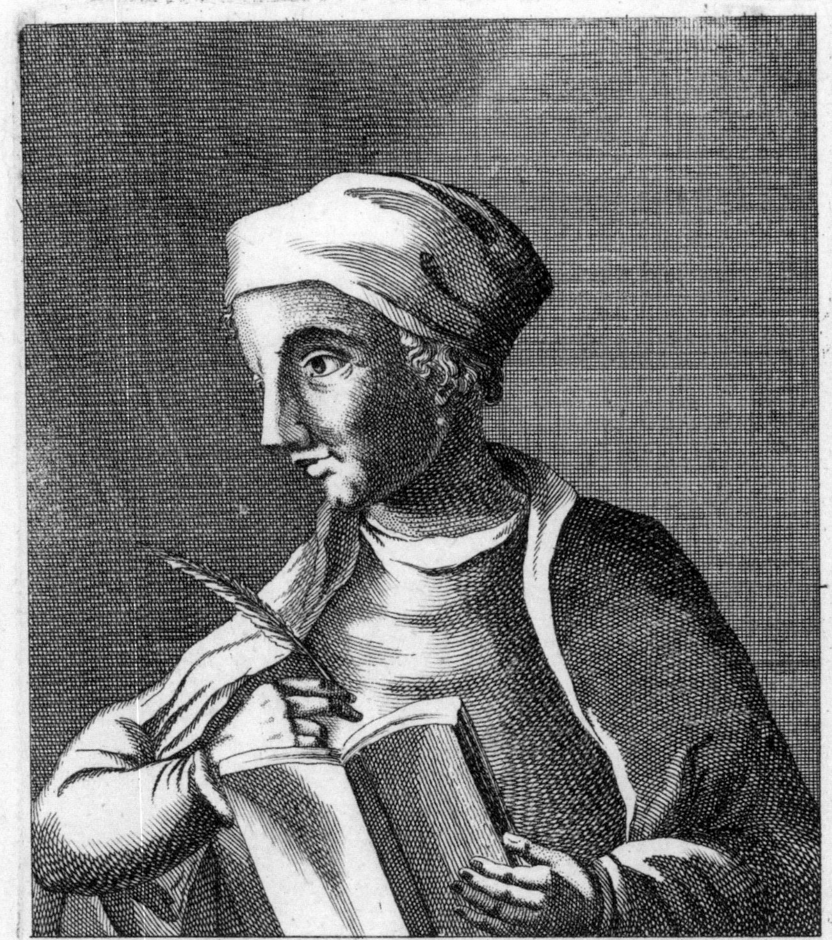

IODOCVS BADIVS,
Ascensius,
Linguae Latinae et Graecae Professor Lugdunensis, Typographus de in Parisiensis celeberrimus
Natus A:1462. Den. A°. 1535.
Ex collectione Friderici Roth-Scholtzii Norimbergae

Buchhändlerporträts

Stich u. Druck v. A. Weger, Leipzig

Heinrich Brockhaus

geb. 4. Februar 1804

Leipziger Tageblatt, 5. Juni 190

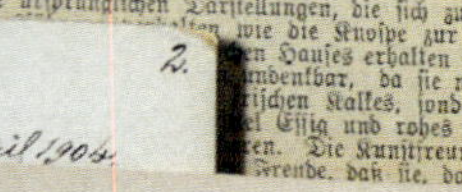

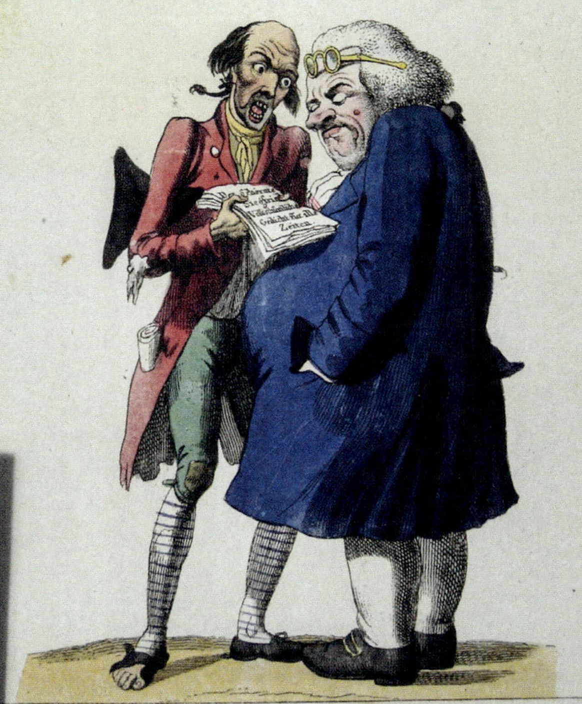

Der Weltmann und der Dichter
oder
wie ein Gelehrter seine Manuscripte dem Buchhändler anbietet.

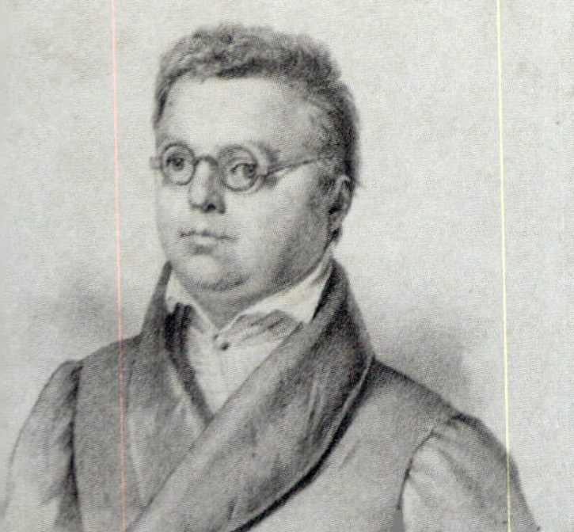

Stolzes Buchgewerbe

Über 4.000 druckgrafische Bildnisse von Druckern, Verlegern, Buchhändlern und Künstlern gehören zu den herausragenden Bildquellen im Deutschen Buch- und Schriftmuseum und stellen mit ihrem buchgeschichtlichen Bezug eine einzigartige Sammlung in Deutschland dar. Zusammengetragen werden sie von vier Persönlichkeiten, die dem Buch- und Kunsthandel auf besondere Weise verbunden sind: Albrecht Kirchhoff (1827–1902), Heinrich Lempertz (1816–1898), Heinrich Hermann (1844–1904) und Georg Müller (1857–1921).

Auf Druckgrafiken sind – anders als in Büchern – eher selten handschriftliche und gestempelte Eigentumsnachweise ihrer Besitzer*innen zu entdecken. Auch eine mangelhafte oder fehlende Dokumentation der Blätter erschwert häufig das Nachverfolgen des zeitlichen, funktionalen und persönlichen Rahmens ihrer Zusammenstellung.

Im Bestand der Bibliothek des Börsenvereins der Deutschen Buchhändler zu Leipzig, der heute im Buchmuseum seine Zusammenführung und Heimstätte gefunden hat, gibt es zwei umfangreiche druckgrafische Bildnissammlungen: die sogenannte Buchhändler-Porträtsammlung sowie die Georg-Müller-Stiftung.

Die über 3.300 druckgrafischen Bildnisse der Buchhändler-Porträtsammlung werden nachweislich bis heute immer wieder als Bildquellen für Ausstellungen und als Illustrationsvorlagen für Publikationen genutzt. Als im Jahr 1959 die Übernahme der Leipziger Börsenvereinsbibliothek durch das Buchmuseum erfolgt, ist zur Herkunft der Sammlungen wenig bekannt. So sind die Zugangsbücher der Börsenvereinsbibliothek nur lückenhaft überliefert, und manche der Einträge sind derart knapp gehalten, dass sie eine eindeutige Zuordnung zum Objekt überhaupt nicht oder nur vage ermöglichen. Ein aus den 1920er-Jahren zu den Sammlungen überlieferter handschriftlicher Zettelkatalog kann ebenfalls nur spärlich Auskunft über die Porträts geben, die dort nur unvollständig und ohne Hinweis auf die Herkunft der Blätter nachgewiesen sind.

Die aufschlussreichsten historischen Informationen sind den Berichten der Börsenvereinsbibliothekare zu entnehmen, die regelmäßig im *Börsenblatt für den Deutschen Buchhandel* erscheinen. Demnach schenkt Albrecht Kirchhoff, der von 1861 bis 1869 als erster Bibliothekar des Börsenvereins wesentliche Grundlagen derselben legt, der Bibliothek seine umfangreiche buchgeschichtliche Sammlung: darunter 952 druckgrafische Porträts.[1] Bereits ein Jahr darauf – so einem weiteren Bericht zufolge – erwirbt der Börsenverein die Privatsammlung des Kölner Antiquars Heinrich Lempertz,[2] die ebenso druckgrafische Porträts zur Buchgeschichte enthält. Die mit 2.000 Bildnissen umfangreichste Sammlung berühmter Buchhändler und Buchdrucker steuert anlässlich der Eröffnung des Deutschen Buchhändlerhauses im Jahr 1888 der Leipziger Buchhändler Heinrich Hermann bei.[3] Auf das Geschenk von Heinrich Hermann verweist ein spärlicher Eintrag im Accessions-Journal der Bibliothek des Börsenvereins unter dem 20. Dezember 1887: Buchhändler-Porträts in 14 Mappen nebst Verzeichnis.

Zunächst bewahrt man die grafischen Blätter wie durch ihre Sammler überliefert, also geschlossen nach ihrer Herkunft, auf. Um den Zugriff auf die einzelnen Porträts und damit deren gezielte Nutzung zu erleichtern, werden im Jahr 1900 die Porträtsammlungen physisch vereint, das heißt alphabetisch nach dem Namen der Dargestellten sortiert und auf Kartons montiert. Mit diesem Vorgehen geht keine weitere Kennzeichnung oder Dokumentation einher, was die Provenienzzuschreibungen bis heute nahezu unmöglich macht. Lediglich der Börsenvereinsbibliothekar und Antiquar Albrecht Kirchhoff listet seine Sammlung in einem Heft handschriftlich auf,[4] was für einzelne Blätter eine vage Zuschreibung ermöglicht. Für die Lempertz'sche Bildnissammlung können nur in wenigen Fällen Provenienzen belegt werden. Eine Erschließungslücke, die auch für die Sammlung von Heinrich Hermann und dessen verloren gegangenes Verzeichnis zutrifft, welches noch im Accessions-Journal 1887 Erwähnung findet.

Georg Müller ist akribischer Sammler und Stifter zugleich.[5] Er lässt sich bei Übergabe seiner Sammlung im Jahr 1921 vom Börsenverein vertraglich zusichern, dass diese in sich geschlossen und mit seinem Namen verbunden aufbewahrt wird.

Dazu zählen über 1.200 historische Dokumente mit über 600 Bildnissen. Ein Markenzeichen: Müller montiert seine grafischen Blätter auf Kartons, kombiniert sie wie auf einem Tableau teils mit Briefen der Abgebildeten und beschriftet sie sorgfältig. Das Ganze erfährt seine systematische Ordnung unter den Schlagworten Buchhandel, Buchkunst und Graphiker in 14 mit Buntpapier bezogenen Mappen. Besonders aufschlussreich bleiben seine Notizen, wann und wo er einzelne Blätter erwirbt – womöglich eine Fährte, die der unermüdliche Sammler Georg Müller zur eigenen Tätigkeit über seine Lebenszeit hinausschauend legen will.

Somit sind die Provenienzen der Sammlung von Georg Müller klar, jene von Albrecht Kirchhoff nur vage zuschreibbar. Eine tiefergehende Betrachtung der Sammlungen von Heinrich Lempertz und Heinrich Hermann ist hingegen nach beschriebener Ausgangslage kaum mehr möglich. Wenn aus diesen Sammlungskonvoluten wie beispielsweise im Hinblick auf das Porträt von Franz Dübyen dann doch etwas herauszufiltern ist, sind es Widmungen auf den Sammler – so „Herrn Heinrich Lempertz zum Namenstage 1853 von J. J. Merlo" –, die im Erschließungsprozess zu lesen und in neuen Nachweissystemen festzuhalten bleiben.

Carola Staniek

1
Friedrich Hermann Meyer, „Bericht über die Bibliothek des Börsenvereins der Deutschen Buchhändler, den Zeitraum von Anfang April 1875 bis Ende März 1876 umfassend", in: *Börsenblatt für den Deutschen Buchhandel*, 43, Nr. 95, 1876, S. 1481.

2
Ders., „Bericht über die Bibliothek des Börsenvereins der Deutschen Buchhändler, den Zeitraum von Anfang April 1876 bis Ende März 1877 umfassend", in: *Börsenblatt für den Deutschen Buchhandel*, 44, Nr. 89, 1877, S. 1438.

3
Ders., „Bericht über die Bibliothek des Börsenvereins der Deutschen Buchhändler, den Zeitraum von Anfang März 1887 bis Ende Februar 1888 umfassend", in: *Börsenblatt für den Deutschen Buchhandel*, 55, Nr. 83, 1888, S. 1817.

4
Albrecht Kirchhoff, *Portraite: Verzeichnis seiner Sammlung von Buchhändler-Porträts.* Leipzig o. J. [um 1860], DBSM, Bö H 140.

5
Carola Staniek und Katrin Teichmann, „Das Sammeln ist des Müllers Lust: Georg Müller (1857–1921), Sammler und Kunstantiquar in Leipzig und Meran", in: *Leipziger Blätter*, H. 48, 2006, S. 12–13.

1959

Göschen-Sammlung

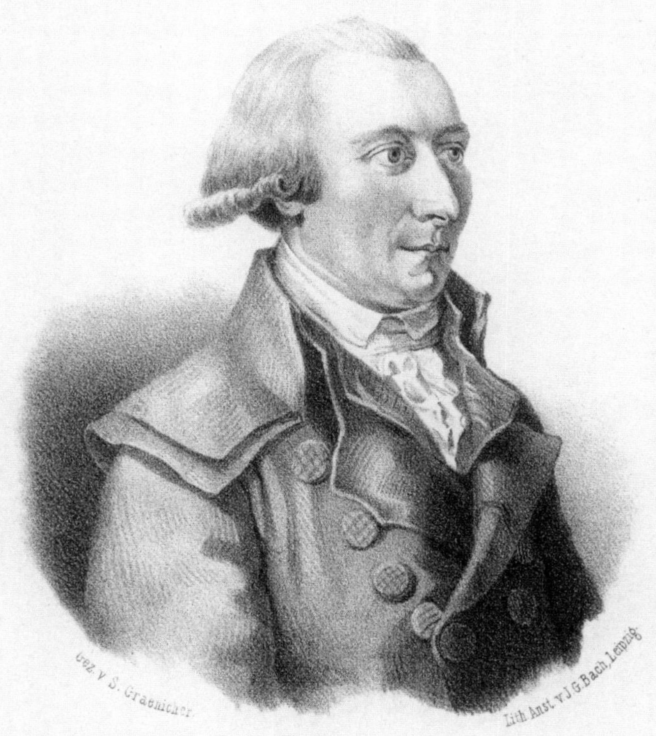

Göschen

geb. 22. December 1752.
gest. 5. April 1828.

Verlag von Otto Aug. Schulz in Leipzig.

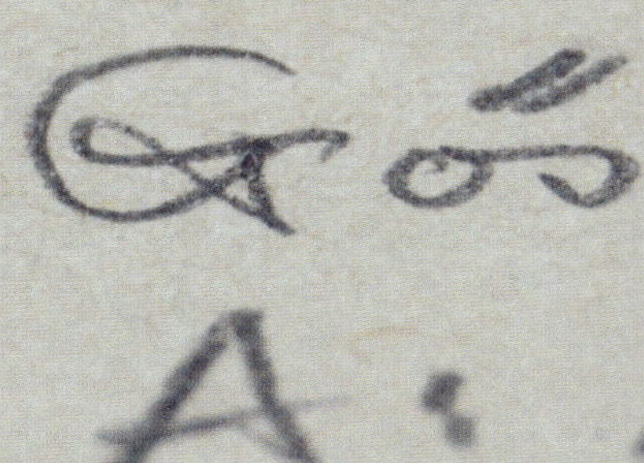

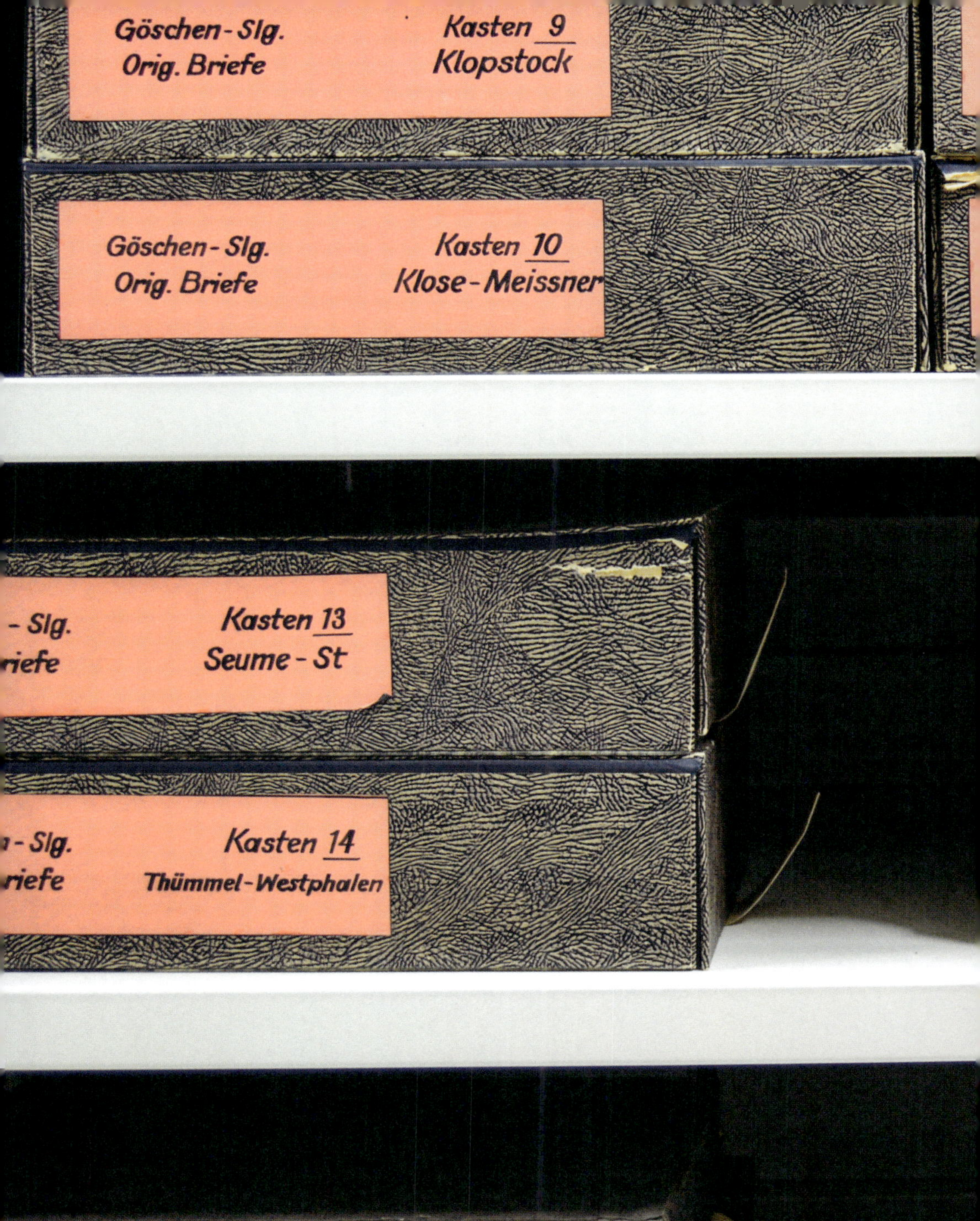
Göschen-Slg.
Orig. Briefe
Kasten 9
Klopstock
Göschen-Slg.
Orig. Briefe
Kasten 10
Klose-Meissner
- Slg.
riefe
Kasten 13
Seume - St
- Slg.
riefe
Kasten 14
Thümmel-Westphalen
amlung English Analysis of Böttiger's
Letters 1795 - 1834
Göschen-Slg Gruppe B
Kasten 3

Liebster bester Göschen!

Seit vielleicht einem Vierteljahre bin ich Ihnen Antwort auf einen sehr werthen Brief schuldig – ich habe entsetzlich in Arbeiten gesteckt, u. fange kaum jetzt an freyer zu athmen. Wir sind hier seit einigen Tagen in Weimar u. in voller Bewunderung von Iffland. Meine Frau hat Ihnen vor ein paar Tagen geschrieben – ich wußte es nicht, sonst hätte ich gleich ein Briefchen beygelegt. Ich habe mich sehr zu rechtfertigen daß ich Ihren Doolin noch nicht besorgt habe. Jetzt da ich ein wenig vom Shakespeare u. Athenäum erlöst bin, ist es mein erster Gedanke. Zu Ihrem Troste muß ich mir sagen, daß es doch gewiß auf keine Weise früher besorgt worden wäre, wenn die Redaktoren es auch jemand anders hätten auftragen wollen. Sie werden bemerkt haben, daß seit einem Vierteljahre fast keine einzige Rec. im Fache der schönen Literatur in der A L Z erschienen ist. Es fehlt darin sehr. Wie gesagt, in wenigen Tagen, sobald ich nach Jena zurückkomme, nehme ich die Arbeit gleich vor, u. will sie dann sehr zur baldigen Beförderung empfehlen.

Original befindet sich i. d. K. öff. Bibliothek zu Dresden.

Herr Hofrath Wieland in Weimar

Debet

Laut unserm Contract sind bezahlt . . . . . . 4475 —

dieser Contract wurde früher ausgefertigt als das Datum d. 21: Dec. 1795 anzeigt; daher komt es daß nur obige ₰ 4475 darin benannt sind, und daß folgende, bis Ende 1795 hier angegebene Posten, außer jenen ₰ 4475 nicht mit im Contract benannt sind, ob gleich sie wirklich noch vor d. 21: Dec. 1795 bezahlt sind

5. 1 Beschreibung von Venedig . . . . . . 3. —
1 Rosengarten aus Clarissen . . . . . . 14. —
14. —
ab 12 ½ % 1. 18 | 12. 6. —
12. gezahlt die verwittwete Herzogin für Wielands Werke 4° 3te Lieferung . . . 20. —
7. 1 Wielands Werke Taschenformat 1. 2te Lieferung für den Herzog . . 23. 8
ab 16 ⅔ % 3 22 | 19. 10. —
pr Einbände . . . . . . 5. —
24 1 Isocrates Panegyricus . . . . . . — 12
ab . — 2. | — 10.
1 Wielands Werke Taschenformat 2te 3te Lief. ohne Kupfer . . . 17. 16. —
28. gesandt pr Anweisung auf Haller [illegible] à 6 ⅓ . . . 40. —
— do. Steiner, Winterthur — . . . 90. —
— do. Wantzel, Frankfurt a/m — . . . 300 —
430 —
ab Agio 18 12 | 411. 12 —
19 gesandt baar nach Weimar . . . . . . 88. 12 —
1796.
10 Praenumeration auf Wielands Werke 4° 4te 5te Lief. für die Herzogin . . 50. —
19 gezahlt auf Anweisung an Uffo von Wildingen . . . . 25 —
29 — do. Ordre Elkan . . . . 200. —
7. gesandt pr Anweisung auf Kiel u. Dor . . . . 200.
Agio à 5 ¾ % 11. 12
gesandt baar 100 Stück wichtige Ducaten à 3 ₰ . . . 300. —
— dergl. 42 St. Carol. à [illegible] . . . . 254 12 —
1 Wielands Werke Taschenformat 4te Lief. v. [illegible] . . . 8. 20

6099 14 —

Daß mir, laut vorstehender Rechnung, die Summe von Rt. 6099. 14 gl. sage Sechstausend und Neun und Neunzig Reichsthaler, vierzehn Groschen, von Herrn Buch-

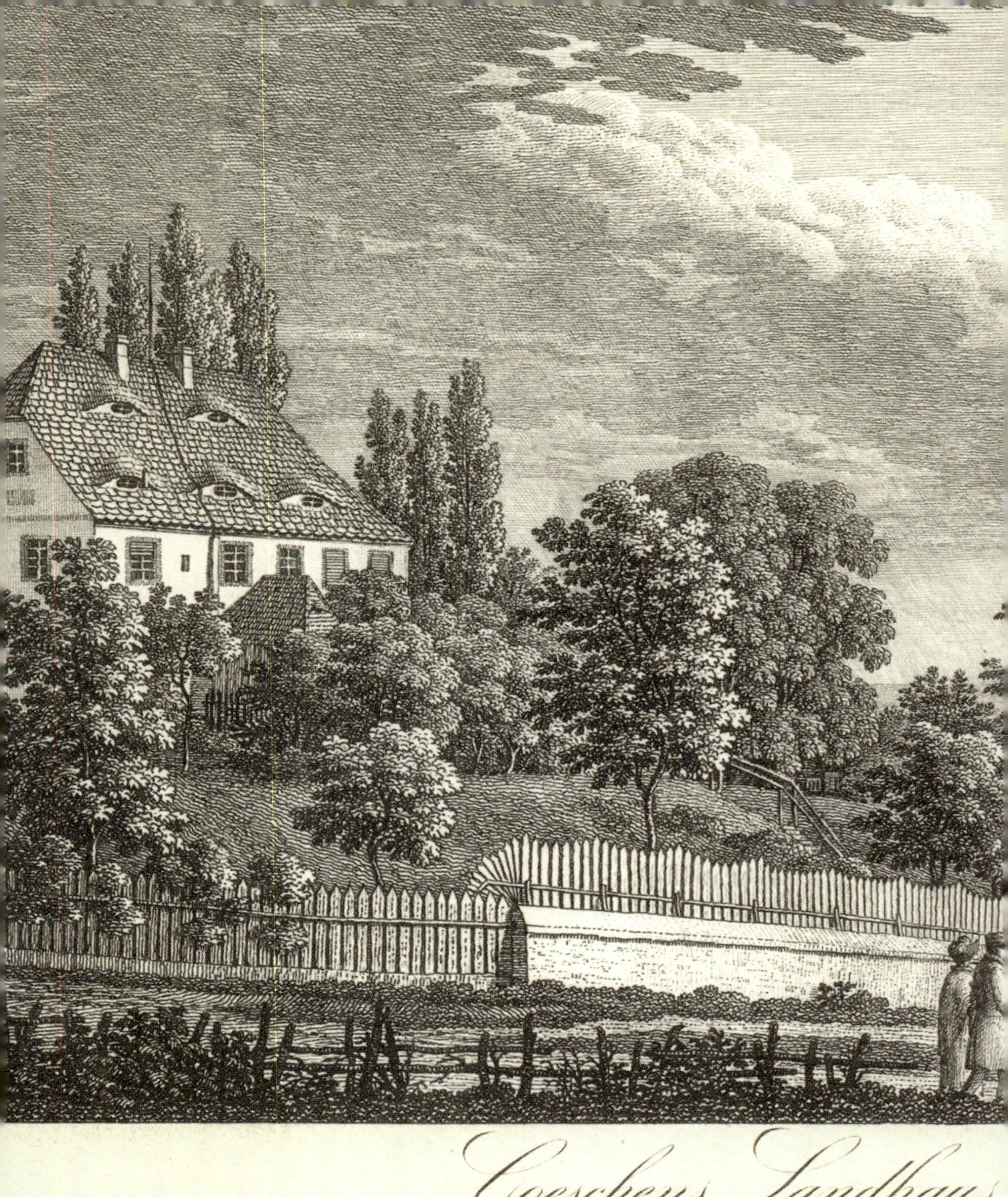

Goeschens Landhaus
in Hohnstaedt bey Grimma.

„Ein neuer Edelstein"

Der Verleger und Typograf Georg Joachim Göschen (1752–1828), in Bremen geboren, gründet 1785 einen Verlag in Leipzig, dem er 1793 eine Druckerei angliedert. Bis zu seinem Tod 1828 in Grimma verlegt er rund 850 Titel sowie diverse Zeitschriften und Almanache. Zu seinen Autoren gehören Schiller, Goethe und Wieland. Nach Göschens Tod geht ein Großteil seines Verlagsarchivs verloren. Ein Kernbestand wird jedoch von seinem Enkel zusammengetragen und gelangt 1913 in die Bibliothek des Börsenvereins der Deutschen Buchhändler zu Leipzig. 1959 vom Buchmuseum übernommen, steht er seitdem für Forschende zur Verfügung.

Will man zur Geschichte eines Verlags und seines Akteurs Näheres erfahren, sind Geschäftsunterlagen wie Verlagsverträge, Druckauftrags- und Kontobücher, Verlagsprospekte sowie die Briefe, die der Verleger mit seinen Autoren wechselt, von unschätzbarem Wert. So auch die im Buchmuseum verwahrte Korrespondenz von Georg Joachim Göschen, der mit seinem Verlag bald zu den bedeutendsten in Leipzig avanciert. 1797 verlegt er seine Druckerei nach Grimma und erwirbt für seine vielköpfige Familie ein Landgut im nahe gelegenen Hohnstädt, das sich zu einem Treffpunkt für seine Autoren, Freunde und Geschäftspartner entwickelt, darunter sein zeitweiliger Mitarbeiter Johann Gottfried Seume.[1] Göschen unterhält mit seinen Autoren, Zeichnern, Kupferstechern und Lektoren einen regen Briefwechsel, der einen detaillierten Einblick in seine Arbeits- und Lebenswelt bietet. In den Briefen werden publizistische wie typografische Ideen erörtert, es werden Honorare ausgehandelt, Absatzstrategien entwickelt und ganz persönliche Schicksale mitgeteilt, die einen spezifischen Blick auf das oft enge Verhältnis des Verlegers zu seinem beruflichen Umfeld gewähren.

Die Söhne Göschens haben kein verlegerisches Glück, und so wird das Unternehmen 1838 zur öffentlichen Versteigerung ausgeschrieben. Über einen Mittelsmann gelangt der Verlag an den einstigen Konkurrenten Cotta in Stuttgart und später an Walter de Gruyter in Berlin. Oftmals – und bis in heutige Zeit –

gefährden derartige Übernahmen den wertvollen Bestand an Verlagsarchiven. Häufig bleiben sie unbeachtet, im Extremfall werden sie makuliert oder gelangen, mit Fokus auf Einzelbriefe berühmter Persönlichkeiten, in den Handel.

Auch die Übernahme des Verlagsarchivs von Göschen bleibt unklar. Sein Enkel, der englische Minister Viscount George Joachim Goschen (1831–1907), berichtet, dass während der Auslieferung des Inventars „eine Kiste mit den wertvollsten autographischen Briefen seiner berühmtesten Geschäftsfreunde“[2] verschwunden sei. Für Liebhaber und Händler sind Autografe, handgeschriebene Briefe von bedeutenden Persönlichkeiten (beziehungsweise an sie) aus Literatur, Musik und Geschichte, ein lukratives Sammelgut. So wird bereits zu Lebzeiten von Göschen mit Briefen wie auch mit Kunst und Antiquitäten getauscht und gewerbsmäßig gehandelt. Wer es sich nunmehr leisten kann und möchte, greift zu und mehrt seinen Besitz. So gehen die Autografe von Hand zu Hand, bis sie im Lauf der Zeit dem Handel durch Übernahme in staatliche Institutionen wie Museen, Archive und Bibliotheken vielerorts wieder entzogen werden.

Als besagter Enkel Göschens eine Biografie[3] über seinen Großvater schreibt, geraten auch die Briefe wieder in den Fokus. George Joachim Goschen gelingt es, 865 Briefe von 190 Schriftstellern und Künstlern – darunter Johann Friedrich Bause, Rudolph Zacharias Becker, August Wilhelm Iffland, Friedrich Gottlieb Klopstock, Moritz August von Thümmel – von Privatleuten, Sammlern und Antiquaren zu erstehen. Darüber hinaus sammelt er zu weiteren, verstreut aufbewahrten rund 1.000 Briefen Abschriften. Nach seinem Tod gelangt die Sammlung an das englische Antiquariat Henry Sotheran & Co. in London. Auf den Katalog Nr. 38 wird auch im *Börsenblatt für den Deutschen Buchhandel* in Leipzig am 9. Januar 1913 hingewiesen. Folgerichtig erwirbt der Börsenverein der Deutschen Buchhändler mit Unterstützung der Kröner-Stiftung die einzigartige Göschen-Sammlung für seine Bibliothek im Buchhändlerhaus, das 1943 im Bombenhagel schwer beschädigt wird. Die durch Hitzeeinwirkung teilweise beschädigten Briefe werden nach der Übernahme in das Buchmuseum restauriert und erschlossen.

Das Buchmuseum erwirbt weiterhin Göschen-Briefe, erforscht deren Provenienz und gehört damit neben dem Verlagsarchiv von Walter de Gruyter und der Stiftung Weimarer Klassik zu den bedeutendsten Bewahrern von Göschens Korrespondenzen.

Carola Staniek

1
Heute befindet sich in den historischen Räumlichkeiten das Museum Göschenhaus sowie die Seume-Gedenkstätte.

2
George Joachim Goschen, *Das Leben Georg Joachim Göschens,* übers. von Thomas A. Fischer, Leipzig 1905, S. 7–8.

3
Ders., *The Life and Times of Georg Joachim Goschen, Publisher and Printer of Leipzig,* 2 Bde., London 1903.

1964

Deutsches Papiermuseum

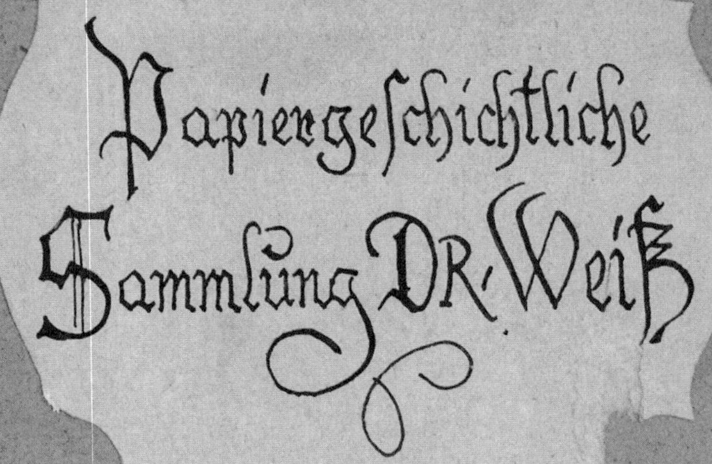

Kriegsgeschichtliche Sammlung Dr. Weiß.

Zugänge an Schlachtenzeichen-Skizzen.

Erworbene Sammlungen

Buchhändler Marmor in Konstanz 1894
Antiquar Öhrenfeld
Schriftsteller Merkens in München
Frl. Friedrich in Ahrensgarde
[illegible] in Braunschweig
[illegible] Schulz in Kamp 1918. 135.
[illegible]

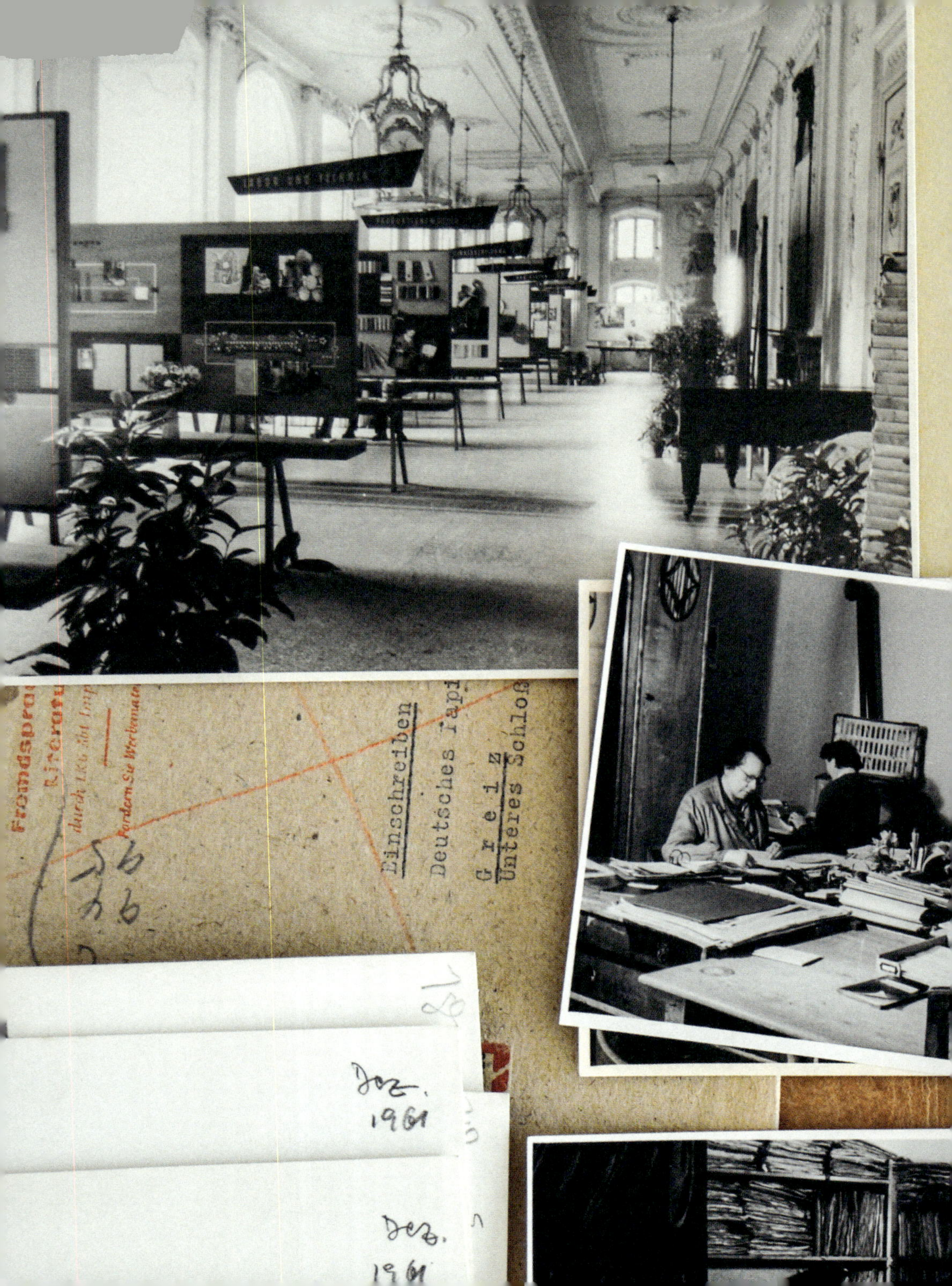

Einschreiben
G r e i z
Unteres Schloß
Dez. 1961
Dez. 1961

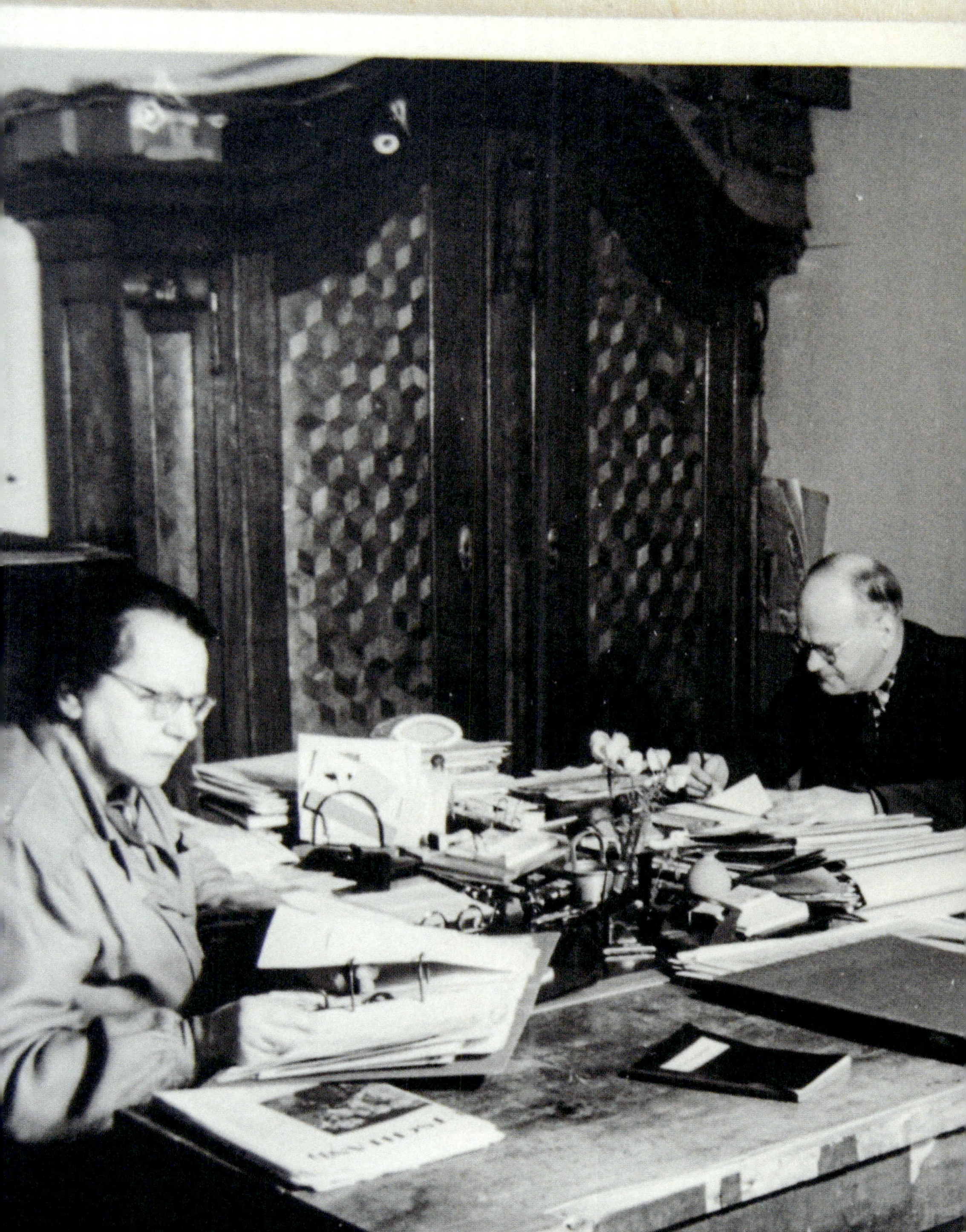

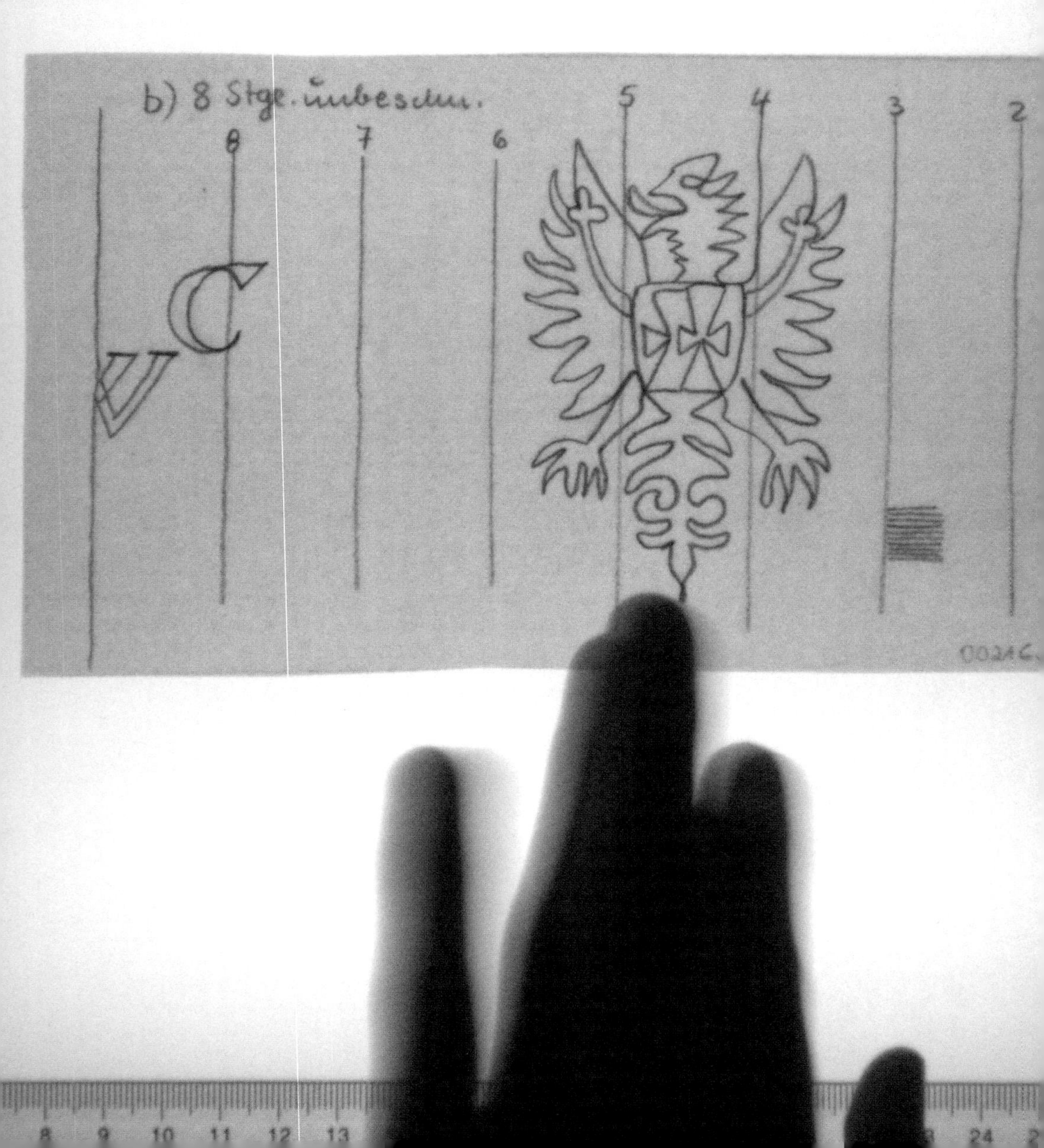
b) 8 Stge. umbeschr.
8
7
6
5
4
3
2

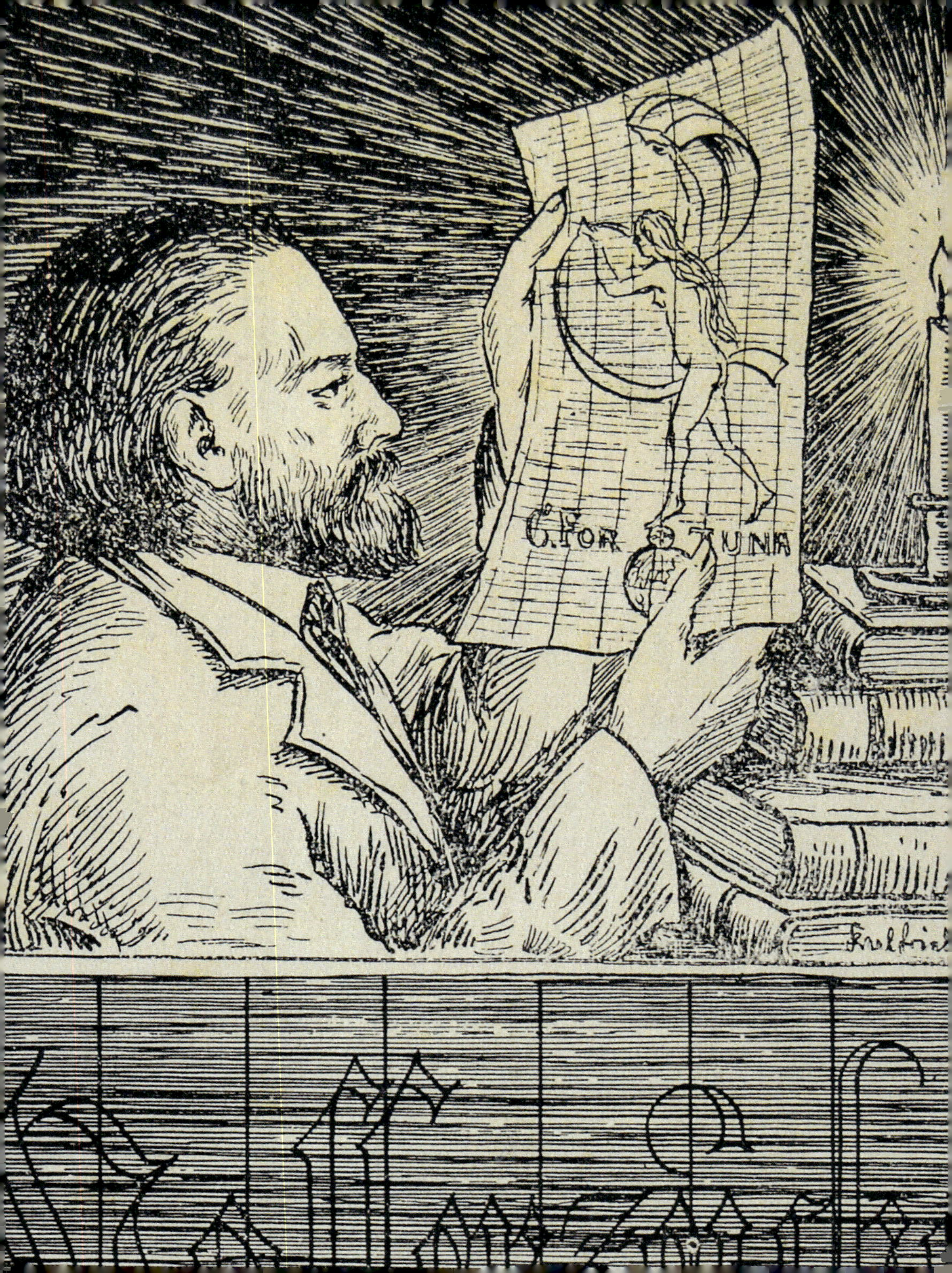
C. FOR TUNA

Wasserzeichen & Co.

Die Wasserzeichensammlung des Deutschen Buch- und Schrift-museums gilt als die größte erschlossene Wasserzeichen-sammlung der Welt. Die Sammlung des Papierhistorikers Karl Theodor Weiß (1872–1945) und seines Sohnes Wisso Weiß (1904–1991) hat dabei mit über 150.000 Belegen den größten Anteil. Ihre Struktur und ihr Umfang machen die Sammlung zu einem idealen Nachschlagewerk für Nutzer*innen bei der Beantwortung von papiergeschichtlichen Fragestellungen.

Begründer der Wasserzeichensammlung ist der Rechtsanwalt Karl Theodor Weiß. Er verfolgt die Absicht, ein Museum ins Leben zu rufen, das „eine möglichst vollständige Sammlung von Originalpapieren mit allen vorkommenden Wasserzeichen aller Zeiten und Länder in sistematisch [sic!] geordneten Entwicklungsreihen vom ersten Auftreten des handgeschöpften Papiers bis zum Maschinenpapier“[1] sowie ein Papiermacher- und Papiermühlenverzeichnis, eine Fachbücherei und kulturgeschichtliche Zeugnisse aus dem Herstellungsprozess von Papier und seinen Vorläufern umfasst. 1897 etabliert Karl Theodor Weiß das „Deutsche Papier Museum“ – zumindest als Briefkopf.

Die Realisierung des Museums gelingt erst seinem Sohn, Wisso Weiß. Über einen Zeitraum von drei Jahren haben Vater und Sohn ein Konzept für ein Deutsches Papiermuseum erarbeitet, das die wesentlichen Punkte der ursprünglichen Satzung aufgreift. Das Konzept in ein begehbares Museum umzusetzen, ist jedoch ein langwieriger Prozess, nicht zuletzt wegen der gesellschaftlichen und politischen Umbrüche in der ersten Hälfte des 20. Jahrhunderts. Nach dem Tod des Vaters 1945 übernimmt Wisso Weiß die Betreuung der Sammlung und bemüht sich jahrelang, den väterlichen Traum Wirklichkeit werden zu lassen. 1957 schließlich öffnet das Deutsche Papiermuseum in Greiz.

Die im Südosten Thüringens gelegene Stadt erweist sich allerdings nicht als geeigneter Standort. Deshalb gehen die Bestände des Deutschen Papiermuseums 1964 als eigenständiges

Sachgebiet an das Deutsche Buch- und Schriftmuseum der Deutschen Bücherei in Leipzig über. Die Fachbücherei wird in die Bibliotheksbestände des Museums integriert, die Zugänge sind verzeichnet.

Doch woher kommen die Wasserzeichenbelege? Diese Frage wird sich nie abschließend klären lassen, da keine vollständige Dokumentation über die Herkunft aller Papiere existiert. Diese „Lücke“ ist auf den Umstand zurückzuführen, dass eine Sammlungsdokumentation nach heutigem Verständnis in keinem der Konzepte beabsichtigt ist. Einige Hinweise finden sich in den von Karl Theodor und Wisso Weiß' Erben zusammengestellten Nachlässen. Die Deposita enthalten ausschließlich Unterlagen mit Bezug zur papierhistorischen Forschung und sind seit ihrer Übergabe 1993 um einige Nachreichungen ergänzt worden.

Daraus geht hervor, dass Karl Theodor Weiß während seiner Stationierung im Ersten Weltkrieg in München und im Breisgau Papiere mit dem Vermerk „Zur Sammlung“ in die Heimat schickt. Manche Papiere tauscht er, manche werden ihm überlassen, manche kauft er von anderen Sammlern. Darunter sind zum Beispiel der Papierhistoriker Edmund Marabini, der Ingenieur Ernst Kirchner sowie der Maler und Heraldiker Otto Hupp. Auch erfasst Karl Theodor Weiß beim Besuch von Archiven und Bibliotheken systematisch Wasserzeichen, indem er zu jedem Wasserzeichen eine handgezeichnete Pause oder ein Lichtbild anfertigt.

Um Informationen zu Papiermühlen sowie Wasserzeichenbelege aus einem möglichst breiten zeitlichen und geografischen Spektrum zu erhalten, verschicken Vater und Sohn von 1911 bis in die 1950er-Jahre mehrere Tausend Exemplare eines papiergeschichtlichen Fragebogens an Kommunen und Kirchengemeinden sowie staatliche Institutionen, Papierfabriken und Einzelforscher. Einige Antworten auf den papiergeschichtlichen Fragebögen finden Eingang in die historischen Notizen. Sie beinhalten Materialsammlungen zu Papiermühlen, die den jeweiligen Wasserzeichenbelegen in der Sammlung zugeordnet sind.

Der außerordentliche Vorteil der Struktur dieser Wasserzeichensammlung besteht darin, dass sie unendlich erweiterbar ist. Das Deutsche Buch- und Schriftmuseum ergänzt vorhandene

Entwicklungsreihen um Kopien oder Pausen von Wasserzeichen und vermerkt sie im Zugangsbuch.

Die Provenienz vieler Teile der Sammlung des ehemaligen Deutschen Papiermuseums ist noch nicht hinlänglich bearbeitet. Allerdings gibt es einige Ansatzpunkte und Vorarbeiten wie Zugangslisten aus dem Nachlass von Karl Theodor Weiß oder eine Masterarbeit zur Sammlungsgeschichte.[2] Bei zukünftigen Recherchen können diese eine Klärung der Herkunftsverhältnisse erleichtern.

Johanna Weißler

1
Karl Theodor Weiß, *Deutsches Papiermuseum mit Archiv und Bibliothek. Papiergeschichtliche Sammlung, begründet und wissenschaftlich geleitet durch Dr. K. Th. Weiß in Mönchweiler, Baden*, Mönchweiler o. J. [vor 1939], o. S., NKTW 125.

2
Johanna Weißler, *Sammlungen zur Papiergeschichte. Die Nachlässe von Karl Theodor und Wisso Weiß*, unveröff. Masterarbeit Universität Erfurt 2018.

1970

Sammlung Sozialistica

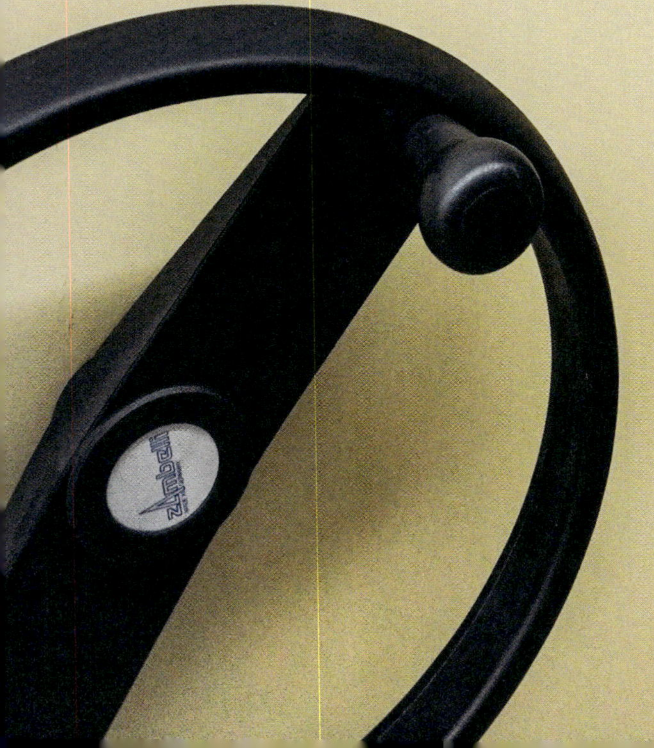

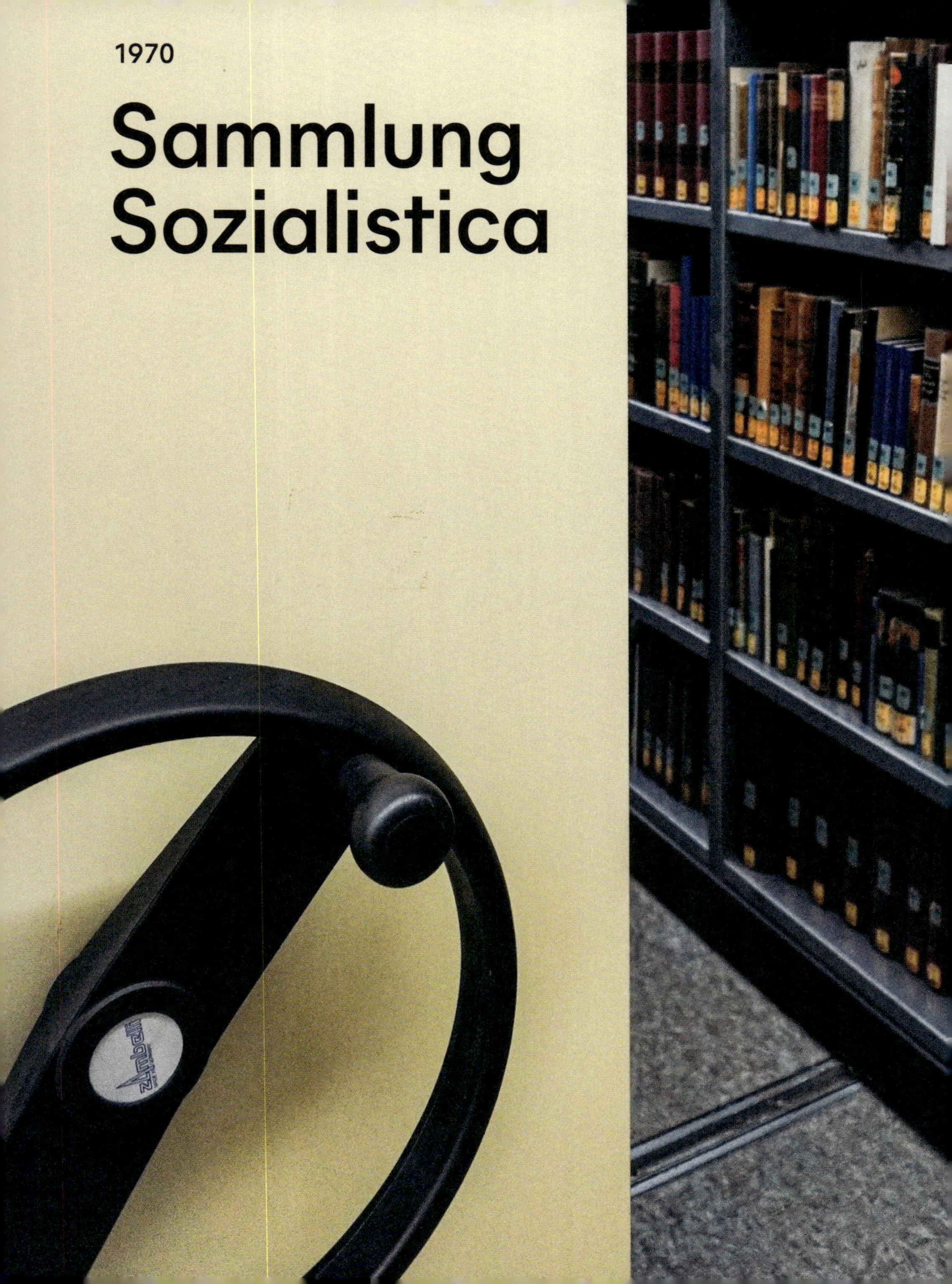

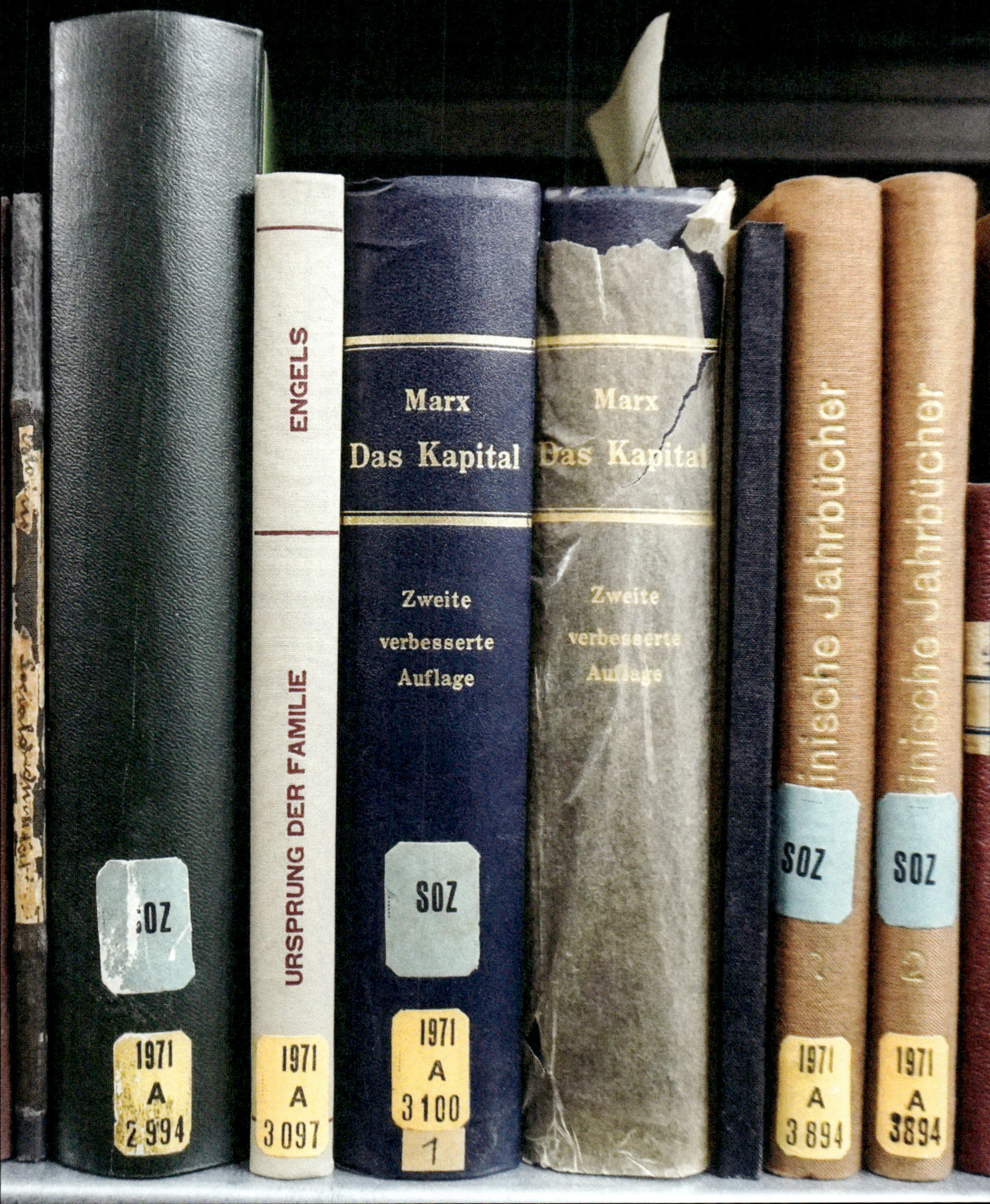

ENGELS
URSPRUNG DER FAMILIE

Marx
Das Kapital
Zweite
verbesserte
Auflage

Marx
Das Kapital
Zweite
verbesserte
Auflage

inische Jahrbücher

inische Jahrbücher

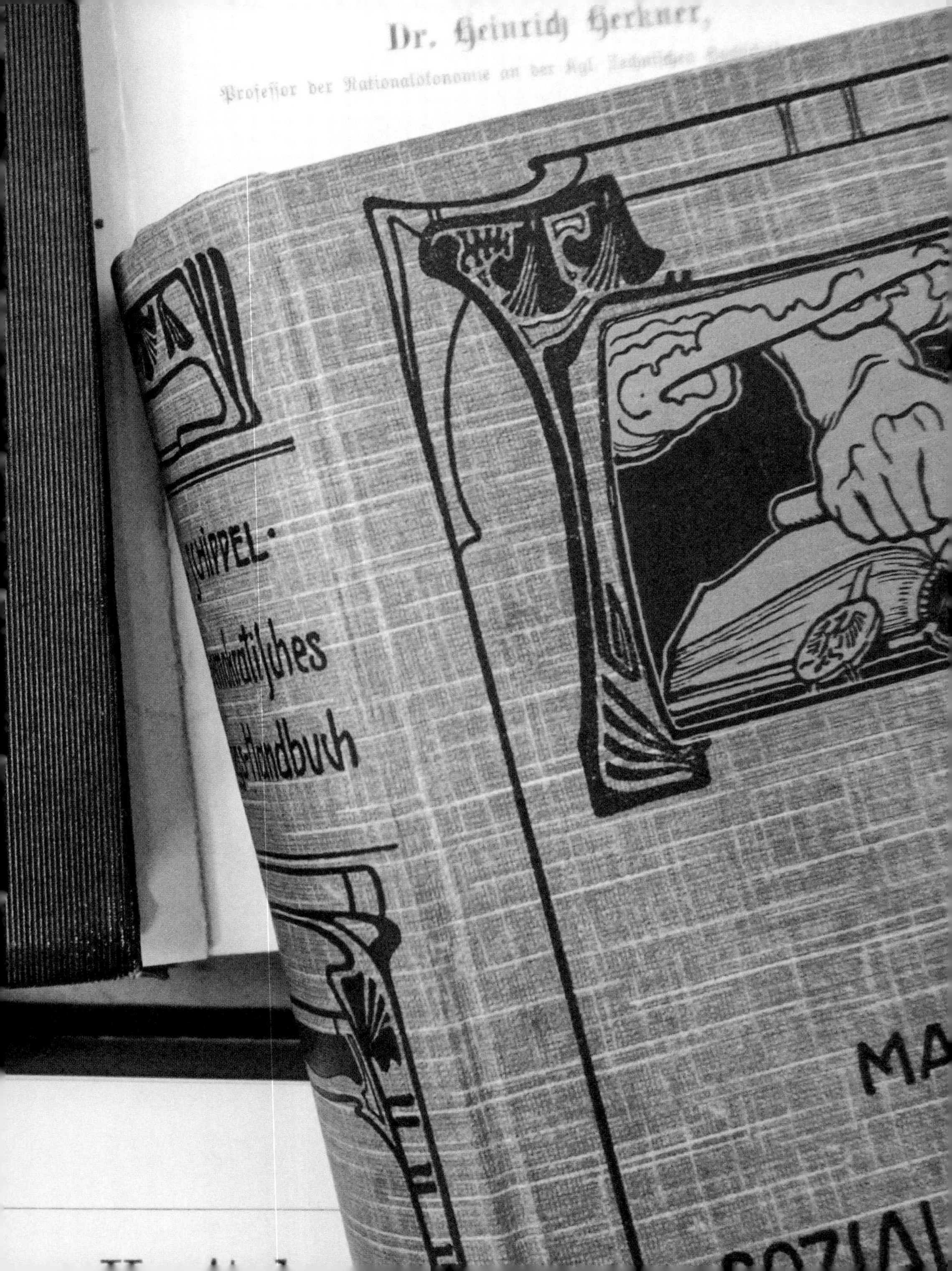
Dr. Heinrich Herkner,
Professor der Nationalökonomie an der Kgl.

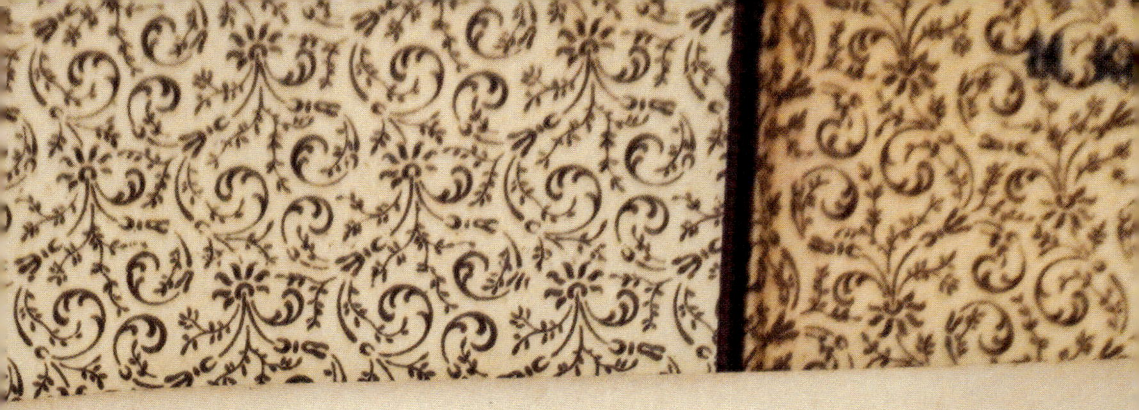

Die Sozialdemokratie und die Wahlen zum Deutschen Reichstage

Von

Paul Hirsch und Bruno Borchardt

Mit einer farbigen Uebersichtskarte

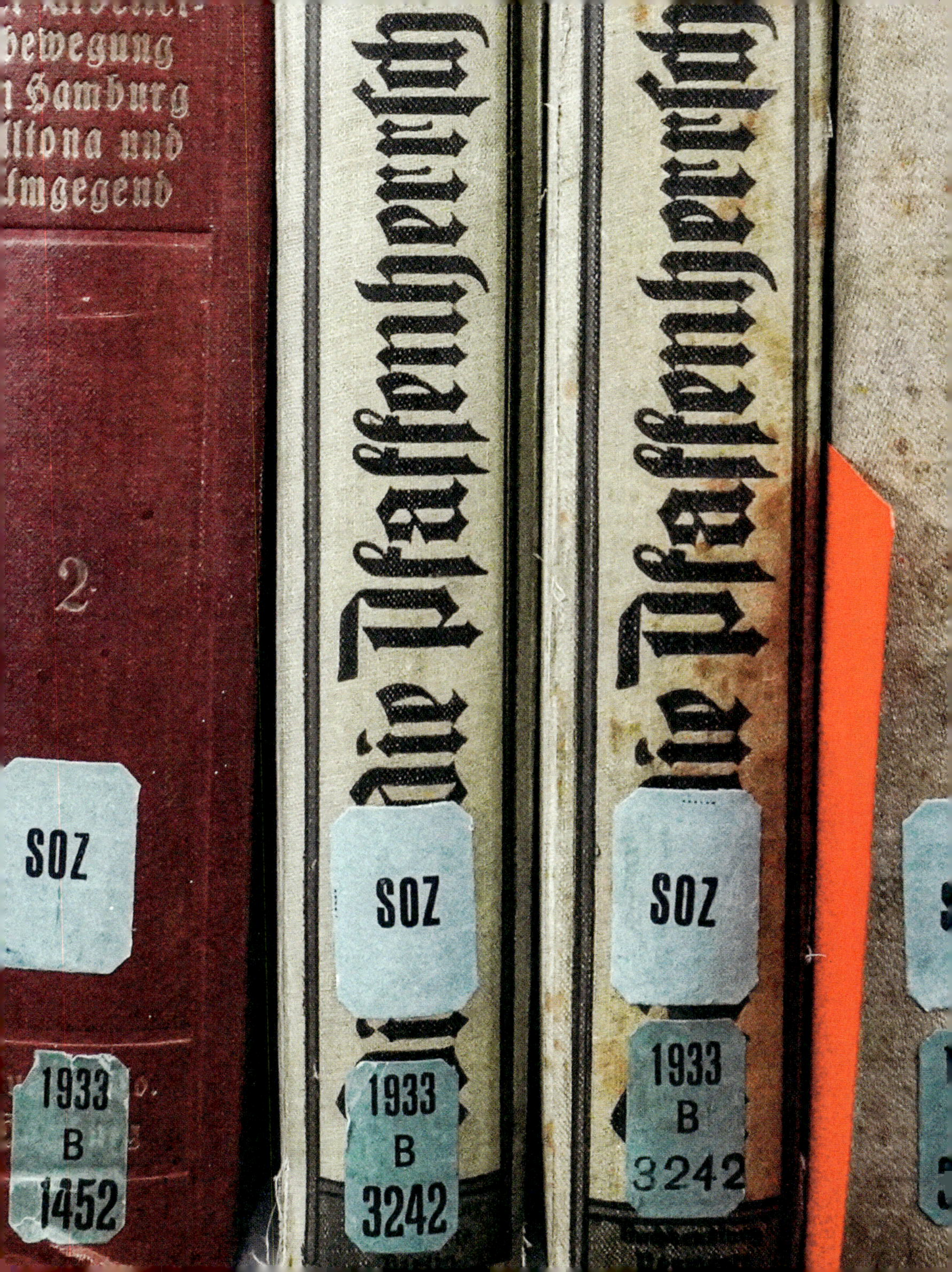

bewegung
n Hamburg
ltona und
mgegend

2

Die Pfaffenherrsch

Die Pfaffenherrsch

Sozialistisch, revolutionär, radikal

Die heute dem Deutschen Buch- und Schriftmuseum zugeordnete spezielle Sammlung von Publikationen unter dem Titel „Sozialistica" umfasst knapp 4.000 Publikationen, die in rund 30 Jahren, von 1971 bis etwa 1999, zusammengetragen wurden. Die Sammlung sollte „sozialistische und revolutionäre Schriften aus der Zeit von 1830 bis 1913 vereinigen".[1]

Das Protokoll einer „außerordentlichen Sammelgrundsatzbesprechung ‚Sozialistica' am 14. September 1970" teilt unter Punkt 1 lapidar mit: „Die Sondersammlung ‚Sozialistica' umfasst den Zeitraum 1830–1912."[2] Die Begründung dieser Sammlung ist im Herbst 1970 also bereits grundsätzlich beschlossen, und man kümmert sich um bibliothekspraktische Fragen wie Beschaffung, Inventarisierung, Katalogisierung und schließlich Unterbringung der künftig in diese Sammlung aufzunehmenden Werke. Inhaltliche Vorschläge, welche Werke überhaupt eine solche Sammlung bilden würden, sollen für die Kollegiumssitzung der Deutschen Bücherei am 15. November 1970 vorgelegt werden. Die dafür zuständige damalige Abteilung Beschaffung verfasst dann auch ein fünfseitiges Papier zur „Umfangsbestimmung der Sondersammlung Sozialistica (Als Grundlage zur Abfassung von Sammelgrundsätzen)".

Über die neue Sammlung in der Deutschen Bücherei berichtet Hans Stern, der für die Beschaffung antiquarischer Werke aus dem Ausland zuständige Bibliothekar, im Leipziger *Börsenblatt für den Deutschen Buchhandel.* Das Heft erscheint am 15. September 1970, also einen Tag nach der eingangs zitierten Besprechung. Aus dieser zeitlichen Folge lässt sich unschwer schließen, dass die Vorbereitungen für diese Sammlung schon über einen längeren Zeitraum stattfanden und intern diskutiert wurden.

Der Anlass für die Schaffung einer solchen, zeitlich vor den Sammlungsbeginn der Deutschen Bücherei hinausreichenden

Spezialsammlung ist nirgends schriftlich fixiert. Er lässt sich jedoch aus Sterns *Börsenblatt*-Beitrag ablesen. Dieser bezieht sich hier ausdrücklich auf den Beschluss des Politbüros des Zentralkomitees der Sozialistischen Einheitspartei Deutschlands (SED) vom 22. Oktober 1968 „Die weitere Entwicklung der marxistisch-leninistischen Gesellschaftswissenschaften in der DDR". Darin wird verklausuliert die Hinwendung der DDR zum kulturellen Erbe, zu dessen Aufnahme in den herrschenden politischen Kanon und damit seiner Erhaltung und Pflege verkündet. Dieser gesellschaftlichen Positionierung muss sich auch die Leitung der Deutschen Bücherei verpflichtet fühlen.

Die Pläne der Deutschen Bücherei werden aufmerksam registriert, und bereits am 16. Oktober 1970 trifft ein Brief aus dem Institut für Marxismus-Leninismus beim Zentralkomitee der SED (IML) ein, in dem dessen Direktor die zentrale Stellung seines Instituts und der zugehörigen Bibliothek beim Umgang mit der Geschichte der Arbeiterbewegung hervorhebt. Besonders Hans Sterns Betonung der „Beschaffung von Erstdrucken" dürfte hier alarmierend gewesen sein. So bedarf es noch einer „sachlich und kollegial"[3] verlaufenden Aussprache zwischen der Leitung der Bibliothek des IML und zwei Vertretern der Deutschen Bücherei am 18. Dezember 1970 in Berlin. Im Ergebnis werden sieben Festlegungen für eine Zusammenarbeit protokolliert, die sowohl die Vorrangstellung des Instituts anerkennen als auch der Deutschen Bücherei den Aufbau der Sammlung ab 1971 ermöglichen.

Von Beginn an werden die rund 145 Bände und zahlreichen Zeitschriften als Grundstock der Sammlung betrachtet, die der Stuttgarter Verleger Johann Heinrich Wilhelm Dietz (1843–1922) 1916 und 1917 der Deutschen Bücherei „als Geschenk überwiesen" hatte. Mit der Überlassung seiner „grossen sozialdemokratischen Privat-Bibliothek" habe die Deutsche Bücherei „auf diesem Gebiet einen so vollständigen Bestand wie kaum eine andere öffentliche Bibliothek", wird bereits im Bericht über die 27. Sitzung des Geschäftsführenden Ausschusses der Deutschen Bücherei am 23. September 1916 betont.[4] In diesem Bestand befinden sich zahlreiche wertvolle Erstdrucke und seltene Ausgaben der Werke von Karl Marx, Friedrich Engels, Ferdinand Lassalle, Franz Mehring, August Bebel, Maxim Gorki oder auch Lenins *Was tun?* in der in Stuttgart 1902 erschienenen russischsprachigen Erstausgabe.

Ab 1971 wird die Sammlung durch rund 200 antiquarische Erwerbungen pro Jahr ergänzt, sodass die Sammlung auf einen Bestand von 3.231 Monografien und 666 Zeitschriftenausgaben anwächst. Durch die antiquarischen Erwerbungen über einen rund zwanzigjährigen Zeitraum sowie durch Umsetzungen inhaltlich und formal relevanter Werke aus dem allgemeinen Bestand der Bibliothek ist nicht auszuschließen, dass sich auch in dieser Sammlung Exemplare befinden, deren Provenienz noch genauer zu untersuchen ist.

Dies gilt zum Beispiel für acht Schriften, die 1933 in den Allgemeinbestand der Deutschen Bücherei eingehen und nach 1970 in die Sozialistica-Sammlung überführt werden: Für sie verrät der Abgleich mit dem Zugangsbuch, dass das Polizeipräsidium Leipzig die Bände zwischen Juli und Oktober 1933 an die Bibliothek abgeliefert hat. Zu diesem Zeitpunkt hat das NS-Regime die SPD und KPD bereits verboten, die Gewerkschaften zerschlagen und zahlreiche Mitglieder der Arbeiterbewegung verhaften lassen.[5] Die übergebenen Bücher werden wahrscheinlich während dieser Verfolgung durch die Polizei beschlagnahmt. In drei Exemplaren haben ihre Vorbesitzer handschriftliche oder eingestempelte Spuren hinterlassen, die Ansätze für weitere Recherchen liefern. So lässt sich der Eigner des Stempels „M. König, Leipzig, Dufourstr. 26 II" mithilfe historischer Adressbücher als „Moritz König, Privatbeamter" identifizieren.[6] In der Dufourstraße wohnte er zwischen 1914 und 1936, danach verliert sich seine Spur. Im Melderegister der Leipziger Polizei fehlt seine Karteikarte, auch in den Gefangenentagebüchern des Leipziger Polizeigefängnisses wird er nicht aktenkundig. Ob König als Sozialdemokrat verhaftet wurde respektive unter welchen Umständen sich die Wege von Buch und Vorbesitzer trennten, ist daher noch unklar.

Unbestritten ist hingegen, warum gerade diese acht Bände nach 1970 in die Sozialistica-Sammlung überführt werden: Wie auch bei der restlichen Sammlung handelt es sich um sozialdemokratisches „Kleinschrifttum" wie dünne Agitationsheftchen oder Broschüren, Flugschriften und vor allem „Organisationsliteratur" der entstehenden und erstarkenden Gewerkschaften. Dieses Profil dürfte auch heute noch eines der charakterisierenden Merkmale der seit 2008 als abgeschlossen geltenden Sammlung sein.

Als solche wurden die „Sozialistica" in die Sammlungen des Deutschen Buch- und Schriftmuseums übergeben, womit sich der Bogen zur Gründungsgeschichte wieder schließt. In Hans Sterns *Börsenblatt*-Beitrag zur Sondersammlung wird mitgeteilt, dass mit „deren Aufbau und Pflege vor allem die beschaffenden Dienststellen und das Deutsche Buch- und Schriftmuseum betraut sind". Und die bereits eingangs zitierte Sammelgrundsatzbesprechung am 14. September 1970 legt unter Punkt 6 fest: „Buchdruckergewerkschafts-Objekte und typographische Besonderheiten dieser Sondersammlung sind dem Deutschen Buch- und Schriftmuseum zu melden."[7]

Jörg Räuber und Emily Löffler

1
Hans Stern, „Sammlung ‚Sozialistica' in der Deutschen Bücherei", in: *Börsenblatt für den Deutschen Buchhandel,* 37, Nr. 37, 1970, S. 749.

2
Protokoll der außerordentlichen Sammelgrundsatzbesprechung „Sozialistica" am 14. September 1970, Hausarchiv DNB-L, Nr. 527/9, Bl. 1.

3
Ebd., Bl. 15.

4
Ebd., Bl. 18.

5
Cordula Reuß und Anett Krause (Hg.), NS-Raubgut in der Universitätsbibliothek Leipzig, Ausst.-Kat. Bibliotheca Albertina, Leipzig, Leipzig 2011 (= Schriften aus der Universitätsbibliothek, 12), S. 43–48.

6
Leipziger Adreß-Buch 1933, 112, 1933, S. 535.

7
Protokoll der außerordentlichen Sammelgrundsatzbesprechung „Sozialistica" am 14. September 1970 (wie Anm. 2).

1976

Elisabeth-Handschrift

K. W. Justi. 2 Aug. 1834

Ferdinand Justi.

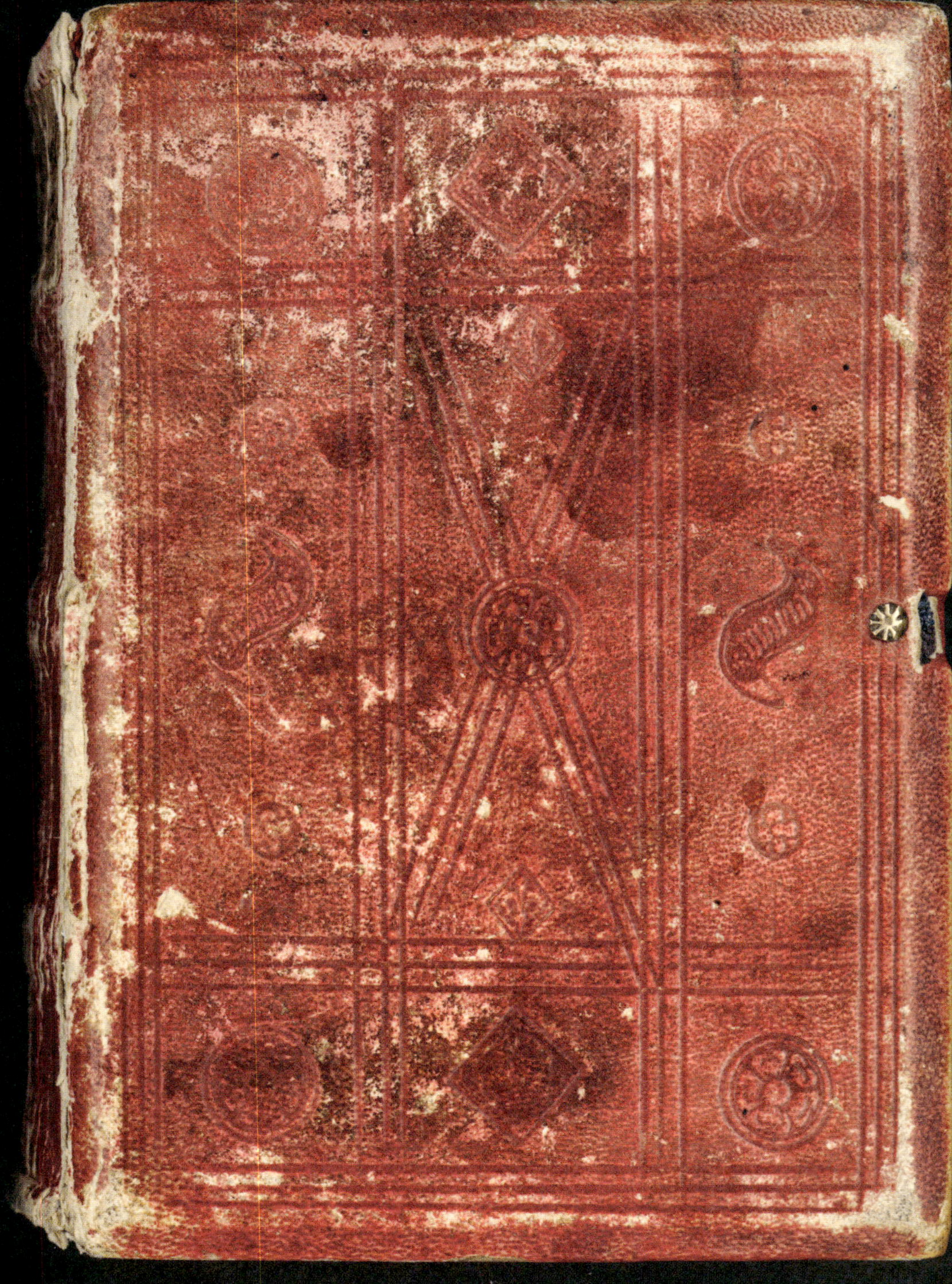

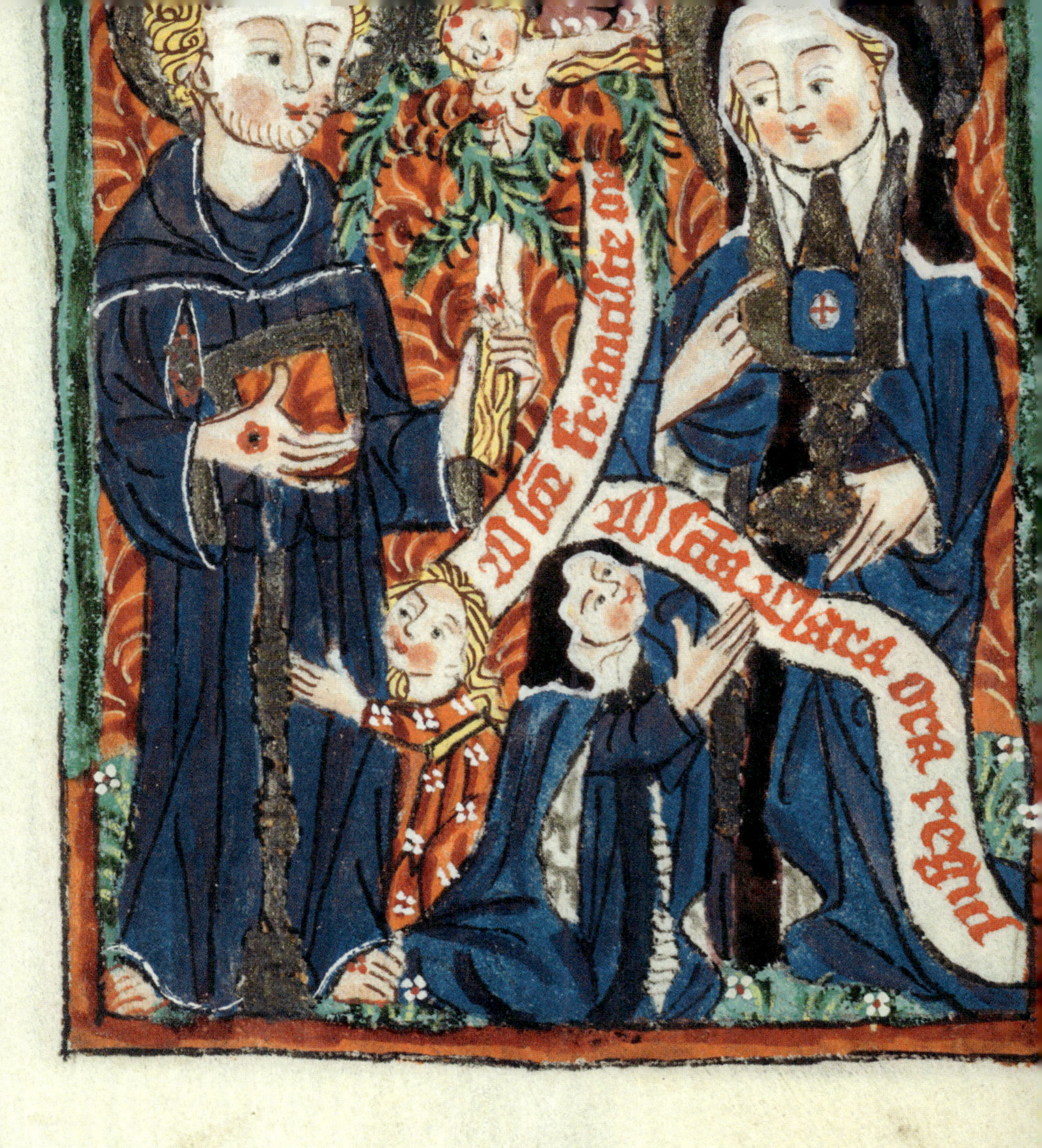
O scē francisce or
O scā clara ora regna

vō d' kilchē kām in ir eīwal
tiges hüsli do nutzete si gar
eī wenig spise Und noch dē
essen won si gar kranck uz.
Dorūb beleib si allein mit d'
vorgenātē ysentrut ūd neig
te sich in ir schosz recht als si
schlossen wölte ūd kart die ögē
zü der wand ūd über eī wile
Do wart ir angesicht clor ūd
liecht ūd mit fröiden rot si
süsseklich lachende Dor noch
üb' ein güte stund beschloss
si die ögen zü ūd dēnē ver
gosz si trehen on zal. Und

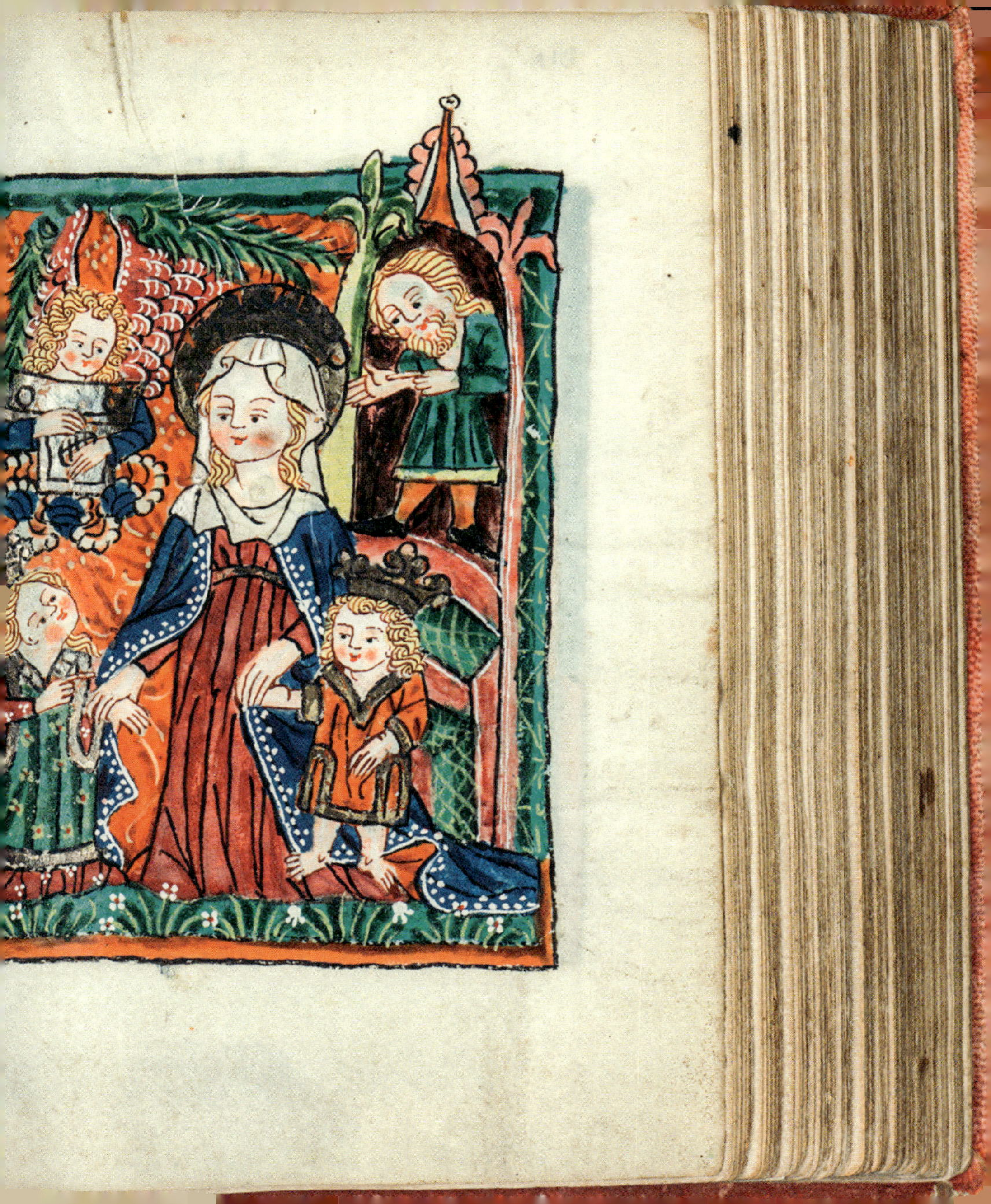

In nōīe pr̄is et filij et sp̄c sc̄i am̄.

Dis ist das leben vñ die le
gend der seligen Sant Elysa
bethen des edlen kinges toch
ter võ vngern die do gemech
let wart võ gottes ordnung
vñ willen dem edlen fürsten
vñ lantgrofen Ludwig võ
türingen. Und zů dem er
sten die vor red dis buches.

[D]o ich dietrich
dem brůd' p̄dig'
ordēs vñ priest'

Von Frauen über Frauen

Die Elisabeth-Handschrift ist die wertvollste und schönste Handschrift des Museums. Hergestellt in einem südwestdeutschen Frauenkloster und illuminiert von einer der besten Buchmalerinnen der Zeit, hat sie, wie auch die Heilige Elisabeth, von deren Leben Text und Bilder handeln, ein wechselvolles Schicksal erlitten.

Da der Fokus der Klemm'schen Sammlung auf dem gedruckten Buch liegt, ist der Bestand an mittelalterlichen Handschriften im Deutschen Buch- und Schriftmuseum von jeher nicht sehr groß. Das zweifellos wertvollste Stück unter diesen knapp über 100 Handschriften und Fragmenten ist die sogenannte Elisabeth-Handschrift.

Neben einer hagiografischen Lebensbeschreibung der Heiligen Elisabeth von Thüringen enthält der Band weitere handschriftliche Texte, die sich inhaltlich auf die Elisabeth-Legende beziehen. Geschrieben wurde der Text 1481 im Klarissenkloster Freiburg im Breisgau von Elisabeth Vogtin. 14 farbige Miniaturen, gemalt von Sibilla von Bondorf, illustrieren die Stationen des Heiligenlebens.

Nach der Aufhebung des Klosters im Zuge der Josephinischen Reformen 1782 verliert sich die Spur der Handschrift für die nächsten 60 Jahre. Der nächste Besitzereintrag stammt von Karl Wilhelm Justi und ist datiert auf den 2. August 1843. Für mehr als 100 Jahre verbleibt die Handschrift in der Gelehrtenfamilie, zuletzt bei Adelheid Justi, die als Vorerbin des 1957 verstorbenen Ludwig Justi eingesetzt ist.

Das Schicksal der Handschrift nach dem Tod von Adelheid Justi bleibt im Ungefähren. Von der Geschichte ihrer Überlieferung gibt es verschiedene Versionen, die von Eigentumsentzug bis zu Schenkung und späterem freiwilligen Verkauf durch die Beschenkte reichen. Letztendlich steht die Handschrift im Zentralantiquariat der DDR im Jahr 1976 für 70.000 DDR-Mark zum Verkauf. Das Museum erwirbt sie in gutem Glauben und ohne die Provenienzgeschichte zu hinterfragen. Nachdem sie bereits 1984 in einer Publikation zum 100-jährigen Bestehen des Museums[1] als besonderer Schatz gewürdigt worden ist,

stellt der Altphilologe Rainer Kößling (geb. 1936) die Handschrift 1997 einer breiteren Öffentlichkeit vor.[2]

Nun fordert die Familie Justi die Herausgabe der Handschrift und geht schließlich den gerichtlichen Weg. Nach langwierigen Verhandlungen kann 2003 die Deutsche Nationalbibliothek mit den Erben einen Vergleich erreichen. Zunächst Leihgabe der Erbengemeinschaft, geht die Handschrift nach zehn Jahren, nunmehr rechtlich abgesichert, als Schenkung in den Besitz des Museums über.

Seither wurde die Handschrift vollständig wissenschaftlich beschrieben, digitalisiert und in mehreren Ausstellungen gezeigt. Ein Nachweis mit Beschreibung und Digitalisat findet sich in der Fachdatenbank „Manuscripta Mediaevalia".[3] Auch über das Portal der Deutschen Nationalbibliothek ist ein Volldigitalisat abrufbar.[4] Wunderbar frisch zeigen sich hier die Miniaturen, die einst mit der Darstellung des heiligmäßigen Lebens der Elisabeth von Thüringen als Vorbild für die fromme Einkehr der Klarissen dienten und uns heute noch mit ihrer Schönheit und heiteren Glaubensgewissheit berühren.

Bettina Rüdiger

1
Fritz Funke, „Leben und Legende der Heiligen Elisabeth", in: *Schätze aus dem Deutschen Buch- und Schriftmuseum,* Leipzig 1984, S. 8f.

2
Rainer Kößling (Hg.), *Leben und Legende der heiligen Elisabeth nach Dietrich von Apolda,* Frankfurt am Main/Leipzig 1997 (= Insel-Bücherei, 1172). Alle Miniaturen werden mit farbigen Abbildungen vorgestellt.

3
http://www.manuscripta-mediaevalia.de/dokumente/html/obj32320544 (15.6.2022).

4
http://d-nb.info/1222562618 (15.6.2022).

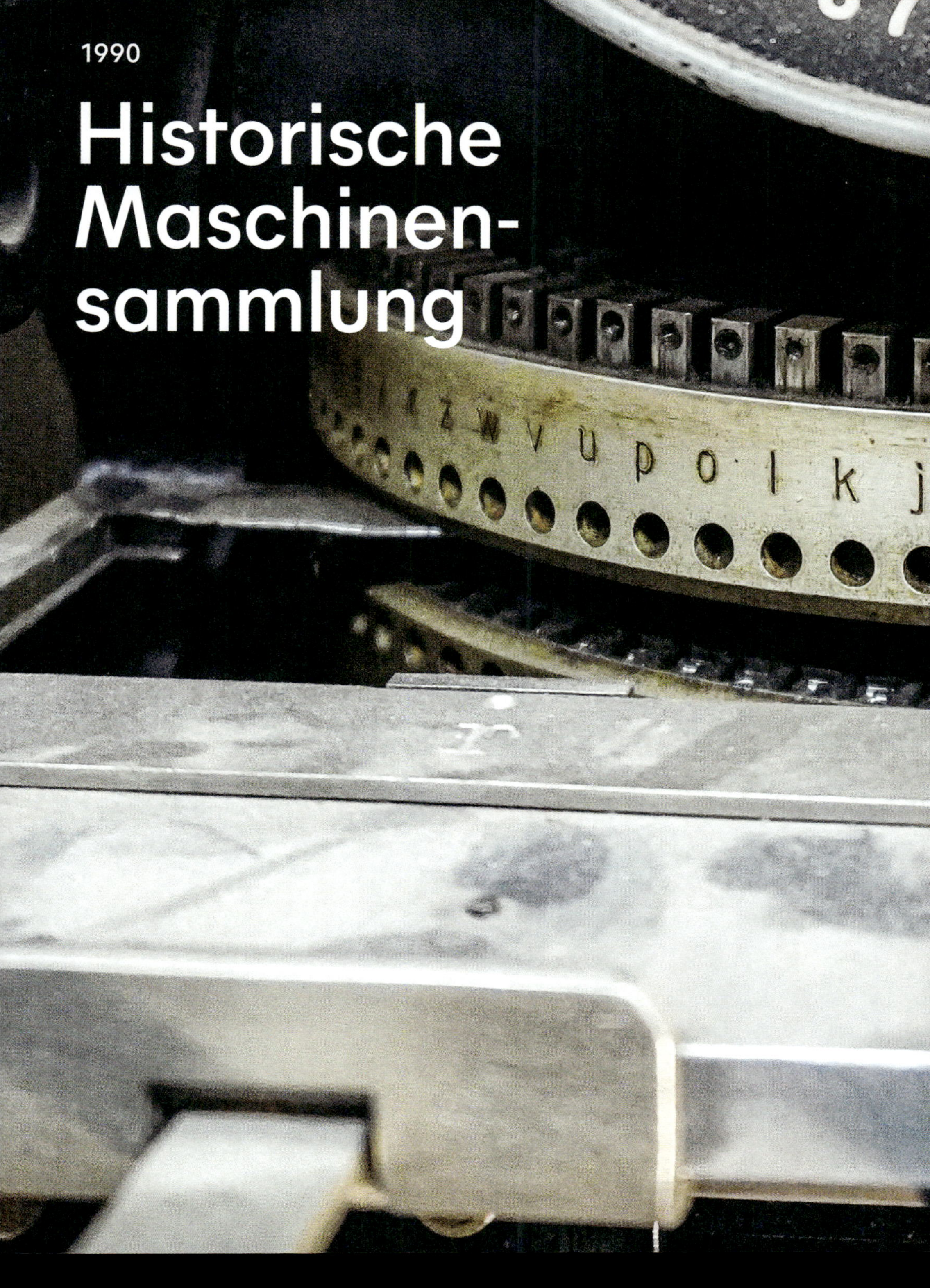

1990

Historische Maschinensammlung

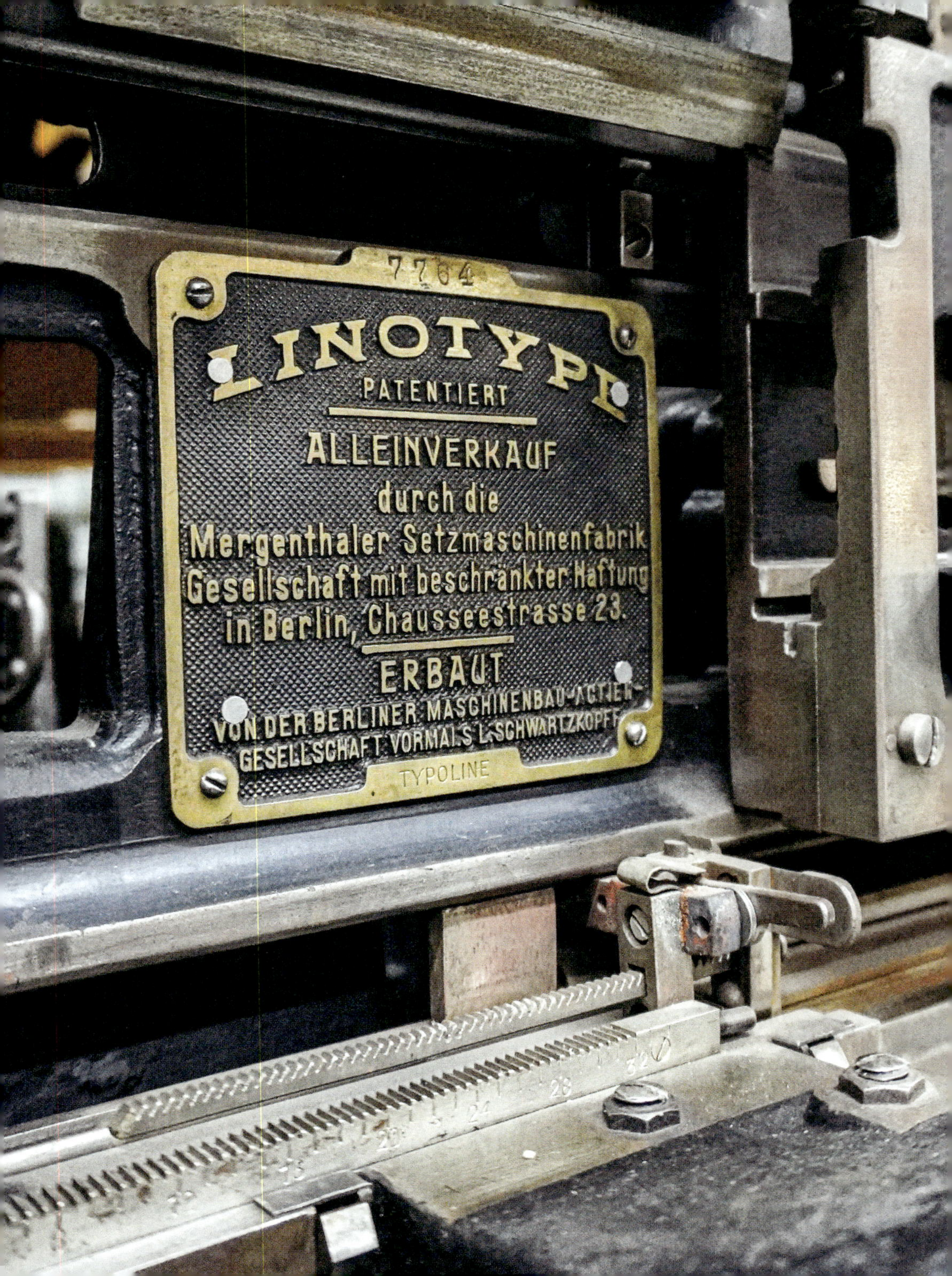
7764
LINOTYPE
PATENTIERT
ALLEINVERKAUF
durch die
Mergenthaler Setzmaschinenfabrik
Gesellschaft mit beschränkter Haftung
in Berlin, Chausseestrasse 23.
ERBAUT
VON DER BERLINER MASCHINENBAU-ACTIEN-
GESELLSCHAFT VORMALS L. SCHWARTZKOPFF
TYPOLINE

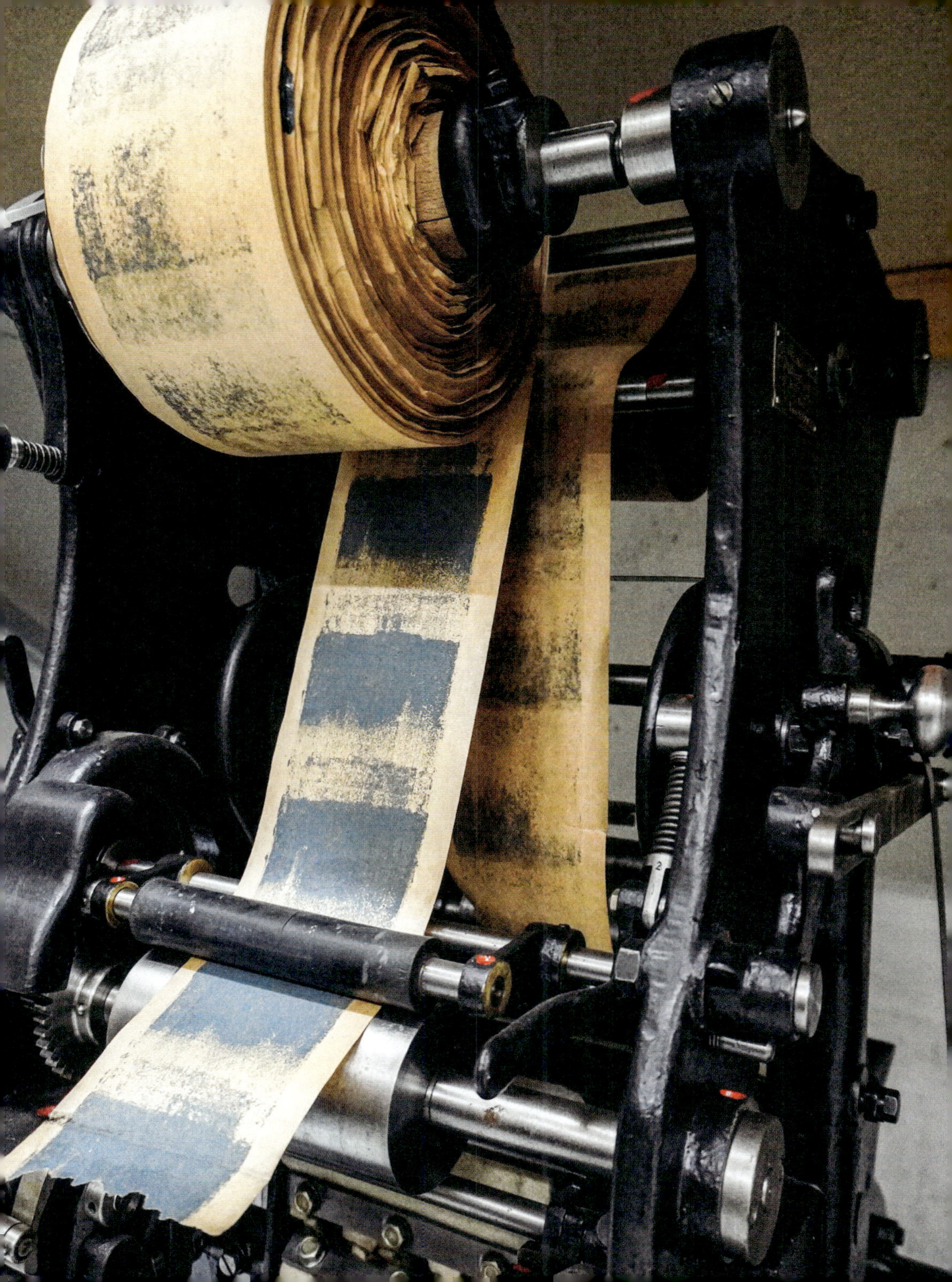

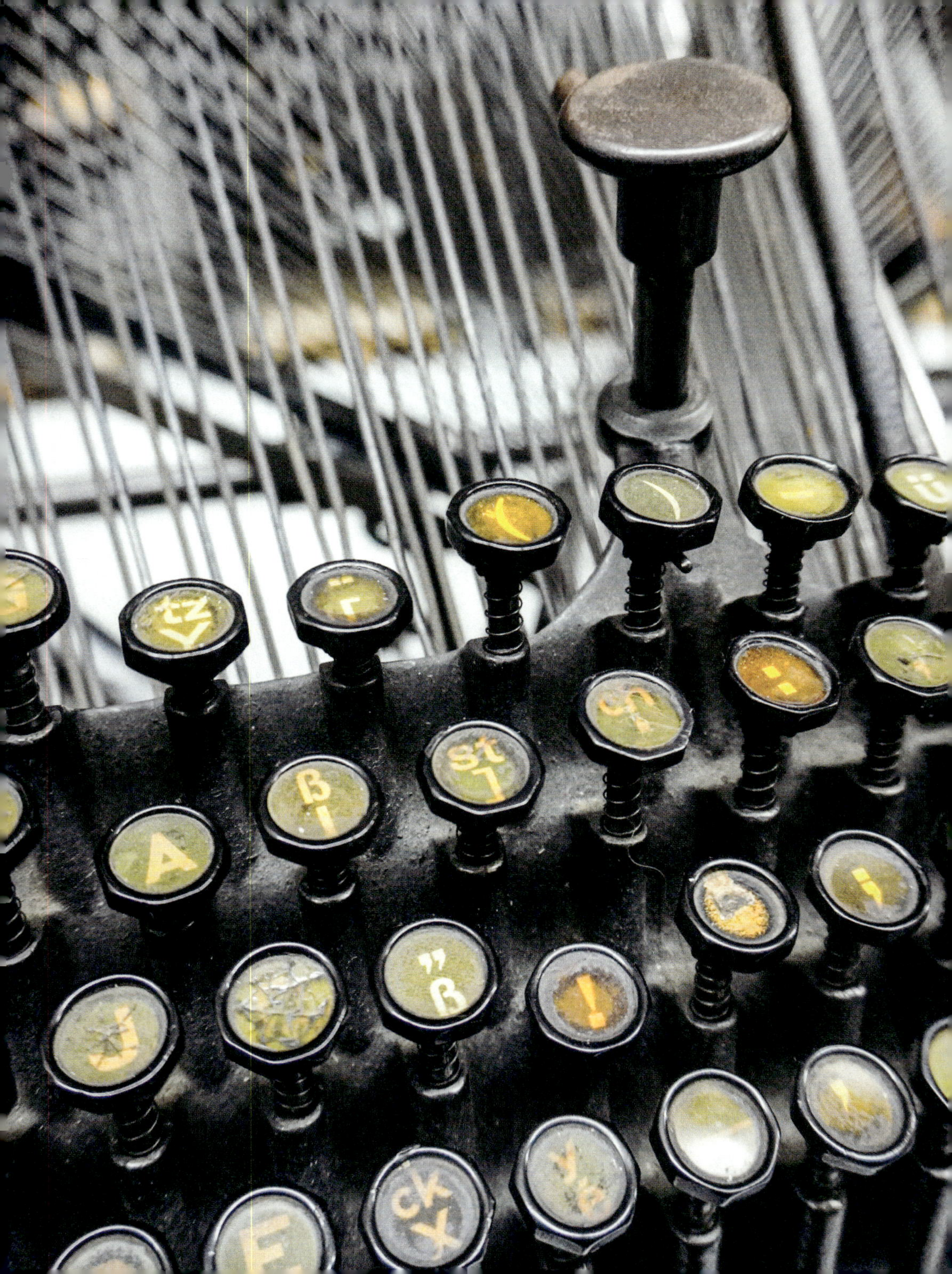

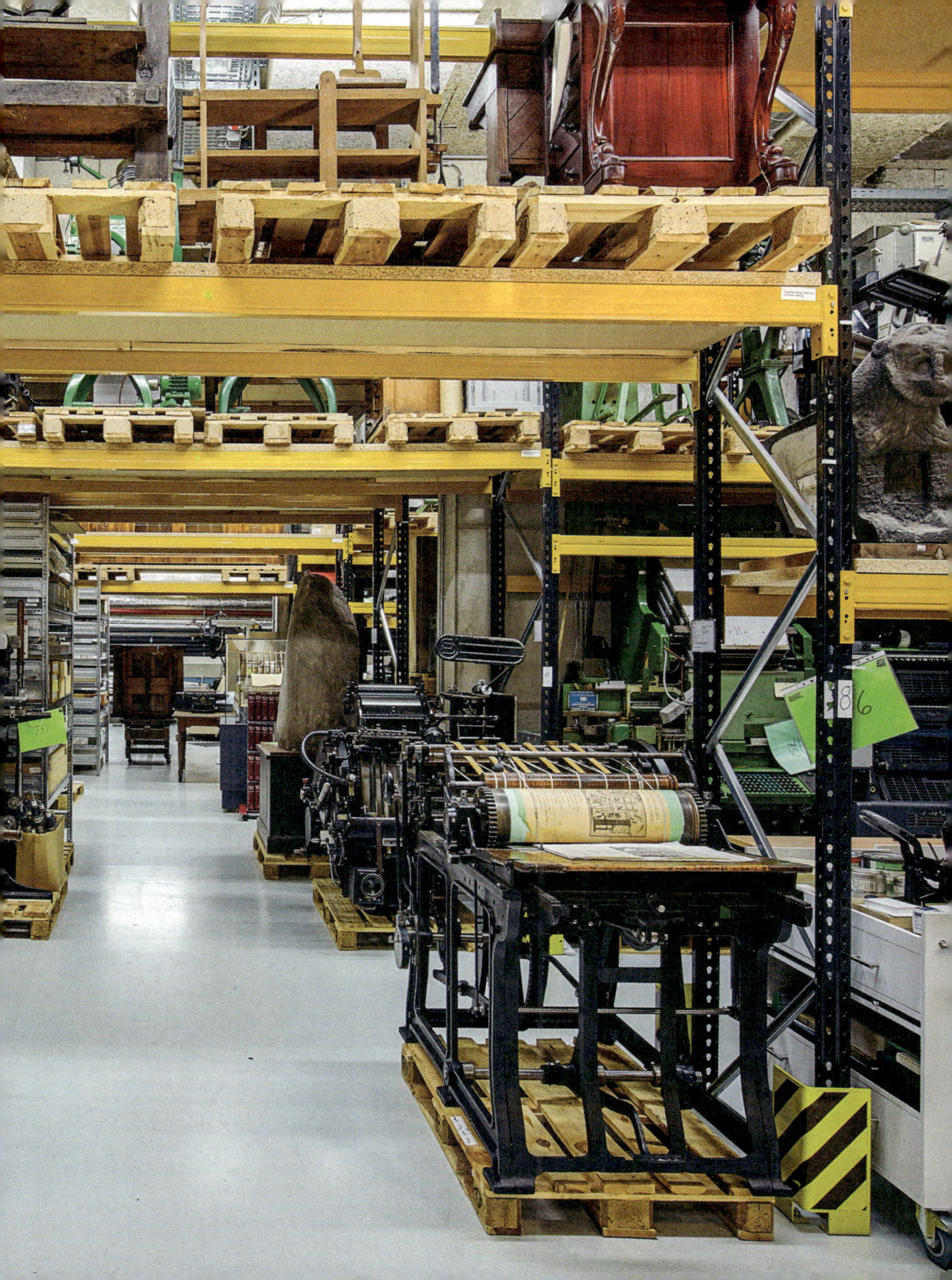

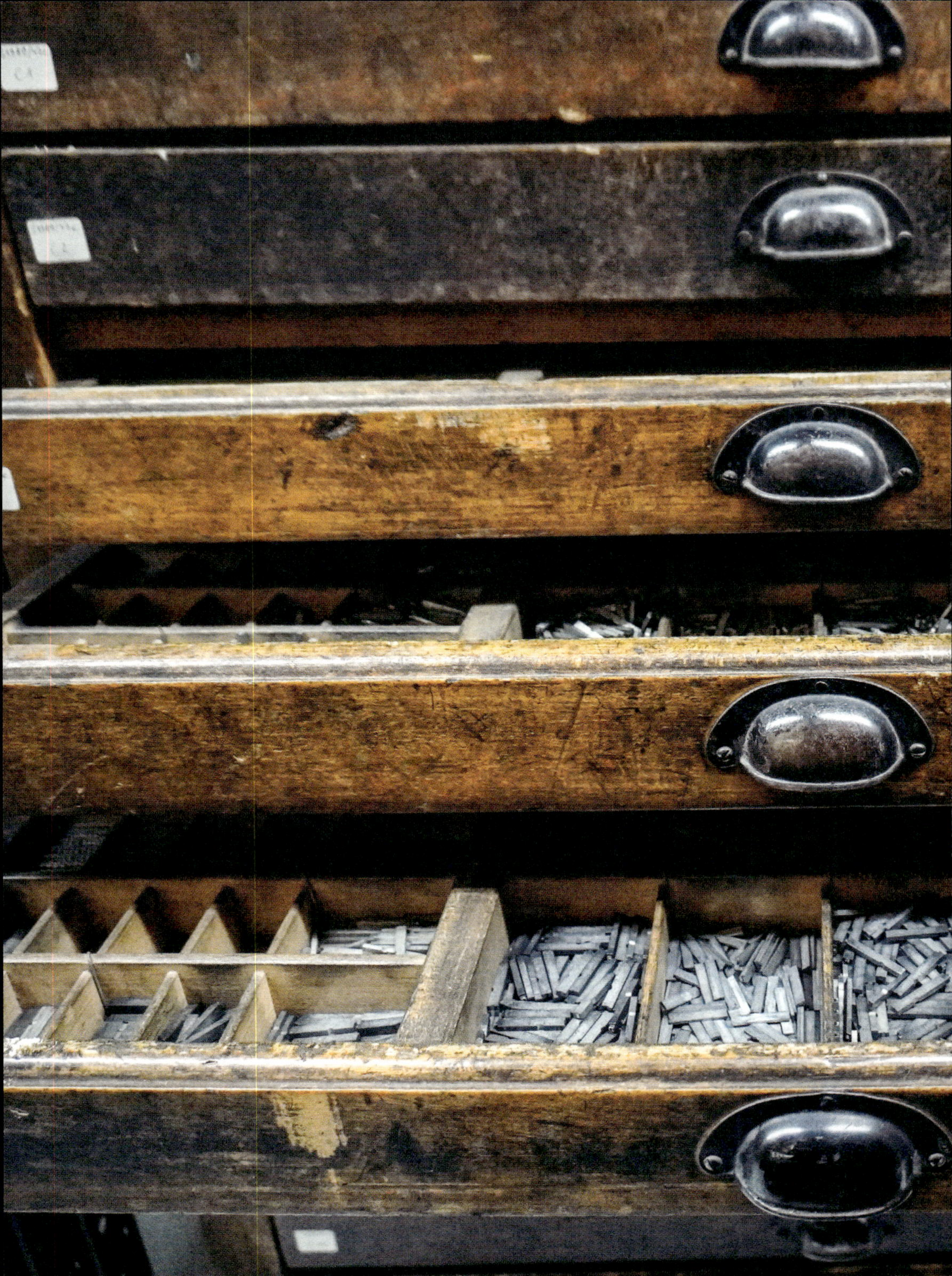

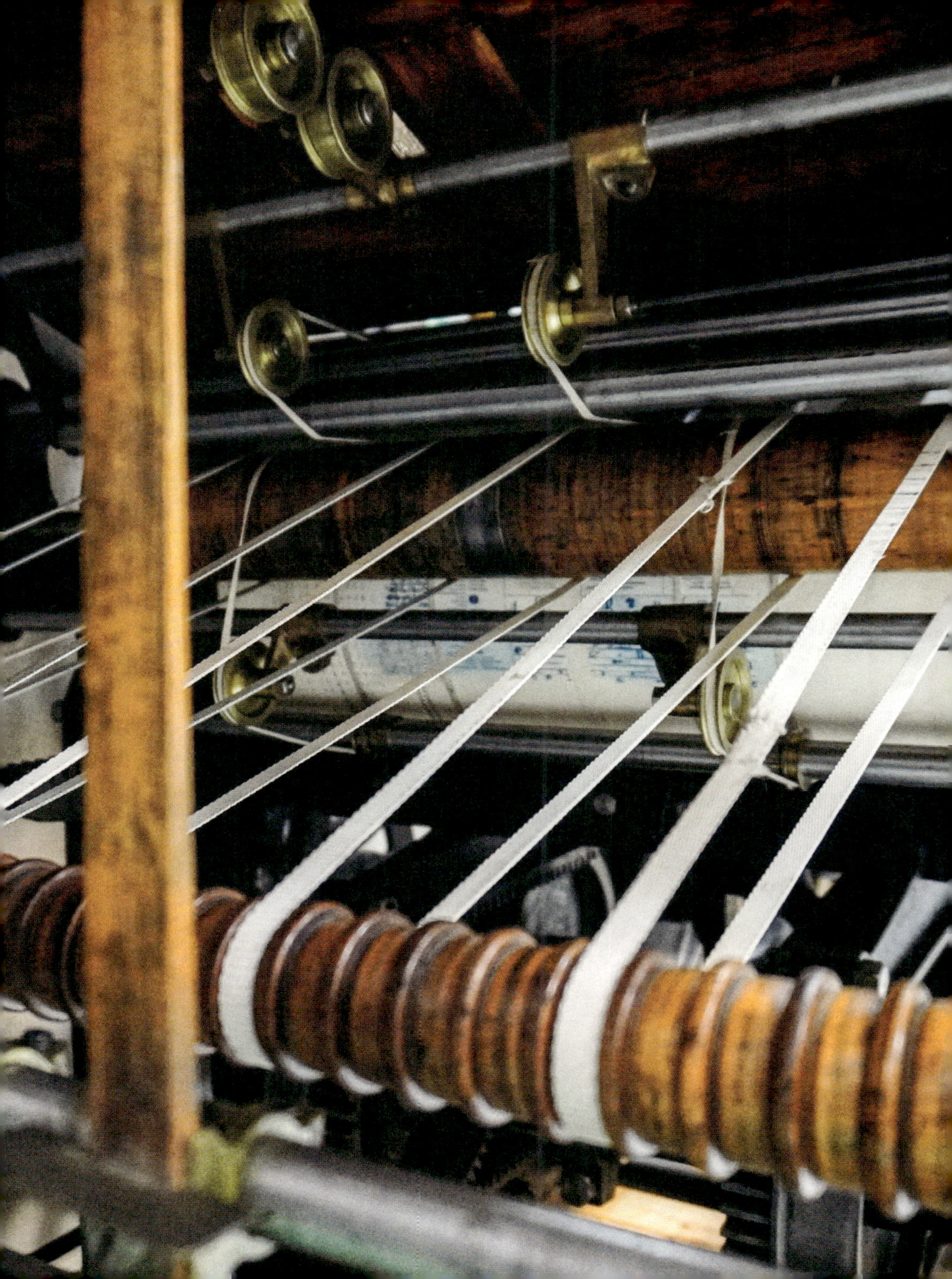

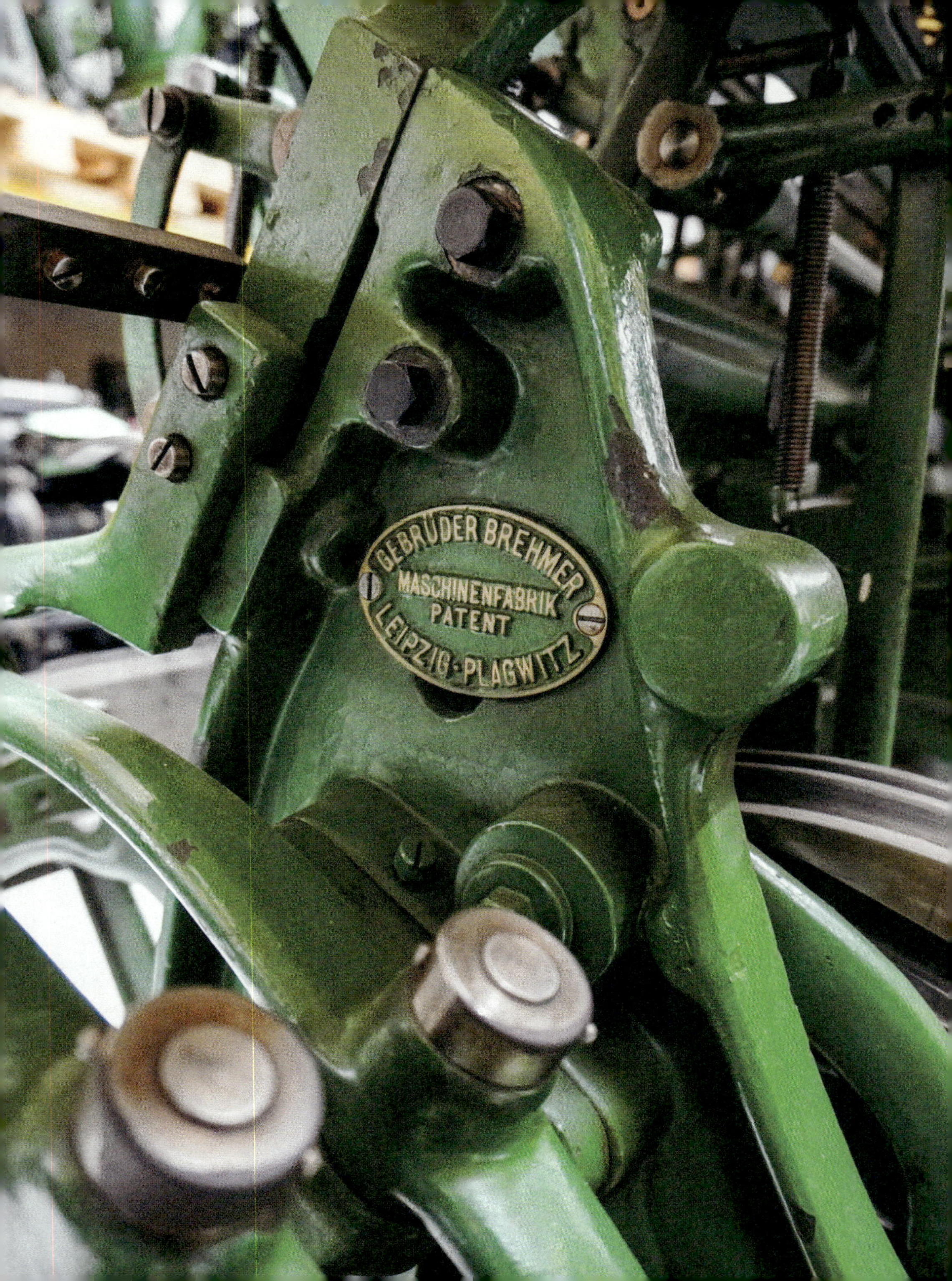
GEBRÜDER BREHMER
MASCHINENFABRIK
PATENT
LEIPZIG-PLAGWITZ

Stählerne Zeitzeugen

Die historische Maschinensammlung des Kombinats Polygraph bekommt nach 1990 eine neue, dauerhafte Heimstatt im Deutschen Buch- und Schriftmuseum. Seitdem übernimmt das Museum auch immer wieder Zeugnisse der Industriekultur, die Aufschluss geben über die Buchherstellung.

Im Deutschen Buch- und Schriftmuseum sind wir bemüht, komplizierte technische Prozesse anhand von Werkzeugen, Geräten und Maschinen deutlich zu machen. Wir bewahren historische Techniken für spätere Generationen, weil nur so begreifbar bleibt, wie die Schriften, Drucke und Papiere hergestellt wurden, die sich in unseren Beständen befinden. Den Maschinen kommt dabei eine besondere Bedeutung zu, da sie genau diese Herstellungsprozesse sichtbar und erlebbar machen. Im Museum werden seit der Gründung im Jahr 1884 immer wieder Objekte für die Schausammlung und die Technischen Sammlungen angeschafft. Teilweise sind diese Maschinen im Lauf der letzten 100 Jahre wieder verloren gegangen, aber auch ausgesondert oder zerstört worden, beispielsweise während der Bombardierung Leipzigs im Dezember 1943. Als das Museum zuerst interimistisch und später dann als Abteilung in die Deutsche Bücherei integriert wird, gibt es keine Möglichkeit, die Technischen Sammlungen sowie viele große Objekte der Schausammlung aufzubewahren. Nur ein kleiner Teil wie die hölzerne Druckerpresse aus dem 18. Jahrhundert und einige wenige technische Objekte verbleiben im Museum.[1]

In den 1970er-Jahren beginnt das Kombinat VEB Polygraph Leipzig eine historische Maschinensammlung aufzubauen. 1984 kommt der Plan auf, auch mithilfe des Buchmuseums diese Maschinensammlung im „Bugra-Messehaus" (dem alten Buchgewerbehaus und bis 1943 Sitz des Museums) am Gutenbergplatz in Leipzig auszustellen. Mit den wirtschaftlichen Umbrüchen, die in den 1990er-Jahren erfolgen, steht auch diese Sammlung, wie viele andere historische grafischeMaschinen, zur Disposition. In komplizierten Verhandlungen mit der

Treuhand kann ein großer Teil der Maschinensammlung in das Museum übernommen werden. Dazu zählen solche wichtigen und aussagekräftigen Objekte wie die Handpresse von Christian Dingler, eine Schnellpresse von König & Bauer, Maschinen von den Firmen Karl Krause, Gebrüder Brehmer, Schelter & Giesecke, Hogenforst, den Maschinenfabriken Mergenthaler, Rockstroh, Heidelberger und Gebrüder Heidsieck. Besondere Verdienste erwerben sich dabei Gottfried Rost (1931–2000), Direktor der Deutschen Bücherei, Lothar Poethe (geb. 1947), Direktor des Museums, und Rudolf Wengemuth (geb. 1939), Leiter der Kulturhistorischen Sammlung. In der „wilden Wendezeit" kann so eine einmalige historische Maschinensammlung vor ihrer Auflösung bewahrt bleiben. Eine wichtige Funktion übernimmt später auch die Firma SID (Sächsisches Institut für die Druckindustrie), eine Nachfolgegründung von ehemaligen Mitarbeitern des Kombinats Polygraph. Anfang der 1990er-Jahre restauriert sie viele dieser Maschinen und macht sie wieder gangbar.

Auch später gelangen durch den Modernisierungsprozess in der Branche wichtige Zeugnisse der Industriekultur in das Museum. Betriebsschließungen zu begleiten, gehört deshalb auch zu unseren musealen Aufgaben. So übernimmt das Museum bei der Schließung der Leipziger Firmen der Gebrüder Brehmer, von F. A. Brockhaus, C. G. Röder, der Offizin Andersen Nexö und auch der Zeitungsdruckerei der Leipziger Volkszeitung zahlreiche Objekte aus deren Firmenhistorie. Damit leistet das Deutsche Buch- und Schriftmuseum einen Beitrag zur Bewahrung der Geschichte der Buchstadt Leipzig.

Wolfgang Hohensee

1
Fritz Funke, „Originales Sammelgut im Deutschen Buch- und Schriftmuseum", in: *Deutsche Bücherei. Festschrift zum fünfzigjährigen Bestehen der Deutschen Nationalbibliothek*, Leipzig 1962, S. 241.

1992

Handbibliothek von Abraham Horodisch

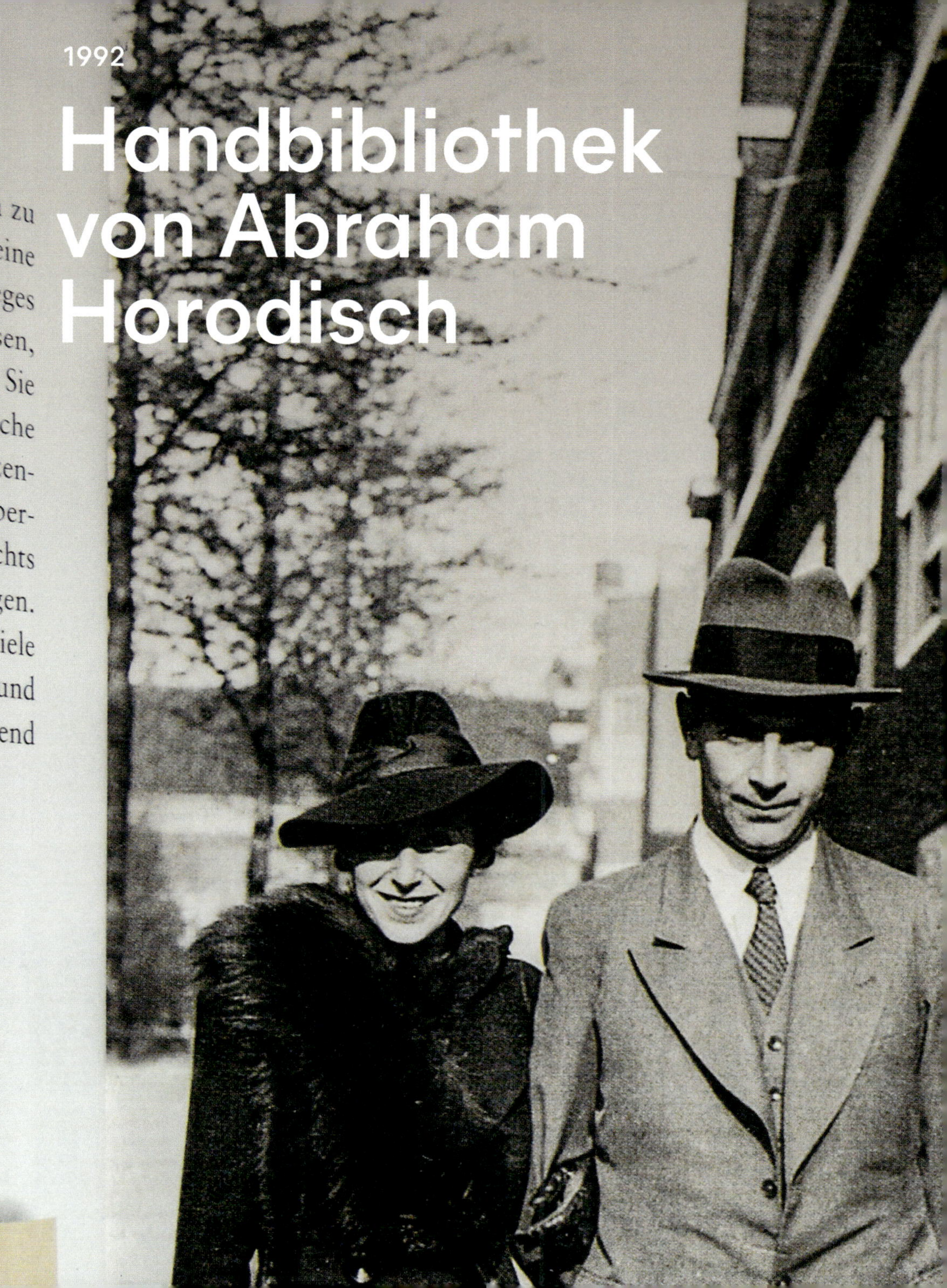

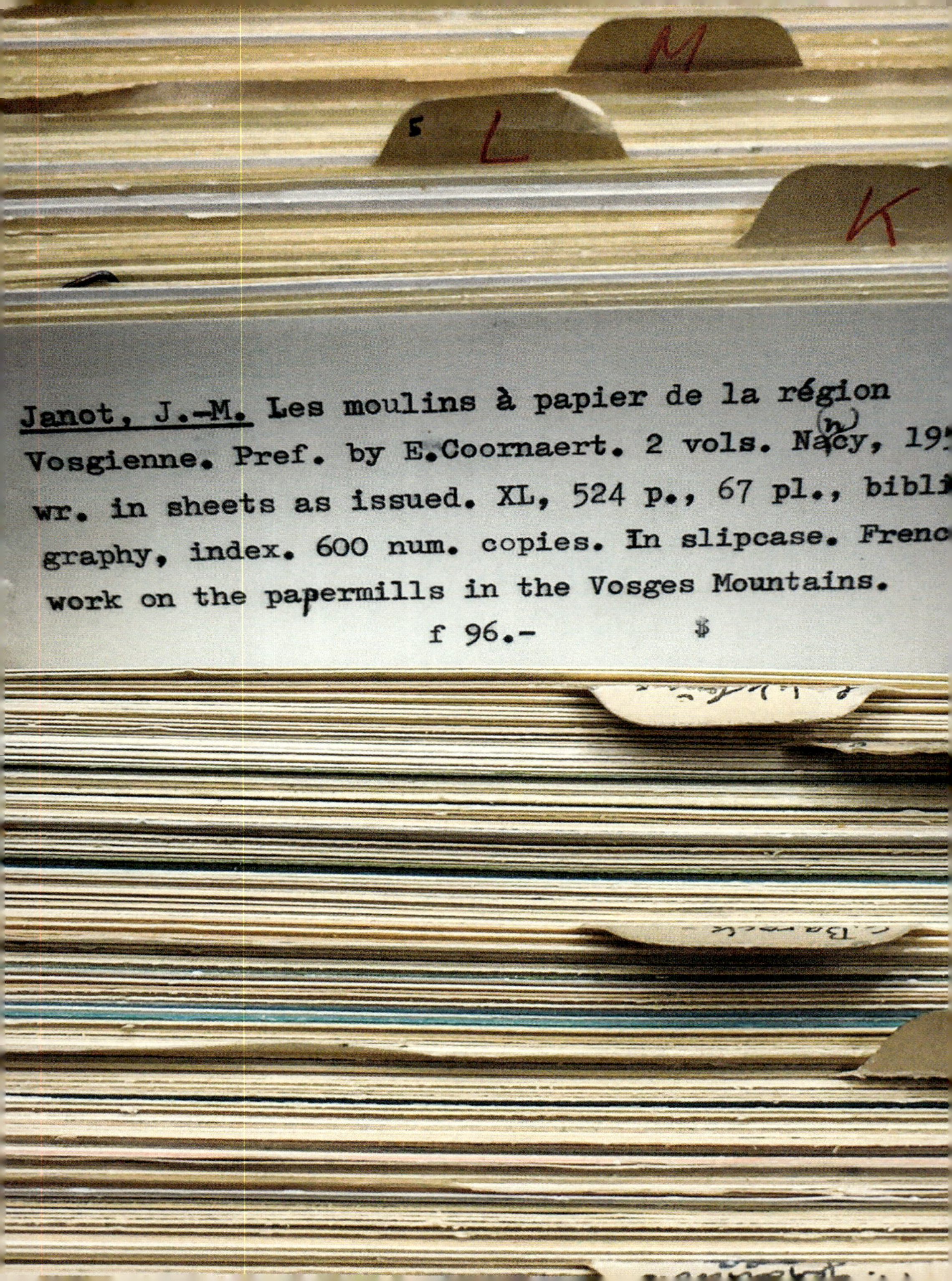

M

L

K

Janot, J.-M. Les moulins à papier de la région Vosgienne. Pref. by E.Coornaert. 2 vols. Na(n)cy, 19 wr. in sheets as issued. XL, 524 p., 67 pl., bibli graphy, index. 600 num. copies. In slipcase. Frenc work on the papermills in the Vosges Mountains.

f 96.- $

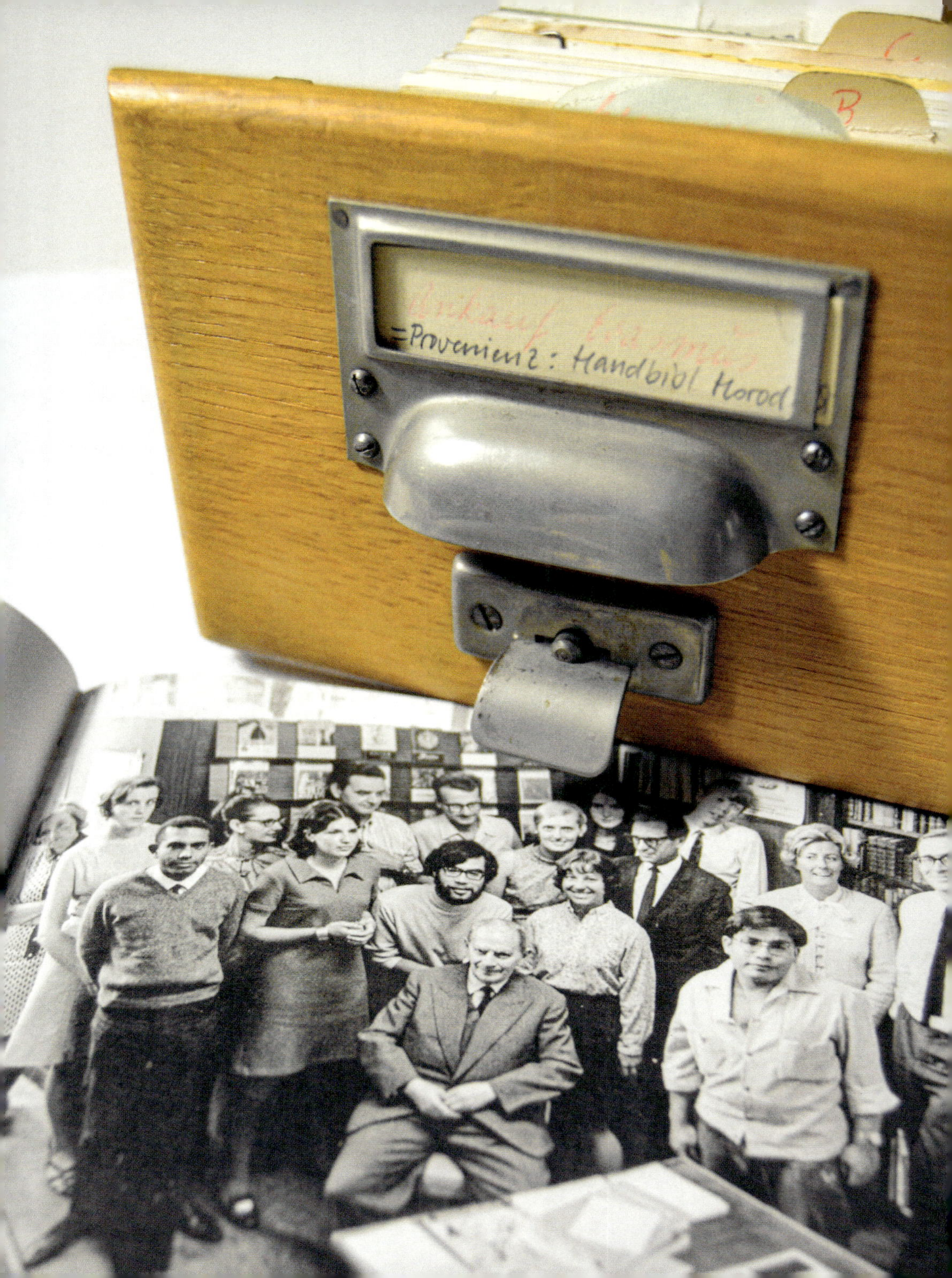
=Provenienz: Handbibl Horod

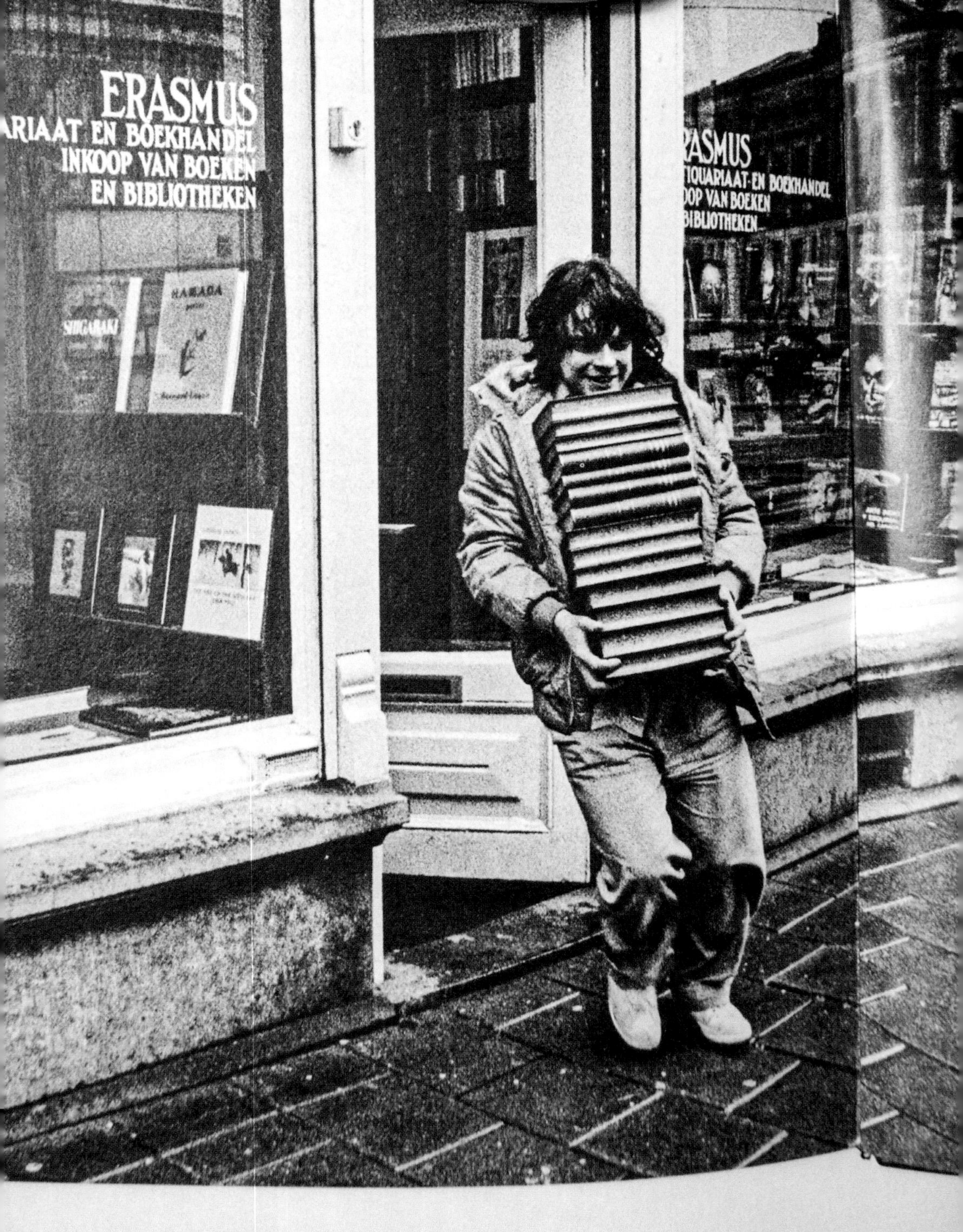
ERASMUS
ARIAAT EN BOEKHANDEL
INKOOP VAN BOEKEN
EN BIBLIOTHEKEN
SHIGARAKI
HAMADA

Lücken schließen

Nach Ende des Kalten Krieges offenbart ein kritischer Blick auf die Fachbibliothek zum Buchwesen, dass sich durch die aus finanziellen und ideologischen Gründen eingeschränkten Erwerbungsmöglichkeiten zwischen 1945 und der Wiedervereinigung 1990 erhebliche Bestandslücken ergeben haben. Mit dem Ankauf von Teilen der Handbibliothek Abraham Horodischs (1898–1987)[1] aus Amsterdam können 1992 besonders im Bereich der im „nichtsozialistischen Ausland" verlegten Fachliteratur manche Lücken geschlossen werden. Im Zentrum des Bestandsaufbaus der Spezialbibliothek zu Buch, Schrift und Papier steht die internationale Fachliteratur, aber auch seltene Ephemera und graue Literatur werden gezielt berücksichtigt.

Die erheblichen Lücken vor allem bei den Verlagspublikationen des ehemals „nichtsozialistischen Auslands" zu schließen, ist nach 1990 ein dringendes Anliegen. Über das Kuratorium Haus des Buches Leipzig werden dazu Stiftungsmittel von 100.000 DM eingeworben. Diese nutzt das Museum, um einen Teil der umfangreichen Handbibliothek des Amsterdamer Antiquars Abraham Horodisch zu erwerben.

Horodischs Lebenslauf ist exemplarisch für den vieler jüdischer Antiquare. Geboren 1898 in Lodz, Bibliophiler und Mitbegründer der Soncino-Gesellschaft der Freunde des jüdischen Buches, muss er Deutschland 1933 verlassen. In Amsterdam baut er sich eine neue Existenz als Verleger und Antiquar auf und eröffnet 1934 die Buchhandlung „Erasmus". 1942 gelingt ihm und seiner Frau Alice in letzter Minute vor der drohenden Deportation die Flucht in die Schweiz. Nach Kriegsende eröffnet er die Firma „Erasmus" in Amsterdam ein zweites Mal als Buchhandlung und Antiquariat, spezialisiert auf Kunst- und Buchgeschichte. Entsprechend enthält Horodischs Handapparat sehr viel Literatur, die dem Sammelgebiet der Fachbibliothek im Deutschen Buch- und Schriftmuseum entspricht. „Erasmus" trennt sich nach Horodischs Tod und der folgenden Auflösung des Amsterdamer Ladengeschäfts[2] 1991 von dessen Handapparat.

Mit dem Ankauf der etwas mehr als 1.400 Titel legt das Museum eine wichtige Grundlage für die Weiterentwicklung der Fachbibliothek als moderne Spezialbibliothek – letztlich ein Mosaikstein zum Fortbestand des Deutschen Buch- und Schriftmuseums überhaupt. In einer grundlegenden Denkschrift von 1994 zu den Potenzialen und Zukunftschancen des Museums in einem wiedervereinigten Deutschland wird gefordert, das Museum als Arbeitsstätte für die Buchforschung in Deutschland zu profilieren.[3] Der Ankauf der Handbibliotheksbestände von Abraham Horodisch hilft diese Forderung zu erfüllen. Und noch heute sind die fundierten fachlichen Empfehlungen des Buchgroßhandels „Erasmus" eine der Grundlagen für den Bestandsaufbau der Fachbibliothek.

Bettina Rüdiger

1
Zu den Lebenslinien Horodischs vgl. Vera Bendt, *Niederlande: Buchhändler, Antiquare, Sammler, Bibliophile aus Deutschland 1933 bis 1945*, in: *Imprimatur*, NF 26, 2019, S. 63–100.

2
Zur Geschichte von Erasmus vgl. Sytze van der Veen, *75 Jahre Erasmus Boekhandel Amsterdam – Paris*, Amsterdam 2009.

3
Entwicklung des Deutschen Buch- und Schriftmuseums der Deutschen Bücherei Leipzig. Denkschrift, Leipzig 1994, S. 22–24.

2006

Nachlass von Jan Tschichold

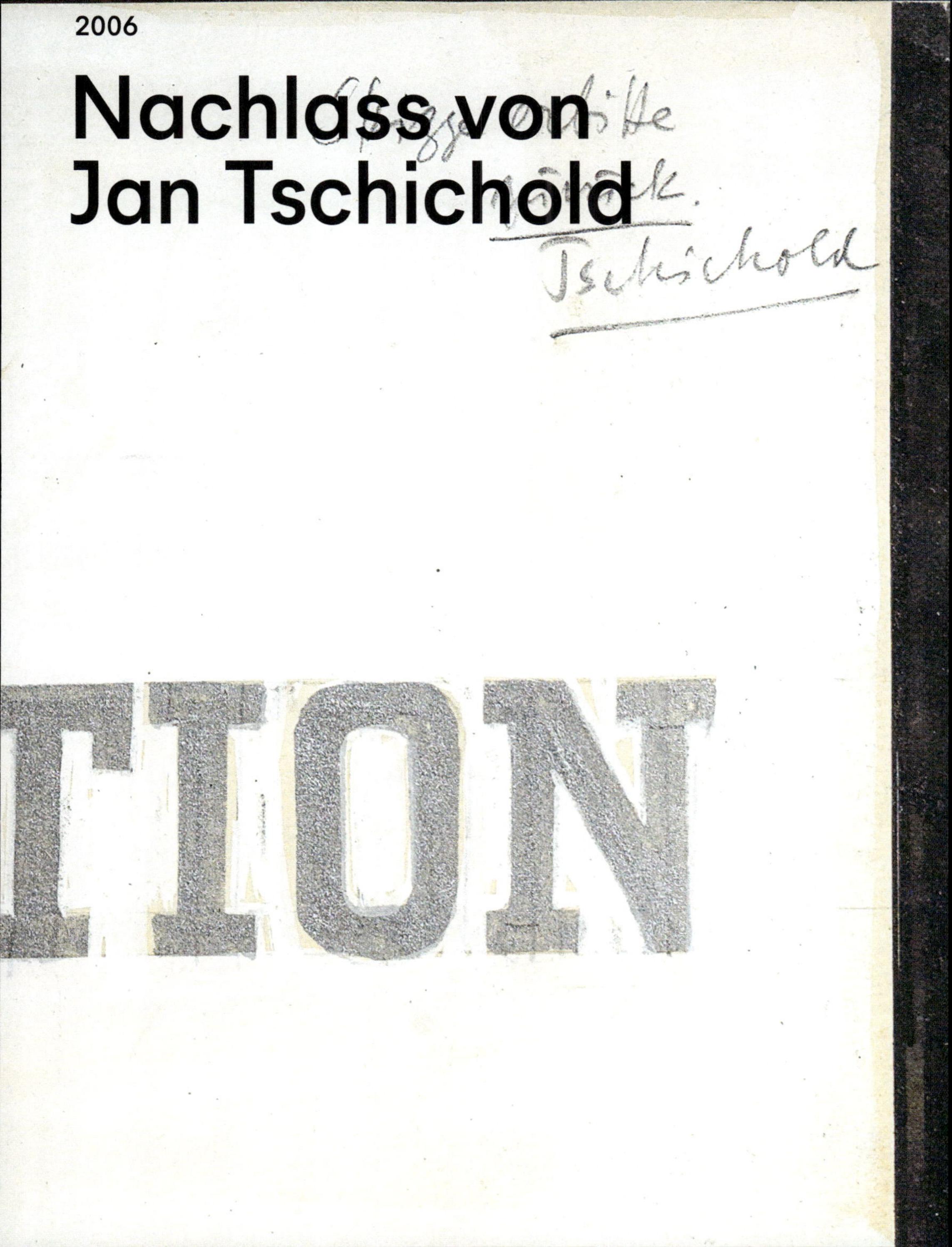

TION

Als einmal ein Man

st gemau

Külle

kumn man röm

ich verlange Satisfa

s dringen Blüten
aus jedem Zweig
und tausend Stimmen
aus dem Gesträuch,

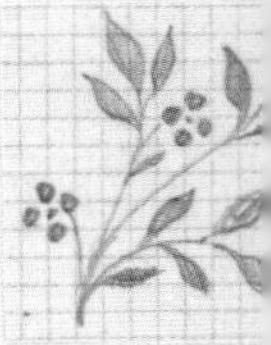

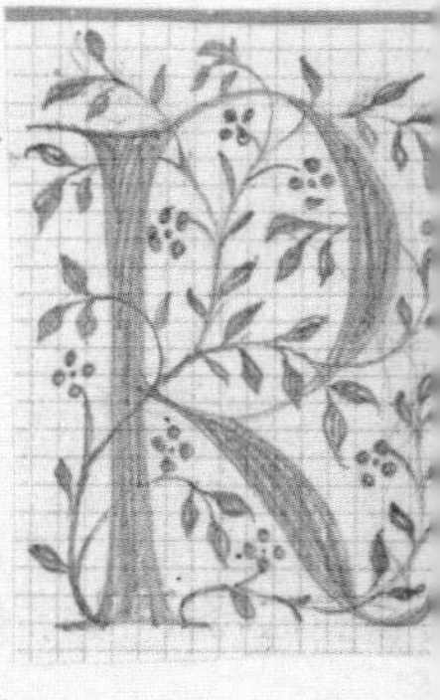

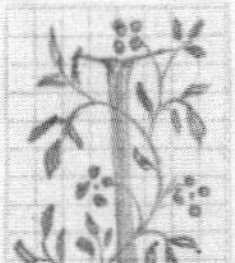

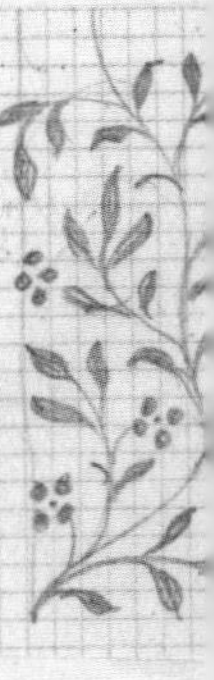

A B C D E F G

abcdefghiklmnopqrſst tu v

H I J K L M N O P Q R S T U V W X Y Z

63 ½

Sommernacht! Im Waldesschweigen
tanzen Elfen Sonnwendreigen·

Johannes Tschichold

Erich Görsch

renitent

Edel sei der Mensch
hilfreich und gut!
Denn das allein
unterscheidet ihn
von allen Wesen,
die wir kennen.

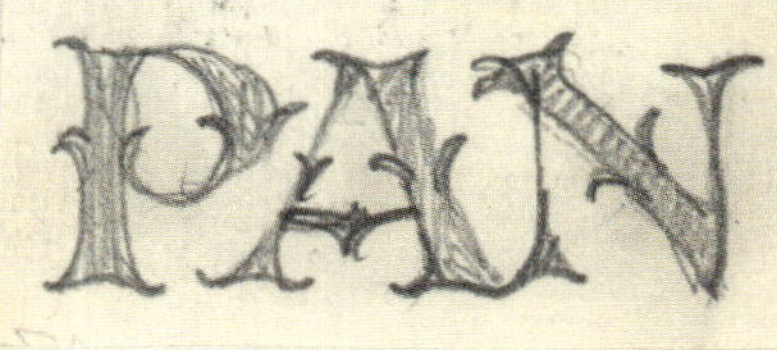

Erich Börsch

Johannes
Tzschichhold
Leipzig.

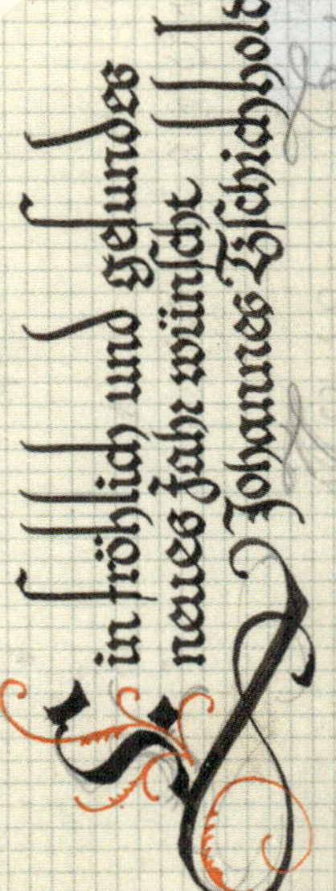

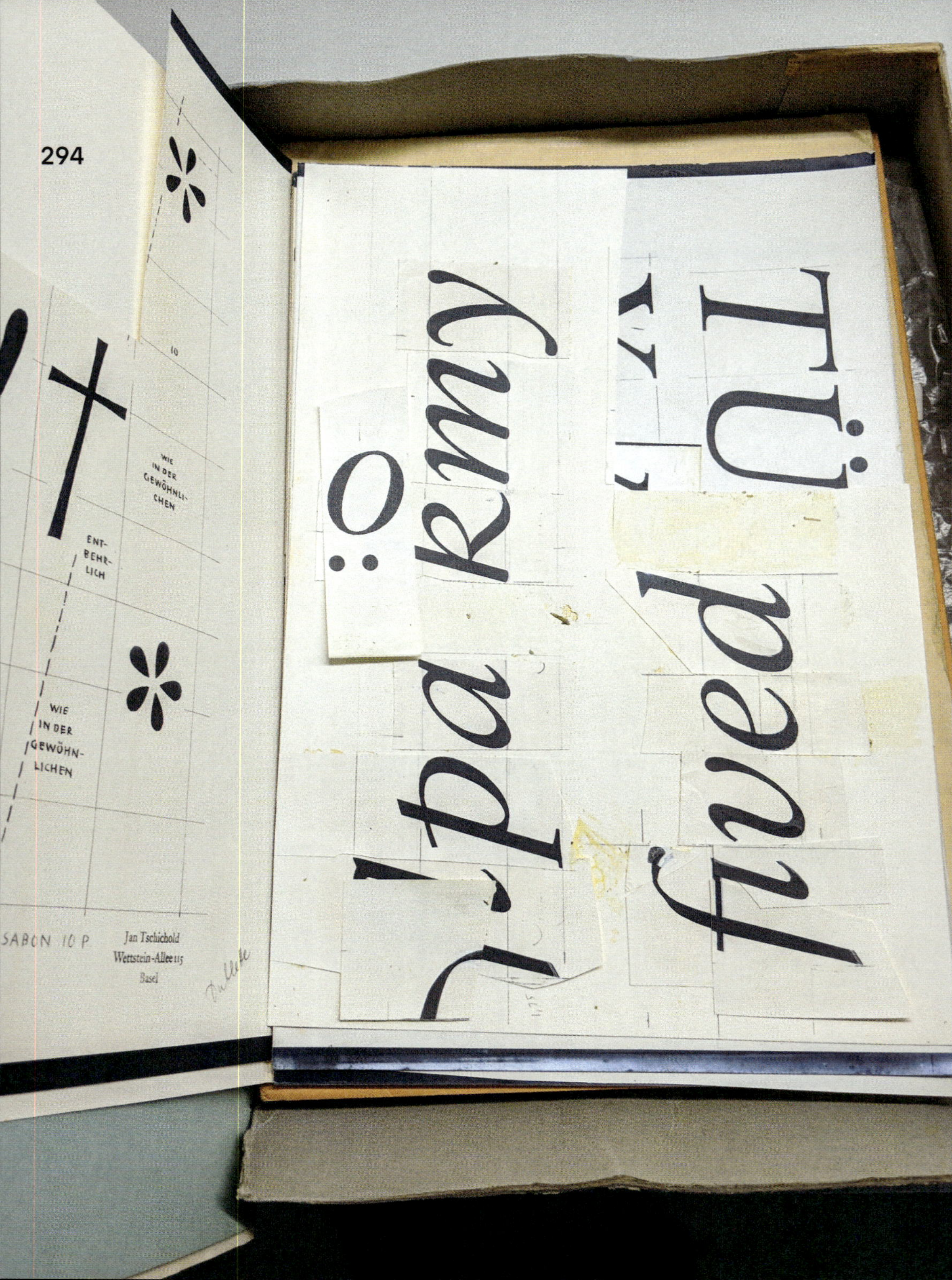
WIE IN DER GEWÖHNLICHEN
ENT-BEHR-LICH
WIE IN DER GEWÖHNLICHEN
SABON 10 P.
Jan Tschichold
Wettstein-Allee 115
Basel

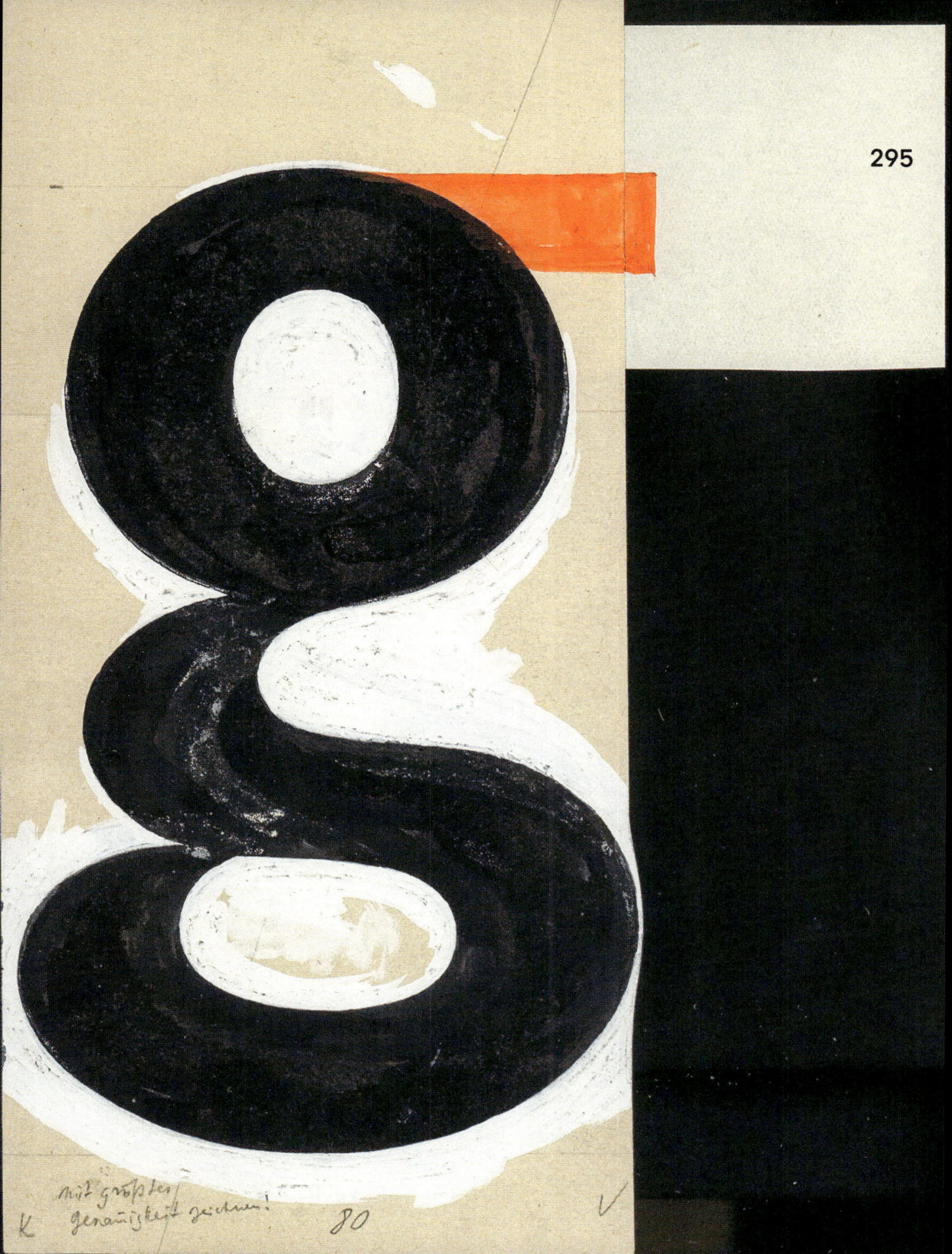
mit größter Genauigkeit zeichnen!
K
80
V

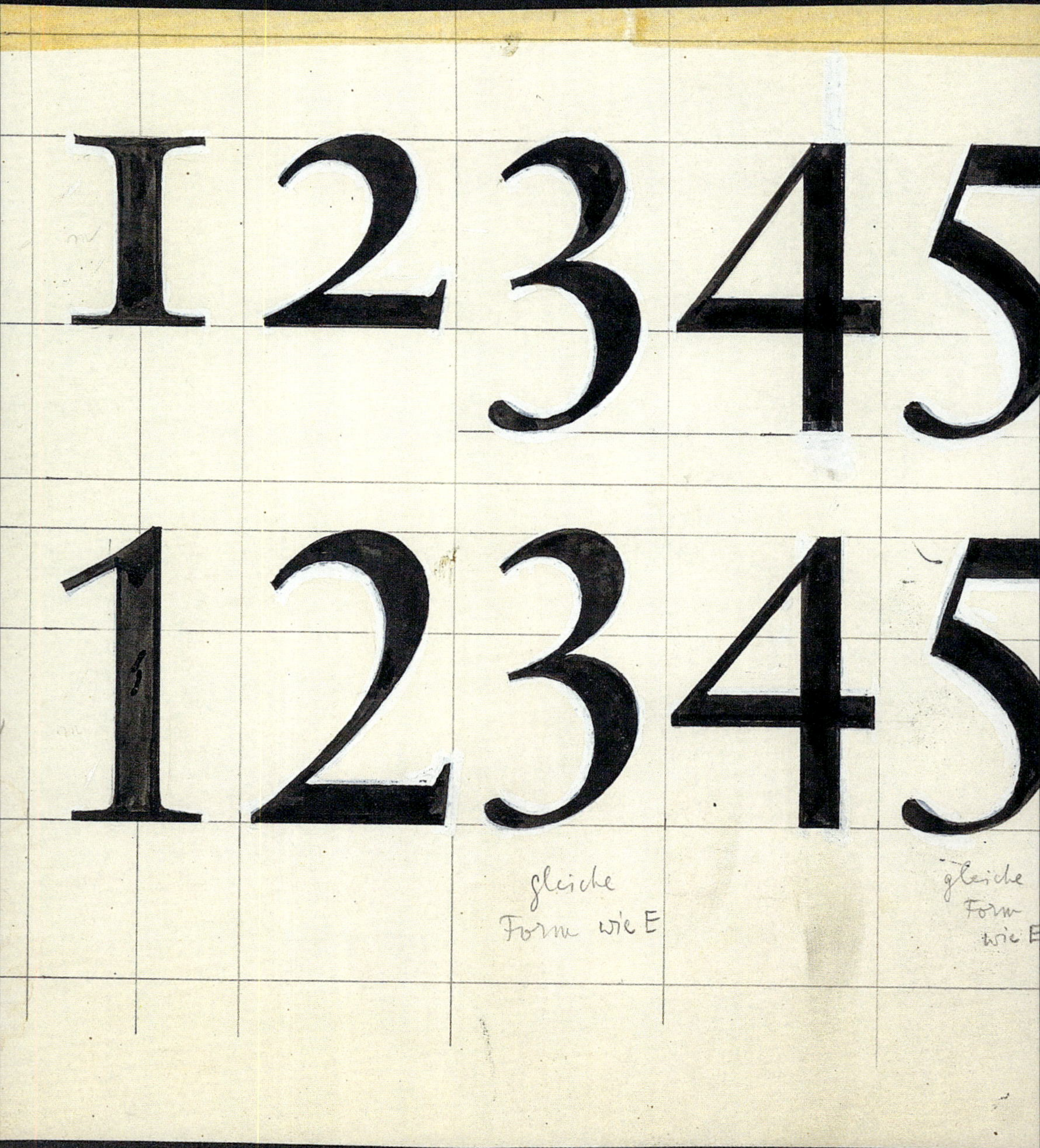

12345

12345

gleiche Form wie E

gleiche Form wie E

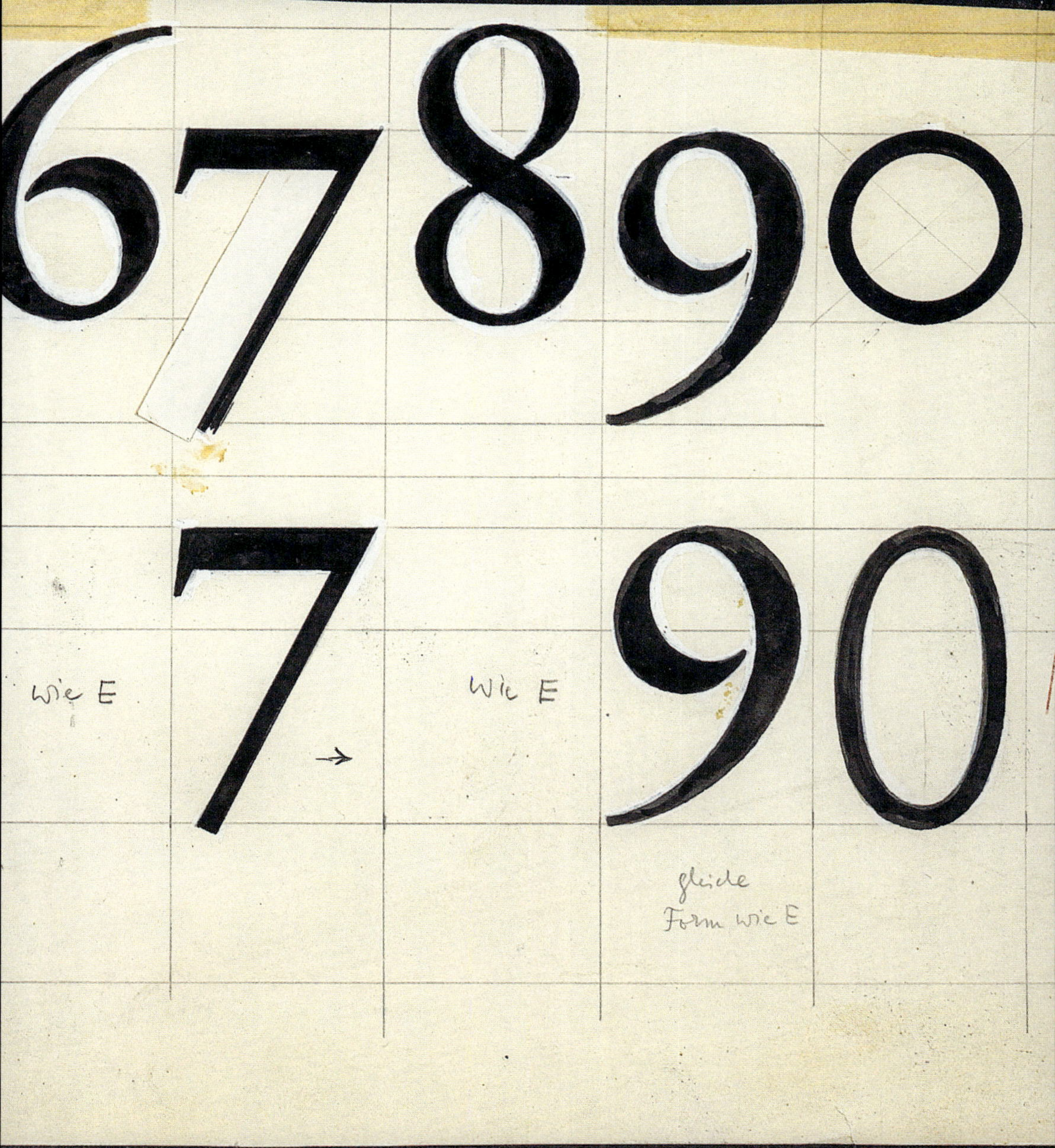

67890

wie E 7 → wie E 90

gleiche
Form wie E

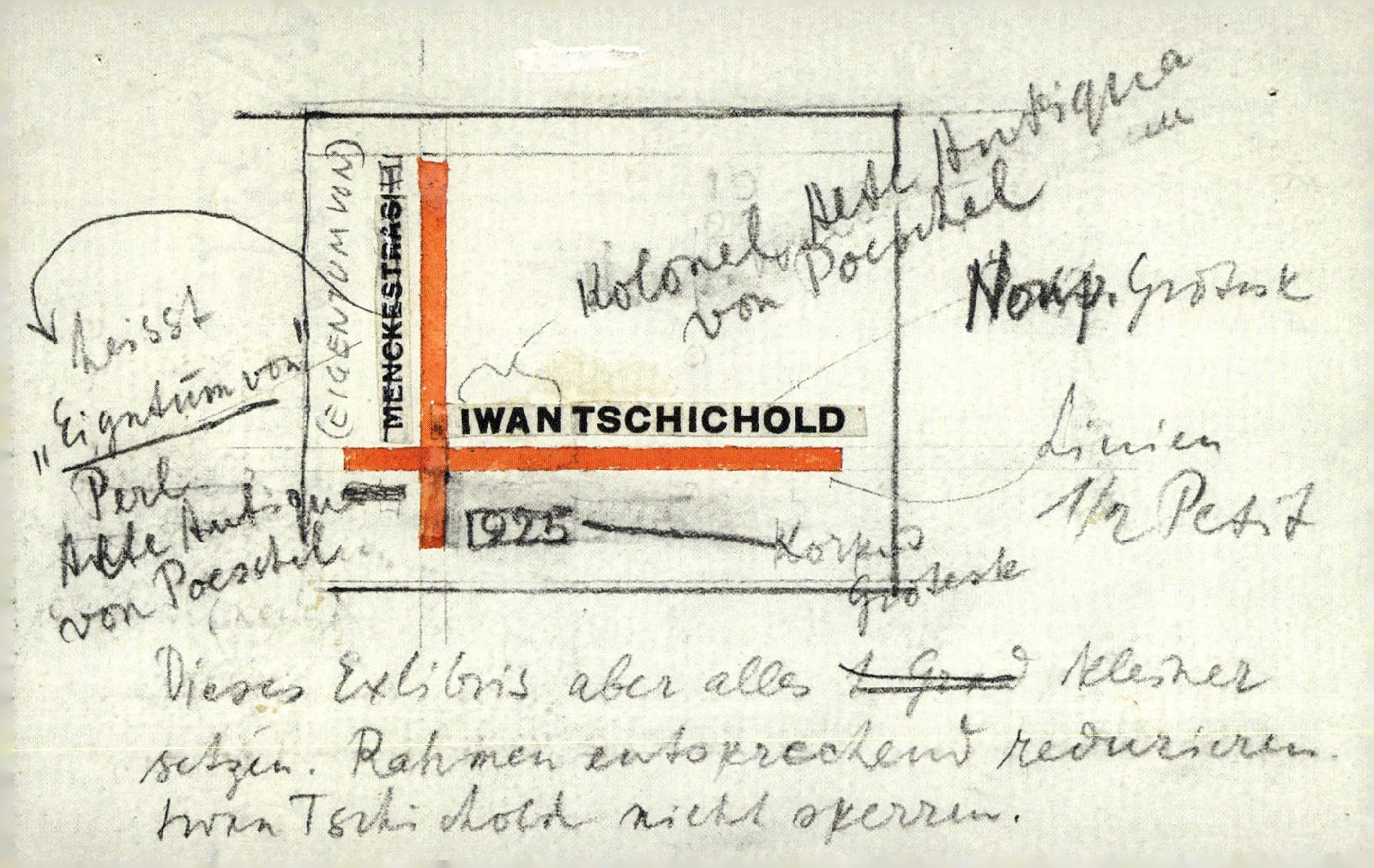

(EIGENTUM VON)

MENCKESTRASSE

IWAN TSCHICHOLD

1925

heisst „Eigentum von"

Perl Alte Antiqua von Poeschel

Kolonel Alte Antiqua von Poeschel

Nonp. Grotesk

Linien 1/2 Petit

Korps Grotesk

Dieses Exlibris aber alles ~~1 Grad~~ kleiner setzen. Rahmen entsprechend reduzieren. Iwan Tschichold nicht sperren.

Ein Jahrhundert-typograf

Ab Mitte des 20. Jahrhunderts ergänzen vermehrt Nachlässe die Bestände des Deutschen Buch- und Schriftmuseums. Darunter befindet sich auch der Arbeitsnachlass des Typografen, Buchgestalters und Autors Jan Tschichold (1902–1974), der dem Museum 2006 zunächst als Depositum von den Erben übergeben und knapp zehn Jahre später als Schenkung überlassen wird – für die Bestände des Museums ein wahrer Schatz der Typografie und Buchgestaltung im 20. Jahrhundert. Die Materialien umfassen knapp 60 Jahre künstlerisches Schaffen und konservieren als Arbeitsnachlass eines Einzigen den mediengeschichtlichen Wandel in der Buchgestaltung: vom kalligrafischen Schriftschreiben über die Arbeit im klassischen Handsatz der 1920er- und 1930er-Jahre sowie die Anfänge des Fotosatzes bis hin zu den letzten Jahrzehnten der analogen Buchgestaltung. Doch trotz materieller Vielfalt erzählen sie auch etwas über die Lücken in der persönlichen Überlieferungsgeschichte eines Jahrhundertkünstlers.

Abertausende Blätter, vom daumennagelgroßen Papierschnipsel bis zum Plakat, knapp 600 Kilogramm Material in 176 Kisten. Es ist eine kaum zu beziffernde Menge materieller Hinterlassenschaften – zusammengestellt von einer einzigen Person. Es handelt sich um den Arbeitsnachlass Jan Tschicholds, dem bisher größten Nachlass des Deutschen Buch- und Schriftmuseums. Jan Tschichold prägt wie kein Zweiter die Typografie und Buchgestaltung des 20. Jahrhunderts. Auch als Autor für Fachbücher macht er sich einen Namen, insbesondere im Bereich der Schrift- und Buchgestaltung. Zeitlebens bewahrt Tschichold sein Arbeitsmaterial auf. Die frühesten Objekte lassen sich auf 1917, die spätesten auf sein Todesjahr 1974 datieren: Der Nachlass zeichnet das Leben eines Berufenen nach, eines Workaholic – vom 16-jährigen Jungen bis zum 72 Jahre alten Mann. Die Kisten machen einen künstlerischen Weg nachvollziehbar, nicht zu trennen von der persönlichen Lebensgeschichte der Privatperson Jan Tschichold.

Jan Tschichold wird 1902 als Sohn eines Schilder- und Firmenmalers in Leipzig geboren. Kurz nach seinem 17. Geburtstag beginnt er ein Studium an der Staatlichen Akademie für graphische Künste und Buchgewerbe in Leipzig. 1923 entstehen erste Arbeiten unter dem Einfluss des Bauhauses, dessen erste große Ausstellung Tschichold in Weimar besucht. 1925 erscheint sein Sonderheft *elementare typographie* in den Leipziger *Typographischen Mitteilungen.* Tschichold wird zu einem der Wortführer der „Neuen Typographie". Er lebt ab 1926 in München und emigriert 1933 nach Basel, nachdem er im Frühjahr 1933 einige Wochen von den Nationalsozialisten in „Schutzhaft" genommen wird. Im Lauf der 1930er-Jahre distanziert er sich schleichend von der „Neuen Typographie" und wendet sich einer traditionalistischen Haltung in der Buch- und Schriftgestaltung zu. Bekannt sind aus der späteren Schaffensperiode vor allem die Reformierung des Erscheinungsbildes des Verlags Penguin Books in London und sein bekanntester Schriftentwurf – die Sabon. 1965 wird ihm für seine Verdienste um Buch und Schrift der Gutenberg-Preis der Stadt Leipzig verliehen. Tschichold setzt sich im Tessin zur Ruhe und stirbt am 11. August 1974 in Locarno.[1]

Aufschlussreich ist ein Blick auf Tschicholds Arbeitsweise: Er erschafft sich ein Archiv seiner persönlichen Arbeit, vermutlich aus Gründen der Wirtschaftlichkeit.[2] Material für die gestalterische Arbeit ist teuer, insbesondere in Zeiten von Krise, Krieg und Flucht in der ersten Hälfte des 20. Jahrhunderts. Um Kosten zu sparen, verwertet Tschichold alte Arbeiten vielfach wieder, nutzt alte Entwürfe für neue Aufträge, zerschneidet sie und setzt sie neu zusammen. Auch verworfene Entwürfe, Skizzen und Notizen auf den Rückseiten der Objekte lassen den Arbeitsprozess greifbar werden. Die Rückseiten erzählen auch von der jeweiligen Zeit, in der Tschichold an seinen Entwürfen arbeitet: Prospekte, alte Pläne und Ephemera dienen als Materialquelle und sind heute Sachzeugen über die reine Gestaltungsarbeit Tschicholds hinaus.

So verkörpert der Nachlass sowohl Überfluss als auch Lücken in der Überlieferungsgeschichte Jan Tschicholds. Viele der Kisten enthalten die gleichen Objekte in mehrfacher Dublette, während andere Arbeitsprojekte des Gestalters – trotz der großen Menge an Materialien – kaum oder gar nicht abgebildet werden. Eine quellenkritische Annäherung ist daher angebracht. Künstlerisches Selbstverständnis, eigene Positionsveränderung des Bestandsbildners, Flucht und Umzüge, wirtschaftliche Zwänge und nachträgliche Eingriffe Dritter verändern die Überlieferungsgeschichte schon im Entstehungsprozess einer Sammlung, ehe diese ins Museum gelangt. Arbeiten aus seiner Münchner Zeit verkauft Tschichold bereits ab den 1930er-Jahren in den internationalen Kunsthandel und an Museen im Ausland, um sich seinen Neustart im Schweizer Exil finanziell abzusichern. Andere Arbeiten lässt er wahrscheinlich im Zuge seiner Flucht aus Deutschland in München zurück. Unterlagen aus seinen eigenen Lehrtätigkeiten sind kaum erhalten, vermutlich weil die Lehre für Tschichold selbst keine größere Relevanz hat – sie ist für ihn Mittel zum Zweck. Seine privaten Briefwechsel werden nach seinem Tod an das Getty Research Institute in Los Angeles verkauft.

Nach Tschicholds Tod verwaltet zunächst seine Ehefrau Edith, ab Ende der 1980er-Jahre vor allem seine Schwiegertochter den Nachlass. Zu Lebzeiten trifft der Gestalter keine Aussage darüber, was mit seinem materiellen Erbe nach seinem Tod passieren soll. Nach Aussage der Familie besitzt die Sammlung für Tschichold keine größere emotionale Bedeutung: Tschichold schaut grundsätzlich selten zurück auf seine gestalterische Vergangenheit. Die Materialien lagern unsortiert auf dem Dachboden seines Wohnhauses im Tessin. Doch schon in den ersten Jahren nach Tschicholds Tod sind seine Arbeitsunterlagen stark nachgefragt, was wegen der fehlenden Struktur einen erheblichen Arbeitsaufwand für die Familie bedeutet. Dass der Nachlass dauerhaft an eine Institution weitergegeben werden soll, zeichnet sich deshalb bereits in den 1980er-Jahren ab.

Mehrere Versuche scheitern, in Basler Museen eine Heimat für den Nachlass zu finden. Den Arbeitsnachlass über Antiquare zu veräußern und damit in Einzelteile zerfallen zu lassen, kommt für die Familie nicht infrage. Über die Planung einer Ausstellung anlässlich Tschicholds 100. Geburtstag im Jahr 2002 entsteht erstmalig Kontakt zwischen der Familie Tschichold und dem Deutschen Buch- und Schriftmuseum. Die vielen Ausstellungen und Veranstaltungen zum Jubiläum in Leipzig bewegen die Familie schließlich dazu, den Nachlass in die Geburtsstadt Tschicholds zurückzuführen. Die Familie bietet dem Museum den 176 Kisten umfassenden Nachlass zunächst als Depositum an, 2015 folgt die Schenkung.

Schließlich wird im Museum der Nachlass Tschicholds seit 2021 auch digital abgebildet. So ist es nicht zuletzt den Nachfahren zu verdanken, dass das künstlerische Erbe Jan Tschicholds, dessen materielle Vielfalt und verschlungenen Wege durch das vergangene Jahrhundert nun weltweit zeit- und ortsunabhängig erforschbar sind.

Linda Wößner

1
Stephanie Jacobs und Patrick Rössler, *Jan Tschichold – ein Jahrhunderttypograf? Blicke in den Nachlass*, Göttingen 2019, S. 380ff.

2
Persönliches Gespräch mit Lilo Tschichold-Link.

2016

Horvath-Pokal

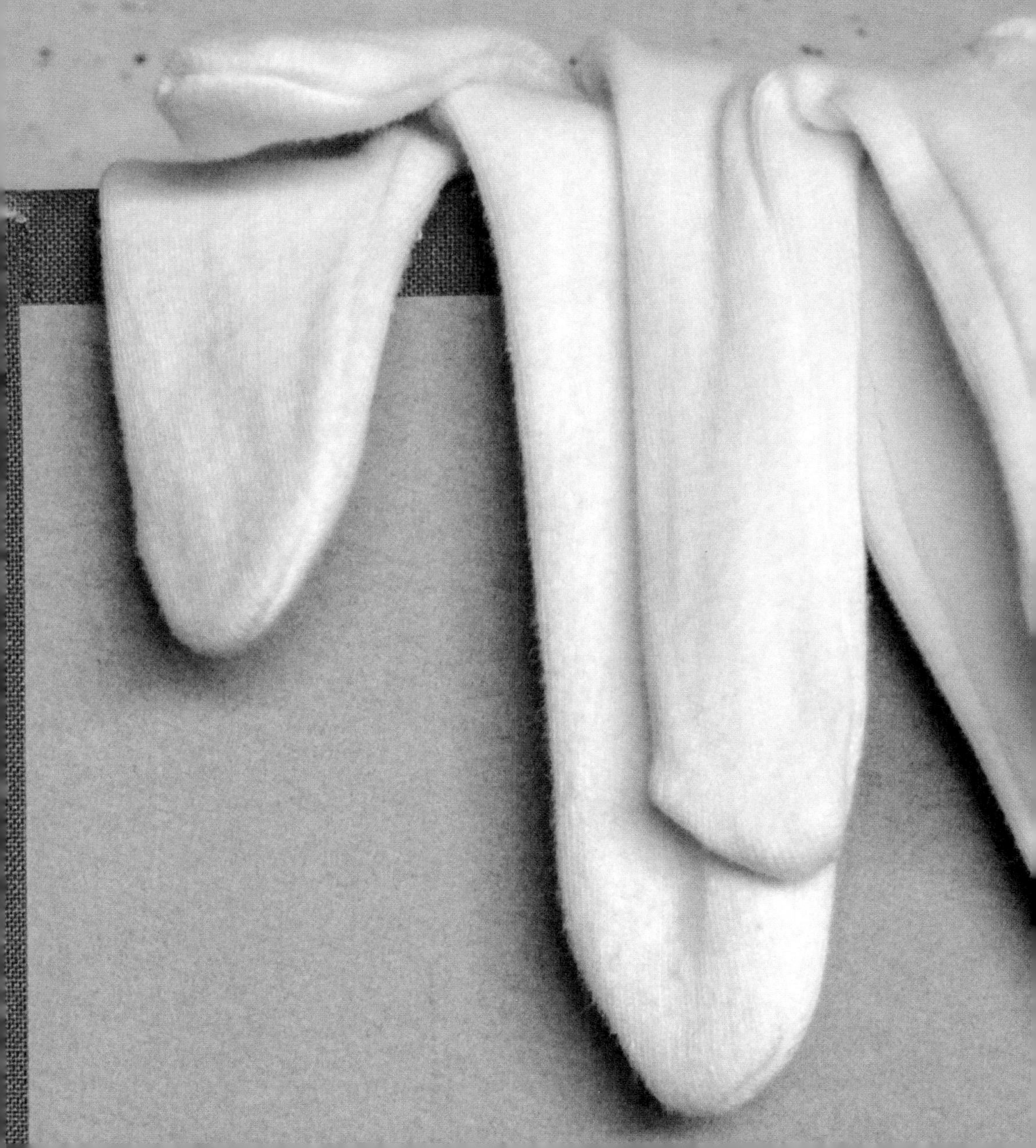

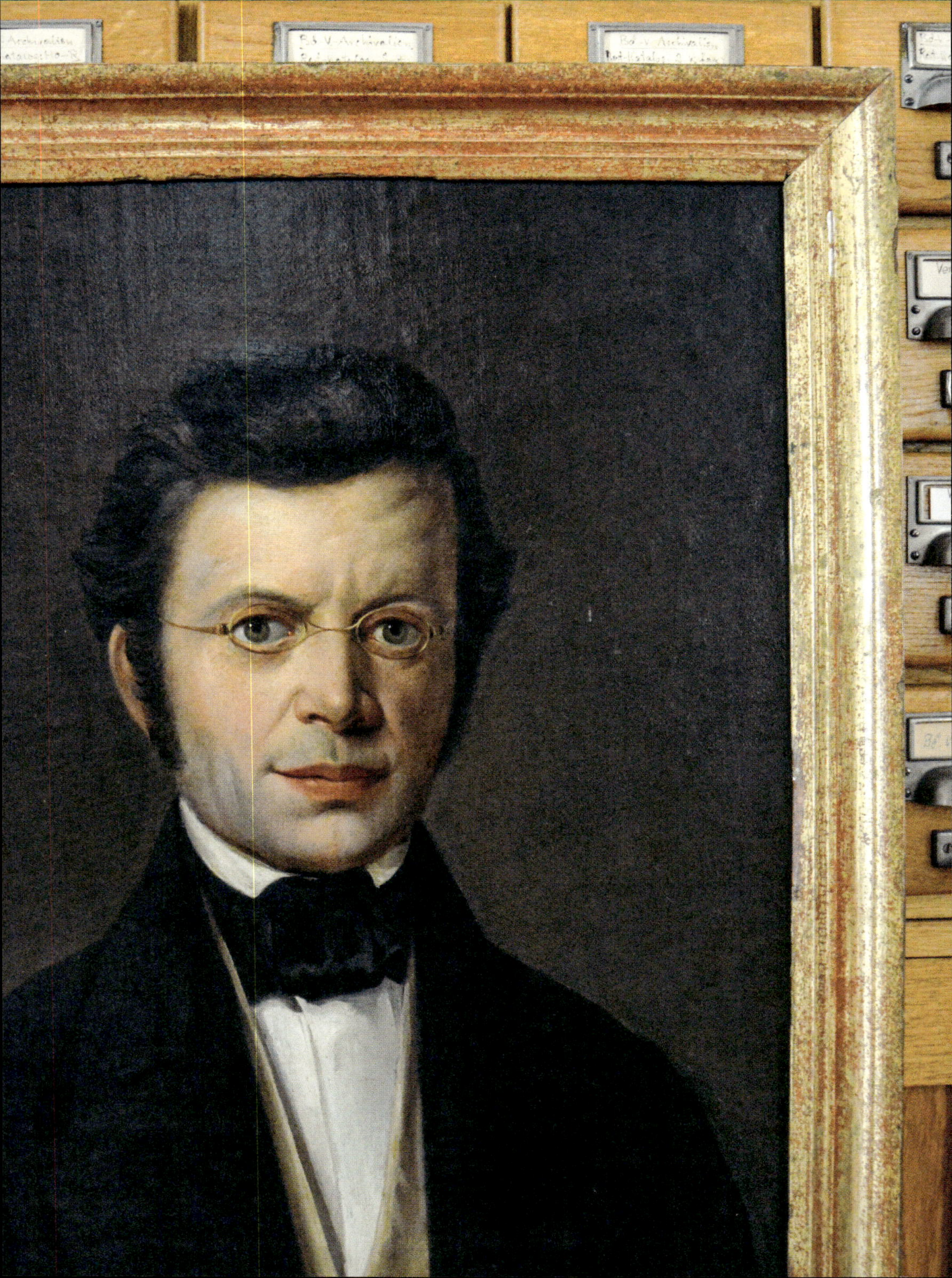

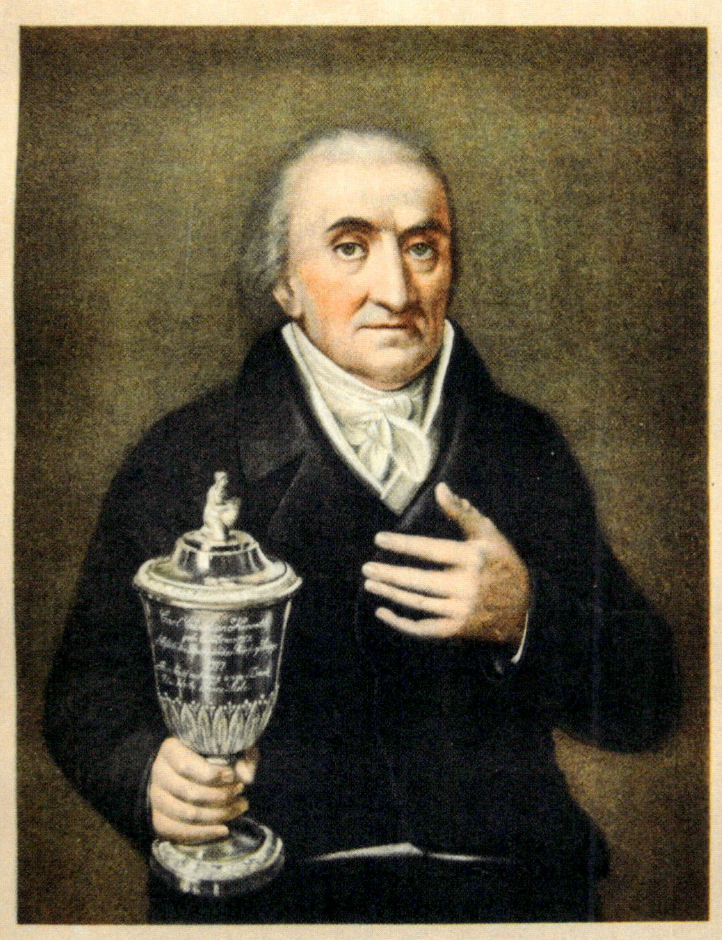

Carl Christian Horvath
Nach einem unbezeichneten Ölbild

… die verlangten einzelnen Bücher nicht mit dem Postpaket nach Leipzig senden. Das gesetzlich vorgeschriebene Fuhr- oder Eisenbahngewicht aber ist 41 Pfund.

Je nach Umständen vergehen nun bei einem Verleger 2—3, bei anderen vielleicht 6—8 Tage, bis sich 41 Pfund gesammelt haben.

Wir wollen also einen Mittelmaßstab suchen und durchschnittlich dem Zettel nur drei Rasttage …

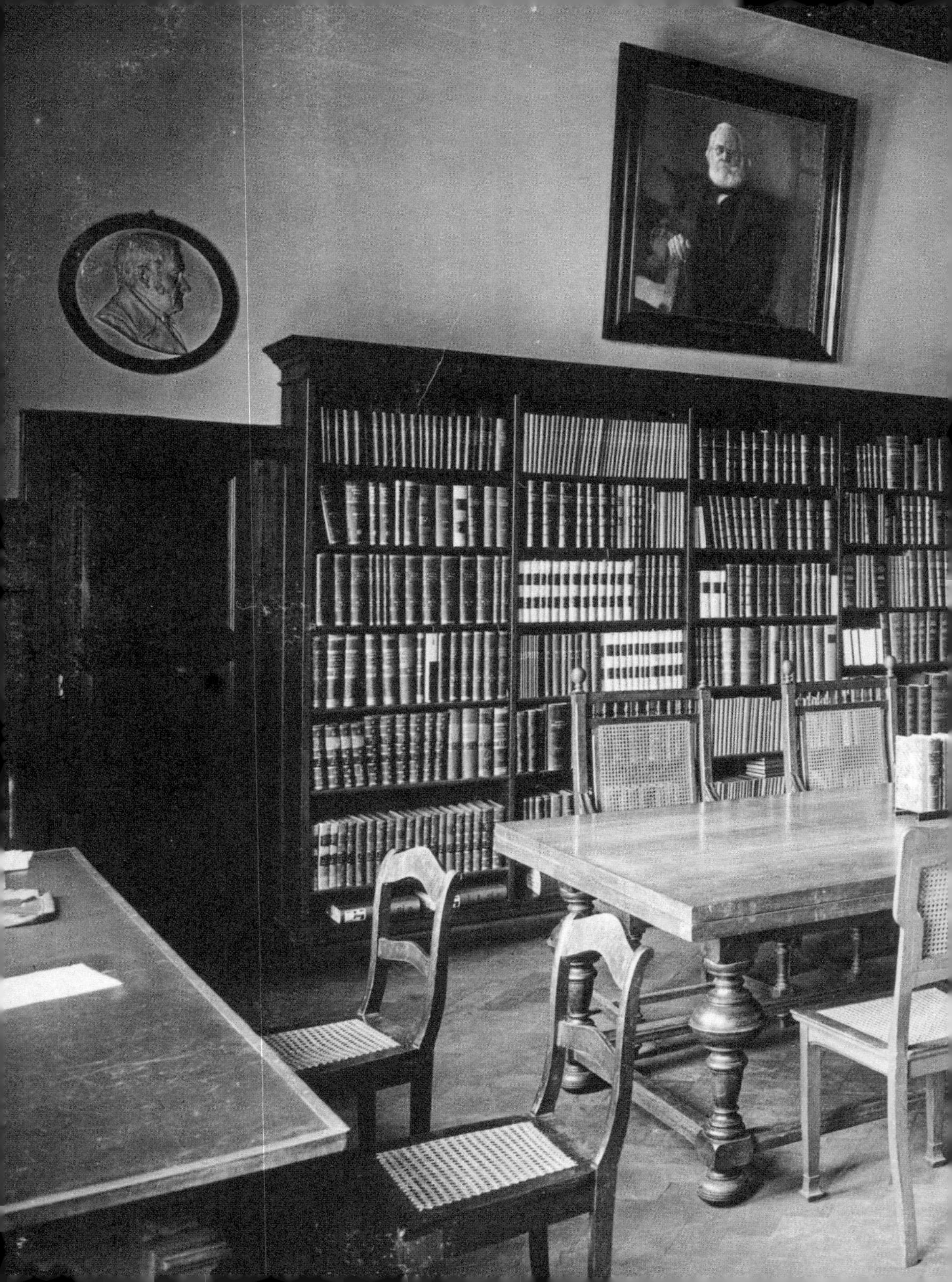

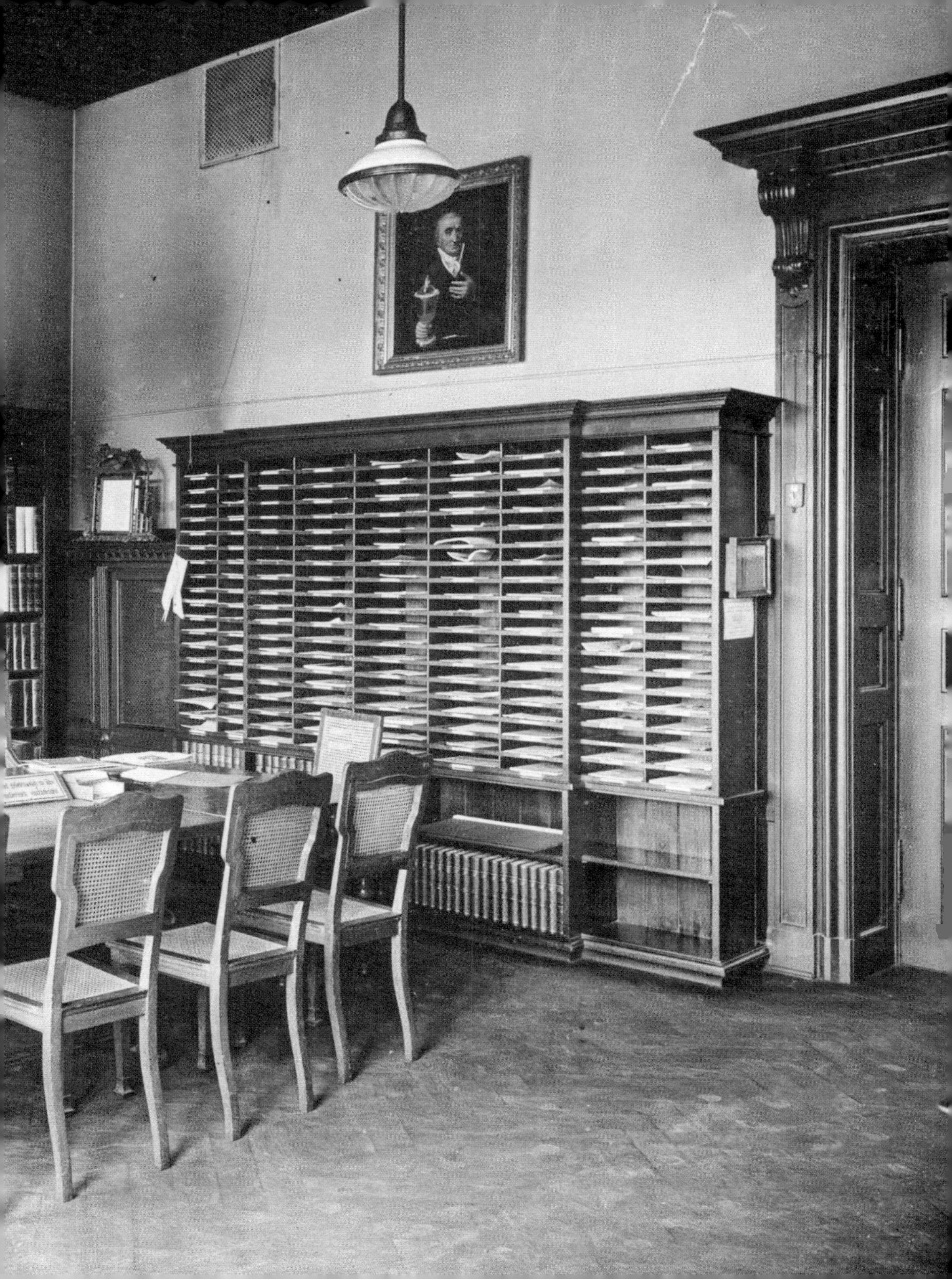

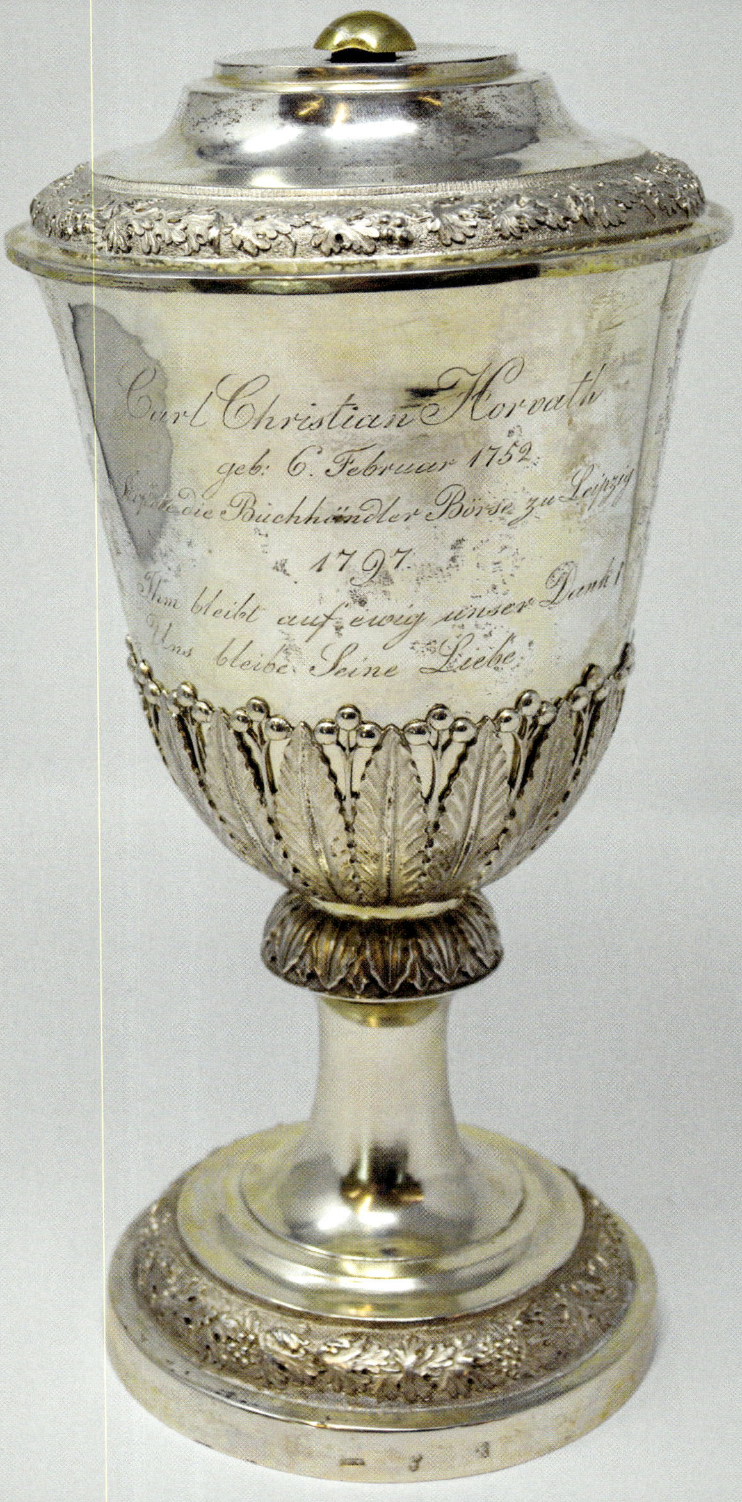

Carl Christian Horvath
geb. 6. Februar 1752
die Buchhändler Börse zu Leipzig
1797
Ihm bleibt auf ewig unser Dank!
Uns bleibe Seine Liebe

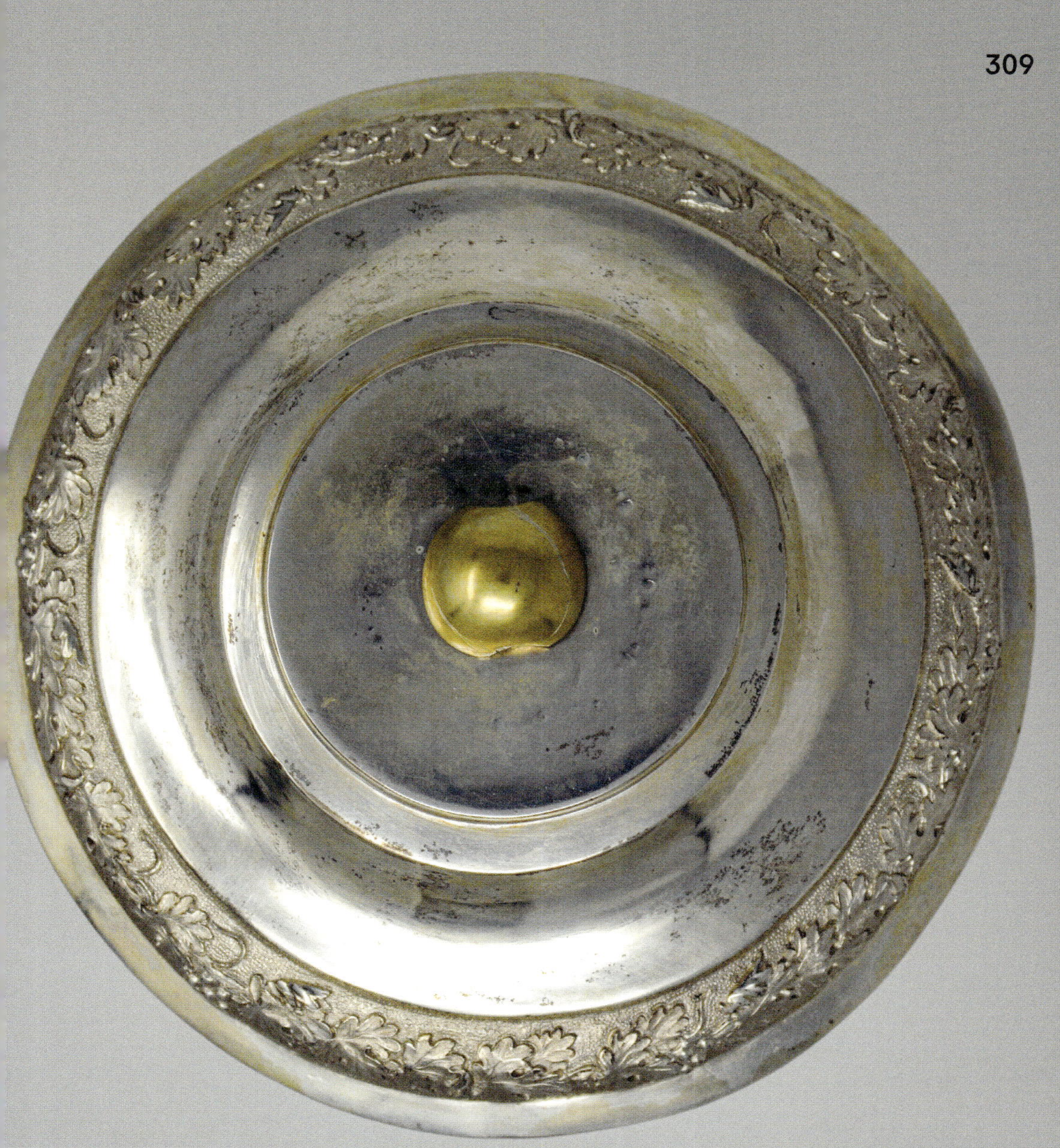

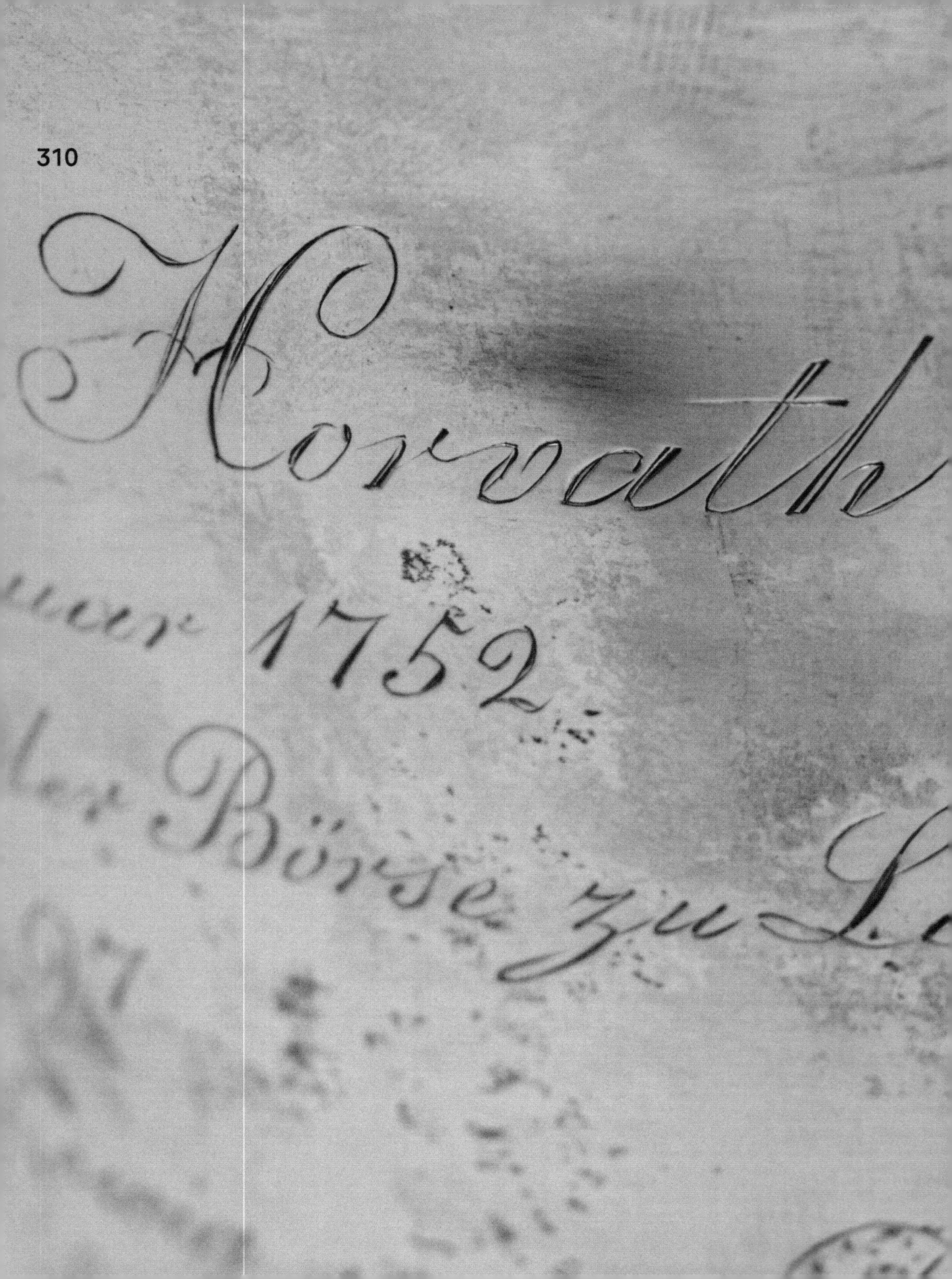

Horvath

...uar 1752

...der Börse zu L...

Geschichte einer Ehrung

Der Potsdamer Buchhändler und Verleger Carl Christian Horvath (1752–1837) gehört zu den Wegbereitern des Börsenvereins der Deutschen Buchhändler zu Leipzig. Für seine Verdienste um die Einrichtung einer zentralen Abrechnungsstelle für den überregionalen Geschäftsverkehr der Buchhändler, eines sogenannten Abrechnungslokals, wird er im Jahr 1824 von seinen Berufskollegen mit einem Pokal geehrt. Dieser ist einer der wenigen und im wahrsten Sinne des Wortes glänzenden Prunkstücke im Bestand des Historischen Archivs der Börsenvereinsbibliothek Frankfurt.

Von Frankfurt am Main erreicht 2016 eine Umzugskiste mit besonderem Sammlungsgut das Buchmuseum in Leipzig. Sie birgt unter anderem ein Gemälde und einen knapp 30 Zentimeter hohen silbernen Pokal mit Deckelaufsatz. Beide Artefakte tragen keine Inventarnummer. Das Gemälde ist das Bildnis eines unbekannten jungen Mannes aus dem 19. Jahrhundert, nach ersten Vermutungen ein Verleger. Doch weder Mitarbeiter der Frankfurter Börsenvereinsbibliothek noch Buchwissenschaftler können die abgebildete Person benennen.

Der Pokal hingegen kann schnell eingeordnet werden. Laut eingravierter Inschrift[1] überreicht ihn der Nürnberger Buchhändler Friedrich Campe am 17. Mai 1824 beim Buchhändler-Mittagsmahl[2] zum Abschluss der Buchmesse in Leipzig dem Buchhändler und Verleger Carl Christian Horvath. Auf einem zeitgenössischen, im Zweiten Weltkrieg zerstörten Gemälde ist der Geehrte mit dem Pokal in seiner rechten Hand abgebildet. Glücklicherweise ist das Gemälde in zahlreichen Publikationen wie auch über eine Fotografie aus den 1920er-Jahren belegt.

Zur Sammlungserschließung von Objekten gehört nicht nur deren Beschreibung, sondern auch die möglichst lückenlose Rekonstruktion ihrer Herkunftsgeschichte. Im Fall des Horvath-Pokals gibt es einige verstreut publizierte Aussagen über dessen Weg in das Deutsche Buch- und Schriftmuseum.

Als Carl Christian Horvath den Pokal empfängt, ist sein einziger Sohn bereits verstorben. Horvaths Schwiegertochter Wilhelmine, geborene Herbig und wieder verheiratete Legeler (1789–1877), wird Erbin seines Vermögens einschließlich des Pokals. Diese wiederum schenkt ihn 1846 ihrem Bruder Friedrich August Herbig (1794–1849) anlässlich des 25-jährigen Jubiläums seiner Verlagsbuchhandlung F. A. Herbig in Berlin. Der Pokal bleibt zunächst im Besitz der dortigen Herbig-Familie, gerät aber in Vergessenheit. Zumindest wird er bei den nachfolgenden Jubiläen nicht mehr erwähnt. Mit dem Tod des letzten Verlagsinhabers aus der Familie Herbig wird die Verlagsbuchhandlung 1907 in eine GmbH umgewandelt und mehrfach verkauft. 1964 geht sie in den Besitz einer Hamburger Bankengruppe über, die den Berliner Verleger Hans-Karl Konheiser (1920–1985) zum Inhaber einsetzt. Konheiser entschließt sich 1981, den Ehrenpokal dem Vorstand des Börsenvereins des Deutschen Buchhandels in Frankfurt zu schenken.[3] Dieser übergibt ihn dem Historischen Archiv, das in die Sammlung Archivalien und Dokumente zur Buchgeschichte im Deutschen Buch- und Schriftmuseum integriert wird.

Recherchen über den letzten Inhaber des Pokals, Hans-Karl Konheiser, führen überraschend zu dem eingangs erwähnten Gemälde. In einem Teilbestand des Historischen Archivs der Frankfurter Börsenvereinsbibliothek sind Materialien zu einzelnen Verlegern zusammengetragen, unter dem Lemma Konheiser auch Briefe von ihm über Schenkungen an den Börsenverein. Eine beiliegende Fotografie eines Gemäldes deutet schließlich auf den unbekannten Mann hin – es ist der Verleger Friedrich August Herbig. Damit kann sowohl die Schenkung des Pokals als auch des Gemäldes belegt werden. Die genealogischen Recherchen zur Herbig-Familie führen zu einer 1941 publizierten Familiengeschichte, die die Angaben zum Bildnis bestätigen.[4]

Carola Staniek

1
„Montags den 17tn May 1824 wurde dem Stifter und Vorsteher der Leipziger Buchhändler | Börse, Carl Christian Horvath, einstimmig der Dank votirt und laut dar= | gebracht von allen versammelten Buchhändlern Deutschlands. Dann be= | schloss die Versammlung das verhallende Wort auf eine sichtbare | Weise zu verewigen; hierzu diene dieser Pocal."

2
Börsenblatt für den Deutschen Buchhandel, 104, Nr. 138, 1937, S. 528.

3
Gerd Schulz, „Aus Privatbesitz an den Börsenverein", in: *Börsenblatt, Frankfurter Ausgabe*, 37, Nr. 47, 1981, S. 1510.

4
Hedwig Kreyenberg, *Geschichte der Familie Herbig 1572–1939*, Berlin 1940.

2017

Pressefotos aus der Filmwelt

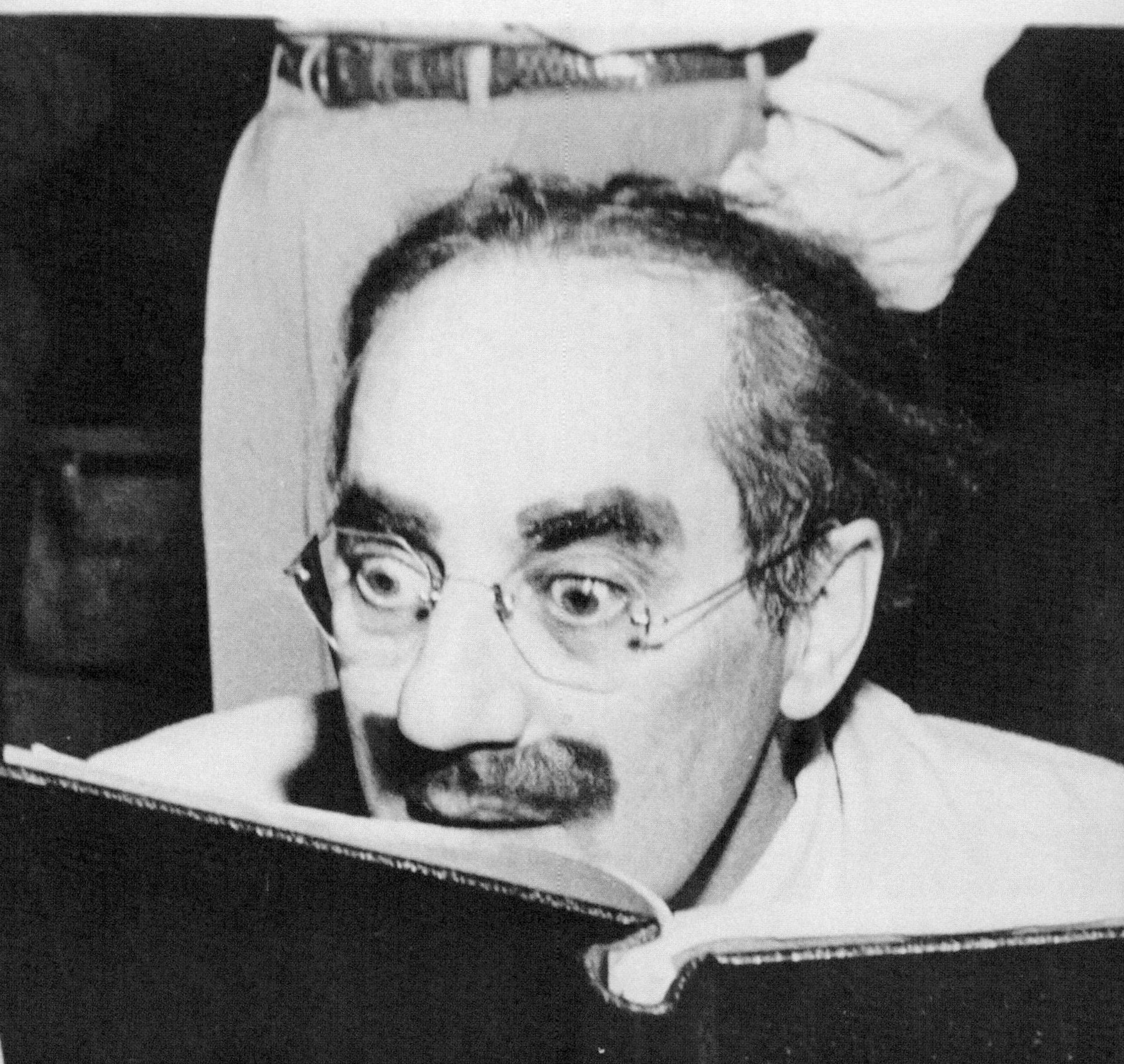

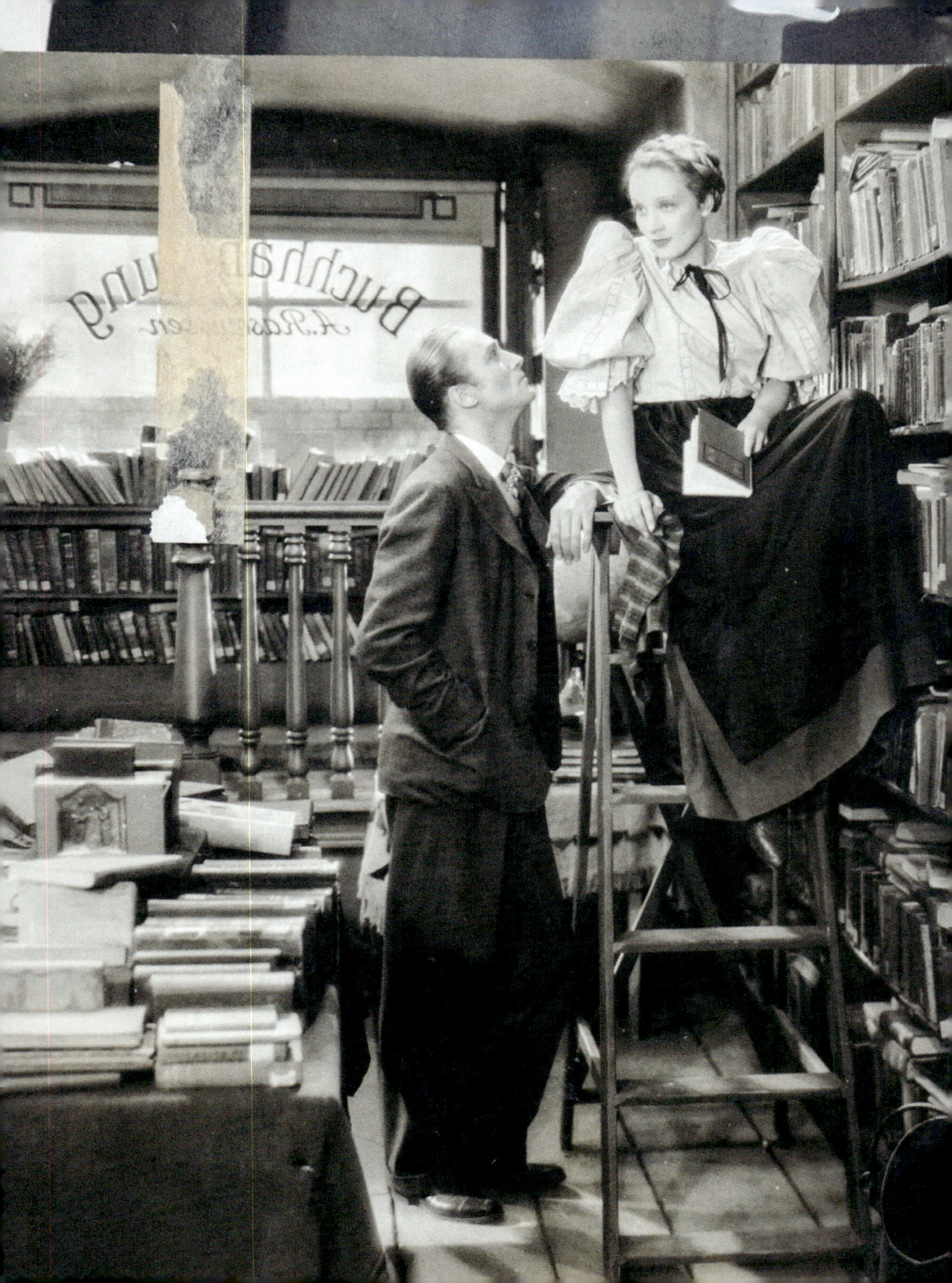

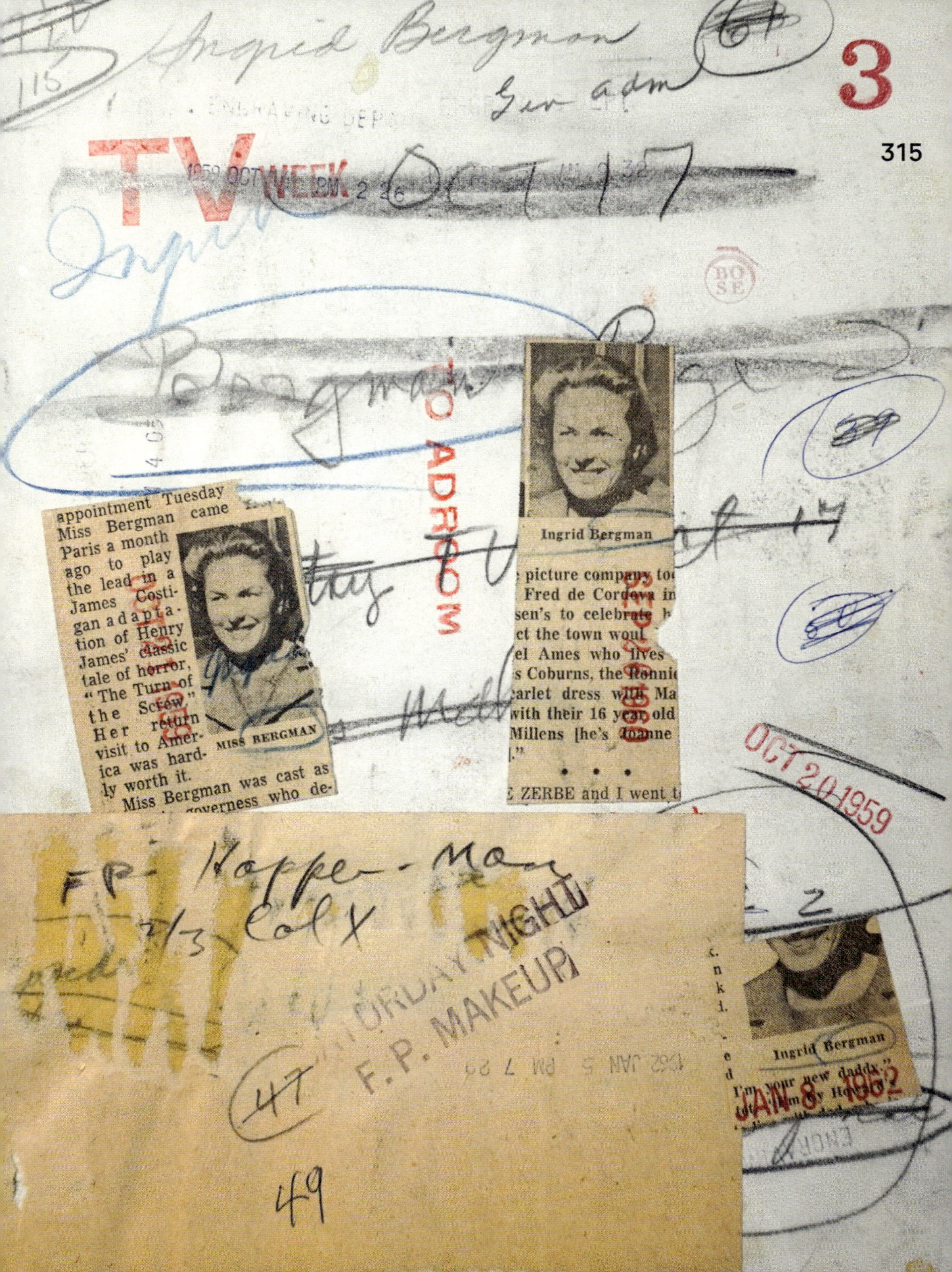
3
TV WEEK
TO ADROOM
appointment Tuesday
Miss Bergman came
Paris a month
ago to play
the lead in a
James Costi-
gan adapta-
tion of Henry
James' classic
tale of horror,
"The Turn of
the Screw."
Her return
visit to Amer-
ica was hard-
ly worth it.
Miss Bergman was cast as
governess who de-
MISS BERGMAN
Ingrid Bergman
picture company to
Fred de Cordova in
sen's to celebrate
ct the town woul
el Ames who lives
s Coburns, the Ronnie
carlet dress with Ma
with their 16 year old
Millens [he's Joanne
ZERBE and I went t
OCT 20 1959
SATURDAY NIGHT
F.P. MAKEUP
1962 JAN 5 PM 7 26
Ingrid Bergman
I'm your new daddy,"
JAN 8 1962

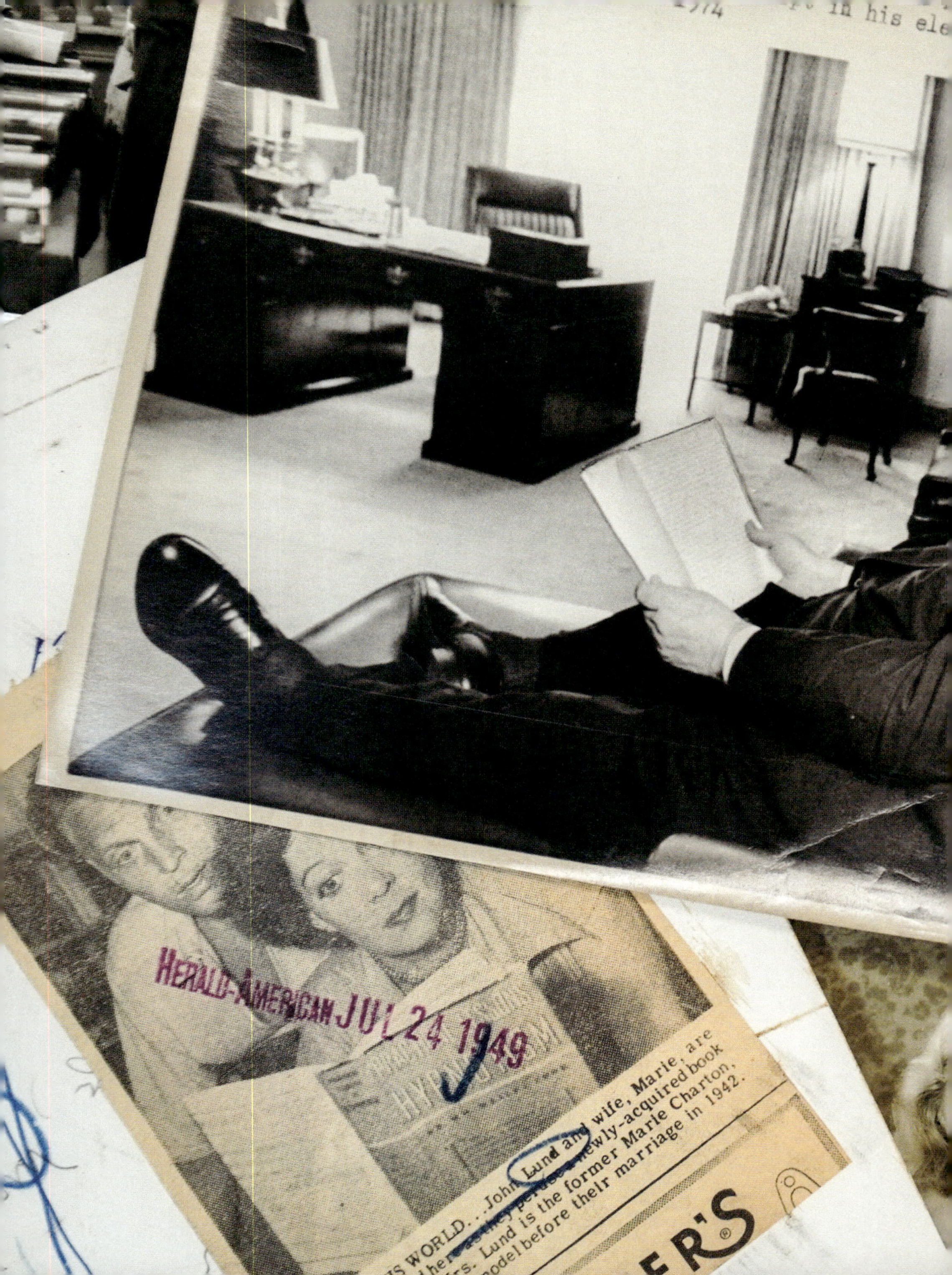
1974 in his ele
HERALD-AMERICAN JUL 24 1949
WORLD. . . John Lund and wife, Marie, are
newly-acquired book
Lund is the former Marie Charton,
model before their marriage in 1942.
ER'S®

-- Alfred Hitchcock, who mark
ppointed office at Universal

NOT
A
WORD!

Best always,
Irene Dunne

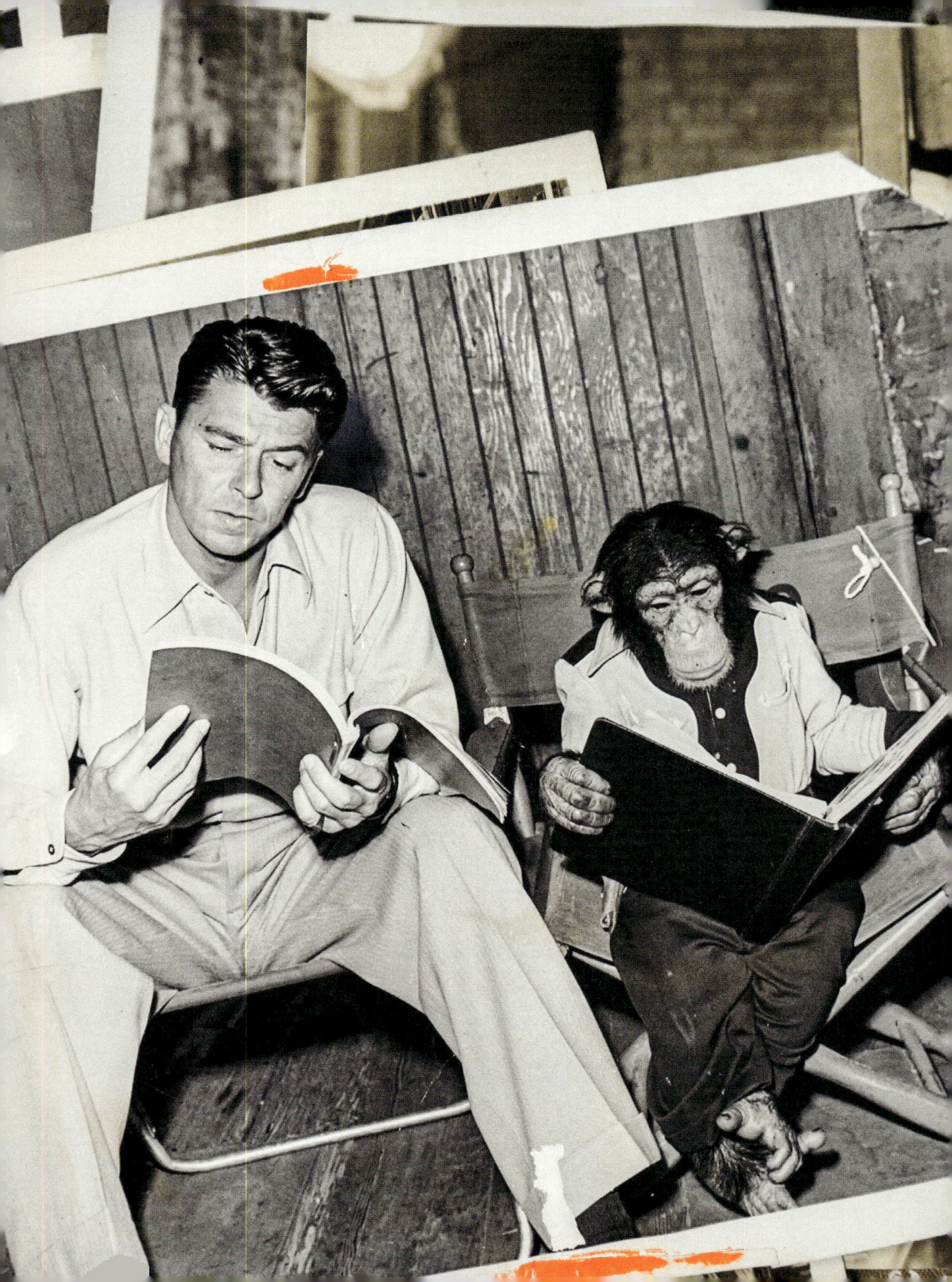

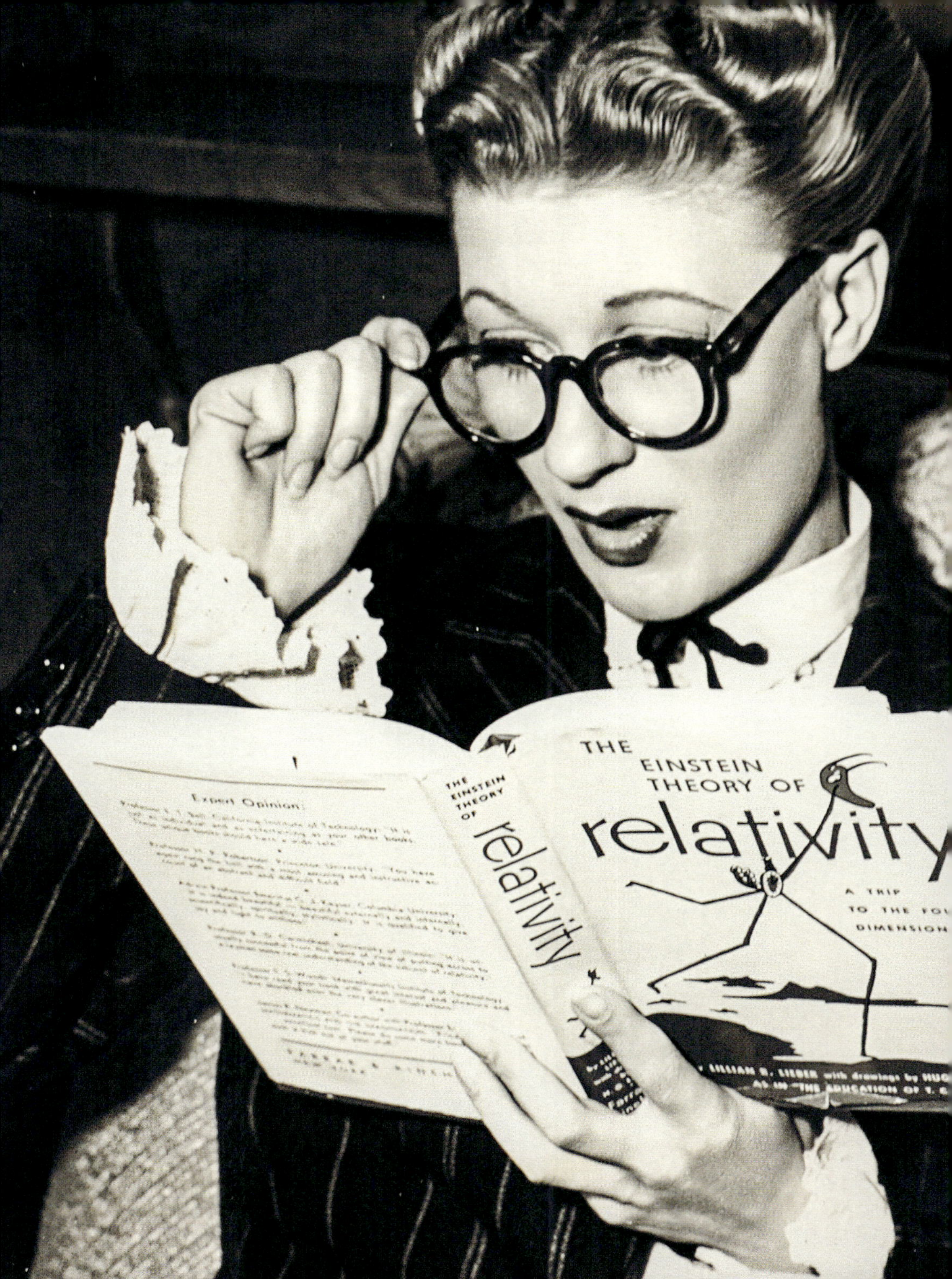
Expert Opinion:
THE EINSTEIN THEORY OF
relativity
THE EINSTEIN THEORY OF
relativity
A TRIP

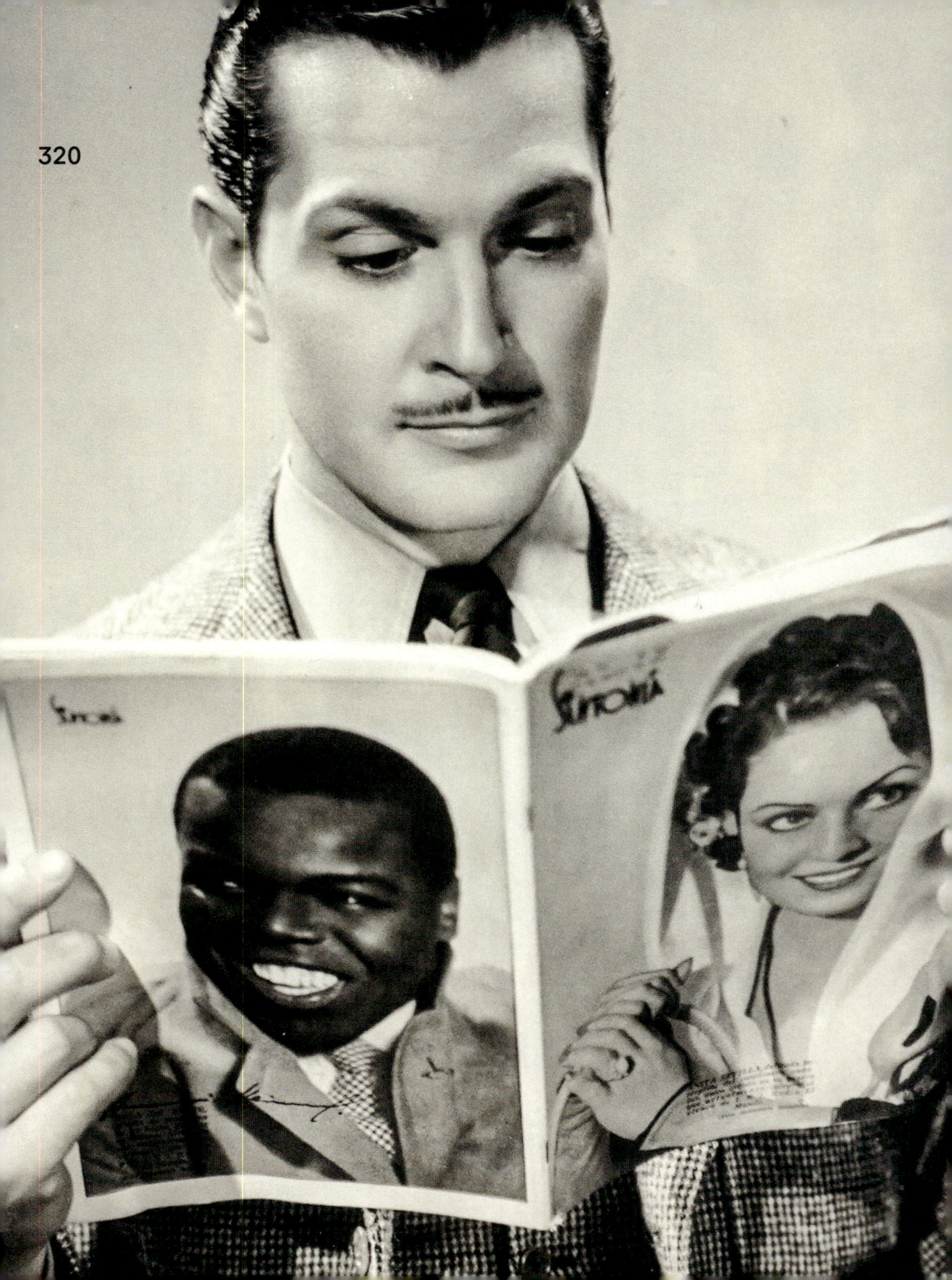

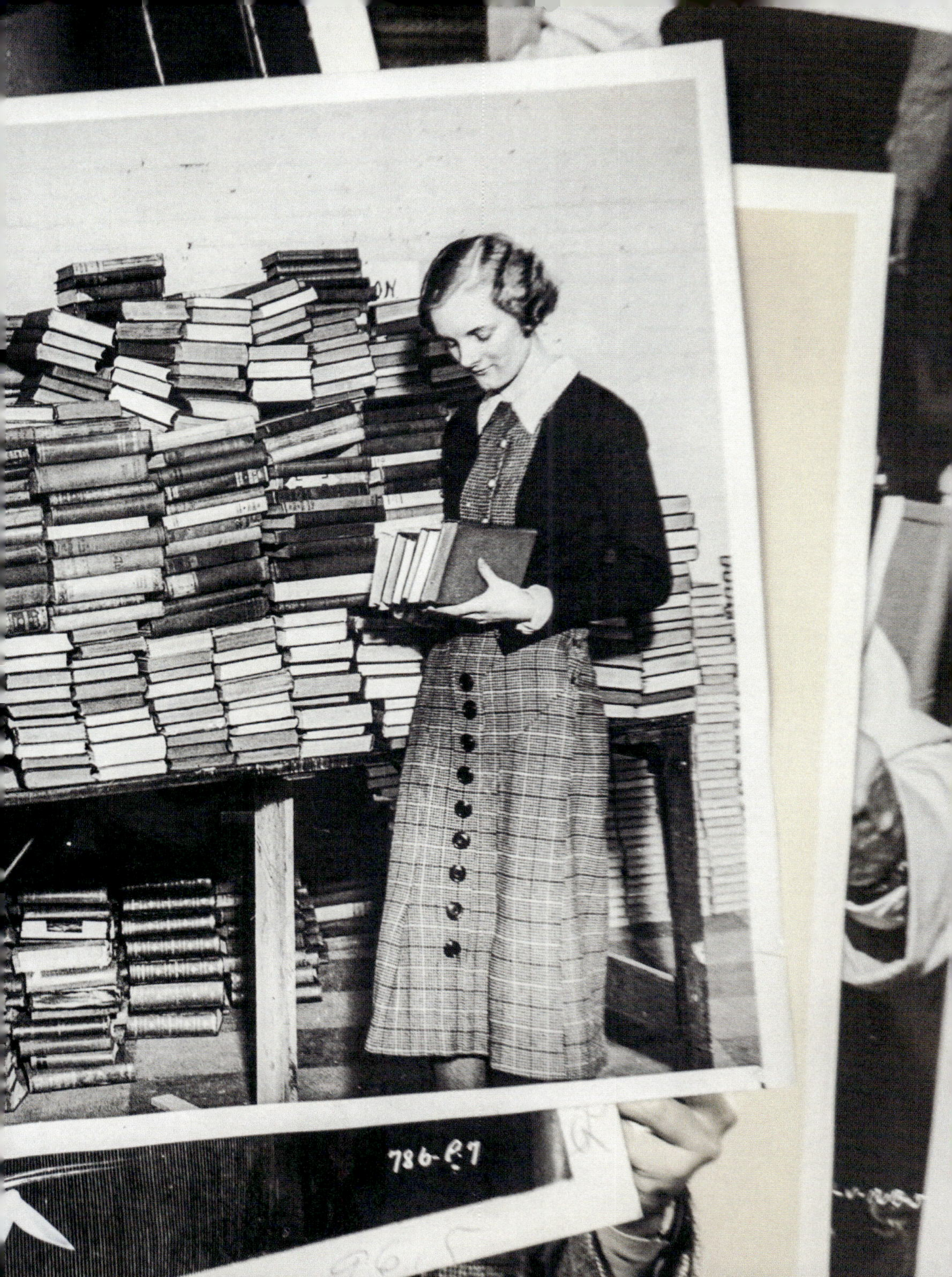

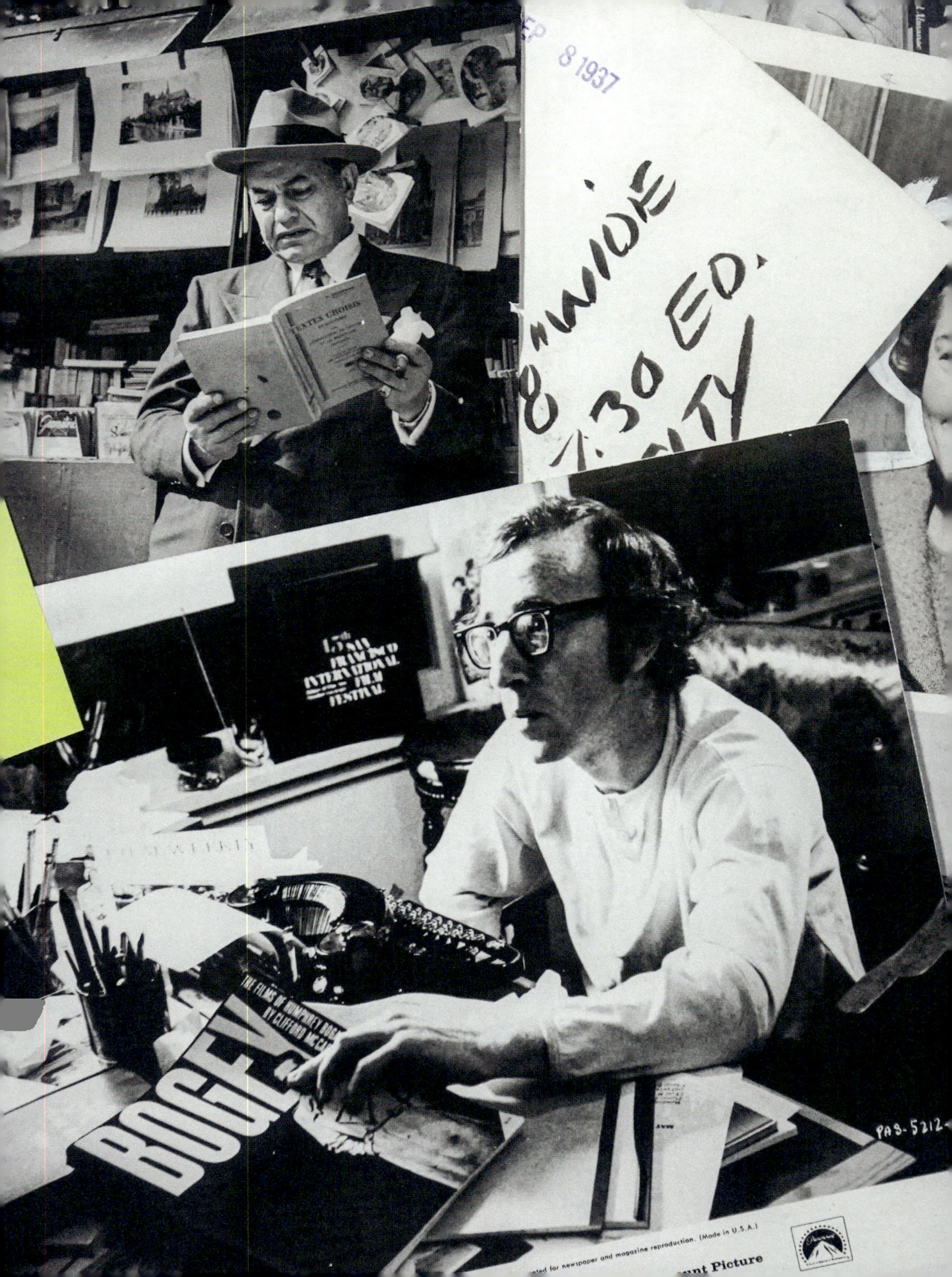

8 1937
WIDE
30 ED.
TEXTES CHOISIS
SAN
INTERNATIONAL
FILM
FESTIVAL
THE FILMS OF HUMPHREY BOG
BY CLIFFORD MC
BOGE
PAS-5212
for newspaper and magazine reproduction. (Made in U.S.A.)
Picture

Hollywood liest

Die Digitalisierung der Fotografie setzt analoge Fotoarchive seit Jahrzehnten unter einen enormen Existenzdruck. Die ubiquitäre Verfügbarkeit digitaler Bilder – weltweit, sofort und kostenlos – verdrängt historische Analogfotografie in ihrer Behäbigkeit und konservatorischen Fragilität aus dem kollektiven Gedächtnis, lässt sie mehr und mehr in Vergessenheit geraten. Immer schon sind Bilder verloren gegangen, seit der Digitalisierung der Bilderwelten und der Monopolisierung der Distribution nimmt das Verschwinden aber andere Dimensionen an.[1] Teuer in Lagerung, Erhaltung und Erschließung, lassen sich historische Bildarchive nur mit erheblichen konservatorischen und technischen Aufwänden bewahren. Daher gilt: Was nicht vermarktet oder monetarisiert werden kann, wird „ausgelagert, abgeschafft und weggeworfen",[2] Überlieferungsketten reißen endgültig ab. In diesem Kontext kann es als Glücksfall gewertet werden, dass das Deutsche Buch- und Schriftmuseum 2017 einen Fotobestand historischer Abzüge aus den 1920er- bis 1970er-Jahren übernehmen konnte, dessen Motivwelt sich in gleich mehrfacher Hinsicht in das Themenpanorama des Museums einfügt: Die Aufnahmen zeigen das Buch als Requisit der Selbstdarstellung von Hollywood-Stars.

Ob Orson Welles oder Marilyn Monroe, ob Joan Crawford, Ronald Reagan, Cary Grant oder Clark Gable: Sie alle ließen sich von ihren Pressefotografen mit Büchern ablichten – Hollywood-Glamour schmückt sich mit Buch. Von fast allen großen Hollywood-Stars gibt es wenigstens eines dieser Bilder, aufgenommen am Set, zu Hause am Kamin, am Swimmingpool, in Bibliotheken oder Hotelhallen. Die Fotos inszenieren die Augen der Stars, die durch den – starren oder panischen, verschwörerischen, schmachtenden oder fiesen – Blick ins Buch inszeniert werden. Als Konvolut zeichnen die Stand- und Promotion-Fotos eine kurze Bildgeschichte der Beziehung zwischen Star und Buch.

Die von Günter Karl Bose (geb. 1951) in einer medialen Umbruchszeit zusammengetragene Sammlung von Fotos lesender

Filmstars stammt zum Großteil aus amerikanischen Archiven, darunter die Pressearchive der *Chicago Tribune* und des *San Francisco Examiner,* aber auch aus dem auf Entertainment spezialisierten Archiv von Culver Pictures.[3] Verausgabt werden die Aufnahmen zumeist von den großen Hollywood-Studios wie MGM, Paramount Pictures oder Warner Brothers, die nach dem Verschwinden der Filme aus den Kinos den Bildern nur noch wenig Wert beimessen. Durch den Verkauf von Fotosammlungen über Internetplattformen werden die Bilder seit Jahrzehnten weltweit verstreut und gelangen vor allem in private Sammlungen. Für eine Archäologie des 20. Jahrhunderts sind diese Zeugnisse der visuellen Kultur zum Großteil verloren.

Der Bildbestand „Hollywood liest" spiegelt ein besonderes Stück Mediengeschichte – die Beziehung zweier einst konkurrierender Medien: Buch und Film. Eine seit ein paar Jahren wachsende Öffentlichkeit lenkt den Blick wieder sowohl auf die Geschichte der Fotografie als auch die des Buches. Erste Versuche, Fotoarchive in Verwertungsketten einzuspeisen und damit zu retten, zeitigen Ergebnisse. Doch die Rettung von Bildarchiven durch Digitalisierung zielt ausschließlich auf die Motivwelt. Die Historizität des Originals geht in den digitalen Prozessen verloren, mit ihr die Retuschen, Ausrisse und Zensurvermerke, die Stempel, Abnutzungserscheinungen, Bearbeitungsvermerke, Signaturen, Deckweiß- und Klebebandausschnitte sowie die Nachweise über Verwendungskontexte, welche die Rezeption der Motive auf den Rückseiten der Fotos dokumentieren. Die Digitalisierung rettet nur den Content, das Motiv, nicht aber die Objektbiografien, deren „Zeichen der Zeit" in den papierenen Originalen eingeschrieben und gespeichert sind. Sie zu bewahren, sind wir als medienhistorisches Museum der reichen Überlieferungs- und Rezeptionsgeschichte der Fotos mit dem einmaligen Motivpanorama schuldig.

Stephanie Jacobs

1
Vgl. Enno Kaufhold, „Rettet die Fotoarchive. Eine dringende Initiative", in: *Photonews,* 7/8, 2010, Sonderheft „Archive und Nachlässe", S. 4.

2
Vgl. Frank Frischmuth, „Ausgelagert, abgeschafft und weggeworfen. Historische Pressebildarchive im digitalen Wertschöpfungsprozess", in: ebd., S. 6, abrufbar unter: https://netzwerk-fotoarchive.de/lesenswert/ausgelagert-abgeschafft-und-weggeworfen-historische-pressebildarchive-im-digitalen (2.6.2022).

3
Günter Karl Bose, Berlin, sei für die Informationen zum historischen Hintergrund der Sammlung „Hollywood liest" gedankt.

2017

Sammlung Gerhard & Brigitte Hartmann

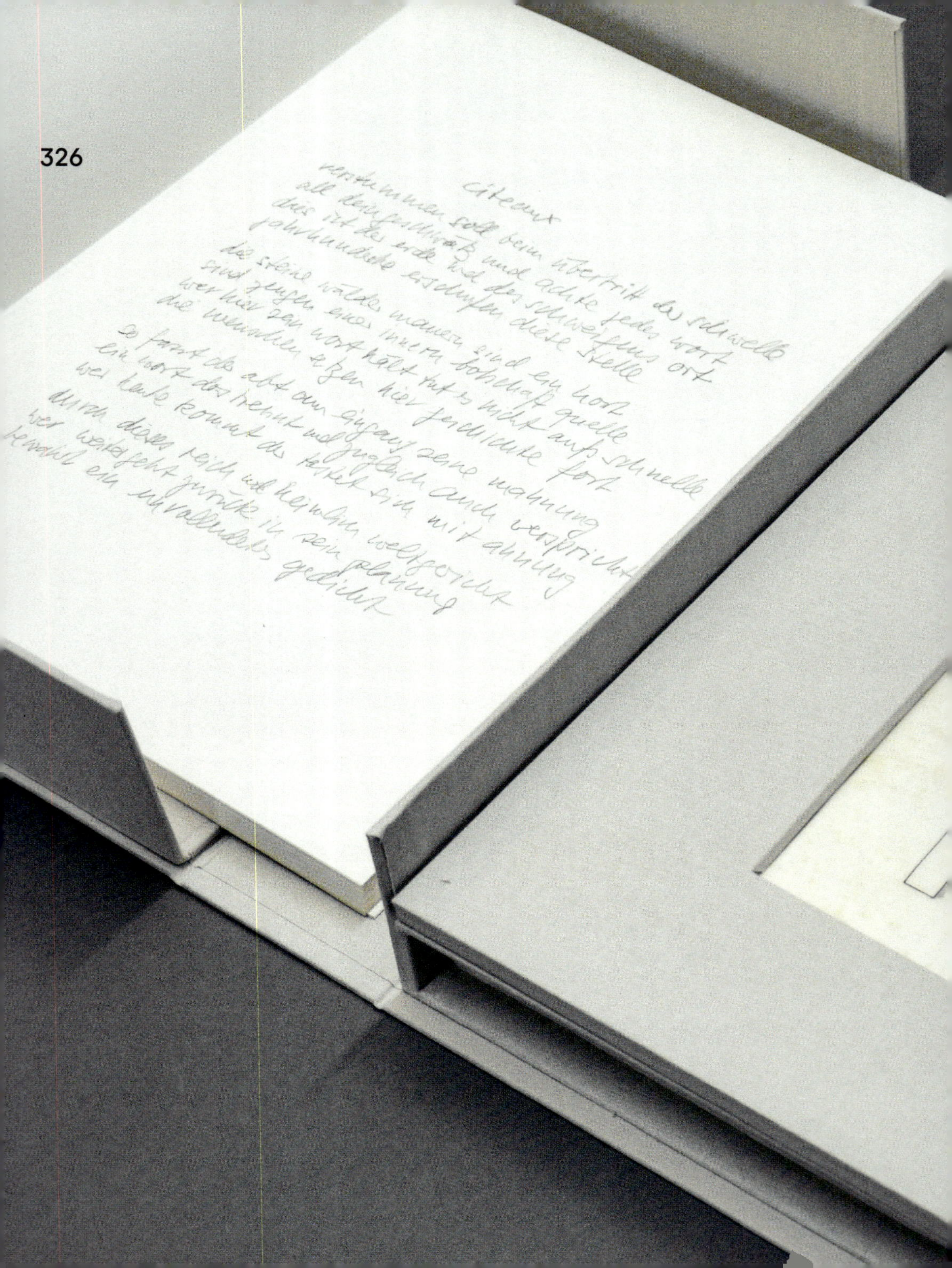
citeaux
verstummen soll beim übertritt der schwelle
all dein geschwätz und achte jedes wort
dies ist die erde und des schweigens ort
jahrhunderte erschufen diese stelle
die steine wälder mauern sind ein hort
sind zeugen eines inneren botschaft quelle
wer hier sein wort hält tut's nicht auf-schnelle
die wunden setzen hier geschichte fort
so fand als abt am eingang seine mahnung
ein wort das trennt und zugleich auch verspricht
wer heute kommt der trifft sich mit ahnung
durch dieses reich und heimlichen weltgericht
wer weitergeht zurück in sein planung
bewahrt ein unvollendetes gedicht

Gefangen

Kletterwurzel umschlingt den Bauch
Über der Nacht die Sichelwanze frißt
Eine Blaubeule heult im Stroh
Zerkratzt ein Autoranzen
Rennt der Regenstrumpf dorthin
Nur ich bleib im Fenstergitter.

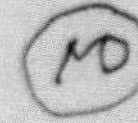

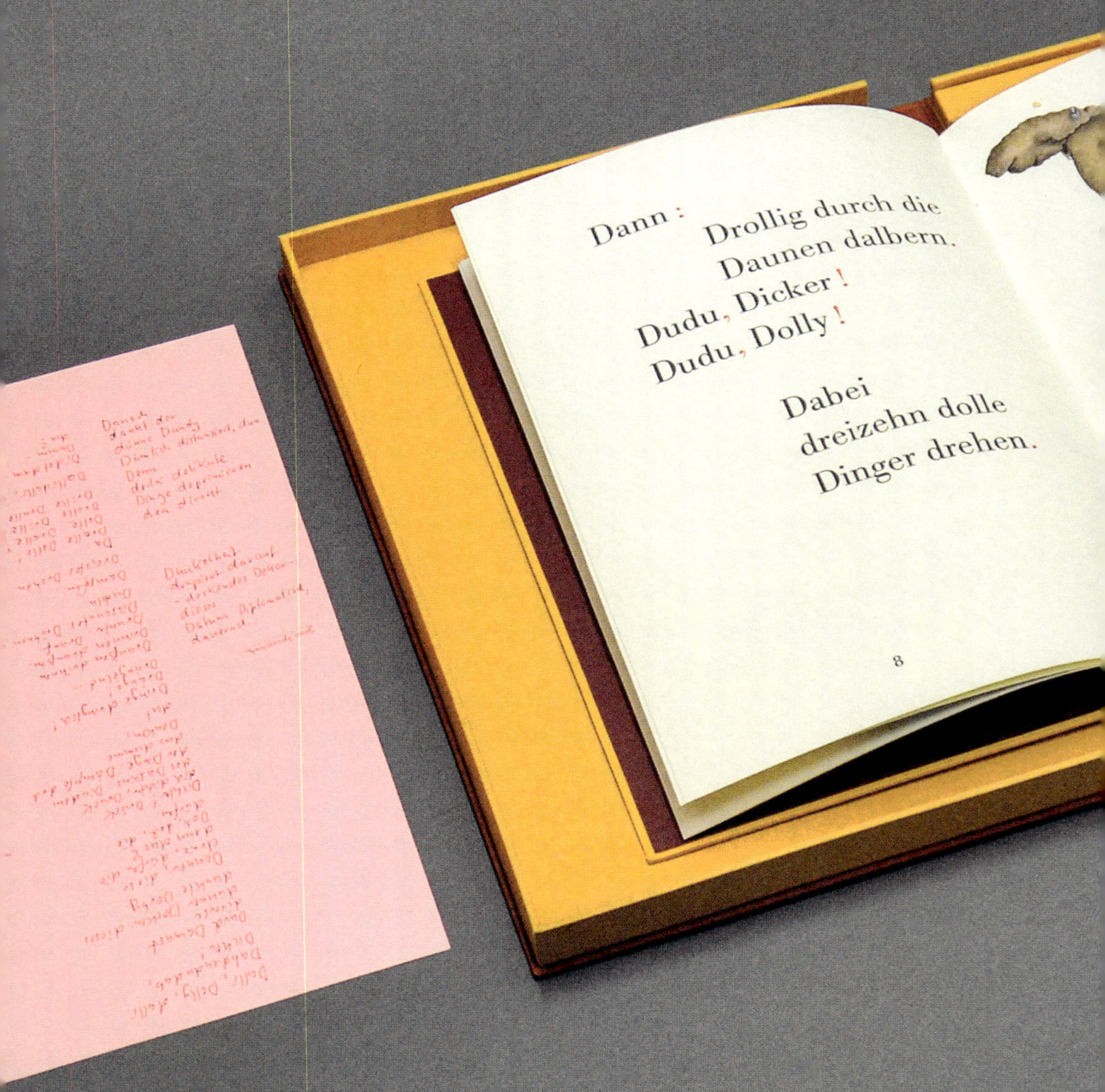
Dann :
Drollig durch die
Daunen dalbern.
Dudu, Dicker !
Dudu, Dolly !
Dabei
dreizehn dolle
Dinger drehen.
8

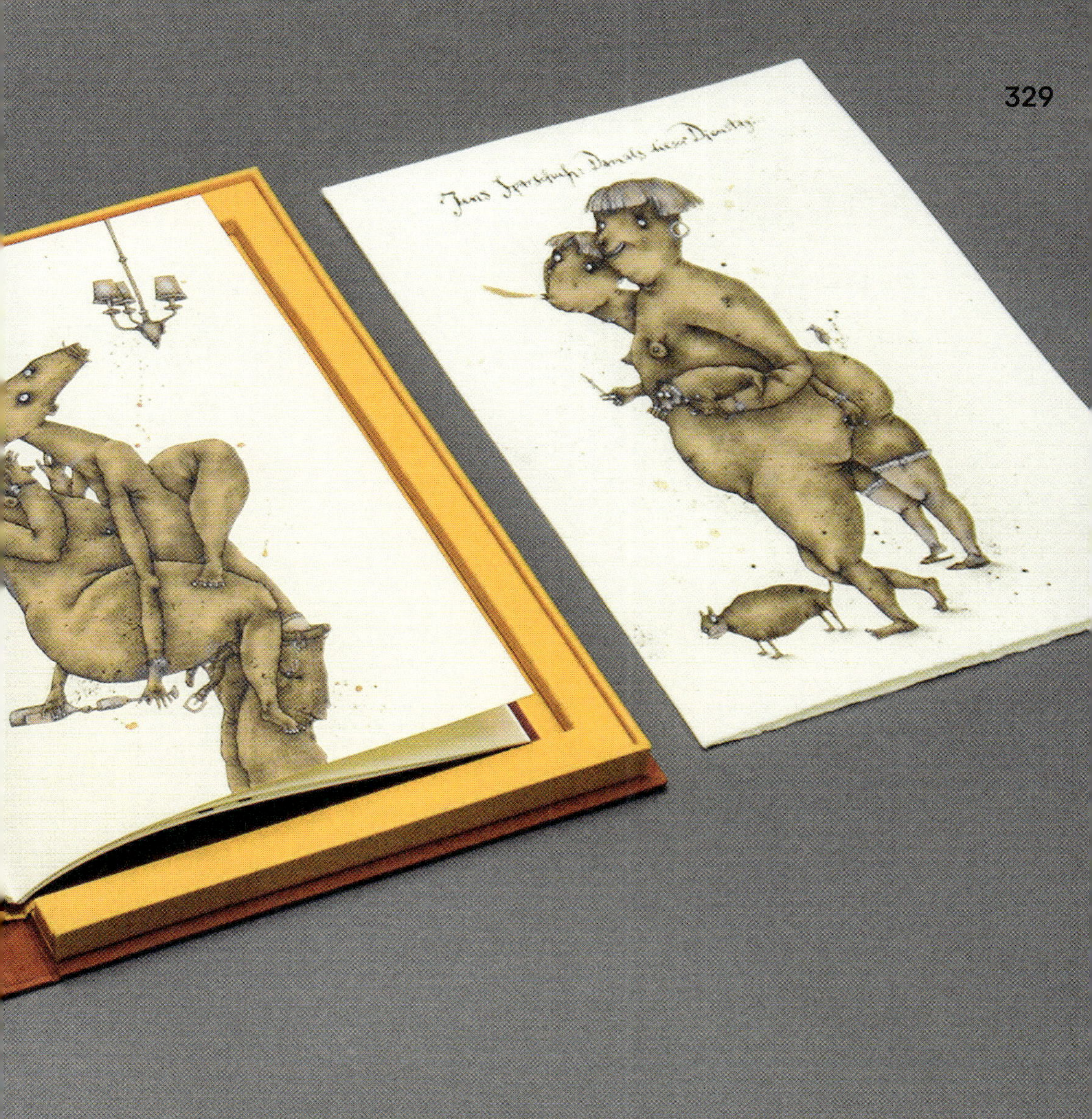

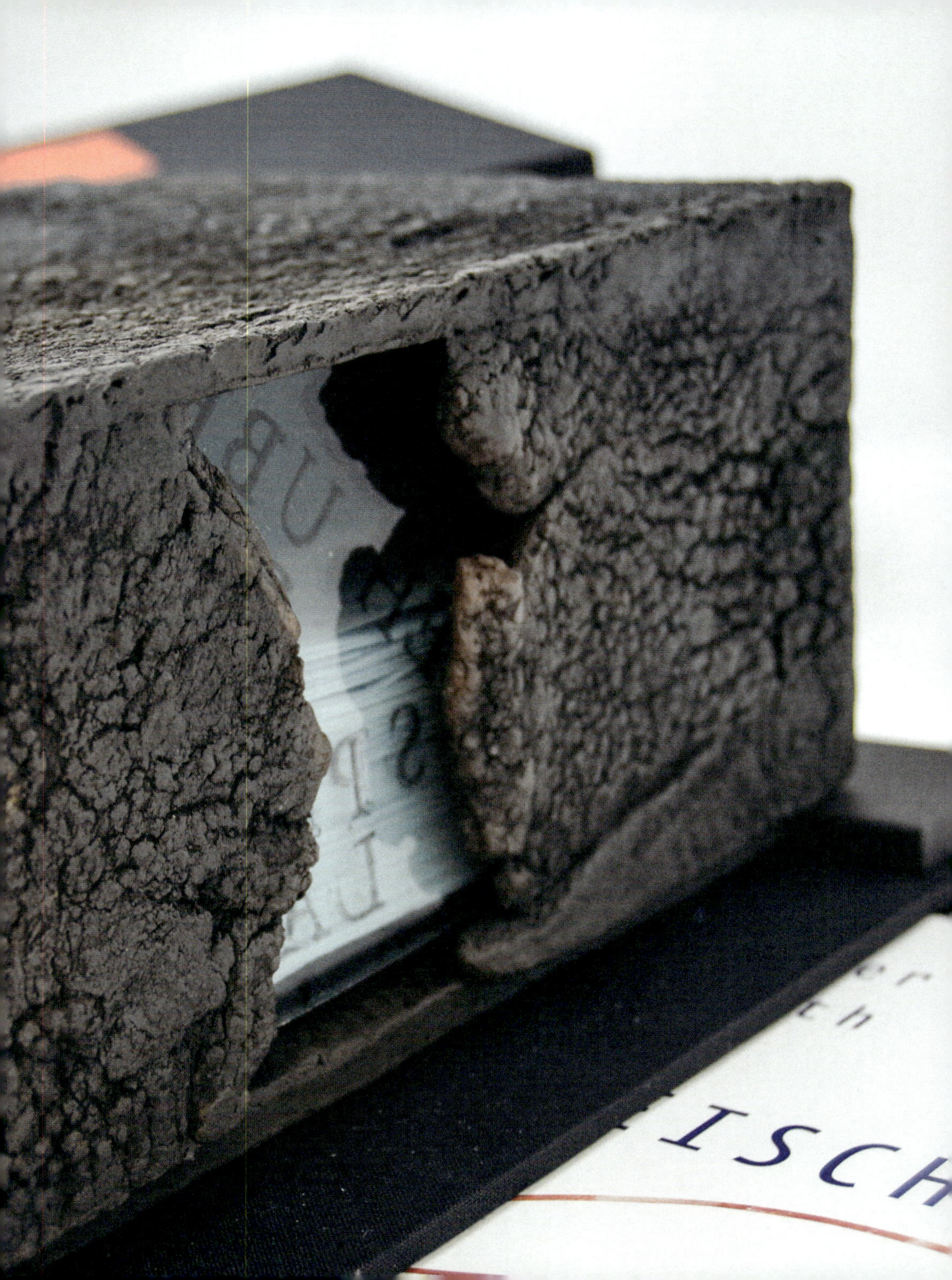

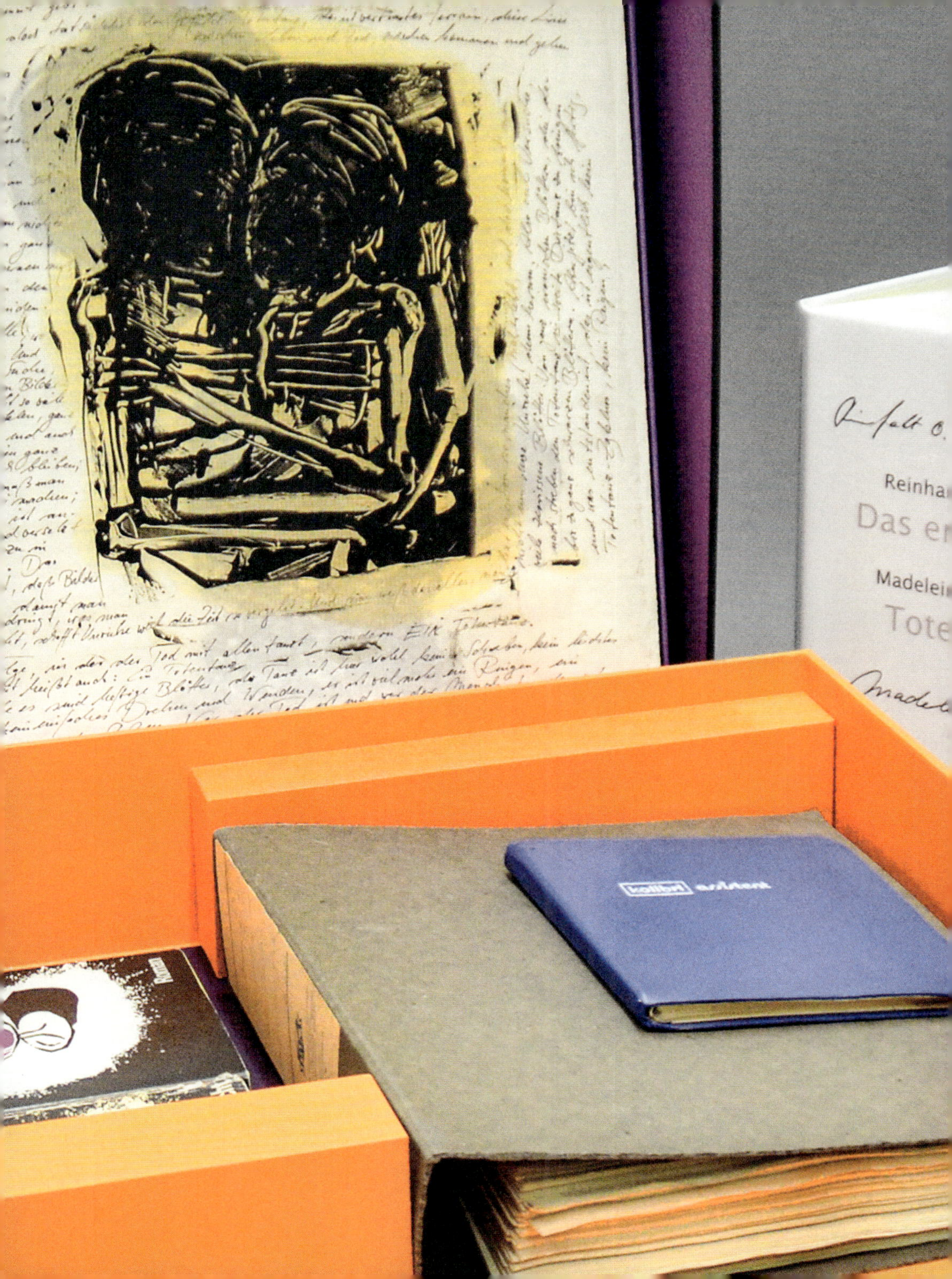

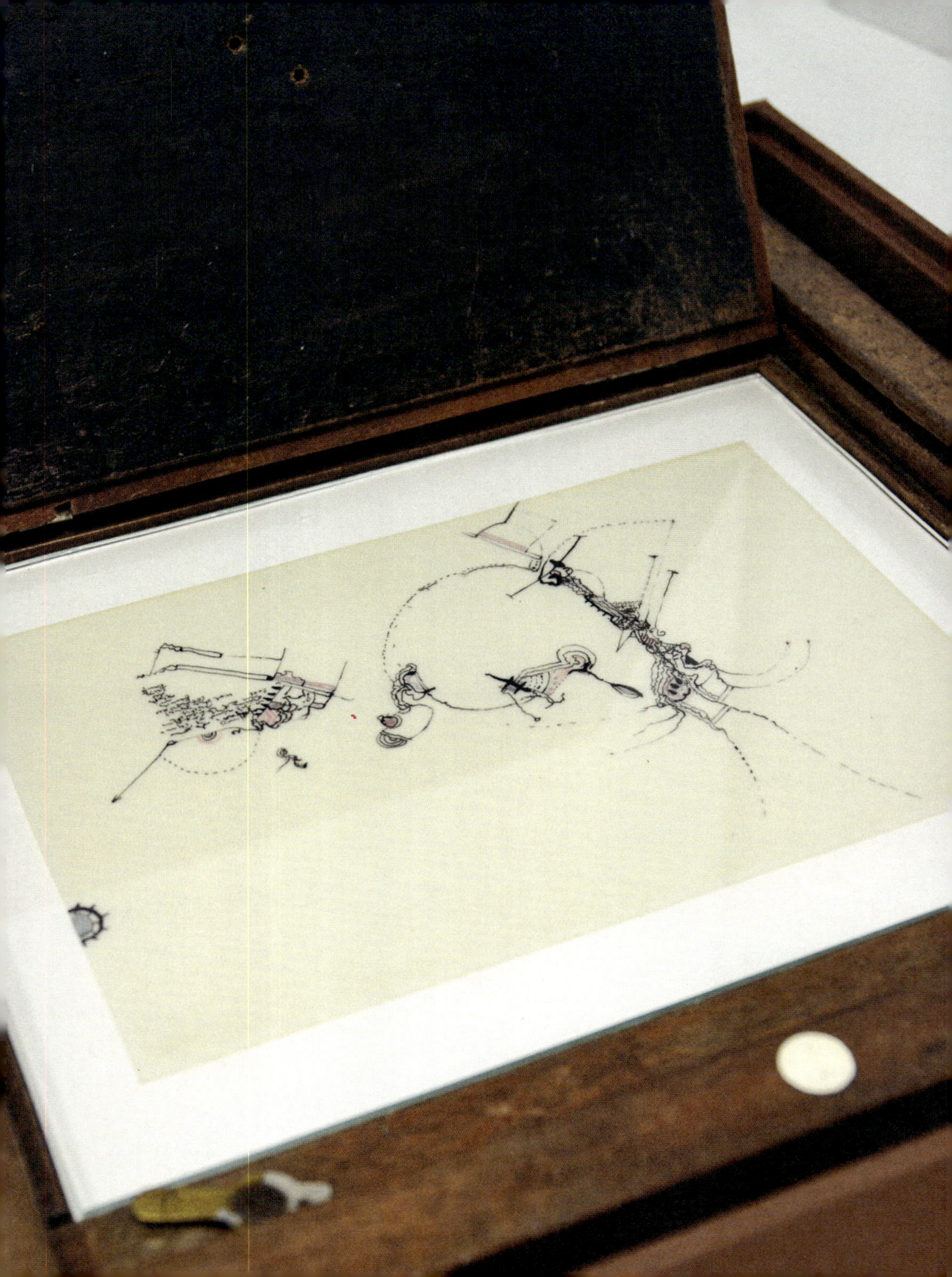

Zeitkapseln

Selbst in den reich bestückten Magazinen des Deutschen Buch- und Schriftmuseums fällt die Sammlung Gerhard & Brigitte Hartmann (geb. 1932 und 1936) als Wunderkammer ganz eigener Art auf. Da finden sich grazile, hölzerne Damenhände, zu Glas gefrorene Wellen, verkohltes „Fleisch" aus Keramik ... In 56 Kassetten hat das Sammlerehepaar Schrift, Grafik und Buchbindekunst zusammengetragen und die so entstandenen Objekte seit 2018 dem Museum geschenkt. Diese stellen einen wertvollen und zugleich den jüngsten Ausschnitt ihres jahrzehntelangen Wirkens als Sammler dar, bei dem sie zuletzt zu immer ausgefalleneren buchbinderischen Lösungen gekommen sind.

Gerhard Hartmann studiert an der Kunsthochschule Karlsruhe Gebrauchsgrafik und arbeitet anschließend lange Jahre in diesem Beruf, unter anderem für den Oetker-Konzern.[1] Schon als Kind und Jugendlicher ist er nach eigenen Auskünften „sammelanfällig", zunächst für Briefmarken und Münzen.[2] Trotz finanziell beschränkter Möglichkeiten während seiner Studienzeit sammelt er über Kontakte aus seinen Malklassen Werke anderer Künstler. Hieraus entfaltet sich für Gerhard Hartmann und seine Frau ab den späten 1960er-Jahren eine „überraschende, sporadisch aktive Sammeltätigkeit".[3] Diese führt über 25 Jahre hinweg zu einer international aufgestellten, 4.000 Blatt starken Sammlung, die ihren Sitz seit 1994 in Albstadt hat.[4]

Aus der Beschäftigung mit Grafik heraus erhält Hartmann im Jahr 2001 durch ein illustriertes Buch mit Kurzgeschichten, das er von einem bekannten Künstler zugesandt bekommen hat, den Impuls zu einem neuen Sammlungsvorhaben. Hartmanns besonderes Interesse gilt schon länger der Handschrift, die er „auch in Zukunft nicht in Vergessenheit geraten lassen" will.[5] Ausgehend von dieser Wertschätzung der Handschrift als „direktem Vermittler der Gedanken",[6] die sich nahtlos an sein Sammeln von Informel-Werken anschließt, bemüht er sich seitdem, handschriftliche Texte mit grafischen Arbeiten in einen Dialog zu setzen. Zunächst entscheidet er sich für einen bestimmten Autor, dann für einen bildenden Künstler. Letzterer erhält daraufhin die handschriftlich verfassten Texte oder annotierten Typoskripte, um dazu ein eigenes Werk zu schaffen. Beide Arbeiten werden von einer Buchbinderin in passender Weise eingefasst und dadurch sowohl geordnet als auch geschützt. Die so entstehenden Werke können damit als Kollaboration mit vier beteiligten Parteien betrachtet werden.

Die Hartmanns wollen von Anfang an die Arbeiten nicht den Blicken der Öffentlichkeit entziehen. Neben den vielen Ausstellungen (u. a. in Literaturhäusern und Bibliotheken in Wien, Hannover, Leipzig, Jena) ist für die Kassetten daher die dauerhafte Aufbewahrung in öffentlichen Einrichtungen angedacht. Innerhalb der Sammlungen des Deutschen Buch- und Schriftmuseums stellt dieses Ensemble eine Besonderheit dar, da seine Stücke trotz ihres erheblichen finanziellen Aufwands nicht für den Buch- oder Kunstmarkt geschaffen werden und häufig nicht einmal längere Zeit im Besitz ihrer Schöpfer bleiben, sondern explizit entstehen, um in die Museumssammlungen einzugehen und auf diese Weise der Öffentlichkeit zur Verfügung zu stehen.

Mit ihren Überlegungen tritt das Ehepaar zunächst an die Vorarlberger Landesbibliothek im österreichischen Bregenz heran, welche über einen Zeitraum von ungefähr 15 Jahren etwa 65 Kassetten aufnimmt und zwei Bücher dazu publiziert.[7] Die zweite dieser Publikationen erscheint im Jahr 2017 unter anderem mit einer detaillierten Beschreibung der einzelnen Kassetten. Für die Verfassung dieses Kapitels denkt Hartmann ursprünglich an die Leipziger Buchbinderin Bettina Wija-Stein, mit der er bereits oft zusammengearbeitet hat. Diese verweist auf die Expertise des Buch- und Schriftmuseums der Deutschen Nationalbibliothek Leipzig. Erste Verbindungen in die Buchstadt haben sich bereits Ende des Jahres 2014 durch eine Ausstellung des Bibliophilen-Abend ergeben. Helma Schaefer, eine ehemalige Mitarbeiterin des Museums und Einbandspezialistin, erklärt sich bereit, am Katalog mitzuwirken. Da außerdem Jürgen Thaler, Fachreferent an der Vorarlberger Landesbibliothek in Bregenz und Herausgeber des Katalogs, kollegiale Verbindungen zum Leipziger Museum unterhält, nutzt Hartmann die Gelegenheit zu einem Besuch mit ihm in der Buchstadt in Sachsen, wobei sich ein erster direkter Kontakt mit Gabriele Netsch, der damaligen Sammlungsleiterin im Bereich Vor- und Nachlässe, ergibt, selbst wenn zu der Zeit von einer Schenkung noch keine Rede ist.

Parallel dazu entwickelt sich bereits seit Längerem ein Kontakt mit Georg Ruppelt, Direktor der Gottfried Wilhelm Leibniz Bibliothek in Hannover, der 2013 einen Aufsatz zu den zahlreichen Exlibris verfasst, die Hartmann für seine geliebte Papageiendame Coco anfertigen lässt.[8] Auch er weist auf das Deutsche Buch- und Schriftmuseum hin, doch passen die Exlibris nicht zu den Sammlungsrichtlinien des Hauses. Im Jahr 2017 wird eine Ausstellung der Kassetten der Sammlung Hartmann in Hannover gezeigt (16.9.2017–13.11.2018). Ruppelt ist von Hartmanns Stücken begeistert und wirbt dafür, die Kassetten einem möglichst breiten Publikum zur Verfügung zu stellen. Bereits Jahre zuvor, bei einer Ausstellung im Hesse Museum Gaienhofen auf der Höri am Bodensee (vermutlich Frühjahr 2012), brachte Ulrich Ott, ehemaliger Direktor des Literaturarchivs Marbach, Hartmann auf die Idee, seine Sammlung auch in anderen Institutionen unterzubringen.

Auf solche Weise angeregt, nimmt Hartmann zum Leipziger Museum erneut Kontakt auf. Nachdem im August 2017 eine erste Liste der vorgesehenen Kassetten übermittelt wird, treffen diese im Mai 2018 an ihrem neuen Bestimmungsort ein. Der Schenkungsvertrag von 29. Mai 2018 schafft die rechtliche Grundlage für die „Sammlung Gerhard & Brigitte Hartmann" in den Beständen des Deutschen Buch- und Schriftmuseums, die seither beständig ergänzt wird.

Die Stücke werden zuweilen von den verantwortlichen Buchbinderinnen zugeschickt oder vorbeigebracht, sodass sowohl Hartmann als auch die beteiligten Künstler*innen öfters zunächst kein Bild der fertigen Kassette vor Augen haben. In diesen Fällen sind die Werke nicht nur explizit für das Museum geschaffen, sondern haben überhaupt erst hier „Premiere" in ihrer fertigen Form. Das Museum darf sich daher auch über Besuche von Schriftsteller*innen freuen, die ihre Beiträge zu Hartmanns Projekten in ihrer letztendlichen Form besichtigen wollen.

Der avantgardistische Anspruch, mit den Kassetten die Grenzen des buchbinderisch Möglichen auszuloten, führt dabei auch zu einigen Nachjustierungen. So muss die Kassette *Im Holz,* die im August 2020 eintrifft, aus konservatorischen Gründen leider zurückgewiesen werden. In dem massiven Baumstamm, in den die Schriftstücke und Bilder eingelassen sind, befinden sich Holzwürmer. Das Risiko für andere Magazinbestände ist nicht tragbar.

Davon aber lässt sich Hartmann keineswegs abschrecken. Er will sein „Pensum" von etwa zehn neuen Stücken pro Jahr beibehalten. Die Sammlung wächst also weiter, wobei jedes der einzelnen Stücke eine „selbstzufriedene", in sich abgeschlossene Welt bildet. Geschaffen als Geschenke, werden diese Objekte im Deutschen Buch- und Schriftmuseum auch in Zukunft Beispiele für künstlerisch-handwerkliche Zusammenarbeit ganz eigener Art sein.

Benjamin Sasse

1
Gerhard Hartmann, „Sammler sind glückliche Menschen", Typoskript, o. J., Slg. Gerhard & Brigitte Hartmann, Deutsches Buch- und Schriftmuseum; Michael Groß, „Gerhard Hartmann. Bis zum 90. wird weiter gesammelt", in: *Ostthüringer Zeitung*, 17.6.2017.

2
Hartmann o. J. (wie Anm. 1).

3
Ebd.

4
Clemens Ottnad, „Die Sammlung Gerhard & Brigitte Hartmann in der Galerie Albstadt", in: *Graphische Kunst – Internationale Zeitschrift für Buchkunst und Graphik*, 52/53, H. 1, 1999, S. 3–9.

5
Hartmann o. J. (wie Anm. 1).

6
Ebd.

7
Jürgen Thaler (Hg.), *Sammlung Hartmann – Kassetten*, Heidelberg/Berlin 2017; ders. (Hg.), *Im Auftrag der Schrift. Die Sammlung Hartmann*, Heidelberg/Berlin 2012.

8
Georg Ruppelt, „Die Exlibris der Gelbstirnamazone CoCo", in: *BIT Online*, 3, 2013, S. 214f.

2021

Sammlung Lehmstedt

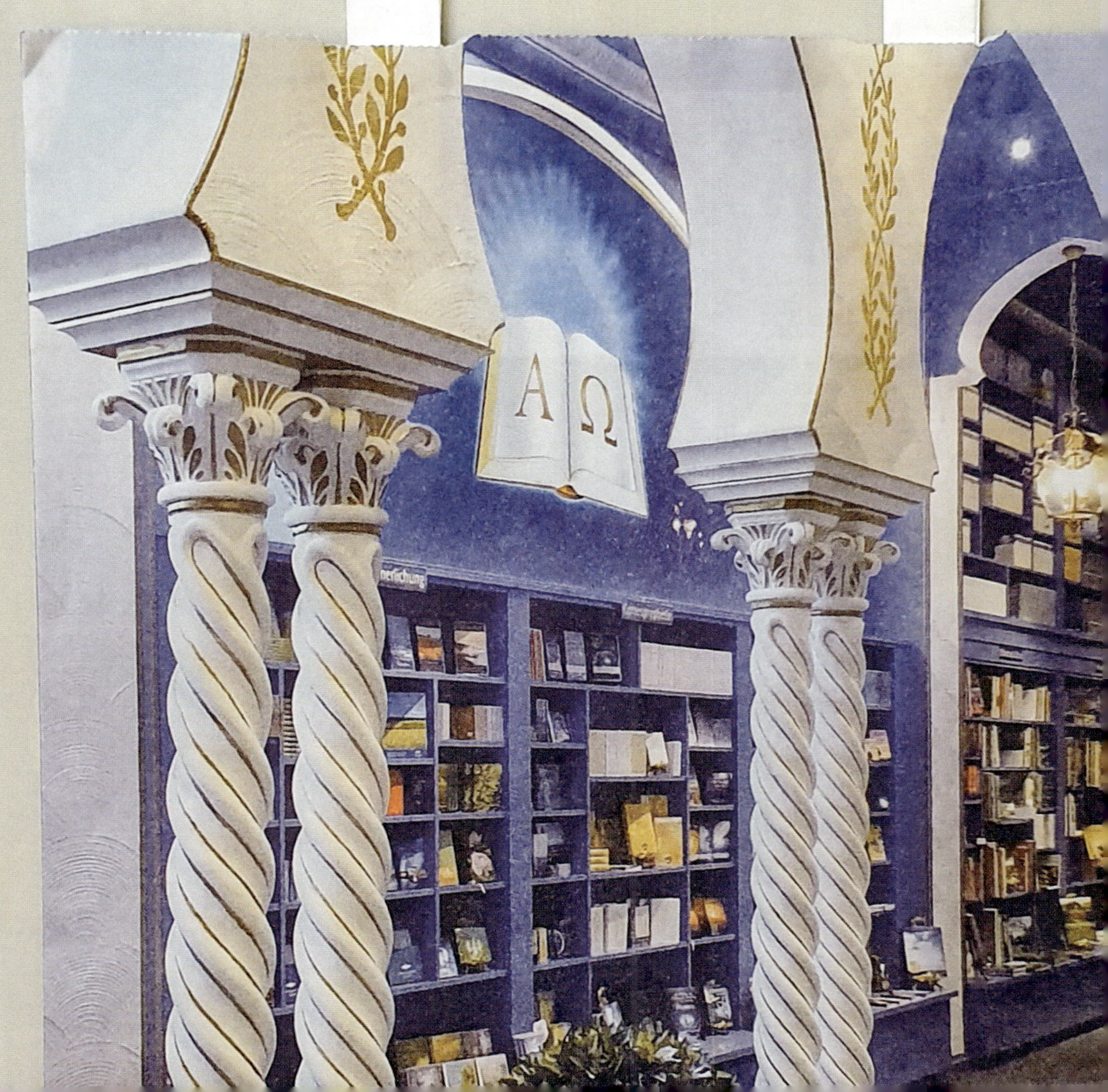

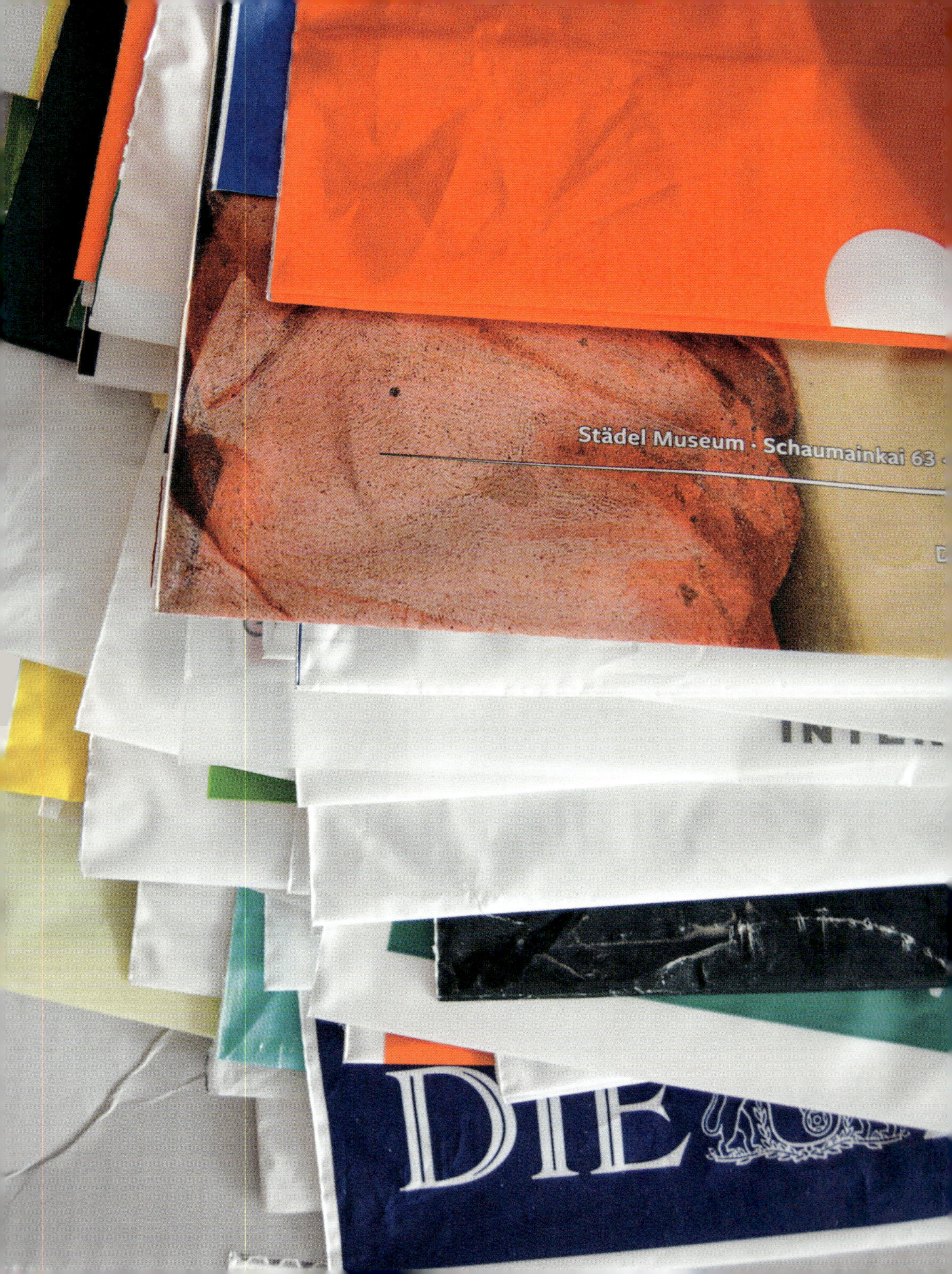

Städel Museum · Schaumainkai 63 ·

INTE

DIE

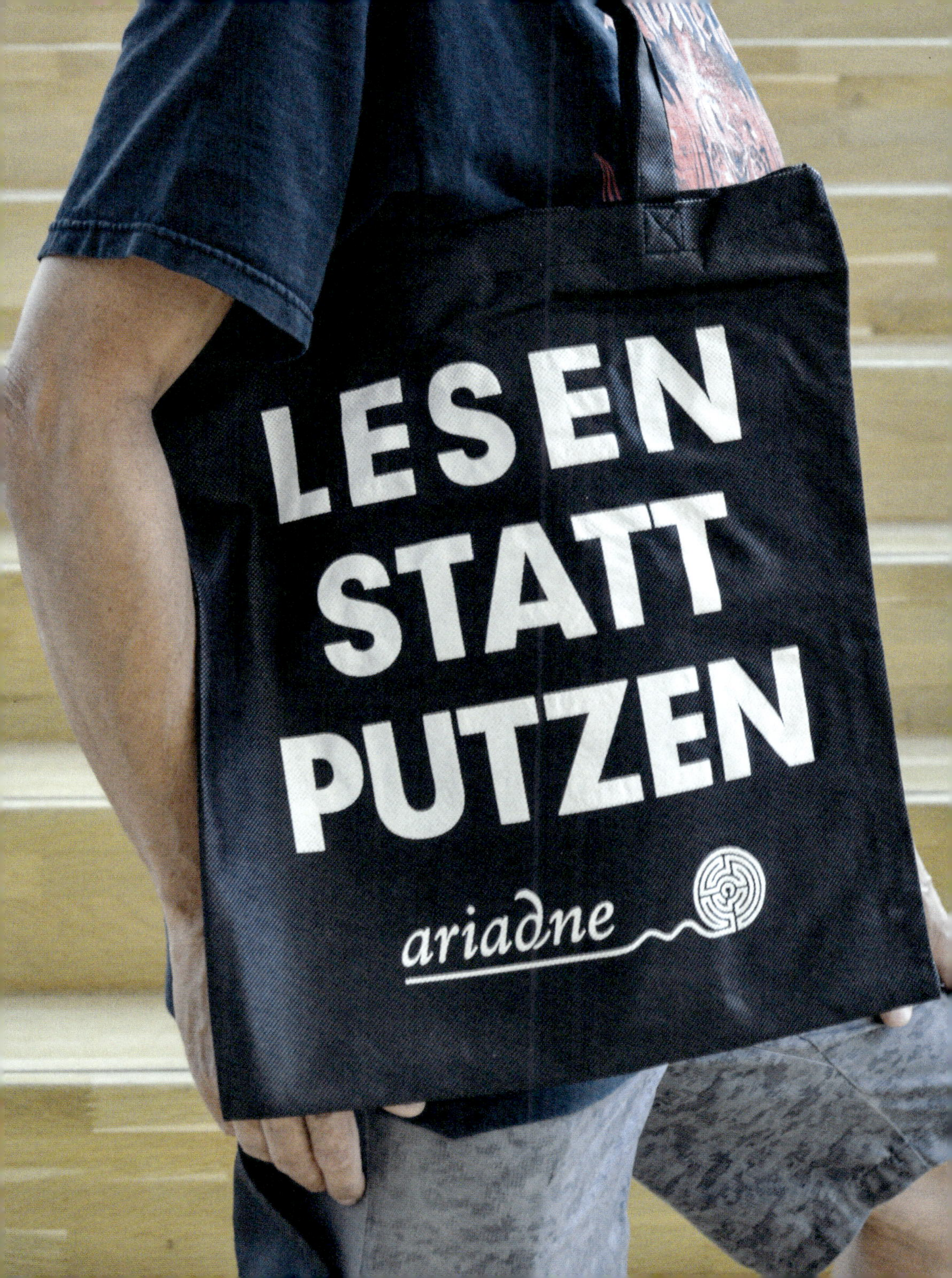

LESEN
STATT
PUTZEN
ariadne

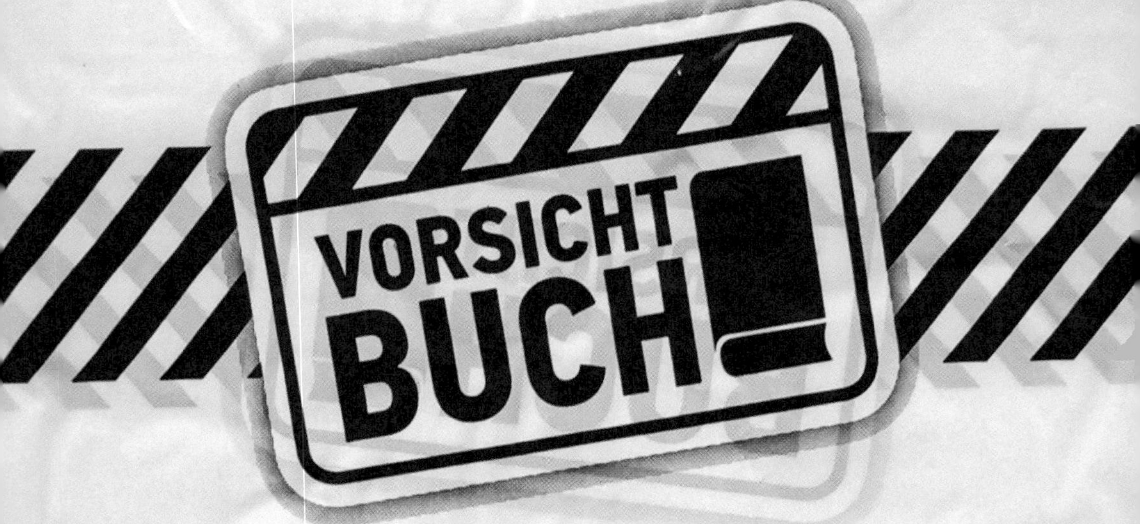

ES TRÄGT
GEHEIMNISSE
IN SICH.

vorsichtbuch.de

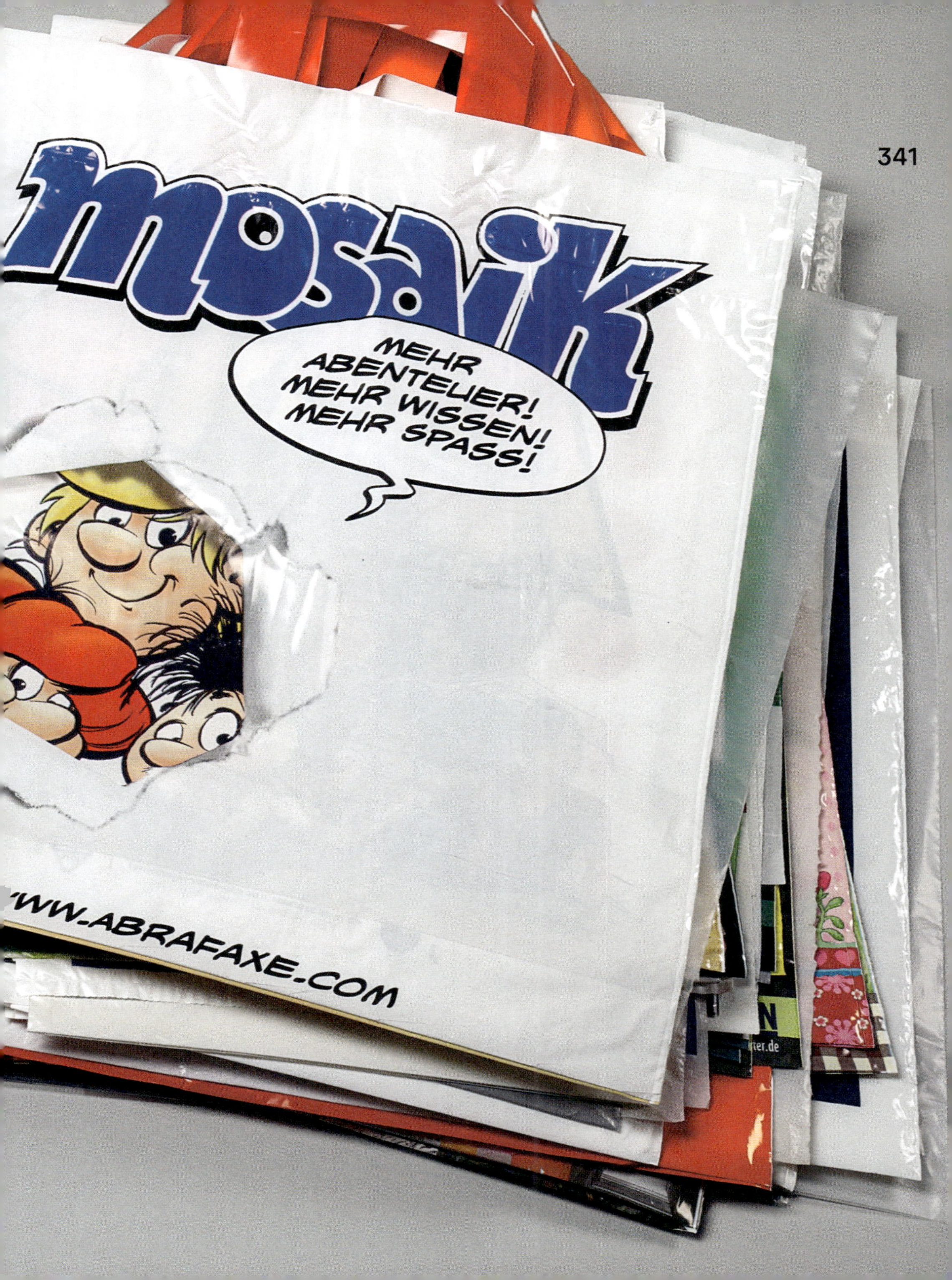
mosaik
MEHR ABENTEUER! MEHR WISSEN! MEHR SPASS!
WWW.ABRAFAXE.COM

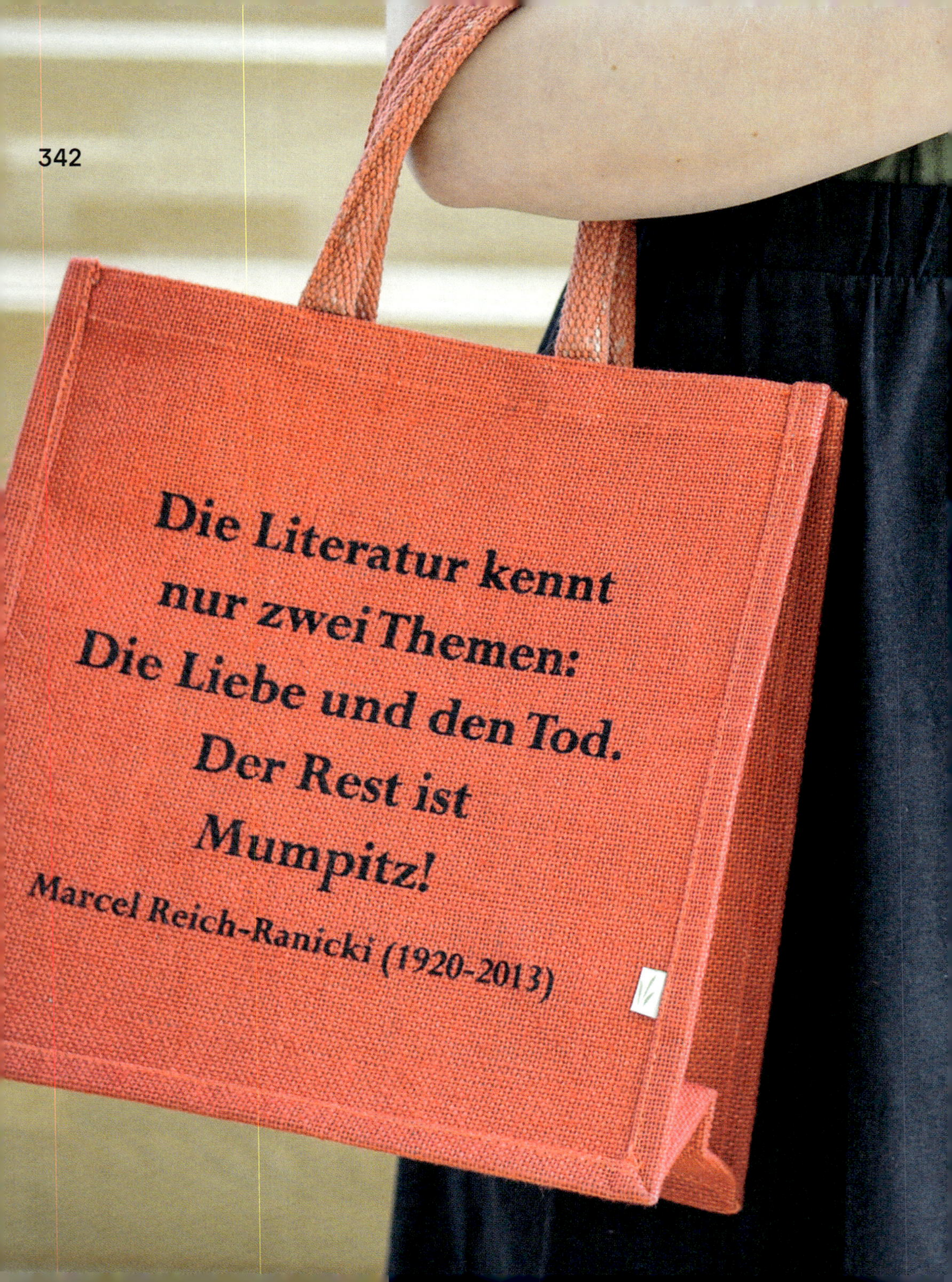
Die Literatur kennt
nur zwei Themen:
Die Liebe und den Tod.
Der Rest ist
Mumpitz!
Marcel Reich-Ranicki (1920-2013)

Buchtüten aus aller Welt

Seit Ende 2020 nennt das Deutsche Buch- und Schriftmuseum eine Sammlung von annähernd 3.000 Buchtüten sein Eigen, die der Leipziger Verleger und Buchhistoriker Mark Lehmstedt (geb. 1961) über mehr als zwei Jahrzehnte auf seinen Reisen durch die Buchhandlungen und Messen in Deutschland, Europa und auch darüber hinaus zusammengetragen hat. Was sich „ursprünglich durch simples Nicht-Wegwerfen“[1] angehäuft hat, bekommt mit den Jahren eine Systematik, die ersichtlich werden lässt, was die Buchtüte kulturhistorisch ausmacht.

Nachdem Mark Lehmstedt bereits kistenweise Buchtüten angehäuft hat, bittet er im Herbst 2020 durch ein Rundschreiben an etwa 500 Verlage und 1.500 Buchhandlungen im deutschen Sprachraum und durch einen Appell in der Zeitschrift *Aus dem Antiquariat* um breite Unterstützung.[2] Daraufhin strömt eine Flut von Tüten in das Leipziger Verlagsbüro. Die vielgestaltigen, auch international zusammengetragenen Ephemera sind ein Beispiel, wie sehr Museum und Archive von privater Sammelleidenschaft profitieren. Das gilt ganz besonders im Kontext historischer Verbrauchsmaterialien wie der Tüte, die die Zeitläufe selten überdauern.

Als Verpackungs- und Transportmedium für das Buch ist die Buchtüte ein Zeugnis der Buchhandelsgeschichte. Sie ergänzt den unikalen Bestand des Museums an buchhandelsgeschichtlichen Archivalien und Dokumenten als einen der Alleinstellungsmerkmale des Museums. Der Handel mit gedruckten Büchern hat spätestens mit dem Aufkommen von Messekatalogen im 16. Jahrhundert immer auch nach Möglichkeiten gesucht, für das Buch zu werben. Ob sachlich, selbstbewusst oder knallbunt: Der für das Lesen werbende Aufdruck der Buchtüte spiegelt nicht nur Anspruch und Realität, sondern auch Erfolge und Krisen des Buchhandels. Als Barometer der Buchbranche sind sie wichtige Zeitzeugen, gesammelt wurde das Wegwerfprodukt Buchtüte bislang aber nirgends. Sowohl in der begrenzten Lebensdauer als auch der fehlenden

Aufmerksamkeit des Sammlermarkts ist die Buchtüte verwandt mit vielen anderen Beständen der Buchhandelsgeschichte, die in den Depots des Deutschen Buch- und Schriftmuseums lagern und als historische Verbrauchsmaterialien retrospektiv nobilitiert werden. Nach Jahrzehnten, mitunter Jahrhunderten haben viele dieser Bestände in ihrer Seltenheit unikalen Wert, gehören zu den Alleinstellungsmerkmalen unserer musealen Bestände. Zu nennen wäre hier zum Beispiel die unikale Sammlung von Messkatalogen. Als Verbrauchsmaterial produziert, kommt der Buchtüte erst mit zeitlicher Distanz der Status von Kulturgut zu, dem allgemeingültige Aussagen über historische Entwicklungen zugetraut werden. Dabei ist die Buchtüte nicht nur für die Buchhandelsgeschichte interessant, vielmehr steht ihre Geschichte an der Kreuzung ganz unterschiedlicher wissenschaftlicher Disziplinen: Neben der Alltags- und Wirtschaftsgeschichte sind es die Industriegeschichte sowie die Design- und Konsumgeschichte.

Die Tüte gilt als eines der ältesten Zeugnisse der menschlichen Zivilisation:[3] Die ersten Exemplare waren zu Spitztüten gedrehte Pflanzenblätter. Seit dem 17. Jahrhundert untrennbar mit der Sorge des Schriftstellers verbunden, als Makulatur und damit als Papiertüte zu enden, wird die Tüte in der zweiten Hälfte des 19. Jahrhunderts zu einem wichtigen Baustein der Wirtschaftslebens.[4] Die Entstehung von Warenhäusern und des modernen Einzelhandels in Großstädten um 1900 verändert die Kaufkultur grundlegend, Tüte und Tragetasche stehen für ein sich ausdifferenzierendes Konsumverhalten, das spätestens ab den 1950er-Jahren einen nie gekannten Aufschwung erlebt: Die Tragetasche wird zum Erkennungsmerkmal einer ganzen Epoche, zugleich als Inbegriff umweltbezogener Fehlentwicklungen auch zunehmend kritisiert.[5] Die ideologische Entsorgung der Plastiktüte als Urtyp des Wegwerfartikels durch den Jutebeutel gipfelt schließlich um die Jahrtausendwende in der auch gesetzlich fixierten Umstellung auf recycelbare Materialien.

Der Tütenaufdruck setzt sich als Marketingprinzip rasch durch und spiegelt die allgemeine Entwicklung des Merkantil- und Akzidenzdrucks wider. Die Grafiker, die der Ware ihr „Gesicht" geben, bleiben allerdings bis auf seltene Ausnahmen anonym, im Gegensatz zu dem der Buchtüte in seiner Marketingfunktion verwandten Buchumschlag. Die Gestaltungsqualität bei den Buchtüten unterliegt großen Schwankungen, die gestalterische Sorgfalt, die Verlage auf Covergestaltungen legen, sucht man bei Buchtüten oft vergebens. Für diese hat sich im Unterschied zum Schutzumschlag kein Qualitätsstandard herausgebildet. Im Umkehrschluss aber bedeutet das für das Grafikdesign auch eine größere Freiheit und Varianz.

Die grob skizzierten Etappen der Wirtschafts- und Designgeschichte in der zweiten Hälfte des 20. Jahrhunderts spiegeln sich in der Buchtütensammlung Lehmstedt wider, die dank der Unterstützung zahlreicher Buchhandlungen und Verlage im In- und Ausland laufend ergänzt wird. Der umfangreiche Bestand dieses massenwirksamen Werbeinstruments steht in Leipzig bereit, zum Gegenstand der buchhistorischen Forschung zu werden.

Stephanie Jacobs und Benjamin Sasse

1
Mark Lehmstedt, *Buchtüten. Werbung für das Buch,* Leipzig 2021, S. 10.

2
Ebd.

3
Vgl. Heinz Schmidt-Bachem, *Tüten, Beutel, Tragetaschen. Zur Geschichte der Papier, Pappe und Folien verarbeitenden Industrie in Deutschland,* Münster u. a. 2001 (zugleich Hamburg Univ. Diss.). Die Publikation ist eine der wenigen historischen Abhandlungen zur Geschichte von Tüte und Tragetasche. Das erste Kapitel der vor allem der Entwicklung der papierverarbeitenden Industrie gewidmeten Studie befasst sich mit der Geschichte der Tüte. Ihr sind die folgenden Angaben entnommen.

4
Sabine Bach, „Die Verpackung hat es in sich", in: *Die schöne Hülle. Zur Geschichte und Ästhetik der Verpackung,* Göttingen 1982.

5
Vgl. Heinz Schmidt-Bachem, „Portable Art – eine Sammlung stellt sich vor", in: *inform. Museen im Rheinland*, 3, 1997, S. 32–33.

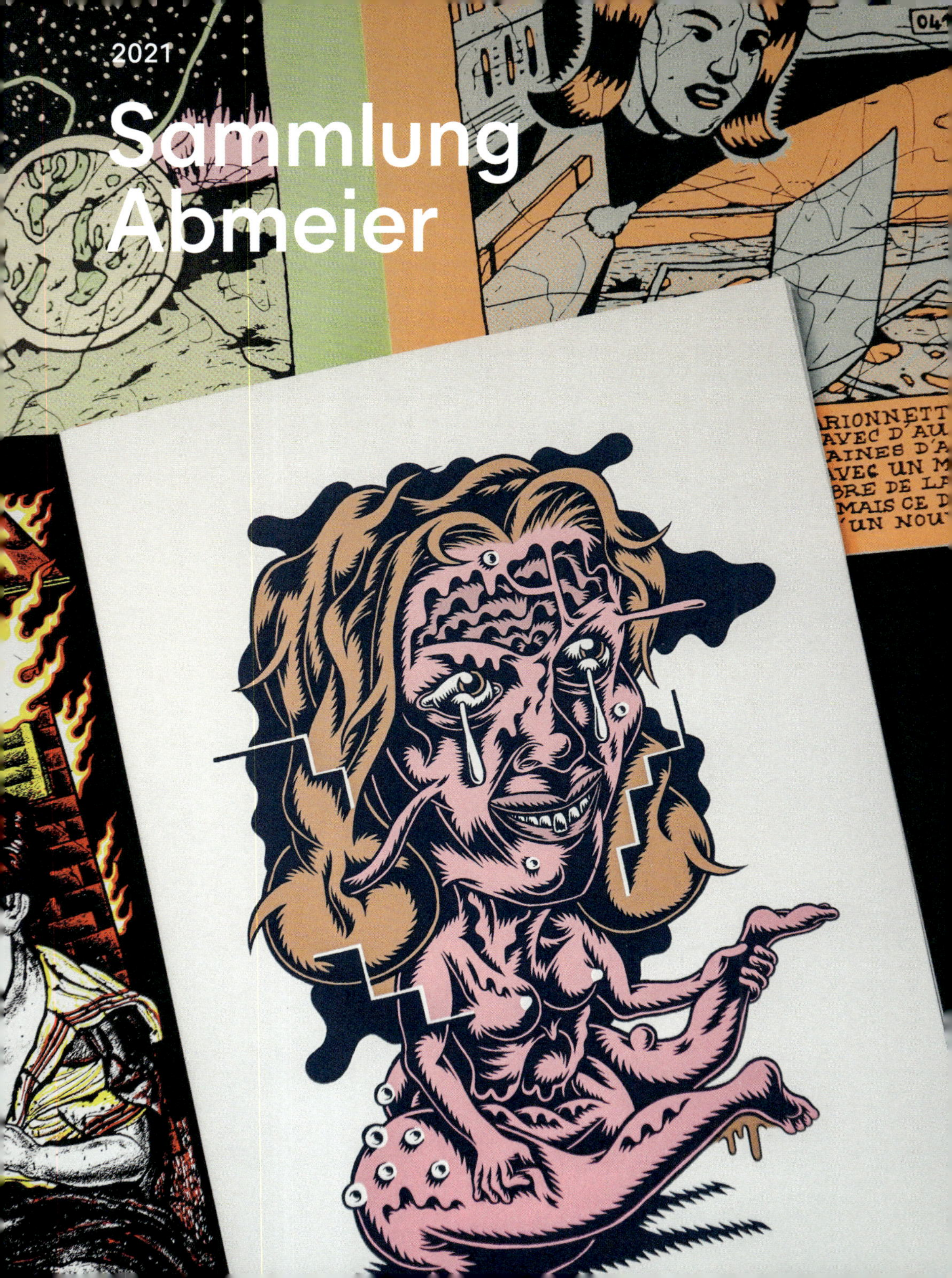
2021
Sammlung
Abmeier
ARIONNETT
AVEC D'AU
AINES D'A
AVEC UN M
BRE DE LA
MAIS CE D
'UN NOU

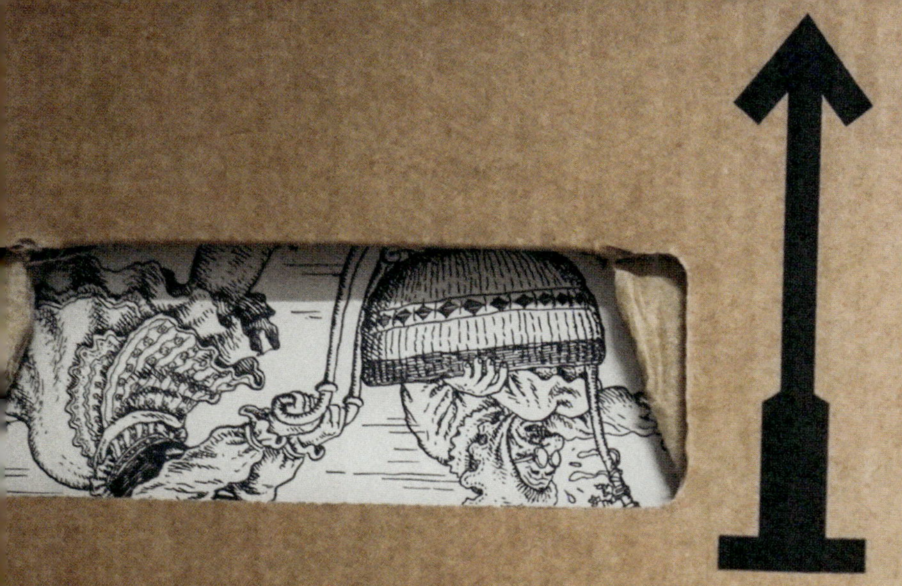

ng Armin Abmeier/Rotraut Susanne Berner

USA

R. CRUMB

cher

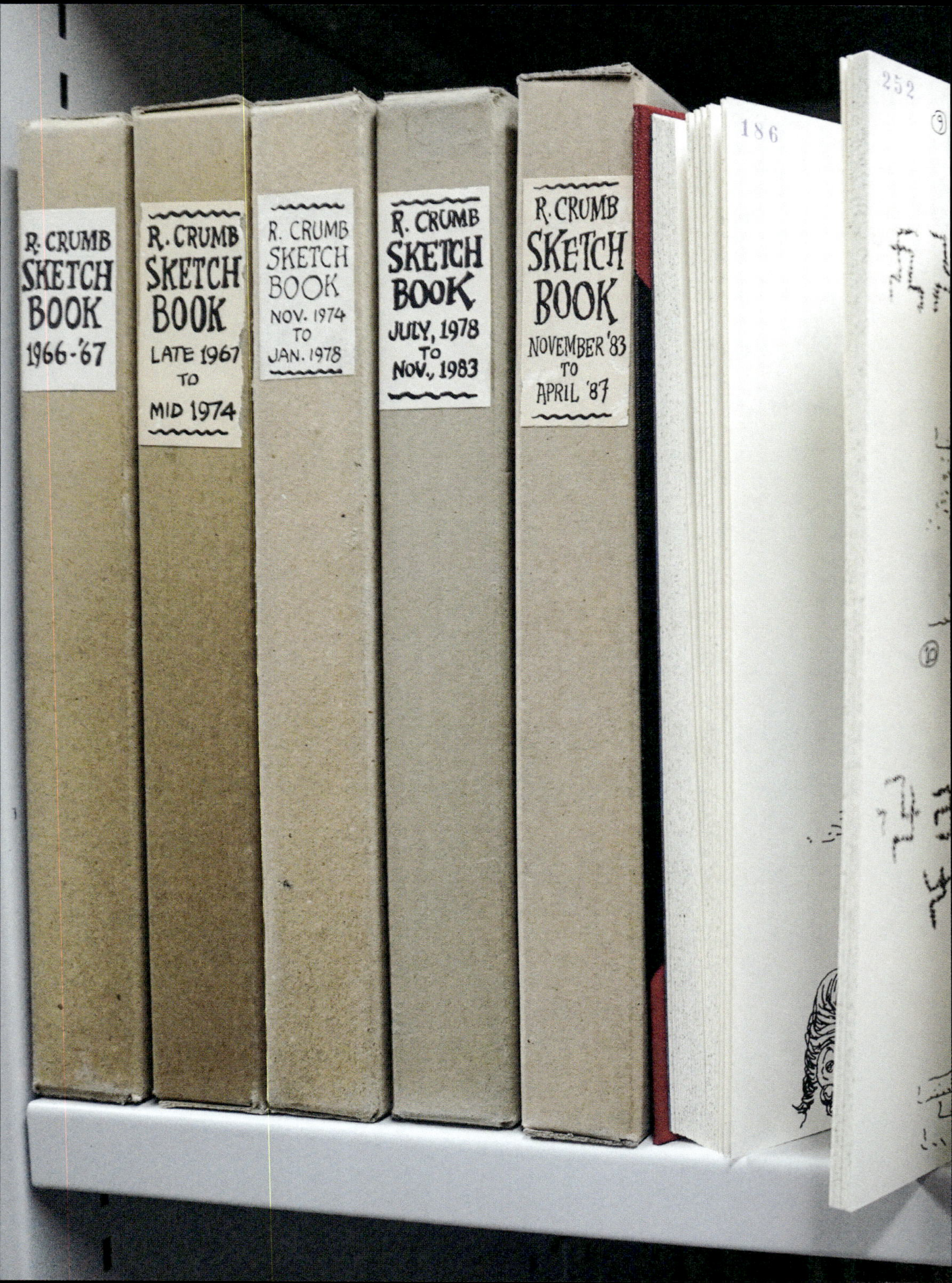

R. CRUMB SKETCH BOOK 1966-'67

R. CRUMB SKETCH BOOK LATE 1967 TO MID 1974

R. CRUMB SKETCH BOOK NOV. 1974 TO JAN. 1978

R. CRUMB SKETCH BOOK JULY, 1978 TO NOV., 1983

R. CRUMB SKETCH BOOK NOVEMBER '83 TO APRIL '87

186

252

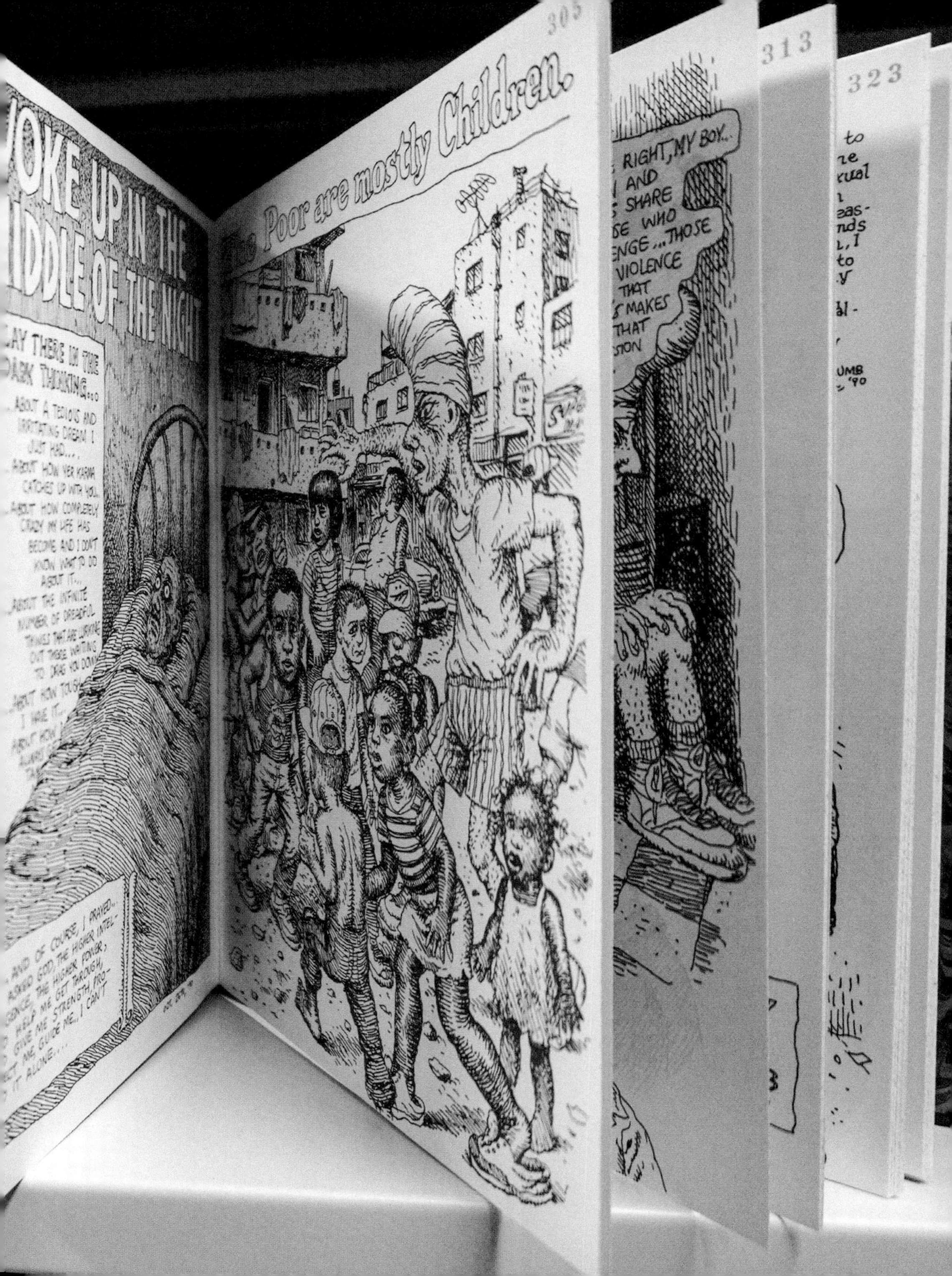

305
313
323
The Poor are mostly Children.
LAY THERE IN THE DARK THINKING...
...ABOUT A TEDIOUS AND IRRITATING DREAM I JUST HAD...
...ABOUT HOW YER KARMA CATCHES UP WITH YOU...
...ABOUT HOW COMPLETELY CRAZY MY LIFE HAS BECOME AND I DON'T KNOW WHAT TO DO ABOUT IT...
...ABOUT THE INFINITE NUMBER OF DREADFUL THINGS THAT ARE LURKING OUT THERE WAITING TO DRAG YOU DOWN
RIGHT, MY BOY..
VIOLENCE

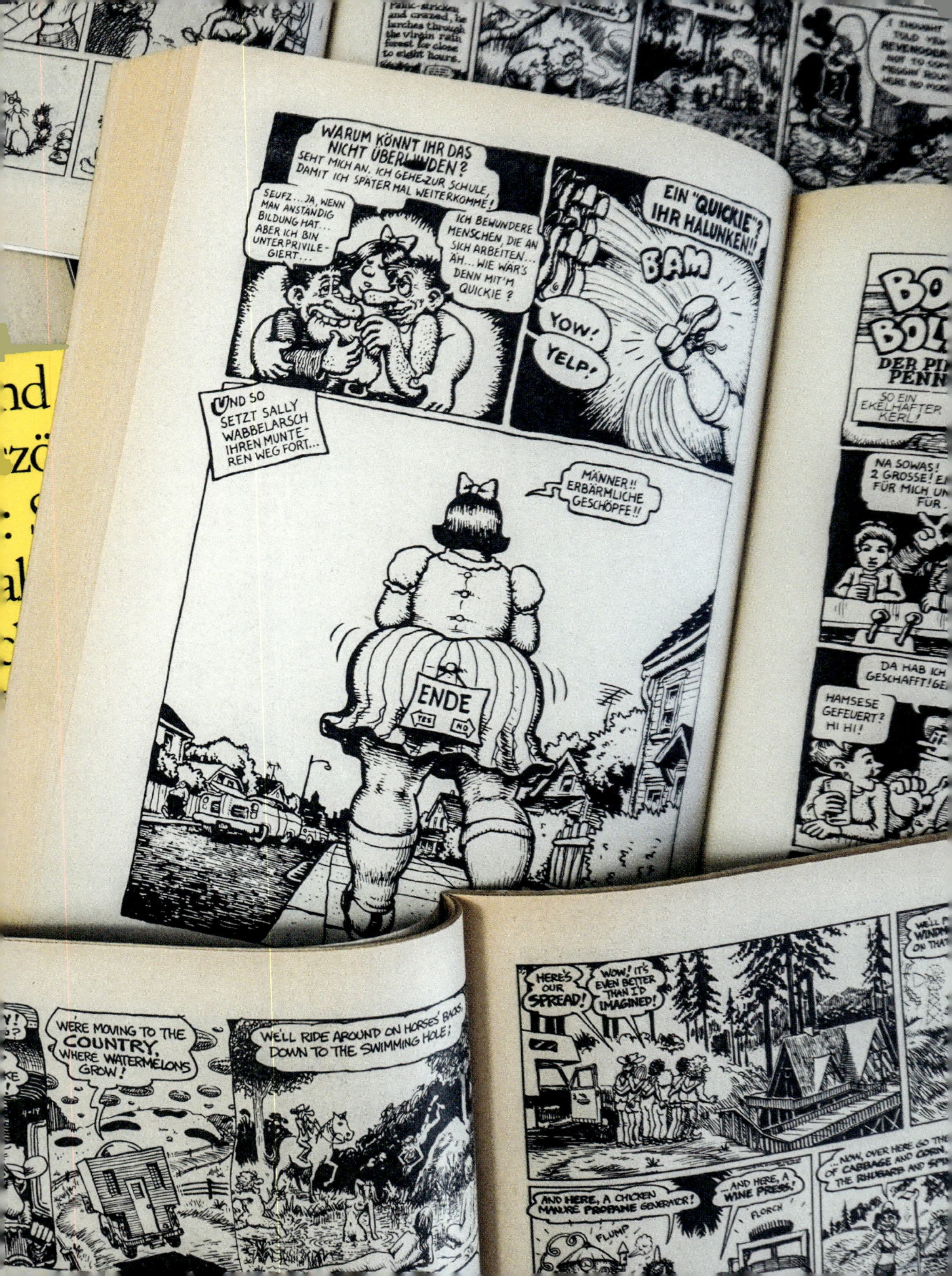

Panic-stricken and crazed, he lurches through the virgin rain forest for close to eight hours.
WARUM KÖNNT IHR DAS NICHT ÜBERWINDEN? SEHT MICH AN. ICH GEHE ZUR SCHULE, DAMIT ICH SPÄTER MAL WEITERKOMME!
SEUFZ... JA, WENN MAN ANSTÄNDIG BILDUNG HAT... ABER ICH BIN UNTERPRIVILEGIERT...
ICH BEWUNDERE MENSCHEN, DIE AN SICH ARBEITEN... ÄH... WIE WÄR'S DENN MIT'M QUICKIE?
EIN "QUICKIE"? IHR HALUNKEN!!
BAM
YOW!
YELP!
UND SO SETZT SALLY WABBELARSCH IHREN MUNTEREN WEG FORT...
MÄNNER!! ERBÄRMLICHE GESCHÖPFE!!
ENDE
YES
NO
SO EIN EKELHAFTER KERL!
HAMSESE GEFEUERT? HI HI!
WE'RE MOVING TO THE COUNTRY, WHERE WATERMELONS GROW!
WE'LL RIDE AROUND ON HORSES' BACKS, DOWN TO THE SWIMMING HOLE;
HERE'S OUR SPREAD!
WOW! IT'S EVEN BETTER THAN I'D IMAGINED!
AND HERE, A CHICKEN MANURE PROPANE GENERATOR!
...AND HERE, A WINE PRESS!
FLORCH
FLUMP

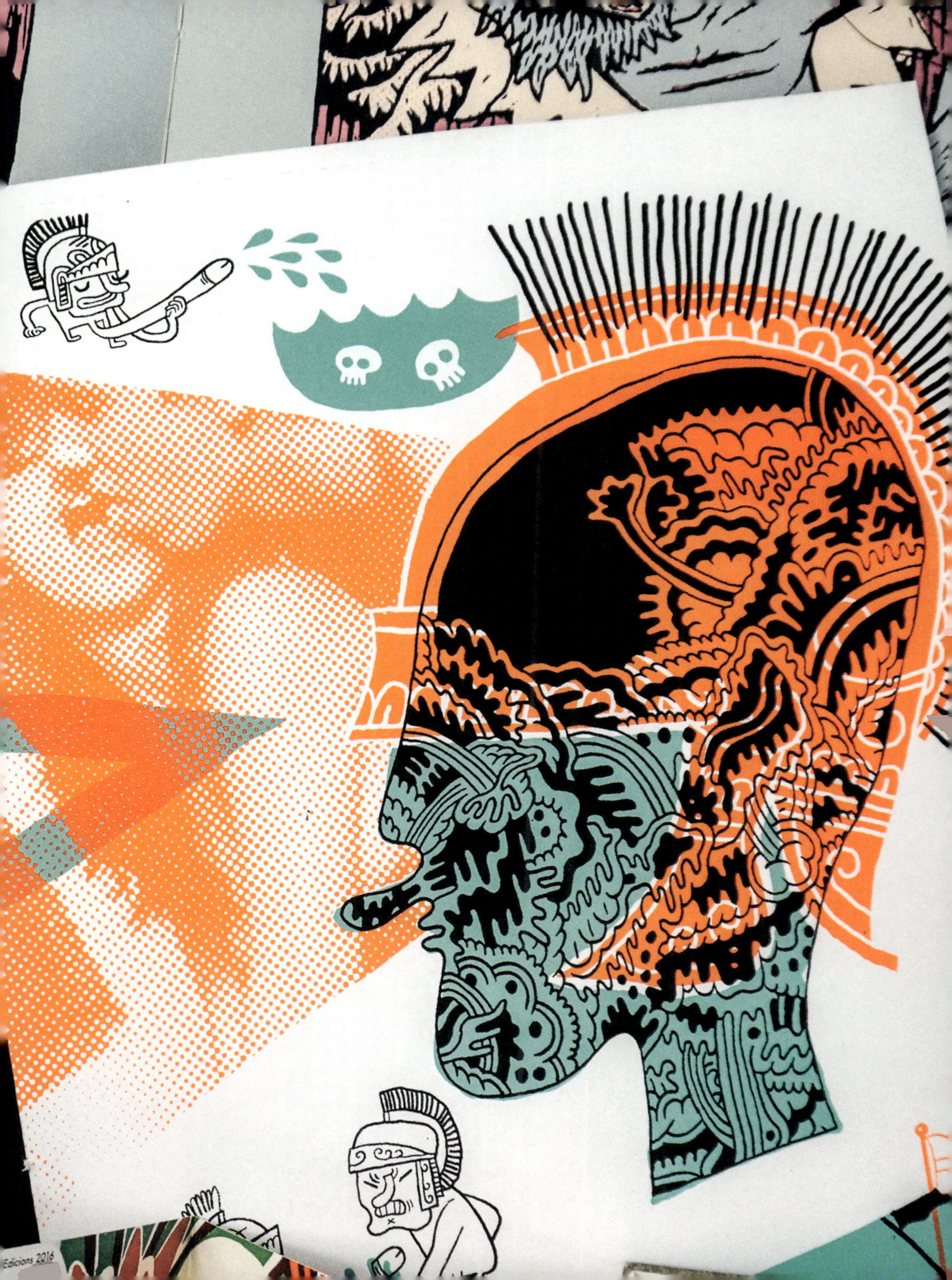
Edicions 2016

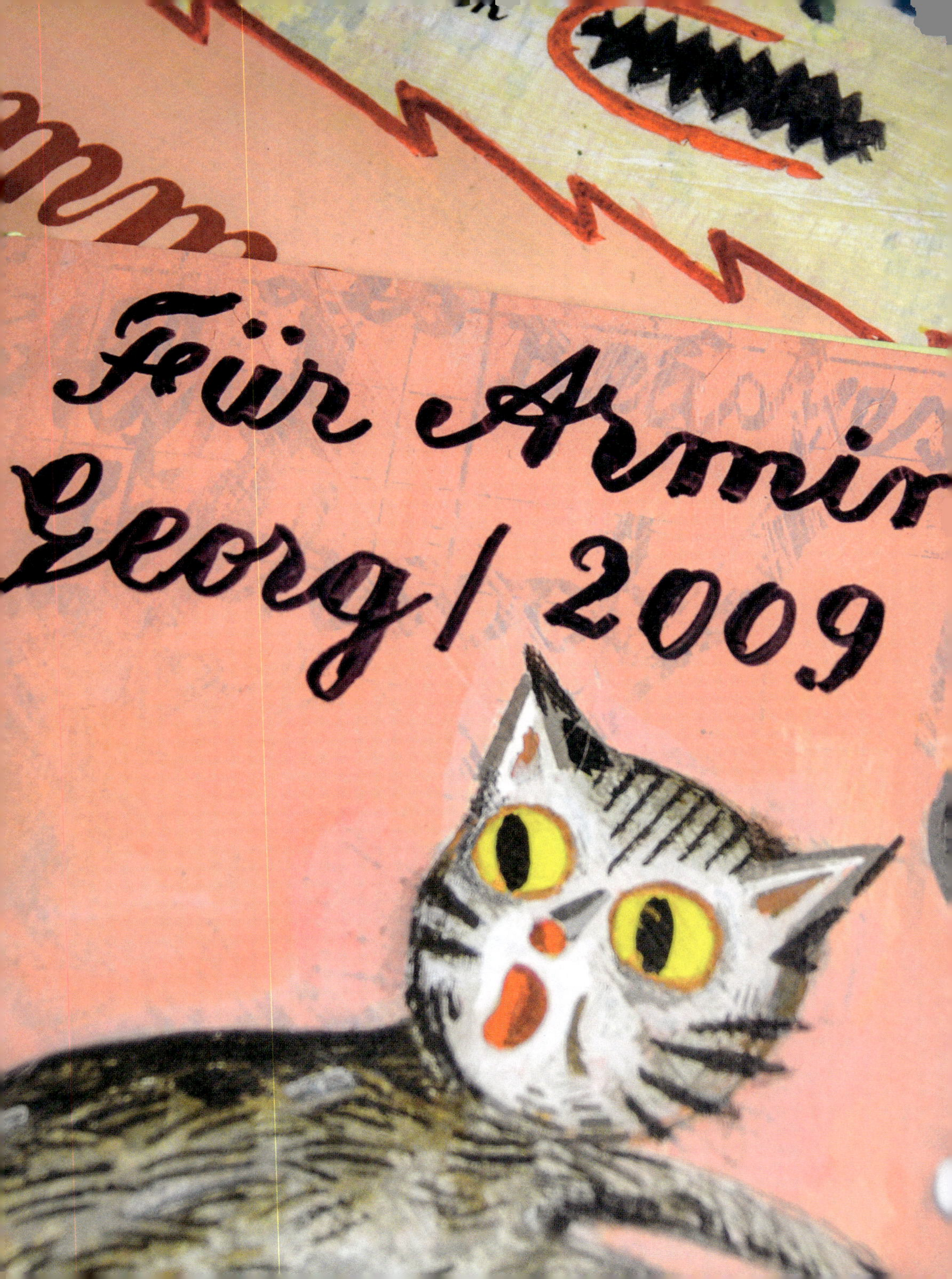

Für Armin
Georg / 2009

Underground-Comic

Die Erwerbung der Comic-Sammlung von Armin Abmeier (1940–2012) stellt für das Deutsche Buch- und Schriftmuseum einen Glücksfall dar. Die Sammlung, die 2021 ins Museum kam, reiht sich einerseits in die Serie umfangreicher Bestandszuwächse ein, die nur dank der Leidenschaft und Expertise eines einzelnen Sammlers zustande kommen konnte[1] – kann doch kaum eine Gedächtnisinstitution es sich leisten, über viele Jahrzehnte lang in der Welt nach einer ganz bestimmten Objektgattung zu suchen. Andererseits schließt die Sammlung von US-amerikanischen Underground-Comics ein Desiderat im Bestand des Deutschen Buch- und Schriftmuseums, das zwar bereits vor vielen Jahren identifiziert, aber lange nicht geschlossen werden konnte, da im Bereich der frühen Künstler-Comics nur selten größere Konvolute auf den Markt kommen. Kurz: ein gleich doppelt „unbezahlbarer" Zuwachs.

Die umfangreiche Sammlung, die der Herausgeber und Verleger Armin Abmeier in mehr als 40 Jahren zusammengetragen hat, umfasst neben US-amerikanischen Underground- und Independent-Comics auch Graphzines, Künstlerpublikationen, illustrierte Bücher und Zeitschriften sowie Postkarten, Schallplatten und CDs, allesamt zwischen Anfang der 1960er-Jahre und 2012 publiziert. Armin Abmeier, „Überzeugungstäter"[2] und „Büchernarr"[3], konzentrierte sich in seiner Sammeltätigkeit vornehmlich auf einzelne Akteure, die heute zu den Großen der Szene zählen – unter ihnen Robert Crumb, Art Spiegelman und Mark Beyer. Da der Sammler stets den persönlichen Kontakt zu den Zeichner*innen suchte, enthält der Bestand einen hohen Anteil an signierten und mit gezeichneten Widmungen versehenen Büchern, Alben und Vorzugsausgaben. Gerade diese personalisierten Unikate verleihen der Sammlung ihren singulären Charakter.

Den Arbeiten von Robert Crumb (geb. 1943), dessen Veröffentlichungen Abmeier beinahe vollständig gesammelt hat, kommt dabei eine besondere Bedeutung zu, gehört Crumb doch zu den zugleich prägendsten wie umstrittensten Akteuren der Comic-Szene. Den Übergang vom Underground-Comic zur Independent-Szene markiert das Schaffen von Art Spiegelman (geb. 1948). Auch von ihm enthält die Sammlung das bisher publizierte Werk fast vollständig – von frühen Underground-Heften wie *Arcade* über das Magazin *RAW* bis hin zu seinen Buchveröffentlichungen *Maus* oder *Breakdowns.* Des Weiteren sind Chris Ware und Mark Beyer in der Sammlung ebenso vertreten wie Charles Burns, David Sandlin oder George Herriman.

Befragt, woher seine Leidenschaft für die US-amerikanische Comic-Szene rühre, verweist Abmeier einerseits auf die „Heftchenliebe meiner Kindheit":[4] Unter der Überschrift „Warum ich es nicht lassen kann" beschreibt er das „wunderbare Bauchgefühl", das ihn als Junge überfallen habe, wann immer er am Kiosk sein ganzes Kapital wieder in Comic-Hefte investierte: „Alles fing an mit Jim Parker im Weltraum [...]. Billy Jenkins, Tom Prox, Die Rasselbande und Mickey Mouse hatte ich schon hinter mir. Jetzt wollte ich das System verlassen, das Sonnensystem natürlich."[5]

Eine Schlüssellektüre des unersättlichen jugendlichen Lesers ist der verrückte *König Ubu* des französischen Surrealisten Alfred Jarry (1873–1907): „Seitdem ist die Welt nicht mehr in Ordnung."[6] Später begeistert ihn die Literatur der Beat Generation. Immer auf der Suche nach neuen Inspirationen, nutzt Abmeier Anfang der 1970er-Jahre eine halbjährige USA-Reise, um Underground-Comics zu sammeln. Nach Hause schickt er sieben prall gefüllte Pakete mit Comic-Heftchen und importiert auf diese Weise eine Kunst nach Deutschland, die hierzulande noch fast unbekannt ist. „Und dann lief meine alte Liebe (für Bildergeschichten) wieder auf Hochtouren."[7] Zehn Jahre später begegnet Abmeier in New York Art Spiegelman, dessen *Mouse*-Comic gerade in der von ihm herausgegebenen Zeitschrift *RAW* veröffentlicht worden ist.

Der Ausflug in die „neue Welt" macht aus dem Leser, Verleger und Buchvermittler Abmeier, der für viele Verlage – darunter Hanser, Wagenfeld, Greno, Schirmer/Mosel, Kunstmann oder Maro – arbeitet, einen leidenschaftlichen Sammler von Underground-Comics. Mit seinen weitverzweigten Sammlervorlieben und einer unvoreingenommenen Neugier interessiert er sich dabei nie für die Unterscheidung von Hoch- und Popkultur. Als Herausgeber der *Tollen Hefte* nimmt er die unterschiedlichsten

Stile und künstlerischen Haltungen in den Blick. Um diese zwischen 1991 und 2012 von Armin Abmeier (und nach dessen Tod bis 2019 von seiner Frau Rotraut Susanne Berner) herausgegebene bibliophile Buchreihe, die Prosa und Illustration miteinander verknüpft, herum baut er ein großes künstlerisches Netzwerk auf. Hier findet er seine Mission: Er kommuniziert und ermöglicht. Sein eigentlicher Beruf: Vermittler.

Die Sammlung Abmeier liefert einen umfassenden Überblick über das Schaffen der international vernetzten US-amerikanischen Comic-Künstler*innen. In europäischen Bibliotheken ist diese oft bewusst abseits des kulturellen Mainstreams wirkende Szene kaum vertreten. Für das Deutsche Buch- und Schriftmuseum sind die Vielgestaltigkeit des Bestands und der große Anteil an Kleinstauflagen, unikalen Arbeiten und Ephemera ein unerschöpfliches Reservoir für Kooperationen sowohl mit der Literatur-, Buch- und Bildwissenschaft als auch mit den Digital Humanities. Ihre starke Visualität ist darüber hinaus ein großes Pfund für Ausstellungen und digitale Präsentationen.

Vermittelt wurde die Sammlung schließlich durch die Münchner Illustratorin Rotraut Susanne Berner, die die Sammlung ihres Ehemanns nach dessen Tod betreut und katalogisiert hat. Zur Herkunftsgeschichte dieser in ihrer Dringlichkeit und Exaltiertheit bisweilen auch verstörend wirkenden Bilderwelt gehört auch, dass der Bestand ohne Berners finanzielles Entgegenkommen niemals hätte nach Leipzig kommen können. Insofern ist die Herkunft der Sammlung Abmeier auch ein gutes Beispiel für das mäzenatische Entgegenkommen, jenseits aller Kunstmarktpreise. Für das Deutsche Buch- und Schriftmuseum ist die Erwerbung eine Verpflichtung, mit dem Bestand zu arbeiten und ihn in die wissenschaftlichen und kulturellen Netzwerke einzuspeisen.

Stephanie Jacobs

1
Darin ist diese Herkunftsgeschichte vergleichbar mit anderen, die im vorliegenden Band vorgestellt werden. Siehe z. B. die Beiträge „Vermächtnis eines Schneidermeisters. Klemm-Sammlung", S. 21–31; „Japan – Wien – Leipzig. Buntpapiersammlung Bartsch", S. 43–52; „Exlibris. Sammlung Raymund Schmidt", S. 164–173; Hollywood liest. Pressefotos aus der Filmwelt, S. 313–324; „Zeitkapseln. Sammlung Gerhard & Brigitte Hartmann", S. 325–336.

2
Andreas Platthaus, „Zum Tod des Verlegers Armin Abmeier", in: *Frankfurter Allgemeine Zeitung*, 24.7.2012.

3
Michael Krüger, „Ein Büchernarr. Zum Tod des Buchhändlers und Verlagsvertreters Armin Abmeier", in: *Süddeutsche Zeitung*, 25.7.2012.

4
Armin Abmeier, „Jim Parker und Wong Fu", in: *Rotraut Susanne Berner – Die Tollen Hefte*, hg. von Pauline Liesen, Ausst.-Kat. Bilderbuchmuseum Burg Wissem, Troisdorf 2018, S. 21.

5
Ebd.

6
Ebd., S. 22.

7
Ebd., S. 25.

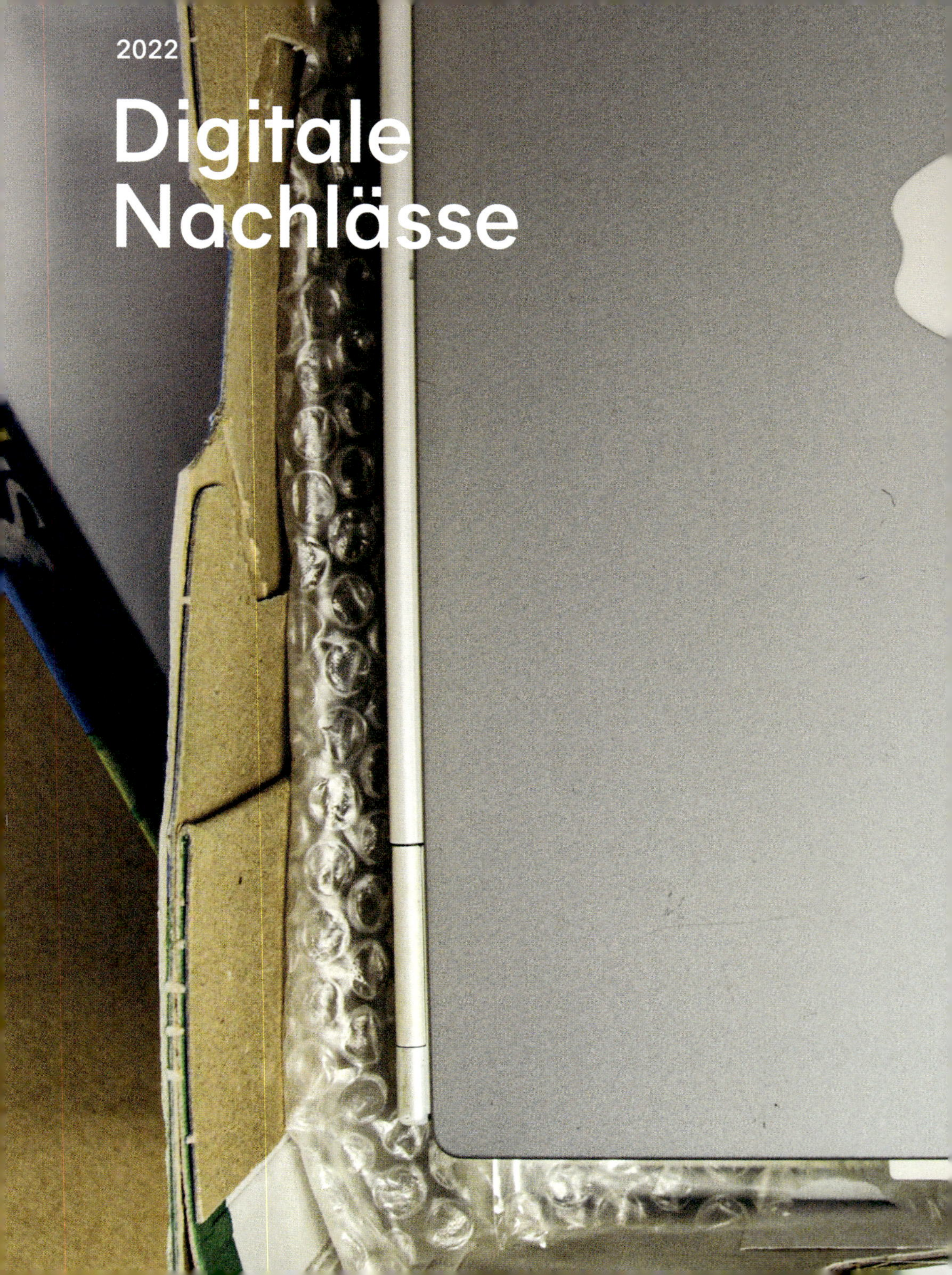

2022

Digitale Nachlässe

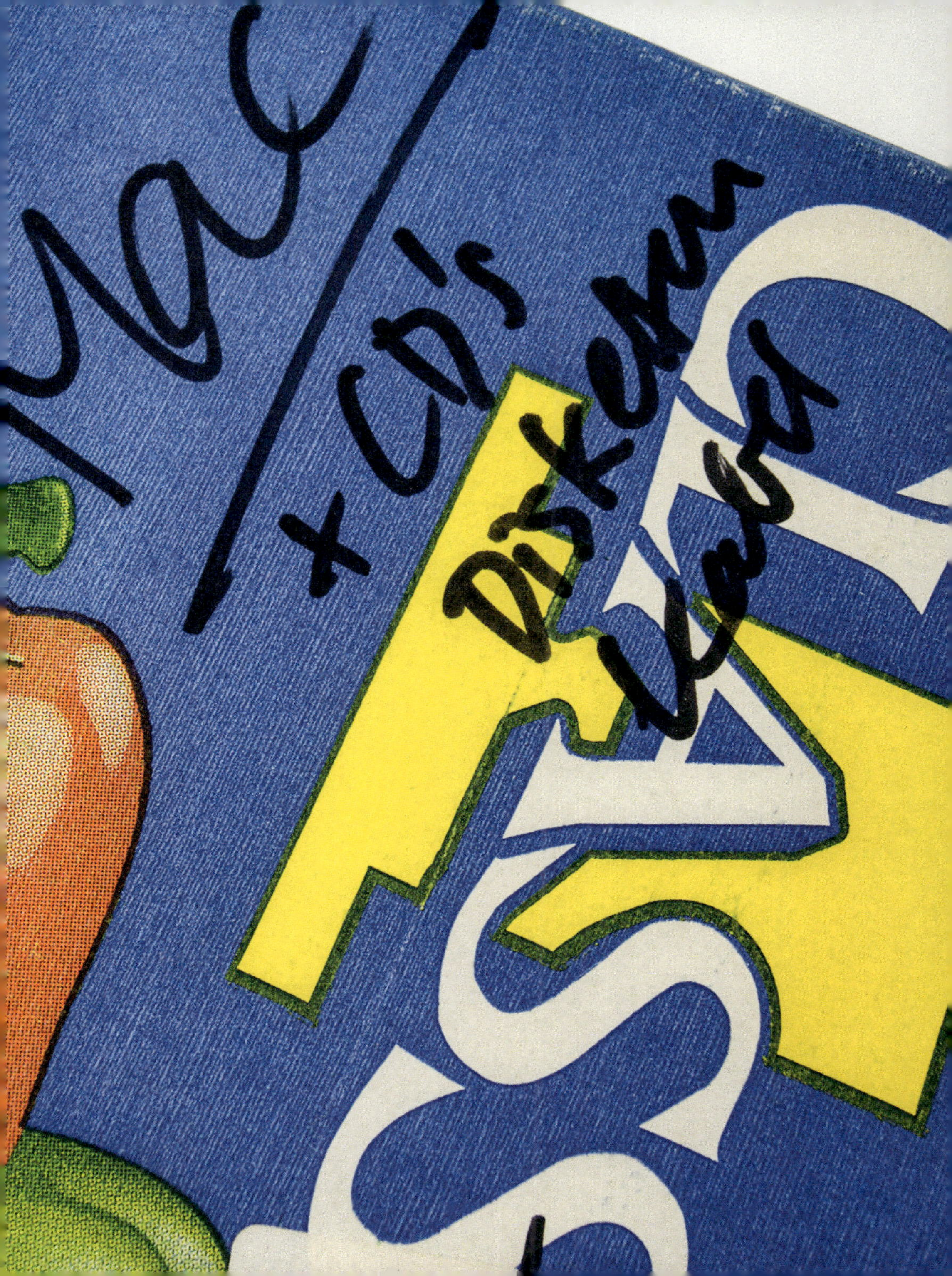

```
    dict = df.to_dict(orient="records")
    worte = {}
    for record in dict:
        worte.update({record["sachbegriff"]: r

    wc = WordCloud(background_color="white", m
    colormap="tab20")
    wc.generate_from_frequencies(worte)
    return st.image(wc.to_array())


def wirkungsorte():
    # ranking und karte der meistverwendeten w
    df = pd.read_csv(f"{path}/../stats/wirkung
    df.drop(columns=["id"], inplace=True)
    df.rename(columns={"name": "Name", "count"

    st.header("TOP Wirkungsorte von GND-Person
    st.markdown("Von allen Personensätzen (Tp)
    jeweiligen Person auf.")

    # Balkendiagramm
    orte_filt = st.slider("Zeige Top …", min_v
    graph_count = (
        alt.Chart(df.nlargest(orte_filt, "Anza
        .mark_bar()
        .encode(
            alt.X("Name:N", sort="y"),
            alt.Y("Anzahl"),
            alt.Color("Name:N", legend=alt.Leg
```

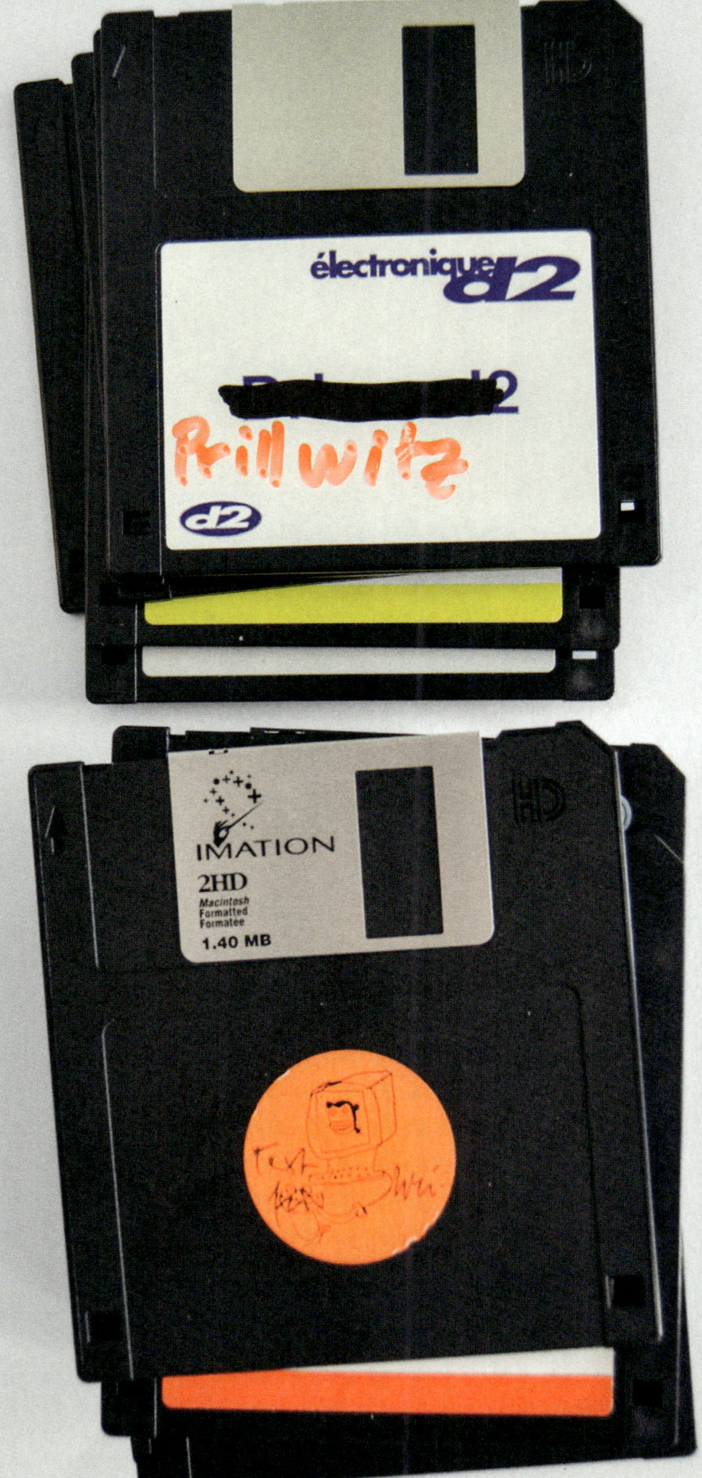

électronique d2
Prillwitz
d2
IMATION
2HD
Macintosh
Formatted
Formatée
1.40 MB
HD

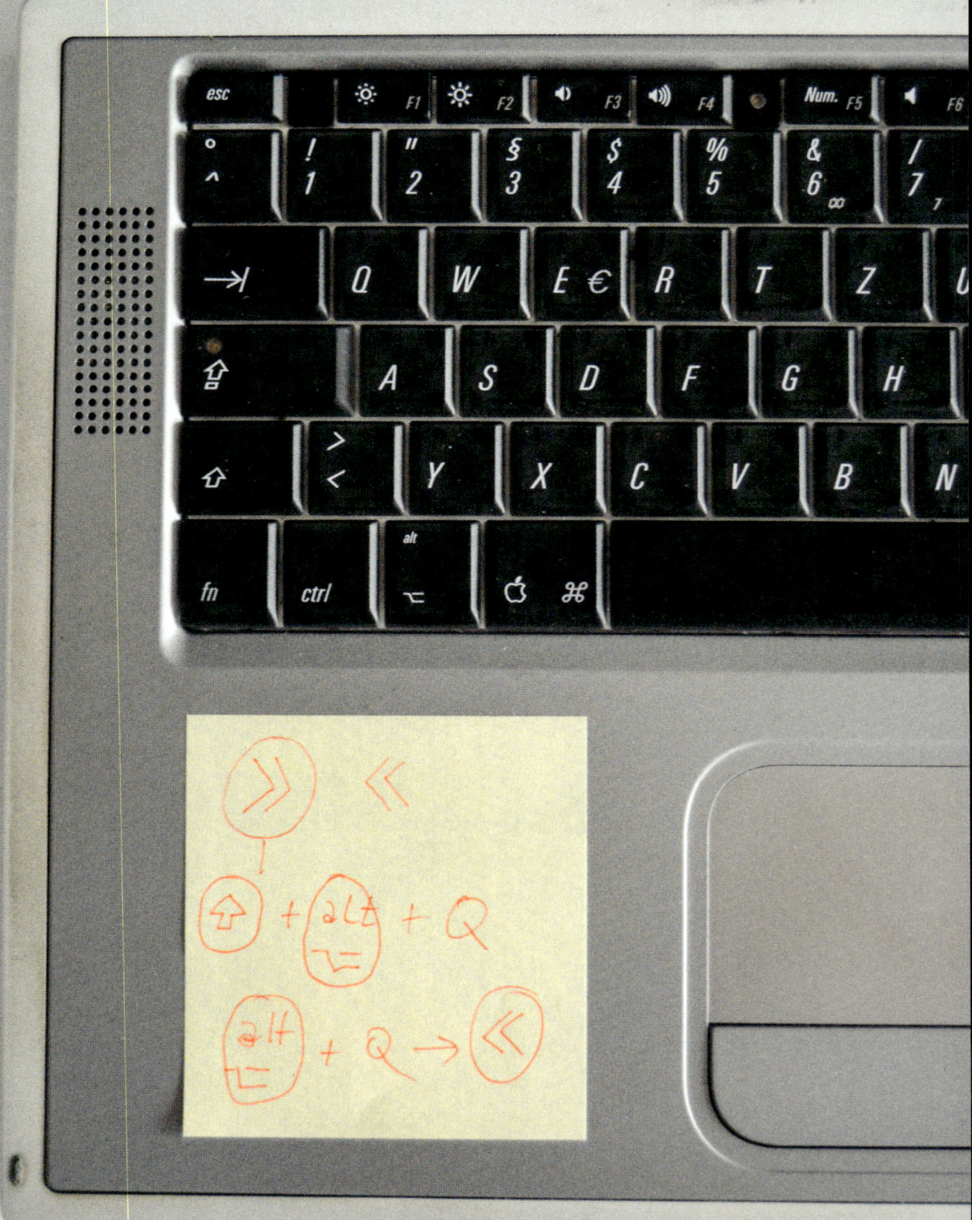
PowerBook
alt + Q
alt + Q

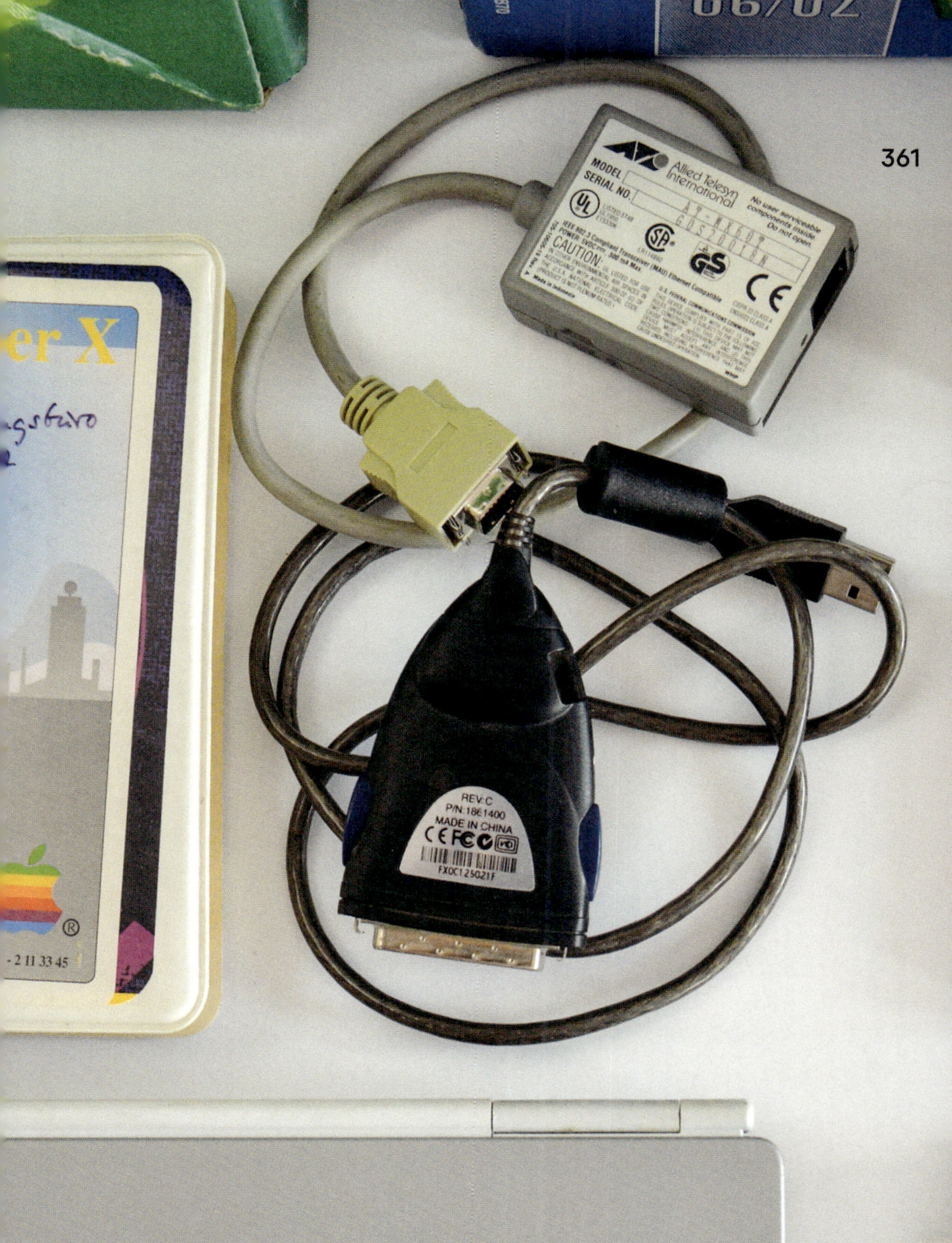
Allied Telesyn International
MODEL
SERIAL NO.
No user serviceable components inside. Do not open.
CAUTION
REV:C
P/N:1861400
MADE IN CHINA
FX0C125021F

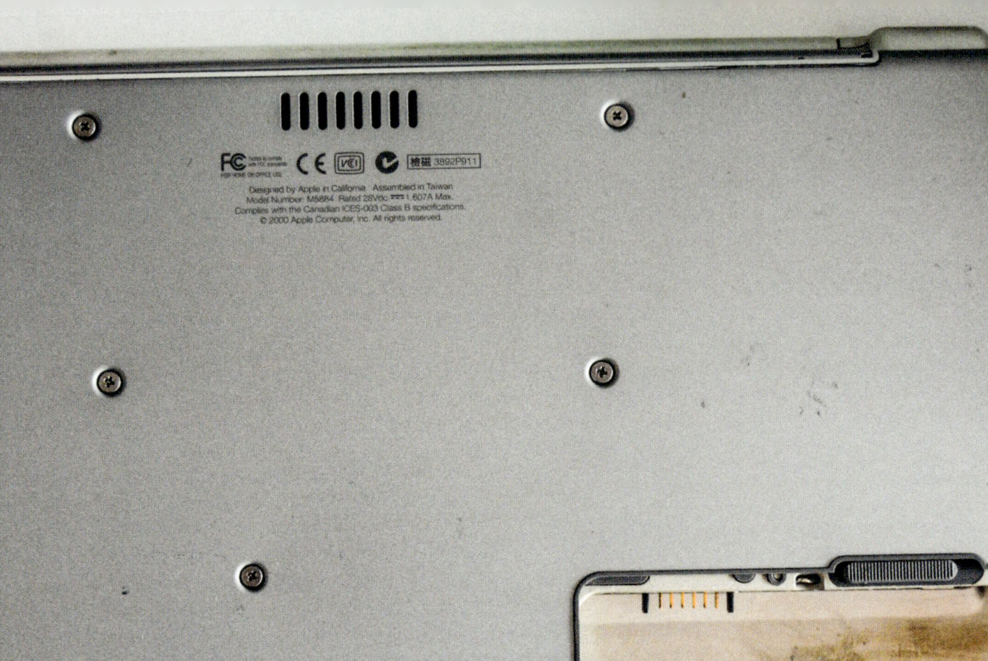
FC
CE
VCI
檢磁 3892P911
Designed by Apple in California Assembled in Taiwan
Model Number: M5884 Rated 28Vdc 1.607A Max.
Complies with the Canadian ICES-003 Class B specifications.
© 2000 Apple Computer, Inc. All rights reserved.

Von Floppy Disks und Laufwerken

Unter den herkömmlichen analogen Beständen, die das Museum entweder als Vor- oder Nachlass von Buchkünstler*innen, Typograf*innen, Illustrator*innen oder Buchhistoriker*innen erhält, befinden sich seit einigen Jahren immer mehr elektronische Artefakte und digitale Objekte. Sie stellen das Museum vor ganz neue Herausforderungen hinsichtlich ihrer sicheren Aufbewahrung, Erschließung und Bereitstellung für Besucher*innen. Je nach Beschaffenheit der Objekte ergeben sich Nutzungsszenarien, für die das Museum in Zukunft neue Wege beschreiten wird.

2019 wendet sich ein Leipziger Verleger und Buchhistoriker an das Deutsche Buch- und Schriftmuseum. In über 30 Jahren hat er unzählige Quellen zur Geschichte von Verlegern, Druckern und Buchhändlern zusammengetragen, die ihrem Gewerbe in der Messe- und Buchstadt Leipzig nachgegangen sind. In etlichen Aufsätzen, Buchbeiträgen und Nachschlagewerken hat er dieses Material verarbeitet oder für seine Lehrveranstaltungen zur Geschichte des Buchwesens genutzt. Er hat, in anderen Worten, während seiner jahrzehntelangen Beschäftigung mit den Themen, um die es tagtäglich auch im Museum geht, einen unschätzbaren Wissensschatz angesammelt. Allerdings liegen die Quellen und Dokumente ausschließlich digital vor, entweder als PDF- oder Word-Dateien. Wie lässt sich dieser Schatz für zukünftige Generationen bewahren, wie nachnutzen? Mit dieser Frage tritt er an das Museum heran und bietet ihm seine Datensammlung als Teilvorlass an.

Mit Daten hat das Deutsche Buch- und Schriftmuseum als Teil einer der bedeutendsten Bibliotheken des Landes zwar umfangreiche Erfahrungen. Immerhin gelangt mittlerweile ein Großteil der abgelieferten Medien auf elektronischem Wege in die Deutsche Nationalbibliothek: Im Jahr 2021 gehen täglich etwa 9.600 Werke ein, davon knapp 6.000 als digitale Veröffentlichungen.[1] Auch das Dokumentieren und sichere Verwahren von Vor- und Nachlässen gehören ebenso zum Standardgeschäft wie ihre Nutzbarmachung für Besucher*innen. Die museale Bestandserhaltung, Erschließung und Bereitstellung sowohl für die Benutzung als auch die Vermittlungsarbeit orientiert sich jedoch bislang vor allem an analogen, handfest vorliegenden Medienwerken.

Seit einigen Jahren enthalten die Vor- und Nachlässe, die dem Museum überantwortet werden, immer mehr elektronische Artefakte, angefangen bei mittlerweile nahezu in Vergessenheit geratenen Floppy Disks (Disketten) über USB-Sticks und einzelne Laufwerke hin zu ganzen Rechnern. So befindet sich zum Beispiel im Nachlass der Schriftgestalterin und Typografieprofessorin Hildegard Korger (1935–2018) ein alter Mac, der sich nicht mehr einschalten lässt, weil sein Akku inzwischen ausgelaufen ist.

Elektronische Speichermedien wie dieses stellen das Museum vor neue Herausforderungen. Denn die Daten, die sich auf ihnen befinden, müssen von den Sammlungsleiter*innen gesichtet werden, ohne sie dabei zu verändern. Hier sind besondere Vorkehrungen zu treffen: Zum Beispiel können Disketten oder USB-Sticks mithilfe eines in der IT-Forensik eingesetzten Geräts, eines sogenannten Write Blockers, ausgelesen werden. Auf diese Weise lässt sich hardwareseitig ein nachträgliches Beschreiben des Datenträgers technisch unterbinden; damit kann sichergestellt werden, dass beispielsweise die Zeitangaben, wann auf die Dateien zuletzt zugegriffen wurde, unverändert bleiben. Außerdem müssen von den Datenträgern exakte Abbilder erzeugt werden, die auch dann noch die Daten vorhalten, wenn die originalen Speichermedien, wie beispielsweise der Mac von Hildegard Korger, längst nicht mehr funktionstüchtig sind. Es geht also darum, die Daten von ihrem ursprünglichen Träger zu lösen, um sie für unbegrenzte Zeit vorzuhalten und zu bewahren. So legen sie verlässlich Zeugnis von ihrer Herkunft ab, selbst wenn sich die ursprünglichen Speichermedien nicht mehr auslesen lassen. Nachdem die Daten in ihrer originalen Form gesichert worden sind, können abschließend Kopien von ihnen weiterverarbeitet, in andere Dateiformate exportiert und für die interessierte Öffentlichkeit nutzbar gemacht werden.

So ist vorstellbar, in Zukunft Besucher*innen eine virtualisierte Version des Arbeitsrechners von Hildegard Korger zur Verfügung zu stellen, anhand derer sie der Typografin gleichsam beim Arbeiten über die Schulter schauen können. Und die

Forschungsdaten des Leipziger Buchhistorikers, die das Museum aller Voraussicht nach noch 2022 erhalten wird, können Eingang finden in eine frei zugängliche Datenbank, die auf digitalem Wege Auskunft gibt über die Buchkultur vergangener Jahrhunderte.

Für das Museum stellt sich also angesichts der digitaler werdenden Vor- und Nachlässe die Aufgabe, neue Wege zu finden, um seiner althergebrachten Verpflichtung weiter gerecht werden zu können: nicht nur ein Schaufenster der Deutschen Nationalbibliothek zu sein, sondern auch eine Dokumentations- und Forschungsstätte zur Buch- und Schriftkultur – auch im digitalen Zeitalter.

Ramon Voges

1
Die aktuellen Zahlen bietet en détail der Jahresbericht der Deutschen Nationalbibliothek, abrufbar unter https://www.dnb.de/DE/Ueber-uns/Publikationen/publikationen_node.html (2.6.2022).

Historische Überlieferung versus techno-logische Geltung?

Plädoyer für einen erweiterten Begriff von »Provenienz«

Wolfgang Ernst
Der Kultur- und Medienwissenschaftler beschäftigt sich unter anderem mit Gedächtnisorganisation, Medienarchäologie und Medienzeit. Dazu gehören Überlegungen über die Echtzeit bei Datenübertragungen sowie Maschinenprozesse beim Speichern in Archiven. Ernst verantwortet an der Humboldt-Universität zu Berlin auch den *Medienarchäologischen Fundus*, eine Sammlung medienwissenschaftlich relevanter Objekte aus verschiedenen Generationen elektrotechnischer und mechanischer Entwicklungen.

»Herkunftsgeschichten mit ihren Zufällen und Überraschungen, aber auch Lücken, Zerstörungen und Verlusten fügen sich nicht nur zu einer Museums- und Mediengeschichte, sondern exemplarisch zu einer fokussierten Zeitgeschichte des kulturellen Erbes zusammen.«[1] Dieser narrativ-historiografischen Annäherung an die konkreten Objekte steht in medienarchäologischer Hinsicht die Freilegung noch ganz anderer »Zeitschichten« zur Seite,[2] wie sie in der Hardware wie auch Software vom technischen Kulturgut geborgen sind. Die Bestände des Deutschen Buch- und Schriftmuseums aus der Perspektive ihrer Herkunft zu entschlüsseln, erfordert zum einen eine veritable Provenienzgeschichte, welche jenes Wissen aktiviert, das aus den »Biografien« der konkreten Objekte resultiert – ein in mehrfacher Hinsicht anthropozentrischer Ansatz. Zum anderen aber gibt es eine ganz andere Form von Provenienz, nämlich eine Medienarchäologie der »Techno-Logik« solcher Artefakte – ihrer Materialarten und Formen. Welche Synthese leitet sich aus dieser dialektischen Gegenüberstellung ab?

1 Aus dem Exposé von Stephanie Jacobs zur vorliegenden Publikation, Typoskript, 2020.

2 Eine Anspielung auf die Publikation von Friedrich Engel, Gerhard Kuper, Frank Bell und Wulf Münzner, *Zeitschichten. Magnetbandtechnik als Kulturträger,* 4., erw. Aufl., Potsdam 2020 (zuerst 2008).

Eine Blickverschiebung: Das operative Wesen kultureller Vererbung

Dieser Beitrag thematisiert zum einen die besondere Form der Provenienz schrifttechnischen Kulturguts in musealen Beständen und zum anderen die Kulturtechniken der Überlieferung materieller und textlicher Artefakte im erweiterten Sinne. Der Provenienz technischer Objekte im Konkreten steht damit der Mechanismus kultureller Überlieferung an sich – die Provenienz namens »Tradition« respektive »Überlieferung« – beiseite. Erkenntniswissenschaftlich tiefergelegt ist damit die Frage nach dem Techno*lógos* verbunden, also nach dem operativen Wesen kulturellen Erbes, das mehr umfasst als die bloßen Werkzeuge und Institutionen der Überlieferung von Kulturgut.[3]

Den Anlass zu solchen Überlegungen liefern zeitgenössische Erwerbungen des Deutschen Buch- und Schriftmuseums selbst. So stellt sich etwa im Anschluss an den Eintrag zum Arbeitscomputer der Schriftgestalterin Hildegard Korger (1935–2018) die Frage, in welchem Maße digitale Nachlässe noch nach den vertrauten Kriterien der archivischen, bibliothekarischen und musealen Inventarisierung erfassbar sind. In den sogenannten neuen Medien »schlummern ganz besondere und bislang noch kaum gehobene Herkunftsgeschichten«.[4] Die technische Erdung dieser eher poetischen Beschreibung heißt hier konkret: elektromagnetische Latenz der Signalspeicherung. Dies betrifft sowohl die Sichtung als auch die Sicherung hochtechnischer Schrift- und Textmedien. Was verrät eine technisch präzise Analyse des Laptops aus dem Nachlass

3 Zur Logik der kulturellen Vererbung siehe Susan Blackmore, *The Meme Machine,* Oxford 1999, sowie Wolfgang Ernst, *Technológos in Being. Radical Media Archaeology and the Computational Machine,* New York u. a. 2021.

4 Mitteilung von Stephanie Jacobs, 29.7.2021.

Korger über den Umgang der ehemaligen Besitzerin mit dem digitalen Arbeitswerkzeug, und in welchem Maße war ihr schrifthandwerkliches Können im besten altgriechischen Wortsinn eine *techné*?

Als wegweisend gilt hier die Reaktion des Deutschen Literaturarchivs (DLA) in Marbach am Neckar auf jene Konvolute, die zunächst als Vor-, dann als Nachlass Friedrich Kittlers (1943–2011) dem Bestand einverleibt wurden. Das Spektrum dieses Überlieferungsguts reicht von klassischen Handschriften über Schreibmaschinentexte bis hin zu digital erstellten und algorithmisch prozessierten Computerdateien und -programmen. Friedrich Kittler, global anerkannt als Diskursstifter von spezifisch hard- und softwarenahen »German Media Studies«, ist damit selbst vom Subjekt und Autor zum Gegenstand techniknaher Medienanalyse geworden.

Zum schriftlichen Nachlass Kittler gehören auch seine Experimente mit der algorithmischen Erzeugung virtueller Objekte, sein »Programmierwerk«. Die auf Disketten oder der Festplatte seiner Arbeitsrechner gespeicherten Programmversionen entfremden indessen die informatische Analyse von der klassischen Autorschaft. »Im Archiv streicht die Überlieferung technischer Medien ihre Provenienz (im Sinne eines urhebenden Autors) aus. Archivkonzeptionen, die hermeneutisch fundiert sind oder vom organischen Archivkörper (als Ursprung oder Telos des Archivs) ausgehen, werden von technischen Medien als ihrem Objekt ad absurdum geführt.«[5]

Auch der digitale Schriftnachlass des französischen Vordenkers der philosophischen Dekonstruktion, Jacques Derrida (1930–2004), liegt in elektromagnetischer Latenz in seinem Arbeitsrechner vor, einem Apple Macintosh. Dieser ist längst Gegenstand einer ebenso neuartigen wie eigenständigen Form der medienarchivischen Erschließung geworden: »Das von Vornherein digitale Archiv des Philosophen Jacques Derrida ist derzeit Gegenstand eines Projekts mit dem Namen ›Derrida Hexadecimal‹«,[6] im Verbund mit dem Institut Mémoires de l'Édition Contemporaine (IMEC). Nichts ist dekonstruktiver als die Mechanismen der Textüberlieferung selbst. Während ebenso wie im Nachlass Kittler die Provenienz des Arbeitsrechners selbst nicht infrage steht, wandert die Erforschung der daran gebundenen Textüberlieferung nun in die Maschine und seine Datenträger selbst. Philologie wird damit posthumanistisch. Im Fokus des Interesses stehen die »Spuren von Überschreibungen, die auch nach dem Löschen auf den Disks vorhanden sind. Bei der Durchführung dieser Erkundung kommen eine Reihe von Technologien zum Einsatz, die denen der forensischen Ermittlungen ähneln«.[7] Erst in solch genuin medienforensischen Analysen, in denen die Technologie selbst zum aktiven Archivar wird, wird deutlich, wie Derrida den Computer lediglich

5
Mitteilung von Moritz Hiller, 11.3.2019. Siehe auch dessen Dissertation *Maschinenphilologie*, Humboldt-Universität zu Berlin 2019, online abrufbar: http://edoc.hu-berlin.de/18452/23730 (2.6.2022).

6
»Les archives nativement numériques du philosophe Jacques Derrida font actuellement l'objet d'un projet nommé ›Derrida Hexadecimal‹«, Aurèle Crasson, »Derrida et l'ordinateur: une archive malgré soi«, 19.11.2019, https://www.en-attendant-nadeau.fr/2019/11/19/archives-manuscrits-4-derrida (21.7.2021), Fußnote 7.

7
»[...] traces de réécritures présentes sur les disques même après effacement. La mise en œuvre de cette exploration fait appel à un ensemble de technologies similaires à celles de l'investigation légale encore appelée criminalistique«, ebd.

zur Textverarbeitung benutzt hat, Kittler indessen den Computer selbst buchstäblich »beschrieb« (nämlich programmierte).[8]

Zur Erschließung der »digitalen« Komponenten im Nachlass Kittler hat das DLA den »Indexer« entwickelt:[9] ein innovatives algorithmisches Werkzeug, das die Genese von Texten von den Festplatten von Kittlers Arbeitsrechnern auszulesen erlaubt. Es beantwortet damit eine Herausforderung, welche das Motto der Deutschen Nationalbibliothek »Suchen. Finden. Entdecken« unter digitalen Bedingungen in einem anderen Licht erscheinen lässt – denn die klassischen Erschließungsformen werden längst durch intelligente Suchmaschinen überholt.

8
Siehe auch Alexander R. Galloway, »Derrida's Macintosh«, 19.7.2021, http://cultureandcommunication.org/galloway/derridas-macintosh (1.8.2021).

9
Dazu Susanne Holl, »Friedrich Kittler's Digital Legacy, PART II: Friedrich Kittler and the Digital Humanities. Forerunner, Godfather, Object of Research. An Indexer Model Research«, in: *Digital Humanities Quarterly,* 11, Nr. 2, 2017, https://bit.ly/2rtqe3q (9.8.2021).

Im medienarchäologischen Zickzack vor und zurück: Korgers Laptop und Nietzsches Schreibkugel

Die techniknahe medienarchäologische Perspektive leistet also einen Beitrag dazu, den aktuellen diskursgängigen Begriff von Provenienzforschung aufzubrechen respektive zu erweitern. Neben die unterschiedlichen Vor- und Nachlassgeschichten der Artefakte im Deutschen Buch- und Schriftmuseum tritt ein technikimmanenter Begriff von Provenienz. Wie im Falle des Arbeitsrechners im Nachlass Korger wird klar, dass sich die bisherigen »historischen« Wege und Irrwege der Überlieferung von Kulturgut in die Technologien selbst verlagern und damit neue, andersartige Herangehensweisen und Ausstellungsstrategien erfordern.

Der Laptop im Korger-Nachlass ruft in medienarchäologischer Genealogie Nietzsches Schreibkugel wach, die sich heute im Besitz der Klassik Stiftung Weimar befindet (Standort Nietzsche-Archiv). Dieses Schreibgerät »ist ein technischer Apparat von ganz eigener und fremdartiger Schönheit. Ihren Namen verdankt sie den konzentrisch angeordneten Tasten auf der Oberseite, die das Segment einer Kugel bilden. [...] Anders als die Schreibmaschinen des 20. Jahrhunderts hat die Schreibkugel kein Gehäuse, so dass wir die Mechanik aus Messing und Stahl ungehindert betrachten können.«[10] Im medienarchäologischen Blick hat dieser transparente Mechanismus eine geradezu zeitlose Techno-Ästhetik. Für die mechanische Logik der Schreibkugel ist die Provenienz des Weimarer Exemplars zweitrangig und bildet lediglich ihren äußeren Überlieferungskontext. Vielmehr hat sie ihre »historische« Provenienz im Zusammenhang mit dem Namen Nietzsche geradezu erzwungen, indem sie sich 1882 den Philosophen gefügig machte. Denn diese frühe serienmäßig hergestellte Schreibmaschine als »neues Medium« der Texterstellung musste von Nietzsche (vermittels seiner Schwester) erworben werden, um angesichts seiner Kurzsichtigkeit überhaupt weiter schreiben zu können.

10
Eintrag »Friedrich Nietzsches Schreibkugel«, https://www.klassik-stiftung.de/startseite/digital/sammlungshighlights/friedrich-nietzsches-schreibkugel (1.8.2021).

Nietzsches Schreibkugel Marke Malling-Hansen verdinglicht eine höchst konkrete Form von schriftkundlicher Provenienz, nämlich den Entstehungsprozess (die technische Provenienz) von den konkret darauf erzeugten Typoskripten des Philosophen. Diese technische Logik hat Nietzsche in seinen Schreibmaschinentexten selbst thematisiert. Seine Typoskripte scheinen in der Tat mehr von der Maschine selbst denn vom Autor verfasst, wenn es darin etwa heißt: »SCHREIBKUGEL IST EIN DING GLEICH MIR: VON EISEN«.[11] Ko-Autor dieser Zeile ist – ganz im Sinne der Actor-Network-Theory[12] – die Schreibkugel selbst, und entsprechend lautet die eiskalte Sprache der Inventarisierung dieser Malling-Hansen vonseiten der Kunstgewerbesammlung der Museen der Klassik Stiftung Weimar »Skrivekugle« (»nach 1878«). Hier ein Auszug des Eintrags: »Messing, Stahl, Zelluloid / Signatur: NKg/00329 / Provenienz: Friedrich Nietzsche (1844–1900)«.[13]

Die Klärung der maschinellen Provenienz von Nietzsches Typoskripten erlaubt die technische Zuordnung der Typoskripte im Friedrich-Nietzsche-Bestand des Goethe- und Schiller-Archivs in Weimar und führt in einer medienarchäologischen Analyse bis hin zu möglichen Buchstabenspuren auf dem verbleibenden Farbband.[14] Das zumeist kulturwissenschaftlich diskutierte Verhältnis von Gedächtnis, Erinnerung und Verlust verdient im Hinblick auf technisches Kulturgut also auch medienarchäologisch unter die Lupe genommen zu werden. Auf der Webseite der Klassik Stiftung Weimar erlaubt eine Lupenfunktion die technisch genaue Inspektion des Mechanismus dieses Schreibgeräts, das sich durch seine Transparenz dazu anbietet.[15] Im Falle der Schreibkugel wurde das Blatt Papier unterseitig eingespannt, sodass der Nutzer sein unmittelbares Schreibprodukt – durch die Maschine verdeckt – gerade nicht sah, sondern ihm eher der technische Schreibmechanismus selbst vor Augen geführt wurde. Der Medienphilosoph Vilém Flusser hat es einmal so formuliert: »Die Schreibmaschine ›komputiert‹ das von mir Kalkulierte«, und er betont die »Durchsichtigkeit dieses Vorgangs. Ich kann nämlich beobachten, wie jede gedrückte Taste einen Hebel in Bewegung setzt […].«[16] Diese Transparenz der technischen Hervorbringung geht indessen am digitalen Textcomputer verloren: »Bei Word Processors […] ist das Schreiben mittels Tastendruck längst ein undurchsichtiger Vorgang geworden, ein sich in einer Black Box vollziehender Ablauf, in welchen der Tastende keinen Einblick hat. […] das Mechanische hat sich aus ihm verflüchtigt.«[17] Einblick gewähren im Elektronisch-Digitalen vielmehr der Quellcode der zugrunde liegenden Textverarbeitungsprogramme sowie die Algorithmen der Schriftengenerierung. Gegenüber dem noch offensichtlichen Buchdruck verschiebt sich

11
Dazu im erweiterten Sinne Davide Giuriato u. a. (Hg.), *»Schreibkugel ist ein Ding gleich mir: von Eisen«. Schreibszenen im Zeitalter der Typoskripte*, München 2005.

12
Im Sinne von Bruno Latour, »Drawing Things Together. Die Macht der unveränderlichen mobilen Elemente« [1986], in: Andréa Belliger und David J. Krieger (Hg.), *ANThology. Ein einführendes Handbuch zur Akteur-Netzwerk-Theorie*, Bielefeld 2006, 259–308.

13
Nietzsches Schreibkugel (wie Anm. 10).

14
Siehe Dieter Eberwein, *Nietzsches Schreibkugel. Ein Blick auf Nietzsches Schreibmaschinenzeit durch die Restauration der Schreibkugel*, Schauenburg 2005.

15
https://100schaetze.klassik-stiftung.de/objekt/rasmus-malling-hansen-schreibkugel-aus-dem-besitz-friedrich-nietzsches-nach-1878/ (2.6.2022).

16
Vilém Flusser, »Tasten«, in: ders., *Ins Universum der technischen Bilder*, 5. Aufl., Göttingen 1996 (zuerst 1985), Kap. 4, S. 28–38, hier S. 29.

17
Ebd., S. 29.

das Problem der Lesbarkeit von elektronischer Schrift auf die »Unterfläche«[18] des Computers, nämlich die darin implementierte Software und ihre elektronischen Schaltkreise. Die detaillierte Erforschung und (Er-)Kenntnis der Hervorbringung von für Menschen lesbaren Texten auf Computerbildschirmen stellt damit eine mikrotechnische Variante von »Provenienzforschung« dar.

Den Schreib-Maschinen von damals entsprechen die Arbeitsrechner und Textverarbeitungsprogramme von heute. Der »Apple« oder »Mac« als Arbeitswerkzeug von Hildegard Korger, dem dann eine Menge höchst materieller Gestaltungsprodukte entsprangen, ist das eine. Eine ganz andere Herausforderung ist ein vollständig digitaler Bestand, etwa ein buchwissenschaftlicher Vorlass, »bestehend aus verschiedenen Schichtungen historischer Datenbanken ab circa 1995 – ein kleiner Alptraum für Datensicherung und Langzeitarchivierung, zugleich aber die Zukunft unseres Tuns als Museum«.[19]

Nicht allein die Editionswissenschaft, auch das Archiv-, Bibliotheks- und Museumswesen sieht sich durch genuin digital zustande gekommene – und nicht schlicht »digitalisierte« – Schrift- und Textwelten herausgefordert. Konkret zählen dazu nicht nur die logischen Artefakte (elektronische Dateien), sondern auch die materiellen Bestandteile (Datenträger sowie Arbeitsrechner). Diese Zukunft ist in Form von Vor- und Nachlässen längst Gegenwart im Deutschen Buch- und Schriftmuseum. Der Gegenbegriff zur historischen Provenienz als *Herkunft* ist das, was auf die kulturelle Wissenstradition *zukommt*: »Der heideggersche Begriff ›Vorsorge‹ bringt dies zum Ausdruck: Wer vorsorgt, besorgt sich nicht nur um eine Möglichkeit, sondern er besorgt sich auch diese Möglichkeit, er holt sie in die Gegenwart ein, er nimmt sie vorweg […]«[20] – ein *futurum exactum* im kybernetischen Sinne.

Mit zunehmend digitalen Anteilen in Vor- und Nachlässen verlagert sich die klassisch-historisierende Provenienzforschung in die Apparate selbst. An die Stelle unscharfer Begriffe kultureller »Überlieferung« treten Schaltpläne von computerinternen Datentransfers und medienarchivischer Datenmigration. Für Herkunftsbeziehungsweise Überlieferungsgeschichten von in digitaler Form respektive als binäre Information erzeugten schriftlichen Texten und grafischen Artefakten drohen – vergleichbar der weitgehend schriftlosen Epoche des frühen Mittelalters in Europa – *dark ages* der Überlieferung.[21] Doch eine solche Gedächtniskatastrophe lässt sich vermeiden, wenn der Begriff, die technische Analyse und die kuratorische Behandlung des kulturellen Erbes rechtzeitig an die neue medientechnische Lage angepasst und deren radikale Transformation erkannt werden.

18
Frieder Nake, »Das Doppelte Bild«, in: Margarete Pratschke (Hg.), *Digitale Form*, Berlin 2005 (= Bildwelten des Wissens. Kunsthistorisches Jahrbuch für Bildkritik, 3,2), S. 40–50.

19
Mitteilung von Stephanie Jacobs, 4.8.2021.

20
Vilém Flusser, »Kammermusik«, in: Flusser 1996 (wie Anm. 16), Kap. 19, S. 173–181, hier S. 173.

21
Siehe Jürgen Enge und Heinz Werner Kramski, »›Arme Nachlassverwalter …‹. Herausforderungen, Erkenntnisse und Lösungsansätze bei der Aufbereitung komplexer digitaler Datensammlungen«, in: Jörg Filthaut (Hg.), *Von der Übernahme zur Benutzung. Aktuelle Entwicklungen in der digitalen Archivierung*, Weimar 2014, S. 53–62.

Provenienz und Verwandlung

Stefan Laube
Der Kulturwissenschaftler und Historiker befasst sich unter anderem mit den Themen Erinnerungskultur und Wissensordnungen, ihn interessiert aber auch die Aussagekraft von Ding- und Bildquellen. Laube, der an der Humboldt-Universität zu Berlin lehrt, hat mehrere Bücher zu kulturhistorischen Themen veröffentlicht und schreibt auch für die *Frankfurter Allgemeine Zeitung* und die *Süddeutsche Zeitung*.

Von »Provenienz« zu sprechen, ohne in die essentialistische Falle zu tappen, ist nicht so einfach. Zumindest unterschwellig ergreift man Partei für das Fixierte, Starre, Eigene, Normierte, Kanonisierte und verabschiedet sich von allem Volatilen, Hybriden, Anarchischen und Dynamischen. Die heute allgegenwärtige Provenienzrhetorik, die sich anzumaßen scheint, dasjenige auf den Punkt zu bringen, was die Überlieferung »im Innersten zusammenhält«, offenbart im Grunde kaum mehr als einen »faustischen Versuch« der Vergeblichkeit. Dabei müsste Provenienz trotz allem Drang auf Fixiertheit eine fluidale Kategorie sein, von der Herkunft zur Zukunft – wie anders kann »kunft«, ein altertümlich-germanisches Wort, das von »kommen« kommt, zum Sprechen gebracht werden?

Woxikon, das Synonyme-Verzeichnis im Netz, hat bei »Herkunft« nicht weniger als 227 Synonyme in 12 semantischen Gruppen ausfindig gemacht, von »Anfang« (Beginn, Einführung, Quelle) und »Ausgangspunkt« (Same) über »Familie« (Gattung, Blut, Geschlecht, Abstammung, Sippe) bis zu Evolution (Herausbildung, Entwicklung, Genese) und Brunnen (Quelle, Born). Vielleicht eignet sich letzteres Bedeutungsfeld, die Provenienz zum Sprudeln anzuregen.

Wie Weltkulturen Provenienzen ins Wanken bringen

Szenenwechsel in die karstige Wüstenregion zwischen Euphrat und Tigris, wo vor Jahrtausenden Unmengen von Wasser flossen, nicht nur natürlich, sondern über ein elaboriertes Wasserleitungssystem auch durch Menschenhand. Inmitten dieser *lost provenance* gruben zu Beginn des 20. Jahrhunderts deutsche Ausgräber einen Ruinenhügel an. Zum Vorschein kam ein von einem Brunnen gespeistes Reinigungsbecken. Mit diesem Paradeobjekt veranschaulicht das Vorderasiatische Museum in Berlin bis heute die um 600 v. u. Z. untergegangene assyrische Tempelkultur. So manche Provenienz scheint erst dann Profil zu gewinnen, wenn man das Artefakt disloziert und in eine Gegend verfrachtet, wo der mit akkurater Schriftlichkeit einhergehende Herkunftsbestimmungseifer floriert, der damals noch zusätzlich befeuert war, weil er sich bereitwillig in den Dienst von Weltmachtsambitionen expansiver Nationen stellte. Der ursprünglichen Provenienz wäre wahrscheinlich besser gedient gewesen, wenn die Trümmer im Wüstensand belassen worden wären – als erratisches Denkmal von Klimaveränderung und menschlichem Eingriff. Von den Benin-Bronzeskulpturen bis zu den Parthenon-Reliefs: Museen können rabiat sein, sie zerstören alte Provenienzen, damit neue geschaffen werden können. Auf diese Weise gönnte eine Phalanx von Sammlern, Forschern und Museumsgründern den untergehenden Kulturen in den wohltemperierten Klimaregionen der nördlichen Hemisphäre ein »Weiterleben« als Vitrinenexistenz – Kompensationsakte der westlichen Moderne, deren Legitimität auf zunehmend tönernen Füßen steht. Eine Beziehung, die aus jenen bestand, die aufgebro-

chen sind – ob sie nun genommen oder bekommen haben –, sowie aus diesen, die am Platz geblieben sind und vor allem abgegeben haben – ob nun freiwillig oder erzwungen –, kann nicht anders als asymmetrisch bezeichnet werden. Wir können gespannt sein, inwiefern dieses aus der Balance geratene Verhältnis im sich anbahnenden postfossilen Zeitalter wieder ins Lot kommt.

Grandiose Kunstwerke sind schon längst nicht mehr dort, wo sie ihren ursprünglichen Zweck erfüllten. Was bedeutet das für deren Provenienz? Indigene Objekte in unseren Universalmuseen haben einen Riss, sie sind dem ursprünglichen Entstehungskontext entzogen. Andererseits konstituieren die neuen Besitzer einen neuen Provenienzzusammenhang, der je nach Sorgfalt und Interesse unterschiedlich ausfallen kann. Es gibt schlechte und gute Provenienzen, es gibt Sammlungen, die durch raffgierige Haudegen bestückt waren, es gibt aber auch Sammlungen, die auf einfühlsame Forscher zurückgehen. Es ist ein Unterschied, ob eine Maske vom Kulturanthropologen Franz Boas (1858–1942) stammt, der sein ganzes Verständnisvermögen aufbrachte, um wenigstens das Wissen über indigene Kulturen zu bewahren, wenn sie schon selbst der zivilisatorischen Entwicklung zum Opfer fallen mussten, oder vom norwegischen Kapitän und Abenteurer Johann Adrian Jacobsen (1853–1947), der auch als »Hagenbecks Menschenfänger« bekannt wurde, weil er die ersten leibhaftigen Grönländer, Lappländer unter anderem nach Hamburg brachte und in Völkerschauen ausstellte – zur Bestätigung von eigenen Vorurteilen. Was diese unterschiedliche Sammlungsprovenienz für den Bereich bedeutet, den man als »Provenienz avant la lettre« bezeichnen kann, dürfte klar sein. Von der anfänglichen Biografie der Objekte aus der Jacobsen-Sammlung wissen wir so gut wie nichts. Ganz anders bei Boas, der davon überzeugt war, dass die Bedeutung von fremden Objekten am ehesten durch Plots zu erschließen sei. Also kam er mit den ursprünglichen Nutzern der jeweiligen Gegenstände ins Gespräch, damit sie ihre Geschichten preisgaben.

Was wäre Provenienz ohne Schriftmedium, ohne Gespür von Zeitlichkeit – eine pure Chimäre. Erst schriftliche Einträge von Daten und Namen in Ausweisen, Urkunden und Verträgen lassen ein Netz von Zugehörigkeiten und Besitzverhältnissen sowie Linearitäten des Vorher entstehen, aus dem organisch das Nachher erwächst. Und was wären indigene Objekte ohne das Notizbuch des Ethnologen? Die Afrikanistin Heike Behrend (geb. 1947) hat in ihrem jüngst veröffentlichten Rechenschaftsbericht *Menschwerdung eines Affen* eindringlich beschrieben, wie das Notizbuch zum Teil ihrer Person wurde. Der Ethnologe fixiert darin, was sonst unwiederbringlich verloren gehen würde. Sein Gewissen scheint rein. Dabei überführt sein Markieren oder Aufschreiben die Worte beziehungsweise deren Inhalte in ein Besitzverhältnis, während die im Alltag gesprochenen Worte allen gehörten. Das indigene Wissen als Aufgeschriebenes, zur Verfügungsmasse geworden, bringt einen Medienwechsel zum Ausdruck oder besser einen ungleichen Tausch, bei dem sich die Indigenen als potenzielle Verlierer sahen.

Wie das digitale Universum die Provenienzen zum Schillern bringt

Nicht nur globale Vereinnahmungen und Austauschprozesse bringen Provenienzen in neue Perspektiven, sondern auch mediale Ausdehnungen unseres Körpers. Was passiert mit der Ortsfestigkeit der Einrichtungen des kulturellen Erbes in Deutschland, wenn deren Inhalte in bester Auflösung und Vergrößerung mehr und mehr in das digitale Universum wandern? Wenn wir allein die Bestände des Deutschen Literaturarchivs Marbach, der Klassik Stiftung Weimar und der Herzog August Bibliothek in Wolfenbüttel betrachten, so werden bald Dokumente und Medien in einer außergewöhnlichen Überlieferungsdichte virtuell vereint sein, die ein Jahrtausend deutscher Wissens- und Kulturgeschichte zum Sprechen bringen, vereint – vom Evangeliar Heinrichs des Löwen über die Faust-Sammlung bis zum Suhrkamp-Archiv. Schon die neuen technologischen Möglichkeiten allein machen aus kanonischen Blöcken variable Gefüge, an denen sich weiterhin Deutungskonflikte, Revisionen und Destruktionen manifestieren mögen, die aber zuallererst auf spielerische Weise Neukombinationen evozieren.

Dem stehen die User gegenüber, die zu Hybridwesen geworden sind, permanent mit einem Kommunikationsnetzwerk, genannt Internet, verbunden. Das im 20. Jahrhundert einsetzende Zeitalter der »totalen Medienmobilmachung« (Jochen Hörisch) ist immer noch nicht an sein Ende gekommen. Während im 19. Jahrhundert Speichermedien wie Fotografie, Phonographie, Schreibmaschine und Tagespresse auf dem Vormarsch waren und nach dem Ersten Weltkrieg die audiovisuellen Übertragungsmedien, die die Verhaltensweisen des Alltags umwälzten, so hat sich heute die mediale Entwicklung weiter potenziert und partikularisiert: Jede*r kann in die Rolle eines Fernsehsenders schlüpfen, das heißt zum Ausgangspunkt einer Übertragung werden, vorausgesetzt, er verfügt über ein schokoladentafelgroßes Gerät mit Internet-Anschluss. Welchen Einflüssen Provenienzen in diesem Übertragungs-Eldorado ausgesetzt sind, kann heute nur schwer abgeschätzt werden. Höchstwahrscheinlich wird es nicht mehr ausreichen, Provenienz als bloßen Anker eines Entstehungszusammenhangs zu betrachten, stattdessen wird diese Kategorie als Prozessor von Transformation und Neuschöpfung in den Blick kommen. Beim Medientheoretiker Régis Debray (geb. 1940) bedeutet Übertragung nicht nur Transport, sondern immer auch Transformation des Übertragenen. Was übertragen wird, geht der Übertragung nicht einfach voraus, sondern wird von ihr mit erzeugt. Die Übertragung vergegenständlicht sich mithilfe der Medien – auf Tontafel und Papier, in elektromagnetischen Wellen und auf Tonbändern et cetera. Wichtig ist nur, die Gedanken und Ideen von der Kontingenz der menschlichen Einzelexistenz zu lösen, damit ein mobiler, kollektiver Traditionszusammenhang entstehen kann. Was spricht dagegen, der Provenienz ähnliche Bedeutungsnuancen angedeihen zu lassen?

»Provenienz« – eher hinter den Kulissen, in den »staubtrockenen« terminologischen Nischen von Registratur, Repositorium und Altbestand zuhause – ist mittlerweile in Archiven, Bibliotheken, Museen und Dokumentationseinrichtungen zu einem Begriffsklassiker zur Bezeichnung einer unentbehrlichen Informationsressource geworden. Wenn es darum geht, Wissen zur jeweiligen Sammlungsgeschichte hervorzubringen oder auf der Ebene der Tagespolitik juristische Eigentumsansprüche zu bewerten beziehungsweise abzuwehren, dann ist »Provenienz« zum unschlagbaren Zauberwort geworden. Jenseits dieses konventionellen Selbstverständnisses im Einflussfeld globaler und medialer Expansion, von weltweit sich vollziehenden analogen Objekttransfers bis zur ubiquitären digitalen Oberflächengestaltung, erscheint auch die Provenienz oder besser die Wahrnehmung von Provenienz in ungewohnten Brechungen. Provenienz kann sich nicht in Schriftlichkeit erschöpfen, die Eigentumsverhältnisse dokumentiert. Sie hat bereits bei den Indigenen selbst einen bestimmten, jeweils neu zu eruierenden Sinn. Und wenn überall digitale Wissensräume aus dem Boden sprießen, die Bilder, Texte und Objekte in einer bisher nicht gekannten Intensität miteinander verknüpfen und sie in stets neuen kaleidoskopischen Konfigurationen verfügbar machen, ist die Frage aufgeworfen: Sind Provenienzen zu federleichten Entitäten geworden, die sich in immer neu gestalteten Nachbarschaften engelsgleich und aalglatt auf dem Screen niederlassen?

Nach Hause, Federn!

Ingrid Schaffner
Die amerikanische Kuratorin am Carnegie Museum of Art ist auch als Kunstkritikerin, Autorin und Pädagogin tätig. In Zusammenarbeit mit Künstler*innen hat sie zahlreiche Ausstellungen, auch zu wenig erforschten Themen und Praktiken in der Kunstwelt realisiert. Ihre Arbeit dreht sich um die Themen Archivierung und Sammeln, Fotografie, Feminismus und alternative Modernismen.

Ich rieche Rauch. Brennenden Papyrus, Holz und Knochen. Luzia, das 12.000 Jahre alte Skelett, das älteste in Amerika. Explodierende Keramiken und Glas. Glühendes Metall und Gestein. Schmelzendes Wachs und Öl. Fünf Millionen Schmetterlinge. Federn.

Als die älteste wissenschaftliche Institution Brasiliens, das Nationalmuseum in Rio de Janeiro, 2018 niederbrannte, gingen 20 Millionen Texte verloren. Wie ein Buch hat jedes Objekt eine Geschichte zu erzählen. Das Museum beherbergte mit seinen umfassenden Sammlungen ein europäisches Wissensgebäude, das auf Ausbeutung basierte – so kann die Zerstörung des Gebäudes als ultimativer Akt der Dekolonisierung verstanden werden. Bis auf die Tatsache, dass das Museum auch die Heimstatt lokaler Sprachen war. »Leute,« schrieb die Wissenschaftlerin Cinda Gonda in einem vielfach geteilten Facebook-Post, »wir haben sämtliche Sammlungen indigener Sprachen verloren, [Gesänge], für die es keine lebenden Muttersprachler*innen mehr gibt.« Das Feuer, beklagte Gonda, sei ein »irreparabler Verlust für unsere historische Erinnerung. Es tut einfach so weh, dass alles in Schutt und Asche zu sehen.« Wir könnten hier innehalten, zum Stillstand gebracht vom Geruch der in ganz Brasilien brennenden Regenwälder, und in der verheerenden Vernachlässigung des Museums eine Parabel für die Erderwärmung sehen, aber wir wollen fortfahren.

Im Jahr 2016 besuchte ich das Museum für afrikanische Kunst (Musée Théodore-Monod d'Art africain) in Dakar, Senegal, wo ich den gerade ernannten Direktor getroffen habe. El Hadji Malick Ndiaye erzählte mir von seiner Vision für die Zukunft des Museums, das als ethnografisches Projekt begonnen hatte und heute über 10.000 Objekte aus mehr als 20 afrikanischen Ländern beherbergt, die meisten davon im Depot. Durch die Förderung neuer Forschung und kuratorische Perspektiven auf die Konzeption von Ausstellungen und Veranstaltungen wollte er die Sammlungen für ein afrikanisches Publikum relevant und lebendig machen. Sein Blick streifte ein Buch auf seinem Schreibtisch. Es war der Museumsführer des vorherigen Eigentümers: ein Handbuch des französischen Kultusministeriums zum afrikanischen Kulturerbe. »Dieses Museum ist sehr schwerfällig«, erklärte er.

Dennoch sind die Dinge in Bewegung. Während ich dies schreibe, sind 179 geraubte Objekte in Hamburg ausgestellt, in einem der größten ethnografischen Museen Europas (das aus einer Bibliothek entstand), als Teil einer wachsenden Bewegung zur Restitution der Benin-Bronzen, die bei Strafaktionen geraubt wurden und in westlichen Sammlungen landeten. Auf der Empfängerseite in Nigeria sind neue Museen geplant – und zugleich umstritten. Der Oba will die Schätze seines Königreichs zurück.

Im Radio sind Debatten über die Legitimität der britischen Ansprüche auf den Parthenon-Fries zu hören oder, um nur ein weiteres Beispiel zu nennen, Nachrichten über stockende Verhandlungen, die es indigenen nordamerikanischen Völkern erleichtern sollen, Begräbnisstätten und heilige Objekte zurückzufordern. Fragen der Provenienz – des Aufbauens, des Erhaltens und der Rechtmäßigkeit – sind überall zentral, um Kulturen lebendig zu erhalten. Und weil Kulturobjekte Texte sind, die Orte und Eigentümer wechseln können, um neue Untersuchungen und Bedeutungen zu inspirieren, ist es gut, die Provenienzgeschichte zu berücksichtigen.

Wer in letzter Zeit das Weltmuseum Wien besucht hat, war möglicherweise überrascht zu hören, dass eines seiner Schätze nach Hause will. Die Künstler Sebastián Arrechedera und Yosu Arangüena haben den Audioguide des Museums gehackt (der auf Deutsch, Englisch, Spanisch und Französisch angeboten wird) und einem Objekt eine Stimme gegeben, das in der Sammlung als strahlender Tribut an die spanische Eroberung erscheint, aber – wie der indigene Aktivist Xokonoschtletl Gomora in der gekaperten Tonaufnahme erklärt – »die Kraft, Macht und Weisheit des Herrschers Moctezuma Xocoyotzin repräsentiert und zurückkehren muss, wo es hingehört«. In der Vergangenheit hat das Museum immer behauptet, die Königskrone des Aztekenherrschers sei zu fragil für einen Transport. Aber nachdem dieses kraftvolle Objekt nun bewiesen hat, dass es sprechen kann, ist es Zeit, Stärke zu demonstrieren und Gold und Federn sicher nach Hause zu schicken.

Objekte, Namen, Provenienzen

Gilbert Lupfer
Zentrales Thema des Kunsthistorikers ist die Provenienzforschung. Als Mitarbeiter der Staatlichen Kunstsammlungen Dresden leitete Lupfer das Forschungsprojekt „Museum und Kunst in totalitären Systemen“, später wurde er dortiger Abteilungsleiter für Forschung und wissenschaftliche Kooperation. Seit 2017 ist er Vorstand des Deutschen Zentrums Kulturgutverluste, das sich u.a. mit dem Entzug von Kulturgütern u. a. durch den NS-Staat befasst.

Die korrekte[1] Benennung von Menschen und Gruppen ist ein Thema, das die geistes- und kulturwissenschaftliche Szene stark beschäftigt. Bisweilen könnte gar der Eindruck entstehen, Diskussionen über Sprache überlagerten Inhalte und von einer Reinigung und Verbesserung der Sprache wäre eine Lösung fast aller gesellschaftlichen Probleme zu erhoffen. Der Sprache wird damit sehr großes Gewicht bei der Bewältigung von Konflikten beigemessen.

Die Erwartung, Sprache könne gesellschaftliche Entwicklungen befördern, betraf zunächst vor allem die sogenannte gendergerechte Sprache, die sich längst nicht mehr auf eine angemessene Repräsentation der beiden binären Geschlechter beschränkt, sondern auch alle möglichen weiteren Formen diskriminierungsfrei repräsentieren soll. Genauso brisant ist die Benennung von Individuen und Gruppen mit besonderen, bisweilen auch nur zugeschriebenen körperlichen Merkmalen, Eigenschaften oder Fähigkeiten. Derzeit werden vor allem rassistische Sprachmuster und Klischees, die auf die kolonialistische Vergangenheit zurückverweisen, einer kritischen Analyse unterzogen. Dabei geraten Begriffe in den Fokus, von denen manche auf eine lange Tradition ebenso unbedachter wie (scheinbar) unschuldiger Nutzung zurückblicken,[2] aber vor allem Begriffe, die durch ihren historischen Gebrauch kontaminiert sind und über unbestreitbar diskriminierendes Potenzial verfügen.

Der die Debatten bestimmende, Trends setzende angelsächsische Raum hat allerdings nicht nur sprachlich andere Traditionen und Prägungen als der deutschsprachige, sondern auch hinsichtlich der historischen Erfahrungen.[3] Kolonialismus und Sklaverei spielen dort eine gewichtigere, bis heute wirkungsmächtige Rolle, während in Deutschland die eigene Kolonialgeschichte gerade erst langsam wiederentdeckt wird. Die Singularität des Holocaust mit allen seinen Folgen hingegen ist für die heutige Sprach- und Forschungspraxis sowie die Erinnerungskultur in Deutschland prägend.[4]

Doch hier ist nicht der Ort, um Reflexionen über Sprache, Sprachtabus und Benennungen anzustellen. Vielmehr sollen ein paar Überlegungen zu Berührungs- und möglicherweise auch Konfliktpunkten zwischen sprachaktivistischen Bestrebungen und den Anforderungen der Provenienzforschung skizziert werden. Voraussetzung für eine konstruktive Bewältigung möglicher Konflikte ist die Akzeptanz einer sensiblen, kritischen Auseinandersetzung mit Sprache einerseits wie der wissenschaftlichen Suche nach verfolgungsbedingt entzogenen Kulturgütern andererseits. Eigentlich dürfte es keine großen Differenzen geben, denn beide

1
Für wertvolle Hinweise danke ich Dr. Maria Obenaus. »Korrekt« impliziert die sprichwörtliche »politische Korrektheit«, ist aber hier weiter und nicht abwertend gemeint.

2
Man denke an die häufige Verwendung z. B. von »M***« oder »Z***« in Kinderbüchern.

3
Im deutschen Sprachraum grundlegend zu Geschlecht und Sprache ist Luise F. Pusch, *Das Deutsche als Männersprache,* Frankfurt am Main 1984. Ansonsten soll aus pragmatischen Gründen auf Literaturverweise auf diesem fast unüberschaubaren Feld verzichtet werden.

4
Dieser Unterschied zeigt sich auch in der kontroversen Diskussion über die Vergleichbarkeit des Holocaust mit anderen Genoziden.

Ansätze schließen sich keineswegs aus: Die gemeinsame Grundlage bildet der reflektierte Umgang mit den historischen, politischen, gesellschaftlichen Kontexten von Kunstwerken und anderen Kulturgütern. Denn diese, so könnte die gemeinsame Prämisse lauten, existieren nicht in einem ästhetischen, weltabgeschiedenen musealen Reinraum, sondern sind einer Umgebung ausgesetzt, die sie betrachtet, bewundert, (be)handelt, beforscht, aber auch beschädigt und beschmutzt. Verbindend ist weiterhin das gemeinsame Bestreben nach transparenten, multiperspektivisch und partizipativ ausgerichteten, niederschwellig zugänglichen öffentlichen Sammlungen.

Provenienzforschung befasst sich mit der Herkunft und der (Migrations-)Geschichte von Kulturgütern, mit konsensualen wie mit gewaltvollen Eigentums- und Besitzveränderungen. Öffentliche Aufmerksamkeit erfährt die Provenienzforschung meist nur, wenn sie sich mit den Phasen der Geschichte befasst, die von Gewalt und Krieg, von ungleichen Machtverhältnissen und Ausplünderung kontaminiert waren. Einige wesentliche Phasen seien herausgegriffen: Das war zunächst und vor allem der Entzug und Raub von Kulturgütern zwischen 1933 und 1945, sowohl im Deutschen Reich als auch in den von der Wehrmacht besetzten Gebieten. Bei den davon Betroffenen handelte es sich meist, allerdings nicht ausschließlich, um jüdische Bürger*innen. Das waren außerdem Verluste durch den Zweiten Weltkrieg oder direkt nach seinem Ende. Weiterhin gehört dazu der Entzug von Kulturgütern in der Sowjetischen Besatzungszone[5] und der DDR. Und seit wenigen Jahren von ständig zunehmender Bedeutung ist der fragwürdige Transfer von Kulturgütern unter ungleichgewichtigen kolonialen Machtverhältnissen.

Wann könnten nun Situationen entstehen, bei denen das Interesse an einer diskriminierungsfreien Sprache, beispielsweise bei Beschilderungen in Museen oder Benennungen in Sammlungsdatenbanken, in Konflikt gerät mit dem Forschungsinteresse, die Herkunft von Objekten und Beständen umfassend aufzuklären und transparent zu machen? Probleme könnten eigentlich nur in Feinheiten und Details liegen. Bringen wir sie auf den Punkt.

Die Provenienzforschung ist angewiesen auf alle verfügbaren Angaben zum Objekt ihrer Untersuchung. Je mehr Informationen am Werk selbst, in begleitenden Unterlagen, Archivalien, Fotodokumentationen oder Datenbanken vorliegen, desto einfacher und potenziell lückenloser können Provenienzketten rekonstruiert werden.[6] Weit oben in der Rangliste der notwendigen Informationen steht der Titel eines Objekts. Ohne dessen Kenntnis wird jede Nachverfolgung schwieriger oder gar unmöglich. Doch Titel

5
Auch bekannt als sogenannte Schlossbergung – was ein durchaus ambivalenter Begriff ist.

6
Siehe exemplarisch zu den Methoden der Provenienzforschung: *Leitfaden Provenienzforschung zur Identifizierung von Kulturgut, das während der nationalsozialistischen Herrschaft verfolgungsbedingt entzogen wurde,* hg. von Deutsches Zentrum Kulturgutverluste, gemeinsam mit Deutscher Museumsbund e.V., ICOM Deutschland e.V., Arbeitskreis Provenienzforschung e.V., Deutscher Bibliotheksverband e.V. und Arbeitskreis Provenienzforschung und Restitution – Bibliotheken, Magdeburg 2019, abrufbar unter: www.kulturgutverluste.de/leitfaden (2.6.2022).

sind bei Kunstwerken und vielen anderen Kulturgütern – im Unterschied zu Büchern – oftmals nicht feststehend, sondern können sich im Lauf der Zeit immer wieder verändern. Vor allem bei älteren Werken sind von Künstler*innen selbst vergebene Originaltitel eher selten, häufig handelt es sich um spätere Benennungen. Jeder Verkauf, jede Ausstellung, jede Publikation kann zu einer Änderung des Titels führen, bisweilen auch zu einer Neuzuschreibung. Und natürlich zeigen Titeländerungen auch Wechsel im Zeitgeschmack an.

Historische Titel oder Namen dürfen nicht vollständig verloren gehen. Eine komplette Löschung alter Titel, mögen sie aus heutiger Sicht noch so diskriminierend oder verletzend sein, wäre vom Standpunkt der Provenienzforschung aus falsch, denn wichtige Spuren zur Herkunftsbestimmung könnten vernichtet werden. Wenn zum Beispiel ein Gemälde eine historische Bezeichnung aufweist, so muss diese Basisinformation recherchierbar bleiben, so befremdlich sie auch wirken mag. Sie einfach durch einen anderen Begriff zu ersetzen, würde die Identifizierung dieses Gemäldes in historischen Unterlagen erschweren oder gar unmöglich machen.

Problematische historische Benennungen brauchen aus wissenschaftlicher Sicht nicht zwingend auf der »Oberfläche« eines Labels, eines Katalogs oder einer Online-Sammlung erkennbar sein. Sie sollten aber ohne größeren Aufwand für Provenienzforscher*innen aufzufinden sein; im Falle einer Umbenennung muss erkennbar bleiben, dass dem neu gewählten Namen, der mit heutigen politischen und moralischen Vorstellungen konform ist, andere vorausgegangen sind. In analogen Archivalien dürfte hier kein Problem auftauchen, denn dort bleiben Namen ja erhalten. In Datenbanken wiederum sind technische Lösungen mittels Disclaimer, der gegebenenfalls einen Warnhinweis enthält, und mittels verschiedener Suchschichten relativ einfach zu lösen; wichtig ist jedoch, dass auf der ersten Oberfläche ein Hinweis auf Vorgängernamen erscheint.[7]

Ein weiterer Aspekt dieses Themas ist die Verwendung von Bezeichnungen, die der Kategorisierung und Stigmatisierung von Bevölkerungsgruppen gedient haben. Kann es wirklich angemessen sein, heute umstands- und differenzierungslos von »jüdischen Sammler*innen« zu reden, wenn es um die Betroffenen der NS-Entzugs- und Verfolgungsmaßnahmen geht?[8] Die Definition von »jüdisch« stützt sich dabei im Kern auf die »Nürnberger Rassengesetze« von 1935 und andere stigmatisierende NS-Verordnungen. Das ist an sich schon ungut. Noch dazu wird dabei außer Acht gelassen, dass Personen *post mortem* einer Kategorisierung unterworfen werden, die sie selbst zu Lebzeiten möglicherweise

7
Siehe als Beispiel die »Online Collection« der Staatlichen Kunstsammlungen Dresden: Hinweise zur Nutzung unter: https://skd-online-collection.skd.museum/Search (2.6.2022).

8
Die Entwicklung einer Datenbank zu jüdischen Sammler*innen in Deutschland, wie sie gerade in einem Gemeinschaftsprojekt von Deutsches Zentrum Kulturgutverluste und anderer Akteure erfolgt, steht genau vor dieser Frage.

abgelehnt hatten, da sie sich beispielsweise als Deutsche christlicher Konfession definierten.

Die einfache Übernahme der Terminologie der Täter in Provenienzkontexten ist sicherlich nicht befriedigend. Für die provenienz- und sammlungshistorische Forschung ist jedoch keine wissenschaftlich überzeugende Alternative erkennbar. Denn der Entzug beziehungsweise Raub von Kulturgütern zwischen 1933 und 1945 resultierte eben gerade aus der Zuordnung der Opfer zu einem vom NS-Staat definierten Personenkreis und ist ohne klare Benennung in der Tätersprache kaum zu behandeln. Forscher*innen sollten sich genau dies jedoch bewusst machen und auch in Veröffentlichungen zum Ausdruck bringen.

Vielleicht sind Kommunikation und Vermittlung statt unverhandelbarer Festlegungen überhaupt die Schlüsselwörter zu diesem Thema. Denn nur wenn potenziell unterschiedliche Interessen und Bedürfnisse klar und tabufrei benannt werden, können Modi des konstruktiven Umgangs damit gefunden werden. Unüberwindliche Gräben sollte es jedenfalls nicht geben.

Erste, zweite und dritte Ordnungen von Logik und Lücke im Museum

Andreas Ludwig
Der langjährige Leiter des Dokumentationszentrums Alltagskultur der DDR setzt sich sowohl mit stadt- und alltagsgeschichtlichen Themen auseinander als auch mit Fragen der Musealisierung und dem Potenzial der materiellen Kultur als historische Quelle. Ludwig ist Wissenschaftler am Zentrum für Zeithistorische Forschung Potsdam sowie Mitherausgeber der Zeitschrift *WerkstattGeschichte*.

Achim Saupe
Der Historiker ist Koordinator des Leibniz-Forschungsverbunds »Wert der Vergangenheit«, der Wertbildungsprozesse und Wertekonkurrenzen in gesellschaftlichen Auseinandersetzungen untersucht, darunter auch Restitutionskonflikte. Saupes weitere Forschungsschwerpunkte sind die Geschichtskultur im 19. und 20. Jahrhundert sowie die Historische Semantik. Er ist Mitherausgeber des Handbuchs *Historische Authentizität* (2022).

Museumsgeschichte als Provenienzgeschichte ist eine Geschichte unterschiedlicher Herkünfte und ihrer Bewertung, Einordnung und Sichtbarmachung, mithin einer ersten, zweiten und dritten Ordnung musealer, kultureller und institutioneller Logiken. Genauer gesagt, mehrerer historisch bedingter Ordnungen, die von Logik und Lücke, vom Sammeln und von Verlusten, und auch vom (Noch-)Nicht-Gesammelten geprägt sind. Die Rede ist also vom Anwesenden und Abwesenden ebenso wie vom Zusammengehörigen und Kategorisierbaren.

Die erste Ordnung betrifft die Sammlungsbildung, die sich am Deutschen Buch- und Schriftmuseum in hohem Maße aus Schenkungen oder dem Erwerb zuvor privat angelegter Sammlungen zusammensetzte. Diese Musealisierung vor der Musealisierung und ihre anschließende Übernahme in die Institution Museum zeugt von einer großen Nähe der Vorstellungen über das Sammlungswürdige und die Notwendigkeit der Bildung eines kulturhistorischen Archivs. Nun sind solche Sammlungsübernahmen im Museumswesen generell nicht unüblich und besonders für ihren Aufbau in den Gründungsjahren ein wichtiger Grundstock. Der Ankauf einer Sammlung von Inkunabeln anlässlich der Museumsgründung, einer Buntpapiersammlung 1901 und der Aufbau einer »Vorbildsammlung« aus den Jahresausstellungen des Börsenvereins[1] machen die Grundsäulen der Sammlungsidee zwischen kulturgeschichtlichem Archiv und gewerblicher Bildung deutlich.

Die zweite Ordnung ist die der Einordnung der Bestände in ein System. Das aus Ankäufen, Schenkungen, Vor- und Nachlässen zusammengetragene Sammlungsgut zeigt sich heute in einer Systematik in sieben Abteilungen,[2] die die historische Entwicklung der Bestände zwischen Erwerb, Kriegszerstörung, Sequestierung und Rekonstruktion einerseits, nach Material- und typologischen Gesichtspunkten andererseits abbildet. So entsteht der Eindruck einer stark museumshistorisch organisierten Sammlung, denn die einzelnen Sammlungsgebiete sind jeweils mit einer kurzen Einleitung zur Entstehungs- und Verlustgeschichte versehen, während sich die typologische und materialorientierte Sammlungssystematik auf einer dahinter liegenden zweiten Ebene erschließt. Der Transfer von der ersten in die zweite Ordnung – vom Sammlungserwerb zum Ordnungssystem – wird durch die Abteilung Vor- und Nachlässe verstärkt deutlich. Hier sind 87 Erwerbungen und Schenkungen nachgewiesen, die gleichsam eine alphabetische Ordnung der Sammlungsgeschichte bilden und zugleich einen Einblick in die Vernetzung des Museums in den vielfältigen »Berufszweig Buch« ermöglichen.

1 https://www.dnb.de/DE/Ueber-uns/DBSM/Chronik/dbsmChronik_node.html (11.10.2021).

2 Archivalien und Dokumente, Fachbibliothek, Grafische Sammlung, Kulturhistorische Sammlung, Museale Buchsammlung, Papierhistorische Sammlung sowie Vor- und Nachlässe, vgl. https://www.dnb.de/DE/Ueber-uns/DBSM/dbsm_node.html#sprg262484 (11.10.2021).

Die dritte Ordnung ist die des Sichtbarmachens, also der Wirkungsabsicht des Museums. Das Deutsche Buch- und Schriftmuseum hatte in seiner Gründungsphase ab 1884 zunächst den Charakter einer Vorbildsammlung für das Buchgewerbe, diente also der Anschauung und Professionalisierung des Gewerbezweigs durch eine kulturell-historische Erweiterung des Blickfelds beim Büchermachen. Damit hatte das damalige Buchgewerbemuseum einen doppelten Charakter: Es war Gewerbemuseum und Lehrsammlung und folgte damit dem Vorbild früherer Gewerbemuseen, etwa des Berliner Gewerbemuseums (1867–1879) oder des Deutschen Bergbau-Museums Bochum in seiner Entstehungsphase (1868–1930), um zwei unterschiedliche Beispiele zu nennen. Dieser ersten Entwicklungsphase folgte eine zweite, die als kulturhistorische Wende bezeichnet werden kann. Nach einem Konzept des Leipziger Historikers Karl Lamprecht wurde auf der »Internationalen Ausstellung für Buchgewerbe und Graphik« (Bugra) 1914 eine kultur- und wirtschaftshistorische Abteilung präsentiert. Auf diesen historisierenden und kontextualisierenden Ansatz Bezug nehmend, wurde das Buchgewerbe- und Schriftmuseum 1918 für einige Jahre in »Deutsches Kulturmuseum« umbenannt.[3] In seiner aktuellen Dauerausstellung schließlich ordnet es seine Präsentation unter das Thema Mediengeschichte ein. Auch wenn die Funktion des Museums sich im Sinne von Bildung, öffentlicher Aufklärung und Anschauung veränderte, blieb die Sichtachse des Historischen durchgängig zentral.

3
Zur Bugra vgl. den Begleitband zur Ausstellung des DBSM: Ernst Fischer und Stephanie Jacobs (Hg.), *Die Welt in Leipzig. Bugra 1914*, Hamburg 2014, sowie den Beitrag »Weltkultur und Weltkrieg. Bugra 1914 in Leipzig« in diesem Band, S. 62–73.

Ordnungen setzen Ordnungsvorstellungen voraus, aus denen Ordnungsmuster erkennbar werden. Ordnungsbegeisterte entwickeln daraus Ordnungslogiken, Systematiken, die Ordnung plausibilisieren und legitimieren, die Dinge aber zugleich auch auffindbar machen und die Heuristiken des Suchens und Findens nicht in die Leere laufen lassen.

Anders als die Deutsche Bücherei und die heutige Deutsche Nationalbibliothek mussten sich Museen und Sammlungen von der Vision der Vollständigkeit frühzeitig verabschieden, sichtbar etwa an der Aufgabe dieses Zieles in den beiden sogenannten Zentralmuseen, die in der Mitte des 19. Jahrhunderts vom Zusammenschluss der deutschen Geschichts- und Altertumsvereine gegründet wurden. Zielte das Römisch-Germanische Zentralmuseum in Mainz auf eine vollständige Erfassung römischer und heidnischer Altertümer in der Form der Kopiensammlung, so verstand sich das Germanische Nationalmuseum in Nürnberg zunächst als ein »Generalrepertorium«, als ein umfassendes, über den eigenen Bestand hinausgehendes Verzeichnis aller relevanter Objekte »germanischer« Provenienz, insbesondere des Mittelalters, später dann aber auch der Vormoderne und ihrer noch auszumachenden Relikte im Zeitalter der Industrialisierung. Schon kurz nach der Reichsgründung, in den 1880er-Jahren, gab man derartige Ziele allerdings auf und sammelte verstärkt »Originale«, oder vorsichtiger formuliert: Dinge, denen man Authentizität zuschrieb und Originalitätscharakter unterstellte. Mithin löste das Prinzip des Authentischen das des Archivalischen ab, was einerseits die musealen Sammlungslogiken beeinflusste, andererseits Auswirkungen auf die Präsentationsform hatte, bei der das Darstellungsprinzip des Vollständigen, ja Seriellen, durch das des Auratischen ersetzt wurde. Gerade das Beispiel des Deutschen Buch- und Schriftmuseums macht jedoch auch deutlich, dass beide Logiken nicht notwendig nacheinander zu denken sind. Der Erwerb einer Sammlung von (auratischen) Inkunabeln und der auf Vollständigkeit angelegten Sammlung von Buntpapieren macht die Parallelität beider Prinzipien deutlich.

Vollständigkeit erschien nun weniger durch das Sammeln, sondern allenfalls durch die Abgabe erreichbar, etwa durch die »Sammlung der Pflichtexemplare«, so wie dies die Statuten der Deutschen Bücherei und ihrer Nachfolgeinstitutionen vorsahen, oder durch die Abgabe von Registraturgut staatlicher Behörden in dafür eigens geschaffene staatliche Archive. Und auch wenn hier die Vollständigkeit bis heute eine Illusion blieb (und durch die Kassation stets ordnende Eingriffe erfolgten), so ist sie doch ein Prinzip, das Verlässlichkeit und Systematik suggeriert und somit dem Einfluss individueller oder auch kulturell geprägter Entscheidungsfindungen entzogen scheint. Das Prinzip der Vollständigkeit erweist sich angesichts der dennoch erkennbaren Lücken immer auch als defizitäre Logik. Die Anerkennung der Lücke erscheint in diesem Zusammenhang zugleich als so etwas wie die Quintessenz jeder Sammlungslogik, auch jeder archivarischen und bibliothekarischen Sammlungslogik – gerade wenn man das Augenmerk weniger auf die Nationalbibliotheken und Staatsarchive, sondern auf die zahlreichen Spezial-, Fach- oder sonstigen kleineren Bibliotheken und Archive richtet.[4]

Museen sind demgegenüber in ihren Auswahlprozessen und Möglichkeiten des Kuratierens offener. Unter dem Blickwinkel einer archivarischen Ordnungslogik changieren museale Sammlungen dabei zwischen den Ordnungsprinzipen der Pertinenz und Provenienz. Bilden Sammlungszusammenhänge zunächst einmal thematische »Fonds« ab, so zeugen Provenienz-sensible Erwerbsdokumentation und Objektbiografien davon, wie und warum die Dinge in den Bestand kommen. Provenienzen bilden dann nicht mehr nur Herkünfte und Genesen, sondern auch Formen

4
Zum Vergleich der drei Gedächtnisinstitutionen Archiv, Bibliothek und Museum vgl. Michael Farrenkopf u. a. (Hg.), *Logik und Lücke. Die Konstruktion des Authentischen in Archiven und Sammlungen*, Göttingen 2021.

der Zugehörigkeit und der Aneignung ab, die als folgerichtig und plausibel, fluide und überraschend, unrechtmäßig und politisiert eingeschätzt werden können, speziell wenn Logik und Lücke als historisch bedingt analysiert werden.

Die Lücke macht unvollständige Ordnungslogiken sichtbar, und sie schafft bisweilen neue Ordnungen. Entgegen ihrer »Agency« will die Lücke meist gefüllt werden: Sammlungslücken sind Generatoren von Neugier und Obsession, von Tausch und Absprachen, von illegitimen Aneignungsformen, von Diebstahl und Raub. Lücken zu akzeptieren und nicht wieder aufzufüllen, fällt hingegen schwerer: Das Fragmentarische und chrono-referenziell Verknüpfte auszustellen, bleibt freilich eine zukunftsträchtige Option der musealen Sichtbarmachung.

Emotionen, Schrift und Provenienz

Ein Interview mit Bénédicte Savoy

Bénédicte Savoy
Die französische Kunsthistorikerin lehrt an der Technischen Universität Berlin und ist eine international gefragte Expertin für Provenienzforschung. Im Auftrag des französischen Präsidenten Emmanuel Macron untersuchte sie zusammen mit dem senegalesischen Wissenschaftler Felwine Sarr die Möglichkeit der Rückgabe von Kulturgütern französischer Museen an afrikanische Länder. Auf den Restitutionsbericht folgten weitere vielbeachtete Publikationen, z. B. 2021 *Beute. Eine Anthologie zu Kunstraub und Kulturerbe*.

Begonnen haben Sie Ihre Forschungen zur Provenienz von Kulturgütern mit einer Studie zu Napoleons Kunstraub, und vor Kurzem arbeiteten Sie im Auftrag des französischen Präsidenten Emmanuel Macron mit dem senegalesischen Wirtschaftswissenschaftler Felwine Sarr zusammen. Wann ist Ihnen während dieser jahrzehntelangen Beschäftigung klargeworden, dass das Thema Provenienz einen hochemotionalen Hintergrund hat? Haben Sie ihn bewusst stark gemacht und damit das Thema emotionalisiert?

Wie Sie gerade beschrieben haben, habe ich angefangen, mich mit Napoleon und dem französischen Kunstraub um 1800 zu beschäftigen, mit einer Zeit, als Frankreich eine perverse Rhetorik von der Kunst als Produkt der Freiheit erfand. Wenn nämlich laut der damaligen Annahme Kunst ein Produkt der Freiheit ist, muss die Kunst ins Land der Freiheit geholt werden, nämlich nach Frankreich. So begründet die Französische Revolution und später Napoleon die zum Teil gewaltsame Aneignung ganzer Kulturschätze. Wenn man sich damit befasst aus der Perspektive der – ich sage das mit vielen Anführungszeichen – »Opfer«, also in meinem Fall aus der Perspektive der Deutschen um 1800, denn mein Thema war Napoleons Kunstraub in Deutschland, dann hat man es mit Menschen zu tun wie Goethe, Schiller, den Gebrüdern Grimm und Alexander von Humboldt, Johanna Schopenhauer, Johann Gottfried Schadow – alles Künstler, Schriftsteller, alles Persönlichkeiten des intellektuellen Lebens im deutschsprachigen Raum, die die Angelegenheit natürlich sehr emotional beschreiben, weil sie diejenigen sind, die etwas verlieren. Interessanterweise regen sich die deutschen intellektuellen Kreise erst auf und werden sehr emotional, wenn die Wegnahme von kulturellem Erbe Italien betrifft. Das heißt, wenn das Rheinland betroffen ist, gibt es keine große Rede von Schiller, Goethe etc. Aber in dem Augenblick, in dem eine Statue von Rom nach Paris gebracht wird, dann sind alle da – die ganzen Kreise in Weimar, die Zeitungen, das *Journal des Luxus und der Moden,* der *Neue Teutsche Merkur.*

Von Anfang an habe ich mich in meiner wissenschaftlichen Biografie mit sehr emotionalen Stellungnahmen zum Thema befasst. Auf der einen Seite gibt es die trockenen Listen der französischen Kunstkommissare – das nehmen wir mit, das ist wert, nach Paris abtransportiert zu werden. Und auf der anderen Seite gibt es die Quellen in Form von Tagebüchern, Korrespondenzen, Zeitungsartikeln, die das Thema stark emotional behandeln. Das betrifft auch die französische Revolutionsrhetorik, der zufolge die Kunst ein Produkt der Freiheit ist. Die Republik rettet die Kunst, die Kunst ist besudelt worden durch das Auge der Monarchen etc.

Wenn Sie weiter zurückgehen in die Vergangenheit, was ich dann später in meiner wissenschaftlichen Laufbahn gemacht habe, dann treffen sie auf Texte von Cicero, der als Rechtsanwalt diese Rhetorik des Fairen, des Guten, des Unfairen, des Betrugs gegen Verres einsetzt, der als Römer in der römischen Kolonie Sizilien viel weggenommen hat. Und wenn Sie noch weiter zurückgehen, dann sind sie bei Polybios – und wir sprechen nur von schriftlichen Quellen. Polybios, ein Grieche, der selbst eine Geisel der Römer und Hauslehrer in einer römischen Familie war, schrieb später ein sehr wichtiges Werk, in dem er den Römern klarmacht, wie man herrschen soll. Und zwar nicht, indem man Geiseln nimmt, weder Menschen noch Kunstwerke. Weil die Kunstwerke, wie Menschen, einmalige Schöpfungen sind, ist das solch ein emotionales Thema.

Und vielleicht haben Sie in meiner Studie *Afrikas Kampf um seine Kunst* gesehen, dass ich hier in den 1970er-Jahren ganz viele spannende Quellen fand, in denen Museumsdirektoren, Verwaltungsbeamte und Kulturbeamte beispielsweise in Gremiensitzungen sagen: »Wir müssen das Thema *ent*-emotionalisieren.« Denn die UNESCO, die UNO und andere internationale Organisationen würden viel zu emotional an das Thema herangehen. Sie aber würden es als Wissenschaftler ohne Emotionen betrachten. Das Interessante jedoch an diesen Quellen ist, dass genau jene Museumsdirektoren eine Emotionalisierung vorantreiben, indem sie behaupten, dass die Museen leer wären, wenn man dem Thema Provenienz zu viel Raum gäbe. Das leere Museum ist ein sehr emotionales Bild. Ein anderes sehr oft genutztes Bild ist ein postfaktisches, nämlich: »Wenn wir diese Objekte nicht mitgenommen hätten, wären sie zerstört worden.« Auch das ist eine sehr emotionale Behauptung. Aus europäischer Perspektive gibt es nichts Schlimmeres als zerstörte schöne Sachen. Man möchte sie erhalten. Aber es ist postfaktisch. Niemand weiß, ob sie zerstört worden wären.

Deshalb ist Emotionalisierung ein Kampfbegriff – und zwar derjenigen, die, um die Diskussion über Themen wie Provenienz und Restitution zu verhindern, ganz oft die anderen beschuldigen: »Ihr emotionalisiert.« Um zusammenzufassen: Erstens, das Thema hat grundsätzlich, wie der Mensch zum Leben, einen Bezug zur Emotion. Das hat damit zu tun, dass auch die Objekte, um die es geht, oft Kultobjekte sind, aber auch Objekte der Kultur – Bücher, Dichtungen, auch technologische Errungenschaften wie der Buchdruck. Damit ist Leben, sind Überzeugungen verbunden, und dadurch auch Emotionen. Zweitens, nicht über Emotionen sprechen zu wollen, ist eigentlich nur eine rhetorische Strategie, um die Gegenseite zu diskreditieren, indem man ihr eine unsachliche Emotionalität attestiert.

Ich würde gern auf den Begriff Ohnmacht zu sprechen kommen. Auf der einen Seite ist da die von Ihnen skizzierte »vermeintliche Ohnmacht« von uns armen Museumsdirektorinnen und -direktoren, die im Falle von Restitutionen in leeren Museen residieren. Ich finde auch, das ist eines der verheerendsten und infizierendsten Bilder, die wir haben. Auf der anderen Seite steht die Ohnmacht der Jugend in den Herkunftsländern, also die Ohnmacht, keinerlei materielle Geschichtsspuren mehr vor Ort zu haben, die Ohnmacht der eigenen Herkunftsgeschichte gegenüber.

Dazu fällt mir beispielsweise eine Handreichung ein, die Museumsdirektoren Ende der 1970er-Jahre in Westdeutschland untereinander kursieren ließen. Eines der Kapitel dieses Maßnahmenkatalogs befasst sich ausdrücklich mit Emotionen. Darin steht: Wir müssen auf jeden Fall Emotionen vermeiden, weil in dem Moment, wo Emotionen aufkommen, die Öffentlichkeit auf der Seite der reklamierenden Länder ist, auch bei uns in Europa. Und deshalb müssen wir immer, wenn die Frage nach Restitutionen aufkommt, kaltblütig juristisch antworten, damit die Emotionen nicht aufkommen. Man reagierte also von Museumsseite nicht ohne Vorsatz verwaltungstechnisch, sondern mit dem Ziel, die mit dem Thema verbundenen Emotionen zu neutralisieren. Hinzukommt, dass es sich beim Ausblenden der Provenienz auch um eine Schutzreaktion handeln kann. Wer möchte stets damit konfrontiert werden, dass das Gemälde, das an der Wand hängt, mit dem Schicksal einer Person zusammenhängt, die in Auschwitz ermordet wurde. Das möchten vermutlich nur die Wenigsten.

Um auf den Begriff »Ohnmacht« zurückzukommen. Es geht nicht nur um die Ohnmacht der jungen Leute. Es gibt sehr, sehr viele Graustufen zwischen Macht und Ohnmacht. Auch die Akkumulation in unseren Museen kann eine Form von Ohnmacht sein. Paul Valéry schreibt beispielsweise in den 1920er-Jahren in seinem Artikel »Le problème des musées«: »Unser Erbe erdrückt uns.« Wie in einer Kakofonie schreien sich die Objekte im Museum gegenseitig an. Man habe überhaupt keine Konzentration mehr und ersticke daran. Das heißt, ein Zuviel ist auch eine Form der Ohnmacht. Deswegen würde ich keine einfache Dichotomie von den Mächtigen und den Ohnmächtigen sehen.

Die ungeschickte Reaktion vieler Museumsinstitutionen in den letzten zehn Jahren kann auch als eine Form von Ohnmacht betrachtet werden. Ein Beispiel hierzu: Ich war vor Kurzem im Kamerunsaal des Humboldt Forums, wo die Kuratorinnen und Kuratoren des Ethnologischen Museums sich redlich Mühe gegeben haben, die Provenienzen an den Objekten zu vermerken.

In einem der Räume befinden sich auf einem Sockel eindrucksvolle Architekturelemente aus Holz. Wenn Sie in Knöchelhöhe die Beschriftungen lesen, dann erfahren Sie, dass ein deutscher Hauptmann die Schnitzereien mitgenommen hat, nachdem er das Dorf niedergebrannt hatte. Beim nächsten Exponat handelt es sich um den Pfosten eines königlichen Palasts in Kamerun, der mitgenommen wurde, nachdem der Palast zerstört worden war. Dann gehen Sie zum nächsten Exponat und sehen eine Trommel, die zum Widerstand gegen Deutschland aufrufen sollte. Ich war selbst komplett erschrocken, weil der Raum letztlich ein Denkmal für die verbrannten Dörfer ist. Das Museum hat es nicht geschafft, über diese Angaben der Provenienzen hinaus etwas anderes zu machen. Ich sah diese Objekte und dachte, das sind die Reste in der Asche. Ich fordere immer, die Provenienz transparent zu machen, weil das Museen normalerweise nicht tun. In diesem Raum haben sie es gemacht, und das Ergebnis ist wirklich sehr erschreckend. Der Raum ist Ausdruck einer Form der Ohnmacht – eine Ohnmacht, mit der brutalen Geschichte der Objekte, der »dunklen« Seite des Museums umzugehen.

Beim Thema »Emotionen« sprechen wir immer wieder über bestimmte Begriffe, wie zuletzt über die verschiedenen Facetten von Ohnmacht. Ich würde gerne noch einen Schritt zurückgehen, aber bei dieser Wortarbeit erneut ansetzen mit der Frage: Was bedeutet für Bénédicte Savoy der Begriff Provenienz?

Für mich ist Provenienz zunächst ein Werkzeug, das zum normalen Werkzeugkasten einer jeden Museumsperson oder einer Kunsthistorikerin respektive eines Kunsthistorikers gehört. Wenn man einen Bestandskatalog macht oder Kunsthandel betreibt, gibt man stets auch die Provenienzen der Gegenstände an, das heißt die Ereigniskette zwischen dem Moment der Schöpfung und dem aktuellen Aufenthaltsort des Gegenstands. Was passierte zum Beispiel zwischen dem Augenblick, in dem Raffael die *Sixtinische Madonna* malte, und heute, da sie sich in Dresden befindet – das ist Provenienz. Im Grunde ist sie für mich etwas ganz Banales. Sie ist eine Rubrik, die man auszufüllen hat, wenn man in der Kunstwissenschaft oder Buchgeschichte ausgebildet wird. Es handelt sich um eine ganz alltägliche Auseinandersetzung mit der Geschichte von Sammlungen oder von einzelnen Objekten. Provenienz ist eigentlich nur die Auseinandersetzung, die Beschäftigung mit Sammlungsgeschichten, und das ist etwas ganz Altmodisches, ganz Unaufgeregtes.

Wenn wir aber heutzutage von Provenienz sprechen, sprechen wir in der Regel von Institutionen, die sich ihre Sammlungen anschauen. Weil in den Sammlungsgeschichten bestimmte Momente ganz klar mit Gewalt verbunden sind, wird Provenienz zu einem politischen Thema. Je nach Umgang mit der kolonialen Vergangenheit ist diese Politisierung der Provenienz von Land zu Land anders verlaufen. In Deutschland spielte seit Ende der 1990er-Jahre die Auseinandersetzung mit dem sogenannten NS-Kunstraub, also den kriegsbedingt verlagerten oder verfolgungsbedingt angeeigneten Kulturgütern, eine herausragende Rolle. Und weil wir beim Thema Terminologie sind: Es ist wirklich sehr spannend zu sehen, wie sich die deutsche Sprache in den letzten Jahren ausdifferenziert hat. Zum Beispiel könnten wir ganz lange über den Unterschied zwischen Kunstraub und Beutekunst sprechen. Das klingt wie dasselbe, ist es aber nicht. Im deutschsprachigen Raum ist durch die Beschäftigung mit dem NS-Kunstraub ein Bewusstsein entstanden, das die aktuelle Diskussion um koloniale Sammlungsgeschichten mitprägt.

Für uns als Deutsches Buch- und Schriftmuseum der Deutschen Nationalbibliothek ist natürlich Schrift ein ganz zentrales Thema. Wie hängen Ihrer Meinung nach Provenienz und Schriftlichkeit miteinander zusammen?

Die Verbindung von Provenienz und Schrift ist unglaublich vielfältig. Das fängt bei der Excel-Tabelle beziehungsweise der Datenbank an, in der die Bestände verzeichnet sind, und geht bis zum Besitzvermerk in einem Buch. Auch bei Gemälden findet man diese Vermerke, beispielsweise auf der Rückseite in Form von Aufklebern. Deshalb ist die Erforschung von Sammlungsgeschichten vor allem eine textuelle Arbeit. Man befasst sich zwar mit Objekten, aber das, was man extrahiert, sind textuelle Informationen.

Abgesehen von der Dokumentation der Objektbiografie geht es beim Zusammenhang von Schrift und Provenienz auch um die Form, wie die Objekte im öffentlichen Raum des Museums präsentiert werden. Ganz lange wurde gesagt, wir könnten nicht alle Provenienzen am Objekt erklären, das wäre viel zu viel Text. Mittlerweile ist dieses Argument obsolet. Denn dank QR-Codes lassen sich ganz lange Texte aufrufen, ohne dass sie stören oder in Konkurrenz zum eigentlichen Objekt stehen. Deshalb ist es meines Erachtens weiterhin wichtig, dass diese Provenienzgeschichten erzählt werden. Übrigens nicht unbedingt im Medium Text – Text ist nur die gängigste Form. Aber es geht auch anders. Das Medium Film zum Beispiel finde ich viel geeigneter, um Provenienzen zu erläutern. Das erklärt auch den Erfolg von aufwendigen filmischen Dokumentationen. Film und Text gemeinsam sind das Narrativ. Sie erzählen etwas, was neben das tritt, worum es im Buch geht oder was das Kunstwerk zeigt. Sie bilden eine zusätzliche Ebene. Und diese Ebene soll nicht maskieren, soll nicht neutralisieren, sondern soll andere Zusammenhänge eröffnen.

Hiermit schlagen Sie den Bogen zur Museumspraxis: Bei der Provenienzgeschichte geht es darum, Zeitschichten freizulegen: Damals ist das Buch gedruckt worden, nun liegt es bei uns in der Vitrine – wie ist es dorthin gekommen? Es geht bei dieser altbackenen Frage nach der Herkunft von Objekten also letztlich darum, Unsichtbares sichtbar zu machen. Was macht das mit der Institution Museum? Was bedeutet der Blick der Provenienzforschung für das Museum, was bedeutet er für das Museum der Zukunft?

Ich glaube, es geht vor allem um die Frage, wie viel lässt sich von der Provenienz der gezeigten Objekte erzählen. Ich bin lange davon ausgegangen, es reiche, wenn man maximal transparent ist. Diese Transparenz ist notwendig, kann aber nur ein Zwischenschritt sein, weil sie auch das Publikum überfordern kann. Wenn nämlich ein Museum zeigt, was alles verbrannt und welche Menschen ermordet wurden, dann kann das als Zumutung wahrgenommen werden. Die Frage nach der Provenienz wird dann zu einer Frage der Ethik.

Das gilt übrigens auch für das »Grüne Museum« von morgen – wie viel Elektrizität brauche ich, um meine Bestände zu kühlen oder wie viel Tageslicht statt künstlichem Licht. All diese Fragen werden zunehmend wichtig. Unter meinen Berliner Studierenden, den 20-Jährigen von heute, ist durchaus eine Bereitschaft vorhanden, Museen, die sich nicht aktuellen ethischen Fragen stellen, zu boykottieren. Mit dieser Haltung muss die Institution Museum sicherlich in Zukunft ernsthaft umgehen. Es kann sein, dass diese jüngere Generation zu radikal ist, aber sie haben gute Gründe dafür. Radikalität ist auch eine Form des Sich-Gehör-Verschaffens. Früher oder später wird es so weit kommen, dass unökologische Museen bewusst gemieden werden. Deshalb sind nicht nur die Fragen der Herkunft, sondern Fragen der Ethik insgesamt von Museumsmenschen ernst zu nehmen. Weil sich die Ausstellungsräume der Museen in der Mitte unserer Städte befinden, gehören sie zu den Orten, an denen sich all diese Fragen herauskristallisieren. Das passiert nicht irgendwo. Es kristallisiert sich deswegen im Museum, weil es die Zeitschichten gesammelt hat, all diese schönen und schreckenerregenden Geschichten. Deshalb plädiere ich für eine historische Transparenz, aber auch für eine Nähe der Objektgeschichte zu den Objekten, damit nicht das eine in Büchern steht und das andere im Museumsraum. Ich glaube, beides muss verbunden sein. Aber Transparenz kann nicht der letzte Schritt sein. Es müssen Möglichkeiten des Umgangs damit entstehen. Die alten Methoden und Konzepte aus 200 Jahren Museumsgeschichte funktionieren nicht mehr. Museen müssen als Austragungsorte aktueller Diskurse in der Mitte der Stadt neue Wege finden. Sonst geht es für die Institution Museum nicht gut aus. Das wünsche ich mir nicht, weil ich Museen liebe.

Herzlichen Dank, liebe Bénédicte Savoy, für das Interview!

Die Fragen stellten Stephanie Jacobs und Ramon Voges.

Abbildungsnachweis

1884 Klemm-Sammlung

21
Durchgestrichener handschriftlicher Besitzeintrag „Bibliotheca S. Georgij Augustae" der Bibliothek des Augustiner-Chorherrenstifts Sankt Georg Augsburg auf der ersten Seite der Inkunabel von Aurelius Augustinus, *Confessiones*, Straßburg vor 1470.
Foto: DNB / Christine Hartmann

22
Porträtbüste des Sammlers und Schneidermeisters Heinrich Klemm, Gips-Büste von Ernst Wilhelm Paul, Dresden 1883.
Foto: Klaus-D. Sonntag

23
Bibliografische Notizen des Vorbesitzers Friedrich August Barnheim in der Inkunabel von Aurelius Augustinus, *Confessiones*, Straßburg vor 1470.
Foto: DNB / Christine Hartmann

24
Heinrich Klemm, *Katalog des Museum Klemm, erste und zweite Abtheilung, ausgestellt in dem Deutschen Buchgewerbe-Museum zu Leipzig im großen Saale der Buchhändlerbörse*, Dresden und Leipzig 1885.
Foto: DNB / Christine Hartmann

25
Ausschnitt einer Ansicht des Bibliographischen Museums von Heinrich Klemm in Dresden, kolorierte Lithographie von Lehmann & Opitz, Dresden ca. 1884.
Repro: DNB

26
Detailansicht aus: *Erstes Zugangsbuch der Klemm-Sammlung des Buchgewerbemuseums (1889 bis 1957)*, mit Erwerbungsnotiz „Erworben auf der Auction des Klemmschen Nachlasses […]", Leipzig 1889.
Foto: DNB / Christine Hartmann

1886 Gutenberg-Bibel

32
Gutenbergbibel der Klemmsammlung, Detail des im 19. Jahrhundert gefertigten Neueinbandes (erster Band, Vorsatz, Seide mit Golddruck), Digitalisat der Russischen Staatsbibliothek Moskau.
Quelle: Wikimedia

33
Detailansichten der Gutenbergbibel während der Ausstellung „Die Gutenberg-Bibel. Anfang einer neuen Zeit", Fotografien der Russischen Staatsbibliothek, Moskau 2019.
Foto: Russische Staatsbibliothek

34f
Faksimile einer Doppelseite „Die 42-zeilige Gutenberg-Bibel aus dem Deutschen Buchmuseum". In: Druckfarbenfabriken Gebr. Hartmann (Hg.), *Zur Erinnerung an die Fünfhundert-Jahrfeier der Buchdrucker-Kunst 1440/1940, Festgabe der Druckfarbenfabriken Gebr. Hartmann*, Halle-Ammendorf 1940.
Repro: DNB

36
Scan der Eintragung No. 206 im „Catalogue des livres rares et curieux provenant de la bibliothèque de Miro de Madrid, contenant en outre la Bible dite Mazarine", Paris 1878.
Repro: DNB

37
Notiz zum Erwerb eines Exemplars der Gutenbergbibel durch den Antiquar Albert Cohn. In: *Börsenblatt für den deutschen Buchhandel*, Leipzig 1881, Nr. 117, S. 2170.
Repro: DNB

38
Detailansicht aus dem Zugangsbuch der Königlich Sächsischen Bibliographischen Sammlung von 1885. Als Nr. 1 ist die „Biblia sacra vulgata", das Klemmsche Exemplar der Gutenbergbibel mit einem Ankaufswert von 95.000 Goldmark verzeichnet.
Foto: DNB / Christine Hartmann

1911 Buntpapiersammlung Bartsch

43
Provenienzangaben (Stempel, handschriftliche Vermerke) auf Objektrückseiten, 1899 und 1903.
Foto: DNB / Christine Hartmann

44
Japanische Papierkleidung, 1901.
Foto: DNB / Stephan Jockel

45
Originale Kisten des Bestands, vor 1911.
Foto: DNB / Christine Hartmann

46
Japanisches Toilettenpapier (Rückseite), 1897.
Foto: DNB / Christine Hartmann

47
Japanisches Buntpapier (Chiyogami), 1909.
Repro: DNB / Laura Stein

48
Marmoriertes Papier von Erica von Scheel, 1908.
Foto: DNB / Christine Hartmann

49
Provenienzangaben (Stempel, handschriftliche Vermerke) auf Objektrückseiten, um 1900.
Foto: DNB / Christine Hartmann

50
Detailaufnahme: Fragment des großen japanischen Papierkarpfens auf der Wiener Weltausstellung 1873.
Foto: DNB / Stephan Jockel

1913 Aussonderung und Zensur

53f
Verschiedene Stempel in einst aus Gründen des Bestandsschutzes gesperrten Büchern der Deutschen Nationalbibliothek.

55 bis 58
Aufstellung des historischen Sperrbestandes im Magazin des Deutschen Buch- und Schriftmuseums.

58
Einst als „Beschlagnahmt" markierte Publikationen in der Deutschen Nationalbibliothek.

Alle Fotos: DNB / Laura Stein

1914 Bugra in Leipzig

62
Vivat-Seiden-Band der Bugra zur Schlacht bei Ortelsburg, Gilgenburg, Tannenberg, Entwurf von Walter Tiemann, Leipzig 1914.
Foto: PUNCTUM / Bertram Kober

63
Werbeplakat für die Internationale Ausstellung für Buchgewerbe und Graphik (Bugra), Entwurf von Walter Tiemann, Leipzig 1913.
Repro: DNB

64
Amtlicher Plan der Internationalen Ausstellung für Buchgewerbe und Graphik (Bugra), nach einem Entwurf von Ludwig Meyer, Leipzig 1914.
Repro: DNB

65
Inventar aus dem Chinesischen Gelehrtenhaus: Grillenkäfig, China, vor 1914.
Foto: PUNCTUM / Bertram Kober

66
Inventar aus dem Chinesischen Gelehrtenhaus: Zierkachel mit Brandspuren aus dem 2. Weltkrieg, China, vor 1914.
Foto: PUNCTUM / Bertram Kober

67
Inventar aus dem Chinesischen Gelehrtenhaus: Wasserpfeife mit Reinigungsgerät und Tabaktopf, China, vor 1914.
Foto: PUNCTUM / Bertram Kober

68
Blick in das Chinesische Gelehrtenhaus, historische Fotografie vor 1914
Repro: DNB

1914 Chinesische Steintrommel

74f
Detail- und Gesamtansicht der chinesischen Steintrommel, China, vermutl. 6.–5. Jh. v. Chr.
Foto: Klaus-D. Sonntag

76f
Installation der chinesischen Steintrommel unter einer Zettel-Wolke mit Identifikationsnummern der Gemeinsamen Normdatei (GND), 2018.
Foto: DNB / Stephan Jockel

78
Detailansicht aus: Kelling, Rudolf, *Geschichte eines chinesischen Inschriften-Steines*, In: *Buch und Schrift: Jahrbuch des Deutschen Vereins für Buchwesen und Schrifttum Neue Folge 1*, Leipzig 1938, Tafel III.
Foto: DNB / Christine Hartmann

1914 Plakatbestände

81
Willy Stöwer, *Gebt für die U-Boot-Spende*, Münchener Zeitungs-Verlag 1917.
Repro: DNB

82
Hans von Hattingberg / Frontbuchhandlung Fontainebleau, *Das Buch ein Schwert des Geistes*, ohne Jahr.
Foto: DNB / Yvonne Jahns

83
Gazette des Ardennes, Nr. 70, für den Abwurf gefaltete Kriegsflugblattzeitung, Charleville 1915.
Foto: DNB / Bärbel Kaiser

84f
Soldaten! Vorsicht bei Gesprächen, Weltkriegsplakat von 1916.
Repro: DNB

86
Lebensmittelmarken und andere Karten aus Sachsen zwischen 1916 und 1923.
Foto: DNB / Christine Hartmann

87
Julius Ussy Engelhard / Vereinigung zur Bekämpfung des Bolschewismus, *Bolschewismus bringt Krieg, Arbeitslosigkeit und Hungersnot.* Propagandaplakat um 1918.
Repro: DNB

88
Friede – Deutsche Gewinne, englisches Kriegsflugblatt von 1918, Nr. 50 der Aerial Propaganda-Serie.
Repro: DNB

89
DDR-Bildplakat zum Kindertag 1955.
Foto: DNB / Yvonne Jahns

90
Inventar-Stempel des Georgi-Dimitroff-Museums auf der Rückseite eines 1978 erworbenen Plakats.
Foto: DNB / Yvonne Jahns

1917 Sammlung Künstlerische Drucke

96
Thomas Böhme, *Drei Züge. Und an Bahnhöfe denken*, Fotos und Gestaltung von Sabine Golde, Leipzig 2005.
Foto: Klaus-D. Sonntag

97
Gesellschaft und Wirtschaft, *Bildstatistisches Elementarwerk. Das Gesellschaft- und Wirtschaftsmuseum in Wien*

zeigt in 100 farbigen Bildtafeln Produktionsformen, Gesellschaftsordnungen, Kulturstufen, Lebenshaltungen, Leipzig ca. 1930, Blatt 23.
Repro: DNB

98
Karel Čapek, *Der Krieg mit den Molchen*. Illustriert von Hans Ticha, Berlin und Weimar 1987.
Foto: PUNCTUM / Bertram Kober

99
Klaus Hähner-Springmühl, *Kommentar*. Heiner Müller/Klaus Hähner-Springmühl, 1984.
Repro: DNB

100
Oskar Schlemmer, „Die Bühne im Bauhaus, Bauhaus Dessau (1925–1932)", in: *Bauhausbücher 4*, München ca. 1925.
Foto: DNB / Laura Stein

101
Hugo von Hoffmannsthal, *Der Kaiser und die Hexe*. Mit Zeichnungen von Heinrich Vogeler-Worpswede, Berlin 1900.
Repro: DNB

102
Georg Heym, *Umbra vitae. Nachgelassene Gedichte*. Mit 47 Original-Holzschnitten von Ernst Ludwig Kirchner, München 1924.
Foto: DNB / Laura Stein

1922 Künstlerspende

107
Detailaufnahme des Rückens der Kassette mit der Künstlerspende von 1922.

108
Herrmann Lismann, „Wunderrabbi", Holzschnitt, Mappe 2, 1926.

109
Walter Zeising, „Werft", Radierung, Mappe 2, 1926.

110
Erich Heckel, „Frauenkopf", Holzschnitt, Mappe 2, 1926.

111
Verlust durch Diebstahl:

Paul Klee, „Die Hexe mit dem Kamm", Originallithographie, Mappe 1, 1922.

Karl Schmidt-Rottluff, „Männerkopf", Holzschnitt, Mappe 2, 1926.

Käthe Kollwitz, „Selbstbildnis", Lithografie, Mappe 1, 1922.

112
Josef Hegenbarth, „Tanzende", Radierung, Mappe 2, 1926.

113
Alois Kolb, „Badende", Originallithographie, Mappe 1, 1922.

114
Deutsches Buchmuseum, *Tätigkeitsberichte*, Leipzig 1918–1944.

Fotos: DNB / Laura Stein

1927 Buchkunststiftungen

119f
Internationale Buchkunst-Stiftung (IBA), Konvolut mit Dokumenten und Fotografien zur IBA 1927 und Aufbewahrungskisten, Leipzig 1927.

121
Oben: Ford Madox Ford, *New Poems*, New York 1927.
Unten: Robert Louis Stevenson, *Monmouth*, New York 1928.

122f
Internationale Buchkunst-Stiftung (IBA), Ansicht der IBA-Ausstellung, Hauptsaal der deutschen Abteilung. Fotoatelier Heinrich Kirchhoff, Leipzig 1927.
Repro: DNB

124
Internationale Buchkunst-Stiftung (IBA), Aufstellung einiger Titel im Magazin des Deutschen Buch- und Schriftmuseums.

125
Auszeichnung mit „Preis der Stiftung Buchkunst" beim Wettbewerb „Die schönsten deutschen Bücher" 2021: Shinroku Shimokawa, *Man kann keine Steine essen. Kochbuch eines japanischen Bildhauers*, Stuttgart und Basel 2021.

126
Auszeichnung mit „Goldener Letter" beim Wettbewerb „Schönste Bücher aus aller Welt" 2011: Malkit Shoshan, *Atlas of the conflict Israel-Palestine*. Gestaltet vom Studio Joost Grootens, Rotterdam 2010.

Alle weiteren Fotos: DNB / Christine Hartmann

1938 Bücherverwertungsstelle Wien

131
Privatdrucke mit Widmungen für den Verleger Gottfried Bermann Fischer und seine Frau Brigitte.
Foto: DNB / Laura Stein

132
Als NS-Raubgut identifiziertes Exemplar mit Provenienzmerkmalen und Exlibris, die auf Wilhelm Ellenbogen verweisen.
Foto: DNB / Laura Stein

133
Zugangsbuch der Deutschen Bücherei Leipzig für das Jahr 1939 und als NS-Raubgut identifizierte Medienwerke.
Foto: DNB / Laura Stein

134f
Detail des Zugangsbuchs der Deutschen Bücherei Leipzig für das Jahr 1939 mit Zugangsvermerk aus der Bücherverwertungsstelle Wien, darüber Detailansicht der im Zugangsbuch verzeichneten Broschüre „Arbeiterjugend auf zum Kampf", die aus dem Eigentum von Wilhelm Ellenbogen stammt.
Foto: DNB / Laura Stein

136
Detail der von Schüler*innen der Hietzing-Schule gestalteten „Weihnachtszeitung", mit Autogramm von Victor Rosenfeld, 1929.
Foto: DNB / Emily Löffler

137
Restitutionsexemplare, die im Sommer 2021 an die Erben von Valentin Rosenfeld zurückgegeben wurden.
Foto: DNB / Emily Löffler

138
Als NS-Raubgut identifizierte Widmungsexemplare aus dem Eigentum von Gottfried Bermann Fischer.
Foto: DNB / Laura Stein

1938 Reichsbibliothek

143
Aufstellung der Bücher der Reichsbibliothek im Großen Sitzungszimmer der Deutschen Nationalbibliothek Leipzig.

Foto: DNB / Emma Mamerow

144
John Gordon, *Knochenlehre zum Unterricht für Ärzte und Wundärzte bei chirurgischen Operationen und namentlich für diejenigen, welche anatomische Prüfungen zu bestehen haben*, Leipzig 1819, S. 10f.
Foto: DNB / Emma Mamerow

145
Johann Adolf Ludwig Werner, *Die reinste Quelle jugendlicher Freuden oder 330 Spiele zur Ausbildung des Geistes, Kräftigung des Körpers und zur geselligen Erheiterung im Freien wie im Zimmer*, Dresden und Leipzig 1843, Tafel II.
Foto: DNB / Emma Mamerow

146f
August Heinrich Christian Gelpke, *Populaire Himmelskunde oder allgemein fassliche Betrachtungen über die großen Wunderwerke des Weltalls (...)*, Hannover 1837, Tafel III.
Foto: DNB / Emma Mamerow

148
Aufstellung der Bücher der Reichsbibliothek im Großen Sitzungszimmer der Deutschen Nationalbibliothek Leipzig.
Foto: DNB / Emma Mamerow

149
Historisches Bestandsverzeichnis, sog. „Strumpfband-Katalog" (aufgeschlagen, vorn). Im Hintergrund: Großes Sitzungszimmer der Deutschen Nationalbibliothek Leipzig.
Foto: DNB / Norbert Bensch

150
Aufstellung der Reichsbibliothek in der Deutschen Bücherei um 1962. In: *Deutsche Bücherei 1912–1962: Festschrift zum 50-jährigen Bestehen der Deutschen Nationalbibliothek*, Leipzig 1962, S. 407.
Repro: DNB

1944
Wiederaufbau

154
Detail der Titelseite des Zuwachsverzeichnisses der Königlich-Sächsischen Bibliographischen Sammlung, Leipzig 1889 bis 1957.

155
Rückenansicht: Erstes Zugangsbuch der Klemm-Sammlung des Buchgewerbemuseums, Leipzig 1889 bis 1957.

156f
Antiquariatskataloge des Zentralantiquariats der DDR Leipzig, mit Annotationen zu Erwerbungen des Museums, 1959.

158
Erstes Zugangsbuch der Klemm-Sammlung des Buchgewerbemuseums (1889 bis 1957) mit späteren maschinenschriftlichen Einlagen, handschriftlichen Ergänzungen und Revisionskennzeichen.

159
Erstes Zugangsbuch der Klemm-Sammlung des Buchgewerbemuseums, Leipzig 1889 bis 1957.

160
Handschriftliche Notiz im Zuwachsverzeichnis der Königlich-Sächsischen Bibliographischen Sammlung, Leipzig, 31. Dezember 1908.

Alle Fotos: DNB / Laura Stein

1945
Sammlung Raymund Schmidt

164
Mappenstapel mit nichtsortierten Exlibris der Sammlung Raymund Schmidt.

165
Max Klinger, Exlibris für den Verleger Georg Hirzel, Radierung, Leipzig 1916.
Max Klinger, Exlibris für Elsa Asenijeff (Klingers Muse und Lebensgefährtin), Radierung, Leipzig um 1899.

166f
Konvolut mehrerer Exlibris der Sammlung Raymund Schmidt.

168
Walter Tiemann, Exlibris für Carl Ernst Poeschel und Josefine Poeschel, Strichätzung, Leipzig.

169
Robert Anning Bell, Exlibris für Mander Brothers Work People's Library, Vierfarbendruck, 1894.

170
Archivkästen der Sammlung Raymund Schmidt.

Alle Fotos: DNB / Laura Stein

1945
Bestände in Moskau

174
Detailansicht aus dem Zugangsbuch der Königlich-Sächsischen Bibliographischen Sammlung (1889 bis 1957) mit Vermerk von 1948 zur Beschlagnahmung von Beständen.
Foto: DNB / Christine Hartmann

175
Adrian und Margarita Ivanovna Rudomino in Berlin 1945. In: Adrian Rudomino, „Polveka v plenu", In: *Naše nasledie*, 32.1994, S. 92.
Repro: DNB

176f
Das Buchgewerbehaus in Leipzig nach der Zerstörung im 2. Weltkrieg, 1943.
Repro: DNB

178
Sowjetische Soldaten vor ihren LKW beim Abtransport der Sammlung. Fotografie von Adrian Rudomino. In: Adrian Rudomino, „Polveka v plenu", In: *Naše nasledie*, 32.1994, S. 94.
Repro: DNB

179
Zugangsbuch der Königlich-Sächsischen Bibliographischen Sammlung (1889 bis 1957) mit roten Kennzeichen von 1948 für beschlagnahmte Bestände.
Foto: DNB / Christine Hartmann

180
Schloss Rauenstein bei Pockau-Lengefeld von der gegenüberliegenden Talseite, Ausschnitt einer Fotografie von Jörg Blobelt, 2006, Wikimedia, CC-BY-SA-4.0.

1951
Vor- und Nachlässe

184
Albert Kapr, „Ballade der schönen Helmschmied-Gattin den Freudenmädchen", Teil der „Fünf Holzschnitte zu Versen von François Villon", hg. von der Büchergilde Gutenberg, 1992. Nachlass Albert Kapr.

185
Hans Ticha, Zeichnung, ohne Jahr.

186
Detailaufnahme eines Dokumentes aus dem Konvolut der Buchbinderfamilie Röllig, ohne Jahr.

187
Schriftblätter aus dem Nachlass Hildegard Korger.

188f
Gert Wunderlich (Gestaltung), Klaus Wolf (Text), „Schmelzt ein die Kanonen! Schießt mit Zitronen!", neben weiteren Arbeiten aus dem Vorlass Gert Wunderlich.

190
Mappe mit Entwürfen und Verlagskorrespondenz zu Egbert Herfurth, *Bücherwürmer tragen Brillen*, Berlin 1993. Vorlass Egbert Herfurth.

Alle Fotos: DNB / Laura Stein

1952 Bestände aus der Leipziger Stadtbibliothek

196
Blick in die Archivaliensammlung des Schriftstellers und Journalisten Hermann Marggraff mit Listen zum Conversations-Lexikon.

197
Innenseite mit Eignervermerk von Gregor Ulrich, Exlibris der Leipziger Stadtbibliothek. In: Alexander Machhold, *Formular- oder Schreibbuch*, Eisleben 1563.

198f
Signaturschild der Leipziger Stadtbibliothek, in: Ludovico Ariosto, *Orlando furioso*, Band 1 bis 4, Paris 1746.

200
Titelblatt mit Exlibris der Leipziger Stadtbibliothek. In: Johannes Hofmann (Hg.), *Die Bibliothek und ihre Kleinodien. Festschrift zum 250-jährigen Jubiläum der Leipziger Stadtbibliothek*, Leipzig 1927.

201
Widmungsschreiben des Buch- und Schriftgestalters Walter Tiemann an den damaligen Direktor der Leipziger Stadtbibliothek Johannes Hofmann zu: *Die Bibliothek und ihre Kleinodien. Festschrift zum 250-jährigen Jubiläum der Leipziger Stadtbibliothek*, Leipzig, 4. Mai 1927.

202
Handeinband 1927, Entwurf von Erich Gruner, ausgeführt in der Handbindeabteilung von H. Fikentscher, Leipzig. Zu: Lao-Tse, *Die Bahn und der rechte Weg*, Leipzig 1903.

Fotos: DNB / Laura Stein

1952 Asiatica aus Seifhennersdorf

207
Detailansicht eines chinesischen Buchs, dessen Beschriftung Rückschlüsse auf die Provenienz zulässt: „Chinesisches Buch aus den Ruinen von Tonku. Gesch. v. H. Seeoffizier R. Hohlfeld." Vermutlich um 1900 an das Heimatmuseum Seifhennerdsorf übergeben.

208
Japanische Postkarten und chinesische Rechnungen, um 1900 von Rudolf Rösler und Rudolf Hohlfeld als Geschenk an das Heimatmuseum Seifhennersdorf übergeben.

209
Detail eines chinesischen Holzschnitts „Beschreibung der Krabbe mit menschlichem Gesicht". Vermutlich um 1900 an das Heimatmuseum Seifhennersdorf übergeben.

210f
Dokumentation zur Katalogisierung der Palmblatt-Handschriften des Deutschen Buch- und Schriftmuseums in den 1960er Jahren. Zwei der Handschriften stammen aus dem Heimatmuseum Seifhennersdorf.

212
Briefmarkenalbum mit japanischen Briefmarken und Stempeln, Detailansicht mit Besitzervermerk „Geschenk von H. Emil Schreiber".

213
Briefmarkenalbum mit japanischen Briefmarken und Stempeln.

214
Detailaufnahme einer japanischen Postkarte, um 1900. Von Rudolf Rösler an das Heimatmuseum Seifhennersdorf übergeben.

Fotos: DNB / Laura Stein

1956 Deutscher Buchexport

217
Johann Wolfgang von Goethe, *West-oestlicher Divan*, Erstausgabe, zweiter Druck, Stuttgart 1819. Vorderer Spiegel mit Widmungsgedicht aus dem Jahr 1842 und dem Exlibris von Emil und Jenny Baerwald.
Foto: DNB / Laura Stein

218
Gerd Rosen, *Versteigerung XXVII*, 2. Teil: Bücher, Autographen. 16.–20. November 1956, Berlin 1956, S. 25. Die Aufnahme zeigt den annotierten Eintrag zur Losnummer 1688, unter der das Exemplar von Goethes West-oestlichem Divan verzeichnet ist.
Foto: DNB / Laura Stein

219
Detailaufnahme des vorderen Spiegels von Johann Wolfgang von Goethe, *West-oestlicher Divan*, Erstausgabe, zweiter Druck, Stuttgart 1819. Mit Zugangsstempel und Signatur des Deutschen Buch- und Schriftmuseums.
Foto: DNB / Laura Stein

220
Frieskachel mit Hieroglyphen, Ägypten, um 1.300–1.100 v. Chr.
Repro: DNB

221
Uschebti mit Hieroglyphen, Fayence mit Glasur, ca. 7.–6. Jh. v. Chr.
Repro: DNB

222
Titelseite von Johann Wolfgang von Goethe, *West-oestlicher Divan*, Erstausgabe, zweiter Druck, Stuttgart 1819.
Foto: DNB / Emily Löffler

223
Verkaufsnotiz im hinteren Spiegel von Johann Wolfgang von Goethe, *West-oestlicher Divan*, Erstausgabe, zweiter Druck, Stuttgart 1819. Der Vermerk „Auktion Rosen" bezieht sich auf die Versteigerung bei Gerd Rosen im November 1956. Der Vermerk „Brieger, Erstausgaben, Nr. 727" verweist auf ein Nachschlagewerk für Erstausgaben deutscher Klassiker.
Foto: DNB / Laura Stein

224
Kleinskulptur mit Motiv des Gottes Thot mit Ibiskopf, ca. 11. Jh. bis 4. Jh. v. Chr.
Foto: DNB

1959
4.000 Porträts auf fünf Jahrhunderten

227
Porträt des Buchhändlers und Schriftstellers August Blaesing, Lithographie von August Lüttmann, um 1870.
Repro: DNB

228
Porträt des Verlegers und Druckers Johann Gottlob Immanuel Breitkopf, Kupferstich von Johann Samuel Ludwig Halle, 1793.
Repro: DNB

229
Original-Mappen der Georg-Müller-Stiftung.
Foto: DNB / Christine Hartmann

230f
Porträt des Verlegers Albert Brockhaus, Mitinhaber von F. A. Brockhaus in Leipzig, in seinem Büro, Fotografie von Nicola Perscheid, Leipzig 1905.
Repro: DNB

232
Porträt des flämischen Buchdruckers und Humanisten Jodocus Badius, Kupferstich, vermutlich von Georg Wolfgang Knorr um 1742.
Repro: DNB

233
Handschriftliches Verzeichnis der Buchhändler-Porträt-Sammlung von Albrecht Kirchhoff, Leipzig um 1860.
Foto: DNB / Christine Hartmann

234
Grafiken aus der Georg-Müller-Stiftung, mittig: „Der Weltmann und der Dichter oder wie ein Gelehrter seine Manuscripte dem Buchhändler anbietet", unbezeichneter Kupferstich nach Thomas Rowlandson um 1800.
Foto: DNB / Christine Hartmann

1959
Göschen-Sammlung

238
Detailaufnahme aus dem Briefkonvolut mit Adressvermerk „An Herrn Göschen in Leipzig".
Foto: DNB / Christine Hartmann

239
Porträt von Georg Joachim Göschen mit faksimilierter Unterschrift, Lithografie von J. G. Bach in Leipzig nach einer Zeichnung von Samuel Graenicher, Leipzig um 1854.
Repro: DNB

240
Detailansicht einer Mappe der Göschen-Sammlung mit Stempel der Bibliothek des Börsenvereins der Deutschen Buchhändler zu Leipzig und handschriftlicher Beschriftung.
Foto: DNB / Christine Hartmann

241
Archivkartons der Göschen-Sammlung im Magazin.
Foto: DNB / Christine Hartmann

242
Abschrift eines Briefes von August Wilhelm von Schlegel an Georg Joachim Göschen vom 27. April 1798.
Repro: DNB

243
Kontoauszug Georg Joachim Göschens für Christoph Martin Wieland, Leipzig, 21. Juli 1796, und Wielands Bestätigung vom 12. August 1796 aus Zürich. Mit sichtbaren Brandschäden durch Hitzeeinwirkung bei einem Bombenangriff auf Leipzig im 2. Weltkrieg.
Repro: DNB

244
Göschens Landhaus in Hohnstädt bei Grimma, Stahlstich von Ludwig Schütze um 1825.
Repro: DNB

1964
Deutsches Papiermuseum

248
Titelseite einer vom Papierhistoriker Karl Theodor Weiß gestalteten Mappe aus seinem Nachlass.
Foto: DNB / Christine Hartmann

249
Schriftliche Notizen zu Erwerbungen der Papiergeschichtlichen Sammlung von Karl Theodor Weiß aus seinem Nachlass. Aufgeführt sind darin die Zugänge zur Wasserzeichensammlung zwischen 1897 und 1922.
Foto: DNB / Christine Hartmann

250
Fotografien vom Deutschen Papiermuseum im Unteren Schloss in Greiz: Ausstellungsansicht und Arbeitssituationen, Greiz um 1960.
Foto: DNB / Christine Hartmann

251
Ausschnitt einer Fotografie aus dem Deutschen Papiermuseum im Unteren Schloss in Greiz: Frau Brückner (vorn), Wisso Weiß (hinten), Greiz um 1960.
Repro: DNB

252f
Wasserzeichenpause und hinterleuchtetes Wasserzeichen vom Papiermacher Friedrich Christoph Wenther (Wirkungszeit 1730–1748 und 1759–1771), Papiermühle Mühlhausen 2, ohne Jahr.
Repro: DNB

254
Zeichnung des Wasserzeichens für die „Sammlung Dr. Karl Theodor Weiß".
Repro: DNB

1970
Sammlung Sozialistica

258ff
Blick ins Magazin und in die Sondersammlung Sozialistica des Deutschen Buch- und Schriftmuseums.
Alle Fotos: DNB / Laura Stein

1976
Elisabeth-Handschrift

267
Elisabeth-Handschrift, Fol. 2 mit handschriftlichen Besitzeinträgen von K. W. Justi (datiert 1834) und Ferdinand Justi.

268
Elisabeth-Handschrift, Vorderdeckel des Einbandes aus oberrheinischer oder Schweizer Werkstatt.

269
Elisabeth-Handschrift, Fol. 13r, Miniatur von Sibilla von Bondorf

(Heiliger Franziskus und Heilige Klara), darunter durchgestrichener Eignervermerk des Klarissenklosters Freiburg im Breisgau.

270f
Elisabeth-Handschrift, Fol. 13v und 14r, Miniatur (Elisabeth mit Kruzifix) von Sibilla von Bondorf und Textanfang der Heiligenlegende St. Elisabeth.

1990 Historische Maschinensammlung

275
Prägemaschine für Adressiermaschine, Adrema-Werke, Berlin um 1930.

276
Zeilensetz- und -gießmaschine, Modell: *Typograph Universal B*, Ludwig Loewe & Co., Berlin um 1908.

277
Stahlstich-Tiegeldruckpresse, Friedrich Wilhelm Kutzscher, Freital um 1930.

278
Zeilensetz- und -gießmaschine, Modell: *Typograph Universal B*, Ludwig Loewe & Co., Berlin um 1908.

279
Blick in das Magazin der Kulturhistorischen Sammlung.

280
Setzkastenregal mit Lettern, Schriftart: Bodoni, vermutlich Leipzig um 1930.

281
Stoppzylinder-Schnellpresse, Maschinenfabrik König & Bauer, Kloster Oberzell 1893.

282
Fadenbuchheftmaschine Typ 38 1/4, Maschinenfabrik Gebrüder Brehmer, Leipzig um 1925.

Alle Fotos: DNB / Laura Stein

1992 Handbibliothek von Abraham Horodisch

285
Foto von Alice Horodisch-Garnmann und Abraham Horodisch, Abbildung einer Fotografie von Horst Garnmann 1941. In: *75 Jahre Erasmus Boekhandel, Amsterdam – Paris*, Amsterdam 2009, S. 23.
Repro: DNB

286
Detailansicht des Zettelkataloges mit den Erwerbungen aus der Handbibliothek Abraham Horodischs 1992–1993.
Foto: DNB / Christine Hartmann

287
Zettelkasten mit den Erwerbungen aus der Handbibliothek Abraham Horodischs und Publikation mit Foto der Erasmus-Mitarbeiter von 1970, in der Mitte sitzend: Abraham Horodisch. In: Sytze van der Veen, *75 Jahre Erasmus Boekhandel Amsterdam*, Paris und Amsterdam 2009, S. 41.
Foto: DNB / Christine Hartmann

288
Der Schriftsteller Boudewijn Büch verlässt die Buchhandlung Erasmus mit einem großen Bücherstapel, Abbildung einer Fotografie von Klaas Koppe 1982. In: Sytze van der Veen, *75 Jahre Erasmus Boekhandel Amsterdam*, Paris, Amsterdam 2009, S. 94f.
Repro: DNB

2006 Nachlass von Jan Tschichold

291
Ausschnitt von Jan Tschichold, Entwürfe und Belegexemplar von Werbeschild für Tauchnitz Edition ca. 1928 bis 1933.

292f
Jan Tschichold, Skizzenbuch, 1917–1919.

294
Blick in den Nachlass von Jan Tschichold: Kiste mit Schriftentwürfen.

295
Jan Tschichold, Entwurfszeichnungen für Uhertype, Dreiviertel Fette Grotesk, 1933.

296f
Jan Tschichold: Entwürfe für die Schrift Sabon, März 1962 bis Dezember 1962.

298
Jan Tschichold: Entwurf eines Exlibris für Iwan Tschichold, 1925.

Alle Repros: DNB

2016 Horvath-Pokal

303
Handschuhe und Karton zum Horvath-Pokal.

304
Porträt Friedrich August Herbig, Ölgemälde von Friedrich Wilhelm Herbig, um 1830.

305
Carl Christian Horvath mit dem Pokal in der rechten Hand, Ölgemälde von Friedrich Wilhelm Herbig, um 1824. In: Friedrich Schulze, *Der deutsche Buchhandel und die geistigen Strömungen der letzten hundert Jahre*, Leipzig 1925, S. 49.

306f
Lesezimmer der Bibliothek des Börsenvereins im Deutschen Buchhändlerhaus, rechts das im Krieg zerstörte Ölbildnis Carl Christian Horvaths mit dem Pokal, Fotografie von Fritz Cölln, Leipzig-Stötteritz um 1920.
Repro: DNB

308
Horvath-Pokal mit eingravierter Widmung. Hersteller: Heinrich Christian Carl Westermann, Leipzig 1824.

309
Deckel des Horvath-Pokals. Der beschädigte Deckelaufsatz ist durch einen Messingknopf ersetzt worden.

310
Horvath-Pokal mit Detailansicht der Widmung.

Alle weiteren Fotos: DNB / Christine Hartmann

2017 Pressefotos aus der Filmwelt

Aus der Sammlung Günter-Karl Bose

313
Groucho Marx, Promotionfoto, 1945.

314
Marlene Dientrich, Brian Aherne, „Songs of Song", 1913.

315
Ingrid Bergmann, Promotionfoto, 1962.

316f
u. a. Alfred Hitchcock, Promotionfoto, 1974.

318
Ronald Reagan, Bonzo, „Bedtime for Bonzo", 1951.

319
Joan Davis, Promotionfoto, 1946.

320
Kent Taylor, Promotionfoto, o. J.

321
Bücherspende des Prinzen von Wales für die Aktion „Million Books for the Workless", 1934.

322
Woody Allen u. a., „Play it again, Sam", 1972.

Alle Fotos / Repros: DNB bzw. DNB / Laura Stein

2017 Sammlung Gerhard & Brigitte Hartmann

325
„Poesie und Alltag", Kassette mit Illustration von Monika Lokau sowie 8 Mappen mit Texten, u.a. von Hansgeorg Bulla und Georg Oswald Cott, Konzept: Gerhard Hartmann, Lindau 2018.
Foto: DNB / Isabell Sickert

326
„Schweigen", Kassette von Claudia Gross mit Texten von Eugen Gomringer, Kunstobjekt und Graphiken von Hermann Heintschel, Konzept: Gerhard Hartmann, Lindau 2018.
Foto: DNB / Isabell Sickert

327
„Objekt Surprise", Holzkasten mit Graphiken von Thomas Ranft, Konzept: Gerhard Hartmann, Lindau 2021.
Foto: DNB / Laura Stein

328f
Kassette mit „D", 14. Druck der Gutenbergpresse, mit Texten von Jens Sparschuh und Illustrationen von Kay Voigtmann, Frankfurt am Main 2008, Konzept: Gerhard Hartmann, Lindau 2017.
Foto: DNB / Isabell Sickert

330
Keramik-Plexiglas-Skulptur von Gabriele Nocker mit Manuskript zu Volker Demuth, *Fleisch*, Berlin 2016, Konzept: Gerhard Hartmann, Lindau 2021.
Foto: DNB / Laura Stein

331
Kassette von Bettina Wija-Stein mit Illustrationen von Madeleine Heublein sowie drei Büchern von Reinhardt O. Hahn (*Das erste Glas*, 2013, zweimal *Das letzte erste Glas*, 1986), Konzept: Gerhard Hartmann, Lindau 2018.
Foto: DNB / Isabell Sickert

332
„Objekt Surprise", Holzkasten mit Graphiken von Thomas Ranft, Konzept: Gerhard Hartmann, Lindau 2021.
Foto: DNB / Laura Stein

2021 Sammlung Lehmstedt

337
Papier-Buchtüte des Gabriele Verlags, Marktheidenfeld.
Foto: Mark Lehmstedt

338
Stapel mit Buchtüten der Sammlung Lehmstedt.

339
„Lesen statt Putzen", Stoffbeutel des Ariadne Buchdienst Karlsruhe.

340
„Vorsicht Buch – Es trägt Geheimnisse in sich", Kunststoff-Buchtüte des Börsenvereins des Deutschen Buchhandels.
Foto: Mark Lehmstedt

341
Stapel mit Buchtüten der Sammlung Lehmstedt: obenauf eine Tüte des MOSAIK Steinchen für Steinchen Verlags.
Foto: PUNCTUM / Bertram Kober

342
Textil-Buchtüte mit einem Zitat von Marcel Reich-Ranicki.

Alle anderen Fotos: DNB / Christine Hartmann

2021 Sammlung Abmeier

346
Siebdruck von Mathieu des Jardins, In: *Gris Gris*. Berlin 2008, S. 7.

347
Kartons der Comic-Sammlung Abmeier.

348f
Robert Crumb, *Sketchbook*, Frankfurt am Main 1978–1997.

350
Verschiedene Comic-Alben von Robert Crumb.

351
Siebdruck von Mathieu des Jardins, In: *Gris Gris*. Berlin 2008, S. 27.

352
Widmung für Armin Abmeier auf Originalgraphik. Archiv der Tollen Hefte, 2009.

Fotos: DNB / Laura Stein

2022 Digitale Nachlässe

356f, 359ff
Verschiedene Objekte und Ansichten des Computers aus dem Nachlass von Hildegard Korger, ca. 1995 und 2018.

358
Screenshot einer Programmierung mit Python als Beispiel für die Verarbeitung von Daten. Screenshot: DNB, 2022

Alle anderen Fotos: DNB / Christine Hartmann

Impressum

Herausgegeben von
Stephanie Jacobs
im Auftrag der
Deutschen Nationalbibliothek

Deutsche
Nationalbibliothek
Adickesallee 1
60322 Frankfurt am Main

*Autor*innen*
Wolfgang Ernst
Wolfgang Hohensee
Stephanie Jacobs
Yvonne Jahns
Stefan Laube
Emily Löffler
Andreas Ludwig
Gilbert Lupfer
Gabriele Netsch
Jörg Räuber
Julia Rinck
Bettina Rüdiger
Ingrid Schaffner
Benjamin Sasse
Achim Saupe
Bénédicte Savoy
Carola Staniek
Ramon Voges
Johanna Weißler
Linda Wößner

Redaktion
Tina Bode
Ramon Voges

Bildkonzept und -erstellung
Christine Hartmann
Laura Stein

Projektmanagement Hatje Cantz
Richard Viktor Hagemann

Lektorat
Ilka Backmeister-Collacott

Gestaltung
Torsten Köchlin
Joana Katte

Verlagsherstellung
Thomas Lemaître

Reprografische Dienste
Deutsche Nationalbibliothek

Reproduktionen
DruckConcept, Berlin

Druck und Bindung
Livonia Print, Riga

Papier
Munken Lynx, 135 g/m²

Schriften
Mier A, Bradford

Erschienen im
Hatje Cantz Verlag GmbH
Mommsenstraße 27
10629 Berlin
www.hatjecantz.de

Ein Unternehmen der
Ganske Verlagsgruppe

ISBN 978-3-7757-5249-7

Printed in Latvia

Online-Publikation
http://www.dnb.de/publikationen
urn:nbn:de:
101-20220315239

Die Deutsche Nationalbibliothek verzeichnet diese Publikation in der Deutschen Nationalbibliografie; detaillierte bibliografische Daten sind im Internet über http://dnb.dnb.de abrufbar.

Abbildungen
Umschlag und Buchrücken
Rückseiten von Fotografien aus der Sammlung Günter-Karl Bose

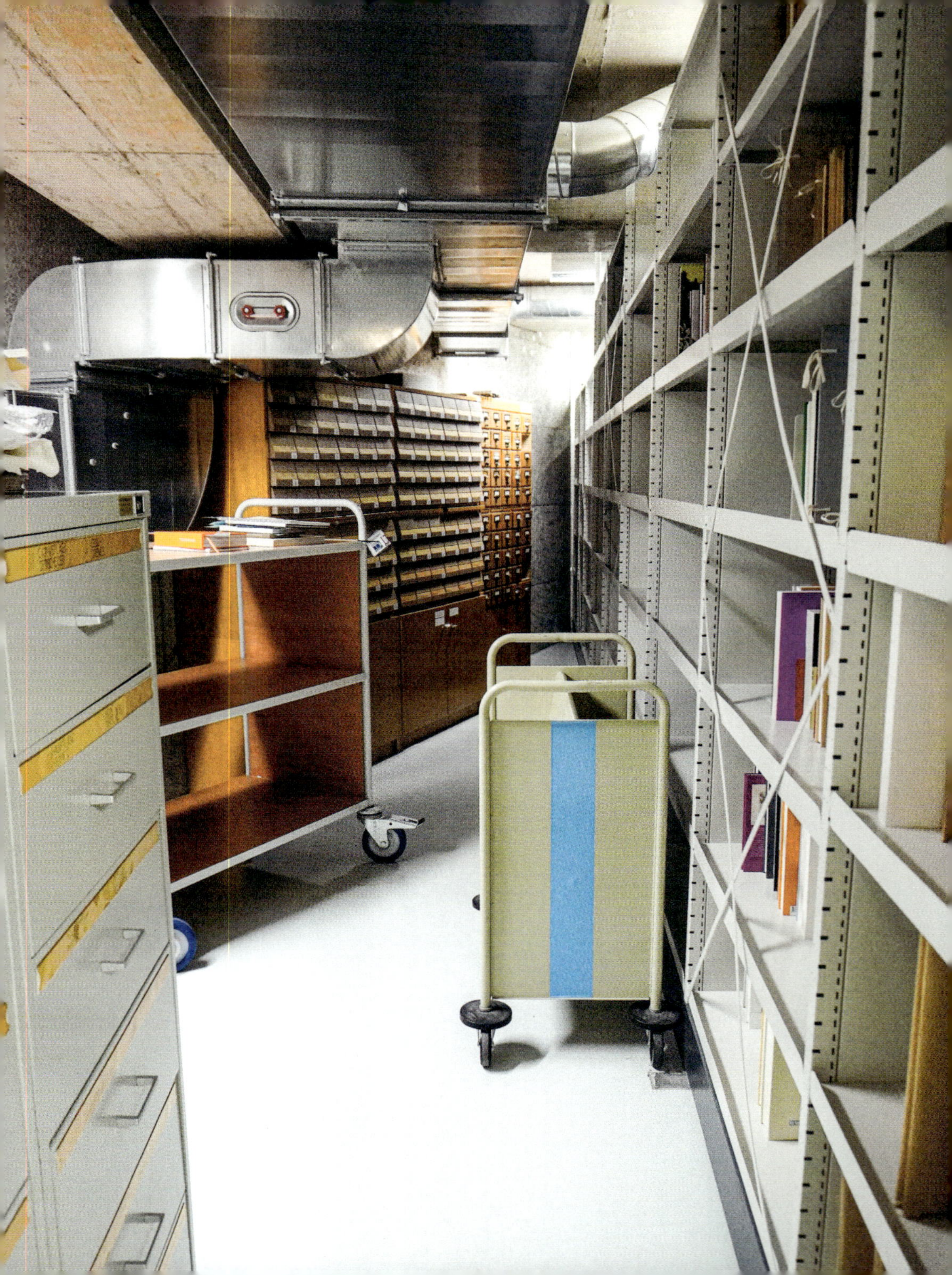

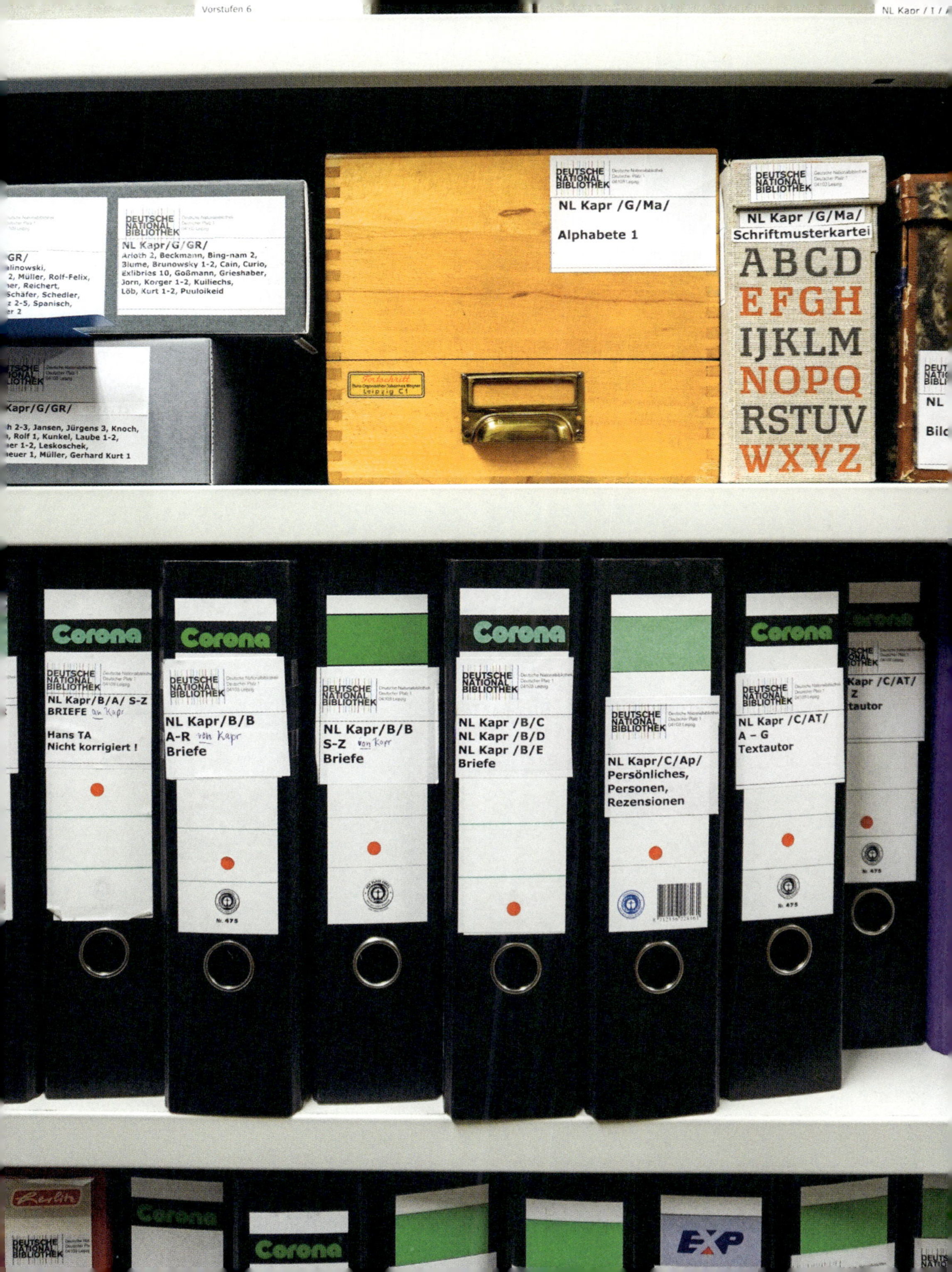

Vorstufen 6

NL Kapr / I /

DEUTSCHE NATIONAL BIBLIOTHEK
NL Kapr/G/GR/
Arloth 2, Beckmann, Bing-nam 2,
Blume, Brunowsky 1-2, Cain, Curio,
Exlibris 10, Goßmann, Grieshaber,
Jorn, Korger 1-2, Kuiliechs,
Löb, Kurt 1-2, Puuloikeid

Kapr/G/GR/
Jansen, Jürgens 3, Knoch,
Rolf 1, Kunkel, Laube 1-2,
Leskoschek,
Müller, Gerhard Kurt 1

DEUTSCHE NATIONAL BIBLIOTHEK
NL Kapr /G/Ma/
Alphabete 1

Fortschritt
Leipzig C1

DEUTSCHE NATIONAL BIBLIOTHEK
NL Kapr /G/Ma/
Schriftmusterkartei
ABCD
EFGH
IJKLM
NOPQ
RSTUV
WXYZ

Corona
DEUTSCHE NATIONAL BIBLIOTHEK
NL Kapr/B/A/ S-Z
BRIEFE an Kapr
Hans TA
Nicht korrigiert !

Corona
DEUTSCHE NATIONAL BIBLIOTHEK
NL Kapr/B/B
A-R von Kapr
Briefe
Nr. 475

DEUTSCHE NATIONAL BIBLIOTHEK
NL Kapr/B/B
S-Z von Kapr
Briefe

Corona
DEUTSCHE NATIONAL BIBLIOTHEK
NL Kapr /B/C
NL Kapr /B/D
NL Kapr /B/E
Briefe

DEUTSCHE NATIONAL BIBLIOTHEK
NL Kapr/C/Ap/
Persönliches,
Personen,
Rezensionen

Corona
DEUTSCHE NATIONAL BIBLIOTHEK
NL Kapr /C/AT/
A – G
Textautor
Nr. 475

Kapr /C/AT/
Z
Textautor

Corona
Corona

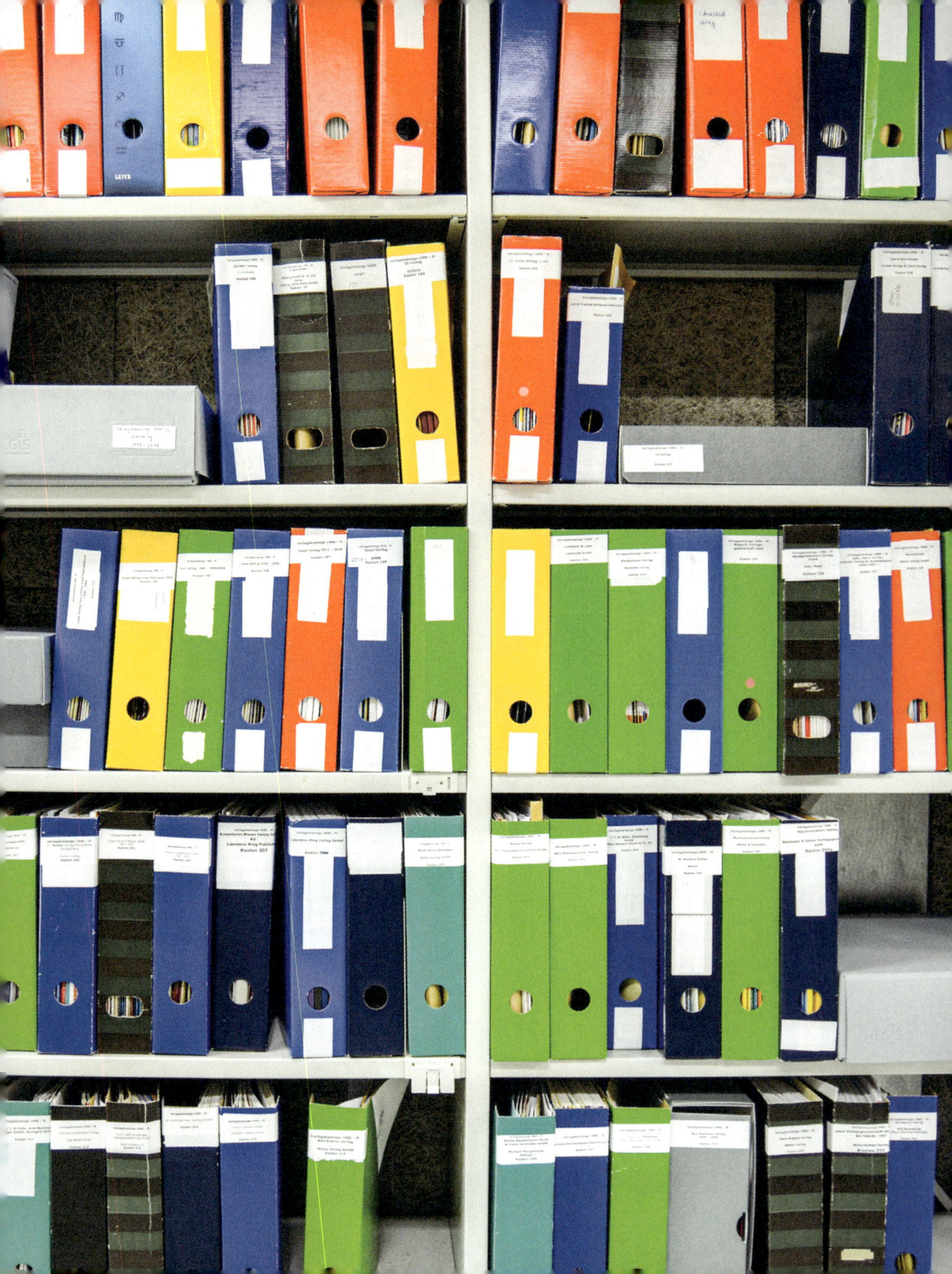

Kapr

NL Kapr/C/Au/Marx-Engels-Worte 1-39

NL Kapr /E/Tu
Freie Künstlerische Arbeiten

8/2

Kapr

NL Kapr /C/Au/
Deutsche Schriftkunst
Werkmanuskripte

NL Kapr/C/Ds/
Entwürfe 1-7

/3

Kapr

NL Kapr/C/Bg/Albert Kapr
Schrift- und Buchkunst 1-14
Grieshaber, Totentanz 1-3
Reines Ebenmaß
Predigt Thomas Müntzers

NL Kapr /C/Bg
Die Großen Galerien

NL Kapr/C/Bg/Mayer,
Glück

NL Kapr /C/ BG

/4

Kapr

NL Kapr/C/Bg/Villon,
Verse 2
Verse 3

NL Kapr/C/Bg/Villon,
Verse 2
Druckstock

NL Kapr/C/Bg/
Schutzumschläge

8/5

Kapr

NL Kapr/C/Ds/
Clarendon Neutra
Abschluß 1-9

NL Kapr/C/Ds/
Clarendon
Neutra/halbfett/1-9

NL Kapr/C/Ds/
Leipziger Antiqua/
kyrill. 1-7

NL Kapr/C/
Geschriebene
Schriften

8/6

Kapr

NL Kapr/C/Ds/
Leipziger Antiqua/
mager/1-35

NL Kapr/C/Ds/
Leipziger Antiqua/
1-16

NL Kapr/C/Ds/
Leipziger Antiqua /
Probeschnitt

NL Kapr/C/Ds/
Leipziger Antiqu
normal/1-3

8/7

Kapr

NL Kapr/C/Ds/Garamond
Russisch/mager/1-4
Russisch/kursiv/1-5
Russisch/halbfett/1-4

NL Kapr/C/Ds/
Russisch-
Romanisch/1-2

NL Kapr/C/Ds/Prillwitz
Antiqua/mager/1-23

NL Kapr/C/Ds/Pr
Antiqua/halbfett

8/8

Kapr

NL Kapr/C/Ds/Faust
Antiqua/Entwicklung/
1-18

NL Kapr/C/Ds/Faust
Antiqua/normal

NL Kapr/C/Ds/Faust
Antiqua/normal/1-16

NL Kapr/C/Ds/Faust
Antiqua/kursiv

8/9

Kapr

NL Kapr/C/Ds/
Clarendon Neutra/fett/
1-10

NL Kapr/C/Ds/
Leipziger Antiqua/
halbfett/1-36

NL Kapr/C/Ds/
Leipziger Antiqua/
kursiv/1-39

8/10

Kapr

NL Kapr/C/Kall/Bu-Z
Kosaken 1-3
Asiatische Gestaltg.11
Des Volkes 1-3

8/11

Kapr

Burger, Cortiro, Grieshaber 2,
Heinze, Roswitha, Ilgenfritz 1-3,
Korger, Masareel, Paditz,
Schumann, Heinz 1, Stelzmann 1-12,
Tunkpapier, Uribazo, Wagner

NL Kapr/G/Gr/
Hoefer, Carius, Rudnickis,
Wendt 1,
Schumann, Heinz 6-8

Korger

8/12

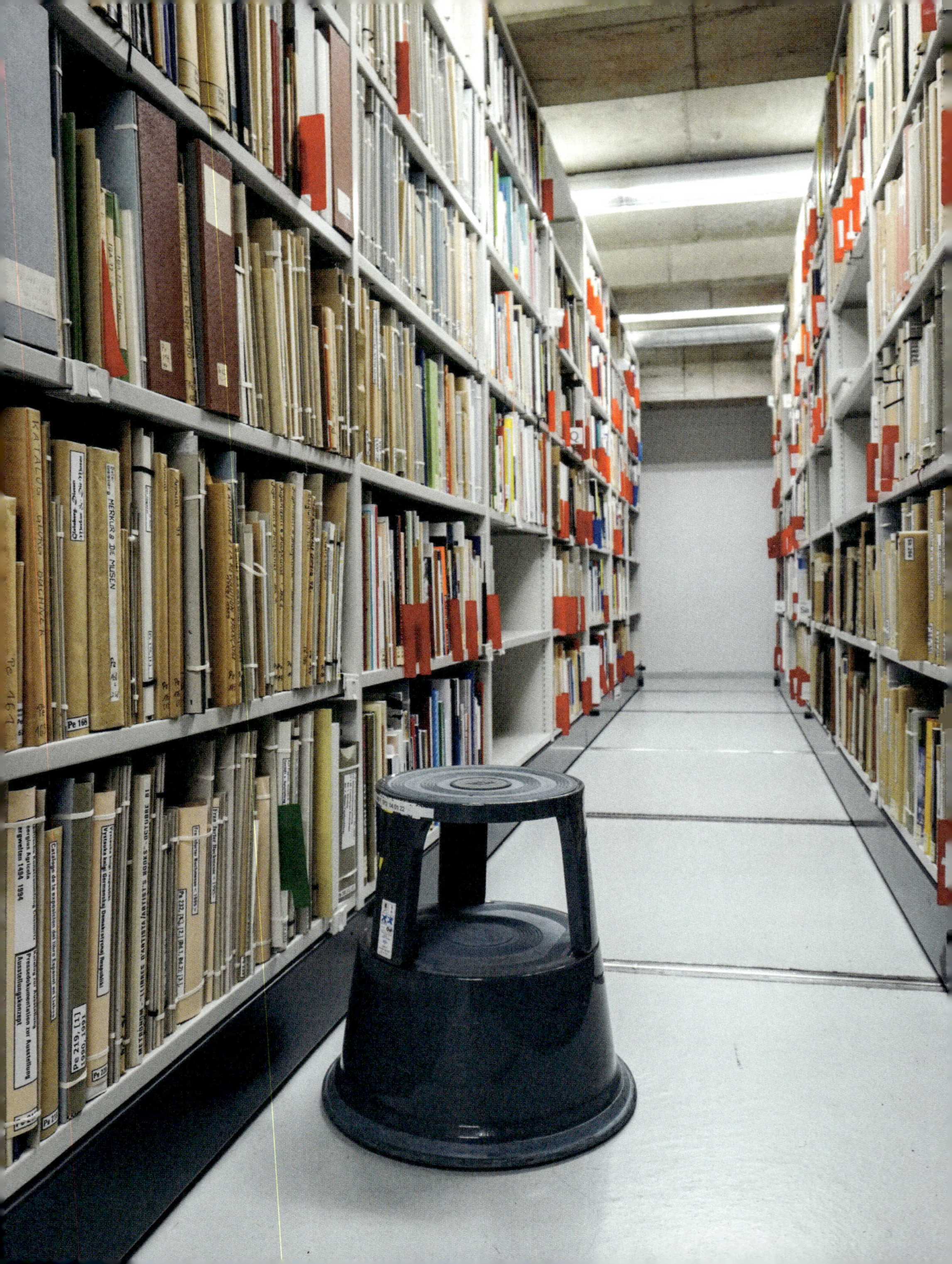
KATALOG GEORG BACHNER
Pe 464
MERKUR & DIE MUSEN
Pe 168
Georgius Agricola
ergwelten 1494 1994
Catalogo de la exposicion del libro Español en Lisboa
Pressedokumentation zur Ausstellung
Ausstellungskonzept
Pe 219, [1]
1990, 1991
Vystavka knig Germanskoj Demokraticeskoj Respubliki
METRONOM - "LLIBRES D'ARTISTA/ARTIST'S BOOKS" - OCTUBRE 81
Frankfurter Buchmesse < 1965 >
Pe 232, [A], [2], Bd.1, Bd.2, [3]

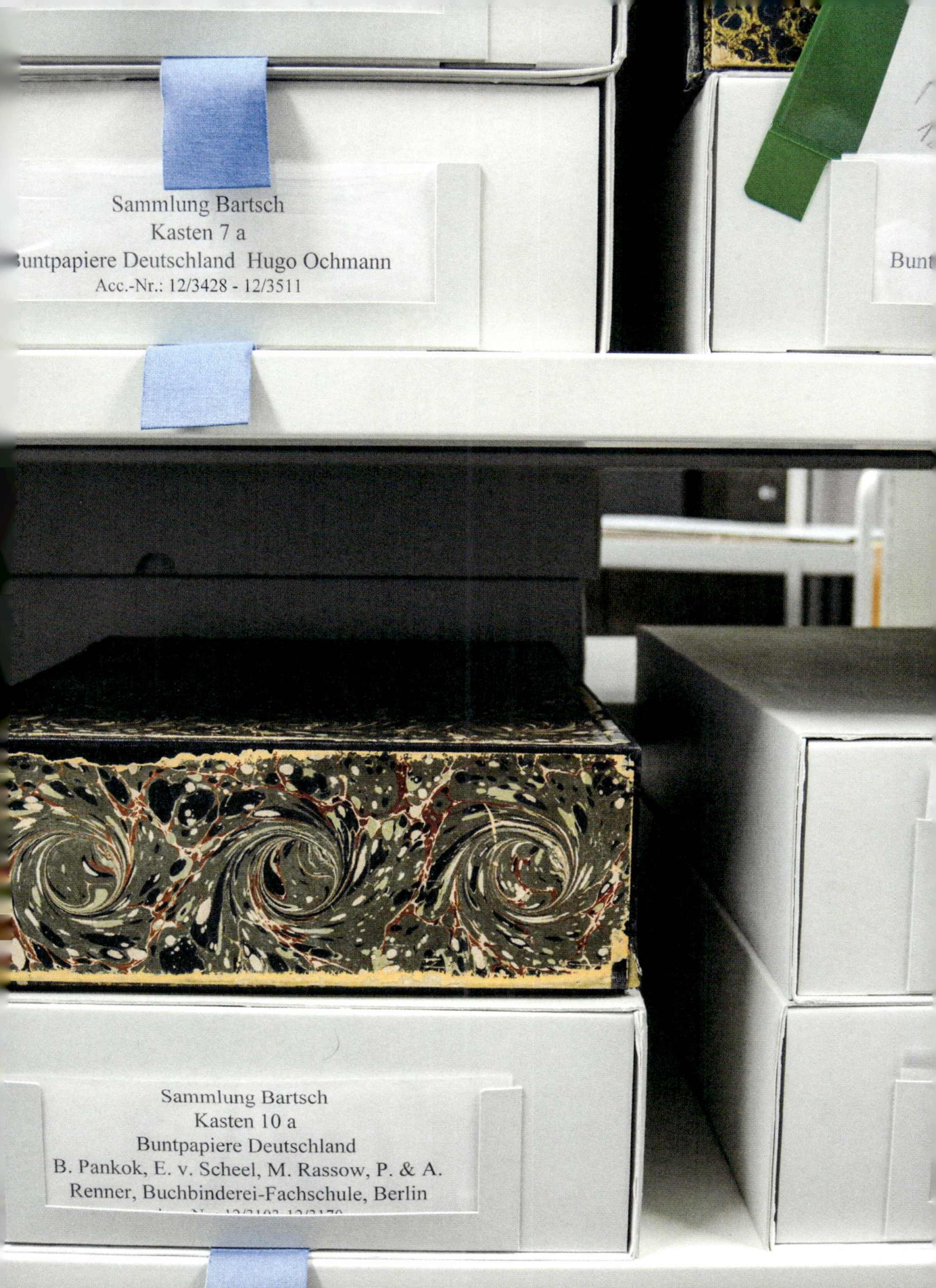
Sammlung Bartsch
Kasten 7 a
Buntpapiere Deutschland Hugo Ochmann
Acc.-Nr.: 12/3428 - 12/3511
Sammlung Bartsch
Kasten 10 a
Buntpapiere Deutschland
B. Pankok, E. v. Scheel, M. Rassow, P. & A.
Renner, Buchbinderei-Fachschule, Berlin

Mission Historique Française en Allemagne Bulletin
Sc 19 Mission Historique... 2005
Medievalia et humanistica
Statistisches Jahrbuch Stadt Leipzig
Statistisches Jahrbuch 2001
Sc 23
Mitteldeutsches Jahrbuch